"十二五"国家重点图书出版规划
国家出版基金资助项目

中国审判案例要览

(2011年民事审判案例卷)

国　家　法　官　学　院　　编
中国人民大学法学院

编审委员会主任　　王胜俊
编审委员会副主任　王利明　万鄂湘

中国人民大学出版社
·北京·

强化案例研究 统一法律适用

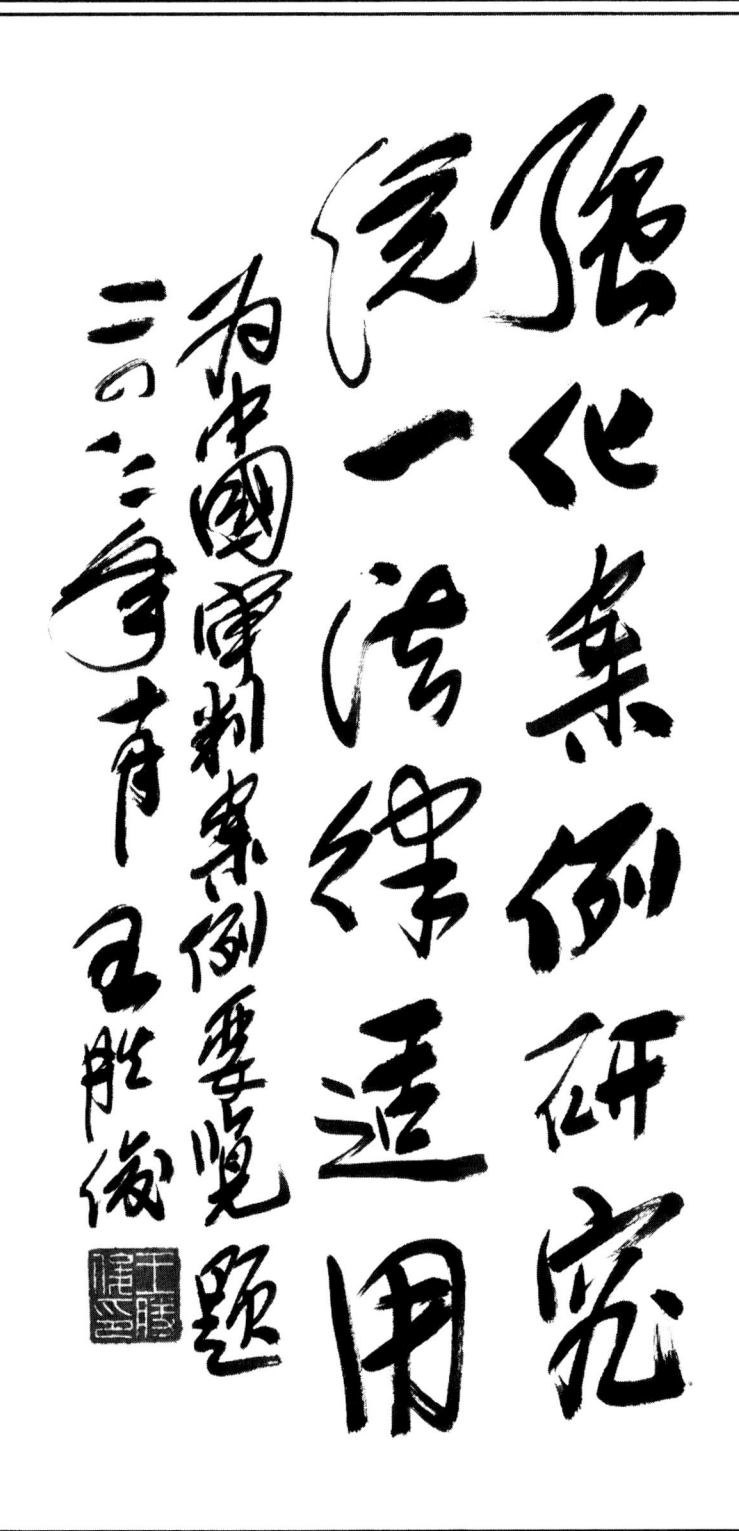

为《中国审判案例要览》题

二〇二二年春 王胜俊

为国家法官学院与中国人民大学法学院联合编纂《中国审判案例要览》题

取案例精华
建法治国家

肖扬
一九九九年十一月十一日

健全法制案例可鉴

祝贺中国审判案例要览出版

一九九三年五月 任建新

再版前言

为了反映我国审判工作概貌,指导审判实践,促进法学研究,向海内外介绍我国法制建设的成就和执法水平;同时,也为中国司法工作者、立法工作者和教学、研究人员提供有价值的参考资料,1991年,最高人民法院中国高级法官培训中心[①]与中国人民大学法学院决定共同编纂《中国审判案例要览》,逐年从全国各级人民法院审结的各类案件中选编部分案例分四卷出版,即刑事审判案例卷、民事审判案例卷、商事审判案例卷[②]、行政审判案例卷。由于知识产权审判案例、交通运输审判案例数量较少,不足以独立成卷,故按案例性质分别编入商事卷或刑事卷等分卷。

在本书编写过程中,对案件事实、审判过程、裁判理由、处理结果等,都完全尊重办案实际,具有客观性、真实性。为了便于读者了解具体的审判过程,收入了各审级的审判组织、诉讼参与人、审结时间、诉辩双方的主张、认定的案件事实、采信的证据和适用的法律条文。为了使读者易于理解适用法律的理由和涉及的法学理论观点,由编纂者写了解说,并对裁判的不足之处加以评点。

该书从1992年6月编纂出版第一本以来,到目前为止已连续编纂出版了12年,并出版了英文版,向世界各国发行。该书最初由中国人民公安大学出版社出版,从1996年起由中国人民大学出版社出版,从2003年起由中国人民大学出版社与人民法院出版社共同出版。该书的编纂出版,在国内外引起了强烈反响,得到法学界、法律界的高度评价。该书曾获得国家新闻出版署颁发的全国优秀法学著作一等奖第一名和北京市第三届哲学社会科学优秀成果特等奖。

我们奉献给读者的《中国审判案例要览》,希望能够对读者有所帮助,能够对我国的法制建设发展进程有所裨益。我们在编写过程中,得到了全国各级人民法院的领导及有关工作人员、中国人民大学法学院师生和海内外人士的关心和帮助,得到了香港中华法律网有限公司总裁梁美芬博士的大力支持,在此谨致谢意。

《中国审判案例要览》编审委员会
2004年6月

---

① 现为国家法官学院。
② 2000年以前为经济卷。

前　言

十多年来，随着中国改革开放的深入发展，社会主义民主和法制建设有了长足的进步，与此同时，人民法院的审判工作也有很大的进展。除了刑事审判和民事审判外，又逐步开展了经济审判、行政审判、交通运输审判。全国法院每年审结各类一审案件已达 300 万件左右。审判程序日趋完善，审判工作质量不断提高。我们认为，有必要系统地选编法院审判案例，向海内外介绍中国审判实践的情况，展示中国法制建设的成就；同时，也为中国司法工作者、立法工作者和教学、科研人员提供一些有价值的参考资料。为此，中国高级法官培训中心[①]和中国人民大学法学院共同合作，从 1992 年起逐年选编一部审判案例综合本，分别收入前一年审结的案例。每部分为刑事审判案例卷、民事审判案例卷、经济审判案例卷、行政审判案例卷，共四卷。由于交通运输审判案例数量少，不足以独立成卷，故按案例性质分别编入经济和刑事卷。书名定为《中国审判案例要览》。

在本书编写过程中，对案件事实、审判过程、裁判理由、处理结果等，都完全尊重办案实际，具有客观性、真实性。为了便于读者了解具体的审判过程，收入了各审级的审判组织、诉讼参与人、审结时间、诉辩双方的主张、认定的案件事实、采信的证据和适用的法律条文。为了使读者易于理解适用法律的理由和涉及的法学理论观点，由编者写了解说，并对裁判的不足之处，加以评点，有的版本还以附录形式加了少量的必要的法律名词解释。

我们奉献给读者的这部案例要览，希望能够对读者有所帮助，得到读者的喜爱。这是我们的初次尝试，疏漏不足之处在所难免，诚恳地欢迎各界人士提供宝贵的意见，帮助我们改进编写工作，以使今后出版的案例要览日臻完善。

我们在编写工作中，得到了各级人民法院的领导与工作人员、中国人民大学法学院师生和有关方面的关心和帮助，美国福特基金会及其驻中国办事处也给予了很大的支持。在此谨致谢意。

《中国审判案例要览》编审委员会
1992 年 12 月

---

① 现为国家法官学院。

《中国审判案例要览》编审委员会

主　任　王胜俊　中华人民共和国最高人民法院院长、首席大法官
副主任　王利明　中国人民大学党委副书记兼副校长、教授、博士生导师、中国法学会副会长、中国民法学研究会会长
　　　　　万鄂湘　中华人民共和国最高人民法院副院长、大法官、教授、博士生导师
委　员　（以姓氏笔画为序）

最高人民法院

牛建华　中华人民共和国最高人民法院政治部法官管理部副部长

孙际泉　中华人民共和国最高人民法院原赔偿委员会办公室主任

纪　敏　中华人民共和国最高人民法院原民事审判第一庭庭长

李广宇　中华人民共和国最高人民法院行政审判庭副庭长

杜万华　中华人民共和国最高人民法院民事审判第一庭庭长

宋晓明　中华人民共和国最高人民法院民事审判第二庭庭长

金俊银　国家法官学院民商事审判教研部主任、教授

中国人民大学法学院

王作富　中国人民大学法学院教授、博士生导师、中国刑法学研究会顾问

王益英　中国人民大学法学院教授

史际春　中国人民大学法学院教授、博士生导师、中国经济法学研究会副会长

叶秋华　中国人民大学法学院教授、博士生导师、全国外国法制史研究会副会长

刘文华　中国人民大学法学院教授、博士生导师

江　伟　中国人民大学法学院教授、博士生导师、中国诉讼法学研究会名誉会长

杨大文　中国人民大学法学院教授、博士生导师、中国婚姻法学研究会顾问

杨万明	中华人民共和国最高人民法院刑事审判第四庭庭长	许崇德	中国人民大学法学院教授、博士生导师、中国宪法学研究会名誉会长
赵大光	中华人民共和国最高人民法院行政审判庭庭长	赵中孚	中国人民大学法学院教授、博士生导师
高贵君	中华人民共和国最高人民法院刑事审判第五庭庭长	高铭暄	中国人民大学法学院教授、博士生导师、中国刑法学研究会名誉会长
高憬宏	国家法官学院党委书记、院长	黄京平	中国人民大学法学院教授、博士生导师、中国刑法学研究会副会长
梁书文	中华人民共和国最高人民法院原民事审判第一庭庭长、国家法官学院兼职教授	程荣斌	中国人民大学法学院教授、博士生导师
曹士兵	国家法官学院副院长	韩大元	中国人民大学法学院院长、教授、博士生导师、中国宪法学研究会会长
曹守晔	中华人民共和国最高人民法院中国应用法学研究所副所长	戴玉忠	中国人民大学刑事法律科学研究中心主任、教授、博士生导师

《中国审判案例要览》编辑部

	中国人民大学法学院		最高人民法院
主　　编	王利明 中国人民大学党委副书记兼副校长、教授、博士生导师、中国法学会副会长、中国民法学研究会会长	万鄂湘	中华人民共和国最高人民法院副院长、大法官、教授、博士生导师
副 主 编	韩大元 中国人民大学法学院院长、教授、博士生导师、中国宪法学研究会会长	高憬宏	国家法官学院党委书记、院长
	黄京平 中国人民大学法学院教授、博士生导师、中国刑法学研究会副会长	曹士兵	国家法官学院副院长
		金俊银	国家法官学院民商事审判教研部主任、教授
主编助理	史彤彪 中国人民大学法学院教授、博士生导师	樊　军	国家法官学院科研部副主任、副编审
	曹爱莲 中国人民大学法学院副研究员	温培英	国家法官学院科研部编辑

《中国审判案例要览》各卷正副主编、主编助理

(一) 刑事审判案例卷

	中国人民大学法学院		最高人民法院
主　　编	黄京平 中国人民大学法学院教授、博士生导师、中国刑法学研究会副会长	高憬宏	国家法官学院党委书记、院长
副 主 编	陈卫东 中国人民大学法学院教授、博士生导师、中国诉讼法学研究会常务副会长	杨万明	中华人民共和国最高人民法院刑事审判第四庭庭长
		高贵君	中华人民共和国最高人民法院刑事审判第五庭庭长
主编助理	时延安 中国人民大学法学院副教授	孙本鹏	国家法官学院教务部主任、教授
		刘　流	国家法官学院教授
编　　辑	刘计划、王　烁、胡　霞、陈建桦、刘传稿、张莎白、徐豪俊		

(二) 民事审判案例卷

	中国人民大学法学院		最高人民法院
主　　编	王利明 中国人民大学党委副书记兼副校长、教授、博士生导师、中国法学会副会长、中国民法学研究会会长	杜万华	中华人民共和国最高人民法院民事审判第一庭庭长

副 主 编	龙翼飞	中国人民大学法学院副院长、教授、博士生导师、中国婚姻法学研究会常务副会长	纪 敏	中华人民共和国最高人民法院原民事审判第一庭庭长	
	姚 辉	中国人民大学法学院教授、博士生导师	梁书文	中华人民共和国最高人民法院原民事审判第一庭庭长、国家法官学院兼职教授	
主编助理	姚欢庆	中国人民大学法学院副教授	杨永清	中华人民共和国最高人民法院立案二庭副庭长	
			樊 军	国家法官学院科研部副主任、副编审	
编 辑	黎建飞、孙若军、高圣平、王 雷、郑小敏		刘 畅、胡田野、胡 岩、苏 烽		

（三）商事审判案例卷

中国人民大学法学院　　　　　　最高人民法院

主 编	史际春	中国人民大学法学院教授、博士生导师、中国经济法学研究会副会长	宋晓明	中华人民共和国最高人民法院民事审判第二庭庭长	
副 主 编	徐孟洲	中国人民大学法学院教授、博士生导师	曹守晔	中华人民共和国最高人民法院中国应用法学研究所副所长	
	吴宏伟	中国人民大学法学院教授、博士生导师	曹士兵	国家法官学院副院长	
主编助理	李艳芳	中国人民大学法学院教授、博士生导师	王 立	国家法官学院教授	
编 辑	孟雁北		唐世银		

(四) 行政审判案例卷

中国人民大学法学院		最高人民法院	
主　　编	韩大元　中国人民大学法学院院长、教授、博士生导师、中国宪法学研究会会长	赵大光	中华人民共和国最高人民法院行政审判庭庭长
副 主 编	胡锦光　中国人民大学法学院副院长、教授、博士生导师、中国宪法学研究会副会长	李广宇	中华人民共和国最高人民法院行政审判庭副庭长
		金俊银	国家法官学院民商事审判教研部主任、教授
主编助理	李元起　中国人民大学法学院副教授	蔡小雪	中华人民共和国最高人民法院行政审判庭审判长
		赵建华	国家法官学院副教授
编　　辑	王贵松、胡大路、武　帅		

《中国审判案例要览》通讯编辑

范跃如	北京市高级人民法院
刘晓虹	北京市高级人民法院
白云飞	天津市高级人民法院
宋雪敏	河北省高级人民法院
马云跃	山西省高级人民法院
周　波	内蒙古自治区高级人民法院
兆　晖	辽宁省高级人民法院
刘洪颖	吉林省高级人民法院
刘东海	黑龙江省高级人民法院
张本勇	上海市高级人民法院
戚庚生	江苏省高级人民法院
程　浩	江苏省高级人民法院
沈　杨	江苏省南通市中级人民法院
周耀明	江苏省无锡市中级人民法院
张纵华	浙江省高级人民法院
余跃武	安徽省高级人民法院
庞　梅	安徽省高级人民法院
李相如	福建省高级人民法院
李春敏	福建省高级人民法院
胡　媛	江西省高级人民法院
赵　峰	山东省高级人民法院
王　磊	山东省高级人民法院
马　磊	河南省高级人民法院
李治国	湖北省高级人民法院
黄金波	湖北省宜昌市中级人民法院
唐　竞	湖南省高级人民法院
黄玉霞	广东省高级人民法院
贺利研	广西壮族自治区高级人民法院
林书斌	海南省高级人民法院

陈飞霞	重庆市高级人民法院
蒋　敏	四川省高级人民法院
施辉法	贵州省贵阳市中级人民法院
自　宁	云南省高级人民法院
冯丽萍	云南省昆明市中级人民法院
张　勇	陕西省高级人民法院
官　却	青海省高级人民法院
石　燕	新疆维吾尔自治区高级人民法院

目　录

一、物权纠纷案例 ………………………………………………………………………（1）

1. 神农架阳日矿产公司诉神农架阳日镇政府用益物权确认案
   （物权法定原则的适用）……………………………………………………………（1）
2. 李桂敏诉张铝房屋买卖合同案
   （登记请求权）………………………………………………………………………（5）
3. 陈艳华诉宋晓贝返还原物案
   （善意取得的认定）…………………………………………………………………（9）
4. 潘云祥诉黄美珍等房屋权属案
   （房、地权利主体一致原则）………………………………………………………（15）
5. 原告徐葵清等人与被告金秀瑶族自治县桐木镇桐木村民委解放街第三村民小组
   侵犯集体组织成员权益案
   （集体经济组织成员资格、村民会议决议的效力问题）…………………………（22）
6. 厦门市海沧区东孚鼎美建和机砖厂诉厦门市海沧区东孚镇莲花村汤岸村民
   小组、厦门市海沧区东孚镇莲花村民委员会征地补偿款分配案
   （土地补偿款、增值分配主体）……………………………………………………（26）
7. 林旭锋诉许双凤共有案
   （所有权与用益物权的分离）………………………………………………………（30）
8. 李庚昌等诉通华公司等物权保护案
   （如何区分建筑物区分所有权中的专有部分和共有部分，出卖人能否通过协议
   保留法定共有部分所有权）………………………………………………………（35）
9. 崔吉利等诉北京市昌平区回龙观镇万润家园小区业主委员会等业主撤销权案
   （业主撤销权）………………………………………………………………………（45）
10. 王德赓诉马其培相邻关系案
    （诉讼时效、有利生产和方便生活原则、容忍义务）……………………………（51）
11. 肖荣华诉江苏瑞南实达房地产开发有限公司承租人优先购买权案
    （承租人优先购买权）………………………………………………………………（54）
12. 罗明朋诉方志香、李鲜明土地承包经营权案
    （土地承包经营权的互换）…………………………………………………………（60）
13. 莆江村民委员会诉李文清返还承包土地案
    （采矿权与土地承包经营权的关系）………………………………………………（65）
14. 海南省昌江黎族自治县土产日杂公司诉海南绿崎园林工程有限公司、第三人
    东方市第二建筑公司建设用地使用权转让案
    （案外人异议之诉中的实体权利）…………………………………………………（69）

· 1 ·

15. 黄武庆诉王传海地役权案
    （宅基地） ··· (75)
16. 楚雄市融达典当行有限公司诉楚雄市经济技术开发区雄海石化有限公司典当案
    （典当） ··· (79)
17. 刘贵荣、刘勇、胡正全诉董兴国、高自福、高琼仙采矿权案
    （采矿权转让的条件） ··· (86)
18. 中国建设银行股份有限公司东营东城支行诉山东华林纸业有限公司、东营市华东线缆集团有限公司、东营市国土资源局开发区分局借款担保合同案
    （财产保全与抵押登记的效力认定） ······································ (92)
19. 姜北诉冯雅镁·耶尼房屋买卖合同案
    （转让抵押房屋的效力） ·· (99)
20. 高毅诉张军占有物返还案
    （占有物返还） ·· (104)

二、人身权纠纷案例 ·· (108)

21. 李志坚诉张玉瑞生命权、健康权、身体权案
    （临时受托看护人的侵权责任） ··· (108)
22. 贾玉娟等诉红星福利院生命权、健康权、身体权案
    （代养人的安全保障义务） ··· (117)
23. 王训钿诉胡家祥姓名权案
    （姓名权侵权赔偿责任的认定） ··· (124)
24. 战一诉北京雷霆万钧网络科技有限责任公司名誉权、肖像权案
    （网络侵权） ··· (128)
25. 东方京宁建材科技有限公司诉睿达华通化工材料技术有限责任公司名誉权案
    （法人名誉权的认定与保护） ·· (136)
26. 黄静诉崔电博、北京市浩光律师事务所、北京市包诚律师事务所案
    （公众人物的隐私范围及其容忍度问题） ······························ (145)
27. 刘欣诉交通银行股份有限公司天津市分行名誉权案
    （信用的保护） ·· (155)

三、合同纠纷案例 ·· (161)

28. 姚芷蘅诉北京匠心之轮国际网球中心有限公司教育培训合同案
    （"不退费"格式条款是否有效） ··· (161)
29. 刘道琳诉南京航空瑞华置业有限公司等房屋买卖合同案
    （房屋订购单性质、格式条款解释） ····································· (166)
30. 武春梅诉叶完秀、江玲房屋买卖合同案
    （信赖利益损失之赔偿范围） ·· (174)
31. 占小平诉北京盛世万源餐饮管理有限责任公司合同案
    （合同效力） ··· (179)
32. 陈冬香诉吴志刚房屋买卖合同案
    （效力性强制性规定的识别） ·· (186)

33. 史少伟诉崔剑侠、北京链家房地产经纪有限公司房屋买卖合同案
    （因情势变更致房屋买卖合同解除） ……………………………………………（192）
34. 尚斌诉卢成爱、高雁伟、北京润邦房地产经纪有限责任公司房屋买卖案
    （在案件审理中正确区分无权处分和无权代理） ………………………………（198）
35. 纪玉美诉厦门翔安新城投资开发有限公司房屋买卖合同案
    （情势变更） ……………………………………………………………………（202）
36. 吕铁斌与彭伟、北京链家房地产经纪有限公司、李鹤然房屋买卖合同案
    （一物数卖的法律效果） ………………………………………………………（207）
37. 刘鹏程诉北京亚通房地产开发有限责任公司买卖合同案
    （情势变更的效力） ……………………………………………………………（214）
38. 郑志渊诉查天生、陈尚淮民间借贷案
    （保证期间的起算点　保证合同的诉讼时效） ………………………………（218）
39. 徐国文诉闫金奎买卖合同案
    （对欠条中有争议的内容进行解释可依据书写习惯） ………………………（222）
40. 金姬善诉董金宝房屋买卖合同案
    （房地产调控中借名买房合同的效力认定） …………………………………（225）
41. 广东菱王电梯有限公司诉武夷山市建宏置业有限公司买卖合同案
    （买卖合同中所有权保留的效力） ……………………………………………（232）
42. 周永兴、陈若春诉周勇明赠与合同案
    （经公证的不动产赠与） ………………………………………………………（239）
43. 温勉雄诉王化荣借款案
    （借款事实） ……………………………………………………………………（244）
44. 王宝珍等诉厦门公交集团开元公共交通有限公司城市公交运输合同案
    （先合同义务如何认定） ………………………………………………………（250）
45. 五指山市林业局诉海南天艺之星酒店管理有限公司保管合同案
    （保管合同） ……………………………………………………………………（256）
46. 北京莹灿房地产经纪有限公司诉张亚杰居间合同案
    （格式条款、居间合同） ………………………………………………………（261）

四、侵权纠纷案例 ………………………………………………………………（266）

47. 黄万奎等诉北京市道培医院医疗损害赔偿案
    （医疗注意义务　伦理要求） …………………………………………………（266）
48. 胡发刚等诉吴红勤等损害赔偿案
    （工伤事实认定） ………………………………………………………………（272）
49. 李莹莹诉李诗琦等人身损害赔偿案
    （共同侵权责任　补充责任） …………………………………………………（278）
50. 林良才诉杨军等人道路交通事故人身损害赔偿案
    （"二次事故"数个侵权人的责任承担） ………………………………………（284）
51. 郑兰诉肖平人身损害赔偿案
    （损失分担） ……………………………………………………………………（292）

52. 王伯诚诉中银国际证券有限公司北京宣外大街证券营业部、中银国际证券有限责任公司财产损害赔偿案
    （账户交易安全保障义务） ……………………………………………………（298）

53. 陈萍诉中衡公证处公证损害赔偿案
    （公证损害赔偿） ………………………………………………………………（304）

54. 彼得·迈克莱恩诉中青旅控股股份有限公司旅游合同案
    （外国人赔偿标准） ……………………………………………………………（312）

55. 刘丽萍等诉北京大学人民医院医疗损害赔偿案
    （医疗损害鉴定） ………………………………………………………………（317）

56. 李小娥等诉首都医科大学附属北京朝阳医院医疗损害赔偿案
    （因果关系） ……………………………………………………………………（327）

57. 王建国、管惠英诉北大医院医疗损害赔偿案
    （医疗损害责任二元化结构下的鉴定采信问题） ……………………………（335）

58. 喻春秀诉新疆医科大学第一附属医院医疗损害赔偿案
    （患者知情同意权的保护） ……………………………………………………（344）

59. 曾子孟等诉中山大学附属第一医院医疗损害赔偿案
    （不当出生　诉讼主体） ………………………………………………………（351）

60. 张培萱诉南通市第一人民医院人身损害赔偿案
    （不作为型医疗过失赔偿） ……………………………………………………（358）

61. 吴锡雄等诉姚丽璇、汕头市中心医院道路交通事故人身损害、医疗损害赔偿案
    （"多因一果"侵权责任） ………………………………………………………（362）

62. 陈桂芳诉周伟国、钟汉波、天平汽车保险股份有限公司佛山中心支公司道路交通事故人身赔偿案
    （无证、醉酒驾驶保险公司能否免赔） ………………………………………（371）

63. 江礼琼诉刘国等交通事故人身损害赔偿案
    （交强险的适用） ………………………………………………………………（378）

64. 程立芹诉刘兴雨道路交通事故人身损害赔偿案
    （双重赔偿） ……………………………………………………………………（385）

65. 黄选才诉被告金雄、金虎、黄俊、黄显亮道路交通事故人身损害赔偿案
    （共同危险行为致人损害赔偿的价值选择和利益平衡） ……………………（388）

66. 彭文答诉彭清丙、沈海潮损害赔偿案
    （非善意诉讼） …………………………………………………………………（396）

五、婚姻家庭、继承纠纷案例 ……………………………………………………（405）

67. 熊玉英诉衷培兴离婚案
    （事实婚姻） ……………………………………………………………………（405）

68. 常虹诉赵铁良离婚后财产案
    （停车位使用权是否属于夫妻共同财产的问题） ……………………………（407）

69. 罗五妹诉江业荣离婚后财产案
    （夫妻共同财产的认定） ………………………………………………………（413）

70. 胡红英诉周剑雅离婚后财产案
    （股东内部关系　转移、隐匿财产）……………………………………（417）
71. 王建平诉王彩霞等民间借贷案
    （离婚后一方所负用于婚后家庭共同生活的债务亦应为夫妻共同债务）………（422）
72. 米沙诉裴晓江抚养费案
    （外籍子女抚养费是否应一次性给付）……………………………………（426）
73. 韩桂素诉曲爱霞等房屋所有权确权及分家析产案
    （房屋登记效力与实际出资人的保护）……………………………………（431）
74. 温永兴等诉林铅蕉等、第三人温丽治继承案
    （一户一宅、继承与分家析产）……………………………………………（435）
75. 徐雪华诉程乃莉等析产继承案
    （农村宅其地）………………………………………………………………（439）
76. 黄月娥诉被告秦飞、黄伟、秦玮泽法定继承案
    （法定继承、遗嘱继承）……………………………………………………（444）
77. 杜桂娣等诉杜国光等分家析产继承再审重审案
    （房屋动迁款权益争议）……………………………………………………（449）
78. 王林妹等诉阎崇红等继承析产案
    （继承权丧失）………………………………………………………………（454）

六、劳动争议纠纷案例……………………………………………………………（460）

79. 李正春诉厦门市星和船舶服务有限公司劳动争议案
    （用人单位迟延办理退工手续及社保转移手续的责任）…………………（460）
80. 纪彦萍诉广西柳州公路建筑工程公司劳动争议案
    （在劳动关系存续期间用人单位与劳动者签订的承包合同的性质认定）………（464）
81. 苏州沃克人力资源职介有限公司诉杨敬乐等确认劳动关系案
    （冒名签订劳动合同的效力）………………………………………………（470）
82. 陈朝栋诉中国电信股份有限公司雅安分公司、雅安市邮政局人事争议案
    （人事档案）…………………………………………………………………（474）
83. 梁明德与无锡市天程国际货运代理有限公司确认劳动关系案
    （挂靠合同的效力）…………………………………………………………（482）
84. 泗阳蓝祺服装公司诉张桂香工伤保险待遇案
    （工伤待遇）…………………………………………………………………（487）
85. 张旭东诉海南航空股份有限公司劳动争议案
    （用人单位内部调岗、调薪权的合理性审查）……………………………（491）
86. 上海富呈企业管理咨询有限公司诉施伟明劳动合同案
    （公平合理原则在劳动争议案件中的适用）………………………………（499）
87. 刘赟诉英特尔产品（上海）有限公司清算组劳动合同案
    （企业自行解散后劳动合同终止的实体及程序要件）……………………（508）
88. 黄建华诉上海樱乔依餐饮有限公司劳动合同案
    （劳动关系与劳务关系）……………………………………………………（515）

89. 黄伟胜与中关村证券股份有限公司破产管理人劳动争议案
   （在证据不足时如何准确认定案件事实） ……………………………（521）
90. 方正国际软件（北京）有限公司与谷向杰、艾司科贸易
   （上海）有限公司劳动争议案
   （竞业限制） …………………………………………………………（529）

七、其他纠纷 ………………………………………………………………（537）

91. 朱承钊诉王剑峰赔偿款案
   （举证责任分配） ……………………………………………………（537）
92. 王洪诉巫赏翠等委托合同案
   （不当得利的法律适用） ……………………………………………（541）
93. 李某诉王某人身损害赔偿案
   （间接证据的运用） …………………………………………………（546）
94. 杜正敏与北京福禄财餐饮有限公司装饰装修合同案
   （鉴定结论在审判实践中的认证和适用规则） ……………………（552）
95. 焦红兵诉单春宏雇员受害赔偿案
   （律师参与订立调解协议的撤销） …………………………………（561）
96. 南京金盟房地产投资咨询有限公司诉江苏国安建筑安装工程有限公司恶意
   诉讼保全侵权案
   （恶意诉讼保全） ……………………………………………………（565）
97. 佛山市南海区丹灶镇人民政府诉广东天乙集团有限公司、苏国华、郭永由、
   江剑锋环境污染侵权案
   （环境公益诉讼） ……………………………………………………（572）
98. 甄良诉北京市天竺房地产开发公司商品房预售合同纠纷执行异议案
   （执行权限） …………………………………………………………（579）
99. 梁良明诉高小莉财产确权案
   （执行异议之诉的诉讼请求及案由规范） …………………………（582）
100. 杨明诉倪煜旦、龚荣铭执行异议之诉案
    （期待权效力） ………………………………………………………（589）
101. 张文潭申请执行章荣夫案
    （民事执行程序中的若干问题） ……………………………………（592）

一、物权纠纷案例

1. 神农架阳日矿产公司诉神农架阳日镇政府用益物权确认案
（物权法定原则的适用）

（一）首部

1. 判决书字号
一审判决书：湖北省神农架林区人民法院（2009）神民初字第175号。
二审判决书：湖北省宜昌市中级人民法院（2010）宜中民一终字第00201号。
2. 案由：用益物权确认纠纷。
3. 诉讼双方
原告（上诉人）：神农架林区阳日矿产开发有限责任公司（以下简称阳日矿产公司），住所地：湖北省神农架林区阳日镇。
法定代表人：贾帮谊，公司董事长。
委托代理人（特别授权）：彭光耀，湖北前锋律师事务所律师。
委托代理人（特别授权）：陈晓赤，湖北前锋律师事务所律师。
被告（被上诉人）：神农架林区阳日镇人民政府（以下简称阳日镇政府），住所地：湖北省神农架林区阳日镇。
法定代表人：张建兵，镇长。
委托代理人（特别授权）：李玉成，阳日镇政府办公室主任。
委托代理人（二审，特别授权）：夏继承，湖北神农架律师事务所律师。
4. 审级：二审。
5. 审判机关和审判组织
一审法院：湖北省神农架林区人民法院。
合议庭组成人员：审判长：廖凌云；审判员：冯涛、万宗琼。
二审法院：湖北省宜昌市中级人民法院。
合议庭组成人员：审判长：高见成；审判员：苗劲松、袁红文。

6. 审结时间

一审审结时间：2009年12月3日。

二审审结时间：2010年5月13日。

(二) 一审诉辩主张

1. 原告阳日矿产公司诉称

2000年，被告阳日镇政府采用招商引资的方式进行公路建设，经与原告阳日矿产公司协商一致，确定了在"谁投资、谁所有、谁受益"的原则下由原告阳日矿产公司投资建设阳日镇大坪村级公路。2002年1月8日，被告阳日镇政府与原告阳日矿产公司正式签订《公路建设项目协议》，该协议除进一步明确了"谁投资、谁所有、谁受益"的原则外，同时还约定，原告阳日矿产公司负责公路建设过程中的全部费用投资，公路完成投资后享有永久所有权；被告阳日镇政府负责办理公路建设项目的相关手续，协议的有效期自签订之日起至原告自愿放弃公路所有权时止。原告投资近500万元，经过两年多的艰苦建设，完成了大坪村级公路16.7公里工程建设。请求法院依法确认原告阳日矿产公司对阳日镇大坪村级公路享有用益物权。

2. 被告阳日镇政府辩称

与原告阳日矿产公司签订的《公路建设项目协议》中，涉及物权设立的条款无效，原告的诉讼请求不符合法律规定，请求法院予以驳回。

(三) 一审事实和证据

湖北省神农架林区人民法院经公开审理查明：被告阳日镇政府为加快大坪村脱贫致富的步伐，决定从交通建设入手，进而带动矿产资源的开发。2000年3月5日，向神农架林区人民政府呈报了《关于兴建大坪村级公路的请示》。2001年11月，神农架林区政府作出了《湖北省神农架林区城乡建设用地批准通知书》。由于财政经费有限，被告阳日镇政府决定采取招商引资的方式进行公路建设。经与原告阳日矿产公司协商，确定了"谁投资、谁所有、谁受益"的原则后，原告投资建设大坪村级公路。此后，阳日镇政府申请办理了"阳日镇大坪村级公路"的土地使用权登记，登记证号为"神集用（2001）字第011503214号"。主要内容为，坐落：大坪村，图号：0115，用途：交通，使用权类型：划拨，使用权面积：91亩。2002年1月8日，原告阳日矿产公司与被告阳日镇政府签订了《公路建设项目协议》，协议主要内容为："原告阳日矿产公司负责公路建设的投资；负责林地征用、土地征用手续的一切费用及青苗补偿、房屋拆迁的全部费用；公路完成投资后享有永久所有权，并承担使用期间的全部维修费用。被告阳日镇政府负责办理公路建设项目的申报、审批手续，争取路网建设的优惠政策；协助原告按照村级公路优惠政策办理土地、林地征占用手续；负责协调原告与村在公路建设、维修使用过程中的关系（青苗补偿、房屋拆迁）；被告村民可享受生产、生活资料在交通上的无偿通行。协议自签订之日起生效，至原告自愿放弃公路所有权时废止。"大坪村级公路建成后原告阳日矿产公司进行使用、管理和养护。

另查明，大坪村级公路的立项、报批，土地及林地的审批登记手续均由被告阳日镇政府办理。

上述事实，有原告工商登记材料、大坪村级公路审批材料、《公路建设项目协议》、证人证言等证据证明。

（四）一审判案理由

湖北省神农架林区人民法院经审理认为：我国《物权法》第五条规定，"物权的种类和内容，由法律规定"。行为人无自行创设物权的名称、种类和内容的自由。现原告依据与被告签订的村级公路建设协议和协议中约定的对大坪村级公路的永久所有权，请求确认对大坪村级公路享有用益物权，显然是违背我国物权法定原则的。

（五）一审定案结论

湖北省神农架林区人民法院依照《中华人民共和国物权法》第五条、《中华人民共和国民法通则》第五条之规定，作出如下判决：

驳回原告阳日矿产公司的诉讼请求。

案件受理费80元，由原告阳日矿产公司负担。

（六）二审情况

1. 二审诉辩主张

（1）上诉人阳日矿产公司诉称

一审判决对"物权法定"原则的理解过于狭隘，认定上诉人主张用益物权违背了物权法定原则不当，上诉人应享有的公路投资权益属于用益物权。一审判决适用《民法通则》第五条进行判决，适用法律错误。请求撤销一审判决，改判确认上诉人享有对大坪村级公路的用益物权。

（2）被上诉人阳日镇政府辩称

一审判决对物权法定原则理解适当，认定上诉人主张对公路的用益物权违背了物权法定原则是适当的。一审判决适用法律正确。综上，请求驳回上诉，维持原判。

2. 二审事实和证据

湖北省宜昌市中级人民法院经审理，确认一审法院认定的事实和证据。

3. 二审判案理由

湖北省宜昌市中级人民法院经审理认为：本案上诉人虽投资修建了阳日镇大坪村级公路，但其以此为由要求享有该公路的用益物权不符合法律规定，原判适用法律并无不当，上诉人的上诉理由不能成立，本院不予支持。综上所述，原判认定事实清楚，审理程序合法，适用法律正确，实体处理并无不当。

4. 二审定案结论

湖北省宜昌市中级人民法院依照《中华人民共和国民事诉讼法》第一百五十三条第一款第（一）项之规定，作出如下判决：

驳回上诉，维持原判。

二审案件受理费80元，由上诉人阳日矿产公司负担。

（七）解说

本案系《物权法》出台后，适用《物权法》总则中"物权法定原则"裁判的案件，在法律适用方面具有一定的指导意义。物权是一项重要的民事权利，物权制度属于民事基本制度，设立物权的种类和内容，只能由法律规定，当事人不能自行创立。本案双方当事人约定的物权种类系自行创设的新型物权，违反物权法定原则，依法不予保护。

1. 《公路建设项目协议》的效力问题

物权法、自然资源法中对物权的名称、物权的种类、物权的内容，均以明定和列举的方式予以规定，而并未赋予行为人以自行创设物权的名称、种类和内容的自由。对于国内外经济组织投资修建的公路，除了经依法审批取得该公路的收费权外，《公路法》并未规定投资者可以享有公路的物权。被告阳日镇政府采取招商引资的方式进行村级公路建设，与原告阳日矿产公司协商，由原告投资建设大坪村级公路并不违反相关法律规定。但双方签订的公路建设项目协议中约定原告阳日矿产公司在公路完成投资后对该公路享有永久所有权，该合同在形式、主体、标的等方面，都不符合设立物权的合同要件，当事人自行创设物权种类，违反物权法定原则，不发生物权设定的法律效力。

2. 物权法定原则在本案的适用

我国《物权法》第五条规定，"物权的种类和内容，由法律规定"。依据这一物权法定原则，物权的种类和内容均由法律作出强行性规定，自然人和法人只能依据法律的规定取得物权、行使物权请求权和行使物权的权利内容。且在我国的物权法律中，对不动产物权的设立、取得，采取的是登记制度。现原告仅依据与被告签订的《公路建设项目协议》以及借助村级公路项目和政策进行投资的事实，在未履行必要的行政审批、许可的情况下，主张对村级公路享有用益物权，除与村级公路的公益性抵触外，还有当事人自行创立法律未予规定的物权的问题。这显然是违背我国物权法规定的物权法定原则的，法院判决驳回原告阳日矿产公司的诉讼请求是正确的。

3. 原告投资权益的保护

物权法定原则，是指物权的种类、内容、效力和公示方法只能依据法律而设定，禁止当事人自由创设，也不得随意变更。物权法定原则使物权的种类统一化、内容规范化，是保障交易安全和物尽其用的需要，也是物权的支配性和排他性所决定的。本案当事人双方签订的公路建设项目协议中约定原告阳日矿产公司在公路完成投资后对该公路享有永久所有权，系当事人自由创设的物权，故原告依据协议约定主张对公路的用益物权依法不应保护。但该公路系原告投资修建，其投资权益可通过债权的形式予以保护。物权法定原则形成的前提，是物权与债权的二元分化。本案当事人约定的权利义务关系不符合物权法定原则，但可认定为债权债务关系，原告可通过主张债权从而获得法律保护。

（湖北省神农架林区法院　甘　鲜　严晓红）

2. 李桂敏诉张铝房屋买卖合同案
（登记请求权）

（一）首部

1. 判决书字号

一审判决书：北京市丰台区人民法院（2010）丰民初字第3238号。

二审判决书：北京市第二中级人民法院（2010）二中民终字第233305号。

2. 案由：房屋买卖合同纠纷。

3. 诉讼双方

原告（被上诉人）：李桂敏，女，汉族，北京建工集团七建公司退休工人，住北京市丰台区南苑镇。

委托代理人：傅德刚，北京市一法律师事务所律师。

被告（上诉人）：张铝，男，汉族，中博经济信息发展中心总裁，住北京市海淀区。

委托代理人：张丽华，北京市法鸿律师事务所律师。

4. 审级：二审。

5. 审判机关和审判组织

一审法院：北京市丰台区人民法院。

独立审判员：代理审判员：杨筝。

二审法院：北京市第二中级人民法院。

合议庭组成人员：审判长：陈妍；审判员：刁久豹；代理审判员：张清波。

6. 审结时间

一审审结时间：2010年10月20日。

二审审结时间：2010年12月14日。

（二）一审诉辩主张

1. 原告李桂敏诉称

1998年12月9日，原告和前夫刘强与被告之父张寄超签订买卖房屋协议书一份，合同约定，被告之父张寄超将其所有的坐落于北京市丰台区南苑镇东长街10号房屋（东房两间），以4万元的价格出卖给原告和刘强。当日双方房款已全部结清，张寄超将此房交付给原告入住至今。此合同已被生效的法律文书确认有效。原告与其前夫刘强于2000年6月25日离婚，双方协议此房归本案原告所有。此房由于被告之父张寄超长期无法联系的单方原因，至今没有为原告办理房屋所有权转移登记。2006年7月7日被告之父张寄超被法院宣告死亡，被告于2006年12月8日法定继承此房。原告与张寄超签订的房屋买卖合同合法有效，双方约定的房款已全部结清，所买卖的房屋已实际交付转移占有，房屋买卖合同的主要义务已履行完毕，此房屋所有权转移登记过户的附随义务，由于张寄超的原因没有及时完成，原告在房屋买卖合同的签订和履行过程中没有任何过错。原告购买被告之父的房屋由被告继承，被告应当继续履行其父张寄超已出卖房屋的义务，即登记过户的附随义务。为此原告向法院提起诉讼：（1）要求被告继续履行张寄超与李桂敏、刘强于1998年12月9日签订的房屋买卖合同，被告协助原告办理坐落于北京市丰台区南苑镇东长街10号、建筑面积32.19平方米房屋所有权转移登记过户手续；（2）判令被告承担本案诉讼费用。

2.被告张铝辩称

原告要求被告履行协助过户义务，无事实及法律依据，我方不同意原告的诉讼请求。（1）原告所称涉诉房屋所有权归被告所有，即原告没有所有权；（2）被告已经依法继承涉诉房屋，并应依法得到法律保护；（3）原告让作为继承人的被告履行协助过户义务，没有法律依据，我国没有任何法律规定继承人有代替被继承人履行房屋过户手续行为的义务。

（三）一审事实和证据

北京市丰台区人民法院经公开审理查明：1998年12月9日，张寄超与刘强、李桂敏签订《买卖房屋协议书》约定：张寄超将其位于北京市丰台区南苑镇东长街10号（东房两间）出卖给刘强、李桂敏。房屋价款为4万元。本协议自签字之日起即生效，如有一方违约，将负违约金1万元。自协议签订当日，刘强、李桂敏支付房款4万元。协议签订后，李桂敏、刘强一直居住在此。2003年6月17日，张寄超被法院宣告失踪，2006年7月7日，张寄超被法院宣告死亡，张寄超所有房屋由张铝继承，2006年12月张铝取得继承房屋产权。2000年6月25日，李桂敏与刘强离婚，双方协议此房归李桂敏所有。李桂敏与其女儿刘楠楠居住此房屋至今。

2009年3月3日，北京市丰台区人民法院作出（2008）丰民初字第19244号民事判决书，确认张寄超与刘强、李桂敏签订买卖房屋协议为有效合同。后张铝向北京市丰台区人民法院提起诉讼，要求李桂敏、刘楠楠腾退涉诉房屋。2009年12月17日，北京市丰台区人民法院作出（2009）丰民再字第21436号民事判决书，查明张寄超被宣告死亡后，张铝作为张寄超唯一的继承人办理了涉诉房屋产权证书。张寄超与李桂敏、刘强签订的买卖房屋协议为有效合同，该合同已履行完毕，张铝以张寄超被宣告死亡后取得该房屋产权证书为由要求李桂敏、刘楠楠腾房的诉讼请求证据不足，判决予以驳回。

上述事实有下列证据证明：

1. 《买卖房屋协议书》，证明买卖双方的权利义务内容。
2. 《离婚证》，证明李桂敏与刘强离婚，双方协议涉诉房屋归李桂敏所有。
3. 北京市丰台区人民法院（2008）丰民初字第19244号民事判决书，证明法院已经确认张寄超与刘强、李桂敏签订的买卖房屋协议为有效合同。
4. 北京市丰台区人民法院（2009）丰民再字第21436号民事判决书，证明法院查明张寄超被宣告死亡后，张铝作为张寄超唯一的继承人办理了涉诉房屋产权证书。张寄超与李桂敏、刘强签订的买卖房屋协议为有效合同，该合同已履行完毕，张铝以张寄超被宣告死亡后取得该房屋产权证书为由要求李桂敏、刘楠楠腾房的诉讼请求证据不足，法院最后判决驳回了张铝的诉讼请求。

（四）一审判案理由

北京市丰台区人民法院根据上述事实和证据认为：（1）坐落于北京市丰台区南苑镇东长街10号（东房两间）系张寄超个人合法财产。张寄超与刘强、李桂敏于1998年12月9日签订的《买卖房屋协议书》系当事人真实意思表示，且未违反法律、行政法规之规定，应为有效合同。该合同已履行完毕，房屋已交与李桂敏居住至今。（2）张寄超被宣告死亡后，其因买卖房屋而产生的债权债务应由继承人一并继承。张铝继承张寄超所有的房屋后，应当以其继承的财产清偿张寄超尚未履行的合同义务，即为原告办理房屋产权过户手续。

（五）一审定案结论

北京市丰台区人民法院依照《中华人民共和国继承法》第三十三条之规定，作出如下判决：

被告张铝继续履行张寄超与李桂敏、刘强于1998年12月9日签订的买卖房屋协议，并于本判决生效后十五日内协助原告李桂敏办理北京市丰台区南苑镇东长街10号（东房两间）房屋所有权转移登记过户手续。

案件受理费35元，由被告张铝负担。

（六）二审情况

1. 二审诉辩主张
（1）上诉人诉称
与一审答辩意见一致。请求撤销原判，依法改判。
（2）被上诉人李桂敏辩称
同意原判。
2. 二审事实和证据
北京市第二中级人民法院经审理，确认一审法院认定的事实和证据。

3. 二审判案理由

北京市第二中级人民法院经审理认为：（1）因人民法院、仲裁委员会的法律文书或者人民政府的征收决定等，导致物权设立、变更、转让或者消灭的，自法律文书或者人民政府的征收决定等生效时发生效力。张寄超依生效民事判决书取得诉争房屋所有权，有权对诉争房屋进行处分。张寄超与刘强、李桂敏于1998年12月9日签订的《买卖房屋协议书》系当事人真实意思表示，且未违反法律、行政法规之规定，应为有效合同，且该协议已被生效民事判决书确定为有效合同。（2）刘强、李桂敏作为买方，已支付了全部价款并入住诉争房屋。张寄超被宣告死亡后，其因买卖房屋而产生的债权债务应由继承人一并继承。故原审法院认为，张铝继承张寄超所有的诉争房屋后，应当以其继承的财产清偿张寄超尚未履行的合同义务，为李桂敏办理诉争房屋所有权过户手续，系正确的，本院予以维持。

4. 二审定案结论

北京市第二中级人民法院依照《中华人民共和国民事诉讼法》第一百五十三条第一款第（一）项之规定，作出如下判决：

驳回上诉，维持原判。

一审案件受理费35元，由张铝负担。二审案件受理费70元，由张铝负担。

（七）解说

本案中双方争议的焦点是房屋继承人代为清偿被继承人所欠的债务，是否包括为买受人办理其所继承房屋的产权转移登记手续这一行为义务。为了解决这一问题，我们从以下三点进行分析：（1）房屋继承人所拥有的物权与买受人享有的债权之间优先性的问题；（2）对房屋过户登记行为的法律性质如何进行认定；（3）继承人应否履行为买受人办理过户登记手续这一行为义务。

首先，房屋继承人所拥有的物权与买受人享有的债权之间，不应适用物权优先于债权的普通民法理论。我国传统民法理论认为，物权（本文仅指所有权）优先于债权，物权具有绝对性、直接支配性和排他性，当债权的标的物是特定物，且该物上又有物权存在时，无论物权成立在先或在后，均有优先于债权的效力，该标的物不论辗转于何人之手，物权人均得追及物之所在而行使其权利。但这一原则，并非在任何情况下都完全适用。《继承法》第三十三条规定，继承遗产应当清偿被继承人依法应当缴纳的税款和债务，缴纳税款和清偿债务以他的遗产实际价值为限。超过遗产实际价值部分，继承人自愿偿还的不在此限。从该条规定可以看出，继承了遗产的继承人，虽然已经拥有了该部分遗产的所有权，仍应以其所继承遗产为限偿还被继承人生前所负的债务。在这种情况下，债权人所享有的债权与继承人的物权相比，是具有优先性的，继承人既要继承被继承人所享有的债权，也要继承被继承人所欠下的债务，权利与义务是并存的，只享有权利不承担义务，或只承担义务不享有权利，都是违背民法基本原则的。继承人在继承遗产后，理应以该遗产为限偿还被继承人欠下的债务，而债权人也有权要求继承了遗产的继承人，偿还被继承人生前对债权人所负的债务。

其次,房屋过户登记行为是房屋这一不动产物权变动的公示方法,是不动产物权变动的核心。《物权法》第六条规定:"不动产物权的设立、变更、转让和消灭,应当依照法律的规定登记。动产物权的设立和转让,应当依照法律规定交付。"这是我国物权法确立的公示制度,亦称为公示原则。如果某种物权已经发生了变动,但没有在登记簿上予以记载,则在法律上视为并没有真正完成物权的变动。从法律效果来看,只要作为公示内容的物权现状没有变动,便可以视为未曾发生物权变动。反之,如果登记记载的某项物权已经发生变动,但事实上并没有变动,在法律上则推定物权已经发生了变动。

登记作为不动产物权变动的公示方法,是行政行为还是民事行为,理论界存在着争论。一般认为,登记是一种民事行为,具有私法性,类似于婚姻登记,其性质是发生私法效果的行为。但将登记仅仅理解为民事行为无法解释司法实践中为数众多的要求撤销登记的行政纠纷,所以笔者认为,登记应当是同时具备民事行为和行政行为特征的一种公示行为。

最后,房屋继承人应当履行为买受人办理房屋过户手续的行为义务。前面我们已经论述过,不动产登记是一种物权公示方法,其目的在于将不动产物权变动的事实公之于众,是对法律事实的一种确认。本案中,张寄超在将涉诉房屋过户到刘强、李桂敏名下前,经法院生效判决宣告死亡,涉诉房屋由张铝继承,后张铝将房屋变更到自己名下。张铝作为涉诉房屋的继承人,应当以其所继承的房屋偿还张寄超被宣告死亡前所欠下的债务,该债务不仅包括传统意义上的交付义务,也包括为不动产办理过户登记等公示行为义务,以实现不动产产权的变更。故张铝应为刘强、李桂敏办理涉诉房屋的过户手续。因李桂敏已与刘强约定涉诉房屋归李桂敏所有,故张铝应将涉诉房屋过户到李桂敏的名下。

综上,一、二审法院的判决是正确的。

(北京市丰台区人民法院 杨 筝)

3. 陈艳华诉宋晓贝返还原物案
(善意取得的认定)

(一) 首部

1. 判决书字号

一审判决书:北京市海淀区人民法院(2009)海民初字第28014号。

二审判决书:北京市第一中级人民法院(2010)一中民终字第2635号。

2. 案由：返还原物纠纷。

3. 诉讼双方

原告（上诉人）：陈艳华，女，满族，北京公交公共交通控股（集团）有限公司第四客运分公司职工，住北京市海淀区。

委托代理人：岳涛，北京市振邦律师事务所律师。

被告（被上诉人）：宋晓贝，女，汉族，中国知识产权培训中心项目专员，住北京市海淀区。

委托代理人：韩维，北京市五泰律师事务所律师。

委托代理人：王振强，中国化学工程股份有限公司员工，住北京市海淀区。

4. 审级：二审。

5. 审判机关和审判组织

一审法院：北京市海淀区人民法院。

独立审判员：代理审判员：金川。

二审法院：北京市第一中级人民法院。

合议庭组成人员：审判长：王爱红；代理审判员：万丽丽；代理审判员：李晓龙。

6. 审结时间

一审审结时间：2009年12月2日。

二审审结时间：2010年3月19日。

（二）一审诉辩主张

1. 原告陈艳华诉称

原告在与谢福军离婚诉讼期间发现谢福军将夫妻共有房屋（海淀区百旺家苑东区1号楼3单元903室）出售给了宋晓贝。得知该情况后，原告申请中止了离婚诉讼，向法院起诉要求宣告宋晓贝与谢福军2009年1月12日签订的房屋买卖合同无效。法院受理上述案件后经过审理作出了（2009）海民初字第5464号民事判决书，该判决判定宋晓贝与谢福军之间签订的存量房买卖合同无效。判决作出后双方均未提出上诉，现该判决已经生效。现起诉要求：判令宋晓贝将依据2009年1月12日存量房屋买卖合同取得的海淀区百旺家苑东区1号楼3单元903室予以返还，并将该房屋产权登记恢复原状；本案诉讼费由宋晓贝承担。

2. 被告宋晓贝辩称

存量房屋买卖合同无效并不影响我方对物权的善意取得，本案中双方当事人签订了两份房屋买卖合同，陈艳华仅以一份合同无效主张物权取得无效是没有任何法律依据的，我方取得房屋的物权经过公示具有公信力。关于合同中的避税问题，北京二手房买卖中，多数存在避税问题，为保护交易稳定，北京的司法实践中大多认为避税本身不影响合同效力，不能决定转让行为的效力和物权的归属。我方受让房屋时是善意的，整个房屋的购买过程是规范合法的；我方与北京美家置地房地产经纪有限公司（以下简称美家置地公司）、贷款银行共同审查了谢福军作为出卖方应当具有的基本权利，要求谢福军提供其婚姻状况证明、配偶身份证、房产证并向谢福军详细询问了陈艳华对卖房的意见。我方已经合理审慎地对出卖方相关权利和房屋权属详细审查。我方的审查是有限度的，我方不具备房产专业知识，对审查的限度应当限于一般公众的理解。我方对相关信息的了解手段也是有限的，主要依靠出卖人的陈述和书面承诺或者中介公司的协助来审查房屋的信息和谢福军卖房的真实意思表示。谢福军和陈艳华是夫妻，他们处理房产的权利是平等的，我方有理由相信谢福军的行为已经征得陈艳华的同意。我方取得房屋所有权是通过正当市场途径，支付合理对价受让取得。受让的房屋已经依照法律规定办理过户登记手续，我方已经实际取得房屋所有权证书。根据有关规定，善意取得制度是国家立法基于保护交易安全对原权利人和受让人之间的权利所做的一种强制性的物权配置，受让人取得财产所有权是基于物权法的直接规定而不是法律行为，具有确定性和终局性。现我方不同意陈艳华的诉请，请求法院驳回。

（三）一审事实和证据

北京市海淀区人民法院经公开审理查明：陈艳华与谢福军系夫妻，北京市海淀区百旺家苑东区1号楼3单元903室房产证原登记于谢福军名下，系二人婚姻存续期间购买。2009年1月12日，谢福军与宋晓贝签订一份存量房屋买卖合同，主要内容如下：谢福军将北京市海淀区百旺家苑东区1号楼3单元903室出售给宋晓贝，建筑面积为121.01平方米。房屋成交价格为860 000元。谢福军应当在2009年1月30日前将上述房屋交付给宋晓贝。此外，谢福军与宋晓贝以及美家置地公司，于2009年1月5日，就上述房屋出售给宋晓贝一事另签订了一份房屋买卖三方合同，在该合同中，约定的房屋成交价格为1 380 000元，该合同还对付款方式、时间，产权过户、佣金的金额及支付方式等其他事项做了约定，该份合同签字人甲方为谢福军，乙方为宋晓贝之母宋黎英。购房钱款系依据2009年1月5日合同约定1 380 000元数额给付，存量房屋买卖合同中约定的房屋成交价格860 000元并未实际履行，目的为避税。现该房屋已实际交付给宋晓贝，所有权也已由谢福军过户为宋晓贝。陈艳华曾在另案中起诉要求确认谢福军、宋晓贝于2009年1月12日签订的房屋买卖合同无效，法院经审理认定，谢福军与宋晓贝签订的存量房屋买卖合同无效，房屋转让依据系房屋买卖三方合同，并认定三方合同实际主体为谢福军、宋晓贝以及美家置地公司。

上述事实有下列证据证明：
1. （2009）海民初字第5464号民事判决书。
2. 存量房屋买卖合同。
3. 三方合同等证据在案佐证。
4. 双方当事人的当庭陈述。

（四）一审判案理由

北京市海淀区人民法院经审理认为：公民及法人的合法权利受法律保护，但应采取正确恰当的方式加以主张。本案诉争北京市海淀区百旺家苑东区 1 号楼 3 单元 903 室已经由陈艳华丈夫谢福军出售给宋晓贝并办理了过户手续。虽陈艳华经诉讼，法院认定谢福军与宋晓贝签订的存量房屋买卖合同无效，但除该合同外，另签有房屋买卖三方合同，另案中已认定房屋转让系依据房屋买卖三方合同，并认定三方合同实际主体为谢福军、宋晓贝以及美家置地公司。在此情况下，陈艳华仅根据谢福军与宋晓贝签订存量房屋买卖合同无效要求宋晓贝返还房屋并将该房屋产权登记恢复原状，缺乏事实及法律依据，法院不予支持。

（五）一审定案结论

北京市海淀区人民法院依据《中华人民共和国民事诉讼法》第六十四条之规定，作出如下判决：

驳回陈艳华要求宋晓贝返还北京市海淀区百旺家苑东区 1 号楼 3 单元 903 室并将该房屋产权登记恢复原状等诉讼请求。

（六）二审情况

1. 二审诉辩主张
（1）上诉人陈艳华诉称

原审事实认定存在错误，首先，上诉方向原审法院提交过从海淀区房管局房屋档案中查询到的房屋登记，记载宋晓贝取得讼争房屋产权登记是依据 2009 年 1 月 12 日谢福军与宋晓贝签订的存量房屋买卖合同，该合同已经被法院宣告无效；其次，三方合同中写明的合同主体是宋黎英与谢福军，法院在没有任何理由的前提下将该合同主体进行变更是错误的；最后，基于错误事实认定，原审判决适用法律错误。

（2）被上诉人宋晓贝辩称

同意原审判决，不同意陈艳华的上诉请求。

2. 二审事实和证据

北京市第一中级人民法院经审理，确认一审法院认定的事实和证据。

北京市第一中级人民法院另查明，在法院审理期间，陈艳华向法院提交了如下证据：北京市海淀区房屋管理局出具的撤销房屋登记决定书，以证明 2010 年 1 月 13 日讼争房屋的产权登记已经被北京市海淀区建设委员会撤销，对方没有善意取得。该决定书的内容为："……我委决定撤销你依据以上无效合同申请办理的房屋登记。"宋晓贝认为，该决定书与生效判决矛盾，在产权没有确定的情况下，决定书出具不合适，其已经对该决定书方案提起了行政诉讼。

3. 二审判案理由

北京市第一中级人民法院经审理认为：（2009）海民初字第 5464 号民事判决书查明，2009 年 1 月 5 日所签订的三方合同实际主体为谢福军、宋晓贝以及美家置地公司，该判决送达后双方并未上诉，现该判决已经生效，陈艳华认为三方合同主体为谢福军、宋黎英及美家置地公司缺乏法律与事实依据。宋晓贝对讼争房屋的占有是基于2009年1月5日所签订的三方合同，在不存在生效法律文书确认该合同无效的前提下，陈艳华请求返还讼争房屋的诉讼请求法院不予支持。宋晓贝依据与谢福军2009年1月12签订的存量房屋买卖合同所取得的房屋产权登记已被撤销，房屋产权登记已不在宋晓贝名下，故陈艳华要求房屋产权登记恢复原状的请求亦缺乏事实依据。综上所述，陈艳华的上诉请求和理由没有事实及法律依据，法院不予支持。原审法院认定事实清楚，适用法律正确，判决结果并无不当，应予维持。

4. 二审定案结论

北京市第一中级人民法院依据《中华人民共和国民事诉讼法》第一百五十三条第一款第（一）项之规定，作出如下判决：

驳回上诉，维持原判。

一审案件受理费2 900元，由原告陈艳华负担。

二审案件受理费5 800元，由上诉人陈艳华负担。

（七）解说

本案的处理思路依据宋晓贝所实际履行的哪份房屋买卖合同展开。虽然谢福军与宋晓贝签订的存量房屋买卖合同已经被判决确认无效，但是法院认定宋晓贝所实际履行的是另一份有中介参加的三方合同，因此驳回了陈艳华依据无效的存量房屋买卖合同要求返还房屋的诉讼请求。

本案中实际隐藏的一个焦点问题是：宋晓贝是否已经通过善意取得的方式取得了讼争房屋的产权？

一种观点认为，虽然宋晓贝按照市场价格支付了购房款138万元，且购房时是善意的，并且房屋已经过户到其名下，但是现在建委已经撤销了其房屋登记，应当视为没有"取得"，因此，按照《物权法》第一百零六条的规定，并不符合善意取得的构成要件，所以最终宋晓贝并未实际取得讼争房屋的产权。

另一种观点认为，按照《物权法》第一百零六条的规定，转让的不动产依照法律规定应当登记的已经登记，成为不动产善意取得的要件之一。但是，本案讼争房屋在被登记到宋晓贝名下之后，又被相关政府部门撤销了登记。从作为不动产善意取得要件之一的"登记"来看，一旦进行了登记，并且其他内容也符合了善意取得的构成要件，就应当认可善意取得的法律效力。善意取得是物权法规定的一种所有权取得的特别规定，目的是保护占有或登记的公信力，保护交易安全，鼓励交易。因此，从善意取得的构成要件看，只要构成要件一经具备，便应产生相应的法律后果，而不论该登记行为最后是否被撤销，或者被撤销之后又再行恢复。就本案讼争房屋而言，宋晓贝已经通过善意取得的方式成为了讼争房屋的所有权人，因此，宋晓贝不应腾退房屋，恢复原状。

本案中，陈艳华以双方合同被法院确认无效，登记在宋晓贝名下的房产已经被撤销登记为由，要求返还诉争房屋，但法院以宋晓贝实际履行的是三方合同为由，驳回了陈艳华的诉讼请求，并未从根本上解决本案讼争房屋的产权归属问题。

本案中延伸出三个问题，值得我们进一步思考。第一个问题：依据《物权法》第一百零六条的规定，不动产的善意取得构成要件中，不动产是否已经登记过户是一个非常重要的条件。这样就出现令人困惑的问题：同样是善意第三人，在不动产交易中，该善意第三人同样按市场价支付了购房款，并且已经入住；如果合同履行进度快，完成过户了，就构成善意取得；如果合同履行稍慢，或者因为相关政府部门的原因，没有来得及过户，就不能构成善意取得；不动产的共有人或实际权利人反悔，主张房屋买卖合同无效，则善意第三人的利益就不能得到有效的保护。所以，善意取得制度的价值目标——保护登记的公信力，保护交易安全，鼓励交易这三项内容就会大打折扣了。

第二个问题：相关政府部门依据无效合同撤销不动产登记的做法存在问题。按照《物权法》第一百零六条之规定，构成善意取得的情形，都是无处分权人处分不动产或者动产的情况；而按照《合同法》第五十一条关于无权处分的规定，属于效力待定，如果共有人或实际权利人不追认，则处分就是无效的，合同也是无效的，然后该共有人或者实际权利人就到相关政府部门要求撤销善意第三人已经登记的不动产。如果政府部门进行了撤销，反过来又会引起善意第三人是否已经构成善意取得的争议。

第三个问题：无权处分合同的效力问题。《合同法》第五十一条规定，无处分权的人处分他人财产，经权利人追认或者无处分权的人订立合同后取得处分权的，该合同有效。依据该项规定，无权处分合同属于效力待定的合同；如果权利人不追认或者无处分权的人订立合同后没有取得处分权，则合同无效。

物权法规定，善意取得制度是所有权取得的特别形式。善意第三人依据该规定取得所有权，是依据法律的直接规定，而不是买卖合同。

综合上述两种解释，在无权处分导致善意取得的情况下，引起该物权变动的合同（即原因部分）是无效的，但该物权之所以能够变动的结果却来自物权法的直接规定。在这种情况下，引起物权变动的合同（即原因部分）无效，但是实际上，该合同却相当于得到了"实际履行"，因为按照善意取得制度的构成要件，要支付合理的价格，而该价格是买卖合同规定的，另外交付房屋、办理过户手续等也是买卖合同约定的。所以，实际上是把"无效"合同当做"有效"来处理了。

当然，这是符合善意取得构成要件的情况；如果还没有办理过户手续，不符合善意取得的构成要件，买卖合同又是无效的，则就只能按照合同无效返还的原则来处理了。

本案中，讼争房屋已经登记在宋晓贝名下，完全符合了善意取得制度的构成要件，产生了善意取得的法律效力，宋晓贝成为讼争房屋的所有权人。虽然之后被有关政府部门撤销了登记，但是并不能因此而否认宋晓贝对讼争房屋所享有的权利。

（北京市第一中级人民法院　冀　东）

4. 潘云祥诉黄美珍等房屋权属案
（房、地权利主体一致原则）

（一）首部

1. 判决书字号

原审判决书：广西壮族自治区南宁市良庆区人民法院（2008）民一初字第359号。

再审判决书：广西壮族自治区南宁市中级人民法院（2010）民再字第13号。

2. 案由：房屋权属纠纷。

3. 诉讼双方

原告（被申请人）：黄美珍。

原告（被申请人）：梁月香。

原告（被申请人）：苏合成。

原告（被申请人）：黄肖香。

原告（被申请人）：苏庆玲。

原告（被申请人）：苏业成。

被告（被申请人）：苏金成。

申请再审人（案外人）：潘云祥。

委托代理人：卢家森，南宁市正一法律事务所法律工作者。

委托代理人：陈力，南宁市邕宁区蒲庙镇法律服务所法律工作者。

4. 审级：再审。

5. 审判机关和审判组织

原审法院：广西壮族自治区南宁市良庆区人民法院。

独立审判人员：审判员：李喜杰。

再审法院：广西壮族自治区南宁市中级人民法院。

合议庭组成人员：审判长：农克新；审判员：李帮；代理审判员：庞丽。

6. 审结时间

原审审结时间：2008年6月20日。

再审审结时间：2010年5月12日。

（二）原审情况

1. 原审诉辩主张

（1）原审原告黄美珍、梁月香、苏合成、黄肖香、苏庆玲、苏业成诉称南宁市良庆区那马新街67号房屋是原告与被告苏金成以家庭名义申请建房用地，已取得了土地使用权证，以家庭资金建成的，并以家庭名义补办手续，该房屋是属于家庭共有财产。请求确认良庆区那马新街67号房屋为原、被告家庭共有。

（2）原审被告苏金成辩称

原告所述是事实，南宁市良庆区那马新街67号房屋确实属于家庭共有。

2. 原审事实和证据

广西壮族自治区南宁市良庆区人民法院经公开审理查明：南宁市良庆区那马新街67号房屋确实属于家庭共有。

上述事实有下列证据证明：

（1）那马社区证明，证实诉争房屋是原告家庭共有。

（2）相片，证实侵权的事实。

（3）国有土地使用权登记卡，证实原告合法使用。

（4）那马社区出具的证明，证实诉争房屋属原告合法所有。

（5）建设用地规划许可证，证明诉争房屋属于家庭共有。

（6）建设用地许可证，证明诉争房屋属于家庭共有。

3. 原审判案理由

广西壮族自治区南宁市良庆区人民法院经审理认为：讼争房屋于1992年经村集体同意由六原告及被告建设。1993年2月25日，被告取得了讼争房屋的国有土地使用权，六原告及被告在房屋建成后，一直共同管理使用至今。且被告承认六原告的诉讼请求，没有违反法律规定。

4. 原审定案结论

广西壮族自治区南宁市良庆区人民法院依照《中华人民共和国民法通则》第七十五条、第七十八条之规定，作如下判决：

位于南宁市良庆区那马新街第67号房屋的管理使用权归原告黄美珍、梁月香、苏合成、黄肖香、苏庆玲、苏业成及被告苏金成共同共有。

案件受理费425元，由被告苏金成负担。

（三）再审诉辩主张

1. 申请人潘云祥申请再审称

原审判决认定的基本事实缺乏证据，程序违法，遗漏当事人，适用法律和推理错误，请求再审撤销原审判决，驳回原审六原告的诉讼请求或发回重审。申请再审人潘云祥认为，苏金成于1993年2月25日依法取得邕国用（1993）字第03221号《国有土地使用证》后，在该地上建成房屋，于1996年12月23日以7.5万元将该房屋及屋后相连的未建房宅地一起转让给潘云祥。潘云祥向苏金成支付了房款66 500元，苏金成于1997年9月1日将房屋交付给潘云祥占有、使用。1999年8月1日，双方签订《房屋转让合同书》，但苏金成未能在约定的期限内办好房屋产权证，未能将该房屋产权证转移到潘云祥名下。随着南宁市的发展及房地产价格升值，苏金成与早已分家各自立户的黄美珍等人恶意串通,进行所谓的"房屋权属纠纷"诉讼,请求法院确认房屋为原、被告家庭共有。原审判决认定"六原告及被告在房屋建成后,一直共同管理使用至今"的证据经不起推敲,判决房屋归原审原、被告家庭共有是错误的。而且,原审判决程序违法,遗漏第三人。原审原、被告故意隐瞒讼争房屋已转让,交付潘云祥占有、使用、收益、管理十多年的客观事实,制造虚假的房屋权属纠纷诉至法院,严重侵害了潘云祥的合法权益,原审法院没有依法追加潘云祥参加诉讼。

2. 被申请人黄美珍、梁月香、苏合成、黄肖香、苏庆玲、苏业成共同辩称

原审判决事实清楚、程序合法、结论正确。潘云祥作为案外人申请再审,主体不适格。黄美珍、梁月香、苏合成、黄肖香、苏庆玲、苏业成于2008年10月30日向法院起诉潘云祥和苏金成,请求确认潘云祥和苏金成的房屋买卖行为无效,将讼争房屋返还。法院已判决确认苏金成与潘云祥的房屋买卖行为无效。他们的买卖行为无效,损害了其他共有人的合法权益。因为当时房屋登记是以家庭名义申请的,而不是以苏金成个人名义申请的,虽然名字登记为苏金成,但是该房屋是以家庭为单位登记的。综上,潘云祥的再审请求无事实理由,应予驳回。

被申请人苏金成未作答辩。

(四)再审事实和证据

广西壮族自治区南宁市中级人民法院经公开审理查明:苏金成在原邕宁县那马新街67号(1993年变更为那马街192号、2006年变更为南宁市良庆区那马镇那马街338号)建造房屋,因未依法办理相关合法手续,苏业成于1992年3月24日代苏金成缴纳了村镇规划建设管理费。1993年2月1日,苏金成向有关部门申请国有土地使用权登记,《土地登记申请书》记载地上物权属为苏金成,家庭人口7人。1993年2月25日,苏金成取得邕国用(1993)字第03221号《国有土地使用证》,确认用地面积51.6平方米,登记地号为371,用途为商店、住宅。1995年5月15日及6月23日,苏金成向有关部门交纳了建房捐资款和城镇市政建设配套费、村镇建设管理费。1995年6月23日,苏金成取得《建设项目选址意见书》(编号1995字第014号)、《建设用地规划许可证》(编号95014),《建设工程规划许可证》(编号95014),准许苏金成在邕宁县那马镇那马新街建造私人住宅两层楼房,并在《私人住宅建设用地规划审批单》中明确苏金成家庭在册人口9人。1996年12月13日,苏金成与潘云祥签订《房屋转让合同书》,约定苏金成将讼争房屋及屋后宅基地以7.5万元的价格出卖给潘云祥。之后,潘云祥分期向苏金成付款共计66 500元,但苏金成未将讼争房屋交付其使用。1997年8月30日,在原邕宁县那马镇人民政府司法办公室的见证下,潘云祥与苏业成达成《民事调解协议书》,协议甲方为潘云祥,协议乙方为苏金成,协议明确甲、乙双方于1996年12月13日签订《房屋转让合同书》后,乙方长兄苏业成以自己占有一份房屋产权,乙方卖房其不知情为由,拒把床、柜搬出房屋,由此乙方与其兄长苏业成为该房所有权纷争,以致乙方无法将该屋产权移交甲方,故在双方房屋买卖移转手续未完备,房产未移转的前提下,甲、乙方及苏业成自愿达成如下协议:乙方及其长兄苏业成不再转让上述房屋及宅

地给甲方,乙方从协议签订之日起至1999年3月底前分期退还甲方已付房款66 500元,1997年9月1日起该房无偿让给潘云祥居住经营至乙方全部退款完毕。潘云祥与苏业成在《民事调解协议书》上签名确认,苏金成未签名。1999年8月1日,在那马镇法律服务所的见证下,苏金成、潘云祥又签订了一份《房屋转让合同书》,明确苏金成将其所属位于那马新街一间用地51.6平方米钢混结构的房屋及该屋后相连一块长15.89米、宽4.52米的未建房宅地转让给潘云祥,转让价7.5万元,从本协议签订之日起,该房屋产权属于潘云祥,苏金成须于2000年11月1日前办好房屋产权证及过户手续。因苏金成以邕国用(1993)字第03221号《国有土地使用证》为滕波向信用社抵押贷款,潘云祥于2001年9月28日代苏金成偿还了滕波欠信用社的4万元,取回了《国有土地使用证》。2008年5月14日,原审原告黄美珍、梁月香、苏合成、黄肖香、苏庆玲、苏业成向南宁市良庆区人民法院起诉,要求确认那马新街67号房屋为家庭共有财产。原审庭审过程中,原审被告苏金成承认讼争房屋不完全是苏金成个人出资建造,家庭成员确有出资,但当时称房屋是给苏金成的。苏金成还陈述讼争房屋从建成至今都是由其父母及兄长使用,原审原告对此未提出异议。原审被告苏金成同意讼争房屋属家庭共有,但原审原告不同意调解。故南宁市良庆区人民法院作出(2008)良民一初字第359号民事判决,确认讼争房屋的管理使用权归原审原告黄美珍、梁月香、苏合成、黄肖香、苏庆玲、苏业成与原审被告苏金成共同共有。2008年10月30日,黄美珍、梁月香、苏合成、黄肖香、苏庆玲、苏业成向南宁市良庆区人民法院起诉,要求确认苏金成将那马新街67号房屋卖给潘云祥的行为无效,并要求潘云祥返还房屋。南宁市良庆区人民法院经审理作出(2008)良民一初字第567号民事判决,确认苏金成与潘云祥于1999年8月1日签订的《房屋转让合同书》无效,潘云祥将位于南宁市良庆区那马镇那马新街67号的房屋返还给黄美珍、梁月香、苏合成、黄肖香、苏庆玲、苏业成及苏金成。潘云祥不服该判决,向南宁市中级人民法院提起上诉。南宁市中级人民法院经审理,作出(2009)南市民一终字第1057号民事判决,驳回上诉,维持原判。本案再审过程中,原审原告在庭审中认可潘云祥于1997年始管理使用讼争房屋,但认为是租赁关系,租金由苏金成收取后交给原审原告。

(五)再审判案理由

广西壮族自治区南宁市中级人民法院经审理认为:

1. 关于出资建造与房屋产权的关系。原审六原告主张讼争房屋属家庭共有,其举证了证人苏真廷、苏钟平、苏炳江、苏炳进的证词以证明黄美珍于1992年出资建房。本案讼争房屋于1992年建造时未取得相关合法手续,即使原审原告对讼争房屋确有出资,出资建造人也不能当然地取得房屋所有权。出资是设立权利的原因之一,但不是唯一的原因。出资的目的包括借贷、赠与、取得物权等,目的不同,所涉权利也不同。只有结合出资人及其他权利人的明确的意思表示,依照相关法律规定,才能确定出资的法律属性,从而确定出资人的权利(债权抑或物权)。

(1) 关于原审原告的意思表示。房屋建成后,苏业成于1992年3月24日为讼争房屋缴纳村镇规划建设管理费，收款收据上的缴款人"苏业成"上注明"（金成）"，表明苏业成系代苏金成缴纳相关费用。原审原告明知房屋、土地的合法手续正在办理，但均未主张共有的权利，而将讼争房屋用地登记在苏金成个人名下，并在《土地登记申请书》中明确地上物权属于苏金成。就此，原审原告的意思表示是真实明确的，即使其对讼争房屋确有出资，法律上亦允许当事人通过一定的法律形式为他人设定权利和利益，只要其真实意思表示，就具有法律效力。且苏金成取得合法的土地使用证后的15年间，原审原告既未对不动产登记提出异议，亦未向苏金成主张共有。故原审原告未能证实讼争房屋建造前、建成后以及取得《国有土地使用证》后，曾向苏金成作出过共有的意思表示及对不动产登记提出异议，现原审六原告在苏金成将房屋卖与潘云祥后才起诉主张共有，不具有真实性。

（2）关于原审被告苏金成的意思表示。苏金成在《土地登记申请书》中明确地上物权属于苏金成，将讼争房屋用地登记在个人名下，且苏金成以自己名义与潘云祥签订房屋买卖合同，苏业成与潘云祥签订解除房屋买卖合同的协议时其也未签名认可共有，之后，其又以自己名义与潘云祥再次签订房屋买卖合同，苏金成这一系列的行为表明其在房屋建成后一直以房屋、土地唯一的权利人身份行使权利。2008年6月17日原审庭审时，苏金成还表示当时约定房屋是给他的，但他在诉讼中同意家庭共有。苏金成在已将房屋出卖给潘云祥后才作出同意家庭共有房屋的意思表示，不具有真实性。

（3）关于原审原、被告的约定。原审原、被告在1992年建造房屋至2008年5月14日起诉的16年间均未对讼争房屋作出共有的约定。原审六原告在本案再审中承认潘云祥自1997年始管理使用讼争房屋。原审被告苏金成亦明知讼争房屋已出售给潘云祥且由其管理使用，但在原审中却主张讼争房屋从建成至今都是由其父母及兄长使用，原审原告对此亦未提出异议。双方均明知潘云祥自1997年始管理使用讼争房屋的事实，但在原审诉讼中刻意隐瞒，双方于此时约定共有的目的很明显是共同对抗苏金成与潘云祥的房屋买卖合同。故双方在与他人有权利之争时才作出房屋共有的约定，在无其他证据佐证此前已有约定的情况下不能认定是真实有效的。

（4）关于出资与产权。现原审六原告主张其出资就应享有房屋产权，必须证明其出资当时就表明了要在讼争房屋中享有产权的意思表示，要求记载其为共有人，或双方作出相应的明确约定。否则，在《国有土地使用证》记载明确的情况下，其在发证15年后才以出资为由否定不动产登记的效力，主张房屋共有，依据不足，本院不予采信。

2. 关于房屋用地性质及土地使用人。原审六原告主张房屋共有还提交了《土地登记申请书》和《建设用地规划许可证》，两证上注明了家庭人口数。《中华人民共和国物权法》第一百三十九条已明确建设用地使用权登记是设立建设用地使用权的法定公示手段和法定要件，具有公信力，登记的权利人在法律上推定为真正的权利人。因政府颁发的邕国用（1993）字第03221号《国有土地使用证》已确认讼争房屋的用地性质为国有土地而非农村宅基地，该证具有法律效力。农村宅基地根据家庭人口及法定标准分配宅基地使使用面积，国有建设用地则无此标准及限制。故国有建设用地根据《国有土地使用证》上记载的使用人确认其合法的使用人。《建设用地规划许可证》亦是根据《国有土地使用证》上记载的使用人所发放，主体具有同一性。故原审六原告提交的《土地登记申请书》和《建设用地规划许可证》上注明的家庭人口数,不能作为确权的依据。邕国用(1993)字第03221号《国有土地使用证》载明那马街338号(原那马新街67号)土地使用权人系苏金成,苏金成应为土地合法的使用人。

3. 关于房屋的权利人。原审六原告还提交了那马社区居委会2008年4月10日《证明》以证明讼争房屋属黄美珍家庭共有。但那马社区居委会又于2009年12月20日出具《证明》,证明其社区居民所建房屋属于家庭共有还是个人所有,以土地证登记的名字为准。黄美珍等原审六原告认为2009年12月20日的《证明》是字压章,但其提交的2008年4月10日的《证明》也是相同情况。那马社区居委会的两份《证明》相互矛盾,且其并非土地、房产法定确权机构或管理机构,两份《证明》不能作为本案的定案依据。根据《中华人民共和国物权法》第一百四十六条及第一百四十七条的规定,讼争房屋与土地的权利主体应具有同一性,邕国用(1993)字第03221号《国有土地使用证》上载明讼争土地使用权人系苏金成,《土地登记申请书》亦注明地上物权属于苏金成,故苏金成应为讼争房屋、土地的合法权利人。

综上所述,原审六原告主张讼争房屋家庭共有依据不足,法院不予采信。因原审六原告及原审被告在原审诉讼中刻意隐瞒相关事实,致使原审未追加潘云祥参加诉讼,以致原审判决认定事实及适用法律错误,应予以纠正。

(六)再审定案结论

广西壮族自治区南宁市中级人民法院依照《中华人民共和国民事诉讼法》第一百八十六条第一款、第一百五十三条第一款第(三)项,《最高人民法院关于适用〈中华人民共和国民事诉讼法〉审判监督程序若干问题的解释》第五条,《中华人民共和国物权法》第一百三十九条、第一百四十六条、第一百四十七条之规定,作出如下判决:

1. 撤销南宁市良庆区人民法院(2008)良民一初字第359号民事判决。
2. 驳回黄美珍、梁月香、苏合成、黄肖香、苏庆玲、苏业成的诉讼请求。

原审案件受理费425元,提审案件受理费425元,两项共计850元,由黄美珍、梁月香、苏合成、黄肖香、苏庆玲、苏业成负担。

(七)解说

近年来,随着市场经济的发展和城市建设改造步伐的加快,房屋权属纠纷案件日益增多,房屋权益保护问题越来越引起人们的关注。房屋作为法律意义上的不动产,其本身的财富价值和物理价值往往使其成为争夺的焦点,本案中房屋出卖人刻意隐瞒房屋已交付第三人管理使用的事实,取得法院确认房屋权属的生效法律文书,以另行起诉对抗与第三人签订的房屋买卖合同,其法律意义令人深省。在处理类似本案的案件时,如何确定讼争房屋是否属于家庭共有,主要涉及以下四个问题:

第一,关于是否属于"合法建造"房屋问题。《物权法》第三十条规定:"因合法建造、拆除房屋等事实行为设立或者消灭物权的,自事实行为成就时发生效力。"在他人权属的房屋、土地或权属不明的房屋土地上建造、拆除房屋，或依法取得相关行政部门的审批手续而建造、拆除房屋，均不为"合法"。本案讼争房屋于1992年建造时未取得相关的土地使用及房屋准建的合法手续，非"合法建造"，故不能适用该条的规定，出资建造人不能当然地取得房屋所有权。

第二，关于合法的土地使用人问题。《物权法》第九条第一款规定："不动产物权的设立、变更、转让和消灭，经依法登记，发生效力；未经登记，不发生效力，但法律另有规定的除外。"我国对不动产物权登记原则上采取的是登记要件模式，而非登记对抗模式，即登记为物权生效的法定要件。《物权法》第一百三十九条规定："设立建设用地使用权的，应当向登记机构申请建设用地使用权登记。建设用地使用权自登记时设立。登记机构应当向建设用地使用权人发放建设用地使用权证书。"该条亦明确建设用地使用权登记是设立建设用地使用权的法定公示手段和法定要件。本案中邕国用（1993）字第03221号《国有土地使用证》载明那马街338号（原那马新街67号）土地使用权人系苏金成，苏金成应为土地合法的使用人。

第三，关于房屋、土地权利主体的同一性问题。《物权法》第一百四十六条规定："建设用地使用权转让、互换、出资或者赠与的，附着于该土地上的建筑物、构筑物及其附属设施一并处分。"第一百四十七条规定："建筑物、构筑物及其附属设施转让、互换、出资或者赠与的，该建筑物、构筑物及其附属设施占用范围内的建设用地使用权一并处分。"法律确认了"房地产主体权利一致"的原则。据此，讼争房屋与土地的权利主体应具有同一性，且《土地登记申请书》已明确地上物权属于苏金成，苏金成作为土地的合法使用人，亦应为地上房屋的合法所有人。

第四，关于出资人问题。在约定不明的情况下，出资人对房屋享有的是债权，共有人对房屋享有的是物权。出资背后的原因很多，目的各有不同，出资设定的权利也各不同，或者不可能设定权利。特别是亲属之间、家庭成员之间，出资人的意思表示未明时，出资的性质可能是借贷、赠与，或基于赡养、还贷等义务的履行。出资只有与出资人的某种明确的意思表示结合起来，才能确定出资的法律属性。出资是设立权利的原因之一，但不是唯一的原因。权利的取得，既可根据权利取得人的行为或意思表示创设和取得，也可根据他人的行为或意思表示创设和取得。法律上允许当事人通过一定的法律形式为他人设定权利和利益，行为一经发生，就具有法律效力，不能随意反悔。本案中黄美珍等人主张其出资的证据不足，即使其对讼争房屋有出资，也不能证明其出资时以及房屋买卖纠纷发生前有约定房屋共有，最多也只能认定其为隐名出资人，而不能认定为隐名共有人。

我国对土地使用权与房屋所有权采取的是分离登记体制。我国的土地使用权是独立于土地所有权的他物权，包括对土地的占有权、使用权、收益权，以及一定条件下的处分权。土地使用权与房屋所有权在权利主体的归属上应保持一致，以避免权利行使时发生纠纷，破坏房屋等地上建筑物、构筑物及附属设施的经济价值。土地使用权登记作为法定的物权公示手段，具有公信力，即登记的不动产物权的权利人在法律上推定为真正的权利人，第三人由此产生的信赖利益应予以保护。

（广西壮族自治区南宁市中级人民法院　庞丽　王玉梅）

5. 原告徐葵清等人与被告金秀瑶族自治县桐木镇桐木村民委解放街第三村民小组侵犯集体组织成员权益案
（集体经济组织成员资格、村民会议决议的效力问题）

（一）首部

1. 判决书字号

广西壮族自治区来宾市金秀瑶族自治县人民法院（2011）金民初字第269号。

2. 案由：侵犯集体组织成员权益纠纷。

3. 诉讼双方

原告：徐葵清，女，汉族，农民，住广西壮族自治区来宾市金秀瑶族自治县。

原告：巫晓娟，女，汉族，农民，住址同上。

原告：巫晓松，男，汉族，农民，住址同上。

委托代理人：欧娟，女，汉族，个体户，住址同上。

原告：巫晓云，男，汉族，农民，住址同上。

原告：巫晓炎，男，汉族，农民，住址同上。

原告：巫添乐（曾用名巫荣天），男，汉族，农民，住址同上。

法定代理人：巫晓炎，系巫添乐的父亲。

原告：巫子峰，男，汉族，农民，住址同上。

以上七原告或其法定代理人共同委托代理人：黄素明，金秀瑶族自治县法律服务中心法律工作者。

被告：广西壮族自治区来宾市金秀瑶族自治县桐木镇桐木村民委解放街第三村民小组。

诉讼代表人：何锡金，男，该村民小组组长。

委托代理人：张建松，男，汉族，农民，住广西壮族自治区来宾市金秀瑶族自治县。

委托代理人：赖玲宗（又名赖玲忠），男，汉族，农民，住广西壮族自治区来宾市金秀瑶族自治县。

4. 审级：一审

5. 审判机关和审判组织

审判机关：广西壮族自治区来宾市金秀瑶族自治县人民法院。

合议庭组成人员：审判长：兰春晖；人民陪审员：梁佐平、罗娥英。

6. 审结时间：2010年10月18日。

（二）诉辩主张

1. 原告徐葵清等人诉称：原告徐葵清的丈夫巫昭旺原户籍在解放街三组，由于某种原因外出平南县谋生，因病于 1985 年去世。1986 年，原告徐葵清带其子女从平南县思旺镇崇秀村鱼鳞屯迁入被告村民小组。1988 年，被告将 0.85 亩责任田发包给原告经营，并于 1996 年签订《土地延包合同书》，原告依合同约定缴纳农业税，履行了相应的村民义务。之后，原告曾三次参与被告集体收益分配。2010 年，被告又将集体果园地发包所得收益款按每份 0.85 亩责任田 300 元分配，被告以原告原户籍不在解放街三组为由不分该款给原告。原告向桐木村委、桐木镇人民政府申请调处，因被告不同意原告参与分配，以致调解未果。原告认为其已落户被告集体，并且履行了村民义务，已是被告集体经济组织的成员，应享有与其他村民同等的分配集体收益的权利。为维护原告的合法权益，特具状请求法院判令被告给付原告集体收益分配款 300 元。

2. 被告桐木解放街三组辩称：原告徐葵清户是 1986 年迁入被告集体，1988 参加抽签分得一份 0.85 亩责任田，及参加了集体公共用地道班背岭地租赁收益分配。但原告徐葵清户迁入户口及分得责任田，都没有经过被告全体群众开会同意，且原告户当时已承诺不要被告的田地，也不参与分配。现原告要求参加收益分配的大岭果园地，在 1981 年时就已承包到户，所以原告不能享有该地所得的收益。且被告是经村民大会讨论，一致决定不分给原告大岭果园地所得的收益，该决定是全体村民的意愿，符合法律规定。所以，原告的诉请没有事实和法律依据，请人民法院依法予以驳回。

（三）事实和证据

广西壮族自治区来宾市金秀瑶族自治县人民法院经公开审理查明：巫昭旺系被告解放街三组村民，"文化大革命"期间外出，1970 年在平南县思旺镇崇秀村鱼鳞屯与原告徐葵清结婚并生活在该屯，先后共同生育了原告巫晓娟、巫晓松、巫晓云、巫晓炎、巫子峰等 5 个子女，因该屯集体认为巫昭旺不是该屯村民，且徐葵清系出嫁女，所以在 20 世纪 80 年代初落实家庭联产承包责任制时没有分配田地给巫昭旺及徐葵清等原告。巫昭旺于 1985 年在平南县去世后，原告徐葵清带其子女回到解放街三组，经被告集体同意，原告徐葵清及其子女于 1986 年加入并取得被告解放街三组户籍。被告 1981 年已将责任田承包到户，后因部分村民农转非或去世，被告将该部分村民承包的责任田收回作为机动田，重新分配给新出生人口或新加入被告集体的人。1988 年，被告抽签分配 7 份机动田（每份 0.85 亩），原告徐葵清户分得其中 1 份，其余为陈仕明等 6 户分得。1996 年 1 月 1 日，被告与包括原告徐葵清户在内的集体各户签订《土地延包合同书》，以确认各户承包土地的种类及面积，原告徐葵清户承包有 0.85 亩水田，何锡金、张建松等各户承包有水田及自留地，集体的林地、岭地等是否承包到户，《土地延包合同书》并没有写明。经庭审查明，除水田外，属被告集体所有的岭地、林地分别是平地岭、大岭（果园）及桥底岭。2008 年 1 月 10 日及 2010 年 4 月 18 日，被告分别按每份田

（0.85亩）160元、80元的分配方案，两次将出租平地岭所得的承包金发放给包括原告徐葵清户在内的集体各户。2010年6月10日，被告将出租大岭（果园）地所得的承包金72 000元，按每份田（0.85亩）300元的分配方案进行分配，同时以村民会议及部分村民签名的形式，决定不让原告徐葵清户参与此次分配。原告先后向桐木村委、桐木镇人民政府申请调处，因被告不同意支付大岭（果园）地收益款给原告致使调解未果。2010年8月13日，原告以被告侵害其合法权益为由诉至本院，要求被告给付大岭（果园）地集体收益款300元。

上述事实有下列证据证明：

（1）桐木派出所颁发的《户口簿》1本（原告提供），以证实原告户口落在解放街三组及原告系被告集体经济组织成员的事实。

（2）原、被告双方于1996年1月1日签订的《土地延包合同书》及《徐葵清户承包耕地概况》各1份（原告提供），以证实原告承包被告0.85亩责任田的事实。

（3）粮食补贴存折1本（原告提供），以证实原告领取粮食补贴及领取低保的事实。

（4）桐木司法所提供的调查笔录、调解笔录等材料及桐木村委出具的《调解意见书》各1份（原告提供），以证实原、被告的纠纷经过村委、司法所的调解，及原告参加被告集体责任田承包和两次参与集体收益分配的事实。

（5）平南县思旺镇崇秀村鱼鳞屯四队出具并经崇秀村委、思旺镇人民政府调查核实的《证明》1份（原告提供），以证实原告徐葵清户在原居住地没有分到责任田的事实。

（6）1996年1月1日被告与本组村民何锡金、张建松、孟爱文农户签订的《土地延包合同书》各1份（原告提供），以证实被告在1981年及1995年落实土地承包责任制及延包调整土地时没有将本组的大岭等林地发包给农户的事实。

（7）《关于集体决定村民小组重大事项的情况说明》1份（被告提供），以证实大岭果园地的承包及收益分配方案是经过村民大会讨论决定，原告由于没有参与该岭地的承包而不享有收益分配的事实。

（8）1993年卖鱼塘的分配表2份（被告提供），以证实原告没有参与卖鱼塘所得款分配的事实。

（9）平地岭（道班背岭地）收益分配表2份（被告提供），以证实原告两次参与了公共岭地收益分配的事实。

（10）2010年6月10日大岭果园分配表1份（被告提供），以证实被告村民不同意将大岭果园收益分给原告的事实。

（四）判案理由

广西壮族自治区来宾市金秀瑶族自治县人民法院经审理认为：公民、法人的合法民事权益受法律保护，任何组织和个人不得侵犯。出租或发包集体所有的不动产或动产所获得的集体收益，属于本集体成员集体共同所有，享有集体成员资格的人即享有分配集体收益的权利。在农村集体经济组织所在地生产、生活并依法登记长住户口的人，应当认定具有该集体经济组织成员的资格。原告徐葵清户1986年户籍已确定加入被告解放街三组，1988年又从该组承包一份0.85亩责任田经营至今，后来又一直领取这份田的各种补贴，长期生产、生活在该组，且被告曾两次将出租平地岭所得的集体收益分配给原告，应当认定原告具有该集体经济组织成员的资格，享有与该集体经济组织其他成员同等的权益。被告提出原告徐葵清户迁入户口及分得责任田，都没有经过被告全体群众开会同意，且原告户曾承诺不要被告的田地，也不参与分配的主张，因原告不予认可，被告亦未能提供有效证据予以证实，故法院不予采信。被告提出1981年已将大岭（果园）地承包到户的主张，亦未能提供证据予以证实，而何锡金等户的《土地延包合同书》表明农户仅承包有水田及自留地，大岭（果园）地并未承包到户，故法院对该主张亦不予采信。被告此次大岭（果园）收益分配方案与原来的平地岭分配方案相似，按每份田（0.85亩）300元进行分配，即该集体成员的每份田（0.85亩）都应该分得300元。1988年与原告徐葵清户同时抽签并各分得一份田的陈仕明等六户，在此次大岭（果园）地收益分配中都分到了相应的款项，唯独没有分给原告，这显然与我国公平合理、村民待遇平等的民事法律原则相悖。综上所述，原告应当依法与被告集体其他成员一样享有同等的权益，该权益不允许也不能够任意由当事人的多数表决加以剥夺。虽然被告的村民大会讨论形式是其村民自治的表现，但其作出的大岭（果园）收益分配决定，却是对具有与其集体成员同等权益的原告不予分配，侵犯了原告享有的同等收益分配的权利，该部分决定内容应为无效。因此，原告的诉讼请求合法有据，法院依法予以支持。

（五）定案结论

广西壮族自治区来宾市金秀瑶族自治县人民法院依照《中华人民共和国民法通则》第三条、第四条、第五条，《中华人民共和国物权法》第五十九条第一款、第六十三条第二款，《中华人民共和国村民委员会组织法》第二十条第二款，并参照《最高人民法院关于民事诉讼证据的若干规定》第二条、第七十六条之规定，作出如下判决：

由被告金秀瑶族自治县桐木镇桐木村民委解放街第三村民小组于本判决生效后十日内给付原告徐葵清、巫晓娟、巫晓松、巫晓云、巫晓炎、巫添乐、巫子峰大岭（果园）地集体收益分配款人民币300元。

本案受理费50元，由被告广西壮族自治区来宾市金秀瑶族自治县桐木镇铜木村民委解放街第三村民小组负担。

（六）解说

本案涉及的第一个法律问题是关于农村集体经济组织成员资格的问题，即原告徐葵清等人是否具备被告金秀瑶族自治县桐木镇桐木村民委解放街第三村民小组成员资格。根据我国有关法律规定，在农村集体经济组织所在地生产、生活并依法登记长住户口的人，应当认定具有该集体经济组织成员的资格。本案中原告徐葵清户1986年户籍已确定加入被告解放街三组，1988年又从该组承包一份0.85亩责任田经营至今，后来又一直领取这份田的各种补贴，长期生产、生活在该组，且被告曾两次将出租平地岭所得的集体收益分配给原告,应当认定原告具有该集体经济组织成员的资格,享有与该集体经济组织其他成员同等的权益。

本案涉及的另一个重要法律问题是关于村民会议的决议是否可以剥夺个别村民的集体收益分配权益。比较彻底贯彻平等原则是农村集体经济组织成员社员权区别于其他成员权的一个重要方面。在有限责任公司中,股东可以通过契约约定股东在股东权的行使上可以不平等。但是,农村集体经济组织不可以任何形式,例如村民代表大会的形式限制或剥夺成员的合法权益,人为造成成员权的不平等。一旦具备了农村集体经济组织成员资格则不论加入集体时间长短,出生先后,贡献大小,有无财产投入,都平等地享有农村集体经济组织成员权。本案中,虽然被告的村民大会讨论形式是其村民自治的表现,但其作出的大岭(果园)收益分配决定,却是对具有与其集体成员同等权益的原告不予分配,侵犯了原告享有的同等收益分配的权利,该部分决定内容应为无效。因此,原告的诉讼请求合法有据,法院依法予以支持。

(广西壮族自治区来宾市金秀瑶族自治县人民法院　兰春晖)

6. 厦门市海沧区东孚鼎美建和机砖厂诉厦门市海沧区东孚镇莲花村汤岸村民小组、厦门市海沧区东孚镇莲花村民委员会征地补偿款分配案
(土地补偿款、增值分配主体)

(一) 首部

1. 判决书字号:福建省厦门市海沧区人民法院(2010)海民初字第1498号。
2. 案由:征地补偿款纠纷。
3. 诉讼双方

原告:厦门市海沧区东孚鼎美建和机砖厂,住所地:厦门市海沧区。

法定代表人:胡宝发。

委托代理人:陈碧云,福建欧菲亚律师事务所律师。

被告:厦门市海沧区东孚镇莲花村汤岸村民小组,住所地:厦门市海沧区。

代表人:谢加全,村民小组组长。

被告:厦门市海沧区东孚镇莲花村民委员会,住所地:厦门市海沧区。

法定代表人:陈剑鹏,主任。

上述二被告共同委托代理人:高燧涛,福建英合律师事务所律师。

4. 审级:一审。
5. 审判机关和审判组织

审判机关:福建省厦门市海沧区人民法院。

独任审判人员:审判员:薛自力。

6. 审结时间：2010 年 12 月 14 日。

(二) 诉辩主张

1. 原告建和机砖厂诉称

2003 年原告因生产经营需要，向第一被告租赁其所有的原机砖厂的土地用于建和机砖厂的投资经营，双方就此于 2003 年 12 月 13 日签订了《土地承包合同》一份，合同特别约定若遇国家征地，该土地的补偿款、安置费、青苗按照国家水田耕地标准赔偿归乙方（第一被告），除此以外的一切补偿或赔偿款均归原告所有。合同签订后，原告按照约定履行支付租金、自行出资建设厂房等相关合同义务，并于 2004 年 3 月以被告的名义向厦门市土地房产管理局补办了集体土地使用权证及缴交了相关的税费计 274 537.65 元。2004 年 4 月取得了厦集土证杏字第 000031 号《集体土地使用权证》，该证将讼争地块 11 721.21m² 确定为工业用地，折合 17.58 亩，该证一直由原告持有。2008 年因厦深铁路建设需要，原告使用的第 000031 号建设用地也在被征用范围内，按照工业用地补偿标准，该土地的征地补偿款为 4 688 484 元，该补偿款已由相关部门汇入第二被告账户。但根据相关约定，讼争地块的土地补偿款、安置补偿费、青苗补偿费应按相应的水田补偿标准计 966 900 元（即每亩 55 000 元）归汤岸小组，按相应的水田补偿标准每亩 25 000 元的地上物补偿款应归原告所有，因此，剩余的补偿款（包括每亩 25000 元的地上物补偿款）3 721 548 元应当支付给原告。但被告拒绝向原告支付该款项，侵犯了原告的合法权益，三方协商未果，现诉至法院，请求判令被告向原告支付征地补偿款 3 721 548 元。

2. 被告汤岸小组、莲花村村委会辩称

（1）本案的诉讼主体与土地承包合同的承包方不同，原告的主体不适格；（2）本案讼争的土地即厦集土证字第 000031 号《集体土地使用权证》上的土地使用权人是东孚镇莲花村民委员会，不是建和机砖厂，尽管被告让其代缴土地登记费和有关的税费，但均不能改变该地块属于莲花村村委会的事实，因此土地补偿应归被告所有；（3）根据双方合同约定"该土地的土地款、安置费、青苗按国家水田耕地标准赔偿归乙方所有，但土地上所有的建筑物，生产工具等属甲方的生产资料的利益，补偿或赔偿费全部归甲方所有"，被告认为，原告已从征地补偿款中取走了属于他们的补偿款，剩余的土地补偿款与原告无关，原告要求将属于村委会的 3 721 584 元判归原告缺乏事实和法律依据。综上，请求驳回原告的诉讼请求。

(三) 事实和证据

福建省厦门市海沧区人民法院经公开审理查明：2003 年 12 月 23 日，邱能吉、陈侨英（甲方）与时任汤岸小组组长的谢伍赐（乙方）签订一份《土地承包合同》，该合同约定：甲方承包原汤岸旧机砖厂周围的土地用于发展生产，承包面积 23 亩；承包金额每亩 600 元，每五年付一次，金额 69 000 元；承包期限自 2003 年 12 月 23 日至 2028

年12月23日；对承包期间遇国家或集体征用土地，该土地的土地款、安置费、青苗按国家水田耕地标准赔偿归乙方所有，但该片土地上的所有建筑物，生产工具等属甲方的生产资料的利益，补偿或赔偿费全部归甲方所有和一切土地地上物都归甲方，乙方不得有异议。此外，该合同尚约定其他条款。合同签订当日，被告莲花村村委会在合同上盖章确认，陈亚赛作为证人在该合同上签字。《土地承包合同》签订后，建和机砖厂在该片土地上投资建厂，进行生产经营。2008年10月，因厦深铁路建设需要，建和机砖厂被征收，原告建和机砖厂因此取得构筑物、房屋补偿款、企业税后利润补偿款计1 559 097.48元。建和机砖厂所使用的土地按照集体建设用地400元/m²的标准进行补偿，取得土地补偿款共计4 688 484元（11721.21m²×400元/m²），该款已汇入莲花村村委会账户。原、被告双方就土地补偿款4 688 484元协商未果，原告遂向本院提起诉讼。

另查明：(1) 在本案《土地承包合同》签订前，被告莲花村村委会即已向相关部门申请办理讼争土地《集体建设用地使用权证》，2001年1月15日，讼争土地已变更为集体建设用地，厦集土证杏字第000031号《厦门市集体土地使用权证》已制作完毕，但由于被告未缴交土地配套费，因而莲花村村委会未能从厦门市土地房产管理局取出《厦门市集体土地使用权证》。2004年3月，建和机砖厂以莲花村村委会的名义代缴土地配套费合计274 537.65元，之后，由建和机砖厂领取出厦集土证杏字第000031号《厦门市集体土地使用权证》并持有至今。该集体土地使用权证载明土地使用权人为莲花村村委会，使用权类型为集体土地使用权，土地用途为工业用地，面积11 721.21m²，填发时间为2001年1月15日。(2) 厦门市人民政府厦府（2007）347号《厦门市人民政府关于调整征收集体土地村镇企业用地补偿标准的通知》规定：属合法批准的村镇企业用地且已缴纳土地配套费的，海沧、集美区按每平方米400元补偿给村集体经济组织。若未按规定缴交土地配套费的，则按上述标准扣减相应的工业用地土地配套费每平方米50元后予以补偿。

上述事实有下列证据证明：

《土地承包合同》、契税完税证、福建省行政性收费票据、厦集土证杏字第000031号《厦门市集体土地使用权证》、拆迁通告、用地协议书、征地补偿清单、厦门市收款收据、农村信用社进账单、证明、农村土地房屋权属登记卡、建设用地非住宅房屋拆迁补偿协议书、（2005）48号《海沧区征地拆迁管理实施细则》、厦门市人民政府厦府（2007）347号《厦门市人民政府关于调整征收集体土地村镇企业用地补偿标准的通知》、调查笔录、庭审笔录。

（四）判案理由

福建省厦门市海沧区人民法院经审理认为：关于讼争的土地是建和机砖厂租赁还是陈侨英、邱能吉租赁，被告提供陈侨英和陈艺生证言，认为建和机砖厂并非《土地承包合同》的主体，对此，本院认为，第一，讼争《土地承包合同》签订后，该合同一直由原告建和机砖厂在履行，多年来被告并无就此提出异议；第二，证人谢伍赐证实签订《土地承包合同》时陈侨英、邱能吉是代表建和机砖厂；第三，原告建和机砖厂以被告的名义缴交土地配套费，被告不但未提出异议且还积极配合建和机砖厂缴纳；第四，根据"深厦铁路"A建设用地非住宅房屋拆迁补偿协议书、厦门市集体土地非住宅房屋拆迁补偿安置表，也可以确认讼争土地的使用人是建和机砖厂，邱能吉为该厂的实际经营人。综上，本院认为讼争土地应为建和机砖厂向被告租赁，即建和机砖厂为讼争《土地承包合同》的主体。关于讼争地块征地补偿款的归属问题，原告认为其中每亩超出水田补偿标准5.5万元的增值部分3 721 548元的形成，是因为其在讼争地块上投资经营及缴纳相关税费办理出《厦门市集体土地使用权证》后所得到的，因此，该增值部分的补偿款项3 721 548元应归原告所有。本院认为，在本案《土地承包合同》签订前，被告莲花村村委会即已向相关部门申请办理讼争土地《集体建设用地使用权证》，2001年1月15日，讼争土地业已变更为集体企业建设用地，厦集土证杏字第000031号《厦门市集体土地使用权证》已制作完毕，但由于被告未缴交土地配套费，因而莲花村村委会未能从厦门市土地房产管理局取出《厦门市集体土地使用权证》。因此，原、被告双方签订的《土地承包合同》实为村镇集体企业用地使用权的租赁合同。可见，讼争地块之性质由农用地转变为企业用地，并非由原告的承包行为及缴纳税费的行为而形成。因此，被告莲花村村委会作为集体建设用地使用权人，依法有权获得土地补偿费。但倘若原告没有缴纳土地配套费，则本次征收土地将按厦门市人民政府厦府（2007）347号《厦门市人民政府关于调整征收集体土地村镇企业用地补偿标准的通知》规定每平方米350元补偿征收，现每平方米以400元补偿标准征收系因原告已足额缴交土地配套费274 537.65元所致，因此，每平方米多得到的补偿费50元系属原告投入所得，根据公平原则，每平方米所增值的50元当属原告所有，故本次征收面积为11 721.21 m²，原告累计应得到11 721.21×50＝586 060.5元。综上，本院认为，原告的诉讼请求，部分有事实和法律依据，应予以支持。

（五）定案结论

福建省厦门市海沧区人民法院依照《中华人民共和国民事诉讼法》第六十四条第一款，《中华人民共和国民法通则》第四条之规定，作出如下判决：

1. 被告厦门市海沧区东孚镇莲花村汤岸村民小组、厦门市海沧区东孚镇莲花村民委员会应于本判决生效之日起十日内付给原告厦门市海沧区东孚鼎美建和机砖厂补偿款586 060.5元。
2. 驳回原告厦门市海沧区东孚鼎美建和机砖厂的其他诉讼请求。

（六）解说

该案的焦点在于土地补偿款增值部分的分配。
1. 土地补偿费的归属主体。根据《土地管理法实施条例》第二十六条的规定，"土地补偿费归农村集体经济组织所有；地上附着物及青苗补偿费归地上附着物及青苗的所有者所有",可以看出,土地补偿费是对土地所有权人的补偿,不属于承包经营收入,农村土地所有权人为农村集体组织,因此它归农村集体经济组织所有,地上附着物及青苗补偿费则归地上附着物及青苗的所有者所有,是对土地使用权人的补偿。因此按照法律的规定,本案的土地补偿款应归属土地的所有权人莲花村集体经济组织所有。

2. 土地补偿款增值部分的分配。本案中,诉争地块被征收后,相关部门将土地补偿款按照建设用地的标准支付给村委会,超过了按照水田标准的补偿标准。对于超出的部分,是归属村委会还是缴纳配套费的机砖厂?对此法律并没有明确的规定。法院认为,导致土地性质发生变化的根本原因是被告莲花村村委会向相关部门申请办理讼争土地《集体建设用地使用权证》,莲花村村委会作为集体土地的使用权人有权获得所有的土地补偿款。但不可否认的是,机砖厂代为缴纳土地配套费才使得《集体建设用地使用权证》得以取出,否则按照厦门的标准,每平方米将少50元的补偿费。50元每平方米的补偿费应归机砖厂。这样,既保障了土地使用权人的利益与集体经济组织的权益,也能体现公平原则,对承包方的贡献予以肯定,鼓励企业的投资,达到双赢的效果。

(福建省厦门市海沧区人民法院 薛自力 陈雅真)

7. 林旭锋诉许双凤共有案
(所有权与用益物权的分离)

(一)首部

1. 判决书字号

一审判决书:福建省厦门市海沧区人民法院(2010)海民初字第171号。

二审判决书:福建省厦门市中级人民法院(2010)厦民终字第1945号。

2. 案由:共有纠纷。

3. 诉讼双方

原告(被诉人):林旭锋,男,汉族,住福建省厦门市海沧区。

委托代理人:刘鹭华、郑明龙,厦门天翼律师事务所律师。

被告(上诉人):许双凤,女,汉族,住福建省厦门市海沧区。

委托代理人:徐敬伟,福建漳州泾渭明律师事务所律师。

审级:二审。

4. 审判机关和审判组织。

一审法院:福建省厦门市海沧区人民法院。

合议庭组成人员:审判长:郭静;人民陪审员:林少华、张红真。

二审法院:福建省厦门市中级人民法院。

合议庭组成人员：审判长：陈朝阳；审判员：郑光辉；代理审判员：洪德琨。

5. 审结时间

一审审结时间：2010年7月5日。

二审审结时间：2010年12月20日。

（二）一审诉辩主张

1. 原告林旭锋诉称

其与被告系同村村民，因被告家中有旧房，原告以资金与其合作改建房屋，由原告出资金、被告出土地使用权，约定房屋建成后双方按协议进行分割管理和使用，但现该房屋面临拆迁，而被告不认可已签订的合作协议，故诉求：（1）依法判决确认原、被告于2007年9月29日签订的《建房合作协议》有效，原告对位于厦门市海沧区渐美村366号的房屋产权享有一半的份额；（2）本案诉讼费用由被告承担。

2. 被告许双凤辩称

（1）被告与原告签订的《建房合作协议》约定原告只享有讼争房屋的出租使用权，并没有约定原告享有对讼争房屋的所有权；（2）讼争房屋原旧宅是答辩人与丈夫蔡亚呆的共有财产，而答辩人的丈夫蔡亚呆已于1990年5月病逝，讼争房屋原旧宅的共有人为答辩人和女儿蔡燕慧，答辩人与原告签订的《建房合作协议》并没有经过女儿蔡燕慧的同意和签名，依法应属无效协议。综上，请求驳回原告的诉讼请求。

（三）一审事实和证据

福建省厦门市海沧区人民法院经公开审理查明：原告林旭锋与被告许双凤同系海沧区海沧街道渐美村村民。被告许双凤与其丈夫蔡亚呆共同居住于厦门市海沧区海沧街道渐美村366号，为一层平房。蔡亚呆于1990年5月死亡。被告许双凤于1996年10月20日出具"土地使用权转移情况具结书"，说明1994年9月9日因房屋继承转移获得该房产，与他人无任何房屋产权异议，从而取得杏集建（96）字第5186号《集体土地建设用地使用证》，使用证载明建筑占地191平方米，面积为308.9平方米，并标明房屋四至。原告林旭锋与被告许双凤因系同村，且被告许双凤所居住的房屋较旧，故原、被告双方经协商，由原告出资对被告所有的房屋进行翻建，并对翻建后房屋的使用和管理进行约定。讼争房屋于2003年建成，共三层，原告分得靠东边的房子三层共计22间，并将上述房屋出租。原、被告于2007年9月29日签订一份《建房合作协议》，约定房屋的分配、使用，以及遇国家征用拆迁，安置补偿款原、被告双方各得一半等条款。被告于2007年9月29日在厦门市海沧区公证处签订一份公证委托书，将办理杏集建（96）字第5186号《集体土地建设用地使用证》换成房屋权证和土地使用权证等相关事务委托给原告林旭峰处理。原告林旭峰随后代为办理并领取厦集土证海沧字第004227号《土地使用权证》和《房屋所有权证》各一本，上述两本证上所记载的所有权人均为被告许双凤，建筑占地面积为308.9平方米，建筑层数为二层，每层308.9平方米，总建筑面积为617.8平方米。

另查明：(1) 被告许双凤与丈夫蔡亚呆于1981年9月2日生育女儿蔡燕慧，蔡亚呆于1990年5月病逝。被告许双凤于1996年10月20日出具"土地使用权转移情况具结书"，说明1994年9月9日因房屋继承转移获得该房产，房产继承时被告许双凤系蔡燕慧的法定代理人；(2) 被告许双凤因委托合同起诉原告林旭峰，要求解除双方的委托关系，本院已作出（2009）海民初字第2092号民事判决书，确认委托关系已解除，该判决书已生效；(3) 被告许双凤的女儿蔡燕慧，现居住于海沧区海沧街道渐美村95号，在本案诉讼过程中提出要求以第三人参与诉讼，经本院审查与本案无利害关系，未予许可；(4) 2010年3月30日，原告林旭峰为进入上述讼争房屋管理使用而与被告发生争执并作报警处理。

上述事实有讼争房产的《集体土地建设用地使用证》、《建房合作协议》、《房屋所有权证》、公证书、蔡燕慧的身份资料、公安机关的询问笔录、原告陈述、被告辩解等证据予以证实。

（四）一审判案理由

福建省厦门市海沧区人民法院经审理认为：本案为共有纠纷，原告林旭锋诉求确认其与被告许双凤签订的《建房合作协议》有效，因该协议还涉及未被厦门市国土资源与房产管理局确权的第三层，该第三层因无合法批建手续而应认定为违章建筑，应由相关行政部门予以处理，故原告该诉求本院不予支持。我国农村建设用地实行一户一宅的原则，宅基地使用权不得转让，宅基地使用权人依法对集体所有的土地享有占有和使用的权利，被告许双凤以其名义申请的建设用地，土地使用权归被告所有。原、被告系同村村民，原告以资金与被告共同建房，根据该协议，原告可对依协议分得的第一层靠东边7间、第二层靠东边8间共15间的房产享有占有、使用和收益的权利，但并不享有对该房产的处分权。《中华人民共和国物权法》第三十九条规定，所有权包含占有、使用、收益和处分的权利，而原告对上述房产不享有完整的所有权之权能，故其要求确认对上述房产拥有所有权与事实不符，本院不予支持。但原告与被告的《建房合作协议》，系双方当事人的真实意思表示，原告已履行其出资建造的义务，原告由此而取得的部分房产的占有、使用和收益的权利，本院予以确认。在1994年旧房产的继承时被告许双凤系蔡燕慧的法定代理人，处理其丈夫蔡亚呆遗产，将房产全部登记在其名下，该事实已得到土地房产部门的确认，故其主张建房合作协议未经蔡燕慧的许可，应认定无效的辩解意见，与事实不符，本院不予采信。

（五）一审定案结论

福建省厦门市海沧区人民法院依照《中华人民共和国物权法》第一百五十二条，《中华人民共和国合同法》第六十条，《中华人民共和国民事诉讼法》第六十四条第一款之规定，作出如下判决：

1. 确认原告林旭锋与被告许双凤签订的《建房合作协议》中关于第一层、第二层房产占有、使用和收益权的分割及遇国家征用时补偿款分配的协议有效；
2. 驳回原告林旭锋的其余诉讼请求。

本案案件受理费 50 元，由被告许双凤负担。

（六）二审情况

1. 二审诉辩主张

（1）上诉人许双凤诉称

许双凤之女蔡燕慧为旧房产的共有人，合作建房协议未经蔡燕慧同意系无效，一审法院审理时未追加蔡燕慧参加诉讼，程序违法，要求确认《合作建房协议》无效；认为原审确认《合作建房协议》中关于"第一层、第二层房产占有、使用和收益权的分割和遇国家征用时补偿款分配的协议有效"无法律依据。

（2）被上诉人林旭峰答辩称

蔡燕慧并非旧房产的共有人，《合作建房协议》与其无关，原审程序合法；虽然涉讼房产为三层，但其明确主张仅对有合法批建手续的第一、二层主张相应的权利，系双方当事人的真实意思表示，且协议中约定遇国家征用时的补偿款分配，未违反法律规定，要求维持原判。

2. 二审事实和证据

福建省厦门市中级人民法院经审理，双方确认讼争房产建成于 2007 年，除此外确认一审法院认定的事实和证据。

3. 二审判案理由

福建省厦门市中级人民法院经审理认为：旧房产继承时上诉人许双凤系蔡燕慧的法定代理人，房产全部登记于许双凤名下，蔡燕慧并非讼争房产的共有人，一审法院不予追加蔡燕慧参加诉讼，程序合法；原、被告的《合作建房协议》，因其内容涉及无合法批建手续的第三层，该协议虽系原、被告的真实意思表示，但因其中部分内容违反法律规定，不能全部认定有效。鉴于林旭峰已依照协议履行出资建房的义务，且原、被告双方系同村村民，故协议中关于第一、二层房屋的约定分割，合法有效，故上诉人的上诉理由不能成立，原审判决认定事实清楚，适用法律正确，应予维持。

4. 二审定案结论

福建省厦门市中级人民法院依照《中华人民共和国民事诉讼法》第一百五十三条第一款第（一）项之规定，作出如下判决：

驳回上诉，维持原判。

（七）解说

本案焦点有二：

1. 本案未追加被告许双凤的女儿蔡燕慧参加诉讼，程序是否公正

本案诉讼过程中，被告许双凤的女儿蔡燕慧要求以第三人身份参加诉讼，一审经审理后认为其与本案无利害关系，未予许可。讼争合作建房的房产系在旧房产上翻建而成，而旧房产系被告许双凤与其夫蔡亚呆共有，蔡亚呆于1990年5月病逝。蔡燕慧于1981年9月2日出生，被告许双凤于1996年10月20日出具"土地使用权转移情况具结书"，说明1994年9月9日因房屋继承转移获得该房产，房产继承时被告许双凤系蔡燕慧的法定代理人，许双凤所出具的说明符合法律规定，而且该行为也得到相关土地管理部门的确认，讼争旧房产也全部登记在被告许双凤的名下，且蔡燕慧在其成年后及合作建房其间也从未对被告许双凤的该行为提出异议。所以被告许双凤对讼争旧房产拥有完整的所有权。被告许双凤与原告林旭峰所签订的协议与蔡燕慧无利害关系，所以一审对蔡燕慧申请作为第三人参加诉讼的请求不予支持。二审对此也持同样意见。故一、二审在程序上无不当之处。

2. 在农村集体土地上建房，集体土地使用权与房产所有权的分离，房产所有权与用益物权的分离

众所周知，我国土地实行国家和集体所有制。农村土地所有权属于集体所有，我国农村建设用地实行一户一宅的原则，宅基地使用权不得转让，但法律并未禁止农村集体土地使用权的合理利用，包括合资建房。本案即是由于被告在经济上的原因无力单独建造房产，原告则拥有资金，经协商双方达成合作建房的协议，且对房产建成后双方的权利分配、遇国家征用的补偿款分配作了明确的约定。本案中集体土地使用权并未转移，建设于其之上的房产经相关土地管理部门的批准，仍登记于被告许双凤名下。农村房产所有权与土地的使用权是分离的。这从农村房产的土地使用权证和农村房产的产权证相分离也可证实，二者系不同的权利。我国《物权法》第一百四十二条规定："建设用地使用权人建造的建筑物、构筑物及其附属设施的所有权属于建设用地使用权人，但有相反证据证明的除外。"本条也规定了土地使用权与房产所有权可以分属于不同的权利人。但由于农村集体土地一户一宅的限制及转让禁止，故农村房产的所有权在处分上仍受限于土地使用权。这也正是造成当前城市房地产价格与农村房产价格差异的原因。本案被告系集体土地使用权人，同时也系房产所有权人。

我国物权法规定了物权的四大权能，即占有、使用、收益和处分。农村房产也系物权法保护下的不动产，也同样具备以上四大权能，且该四项权能与所有权是可分离的。原、被告双方虽约定合作建房后房产所有权的分割，但因涉用集体土地的不可转让，且房产所有权经行政机关审查已登记在被告名下，故原告实际上无法取得所有权，但所有权四项权能中的占有、使用、收益权，原告仍然有权行使。而遇国家征用时补偿款分配的约定，则视为讼争房产占有、使用、收益权在国家征用时权利消灭的一种补偿，应认定为有效。

因此法院一、二审作出的上述判决是正确的。

（福建省厦门市海沧区人民法院　郭　静）

8. 李庚昌等诉通华公司等物权保护案
（如何区分建筑物区分所有权中的专有部分和共有部分，出卖人能否通过协议保留法定共有部分所有权）

（一）首部

1. 判决书字号
一审判决书：福建省龙岩市新罗区人民法院（2009）龙新民初字第2887号。
二审判决书：福建省龙岩市中级人民法院（2010）岩民终字第319号。
2. 案由：物权保护纠纷。
3. 诉讼双方
原告（被上诉人）：李庚昌，男，汉族，住福建省龙岩市新罗区。
原告（被上诉人）：苏建章，男，汉族，住福建省龙岩市新罗区。
原告（被上诉人）：黄增荣，男，汉族，住福建省龙岩市新罗区。
原告（被上诉人）：周存榕，男，汉族，住福建省龙岩市新罗区。
原告（被上诉人）：苏琼花，女，汉族，住福建省龙岩市新罗区。
原告（被上诉人）：范稳登，男，汉族，住福建省龙岩市新罗区。
原告（被上诉人）：尚泽生，男，汉族，住福建省龙岩市新罗区。
原告（被上诉人）：汪建东，男，汉族，住福建省龙岩市新罗区。
原告（被上诉人）：翁碧燕，女，汉族，住福建省龙岩市新罗区。
委托代理人：张新周，福建津都律师事务所律师。
原告（被上诉人）：詹益云，男，汉族，住福建省龙岩市新罗区。
原告（被上诉人）：凌云，女，汉族，住福建省龙岩市新罗区。
原告（被上诉人）：刘文华，男，汉族，住福建省龙岩市新罗区。
被告（上诉人）：龙岩通华房地产发展有限公司（以下简称通华公司），住所地：福建省龙岩市新罗区。
委托代理人：刘新策，福建正廉律师事务所律师。
被告：龙岩市益华投资发展有限公司（以下简称益华公司），住所地：福建省龙岩市新罗区。
委托代理人：罗海仙，福建正廉律师事务所律师。
委托代理人：吴荣彪，公司员工。
4. 审级：二审。
5. 审判机关和审判组织

一审审判机关：福建省龙岩市新罗区人民法院。
合议庭组成人员：审判长：林立；审判员：王振德、邱阿伟。
二审审判机关：福建省龙岩市中级人民法院。
合议庭组成人员：审判长：吕敏；代理审判员：陈小曼、黄智勇。
6. 审结时间
一审审结时间：2010年2月1日。
二审审结时间：2010年7月26日。

(二) 一审诉辩主张

1. 原告李庚昌、苏建章、黄增荣、周存榕、苏琼花、范稳登、尚泽生、汪建东、翁碧燕诉称

被告通华公司系龙岩市新罗区西城人民路2号龙津花园建设工程的开发商和拆迁人。被告益华公司系龙津花园的前期物业管理公司。原告李庚昌是龙津花园中楼402室的业主。原告苏建章、黄增荣、周存榕、苏琼花、范稳登、尚泽生、汪建东、翁碧燕是原龙岩市公路局6号宿舍楼（已房改）的业主，因被告通华公司开发的龙津花园项目建设需拆迁该宿舍楼。2001年至2003年期间，被告通华公司与该宿舍楼的上述业主分别签订了《龙岩市城市房屋拆迁补偿安置协议书》及《房屋拆迁补偿结算单》、《龙津花园安置房回迁安置结算清单》、《协议书》和《补充协议书》。《协议书》及《补充协议书》约定，被告通华公司对安装在龙津花园中楼（即安置楼）一至四层（或五层）电梯（包括更新、维修、电费）免费提供。之后，原告分别取得龙津花园中楼402、502、601、602、702、801、802、901、902号房屋。2003年8月至2006年4月期间，被告通华公司陆续向原告交房，并向原告发放了《"龙津花园"安置楼建筑设计说明》、《龙津花园安置楼住宅使用说明书》、《龙津花园安置楼质量保证书》。《"龙津花园"安置楼建筑设计说明》第八条第10款第2项明确写明，安置楼电梯载重量为800kg，速度为1.0m/s，井道及机房预埋件、预留洞等均应按厂方提供的技术资料进行施工。《龙津花园安置楼住宅使用说明书》第3条注明，公共配套设计：出入口：安置楼2部电梯，每层二梯四户。被告益华公司仅进行了短期的前期物业服务，从2004年8月15日起停止龙津花园中楼东侧电梯运行及东侧楼梯卫生保洁等物业综合服务，并通知业主自行管理。部分业主遂拒绝交纳物业管理费。在原告与两被告的协商过程中，被告通华公司宣称该电梯产权归其所有，不属业主所有。为此，原告诉请法院判决确认安装在龙岩市新罗区西城人民路2号（龙津花园）中楼东侧的电梯所有权属原告所有；被告通华公司承担安装在龙岩市新罗区西城人民路2号（龙津花园）中楼东侧电梯的更新、维修及运行电费的义务；两被告及时将安装在龙岩市新罗区西城人民路2号（龙津花园）中楼东侧的电梯维修、调试合格，确保能正常运行，并及时将该电梯及其钥匙（包括厅门、机房等钥匙）、一切电梯随机资料（包括电梯控制原理图或电路图、电梯使用合格证、说明书、质量保证书等资料）移交给原告。

原告凌云、詹益云、刘文华未作书面陈述。

2. 被告通华公司辩称

(1) 被告在龙岩市新罗区西城人民路2号（龙津花园）中楼东侧的电梯不属于龙津花园的公用设施。该电梯是根据被告与原告黄增荣、周存榕、苏琼花、范稳登、尚泽生、汪建东、翁碧燕等人的特殊约定安装设置的，而不是属于建筑区划内的公用设施。公用设施应指服务于公共目的的设施，但被告与原告等人协议约定在中楼东侧安装电梯不是为了公共目的，而是为履行其他协议所约定的内容。被告与原告等人于2003年8月签订的协议书第2条约定，被告同意在安置楼（原告所指的中楼）东侧安装电梯，从一层送到四层，该项条款生效的前提条件是，东侧十户被拆迁人必须在2003年8月12日之前全部结清房款，并且不得再以其他任何理由拖延办理房产交接手续。根据上述约定，被告在中楼东侧安装电梯的目的是使原告等人在2003年8月12日之前全部结清房款，该电梯不属于龙津花园的公用设施。(2) 原告等人无权要求确认中楼东侧的电梯所有权属原告所有。被告在中楼东侧安装电梯是被告在履行协议书所约定的义务，被告履行了协议书所约定的义务，但原告却违反协议书的约定，未按上述协议书第2条约定的时间向被告全部结清房款。故原告不仅无权要求确认电梯所有权属原告所有，而且无权使用该电梯。(3) 原告等人无法正常使用该电梯，是因为原告等人在入住龙津花园中楼后，拒绝向物业公司缴纳物业费及公摊费用。物业公司在多次垫付电梯营运费用后，终因亏损巨大无力垫付而停止东侧电梯的运行和维护。原告等人应对自己的违约行为承担相应的法律后果。综上所述，被告请求法院驳回原告对被告提出的诉讼请求。

3. 被告益华公司辩称

(1) 被告从2003年8月起依照前期物业服务合同进驻龙津花园，承接物业服务。原告等人拒缴物业服务费，被告在2004年期间屡次致函催收未果。在被告无力长期垫付的情况下，为避免继续扩大经济损失，只得暂停电梯运行服务及部分楼道保洁的服务。被告未撤离龙津花园。原告等人拒缴物业服务费的违约行为在先，被告停止服务符合《合同法》的规定，是行使自己的先履行抗辩权。(2) 原告要求被告将龙津花园中楼东侧的电梯维修、调试合格，确保能正常运行不合理。在原告回迁时，该电梯已安装调试合格，并能正常使用、运行。停止运行电梯是因为原告拒缴物业服务费，责任在于原告。(3) 原告要求被告移交电梯及钥匙、电梯随机资料缺乏依据。被告是前期物业服务企业，电梯钥匙及随机资料是从开发商处取得，在尚未确定电梯的所有权、业主委员会尚未成立及被告未交清拖欠物业费前，原告无权要求被告移交。综上所述，被告请求法院驳回原告对被告提出的诉讼请求。

(三) 一审事实和证据

福建省龙岩市新罗区人民法院经公开审理查明：原告均系龙岩市新罗区西城西兴人民路2号龙津花园中楼东侧的业主。2001年4月、5月，原告苏建章、黄增荣、周存榕、苏琼花、范稳登、尚泽生、汪建东及原告翁碧燕的丈夫林冠华与被告通华公司签订《龙岩市城市房屋拆迁补偿安置协议书》。该拆迁补偿安置协议约定，被告因龙津花园工程项目建设，拆迁上述原告所有的龙岩市公路局宿舍6号楼，就地安置。2001年4

月、5月,上述原告、林冠华又与被告通华公司签订补充协议书。该补充协议约定,双方就补偿安置再给优惠条件达成补充协议,即对安置楼一至四层楼梯使用面积不计入公摊,一至四层电梯井按建筑面积计入原告公摊面积;对安置楼一至四层电梯(包括更新、维修、电费)免费提供;电梯在各户装修完毕后交付使用。原告詹益云、凌云亦是拆迁安置户,安置在龙津花园中楼501、701号房。2003年12月16日,原告李庚昌与被告通华公司签订商品房买卖合同,以252 327元的价格向被告购买龙津花园中楼四层402号房。该合同第14条约定:"出卖人关于基础设施、公共配套建筑正常运行的承诺。出卖人承诺与商品房正常使用直接关联的下列基础设施、公共配套建筑按以下日期达到使用条件:水电设施、电梯于交付使用起可投入使用。"原告刘文华、凌云亦与被告通华公司签订商品房买卖合同,向被告购买龙津花园中楼四层401号房。2003年8月,原告黄增荣、周存榕、苏琼花、范稳登、尚泽生、汪建东、翁碧燕与被告通华公司签订协议书。该协议书约定,被告同意在安置楼东侧安装电梯,从一层送到四层,该项条款生效的前提条件是,东侧十户被拆迁人必须在2003年8月12日之前全部结清房款,并且不得再以其他任何理由拖延办理房产交接手续。2004年2月20日,被告通华公司承建的龙津花园中楼通过竣工验收。2003年8月至2006年4月,被告通华公司向原告交房,并发放《"龙津花园"安置楼建筑设计说明》、《龙津花园安置楼住宅使用说明书》、《龙津花园安置楼质量保证书》等。《"龙津花园"安置楼建筑设计说明》第8条第10款第2项中载明,"安置楼电梯载重量为800kg,速度为1.0m/s,井道及机房预埋件、预留洞等均应按厂方提供的技术资料进行施工"。《龙津花园安置楼住宅使用说明书》第3条载明:"公共配套设计:出入口:安置楼2部电梯,每层二梯四户。"2003年8月,被告通华公司与被告益华公司签订前期物业服务合同,从此被告益华公司承接龙津花园的物业服务。龙津花园中楼一至三层系店面和写字楼,其楼梯沿人民路一侧;四至九层系原告所有的住宅,其楼梯与龙岩市汽车运输总公司宿舍相邻。一至三层的店面、写字楼与四至九层的住宅独立相隔,互不相通,两楼梯方向相反,中楼东侧的电梯安装在四至九层的住宅一侧。

1. 原告李庚昌、苏建章、黄增荣、周存榕、苏琼花、范稳登、尚泽生、汪建东、翁碧燕向福建省龙岩市新罗区人民法院提供以下证据:

(1)房屋所有权证、国有土地使用权证各8份,以此证明原告系龙津花园中楼的业主。

(2)龙岩市城市房屋拆迁补偿安置协议书6份、房屋拆迁补偿结算单6份、龙津花园安置房回迁安置结算清单3份,以此证明部分原告的宿舍楼被被告通华公司拆迁后就地安置。

(3)补充协议书7份,以此证明被告通华公司与原龙岩市公路局6号楼的业主签订协议,被告通华公司应承担安装在龙津花园中楼电梯的更新、维修及运行电费的义务。

(4)"龙津花园"安置楼建筑设计说明1份、龙津花园安置楼住宅使用说明书1份、龙津花园安置楼质量保证书1份,以此证明龙津花园中楼(安置楼)设计配有电梯,且有2部电梯。

（5）商品房买卖合同1份，以此证明龙津花园中楼东侧电梯属于公共配套设施。

（6）龙岩市公路局的证明1份，以此证明原龙岩市公路局6号宿舍楼已经房改，部分原告是宿舍楼业主。

（7）龙津花园东楼、安置楼住宅使用说明书1份、福建省房屋建筑工程竣工验收报告1份、电梯安装合格证1份、产品质量合格证书1份、电梯验收检验报告2份、电梯安装安全质量监理报告书2份、结构设计总说明图1份、安置楼屋顶层筒体平面图（楼梯平面大样）1份，以此证明从设计到竣工验收，均要求龙津花园中楼东西侧配备电梯；龙津花园中楼于2004年2月20日竣工；电梯合格证等相关材料原件在被告通华公司处，被告通华公司将此移交被告益华公司。

（8）2009年8月5日的《闽西日报》1份，以此证明原告曾向新闻媒体反映，希望通华公司为原告解决电梯问题。

（9）户口簿1份，以此证明林冠华与原告翁碧燕是夫妻，签订协议时是林冠华签名，房屋所有权证登记在翁碧燕名下。

2. 被告通华公司向福建省龙岩市新罗区人民法院提供以下证据：

（1）原告黄增荣、周存榕、苏琼花、范稳登、尚泽生、汪建东、翁碧燕与被告通华公司签订的协议书7份，以此证明被告通华公司在中楼东侧安装电梯的前提条件是原告在2003年8月12日前办理交接手续。

（2）龙津花园安置楼工程质量验收表8份、龙津花园安置房交房资料交接表6份，以此证明原告未按2003年8月的协议书约定在2003年8月12日之前全部结清房款及拖延办理房产交接手续。

3. 被告益华公司向福建省龙岩市新罗区人民法院提供以下证据：

龙津花园物业管理委托合同3份，以此证明被告益华公司于2003年6月18日入驻龙津花园进行物业管理，管理期限至业主委员会成立时止。

福建省龙岩市新罗区人民法院对上述证据审查认为：

原告提供的龙津花园安置楼建筑设计说明、龙津花园安置楼住宅使用说明书系被告通华公司提供给业主的使用、设计说明，福建省房屋建筑工程竣工验收报告是验收单位出具的验收报告，商品房买卖合同系原告李庚昌与被告通华公司签订的买卖合同，上述证据可相互印证，说明龙津花园中楼应配有电梯2部。

被告通华公司提供的协议书，仅有龙津花园中楼的部分业主签字，非该楼所有业主的共同决定，违反法律规定，本院对其证明力不予确认。龙津花园安置楼工程质量验收表、龙津花园安置房交房资料交接表可与福建省房屋建筑工程竣工验收报告相互印证，能够证明龙津花园中楼的竣工时间是2004年2月20日。

（四）一审判案理由

福建省龙岩市新罗区人民法院经审理认为：《物权法》第七十条规定："业主对建筑物的住宅、经营性用房等专有部分享有所有权，对专有部分以外的共有部分享有共有和共同管理的权利"；第七十九条规定："建筑物及其附属设施的维修资金，属于业主共有。经业主共同决定,可以用于电梯、水箱等共有部分的维修。"电梯系高层建筑物的必备设备,也是业主必须使用的设备。高层建筑物的业主必须使用电梯,才能保障其应享有的舒适、便利的居住生活。如果电梯不归业主共有,而由开发商保留所有权,那么业主使用、维修电梯就必须经过开发商的同意,这将给业主的正常居住生活带来极大的不便利(如本案原告尚泽生已年近九十,在电梯未运行的情况下就必须攀爬八层的楼梯),这将严重损害业主的合法权益。故上述相关法律均规定电梯属于建筑物的共有部分,应属于业主共有。据此,原告等业主通过拆迁安置、购买等方式取得龙岩市新罗区西城人民路2号龙津花园中楼东侧各专有部分的所有权和共有部分的共有权,龙岩市新罗区西城人民路2号龙津花园中楼东侧的电梯应属于共有部分,属于该楼业主共有。原告诉请要求被告通华公司承担龙岩市新罗区西城人民路2号龙津花园中楼东侧电梯的更新、维修、及运行电费的义务,但尚未发生电梯已需更新、维修而被告拒绝更新、维修电梯之事实,原告也未明确要求被告支付的运行电费的金额,该项诉讼请求缺乏事实依据,不予支持。原告诉请要求两被告将电梯调试合格至正常运行,并向原告移交电梯及钥匙、电梯随机资料。该项诉讼请求属于物业服务合同纠纷,与本案的物权保护纠纷属于不同的法律关系,不宜并案审理,应另案处理。

(五) 一审定案结论

福建省龙岩市新罗区人民法院依照《中华人民共和国民法通则》第七十二条,《中华人民共和国物权法》第七十条、第七十九条的规定,作出如下判决:

1. 龙岩市新罗区西城人民路2号龙津花园中楼东侧的电梯属该楼业主共有,即属原告李庚昌、苏建章、黄增荣、周存榕、苏琼花、范稳登、尚泽生、汪建东、翁碧燕、刘文华、詹益云、凌云等共有。

2. 驳回原告李庚昌、苏建章、黄增荣、周存榕、苏琼花、范稳登、尚泽生、汪建东、翁碧燕的其他诉讼请求。

本案案件受理费4 500元,由原告李庚昌、苏建章、黄增荣、周存榕、苏琼花、范稳登、尚泽生、汪建东、翁碧燕负担100元,被告通华公司负担4 400元。

(六) 二审情况

1. 二审诉辩主张
(1) 上诉人通华公司诉称
1) 讼争电梯为履行上诉人与被上诉人黄增荣、周存榕、苏琼花、苍延登、尚泽生、汪建东、翁碧燕等人的特殊约定而安装,安装的目的不是服务于公共目的,讼争电梯是根据双方特殊约定的产物,不是为了公共目所必须安装的公共设施。2) 上诉人与被上诉人等人已就讼争电梯使用权归属进行了专门约定,根据上诉人与被上诉人等人于2003年8月签订的协议书第2条,鉴于被上诉人违反协议书的约定,未按上述协议书第2条约定的时间向上诉人全部结清房款,根据上述协议书第2条,讼争电梯所有权和四层以上电梯使用权没有发生转移，仍归属上诉人所有。被上诉人无权要求讼争电梯所有权和四层以上电梯使用权。3）一审判决讼争电梯属被上诉人共有，明显错误。因讼争电梯并非属公共设施，且该电梯所有权和四层以上使用权没有发生转移完全是被上诉人等人违约行为造成的。4）部分业主出现攀爬楼梯现象并非是电梯产权属于上诉人所有而产生的，而完全是由于业主不缴物业费造成的。即使电梯产权归属被上诉人共有若被上诉人坚持不缴物业费用的话，仍然会出现业主攀爬楼梯现象。5）上诉人与被上诉人对电梯的协议约定签订于2003年，当时《物权法》尚未颁布，一审法院适用《物权法》来确认讼争电梯产权归属于被上诉人所有，属适用法律错误。综上，请求二审法院依法改判驳回被上诉人对上诉人的诉讼请求。

（2）被上诉人李庚昌等9人辩称

1）原审判决事实清楚，证据充分。A.安装在龙岩市新罗区西城人民路2号龙津花园中楼东侧的讼争电梯属于答辩人等业主的共用设施。a.龙津花园中楼第一层至第三层的店面、写字楼与第四层至第九层的住宅独立相隔互不相通，有各自独立的电梯，且拆迁前后，双方当事人对讼争电梯产权归属没有约定或约定不明确，根据《福建省物业管理条例》第31条的规定，讼争电梯应归答辩人等业主所有。b.龙津花园中楼东侧安置楼从设计、施工、竣工验收等各个阶段均有配备电梯，并且对电梯的载重量、速度、井道及机房预埋件、预留洞等均有明确的约定。c.根据《国家标准—住宅设计规范》第4.1.6的规定，七层以上住宅或者住户入口层楼面距室外设计地面的高度超过16米以上的住宅必须设置电梯。如果本案房屋未设计、安装电梯，则本案房屋从设计、施工时起即违反了上述国家强制性标准。B.2003年8月上诉人与部分答辩人签订的《协议书》属无效协议，不具法律效力。该《协议书》并非龙津花园中楼东侧所有业主的共同决定，签订协议的主体不合格。实际签订《协议书》的7户当事人中，周存榕于2003年8月13日才签订，尚泽生于2003年8月15日才签订，汪建东于2003年8月12日之前全部结清房款，这已构成合同事实上的履行不能。本案房屋系于2004年2月20日才竣工验收，在未经竣工验收的情况下，上诉人无权与答辩人约定"东侧8户被拆迁人必须在2003年8月12日之前全部结清房款，并且不得再以其他任何理由拖延办理房产交接手续"，故该协议书内容违反法律、法规的强制性规定，其内容无效。C.答辩人不存在任何违约情形，上诉人才是名副其实的违约方。答辩人不存在必须履行2003年8月上诉人与部分答辩人签订的《协议书》的义务，答辩人即不存在任何违约情形。相反，上诉人至今未履行2001年上诉人与被上诉人先后签订的《房屋拆迁协议书》及《补充协议书》的约定，拒不承担电梯的更新、维修及运行电梯的义务，上诉人才是名副其实的违约方。2）出现答辩人长期处于看着电梯爬楼梯的现象是上诉人造成的。由于上诉人主张本案电梯的所有权，拒不承担一至四层（或五层）电梯的更新、维修及运行电梯的义务，加之原审被告益华公司自2004年8月15日起停止龙津花园中楼东侧电梯运行及东侧楼梯卫生保洁等物业综合服务，并通知答辩人自行管理，为此，部分答辩人才停止向原审被告益华公司支付物业费，而不是业主不缴物业费才造成攀爬楼梯现象。3）一审判决适用法律正确。电梯属于建筑物的共有部分，属于业主共有，这是法律、法规及司法解释明确规定。4）答辩人请求二审法院判决上诉人承担本案电梯的更新、维修及运行电梯的义务,并将该电梯维修、调试合格,确保能正常运行,及时将该电梯及其钥匙(包括厅门、机房等钥匙)、一切电梯随机资料(包括电梯控制原理图或电路图、电梯使用合格证、说明书、质量保证书等资料)移交给答辩人。综上,请求二审法院依法判决。

被上诉人詹益云、凌云、刘文华未作答辩。

(3) 原审被告益华公司辩称

1) 答辩人依照前期物业服务合同进驻龙津花园,并承接物业服务。因被上诉人拒缴物业服务费,答辩人多次催缴未果,在答辩人无力长期垫付各项费用的情况下,只能暂停电梯运行服务。在龙津花园成立业主委员会及解除与答辩人物业服务合同之前,被上诉人无权要求答辩人缴交电梯及钥匙、电梯随机资料。2) 即使龙津花园业主委员会成立,并要求解除与答辩人的物业服务合同,但在电梯产权未确定的情况下及被上诉人未缴清物业费之前,被上诉人仍无权要求答辩人缴交电梯及随机资料。3) 答辩人与被上诉人的移交电梯及钥匙、随机资料是物业管理合同纠纷,与上诉人和被上诉人之间的物权纠纷,是不同的法律关系,因此,被上诉人此项诉讼请求不能并案审理,一审法院驳回被上诉人对答辩人的诉讼请求是正确的。综上,答辩人请求二审法院依法裁决。

2. 二审事实和证据

福建省龙岩市中级人民法院经审理查明:上诉人通华公司及被上诉人李庚昌、苏建章、黄增荣、周存榕、苏琼花、范稳登、尚泽生、汪建东、翁碧燕、原审益华公司均对原审判决查明认定的事实无异议。因而对原审判决查明认定的事实,予以确认。

在二审诉讼过程中,上诉人通华公司向福建省龙岩市中级人民法院提供龙岩市房地产管理局于2001年6月26日出具的《关于批准"龙津花园建筑工程房屋拆迁和补偿安置方案"的通知》(岩府房[2001]迁字21号)复印件一份,用于证明被上诉人的安置房价格属于不带电梯的安置价格。被上诉人李庚昌、苏建章、黄增荣、周存榕、苏琼花、范稳登、尚泽生、汪建东、翁碧燕认为该证据不属于新的证据,并认为该证据不能证明上诉人的上诉主张。福建省龙岩市中级人民法院经审查认为,岩府房[2001]迁字21号通知并未对各类房屋的补偿价作带电梯与不带电梯的区分,不能证明被上诉人的安置房价格属于不带电梯的安置价格。

3. 二审判案理由

福建省龙岩市中级人民法院经审理认为:2003年8月7日《龙津花园安置楼住宅使用说明书》、2004年2月20日《龙津花园东楼、安置楼住宅使用说明书》由通华公司出具并盖章,各方当事人对该两份住宅使用说明书的真实性均无异议,予以采信。该两份住宅使用说明书均将"安置楼2部电梯,每层二梯四户"列为"公共配套设计"项目下的内容,表明通华公司已将安置楼(即龙津花园中楼)2部电梯列为安置楼的公共配套设施。因此,龙津花园中楼东侧电梯属于该建筑物的共有部分,而被上诉人已通过拆迁安置的方式取得了龙津花园中楼东侧房屋各专有部分的所有权及共有部分的共有权,据此,应认定龙津花园中楼东侧电梯属于龙津花园中楼东侧业主即本案被上诉人共有。上诉人主张讼争电梯不是为了公共目的所必须安装的公共设施,与其所出具的安置楼住宅使用说明书相矛盾,对该主张本院不予支持。2003年8月间,上诉人与部分被上诉人签订的《协议书》约定在规定时间内交清房款才能转移安置楼电梯所有权,一方面该《协议书》未经有利害关系的全体业主同意,不得约束所有业主;另一方面,该《协议书》之后形成的 2004 年 2 月 20 日《龙津花园东楼、安置楼住宅使用说明书》已明确将安置楼 2 部电梯列为公共配套设施,因此,该《协议书》不能作为认定安置楼电梯的产权依据。上诉人以被上诉人未按约交清房款已违反该《协议书》为由而主张电梯所有权没有发生转移仍归属上诉人所有,因该《协议书》不能作为认定安置楼电梯的产权依据,故对该主张不予支持。一审判决龙岩市新罗区人民路 2 号龙津花园中楼东侧电梯由龙津花园中楼东侧业主即本案被上诉人共有,事实和法律依据充分,予以维持。综上,原审判决正确,予以维持,上诉人的上诉理由不成立,对其上诉请求本院予以驳回。因被上诉人李庚昌等 9 人未提出上诉,其请求二审法院判决上诉人承担本案电梯的更新、维修及运行电梯的义务,并将该电梯维修、调试合格,确保能正常运行,及时将该电梯及其钥匙(包括厅门、机房等钥匙)、一切电梯随机资料(包括电梯控制原理图或电路图、电梯使用合格证、说明书、质量保证书等资料)移交给被上诉人,不属于二审审理范围,不予审查。被上诉人詹益云、凌云、刘文华经本院传票合法传唤,无正当理由拒不到庭,依法缺席审理和判决。

4. 二审定案结论

福建省龙岩市中级人民法院依照《中华人民共和国民事诉讼法》第一百三十条、第一百五十三条第一款第(一)项之规定,作出如下判决:

驳回上诉人龙岩通华房地产发展有限公司的上诉,维持原判。

二审案件受理费 4 500 元,由上诉人龙岩通华房地产发展有限公司负担。

(七) 解说

本案涉及的主要法律问题是如何区分建筑物区分所有权中的专有部分和共有部分,以及房地产的出卖人能否通过协议保留法定共有部分的所有权。

1. 如何区分建筑物区分所有权中的专有部分和共有部分

在建筑物区分所有权中,共有部分是相对于专有部分的概念。专有部分,应指在构造上能明确区分,具有排他性且可独立使用的建筑物部分。专有部分的基本特征是独立性,即构造上、利用上和法律上的独立性。共有部分,简而言之,就是建筑物区分所有权中"专有部分"以外的其他部分。共有部分具有两项特性:其一,从属性。共有部分为附随于专有部分的附属物或从物。因建筑物区分所有的专有部分与共有部分在物理性质上具有整体不可分的完整结构体关系,且区分所有人(业主)取得区分所有权,也须附带地取得共有部分的持分权,故各国建筑物区分所有权立法均强制明文规定共有部分对专有部分具有从属性;其二,不可分割性,即共有部分本身不得被分割。美国各州州法及《联邦公寓所有权示范法》规定,区分所有建筑物的共用部分禁止分割。例外情形是,区分所有建筑物业已完成区分所有人的使用目的时可以分割。按照日本《建筑物区分所有权法》第 2 条第 4 项之规定,共有部分是指"专有部分以外的建筑物部分,及不属于专有部分的建筑物附属物和约定为共有部分的附属建筑物"。按照法国《住宅分层所有权法》第3条第1项之规定，共有部分是指"供区分所有人全体或数个区分所有人予以使用或对其具有有用性的建筑物部分与土地"。按照我国台湾地区"民法"第799条之规定，共有部分是指"建筑物及其附属物的共同部分"。可见，所谓共有部分是指专有部分以外的建筑物，及不属于专有部分的建筑物附属物和地基等。

区分专有部分与共有部分的主要方法是排除法。认定电梯是专有部分还是共有部分，主要看其符合专有部分还是共有部分的主要特征。电梯通常是供业主共同使用的公共设备，其一般不具有构造上和利用上的独立性，不能明确区分于其他专有部分和排他使用，亦一般不能够登记成为特定业主所有权的客体。本案讼争电梯系建筑物内的共用电梯，而建筑物为不同业主所共有，其不具备专有部分的基本特征，不能认定为专有部分。那么电梯是否符合共有部分的特征呢？电梯是为方便高层建筑的业主出入方便所设，其是因业主取得高层建筑专有部分所有权而附随于高层建筑的基本建筑设施，具有从属性；电梯本身亦不可分割，这是明显的。电梯不符合专有部分的基本特征，且符合共有部分的基本特征，除特殊情形外，应认定为共有部分。此观点亦为立法者所采纳，《物权法》第七十九条明确规定，电梯为"共有部分"。

2. 出卖人能否通过协议保留法定共有部分的所有权

在信息不对称、实力非均势的房地产市场交易中，处于优势的房地产开发商，显然具有更多更强的话语权，而购房者在某种程度上仅有买或不买的弱势选择权。如果法律允许当事人对电梯等公共设施的产权作自由约定，那么开发商很容易利用其优势话语权，迫使购房者接受相对有利于开发商的购房合同，例如，保留法定共有部分的所有权，购房者使用共有部分需另行支付购置款或使用费。试想，小区内的道路、绿地、电梯、水箱、物业服务用房都为开发商保留所有权，那么业主在支付了购房款后本应享有上述公共建筑、设施的使用权，却因开发商保留所有权而寸步难行，其享有的共有权岂不形同虚设，共有权应有的从属性又从何体现？这对业主显然是极不公平的，也是法律所不能允许的。因此，立法者明确将电梯、水箱等公共设施设定为共有部分，表明其从根本上排除当事人意思自治在此适用、维护交易秩序和保障业主共有权的基本态度，这也是物权法定原则的体现。物权法定是《物权法》的基本原则，指物权的种类和内容均由法律作出强行规定，不允许当事人自由创设或变更。物权是绝对权和支配权，具有排除干涉的效力。如果允许当事人对物权的种类和内容自由创设，就会危及物权的绝对性和独占性。而权属不明，将导致市场交易的无序，影响民事主体的基本利益。因此，坚持物权法定原则，是保障合同自由和交易安全的需要，不可动摇。法定共有部分，是物权法对建筑物区分所有权中事关业主基本利益的共有部分的界定和规范，不允许当事人对此自由约定或变更。

本案还有一个法律问题：如果开发商的出售价格或安置价格未包括电梯的价格，那么电梯的所有权是否可由开发商保留？建筑物区分所有权的专有所有权、共有所有权和共同管理权是三位一体、不可分割的整体。故《物权法》第七十二条规定，业主转让建筑物内的专有部分，其对共有部分享有的共有和共同管理的权利一并转让。开发商出售给业主专有部分，业主就当然一并取得共有部分的共有权，出售价格也当然应包含共有部分的价格，而不能将专有部分与共有部分分开出售。开发商与购房者的交易存在信息不对称,购房者几乎不可能知晓建筑物专有部分和共有部分的成本,也就不可能判断开发商提出的购房价格是否包含共有部分的价格。电梯本就是高层建筑的必备公共设施,属于开发商建造时必须付出的成本,而不是与购房者或安置户讨价还价的筹码。如果开发商认为其安置价格不包含电梯的价格,就应在出售或安置前明示对方并与对方协商达成一致。另外,开发商无权保留法定共有部分的所有权,其已出售了专有部分,共有部分应一并转让。即使开发商在出售或安置时确实未将电梯价格计算在内,并取得对方同意,也仅享有要求购房者或安置户支付电梯价格的债权请求权,而不享有要求确认电梯所有权归开发商所有的物权确认请求权。

(福建省龙岩市新罗区人民法院 林 立)

9. 崔吉利等诉北京市昌平区回龙观镇万润家园小区业主委员会等业主撤销权案(业主撤销权)

(一)首部

1. 判决书字号:
一审判决书:北京市昌平区人民法院(2010)民字第2962号。
二审判决书:北京市第一中级人民法院(2010)民终字第15881号。
2. 案由:业主撤销权纠纷。
3. 诉讼双方
原告(上诉人):崔吉利(兼原告张晓东和杜王平的委托代理人),男,汉族,住北京市昌平区。
原告(上诉人):张晓东,男,汉族,住北京市昌平区。
原告(上诉人):杜王平,男,汉族,住北京市昌平区。
被告(被上诉人):北京市昌平区回龙观镇万润家园小区业主委员会,住所地:北京市昌平区。
负责人:董毅,委员会主任。
被告(被上诉人):广州市三原物业管理有限公司,住所地:广州市天河区。
法定代表人:冯高,总经理。
委托代理人:丁志,广州市三原物业管理有限公司北京第一分公司副经理。
被告(被上诉人):广州市三原物业管理有限公司北京第一分公司,住所地:北京市昌平区。
负责人:王利敏,总经理。

委托代理人：丁志，副经理。

4. 审级：二审。

5. 审判机关和审判组织

一审法院：北京市昌平区人民法院。

合议庭组成人员：审判长：曹松清；人民陪审员：孙平、王清根。

二审法院：北京市第一中级人民法院。

合议庭组成人员：审判长：胡沛；审判员：陈立新；代理审判员：李军。

6. 审结时间

一审审结时间：2010年7月16日。

二审审结时间：2010年11月19日。

（二）一审诉辩主张

1. 原告崔吉利等人诉称

北京市昌平区回龙观镇万润家园小区业主委员会（以下简称业委会）于2009年1月17日与物业公司签订了《物业服务合同》。在该合同第六部分"公共资源开发及分配"中，故意隐瞒乙方物业公司实占的停车费巨额收入（40万元～50万元），这样实际将本小区车位出租收入80%以上分配给物业公司，还决定小区电梯广告、地下空间出租利润及其他收益与物业公司六四分成。以上不但违反了《物权法》的相关条款，还违反了京发改〔2005〕2662号《北京市物业服务收费管理办法》第14条关于"利用物业共用部位、共用设施进行经营的，所得收益应当主要用于补充专项维修资金，也可以按照业主大会的决定使用"的规定和北京市有关部门制定的"物业公司不得利用业主的共用设施设备营利，只能赚取物业服务费"的规定。因此侵害了本小区业主物权人的合法权益。业委会在业主大会中大肆地造假作弊，冒充业主填选票，使实际居住在家的业主总共50%左右的现实状况却出现了接近80%的票权数，实际上旺季也达不到该票数。其行为侵犯了业主的知情权和只有业主才能行使的票决权，用不实的材料欺骗上级部门备案，请法院通过质证核实选票后按照伪证处理，还业主大会法律上的清白，去除假票，按真实票的统计结果来宣布业主大会的票决内容。业主大会"表决书"只有在真实业主本人签字投票的基础上才能代表业主的选择权。故起诉至昌平区人民法院，诉讼请求为：（1）请求人民法院撤销业委会于2009年1月17日签订的《物业服务合同》第六部分"公共资源开发及分配"第13条的内容；请求人民法院判令物业公司向万润家园小区业主返还自2008年10月以后的共用部位、共用设施的所得收益。（2）依法经过质证核实清查三届一次业主大会的表决书，废除假票、冒充的作弊票，以业主的真实选票重新计票后宣布表决结果。

2. 被告业委会辩称

业委会所有的征求意见书都是真实有效的，所有的程序都是没有问题的，不同意原告的诉讼请求。

3. 被告广州市三原物业管理有限公司（以下简称三原物业公司）、被告广州市三原

物业管理有限公司北京第一分公司(以下简称第一分公司)辩称

我们完全依照法律和合同做事,不同意原告的诉讼请求。

(三) 一审事实和证据

北京市昌平区人民法院经公开审理查明:

1. 三原告均系北京市昌平区回龙观镇万润家园小区业主。
2. 被告第一分公司系被告三元物业公司下属的分公司。自2005年4月起,第一分公司开始为万润家园小区提供物业服务,目前仍在服务期间。
3. 2008年11月,万润家园小区第三届业委会成立。
4. 2008年12月22日至2009年12月13日期间,业委会采用书面征求意见的形式组织召开了第三届业主委员会第一次业主大会。
5. 2009年1月13日,第三届业委会第一次业主大会作出决议,通过了"同意授权业委会代表业主大会与物业公司签订物业服务合同、同意与三元物业公司签订物业服务合同和同意将13号楼东、西两侧原配电站基础坑改为晒衣场"三个事项。
6. 2009年1月17日,被告业委会代表万润家园业主大会(甲方)与被告第一分公司(乙方)签订《物业服务合同》,在该合同第六部分"公共资源开发及分配"第13条中约定:(1)在本合同期内,小区停车场经营以300元/年,车位×实际已租车位数量向甲方结算,遇有国家政策调整,地下车库收益部分的分配另行协商;(2)电梯广告、地下空间出租利润按六、四分成,甲方占六,乙方占四,税费各自承担;(3)其他收益按实际情况双方协商后分配。

上述事实有下列证据证明:

1. 《物业服务合同》。
2. 北京市公共停车场经营企业登记表、北京市公共停车场备案表。
3. 万润家园业主大会收益分配明细表。
4. 第三届业主委员会第一次业主大会决议。
5. 业主委员会备案单。
6. 万润家园小区业主公约。
7. 万润家园业主大会议事规则。
8. 公告。
9. 征求意见表决书。
10. 小区照片。

(四) 一审判案理由

北京市昌平区人民法院经审理认为:

1. 业主大会或者业主委员会的决定,对业主具有约束力。业主大会或者业主委员会作出的决定侵害业主合法权益的,受侵害的业主可以请求人民法院予以撤销。作为业主，主张撤销权的前提是业主大会或者业主委员会的决定侵害了业主的合法权益。

2. 本案中，被告业委会与被告第一分公司之间的《物业服务合同》系根据第三届业委会第一次业主大会作出的决议所签订，该合同的内容应视为全体业主的意思表示，故应认定被告业委会与被告第一分公司之间的《物业服务合同》合法有效。

3. 该合同第六部分"公共资源开发及分配"第13条约定的内容系对公共部位、公共设施收益的分配，该条款属于《物业服务合同》的一部分，原告认为该合同侵犯了业主的合法权益并且认为业主大会的表决过程存在造假情况，但是原告未能提供有效证据证明其主张，故原告主张撤销该条款并且要求物业公司向业主返还收益的诉讼请求，本院不予支持。

4. 原告请求人民法院核实清查三届一次业主大会的表决书，废除假票、冒充的作弊票，以业主的真实选票重新计票后宣布表决结果的诉讼请求，不属于人民法院受理民事案件的范围，本院对此不予处理。

（五）一审定案结论

北京市昌平区人民法院依照《中华人民共和国物权法》第七十八条、《中华人民共和国民事诉讼法》第六十四条第一款之规定，作出如下判决：

驳回原告张晓东、杜王平、崔吉利的诉讼请求。

案件受理费70元，由原告张晓东、杜王平、崔吉利负担。

（六）二审情况

1. 二审诉辩主张

（1）上诉人崔吉利、杜王平、张晓东诉称

业委会持有本案的关键证据，即业主大会的表决书（选票），但业委会只向法院提供了该表决书一半内容的票面，而另一半以上有着业主姓名、签名、住址等信息的票面却拒不提供，导致无法查清表决结果是否合法。业委会持有该表决书，但不向法院提供，应承担举证不利的法律后果，法院也没有按照我们的申请调查取证，导致认定事实不清，判决结果错误，证据不足，审判程序违法，故请求撤销原审判决，依法改判或发回重审。

（2）被上诉人业委会辩称

在选举中我们没有作弊行为，我们提供的票面是全面的，只是为了保护业主的隐私，将记载业主姓名、住址的下半部撕下来，撕下来的部分有公章，编号与上半部一致，不同意张晓东、杜王平、崔吉利的上诉请求和理由，同意原审判决。

（3）被上诉人三原物业公司及第一分公司辩称

不同意张晓东、杜王平、崔吉利的上诉请求和理由，同意原审判决。

2. 二审事实和证据

北京市第一中级法院经审理，确认一审法院认定的事实和证据。

3. 二审判案理由

北京市第一中经法院经审理认为：《最高人民法院关于民事诉讼证据的若干规定》第二条规定，当事人对自己提出的诉讼请求所依据的事实或者反驳对方诉讼请求所依据的事实有责任提供证据加以证明。没有证据或者证据不足以证明当事人的事实主张的，由负有举证责任的当事人承担不利后果。张晓东、杜王平、崔吉利作为业主虽然有权利对侵害其合法权益的业委会的决定申请撤销，但张晓东、杜王平、崔吉利没有提供证据证明业主大会在表决过程中存在违法或者造假等情况，也没有提供证据证明业委会与第一分公司签订的《物业服务合同》无效，故对张晓东、杜王平、崔吉利的上诉请求，本院不予支持。张晓东、杜王平、崔吉利的上诉请求和理由，经查均不能成立，应予驳回。

4. 二审定案结论

北京市第一中级人民法院依据《中华人民共和国民事诉讼法》第一百五十三条第一款第（一）项之规定，作出如下判决：

驳回上诉，维持原判。

（七）解说

本案是《物权法》颁布以后出现的有关业主撤销权纠纷的新类型案件，本案的争议焦点在于法院对业主大会程序的合法性负有形式审查还是实质审查的义务？细化起来有以下几个具体问题：对于选票真假由谁负举证责任？法院对于业主选票真实性的审查程度如何？对于可能存在假票的情况下，法院又该如何认定选票的真实性？

1. 我国物权法上的业主撤销权

《物权法》第七十八条第二款规定："业主大会或者业主委员会作出的决定侵害业主合法权益的，受侵害的业主可以请求人民法院予以撤销。"该规定创设了一种新型的撤销权，鉴于此项权利系法律赋予建筑物区分所有权的业主所享有，学理及实务上均称其为"业主撤销权"。

本案中张晓东、杜王平、崔吉利等业主认为业主大会关于"选聘和解聘物业服务企业或者其他管理人"事项的表决过程存在造假情况，符合法律规定的"作出决定的程序违反法律规定"之情形，他们有权提起撤销权之诉，但其诉讼请求是否能够得到法院的支持，还需要看其提供的证据情况是否足以证明业主大会作出决定的过程违反了法律规定的程序，这就涉及一个有争议的问题，即法院在对业主大会的选票进行审查的时候需要进行实质审查还是形式审查。

2. 实质审查抑或形式审查——安全与效率价值的冲突

正如本案的情形所示，在当前受理的业主撤销权诉讼中，原告多为物业小区的部分业主，其提出的主要异议集中在选举、表决过程中发生的问题，例如，选票是否实际发放到户；表决票是否系业主本人签名；选票统计是否真实等。在诉讼中，双方当事人往往围绕着上述这些争议，提供大量的证据材料。而法院对此应当采取形式审查还是实质审查则在理论和实际中都存在争议。形式审查只审查业主大会的选举、表决程序是否符合法定形式和要求。实质审查的范围则不限于此，还包括选票所反映的事实是否真实有效。赞成形式审查模式者认为，形式审查符合效益原则，实质审查不符合法院的实际工作情况。赞成实质审查者认为，单纯形式审查对选票真实性保障较差，实质审查有利于减少错误。笔者认为，业委会选举或表决过程是否真实，法院只负有形式审查的义务，原因如下：

第一，业主委员会是小区业主自我管理的自治组织，物业管理区域内的选举、投票等活动系小区业主的自主管理行为。有关业主大会、业委会选举、表决等物业管理法律规定的立法目的是更好地保障小区业主的自主权利，使小区管理活动能够体现大多数业主的意愿，换言之，对形成统计结果的有关选票、表决票等的真实性逐一进行核查，这已超出了法院的审查范围，并且从法院的实际工作情况考虑，也不可能挨家挨户对有关投票是否系业主本人签名进行考证。

第二，由于实际中难免会出现业主大会作出的决议损害业主合法权益的情况，因而如果个别业主对业主大会作出决议的程序提出异议，根据举证责任原则，也应当由提出异议者举证证明业主大会作出决议的程序不符合相关规定。《最高人民法院关于民事诉讼证据的若干规定》第二条规定，当事人对自己提出的诉讼请求所依据的事实或者反驳对方诉讼请求所依据的事实有责任提供证据加以证明。没有证据或者证据不足以证明当事人的事实主张的，由负有举证责任的当事人承担不利后果。在现实生活中，的确有许多业主对所在小区业主大会和业委会的选举及运作漠不关心，在选举结果或者决议作出后又提出质疑，由于小区业委会又不能长期缺位，因而这样分配举证责任具有合理性。在本案中，对于投票过程中的一些环节，例如表决票统计的真实性等，业主虽然有权利对违反程序的业委会的决定申请撤销，但需要提供证据证明业主大会在表决过程中存在违法或者造假等情况；而如果业主不能提供相应的证据，则法院有理由相信有关业主大会会议记录及表决统计结果的真实性。

第三，采取异议登记作为救济方式。在司法实践中，如果法院认为业主大会的决议程序可能存在造假问题，而业主一方由于举证能力有限无法提供充足的证据，这种情况下该如何保障业主的合法权利呢？对此，笔者建议采取异议登记作为救济方式，即法院可以通过在小区内贴出公示的形式，告知广大业主如果对选票结果存在异议，可以在规定时间内向法院提出异议，法院可以组织业委会与异议者对特定业主的选票予以核对，从而辨别真伪，这样既能使得法院调查工作成为可能，又能加强对相关权利人利益的保护，既遵守了举证责任的规定，又弥补了举证责任分配中存在的漏洞，兼顾了效率与公正。

综上所述，笔者认为，法院对业主大会的程序是否合法仅负责依照物业管理法律规定的要件进行形式审查的义务，对于业主大会和业委会在选举、表决过程中的计票情况及每份投票是否符合业主的真实意思不负有深入实质审查的职责，实质审查也不具有可行性。对于特殊情形，采取异议登记作为救济方式，这样有助于更好地保障业主的权利，符合司法工作的实际情况。

（北京市昌平区人民法院　曹松清　王琳）

10. 王德赓诉马其培相邻关系案
(诉讼时效、有利生产和方便生活原则、容忍义务)

(一) 首部

1. 判决书字号：浙江省嵊州市人民法院（2010）绍嵊民初字第 994 号。
2. 案由：相邻关系纠纷。
3. 诉讼双方
原告：王德赓，男，汉族，住浙江省嵊州市。
被告：马其培，男，汉族，住浙江省嵊州市。
委托代理人（特别授权）：史晓东，浙江省嵊州市甘霖法律服务所法律工作者。
4. 审级：一审。
5. 审判机关和审判组织
审判机关：浙江省嵊州市人民法院。
合议庭组成人员：审判长：陶贤兴；代理审判员：求丽；人民陪审员：楼月蛾。
6. 审结时间：2010 年 10 月 8 日。

(二) 诉辩主张

1. 原告王德赓诉称

在九公巷三弄后面有连建小屋一排共九间，系 1983 年村里统一规划，9 户人家每户一间，东头第三间为原告所有，前面是路、后面为墙弄，由于地势西高东低、水向东面流。现在马其培买走东头第一、二间小屋后，不管他人财产安全，拆除小屋北侧泥墙填埋于墙弄，并筑起围墙（墙弄上）将公共用地占为己有，致使水无法排出，我们的房屋受损害。马其培还将小屋地基填高，致使其与原告的共有中墙长期受潮、受到损害。由于马其培所为侵犯了原告的合法权益，违反了《民法通则》第 83 条之规定，故请求法院阻止其侵害行为，判令：被告拆除墙弄上的围墙并清除墙弄内泥土，使水能顺利流出及通行、停止侵害；王德赓与马其培共有中墙被马其培一侧填高，使墙体长期受潮损害，要求被告清除泥土、停止损害；在 2005 年的诉讼中，马其培出示与事实不符的证据使原告在法庭上受阻，原告为此上访、申诉，奔走五年，要求被告赔偿经济损失 500 元。

2. 被告马其培辩称

(1) 原告与被告的相邻关系的性质是错误的，被告不是本案的适格主体，因为原告在诉状中称马其培为被告人,而被告人是针对刑事犯罪人所称的名称,被告马其培在本案中并没有触犯刑事法律,因此原告诉称马其培为本案被告人是错误的。

(2)即使本案民事法律关系成立,本案也已超过了2年的诉讼时效,因为原告在2005年已提起过相关的民事诉讼。诉讼时效因提起诉讼或者当事人履行义务而中断,从中断时起诉讼时效期间重新计算,所以从原告第一次起诉计算,到现在已将近五年,已超过法律规定的诉讼时效期间,所以要求法院驳回原告的诉讼请求。

(三) 事实和证据

浙江省嵊州市人民法院经公开审理查明:2001年1月12日,马其培从王仁巨处购得位于石二村大园晒场边的房屋(正屋)一幢,并附位于房屋前面(南面)的两间小屋。后王德赓与马其培因该房屋影响王德赓的排水等原因产生纠纷,并且王德赓于2005年3月就本案相邻关系纠纷向法院起诉,后撤回起诉。另查明,马其培的前面两间小屋与王德赓的猪圈相邻,且共用一堵墙,马其培的小屋在东,王德赓的猪圈在西。现马其培依与王德赓的共墙另砌了一堵墙,并对自己的两间小屋进行了改造。马其培的正屋与两间小屋各用东西两堵围墙连接,阻碍了王德赓的猪圈滴水排水,致水淤积在马其培的西面围墙脚附近。

上述事实有下列证据证明:

1. 拍摄时间为2010年3月25日的现场照片一张。
2. 注销土地登记呈报表复印件一份。
3. 房地产使用权转让文契复印件一份。
4. 被告房屋的土地图纸复印件一份。
5. 嵊州市国土资源信访事项调查意见告知书复印件一份。
6. 嵊州市国土资源局的信访回复复印件一份。
7. 2005年向法院起诉过的资料复印件一组。
8. 反映房屋现状的照片一组。
9. 王德赓在2005年向法院起诉时被告出具的答辩状及副本一份。
10. 申请法院从国土局调取的有关被告的土地证被注销的有关材料一组。
11. 法院为查明案件事实所作的现场勘验笔录一份及现场照片一组。

证据1反映的现场与法院现场勘验的现场基本一致,能够证明马其培所造房屋的现状;对证据2、5、6与证据10核对一致,能够证明马其培的土地使用证(证号为集用(2002)字第8383号)已被批准予以更正的事实;对证据3、4与证据9核对一致,能够证明本案争议房屋系马其培从王仁巨处购买所得及土地使用证真实的事实;证据7因马其培没有异议,能够证明王德赓曾因本案纠纷向本院起诉过的事实;对证据8结合法院现场勘验所得,能够证实两堵争议围墙将被告的正屋与猪圈屋连在一起。西面的围墙底部有一下水口,东面的围墙已封堵。南面下水口被杂物封堵。马其培家的水槽下水口在西面围墙附近,水流到争议墙弄。在争议墙弄处,王德赓的猪圈屋所处的地方地势较低,两边较高。两家猪圈屋的共墙在马其培家一侧,已用砖头另砌一堵墙。王德赓的猪圈内墙北下角部分受潮。马其培房屋东侧争议围墙对出的地方通向公共道路等事实。

（四）判案理由

浙江省嵊州市人民法院经审理认为：邻里之间应本着有利生产、方便生活、团结互助、公平合理的原则，正确处理相邻关系。本案被告马其培连接正屋与小屋的东西两堵围墙，妨碍了原告王德赓的猪圈排水，致水淤积，侵犯了原告的排水权，依法应当排除妨碍；但考虑到马其培房屋使用的实际情况，又鉴于争议之处不属于通行的地方，原告要求拆除围墙的请求欠妥，为方便两家生产、生活，本院酌定被告在自家房屋底（东至其东面围墙，西至其西面围墙）铺设直径30公分的管道以供水流顺利排出。至于原告主张的共墙一侧被马其培填高使墙体长期受潮而要求清除泥土、停止损害的诉讼请求，鉴于被告已依共墙另砌一堵墙以尽量减小对原告猪圈的影响，原告应本着有利生产、方便生活、团结互助、公平合理的原则予以体谅，故原告的这一诉讼请求，本院不予支持。另外，原告的其他诉讼请求于法无据，本院不予支持。

（五）定案结论

浙江省嵊州市人民法院依照《中华人民共和国物权法》第八十四条、第八十六条、第九十二条，《中华人民共和国民法通则》第八十三条，《最高人民法院关于民事诉讼证据的若干规定》第二条的规定，作出如下判决：

1. 被告马其培于本判决发生法律效力后三十日内在自家房屋底下（东至其东面围墙、西至其西面围墙）铺设直径为30公分的管道以供水流顺利排出，且该管道水平位置应低于猪圈滴水的水平面。
2. 驳回原告王德赓的其余诉讼请求。

案件受理费100元，由被告马其培负担。

（六）解说

本案是典型的相邻关系纠纷案件，主要涉及相邻关系纠纷是否适用时效制度、有利生产和方便生活原则和容忍义务三方面内容。

1. 相邻关系纠纷是否适用时效制度

基于相邻关系产生的相邻权是属于不动产所有权所涵盖的内容，其中停止侵害、排除妨碍、消除危险等请求权具有物上请求权的性质。排除他人非法干涉权利是永久性的，并没有时间上的限制。故相邻权中的停止侵害、排除妨碍、消除危险等不受诉讼时效的限制。

结合本案，从王德赓的诉讼请求中能够看出，其主张的正是相邻权中的停止侵害、排除妨碍、消除危险等请求权，该请求权不受诉讼时效的限制。故对马其培主张本案中王德赓基于相邻关系产生的请求权已过诉讼时效的辩称，法院不予支持。

2. 有利生产和方便生活原则

相邻关系是人们在日常生产、生活中，因行使不动产权利而产生的，与人们的生产、生活直接相关。在处理相邻权纠纷时，相邻各方不能因行使自己的权利，而有损社会生产和他人生活，而应当从有利生产、方便生活的原则出发，友好、妥善地解决问题。

结合本案，马其培连接正屋与小屋的东西两堵围墙，妨碍了王德赓的猪圈排水，致水淤积，侵犯了原告的生产、生活，应当排除妨碍，马其培若能在自家房屋底（东至其东面围墙，西至其西面围墙）铺设直径30公分的管道以供水流顺利排出，便能够达到不影响王德赓正常生产、生活的目的。

3. 容忍义务

相邻各方对对方的轻微侵害或者按照当地习惯认为不构成侵害的行为，要做必要限度的容忍。只有超过必要的容忍限度，方可要求对方承担相应的法律责任。

结合本案，马其培已依共墙另砌一堵墙以尽量减小对王德赓猪圈的影响。该影响是在王德赓作为相邻方所负的容忍限度内的，故王德赓再主张的共墙一侧被马其培填高使墙体长期受潮而要求清除泥土、停止损害的诉讼请求不能得到法院支持。

（浙江省嵊州市人民法院　过岸冰）

11. 肖荣华诉江苏瑞南实达房地产开发有限公司承租人优先购买权案
（承租人优先购买权）

（一）首部

1. 判决书字号

一审判决书：江苏省宜兴市人民法院（2009）宜民一初字第4659号。

二审裁定书：江苏省无锡市中级人民法院（2009）锡民终字第0710号。

2. 案由：承租人优先购买权纠纷。

3. 诉讼双方

原告（上诉人）：肖荣华，男，汉族，住江苏省宜兴市。

委托代理人：邵君，江苏太滆律师事务所律师。

被告（被上诉人）：江苏瑞南实达房地产开发有限公司，住所地：江苏省宜兴市。

法定代表人：谈亚平，公司董事长。

委托代理人：刘志国，江苏天哲律师事务所律师。

4. 审级：二审。

5. 审判机关和审判组织

一审法院：江苏省宜兴市人民法院。

独任审判人员：审判员：吴洲平。

二审法院：江苏省无锡市中级人民法院。

合议庭组成人员：审判长：薛崴；代理审判员：陈丽芳、沈君。

6. 审结时间

一审审结时间：2010 年 3 月 19 日。

二审审结时间：2010 年 7 月 26 日。

（二）一审诉辩主张

1. 原告肖荣华诉称

2007 年 8 月 29 日，被告江苏瑞南实达房地产开发有限公司（以下简称瑞南开发公司）将其商铺 1 间出租给原告，租赁合同约定，租期 2 年（自 2007 年 9 月 11 日至 2009 年 9 月 10 日），租金 36 748 元/年。合同履行期间，原告如数交纳了租金，同时对商铺进行了整体装饰和装修。2009 年 7 月 24 日，原告向被告要求购买该商铺，此时得知该商铺已为被告转让给史军强，并办理了产权过户手续。原告认为，被告出卖商铺时未在合理期限内通知原告，侵犯了原告的优先购买权，应承担赔偿责任。请求判令被告赔偿装修损失 30 000 元（根据装修现状和年限计算）、重新寻找商铺和租金的损失 10 000 元（计算 3 个月）、停业损失 60 000 元（6 个月×10 000 元/月，根据自行销售紫砂和茶叶所记流水账确定）、重新购置同地段相似房屋差价损失 100 000 元，合计 200 000 元。

2. 被告瑞南开发公司辩称

按租赁合同约定，原告已经放弃优先购买权，并且在租赁房屋出售前，被告也通知过原告，因此没有侵犯原告的优先购买权。原告主张的损失应该以实际损失为前提，其主张的装修损失，没有相应的证据证明，并根据法律依据，也不应由被告承担；重新寻找商铺和租金的损失、停业损失，并无证据证实；原告还没有购买商铺，也不存在房屋差价损失。在同地段，被告尚有地理位置比租赁房屋更好的房屋，如果原告需要，被告可随时出售，且条件与当时出售第三方一样。综上，原告的诉讼请求应予驳回。

（三）一审事实和依据

江苏省宜兴市人民法院经公开审理查明：2007 年 8 月 29 日，瑞南开发公司将其坐落于宜兴市宜城街道阳泉西路 265—1（119）号商铺（100.68m²）1 间出租给肖荣华，租赁合同约定，租期 2 年（自 2007 年 9 月 11 日至 2009 年 9 月 10 日），租金 36 748 元/年；乙方（指肖荣华）增设、变更有关装修、设施设备的，应事先征得甲方（指瑞南开发公司）的书面同意。租赁合同第 9 条"特别约定"："甲方明确告知乙方：甲方有权在该房屋的租赁期内将该套商业用房出售给他人，乙方不得干涉。该套商业用房出售他人后，本合同继续有效，在本合同租赁期满后若乙方要续租，则由乙方直接和购买方签约。"合同履行期间，肖荣华如数交纳了租金，同时对商铺进行了整体装饰和装修。2009年7月31日，瑞南开发公司通知肖荣华，租赁商铺已以931 890元转让给史军强。2008年1月31日，史军强办理了产权过户手续。租赁合同期满后，肖荣华退出房屋，也未在同地段另行购置商铺。

瑞南开发公司尚有地理位置堪与265—1（119）号商铺相比的237—1号商铺（二层计97.46m²），瑞南开发公司表示，可以随时以当时出售给史军强的条件出售给肖荣华。

上述事实有下列证据证明：

1. 原告提供的租赁合同、通知、房屋权属证明，以证明租赁合同关系、被告出卖租赁房屋未履行通知义务、租赁房屋已为史军强所有的事实。
2. 原告提供的收据（交款人徐敏），以证明寻找商铺和租金的损失。
3. 原告提供的销售紫砂和茶叶所记流水账，以证明停业损失。
4. 被告提供的房屋初始登记证，以证明在同地段尚有地理位置比265—1（119）号更好的237—1号商铺。

（四）一审判案理由

江苏省宜兴市人民法院经审理认为：《最高人民法院关于审理城镇房屋租赁合同纠纷案件具体应用法律若干问题的解释》第二十一条规定："出租人出卖租赁房屋未在合理期限内通知承租人或者存在其他侵害承租人优先购买权情形，承租人请求出租人承担赔偿责任的，人民法院应予支持。"但本案中，原告主张被告侵害其优先购买权而应承担赔偿责任的主张不能成立。因为：第一，订立合同时，原告知道或者应当知道其在租赁期内依法享有优先购买权，但因双方在合同中已作出特别约定：被告有权在租赁期内将该套商业用房出售给他人，原告不得干涉。该约定表明，租赁合同履行期间，原告同意抛弃优先购买权，任由被告将租赁房屋出卖给他人。也就是说，被告在租赁期内将该套商业用房出售给他人时，可不必通知原告。租赁合同系双方真实意思表示，前述特别约定条款也不违背法律、行政法规的强制性规定，应属有效，对原被告双方都具有法律约束力。原告抛弃优先购买权，系依法处分自己的民事权利，未尝不可。因此，原告抛弃优先购买权后又主张优先购买权受到侵害而要求赔偿，于法无据。第二，即便原告仍享有优先购买权，但其损失主张也依据不足：（1）关于装修损失，《最高人民法院关于审理城镇房屋租赁合同纠纷案件具体应用法律若干问题的解释》第十三条规定："承租人未经出租人同意装饰装修或者扩建发生的费用，由承租人负担。出租人请求承租人恢复原状或者赔偿损失的，人民法院应予支持。"因双方在合同中明确约定，租赁期内，原告增设、变更有关装修、设施设备的，应事先征得被告书面同意。现原告无证据证明其装修已征得被告书面同意，故装饰装修费用应由原告自行承担。（2）关于重新寻找商铺和租金以及停业损失，《城市私有房屋管理条例》第十一条规定："房屋所有人出卖租出房屋，须提前三个月通知承租人。在同等条件下，承租人有优先购买权。"《最高人民法院关于〈中华人民共和国民法通则〉若干问题的意见（试行）》第一百一十八条规定："出租人出卖出租房屋，应提前三个月通知承租人，承租人在同等条件下，享有优先购买权。"但上述行政法规和司法解释条款已分别于2008年3月7日和2008年12月24日起被废止，故合理期限的认定应当结合《最高人民法院关于审理城镇房屋租赁合同纠纷案件具体应用法律若干问题的解释》第二十四条第三项的规定予以认定。依照该条规定，出租人履行通知义务后，承租人在15日内未明确表示购买的，则视为放弃优先购买权。由此可以推断，出租人在出卖房屋前15日通知承租人，即符合上述条款确定的承租人行使权利的期限，亦为出租人履行通知义务的合理期限。本案中，如果被告出卖租赁房屋时未履行通知原告义务成立，则构成履行不当，应当承担赔偿损失等违约责任。但《合同法》第一百一十九条规定："当事人一方违约后，对方应当采取适当措施防止损失的扩大；没有采取适当措施致使损失扩大的，不得就扩大的损失要求赔偿。当事人因防止损失扩大而支出的合理费用，由违约方承担。"原告在租赁期届满前一个多月即已知道租赁房屋已为被告出售，租赁期届满后将要退出租赁房屋，如果原告将来有意继续经营，此时就应当立即着手重新物色新的经营地点，为将来或租或买做好准备，以免损失扩大。有一个多月的时间，已能远远满足原告的准备工作。因此，期间损失与原告没有及时采取适当措施存在直接关系，即便有证据证实，也与被告无关，更何况目前也无证据证明。（3）关于重新购置同地段相似房屋差价损失，如果承租人需继续使用但因为丧失优先购买权而在合理期限内向他人购置了房屋，其与同地段相似房屋差价损失，则应当由违反通知义务的出租人承担。但本案中，即便被告未履行通知义务而构成违约，但因原告无证据证明其在合理期限内购置了商铺，且存在差价，故其主张缺乏事实依据。综上，原告的请求，因缺乏事实依据或者法律依据，应予驳回。

（五）一审定案结论

江苏省宜兴市人民法院依照《中华人民共和国合同法》第六十条、第一百零七条，《中华人民共和国民事诉讼法》第六十四条第一款，《最高人民法院关于民事诉讼证据的若干规定》第二条之规定，作出如下判决：

驳回肖荣华的诉讼请求。

本案受理费4 300元，由原告肖荣华负担。

（六）二审情况

1. 二审诉辩主张

（1）上诉人肖荣华诉称

所谓合同中的特别约定，属于被上诉人提供的格式条款，当时，被上诉人并未采用合理的方式对上诉人进行提示和说明，故该条款应属无效。因此，一审法院据此推定上诉人已抛弃优先购买权的判定，无任何事实和法律依据。关于损失问题，其中的装修、重新寻找商铺和租金，以及停业损失，虽然上诉人在证据方面有欠缺，但客观上造成的损失是现实存在的；关于房屋的差价损失，一审判决完全违背了合同法关于可得利益损失的相关规定，跟法律规定完全背道而驰。故请求撤销一审判决，依法改判。

(2) 被上诉人瑞南开发公司辩称

一审判决，事实清楚，适用法律正确，请求维持原判。

2. 二审定案结论

2010年7月26日，上诉人以双方已达成和解协议为由，申请撤回上诉。江苏省无锡市中级人民法院依照《中华人民共和国民事诉讼法》第一百五十六条、第一百五十八条之规定，作出如下裁定：

准许上诉人肖荣华撤回上诉。

二审案件受理费4 300元，减半收取2 150元，由上诉人肖荣华负担。

(七) 解说

1. 优先购买权的权利性质

优先购买权，也被称为先买权，是特定的民事主体依照法律规定享有的先于他人购买某项特定财产的权利。[①] 因此，承租人的优先购买权就是指出租人转让不动产时，承租人在同等条件下，依照法律规定享有优先于其他人购买该不动产的权利。关于承租人优先购买权的性质，司法界一直争议很大。

2008年3月7日废止的《城市私有房屋管理条例》第十一条的规定，2008年12月24日起废止的《最高人民法院关于〈中华人民共和国民法通则〉若干问题的意见（试行）》第一百一十八条关于优先购买权的规定，2009年7月30日《最高人民法院关于审理城镇房屋租赁合同纠纷案件具体应用法律若干问题的解释》（以下简称《解释》）第二十一条规定："出租人出卖租赁房屋未在合理期限内通知承租人或者存在其他侵害承租人优先购买权情形，承租人请求出租人承担赔偿责任的，人民法院应予支持。但请求确认出租人与第三人签订的房屋买卖合同无效的，人民法院不予支持。"

这一变化其实质是对"承租人优先购买权"法律性质认识的变化：以前主流学说认为该优先权是形成权、物权先买权，但上述司法解释明确其是法定债权性质，因为优先购买权已无涉他性，不具有对抗买受人的效力。

2. 出租人在出售房屋时未在合理期限对承租人履行通知义务，构成违约，应当承担赔偿损失等违约责任

既然优先购买权是法定债权，根据债的相对性原理，承受该不利后果的买受人在其债权实现受到阻碍时，只能向出租人主张债权上的救济。因此，在租赁房屋所有权已经转移至善意第三人时，承租人以出租人侵害其优先购买权为由向法院起诉，法院只能根据合同法的规定追究出租人的违约责任。《合同法》规定合同当事人必须承担前契约义务、契约义务、后契约义务。契约义务，指依照《合同法》第六十条、第一百一十九条等条款的规定，当事人在订立和履行合同过程中，不得有欺诈行为，应当按照合同约定

---

① 参见王利明：《物权法研究》，342页，北京，中国人民大学出版社，2002。

全面履行自己的义务；应当根据合同性质、目的和交易习惯履行通知、协助、保密等义务，以及承担提供必要条件，防止损失扩大等义务。《合同法》第二百三十条规定："出租人出卖租赁房屋的，应当在出卖之前的合理期限内通知承租人，承租人享有以同等条件优先购买的权利。"根据上述法律规定，承租人优先权属于依附于房屋租赁合同的一种附属权利，是在出租人租赁物上附加的一项合法负担。出租人出卖租赁物前必须履行通知义务，承租人以同等条件声明购买的，出租人有承诺的义务。出租人出卖租赁房屋前必须通知承租人，属于应当履行的契约义务。《合同法》第一百零七条规定："当事人一方不履行合同义务或者履行合同义务不符合约定的，应当承担继续履行、采取补救措施或者赔偿损失等违约责任。"本案中，被告在出售租赁房屋时未履行通知义务，应承担赔偿损失等违约责任。

3. 侵害承租人优先购买权的损害赔偿

《解释》第二十一条虽明确了出租人因未履行通知义务而侵害承租人优先购买权的损害赔偿责任，但对如何承担赔偿责任未作进一步的规定。既然出租人在出售租赁房屋时未履行通知义务，则其应承担赔偿损失等违约责任。对赔偿损失的确定，《合同法》规定，损失赔偿额应当相当于因违约所造成的损失，包括合同履行后可以获得的利益，即应当赔偿对方因违约所受的实际损失和期待利益损失（也可称为直接损失和间接损失），但不得超过违反合同一方订立合同时预见到或者应当预见到的因违反合同可能造成的损失。

实践中，承租人主张的赔偿范围较为广泛，标准不一，对承租人赔偿请求的合理性审查成为此类案件审理的关键。具体而言：

（1）如果双方在租赁合同中就承租人优先购买权规定了违约责任的，从其约定。

（2）如无约定，赔偿损失。赔偿损失额应当相当于因违约造成的损失，包括合同履行后可以获得的利益，但不得超过违反合同一方订立合同时预见到或者应当预见到的因违反合同可能造成的损失。具体包括：

1）装修损失。《解释》规定，"承租人未经出租人同意装饰装修或者扩建发生的费用，由承租人负担"，故出租人对于装修损失的赔偿责任，仅限于承租人得到出租人认可后实施的装饰装修部分，价值的确定也应以租赁合同到期日为宜。如果承租人优先购买权实现而购得房屋，其装修价值在使用寿命内本可充分利用，现因继续使用已不可能，损失已客观发生，则违约人应予赔偿。本案中，原告无证据证明其装修已征得被告同意，故装饰装修费用应由原告自行承担。

2）重新寻找房屋的租金及停业损失。此类损失，仅可对合理期限内的部分予以支持。《解释》规定，出租人履行通知义务后，承租人在15日内未明确表示购买的，则视为放弃优先购买权，由此推断，该15日亦为承租人的最低期限权利，以此保障不主张优先购买权的承租人在此期限内可及时物色同类房屋，将损失减至最低限度。同时，《合同法》第一百一十九条规定："当事人一方违约后，对方应当采取适当措施防止损失的扩大；没有采取适当措施致使损失扩大的，不得就扩大的损失要求赔偿。当事人因防止损失扩大而支出的合理费用，由违约方承担。"因此，对于优先购买权被侵犯的承租人，至少也应保障其在租赁到期日前享有在该合理期限内用于寻找其他合适房屋的权利,该权利如受侵犯,造成损失的,违约人应予赔偿,但是对因承租人自身不作为而扩大的损失,与出租人无关。本案中,被告出卖租赁房屋时未履行通知原告义务构成履行不当,应当承担赔偿损失等违约责任。原告在租赁期届满前一个多月即已知道租赁房屋已为被告出售,一个多月的时间,已能远远满足原告做好或租赁或购买的准备要求。因此,即便期间存在损失也与原告没有及时采取适当措施存在直接关系,与被告无关。

3)同地段购置同等类型房屋的差价损失。确定承租人此类损失的赔偿责任,应审查两个条件:a. 承租人确在同地段购置了同等类型房屋。如未购置房屋,损失并无实际产生,请求不应支持。b. 承租人应避免损失扩大,即其应及时物色新的房屋,为将来购买做好准备,若在租赁到期前的合理期限内承租人知晓了优先购买权不能实现的事实,并及时购置了新的同类房屋,差价损失应由违约人承担。若迟延购买导致房价进一步上涨,则由此造成的涨价部分损失,应视为人为扩大损失,不应由违约人赔偿。本案中,虽然被告未履行通知义务构成违约,但因原告无证据证明其在合理期限内购置了商铺,且存在差价,故其主张缺乏事实依据,应予驳回。

(江苏省宜兴市人民法院 吕欢)

12. 罗明朋诉方志香、李鲜明土地承包经营权案
(土地承包经营权的互换)

(一)首部

1. 判决书字号
一审判决书:湖北省枝江市人民法院(2010)枝民初字第323号。
二审判决书:湖北省宜昌市中级人民法院(2010)宜中民二终字第00480号。
2. 案由:土地承包经营权纠纷。
3. 诉讼双方
原告(上诉人):罗明朋,男,汉族,农民,住湖北省枝江市马家店街道办事处双寿桥村四组。
委托代理人:熊长胜,湖北演绎律师事务所律师。
被告(被上诉人):方志香,女,汉族,农民,住枝江市马家店街道办事处双寿桥村四组。
被告(被上诉人):李鲜明,男,汉族,农民,住枝江市马家店街道办事处双寿桥村四组。
二被告委托代理人:陈华琴,枝江市马家店法律服务所法律工作者。

4. 审级：二审。

5. 审判机关和审判组织

一审法院：湖北省枝江市人民法院。

独任审判人员：审判员：李明义。

二审法院：湖北省宜昌市中级人民法院。

合议庭组成人员：审判长：邓爱民；审判员：荣幸、胡建华。

6. 审结时间

一审审结时间：2010年6月27日。

二审审结时间：2010年11月11日。

（二）一审诉辩主张

1. 原告罗明朋诉称

原告为双寿桥村村民，从1983年开始从事农村土地承包经营，并按时缴纳各项税费。1997年8月，被告方志香将其1.89亩土地交给原告耕种，由原告缴纳各项税费。2005年8月，原告与双寿桥村村民委员会签订农村土地承包合同，承包期限从2005年8月31日至2028年12月31日，原告承包的土地包括"彭加明屋后"的土地1.1亩在内共计5.34亩。2008年5月，方志香向原告说让原告给一点田让其耕种，原告就将"彭加明屋后"的1.1亩交给方志香暂时耕种。2008年下半年，"彭加明屋后"的2 900 m^{2}土地被征用，补偿款发放到村委会。2009年8月，在村委会的调解下，原告与被告就补偿款达成协议。原告作出了让步。后又发放土地补偿款25 500元，原告多次要求村委会将土地补偿款发放给原告，村委会答复原告向法院起诉。原告认为其是土地承包经营权人，是土地补偿款的受偿人，被告的行为侵害了原告的合法权益。要求确认"彭加明屋后"的土地承包经营权为原告，该土地补偿金受偿人为原告。

2. 被告方志香等辩称

争议的土地是转让给方志香的，请求驳回原告的诉讼请求。1997年，方志香将1.89亩农田交给原告耕种，2008年5月，原告将"彭加明屋后"的土地1.1亩换给方志香，被告耕种该土地后多次要求村委会为其办理经营权过户手续。村委会考虑到原告与方志香为兄妹关系，未及时办理。在未办理过户手续时该土地被征用了。原、被告发生争议后，经村委会调解并签订了协议。该协议真实合法有效，应按协议履行。

（三）一审事实和证据

湖北省枝江市人民法院经公开审理查明：原告罗明朋与被告方志香系兄妹关系，被告方志香与被告李鲜明于2007年11月14日登记结婚。被告方志香原有农田1.89亩，1997年方志香被判刑，该田由原告耕种。2000年3月原告与他人互换农田，原告从他人手中换得近二亩农田，将该1.89亩农田调换给李鲜明。方志香刑满后，也没有向原告主张。2005年8月，原告与村民委员签订了期限至2028年12月31日止的农村土地承包合同。2008年6月,方志香要求原告转让部分农田给其耕种,原告遂将"彭加明屋后"农田1.1亩转交给方志香耕种。2008年下半年,该农田被部分征用。原、被告因补偿款发生争执。2009年5月6日,经村委会主持双方调解并达成协议:李鲜明"三八八"项目占地青苗补偿费14 246.5元、安置补偿费32 832元,合计47 078.5元,李鲜明分30 000元,罗明朋分17 078.5元,将来土地费属李鲜明所有,未占部分全部由李鲜明所有。原告罗明朋、被告李鲜明及村干部在协议上签字。双方依此协议分割47 078.5元。后又发放补偿款25 500元,双方为此发生争议。

上述事实,有下列证据证实:
1. 协议书;
2. 土地承包合同;
3. 调田证明;
4. 罗明朋书写的证明;
5. 双寿桥村村民委员会的证明;
6. 结婚证;
7. 当事人的陈述。

(四) 一审判案理由

湖北省枝江市人民法院经审理认为:被告方志香原有农田1.89亩,在其不能耕种时,由原告罗明朋耕种,但该田经营权属于方志香。原告将"彭加明屋后"农田交给方志香耕种,可以视为双方对农田的互换;虽然"彭加明屋后"农田的经营权属于原告所有,但是双方发生争议后,经村民委员会调解并达成协议,且该协议是双方当事人真实意思表示,合法有效。依据该协议,原告放弃"彭加明屋后"农田的承包经营权及因此所取得的利益,该农田的承包经营权发生了变更,原告不再享有"彭加明屋后"的承包经营权,原告请求确认"彭加明屋后"农田的经营权属于原告所有,法院不予支持。

(五) 一审定案结论

湖北省枝江市人民照院依据《中华人民共和国农村土地承包法》第十条、第三十二条、第五十一条之规定,作出如下判决:
驳回原告罗明朋的诉讼请求。
案件受理费440元减半收取220元,由原告罗明朋负担。

(六) 二审情况

1. 二审诉辩主张
(1) 上诉人罗明朋诉称
原审认定上诉人1997年耕种方志香享有承包经营权的1.89亩土地后,将其享有承包经营权的"彭加朋屋后"土地交由方志香耕种可以视为双方对农田的互换,属对事实的错误认识和对法律的严重曲解;罗明朋在 2009 年 5 月 6 日与李鲜明签订协议时存在重大误解,意思表述错误,应依法认定为无效或者可撤销的协议。罗明朋持有枝江市人民政府颁发的诉争土地承包经营权证,是诉争土地的合法承包经营权人,是法定的土地征用补偿金受益人。因此,请求二审人民法院撤销枝江市人民法院(2010)枝民初字第 323 号民事判决书,改判确认"彭加朋屋后"1.1 亩土地的承包经营权和该土地的补偿金归其享有。

(2) 被上诉人方志香等辩称

一审判决符合事实和法律规定,双方当事人所提供的证据可以证明本案存在土地互换行为。因补偿款发生纠纷后,经双寿桥村村委会主持,双方已达成调解协议。该调解协议意思表示真实,业经双方签字生效,双方应当按照协议履行。因此罗明朋的上诉理由不能成立,请求二审人民法院驳回上诉,维持原判。

2. 二审事实和证据

湖北省宜昌市中级人民法院经审理,确认一审法院认定的事实和证据。

同时查明:罗明朋所持农村土地承包经营权证上载明的 5.34 亩农田中有 1.97 亩是 2000 年 3 月 9 日罗明朋以方志香的 1.89 亩土地与他人互换取得的土地。在罗明朋与他人互换土地前,罗明朋没有征求方志香的意见;但其事后将互换的情况告知了方志香。罗明朋并同时表示,其可在方志香出狱后将其经营的土地或者鱼池给方志香。2005 年 8 月,农村土地二轮延包时,罗明朋与双寿桥村村委会签订了农村土地承包合同,其承包经营的土地范围为包括本案诉争土地在内的共计 5.34 亩。二审诉讼中,罗明朋提交了编号为鄂 EJ2090504047 的土地承包经营权证,证实双寿桥村村委会系将本案诉争的土地发包给罗明朋承包经营。

3. 二审判案理由

湖北省宜昌市中级人民法院经审理认为:从本案诉争土地的流转过程来看,原审以土地互换为由驳回罗明朋诉讼请求并无不当。其具体理由为:首先,《农村土地承包法》第三十八条规定,土地承包经营权采取互换、转让方式流转的,当事人要求登记的,应当向县级以上地方人民政府申请登记。未经登记,不得对抗第三人。因此,登记并非土地承包经营权互换的成立或生效要件,只是对抗互换双方之外的第三人的对抗要件。本案罗明朋在方志香被判入狱后以方志香享有土地承包经营权的 1.89 亩土地与他人互换取得的 1.97 亩土地虽未登记,但该 1.97 亩土地的承包经营权本应由方志香享有。而罗明朋 2005 年 8 月与双寿桥村村委会签订的土地承包经营合同将该 1.97 亩土地纳入罗明朋承包经营的范围侵害了方志香对该 1.97 亩土地所享有的承包经营权,合同涉及该 1.97 亩土地的部分本应无效。也正是基于此,罗明朋在方志香 2008 年 6 月向其要求耕种部分土地时,罗明朋同意将"彭加明屋后"1.1 亩土地交由方志香耕种,其实质系罗明朋将"彭加明屋后"1.1 亩土地与方志香原享有土地承包经营权的 1.97 亩土地互换,从而方志香获得了"彭加明屋后"1.1 亩土地的承包经营权,罗明朋取得了 1.97 亩土地的承包经营权。该互换虽未登记,但并不影响互换行为的成立与生效。因此,罗明朋请求确认其享有"彭加明屋后"1.1 亩土地承包经营权的理由与双方实质已互换该土地的事实不符，不能成立。其次，土地承包经营权既可以与发包方签订农村土地承包经营合同的方式原始取得，也可以通过转让、互换等继受方式取得，但并非通过颁发土地承包经营权证的方式取得。土地承包经营权证仅系承包人享有承包经营权的权利凭证，仅具有证据效力，并不具有设权效力。因此，在互换事实得以确认的情况下，罗明朋仅以其拥有"彭加明屋后"1.1亩土地的承包经营权证为由主张其享有该土地的承包经营权的理由缺乏法律依据，不能成立。最后，由于方志香享有"彭加明屋后"1.1亩土地的土地承包经营权，故涉及该土地的相关征地补偿费用本应由其享有。但双方为此发生争议后，方志香在双寿桥村村委会主持下与罗明朋达成调解协议，同意分给罗明朋部分征地补偿费，属其自行对权利的处分，依意思自治原则，应从其处分。前述调解协议意思表示真实，罗明朋主张其存在重大误解，意思表示错误的理由无证据证实，不能成立。

4. 二审定案结论

湖北省宜昌市中级人民法院依照《中华人民共和国民事诉讼法》第一百二十八条、第一百五十三条第一款第（一）项之规定，作出如下判决：

驳回上诉，维持原则。

二审案件受理费440元，由上诉人罗明朋负担。

（七）解说

这是一起因土地互换而产生的土地承包经营权纠纷案件。

1. 方志香是否享有"彭加明屋后"1.1亩的承包经营权

在农村，由于最初实行家庭联产承包制时分配给每个家庭的农田，一般根据土地的贫瘠、大小、远近等进行，随着农村机械化程度的提高，一家的农田不集中，分块耕种，不利于机械的耕作，因此互换农田的行为在农村经常发生。方志香原有农田1.89亩。根据二轮延包的政策规定，二轮延包经营权的确定一般以第一轮承包为基础，因此方志香对原1.89亩农田享有承包经营权。方志香被判入狱后，该农田由罗明朋耕种，但该经营权仍然属于方志香。罗明朋为了耕作方便，与他人互换农田，互换后所取得的农田承包经营权仍应属于方志香，并且事后方志香没有异议，互换行为成立，这是第一次互换农田的行为。2008年6月，方志香提出耕种要求后，罗明朋将"彭加明屋后"1.1亩农田交给方志香耕种。方志香对农田的面积等没有提出异议，视为接受再次换田，因此该1.1亩农田的经营权属于方志香。这一行为根据双方在村民委员会主持下达成的调解协议可以得到印证。

2. 罗明朋与村委会签订的承包经营合同的效力

2005年8月，罗明朋与村委会签订含有方志香互换所得的农田的承包经营合同，侵害了方志香的承包经营权。这是由于村民委员会在落实二轮承包时没有严格审查，工作人员不负责任造成的；方志香对自己的权利采取一种听之任之的放任态度，导致原属于自己的农田经营权登记在他人的名下。农村土地承包经营权属于物权中用益物权的一种，权利人享有对特定物的支配和排他的权利。在其经营权期限内，方志香随时都有主张的权利。由于方志香与罗明朋是兄妹，双方所采取的形式往往从属于习惯做法，即不采用书面形式，罗明朋将1.1亩"彭加明屋后"田交给方志香，也是采取类似方法。在纠纷产生前，方志香对互换行为没有异议，罗明朋也没有异议；罗明朋将1.1亩农田换给方志香后就不再享有该农田的承包经营权。罗明朋没有证据证实方志香将其享有承包经营权的农田转让给自己，因此合同中侵害方志香的承包经营权的部分无效。罗明朋以经营权证为凭主张争议的农田经营权属于自己，由于经营权证是以承包经营合同为依据，而承包经营合同的部分内容无效，因而导致经营权证上所记载的部分内容无效，罗明朋以此主张权利，不能支持。

3. 村民委员会主持下达成的协议的效力

村民委员会都设有人民调解委员会，对本村民事纠纷进行调解，人民调解委员会进行调解，具有形式多样、方法灵活等特点，但是相对而言，不履行协议，或者反悔的也比较多。本案中，方志香、罗明朋经过村民委员会调解并达成协议，并且已经履行部分内容。这一协议的达成，是双方在自愿基础上经过平等协商达成的，没有胁迫的情形，而且这一协议对罗明朋是有利的。相对于方志香来说，她应是对政策不够了解，可以说自己对此有误解；罗明朋提出对调解协议有误解，不管是在事实还是在法律上，均不能成立。因此调解协议是合法有效的。这一协议证明了罗明朋对争议的农田不再享有承包经营权，其承包经营权已经转移给方志香。

（湖北省枝江市人民法院　李明义）

13. 莆江村民委员会诉李文清返还承包土地案
（采矿权与土地承包经营权的关系）

（一）首部

1. 判决书字号

一审判决书：福建省莆田市涵江区人民法院（2010）涵民初字第1699号。

二审判决书：福建省莆田市中级人民法院（2010）莆民终字第1019号。

2. 案由：农村土地承包合同纠纷。

3. 诉讼双方

原告（被上诉人）：莆田市涵江区江口镇莆江村民委员会，住所地：福建省莆田市涵江区。

法定代表人：李志雄，莆江村民委员会主任。

委托代理人：郑潮平，福建普阳律师事务所律师。

委托代理人：李鸿罡，福建普阳律师事务所律师。

被告（上诉人）：李文清，莆田市涵江区江口文清石仔场业主，住福建省莆田市涵江区。
委托代理人：徐国禧，福建思阳律师事务所律师。
4. 审级：二审。
5. 审判机关和审判组织
一审法院：福建省莆田市涵江区人民法院。
合议庭组成人员：审判长：李莹桓；审判员：姚秀棋、刘勇。
二审法院：福建省莆田市中级人民法院。
合议庭组成人员：审判长：余金灿；审判员：陈利强；代理审判员：吴荔生。
6. 审结时间
一审审结时间：2010年7月27日。
二审审结时间：2010年12月2日

（二）一审诉辩主张

1. 原告莆江村村委会诉称

2004年1月10日，原告莆江村村民委员会与被告李文清签订《农场石窟承包合同书》，约定原告将考壳山山坡承包给被告开掘石窟，生产石子；承包期限为5年，自2004年1月1日至2008年12月31日止；承包金额为50 000元，每年10 000元；付款时间为每年1月15日。2006年11月1日，原、被告双方又签订《农场石窟承包合同补充协议书》，约定被告于2006年年底前付款15 000元，2007年付款20 000元、2008年付款15 000元。承包期届满后，双方未续签承包合同，被告也未继续交付租金，但拒不搬离生产设备并将考壳山返还。2009年9月12日，原告召开村民代表会议，决定被告最迟应于2010年3月17日前搬离设备并将考壳山返还。11月2日，被告收到原告要求其将设备搬离考壳山的通知后，同意于2010年3月17日搬离设备，但逾期未兑现。被告的行为已严重侵害原告对考壳山的所有权，请求法院判令被告立即将开掘石窟的机台等设备搬离，并将考壳山返还给原告管理、使用。

2. 被告李文清辩称

原、被告双方签订的《农场石窟承包合同书》及《农场石窟承包合同补充协议书》所涉及内容为矿产资源开采，原告不拥有相应行政许可权，也不具备作为发包方与被告签订合同的资格，故上述合同不具有法律效力。根据《矿产资源法》的规定，矿产资源属于国家所有，被告系经国土资源管理部门拍卖取得考壳山矿区的采矿权，原告不拥有矿山的所有权，其开采行为并未侵犯原告权益。

（三）一审事实和证据

莆田市涵江区人民法院经公开审理查明：2003年11月25日，经原告莆江村民委员会提供考壳山林地的矿区临时用地承诺，国土资源管理部门对莆江村农场寺后考壳山的矿产资源开采权进行拍卖，并由被告李文清取得该矿区的采矿权。2004年1月10

日,原告与被告签订《农场石窟承包合同书》,约定原告将考壳山山坡承包给被告用于开掘石窟,生产石子;承包期限为5年,自2004年1月1日至2008年12月31日止;承包金额为50 000元,每年10 000元;付款时间为每年1月15日。2006年11月1日,原、被告双方又签订《农场石窟承包合同补充协议书》,约定被告于2006年年底前付款15 000元,2007年付款20 000元、2008年付款15 000元。承包期届满时,被告的采矿许可证亦到期,其未与原告续签承包合同,也未继续交付租金,但拒不搬离设备并将考壳山返还。2009年9月12日,原告召开村民代表会议,决定要求被告最迟于2010年3月17日前搬离设备并将考壳山返还。被告逾期未搬离设备及将考壳山返还原告。

上述事实有下列证据证明:

1. 编号为3500200014的林权证1份,证明考壳山林地系莆江村所有。

2. 个体工商户营业执照1份,证明李文清系莆田市涵江区江口文清石仔场业主。

3. 莆田市涵江区人民法院(2007)涵行初字第37号行政判决书、莆田市中级人民法院(2008)莆行终字第11号行政判决书各1份,证明考壳山采矿权拍卖时取得原告提供的矿区临时用地承诺。

4. 2003年11月25日采矿权拍卖成交确认书一份,证明经国土资源管理部门拍卖,被告取得考壳山的采矿权。

5. 《农场承包合同书》、《农场石窟承包合同补充协议书》各1份,证明原、被告双方签订的承包合同于2008年12月31日届满。

6. 编号为6070908的莆江村村委会专用收款票据1份,证明被告于2008年7月17日向原告交纳了期限至2008年12月份止的林地承包租金。

7. 莆田市国土资源局涵江分局涵国土资(2008)264号告知函1份,证明被告的采矿许可证已于2008年12月30日到期。

8. 莆田市国土资源局莆国土资综(2008)195号补充答复文件1份,证明根据国土资源管理部门的有关文件,被告的采矿许可证到期后,欲办理采矿权延续登记必须征得原告同意。

9. 莆江村村民代表会议记录1份,证明原告通过召开村民代表会议,一致要求被告将其设备搬离考壳山。

10. 证人李观艳、李文林、李可尚、李金明、李文通到庭作证,证明2009年9月12日召开的村民代表会议决定被告最迟应于2010年3月17日前将其设备搬离考壳山。

(四) 一审判案理由

福建省莆田市涵江区人民法院经审理认为:林权证中明确注明讼争林地的所有权人系莆江村。且已生效行政判决书中认定的案件事实部分载明:"……时原告(即莆江村)向被告(指国土资源管理部门)提供矿区临时用地承诺,同意向中标者提供矿产所依附的土地,作为采矿用地……2006年11月1日,原告与第三人(指本案被告)又签订了补充协议书……",以及庭审中经被告质证对其真实性无异议的莆田市国土资源局莆国土资综(2008)195号补充答复文件中载明:"……届时是否给予办理采矿权延续登记,除了必须符合法律法规等有关规定外，还必须征得矿区土地相关权利人同意。若矿区土地相关权利人不同意，国土资源管理部门将不予办理采矿权延续登记……"。以上证据表明，矿产资源与矿产资源所依附的土地是两个完全不同的概念。虽然矿产资源的所有权属于国家，但办理采矿权登记或延续登记，除了必须符合法律法规等有关规定外，还必须征得矿产资源所依附的矿区土地相关权利人的同意，故原告莆江村作为矿产资源所依附的考壳山林地所有权人，具备本案诉讼主体资格。本案原、被告双方所签订的承包合同书、补充协议书，系双方当事人真实意思表示，且内容未违反国家法律、行政法规的强制规定，是合法有效的。被告李文清在采矿许可证到期，且与原告签订的承包合同期限届满后，已失去继续占用讼争土地的依据，依法应搬离其采矿设备并将考壳山归还给原告管理、使用。原告于2009年9月12日就该事召开村民代表会议，会议决定被告最迟要在2010年3月17日前将设备搬离并将考壳山归还给原告管理、使用，应视为原告对其民事权利的自行处分。被告至今仍未搬离设备并将考壳山归还给原告管理、使用，却以矿产资源的所有权属于国家、其采矿行为并未侵犯原告的权益为由，主张驳回原告起诉，于法无据。

（五）一审定案结论

福建省莆田市涵江区人民法院依照《中华人民共和国合同法》第八条，《中华人民共和国物权法》第六十条第一款第（一）项，《中华人民共和国侵权责任法》第二条、第三条、第十五条，《最高人民法院关于适用〈中华人民共和国民事诉讼法〉若干问题的意见》第四十六条第一款、第七十五条第（四）项，作出如下判决：被告李文清应在判决生效之日起十五日内将开掘石窟的机台等设备搬出莆江村农场寺后考壳山，并将考壳山返还给原告莆江村民委员会管理、使用。

案件受理费100元，由被告李文清负担。

（六）二审情况

1. 二审诉辩主张
(1) 上诉人李文清诉称

2003年10月1日，上诉人李文清与被上诉人莆江村民委员会签订《临时用地合同》，约定承包期限至2013年10月，故双方约定的承包期限未届满。

(2) 被上诉人莆江村民委员会辩称

被上诉人于原审提供的双方于2004年1月10日签订的《农场石窟承包合同书》及于2006年11月1日签订的《农场石窟承包合同补充协议书》充分证实了双方约定的承包期限至2008年12月31日止。

2. 二审事实和证据

福建省莆田市中级人民法院经审理，确认一审法院认定的事实和证据。

3. 二审判案理由

福建省莆田市中级人民法院经审理认为：上诉人在诉讼期间未提供其主张的《临时

用地合同》作为证据,且双方分别于 2004 年与 2006 年签订的《农场石窟承包合同书》与《农场石窟承包合同补充协议书》所约定的承包期限届满日为 2008 年 12 月 31 日,所以,即使双方间存在《临时用地合同》,也属事后对承包期限予以重新约定,故上诉人认为双方约定的承包期限未届满的理由不能成立。

4. 二审定案结论

福建省莆田市中级人民法院依照《中华人民共和国民事诉讼法》第一百五十三条第一款第(一)项,作出如下判决:

驳回上诉,维持原判。

二审案件受理费 100 元,由上诉人李文清负担。

(七)解说

本案直观地阐释了矿产资源的所有权、采矿权与矿区土地的所有权、使用权这两组概念的区别。我国《矿产资源法》第三条规定:"矿产资源属于国家所有……地表或者地下的矿产资源的国家所有权,不因其所依附的土地的所有权或者使用权的不同而改变……勘查、开采矿产资源,必须依法分别申请、经批准取得探矿权、采矿权,并办理登记……"可见,矿区土地的所有权或使用权系独立存在的,不同于矿产资源的国家所有权,亦不同于采矿权。就本案而言,考壳山矿产资源的所有权属于国家,经国土资源管理部门拍卖,被告李文清依法取得的是考壳山的采矿权,但考壳山的土地所有权并不因采矿权的拍卖而变更,仍属于原告莆江村所有。被告在取得考壳山采矿权的同时,又通过与原告签订承包合同书取得矿产资源所依附土地的使用权,方得以在考壳山上进行开采。因此,承包合同期限届满后,原告当然拥有要求被告返还考壳山土地的权利。

需要指出的是,本案讼争土地原系林地,国土资源管理部门拍卖采矿权时,取得了林地所有权人莆江村的矿区临时用地承诺,并于采矿许可证到期时发出告知函,要求石仔场业主李文清做好停产闭坑和生态环境恢复治理工作,将石仔场恢复为林地。

(福建省莆田市涵江区人民法院江口法庭 薛敏)

14. 海南省昌江黎族自治县土产日杂公司诉海南绿崎园林工程有限公司、第三人东方市第二建筑公司建设用地使用权转让案
(案外人异议之诉中的实体权利)

(一)首部

1. 判决书字号

一审判决书:海南省昌江黎族自治县人民法院(2009)昌民初字第 132 号。

二审裁定书：海南省第二中级人民法院（2010）海南二中民终字第111号。

2. 案由：建设用地使用权转让纠纷。

3. 诉讼双方

原告（上诉人）：海南省昌江黎族自治县土产日杂公司（以下简称土产公司），住所地：海南省昌江黎族自治县石碌镇。

法定代表人：陈朝昌，公司经理。

委托代理人：周正凡，海南天赐律师事务所律师。

委托代理人：黄雅雄，海南天赐律师事务所律师。

被告（被上诉人）：海南绿崎园林工程有限公司（以下简称绿崎公司），住所地：海南省海口市。

法定代表人：陈昌雄，公司总经理。

委托代理人：王小英，海南昌宇律师事务所律师。

第三人（原审第三人）：东方市第二建筑公司（以下简称二建公司），住所地：海南省东方市。

法定代表人：王仕杰，公司经理。

委托代理人：吴伯峰，昌江黎族自治县石碌镇法律事务所法律工作者。

4. 审级：二审。

5. 审判机关和审判组织

一审法院：海南昌江黎族自治县人民法院。

合议庭组成人员：审判长：李洪；审判员：袁艺畅；代理审判员：符巨华。

二审法院：海南省第二中级人民法院。

合议庭成员：审判长：吴慧；审判员：苏堆玉；代理审判员：潘正亮。

6. 审结时间

一审审结时间：2009年12月8日。

二审审结时间：2010年5月13日。

(二) 一审情况

1. 一审诉辩主张

（1）原告土产公司诉称

2004年8月24日，原、被告签订《昌江县土产日杂公司旧房改造工程合作合同》（以下简称《合作合同》），合同约定：由土产公司出土地、绿崎公司出资金，兴建一栋集办公、商铺、住宅为一体的综合楼。楼房建好后，因绿崎公司拖欠第三人二建公司的工程款，二建公司起诉原、被告支付工程款并申请查封了上述房产。后经原海南省中级人民法院作出的终审判决（2008）海南民三终字第164号民事判决确认：由绿崎公司支付二建公司拖欠工程款，土产公司不承担偿还的责任。为明确产权，原告土产公司特诉至法院，请求确认"昌江县土产日杂公司综合楼"办公用房的房屋所有权属原告所有。而后，原告土产公司变更诉讼请求，要求被告绿崎公司将上述房屋的产权过户至原告名下。

（2）被告绿崎公司辩称

1)《合作合同》中房屋分配条款应属于保底条款，应当是无效的。2)（2008）海南民三终字第164号民事判决书已经确定：原、被告之间签订的《合作合同》实质是土地使用权转让合同。因为合同性质发生了变化，应当按照土地使用权转让合同的相关法律规定处理。原告作为土地使用权转让方，将涉案土地转让给被告兴建楼房，被告应当支付该块土地的价款而没支付，原告应当主张的是土地使用权转让款。3)讼争房屋是绿崎公司建设的，绿崎公司享有所有权。原告向法院主张确认房屋所有权，请求办理过户没有法律和事实依据，请求法院驳回原告的诉讼请求。

（3）第三人二建公司述称

原、被告签约时的本意是合作建房，但经原海南省中级人民法院认定，双方所签的《合作合同》实为土地使用权转让合同。依《物权法》一百四十二条的规定，被告作为出资和发包方已经从房屋竣工验收合格之日，便原始取得了争议房产的所有权，原告应按合同纠纷，请求被告支付土地使用权转让费。争议房产的价值不低于70万元，远远超过土地使用权的价值，用房产抵作土地转让费明显不合理，没有法律依据，故请求法院驳回原告的诉讼请求。

2. 一审事实和证据

海南省昌江黎族自治县人民法院经公开审理查明：2004年8月24日，土产公司与绿崎公司签订《合作合同》，合同约定：由土产公司出地，绿崎公司出资金，兴建一栋集办公、商铺、住宅为一体的综合楼。同年11月1日，绿崎公司与二建公司签订《建设工程施工合同》，约定由二建公司承建该综合楼。2005年9月28日竣工验收后，绿崎公司与土产公司已按《合作合同》的约定对分得的房产进行管理。因绿崎公司拖欠工程款，2007年11月二建公司向本院起诉要求绿崎公司向其支付拖欠的工程款610 770元，土产公司承担连带责任。该案在一审过程中，二建公司申请诉讼保全，查封了涉案房屋。该案经原海南省中级人民法院作出终审判决（2008）海南民三终字第164号民事判决书，认定绿崎公司与土产公司之间的《合作合同》实为土地使用权转让合同，应由绿崎公司支付拖欠的工程款610 770元及逾期付款利息，土产公司不承担连带清偿责任。

在一审过程中，昌江黎族自治县人民法院根据二建公司的诉讼保全申请，查封了涉案房屋。上述事实有下列证据证明：

（1）《昌江县土产日杂公司旧房改造工程合作合同》；

（2）（2008）海南民三终字第164号民事判决书；

（3）（2008）昌民初字第5—2号民事裁定书；

（4）综合楼施工图纸；

（5）《昌江县建设与国土环境资源局关于县土产日杂公司划拨土地变更为出让土地的请示》；

（6）《昌江黎族自治县人民政府办公室关于同意将县土产日杂公司划拨土地变更为出让土地的批复》；

（7）海南省政府非税收入一般缴款书；

（8）《建设施工合同》；

（9）《海南省建设工程竣工验收备案表》；

（10）《抵债协议》；

（11）庭审笔录。

3. 一审判案理由

海南省昌江黎族自治县人民法院经审理认为：根据已生效的（2008）海南民三终字第164号民事判决书，《合作合同》实为土地使用权转让合同，是合法、有效合同，双方当事人应当遵循诚实信用原则，根据合同性质、目的全面履行合同义务。首先，根据《合作合同》约定，土产公司出土地，绿崎公司出资金，有关建楼的费用由绿崎公司承担。绿崎公司先前同意分配固定房屋给土产公司，随后绿崎公司拒绝分配房屋给土产公司，违反诚实信用原则。其次，土产公司拆除旧楼与绿崎公司合作建新楼的目的是为改善办公条件，楼房是按商铺和办公用房的格局设计建造，符合合同的约定。再次，土产公司提供土地给绿崎公司建房，是以取得相应房产为条件；而绿崎公司是以让渡由其出资建设的部分房屋的产权来换取土地使用权，土地使用权和房屋所有权应互为对价。最后，二建公司和土产公司对绿崎公司都享有债权，且两个债权都没有优先受偿权，二建公司已经申请执行讼争房产，现土产公司要求办理产权过户登记，已经没有过户登记的可能。讼争房产竣工并由土产公司接收管理后，绿崎公司应当及时为其办理产权确权手续，但绿崎公司迟延履行该义务，致使土产公司的权益无法实现，土产公司可向绿崎公司另行主张违约责任。

4. 一审定案结论

海南省昌江黎族自治县人民法院依照《中华人民共和国合同法》第一百一十六条第一款第（一）项，《中华人民共和国民事诉讼法》第六十四条之规定，作出如下判决：

驳回原告海南省昌江黎族自治县土产日杂公司的诉讼请求。

案件受理费5 800元，由原告海南省昌江黎族自治县土产日杂公司负担。

（三）二审诉辩主张

1. 上诉人土产公司诉称

（1）在与本案相关联的另一案中，原审法院依申请查封了土产公司的上述房产，即是对查封的房产属土产公司所有的认可。（2）原审法院认定事实相互矛盾。楼房建成后，双方已按合同约定分配房屋，土产公司实际已对所分配的房产占有、管理、使用。（3）土产公司投入土地取得部分房产及绿崎公司投入资金取得部分房产是原始取得，土产公司请求确认房产所有权是正确的。故原审法院判决错误，请求二审法院：撤销原审判决，并确认办公用房所有权属土产公司所有。

2. 被上诉人绿崎公司辩称

（1）在另一建筑工程施工合同纠纷案件中，二建公司只承认土产公司和绿崎公司是合作建房关系，并没有承认土产公司对争议房产拥有所有权。（2）原审法院认定土产公司与绿崎公司之间是名为合作建房，实为土地使用权转让纠纷，是债权债务纠纷，非房产确权纠纷，请求法院确权过户无理由。（3）《最高人民法院关于审理房地产管理法施行前房地产开发经营案件若干问题的解答》适用时间是1995年1月1日以前发生的纠纷，而本案纠纷发生的时间是2005年，显然不能适用该司法解释。综上，一审法院认定事实清楚，适用法律正确，应予以维持。

3. 第三人（原审第三人）二建公司述称

（1）上诉人、被上诉人签约时的本意是合作建房，但经原海南省中级人民法院认定，双方所签的《合作合同》实为土地使用权转让合同。（2）《合作合同》中约定分配给土产公司的房产所有权自始未曾转移给土产公司，二建公司另案申请法院查封的房产与本案争议的房产无关。（3）《合作合同》签订及房屋建成验收合格后，绿崎公司未全面履行合同，土产公司应通过合法途径向绿崎公司主张履行合同，向绿崎公司另行主张违约责任。（4）土产公司的上诉请求与原审诉求不一致，二审不能调解，依法应予以驳回。综上，请求二审法院维持原审判决。

（四）二审事实和证据

海南省第二中级人民法院经审理，确认一审法院认定的事实和证据。

（五）二审判案理由

海南省第二中级人民法院经审理认为：2004年8月24日，土产公司与绿崎公司签订《合作合同》。为履行该合同，绿崎公司与二建公司签订了《建设工程施工合同》，旧房改造工程竣工后，因绿崎公司拖欠二建公司工程款，二建公司向原审法院提起诉讼。该案在审理过程中，原审法院据二建公司申请于2008年1月9日查封了讼争房产。该案经原海南省中级人民法院（2008）海南民三终字第164号民事判决，判令：绿崎公司应向二建公司支付尚欠的工程款610 770元及逾期付款利息；驳回二建公司请求土产公司承担连带清偿责任的诉讼请求。土产公司于2009年3月9日向原审法院起诉，请求确认被查封的房产归其所有。在二建公司与绿崎公司建筑工程施工合同纠纷一案的执行过程中，土产公司作为案外人于2009年6月29日对执行标的提出书面异议，原审法院尚未对该异议进行裁决。土产公司虽对执行标的提出异议，但在执行法院尚未作出裁定前提起诉讼，违反法律规定，依法应驳回起诉。原审法院受理本案错误，应予纠正。

（六）二审定案结论

海南省第二中级人民法院依照《中华人民共和国民事诉讼法》第一百四十条第一款

第（四）项、第一百五十二条，《最高人民法院关于适用〈中华人民共和国民事诉讼法〉若干问题的意见》第一百八十六条之规定，作出如下裁定：

(1) 撤销海南省昌江黎族自治县人民法院（2009）昌民初字第132号民事判决。

(2) 驳回上诉人海南省昌江黎族自治县土产日杂公司的起诉。

一、二审案件受理费各5 800元均退还给上诉人海南省昌江黎族自治县土产日杂公司。

（七）解说

本案的案情复杂，涉及的法律关系较多，但正确处理该案的关键在于准确理解和把握案外人异议制度。在司法实践中，本案是涉及如何适用《民事诉讼法》第二百零四条之"案外人异议制度"的典型案例。《民事诉讼法》第二百零四条的立法原意，在于赋予案外人对执行程序可能侵害其合法权利的救济手段。换言之，如何适用该项制度，对保护案外人对执行标的物享有的合法权利至关重要。

1. 土产公司是否为适格案外人

一审法院和二审法院查明的事实均表明土产公司已经履行合同项下义务，绿崎公司则没有履行义务。土产公司按照合同约定，已占有并使用讼争房产。本案中的土产公司作为另一案件的案外人对被查封的房产主张实体权利，应先向执行机构昌江县法院执行庭提出书面异议，而不能直接提起诉讼。由于绿崎公司拖欠二建公司工程款，二建公司另案起诉时请求查封讼争房产获得法院准许，并且已进入执行程序。综合上述案情，土产公司是适格的案外人，其对执行标的物享有排除强制执行的权利——所有权，并实际占有、使用执行标的物。

2. 土产公司能否以案外人异议之诉主张实体权利

依据《民事诉讼法》第二百零四条的规定，案外人寻求救济时必须遵循"先程序再实体"的顺序，即必须先提起书面异议申请，就案外人和当事人之间的实体权利关系进行处理。据一审、二审法院查明的事实，案外人土产公司就讼争房产已进入执行程序向执行法院提出了书面异议申请，至今执行法院仍未就该异议申请作出裁定。在程序救济措施未结束的情况下，案外人土产公司不能越过程序救济措施而直接采取实体救济措施，即此时不能提起案外人异议之诉。昌江县法院不能将本案作为诉讼案件受理，应告知案外人土产公司向执行机构提出书面异议。本案二审法院撤销原审判决，驳回上诉人土产公司起诉的处理意见是正确的。

3. 土产公司如何救济自己的合法权益

一方面，因绿崎公司的违约，导致土产公司的权利受到侵害；另一方面，二建公司对讼争房产的申请执行，使土产公司的权利可能受到侵害。土产公司在2009年6月29日提出书面异议申请符合法律规定，但是一审法院未在法定期限内就该申请进行审查并作出裁定，导致土产公司的权利救济之路出现障碍。此时，土产公司不能突破现有法律的规定，而应当积极推进执行程序救济措施的落实。在程序性救济措施的程序完成之后，才能启动异议之诉程序。依据《民事诉讼法》第二百零四条的规定，案外人土产公司不能越过此前置程序直接采取实体救济措施，即案外人土产公司不能越过此前置程而提起异议之诉。

（海南省第二中级人民法院　曹荣刚）

15. 黄武庆诉王传海地役权案
（宅基地）

（一）首部

1. 判决书字号

一审判决书：山东省淄博市博山区人民法院（2009）博民初字第908号。

二审判决书：山东省淄博市中级人民法院（2010）淄民一终字第326号。

2. 案由：地役权纠纷。

3. 诉讼双方

原告（被上诉人）：黄武庆，男，汉族，住山东省淄博市博山区

委托代理人（一审，特别授权）：邵明友，男，汉族，淄博博山正义法律服务所法律工作者。

委托代理人（一、二审，特别授权）：黄衍标，男，汉族，住山东省淄博市博山区（系黄武庆的儿子）。

被告（上诉人）：王传海，男，汉族，住山东淄博市博山区。

委托代理人（二审）：陈其亮，男，汉族，淄博电表厂办公室主任，住山东省淄博市博山区。

4. 审级：二审

5. 审判机关和审判组织

一审法院：山东省淄博市博山区人民法院。

独任审判人员：审判员：孙勇。

二审法院：山东省淄博市中级人民法院。

合议庭组成人员：审判长：相林；代理审判员：孙兆静、胡静。

6. 审结时间

一审审结时间：2010年3月5日。

二审审结时间：2010年5月31日。

(二) 一审诉辩主张

1. 原告黄武庆诉称

原、被告是多年邻居。1998年,被告建房与原告商量借用原告北屋前墙及滴水和房前道地,经原告同意后立下字据。字据说明若原告用时被告自动拆除,自动离开。2009年4月,原告找被告商量,要求被告拆除其所占用原告的道地。开始被告同意,但尔后反悔,表示不予拆除。为此原告又找他人从中协调,但双方一直没有达成一致意见。为此,原告诉至法院要求判令被告拆除其所占用原告道地、前墙及滴水面积,共计约十平方米。

2. 被告王传海辩称

原告起诉理由不充分,原告所说的地基在1996年已被征用。我只是借他的墙,不存在侵占他的滴水。根据土地管理法的规定,一户只能有一处宅基地,原告的原宅基地已为集体所有。2002年源泉镇政府同意我盖拐角楼一处,我有证明材料可以证明。

(三) 一审事实和证据

山东省淄博市博山区人民法院经公开审理查明:原、被告均系博山区源泉镇源东村村民。双方原居于同一院落,该院落位于仲临路源东村路段北侧。1991年原告北屋因失火坍塌。1996年,源泉镇政府拓宽仲临路时占用了双方的部分房屋,原告仅有北屋地基未占用。后原告搬离该处,村委给原告另行批划宅基地。1998年3月,被告借用原告北屋地基前墙、滴水、道地(通道)建临时建筑(小棚),并于1998年3月14日、1998年3月15日两次给原告出具借用字据。原告北屋与被告临时建筑(小棚)之间的滴水应为0.55米宽,被告借用原告北屋道地(通道)宽1.4米(自原告北屋西山墙向东丈量)。另查明,2010年1月7日博山区源泉镇源泉东村村委会出具证明:北屋地基仍然归原告黄武庆使用,村集体未收回使用权。

上述事实有下列证据证明:

1. 源泉东村村委会证明一份及原告身份证复印件一份。2.1992年博山区人民政府颁发的集体土地建设使用证一份。3. 借据二份。4. 源泉镇政府证明一份。5.2009年7月2日源泉镇源东村证明一份;6. 照片三张。7.2001年2月5日源泉镇政府证明一份。

(四) 一审判案理由

山东省淄博市博山区人民法院经审理认为,根据源泉东村村委会的证明,原告仍享有涉案北屋宅基地的使用权。被告在1998年3月给原告出具的借用字据中表明:原告若用,被告随时拆除。现原告起诉要求被告拆除被告占用原告的道地(通道)、前墙及滴水面积,被告应当拆除,即应当拆除占用原告北屋前墙、滴水、道地(通道)的部分,留出双方房屋之间的滴水0.55米,留出原告北屋宽1.4米的道地(通道)。

（五）一审定案结论

山东省淄博市博山区人民法院依照《中华人民共和国民法通则》第七十五条第二款、第一百零六条第二款之规定，作出如下判决：

（1）被告王传海对原告黄武庆停止侵害，排除妨害。（2）被告王传海于本判决生效之日起三十日内拆除其临时建筑（小棚）占用原告北屋前墙、滴水及道地（通道）部分，留出双方房屋之间的滴水0.55米，留出原告北屋道地（通道）宽1.4米（自原告北屋西山墙向东丈量）。

案件受理费50元，由被告王传海负担。

（六）二审情况

1. 二审诉辩主张

（1）上诉人王传海诉称

1996年源泉镇政府拓宽道路后，已经给被上诉人黄武庆另行安排了宅基地。根据农村村民一户只能拥有一处宅基地的规定，被上诉人已经丧失了对涉案宅基地的使用权。上诉人借用的只是被上诉人尚存的北屋部分墙体，并不存在对被上诉人宅基地使用权的侵害。被上诉人在一审提交的源东村村委会证明系先盖章后添加内容，内容与事实不符，为虚假证明。本案一审庭审结束后，上诉人找到源东村村委会反映情况，村委会为上诉人出具证明，声明原证明无效。请求二审法院查明事实，依法改判。

（2）被上诉人黄武庆辩称

原审判决认定事实清楚，适用法律正确，请求二审法院依法驳回上诉人的上诉请求。

2. 二审事实和证据

山东省淄博市中级人民法院经公开审理，确认一审法院认定的事实和证据。

另查明：涉案北屋、滴水及地道（通道）系被上诉人黄武庆父母黄泽玉、黄郇氏所有，1991年北屋坍塌后地基一直存在。2010年3月15日，源泉东村村委会出具证明一份，证明村委会于2010年1月7日为黄武庆出具的证明与事实不符，经村两委研究声明作废。

上述事实，有借用字据、源泉东村村委会证明、源泉镇政府证明、宅基地平面位置图、1951年土地房产所有权证及双方当事人的当庭陈述在卷为证。

3. 二审判案理由

山东省淄博市中级人民法院经审理认为：涉案房屋及宅基地原系被上诉人黄武庆父母所有，其父母去世后，被上诉人对涉案房屋及宅基地享有合法的继承使用权。被上诉人现居住的宅基地系其母亲在世时申请划拨所得，故上诉人王传海称被上诉人另行划拨宅基地后即丧失了涉案宅基地使用权的上诉理由不成立。1996年，源泉镇政府因拓宽道路占用了原属被上诉人父母的部分房屋及宅基地面积，剩余房屋及宅基地面积未被占用，应归被上诉人占有、使用。上诉人分别于1998年3月14日、1998年3月15日给被上诉人出具借用字据，借用涉案房屋前墙及部分宅基面积使用，并约定可以随时退出。现被上诉人要求上诉人归还所借用的房屋前墙及部分宅基面积，上诉人应予以归还。上诉人称其未对涉案院落构成侵权的上诉理由不成立，本院不予支持。原审判决认定事实清楚，证据充分，适用法律正确。

4. 二审定案结论

山东省淄博市中级人民法院依照《中华人民共和国民事诉讼法》第一百五十二条、第一百五十三条第一款第（一）项、第一百五十八条之规定，作出如下判决：

驳回上诉，维持原判。

（七）解说

本案经过一、二审，原告黄武庆最终胜诉。但被告王传海在诉讼过程中始终坚持的"农村一户村民只能有一处宅基地"，即我们常说的"一户一宅"的观点，一、二审法院均未采信。农村"一户一宅"观点的法律依据是《土地管理法》第六十二条第一款"农村村民一户只能拥有一处宅基地，其宅基地的面积不得超过省、自治区、直辖市规定的标准"的规定。原告通过继承获得了两处宅基地，构成"一户二宅"，是违反了《土地管理法》的上述规定，还是农村"一户一宅"的例外，成为本案法律适用方面的争议焦点。

笔者认为，此属于农村"一户一宅"的例外，而且在法律理论层面，农村"一户一宅"也应当允许此类例外的存在。理由如下：

从字面上理解，《土地管理法》第六十二条第一款的规定，很浅显易懂：一户农民如果拥有了两处以上宅基地必然构成违法。立法本意是限制农村村民拥有宅基地数量，减少占用耕地，保护现有耕地。在我国农村，通过申请获得宅基地是比较常见的一种形式，《土地管理法》第六十二条第一款明确禁止由此途径获得二处以上宅基地，无可非议，但是该规定没有充分考虑农民取得宅基地方式的多样性。

现实中，农民取得二处以上宅基地的方式，除了申请获得之外，还有另外三种情况：（1）买卖房屋或实现抵押权而取得宅基地。比如，村民甲自己拥有一处房屋，而村民乙向甲借钱后，把自己的房屋抵押给了甲，乙未能偿还到期债务，甲通过实现抵押权，就享有了乙房屋的所有权。此时甲既拥有自己原来的住房，也取得了乙的房屋，同时拥有了二处宅基地。（2）男女因结婚而共同占有房屋及宅基地使用权。比如，男甲和女乙婚前各自拥有一处房屋及相应的宅基地使用权，二人因结婚而成了一家人（一户），从而出现了一户农村村民拥有二处宅基地的局面。（3）因继承房屋而取得宅基地。比如，甲与父母分家后另立户头，并经批准另修建了住房，甲的父母去世后，甲经继承取得了父母房屋的所有权，从而同时拥有了二处宅基地，本案原告黄武庆通过继承取得了二处宅基地，就属于此种情形。这三种取得方式均属于宅基地的继受取得，都存在获得二处以上宅基地的可能。

笔者认为，上述情形的大量存在，是"一户一宅"之例外合理性的现实基础。另外，宅基地使用权是附随于房屋所有权的，如果禁止农民拥有二处以上宅基地，实质上就是禁止农民拥有二处以上房屋，当这房屋本来是基于合法的方式（房屋买卖、结婚、继承、赠与等）而取得的时候，合法的手段却导致了"违法"的结果，由此来看，《土地管理法》第六十二条第一款的规定明显存在考虑不周之虞。在审判实践中，我们遇到类似情形时，应该按照法律规定的基本原则和精神，运用法官自由裁量权，保护农民通过合法途径取得的宅基地使用权，以取得良好的法律效果和社会效果。本案中，一、二审法院就是根据上述思路，判决支持了原告黄武庆的诉讼请求。同时，为了更好地解决这方面的问题，建议以立法的方式，在一定范围内确定"一户一宅"之例外的合法性，将《土地管理法》第六十二条第一款修正为"农村村民一户只能通过申请获得一处宅基地，其面积不得超过省、自治区、直辖市规定的标准。农村村民通过合法的房屋买卖、结婚、继承、接受赠与等方式继受取得的农村宅基地不在此限"。

（山东省淄博市博山区人民法院　黄巍）

16. 楚雄市融达典当行有限公司诉楚雄市经济技术开发区雄海石化有限公司典当案
（典当）

（一）首部

1. 判决书字号

一审判决书：云南省楚雄市人民法院（2009）民初字第1692号。

二审判决书：云南省楚雄彝族自治州中级人民法院（2010）楚中民一终字第201号。

2. 案由：典当纠纷。

3. 诉讼双方

原告（上诉人）：楚雄市融达典当行有限公司。

法定代表人：王孝元，公司董事长。

委托代理人：马兴，云南佳信律师事务所律师。

被告（被上诉人）：楚雄市经济技术开发区雄海石化有限公司。

法定代表人：符史俊，公司董事长。

委托代理人：聂宗林，云南聂宗林律师事务所律师。

4. 审级：二审

5. 审判机关和审判组织

一审法院：云南省楚雄市人民法院。

合议庭组成人员：审判长：段雨函；人民陪审员：文金春、徐强。

二审法院：云南省楚雄彝族自治州中级人民法院。

合议庭组成人员：审判长：善从安；审判员：刘文亮、刘玉南。

6. 审结时间

一审审结时间：2010年2月24日。

二审审结时间：2010年7月5日。

(二) 一审情况

1. 一审诉辩主张

(1) 原告楚雄市融达典当行有限公司（以下简称"融达典当行"）诉称

2008年5月29日，被告雄海石化有限公司（以下简称"雄海公司"）在办理了抵押登记手续后，用其坐落在楚雄经济技术开发区火车站北侧的一宗土地设押，向原告融达典当行借贷500 000元，典当期限为3个月，双方签订了《土地抵押典当合同》，原告融达典当行向被告雄海公司出具当票，并由被告雄海公司在收款后出具收条确认。2008年6月24日，被告雄海公司又向原告融达典当行申请追加贷款500 000元，当期为1个月，2008年7月25日，被告雄海公司再次向原告融达典当行申请追加贷款500 000元，当期为1个月，从2008年5月29日至2008年7月25日，被告雄海公司设押共向原告融达典当行借贷1 200 000元，截止到2008年8月30日，被告雄海公司按当票约定，向原告融达典当行支付了典当综合服务费及当期利息，但从2008年9月1日起被告雄海公司既不赎当，也不向原告融达典当行支付息费和归还借款，经原告融达典当行多处追讨，分文未付。2009年5月12日，原告融达典当行就被告雄海公司不按典当合同约定归还当金及息费的行为，向楚雄市人民法院提起诉讼，诉讼期间，被告雄海公司与原告融达典当行协商支付部分息费，于2009年6月18日就2009年3月30日前未结息费150 000元，向原告融达典当行出具欠条一份，原告于2009年6月19日撤诉。然而，被告雄海公司在与原告融达典当行口头约定的期限内仍未履行归还当金及尾欠息费，致原告融达典当行的合法权益受到进一步的侵害。请求判令：1) 被告雄海公司按合同约定，偿还原告融达典当行贷款本金1 200 000元及利息、费用370 000元（截止期为2009年8月30日）；2) 从2009年9月1日起至贷款偿清之日止，由被告雄海公司按每月0.8%的利率标准，向原告融达典当行偿付逾期还款违约金；3) 诉讼费由被告承担。

(2) 被告雄海公司辩称

对原告融达典当行起诉的本金、利息、费用等金额及诉请不认可，我们认可的数额如下：1) 欠贷款本金1 167 600元，理由是：原告融达典当行借款三次给被告雄海公司属实，但被告雄海公司实际收到的借款本金是2008年5月30日收到486 500元，2008年6月24日收到194 600元，2008年7月25日收到486 500元，三次共计1 167 600元。2) 综合服务费和利息合计为610 244元，其中贷款125 282.02元，综合服务费484 962.63元。3) 被告雄海公司合计欠原告融达典当行贷款本金1 167 600元，利息125 282.02元，减去已付金额315 000元，尚欠1 465 844.60元。4) 被告融达典当行又计综合服务费，又计利息，其月综合服务费达2.7%，约定过高，请求人民法院在判决时予以调整，综合服务费减收50%。

2. 一审事实和证据

云南省楚雄市人民法院经公开审理查明：2008年5月29日，原告楚雄市融达典当行有限公司与被告楚雄经济技术开发区雄海石化有限公司签订了一份《土地抵押典当合同》，约定被告方将位于开发区火车站东北侧土地一宗作为抵押物向原告贷款50万元，贷款期限为2008年5月29日至2008年8月29日，约定典当综合服务费率每月为贷款金额的2.7%，利率为0.8%。合同签订后被告楚雄经济技术开发区雄海石化有限公司的该块土地进行了抵押登记。合同签订当日，楚雄市融达典当行有限公司出具53023514号当票，载明典当期限从2008年5月29日至2008年8月29日，月利率为0.8%。2008年5月30日，原告融达典当行向被告雄海公司放款50万元，放款时扣除了2008年5月30日至6月30日的综合服务费13 500元，实际放款486 500元。2008年6月24日，双方在原《土地抵押典当合同》上加注"甲、乙双方于2008年6月24日在楚雄市融达典当行有限公司办公室经过协商，乙方同意在原贷款基础上追加贷款20万元，双方的权利义务均执行本合同所有条款"。融达典当行并于当日出具了53023521号当票，载明"典当期限从2008年6月24日至2008年7月24日，月利率为0.8%，在53023514号当票上追加"。同日，原告融达典当行向被告雄海公司放款20万元，放款时扣除了2008年6月24日至7月24日的综合服务费5 400元，实际放款194 600元。2008年7月25日，原告融达典当公司出具53023540号当票，载明典当期限为2008年7月25日至2008年8月25日，月利率0.8%，在原当票53023514、53023521号上追加，并再次向被告雄海公司放款50万元，放款时扣除了2008年7月25日至8月25日的综合服务费13 500元，实际放款486 500元。另查明，2008年7月1日，被告雄海公司向原告融达典当行支付了第一笔当金500 000元的第二个月综合费13 500元及第一个月利息4 000元，2008年8月5日支付了第三个月综合费13 500元及第二个月利息4 000元，2008年7月25日，支付了第二笔当金200 000元的第二个月综合费5 400元及第一个月利息1 600元，2009年3月27日，被告雄海公司支付70 000元给原告融达典当行，2009年6月18日又付200 000元。以上，雄海公司共支付息费344 400元。

上述事实有下列证据证明：

（1）土地抵押典当合同一份，欲证明被告雄海公司用自有土地向原告融达典当行抵押的事实以及合同约定的权利义务。

（2）当票三张，欲证明原告融达典当行借款给被告雄海公司的事实。

（3）收条三张，及转账支票存根三张，欲证明原告融达典当行向被告雄海公司支付当金的事实。

（4）发票六张，欲证明被告雄海公司向原告融达典当行支付当期内息费的事实。

（5）催收通知书一份，欲证明原告融达典当行向被告雄海公司发出催收通知及截止2009年3月30日被告雄海公司所欠息费为431 200元。

（6）银行进账单两张，欲证明被告雄海公司归还息费270 000元。

（7）息费清单一份，欲证明2009年4月1日至8月30日被告雄海公司新增息费210 000元。

3. 一审判案理由

云南省楚雄市人民法院经审理认为：（1）原告融达公司在放款时扣除了一个月的综合服务费并不违反《典当管理办法》的相关规定，故借款本金仍应按1 200 000元计算。

(2) 对于双方所争议的利率问题，当票上注明的月利率是0.8%，但本院认为双方约定的利率过高，《典当管理办法》第三十七条规定："典当当金利率，按中国人民银行公布的银行机构6个月期法定贷款利率及典当期限折算后执行。"2008年5月29日至2008年8月25日人民银行6个月期的贷款利率为年率6.57%，折算后月利率为0.547 5%，考虑到典当行为的特殊性及行业惯例利率上浮30%为0.711 75%。(3)《典当管理办法》第三十八条规定，典当综合费用包括各种服务及管理费用。房地产抵押典当的月综合费率不得超过当金的27%。双方约定的月综合服务费按月2.7%计算，本院予以确认。(4) 关于当期，土地抵押典当合同上虽载明是三个月，但该合同也同时约定，实际贷款期限以当票记载为准，故当期应当按当票记载为一个月。(5)《典当管理办法》第四十条规定，典当期限或续当期限届满后，当户应当在5日内赎当或者续当，逾期不赎当也不续当的，为绝当；当户于典当期限或续当期限届满至绝当前赎当的，除须偿还当金本息、综合费外，还应当根据中国人民银行规定的银行等金融机构逾期贷款罚息水平、典当行规定的费用标准和逾期天数，补交当金利息和有关费用。典当期限届满后5日内，被告既未赎当也未续当，为绝当。绝当日期为2008年8月30日。被告应当按典当期限内的当金利率和月综合费率标准补交5日的当金利息387.5元（500 000元×0.465%/月÷30日/月×5日）和综合费用2 250元（500 000元×2.7%/月÷30日/月×5日）。(6) 绝当后，双方的典当关系终止，被告无须再向原告支付综合费用。被告未予偿还借款本金，除应当偿还借款本金外，还应当按中国人民银行同期贷款利率（6个月期）上浮30%即0.711 75%支付借款本金1 200 000元从2008年8月31日起至借款本金付清之日期间的利息。(7) 虽然双方签订的合同中有"绝当后，甲方自愿放弃抵押的房产，同意乙方对该房产按照有关规定处理"的条款，但该条款违反了法律的规定，属无效条款。本案所涉土地在相关部门办理了抵押登记，抵押已产生法律效力，原告依法享有优先受偿的权利。

4. 一审定案结论

云南省楚雄市人民法院依照《中华人民共和国合同法》第七条、第五十二条第一款第五项、第五十六条，《典当管理办法》第三十七条、第三十八条、第三十九条、第四十条、第四十三条，《中华人民共和国担保法》第三十三条、第四十一条之规定，作出如下判决：

由被告楚雄市经济技术开发区雄海石化有限公司归还原告楚雄市融达典当行有限公司当金1 200 000元，2008年5月30日至2008年8月30日的综合费68 130元及利息17 959.70元，从2008年8月31日至2010年2月28日止的利息153 738元，合计1 439 828元。被告楚雄市经济技术开发区雄海石化有限公司已支付344 400元，还应支付1 095 428元。之后的利息按月利率0.711 75%计算至本息还清之日止。

案件受理费18 930元，由被告楚雄市经济技术开发区雄海石化有限公司承担13 251元，由原告楚雄市融达典当行有限公司承担5 679元。

（三）二审诉辩主张

(1) 上诉人融达典当行诉称

1) 一审判决遗漏案件事实，判决错误。一审认为上诉人融达典当行与被上诉人雄海公司约定的利息过高,从而将月利率自行调整为0.71175%错误。典当是一种融资行为,典当行按当金收取综合服务费和利息符合法律规定。对当金利息收取除依据《典当管理办法》第三十七条外,当金利息执行的标准按行业惯例可上浮30%~50%,具体息费标准根据不同典当行、不同业务种类都不一样。另外,《典当管理办法》第三十七条规定的当金利率,是按6个月期法定贷款利率及典当期限折算后执行,而本案中,一审法院仅按6个月期法定贷款利率折算,并未实际考虑典当期限。综上,合同约定利率系双方的真实意思表示,其利率执行标准符合行业惯例,一审法院将利率标准下调违反了当事人意思自治原则。2)一审认为绝当后不应再计算综合费,违反了公平原则,导致判决结果错误。

(2)被上诉人雄海公司辩称

双方约定的利率是0.6975%,0.8%是上诉人融达典当行自行添加的。综合费绝当后就不应再收取。一审判决认定事实清楚,适用法律正确,判决得当,上诉人融达典当行的上诉理由不能成立。

(四)二审事实和证据

云南省楚雄彝族自治州中级人民法院经审理,确认一审法院认定的事实和证据。

(五)二审判案理由

云南省楚雄彝族自治州中级人民法院经审理认为:(1)虽然双方当事人所持合同对利率的约定不同,上诉人融达典当行提交的合同中0.8%的利率为涂改添加,但当票是典当行与当户之间的借贷契约,是典当行向当户支付当金的付款凭证,为收当后上诉人融达典当行向被上诉人雄海公司出具,形成在合同之后,双方的借贷权利义务应以当票为准。被上诉人雄海公司提出双方约定的利率过高,要求法院依法调整,因双方均承认除规定利率外存在行业惯例,但双方均不能提交行业惯例执行利率的参考依据,原判决认定双方将利率约定为0.8%过高,以中国人民银行规定的贷款利率上浮30%计算本案的利息并无不当,故上诉人融达典当行的上诉理由和被上诉人雄海公司的辩解理由本院均不予以支持和采信。(2)虽然对绝当以后至债权实现前是否应支付综合费,《担保法》、《典当管理办法》等相关法律、法规无明确规定,但典当综合费包括各种服务和管理费用,属于典当行法定的一种特别费用,其依附于抵押债权而存在。绝当后,典当行的债权并未实现,如不支持绝当后的综合费,将损害作为债权人的典当行的债权预期利益;根据被上诉人雄海公司在原审中的答辩主张,其也认可综合费计算至绝当后一年(2009年8月30日)。故对绝当后的综合费应予支持。但根据双方签订的《土地抵押典当合同》第五条、第八条"绝当后,甲方自愿放弃抵押的房产,由乙方对房产按照有关规定处理,以此来抵偿典当行的贷款本息和综合费"的约定,该约定并不违反《典当管理办法》第四十三条的规定,原判认定该约定无效不当。处分抵押物的权利属于上诉人融达典当行,因综合费的费率较高,为避免上诉人融达典当行恶意拖延不及时实现债权,使典当人的抵押物价值丧失殆尽,应综合考虑双方的利益,按照公平的民事活动原则进行处理。综上,本院对上诉人融达典当行主张绝当以后的综合费支持至绝当后一年,即综合费为 453 600 元(500 000 元×2.7‰×15 个月+200 000 元×2.7‰×14 个月+500 000 元×2.7‰×13 个月)。故上诉人融达典当行上诉提出请求支付综合费至贷款还清之日止的主张,因其一审中并未提出该诉请,该诉请属于二审中新增加的诉讼请求,本院依法不予审理和支持。

(六) 二审定案结论

云南省楚雄彝族自治州中级人民法院依照《中华人民共和国合同法》第十四条、第六十条、第一百零七条,《典当管理办法》第三十条、第三十七条、第三十八条、第三十九条、第四十条、第四十三条,《中华人民共和国担保法》第三十三条、第五十三条,《中华人民共和国民事诉讼法》第一百五十三条第一款第(二)项之规定,作出如下判决:

1. 撤销云南省楚雄市人民法院(2009)民初字第1692号民事判决。

2. 由楚雄市经济技术开发区雄海石化有限公司归还楚雄市融达典当行有限公司当金 1 200 000 元,并支付 2008 年 5 月 30 日至 2009 年 8 月 30 日的综合费 453 600 元、2008 年 5 月 30 日至 2008 年 8 月 30 日的利息 17 959.70 元,合计 1 671 559.70 元,扣除楚雄市经济技术开发区雄海石化有限公司已支付的 344 400 元,实际还应支付 1 327 159.70 元。

3. 由楚雄市经济技术开发区雄海石化有限公司按当金 1 200 000 元自 2008 年 8 月 31 日起以月利率 0.711 75% 计算向楚雄市融达典当行有限公司支付至本息还清之日止的利息。

上述所判款项限收判后三十日内履行完毕。

一、二审案件受理费 27 349 元,由楚雄市经济技术开发区雄海石化有限公司负担 20 000 元,由楚雄市融达典当行有限公司负担 7 349 元。

(七) 解说

1.《典当管理办法》中的"典当"概念

典当是我国历史上特有的物权法律制度,"典"与"当"本是两项不同的制度,但民间往往"典"、"当"并称,造成混淆。虽然我国《物权法》未规定"典"、"当"制度,但现实生活中仍有企业从事典当行为,并由商务部、公安部制定的《典当管理办法》予以规制。《典当管理办法》将"典"、"当"并称,造成了概念上的混乱,而《最高人民法院民事案件案由规定》将"典当"置于一个极为尴尬的位置,造成审判实践的困惑。

所谓典,是指典权人支付典价,占有出典人的不动产而为使用、收益。所谓当,是指借款人向当铺借钱而将自己的动产质押给当铺,在约定期限内清偿借款赎回原物,如超过约定期限则由当铺变卖质押物冲抵借款。

《典当管理办法》将"典"、"当"并称,将双方当事人关于"典"、"当"的约定统称为当票,其第三十条规定:"当票是典当行与当户之间的借贷契约,是典当行向当户支付当金的付款凭证。"另外,我国传统法律制度中的"典权"是一种用益物权,以典权人对典物为使用、收益为内容。《典当管理办法》第四十一条规定:"典当行在当期内不得出租、质押、抵押和使用当物。"从这两条规定所描述的法律特征来看,《典当管理办法》所称的"典当"似乎仅为"当"而不包括"典"。

《典当管理办法》第三条规定:"本办法所称典当,是指当户将其动产、财产权利作为当物质押或者将其房地产作为当物抵押给典当行,交付一定比例费用,取得当金,并在约定期限内支付当金利息、偿还当金、赎回当物的行为";第二十五条规定:"经批准,典当行可以经营下列业务:……(三)房地产(外省、自治区、直辖市的房地产或者未取得商品房预售许可证的在建工程除外)抵押典当业务……";第二十六条规定:"典当行不得经营下列业务……(二)动产抵押业务……"。依通说,"典"与"当"的一个共同点是都要移转标的物的占有,即出典人将出典的不动产交付典权人占有、借款人将当物交付当铺占有;二者的区别之一是"典"的标的物限于不动产,"当"的标的物限于动产。依照这几条规定,"典当"的标的物既包括动产,也包括不动产。当标的物为动产时,必须移转占有;当标的物为不动产时,不移转占有。

另外,按照传统的典当制度,典期或当期届满后,既不续期也不回赎的,经过一定期限,典当行即可直接取得典物或当物的所有权。《典当管理办法》第四十三条并未规定绝当后,债权人可直接取得当物的所有权,而是规定当事人以行使一般担保物权的方式行使权利。据此可以认为,《典当管理办法》中的"典当"不包括我国传统法律制度中的"典",但也不是传统意义上的"当"。

2.《典当管理办法》中"典当"的性质

"当"又称为营业质权,是一种独立的担保物权,以担保当铺对借款人的债权为内容。《典当管理办法》第四十三条规定:"典当行应当按照下列规定处理绝当物品:(一)当物估价金额在3万元以上的,可以按照《中华人民共和国担保法》的有关规定处理,也可以双方事先约定绝当后由典当行委托拍卖行公开拍卖。拍卖收入在扣除拍卖费用及当金本息后,剩余部分应当退还当户,不足部分向当户追索。(二)绝当物估价金额不足3万元的,典当行可以自行变卖或者折价处理,损溢自负。(三)对国家限制流通的绝当物,应当根据有关法律、法规,报有关管理部门批准后处理或者交售指定单位。(四)典当行在营业场所以外设立绝当物品销售点应当报省级商务主管部门备案,并自觉接受当地商务主管部门监督检查。(五)典当行处分绝当物品中的上市公司股份应当取得当户的同意和配合,典当行不得自行变卖、折价处理或者委托拍卖行公开拍卖绝当物品中的上市公司股份。"可以说,结合该办法第三条、第四十三条的规定,《典当管理办法》确认了"典当"的担保物权性质。更准确地说,《典当管理办法》中的"典当"是附担保的借款。基于此,关于"典当"的纠纷并非单纯的合同纠纷,还包括担保物权纠纷。但令人费解的是,最高人民法院发布的《民事案件案由规定》却将"典当纠纷"规定为一种独立的合同纠纷。

审判实践中,"典当纠纷"存在三种情况:一是债权人仅要求债务人清偿债务即偿还当金,以上述案件为例;二是债权人除要求债务人清偿债务外,还请求确认于债务人不履行还款义务时得行使担保物权,本院审理的另一"典当纠纷"案件为其例;三是债权人请求法院确认其享有的担保物权并直接通过行使担保物权来满足其债权。就第一种情况而言,由于债权人的诉请仅涉及债务清偿,故在审判中可适用《合同法》关于借款合同的相关规定及《典当管理办法》予以处理;就第二、第三种情况而言,则可适用《物权法》关于担保物权及《典当管理办法》予以处理。

鉴于"典"、"当"并用所带来的概念上的混乱及"典当纠纷"在《民事案件案由规定》中的尴尬位置,同时考虑到在目前我国所构建的债权法、物权法体系下,"典当纠纷"能够得到妥善的解决,故法院在受理"典当纠纷"时应根据当事人的诉请,明确双方争议的法律性质而将该类纠纷归类为借贷合同纠纷或担保物权纠纷。

3. "典当"的担保范围

本案涉及绝当后还是否应计算支持综合费问题。《典当管理办法》第四十条规定:"典当期限或者续当期限届满后,当户应当在5日内赎当或者续当。逾期不赎当也不续当的,为绝当。当户于典当期限或者续当期限届满至绝当前赎当的,除须偿还当金本息、综合费外,还应当根据中国人民银行规定的银行等金融机构逾期贷款罚息水平、典当行制定的费用标准和逾期天数,补交当金利息和有关费用。"虽然《典当管理办法》对此无明确规定且当事人无明确约定,但由于"典当"具有担保物权的性质,故其担保范围应适用《物权法》第一百七十三条,即"担保物权的担保范围包括主债权及其利息、违约金、损害赔偿金、保管担保财产和实现担保物权的费用。当事人另有约定的,按照约定"。在"典当"业中,综合管理费是由典当借贷行为产生的孳息,依规范目的,理应属于抵押权的担保范围。同时应当注意的是,由于典当业具有营利性,且借贷本金、利息、综合管理费较高,故对债权人请求债务人清偿债务或行使担保物权以满足债权的期限应有所限制,以防债权人为牟取暴利而故意迟延行使权利。

(云南省楚雄市人民法院　钟磊)

17. 刘贵荣、刘勇、胡正全诉董兴国、高自福、高琼仙采矿权案 (采矿权转让的条件)

(一)首部

1. 裁判书字号

一审裁定书:云南省玉溪市中级人民法院(2009)玉中民二初字第58号。

二审裁定书：云南省高级人民法院（2010）云高民二终字第 121 号。

2. 案由：采矿权纠纷。

3. 诉讼双方

原告（上诉人）：刘贵荣，男，汉族，住云南省曲靖市沾益县。

原告（上诉人）：刘勇，男，汉族，住云南省曲靖市沾益县。

原告（上诉人）：胡正全，男，汉族，住云南省曲靖市沾益县。

委托代理人（一、二审，特别授权）：康保坤，云南滇玉律师事务所律师。

委托代理人（一、二审，特别授权）：张宝善，云南滇玉律师事务所律师。

被告（被上诉人）：董兴国，男，汉族，住云南省玉溪市红塔区。

被告（被上诉人）：高自富，男，汉族，住云南省玉溪市红塔区。

被告（被上诉人）：高琼仙，女，汉族，住云南省玉溪市红塔区。

委托代理人（一、二审，特别授权）：柴有坤，云南玉源律师事务所律师。

委托代理人（一、二审，特别授权）：姚蕴文，云南玉源律师事务所律师。

4. 审级：二审。

5. 审判机关和审判组织。

一审法院：云南省玉溪市中级人民法院。

合议庭组成人员：审判长：王建文；审判员：刘惠；代理审判员：马玲。

二审法院：云南省高级人民法院。

合议庭组成人员：审判长：鲁军；代理审判员：杨宏、黎泰军。

6. 审结时间

一审审结时间：2010 年 5 月 13 日。

二审审结时间：2010 年 7 月 29 日。

（二）一审诉辩主张

1. 原告刘贵荣等诉称

2008 年 10 月，三原告与被告董兴国达成矿厂转让意向，于 2008 年 10 月 10 日由被告董兴国与三原告签订《转让协议》，双方约定自 2008 年 10 月 10 日开始，被告董兴国将元江县因远镇新寨蛇纹岩矿厂的经营权全部转让给三原告，并由被告董兴国配合三原告办理变更营业执照等证件手续。协议签订之后，三原告依照约定向被告董兴国交付了转让费 110 万元，剩余 10 万元作为税收保证金暂扣，被告董兴国随即移交了矿厂，但之后不久，被告高自福、高琼仙却以二人系合伙人，《转让协议》未经其同意为由，禁止三原告在矿厂开展经营活动，并强行收回了矿厂。现为维护三原告合法权益，特诉请：（1）判决 2008 年 10 月 10 日由第一被告董兴国与三原告签订的《转让协议》有效，并判决元江县因远镇新寨蛇纹岩矿厂归三原告所有；（2）判令三被告连带赔偿三原告违约金 20 万元，扣除三原告未付的 10 万元转让费，应支付原告连带赔偿违约金 10 万元。

2. 被告高自福、高琼仙辩称

（1）请求依法驳回三原告对答辩人的诉讼请求；（2）确认三原告与董兴国签订的转

让协议无效。事实及理由为：一是三原告与董兴国签订的转让合同未经国家有关部门批准。按照《矿产资源法》第六条的规定，采矿权未经批准不得转让，双方签订的转让合同违反了这一强制性规定，按照《合同法》第五十二条的规定，合同无效，自始没有法律效力。二是答辩人高自福、高琼仙于2008年3月19日与董兴国签订了转让合同，并付清了全部转让费，后董兴国已配合答辩人到相关的政府部门办理了批准和变更手续，答辩人是取得矿山采矿权的合法权利人。因此，三原告与董兴国因签订无效协议受到的损失与董兴国有关，与答辩人无关。三是由于答辩人与董兴国签订协议后，与矿山有关的证照原件都已移交给了答辩人，但三原告在与董兴国签订转让协议时，仅凭董兴国的一面之词就签订转让协议并支付110万元转让费，而未对董兴国的相关证照原件进行查验，对导致转让协议无效并造成损失有重大过错，应对自己的损失承担相应的责任。四是董兴国在与三原告签订协议时，已不是采矿权的权利人，其骗取三原告的转让费属个人行为且也是被其个人占有，未用于矿山，故与答辩人无关。五是答辩人未与三原告签订合同，也未收取任何费用，不承担本案所涉的费用和责任。

被告董兴国未作答辩。

（三）一审事实认定

云南省玉溪市中级人民法院经公开审理查明：2008年10月10日，被告董兴国为甲方，原告刘贵荣、刘勇、胡正全为乙方，双方约定由甲方将元江县因远镇安定村新寨蛇纹岩矿厂经营、开采权全部转让给乙方并签订《转让协议》，该协议约定："一、甲方将自己经营开采的元江县因远镇安定镇新寨蛇纹岩矿厂的经营、开采权一次性以一百二十万人民币全部转让给乙方。其中包括乙方在开采期内的原矿点承包费及其他开采的一切税费（如国家税收土地使用费、办理、检审相关证件的一切费用由甲方负责），乙方如需开运输发票、增值税发票，费用由乙方负责。二、期限：2008年10月9日至2013年3月，如到期未开采完矿产，乙方有权办理相关的后续开采手续，后续开采矿点承包费（指新寨村公所的承包费），各种税费由乙方自理，甲方将积极配合，协调好乙方办理相关手续的工作。三、付款方式：乙方在全部接受矿厂后，付转让经营费一百一十万元整，余下的十万元作税费保证金；四、在乙方开采期内，甲方负责帮助做好开采矿点周边村民工作，不得影响乙方正常开采。相关手续由甲方办理，乙方自己负责道路维修，乙方必须按照相关开采安全规程操作，若发生安全事故由乙方负责，与甲方无关。五、乙方变更采矿权证、营业执照、安全许可等证，费用由乙方自理。甲方积极配合（注办林业证的费用乙方负责26 000元，剩余费用由甲方负责，乙方见证付款）。六、本协议以甲、乙双方签字生效，协议生效后，双方必须信守协议，若一方违约，除赔偿对方投资费用、转让费、一切设备费用损失外，并赔对方违约金二十万元，一个月交给对方。若有政策性或不可抗拒的自然灾害，双方协商解决。七、昆明滇南化工有限公司由甲方负责供货，每吨按10元现金支付，装车费由甲方负责。八、所有公章只限于蛇纹矿厂经营使用，蛇纹矿厂经营使用以外的一切后果由乙方负责。九、如果在开采期间有相关部门干涉开采造成停工，损失由甲方负责（证件不齐、各种税费、承包费）。十、本协议一式三份，甲方一份，乙方二份。未尽事宜，双方协商补充条款，本协议与补充条款具有同等法律效力。"双方在协议书上均签字确认。协议签订当天，三原告支付给董兴国转让费75万元，2008年10月15日支付董兴国转让费35万元，共计110万元。

双方协议转让的元江县因远镇新寨蛇纹岩矿厂系由被告董兴国于2006年8月11日投资开办，业主董兴国，企业类型为个体工商户，住所地为元江县因远镇安定村新寨村，注册资金50 000元，经营范围为蛇纹矿开采销售，2009年5月15日核准注销。期间，由董兴国申请经元江县国土资源局批准，取得了编号为5304280830005的采矿许可证，有效期自2008年3月24至2013年3月24日，采矿权人为元江县新寨蛇纹岩矿厂，开采方式和矿种为露天开采化肥用蛇纹岩，矿区面积0.023平方公里。2007年10月8日，董兴国以签订《租赁合同》的形式将元江县新寨蛇纹岩矿厂承包给高兴祥经营管理，承包费用276 000元，承包期限自2007年10月10日至2008年10月10日。双方还对承包经营的其他权利义务作了约定并按约履行各自义务。2008年3月19日，董兴国与高自富、高琼仙签订合伙合同、租赁合同书，当天，董兴国还向高自富、高琼仙出具法人授权委托书、借条、收据各一份，2008年9月26日，董兴国向高自福、高琼仙出具了保证不再擅自转让矿厂给他人的保证书。2009年1月20日，董兴国向高自富出具法人委托，愿将元江县新寨蛇纹岩矿厂变更以高自富为法人代表。2009年5月18日，董兴国与元江县因远镇安定村村委会新寨村民小组签订开采新寨蛇纹石矿点合同书，双方除约定开采新寨村蛇纹石矿点事宜外，还补充注明"由于乙方董兴国资金不足，愿把本合同转给高自富经营管理，特此出具说明"。新寨村民小组签字认可，安定村村委会批注情况属实，同意上报办理。高自富遂于2009年5月19日分别办理了个体工商户营业执照、组织机构代码证、税务登记证的变更登记，将原业主董兴国变更登记为高自富。2009年8月17日，矿厂安全生产许可证的负责人变更登记为高自富。高自富、高琼仙自2008年10月10日董兴国与高兴祥的租赁合同到期日起便一直经营管理元江县新寨蛇纹岩矿厂。三原告支付完毕110万元的转让费后进入该厂账户，因高自福、高琼仙提出其已先行受让该厂，故三原告退出了该厂。董兴国在高自福、高琼仙办理完毕转让的变更登记手续后至今下落不明。

（四）一审判案理由

云南省玉溪市中级人民法院经审理认为：董兴国与三原告签订的《转让协议》因违反法律、行政法规的强制性规定无效，但三原告起诉时主张的是该《转让协议》有效并据此提出诉讼请求。根据《最高人民法院关于民事诉讼证据的若干规定》第三十五条的规定，经本院于2010年5月10日依法进行了释明后，三原告坚持起诉时的诉讼请求及其所主张的民事行为的效力不变更。由于三原告主张的民事行为的效力与查明认定的民事行为的效力不一致，经向三原告依法行使释明权，告知其变更诉讼请求后，三原告不予变更。在此情形下，若人民法院径行对当事人未主张的民事行为的效力予以裁判，既代替三原告行使了起诉权利，又剥夺了被告董兴国、高自福、高琼仙的抗辩权利，将违反人民法院审理民事案件的法定程序，故对三原告的起诉，本院依法予以驳回。

(五) 一审定案结论

云南省玉溪市中级人民法院依照《中华人民共和国民事诉讼法》第一百零八条第(一)项、第(三)项,《最高人民法院关于适用〈中华人民共和国民事诉讼法〉若干问题的意见》第一百八十六条,《最高人民法院关于民事诉讼证据的若干规定》第三十五条之规定,作出如下裁定:

驳回原告刘贵荣、刘勇、胡正全的起诉。

(六) 二审情况

1. 二审诉辩主张

(1) 上诉人刘贵荣、刘勇、胡正全诉称

根据元江县国土资源局颁发的5304280830005号采矿许可证,董兴国所持有的采矿许可证的采矿权人为元江县新寨蛇纹岩矿,并非董兴国本人。根据元江县工商局出具的工商登记信息查询卡,元江县新寨蛇纹岩矿厂现业主为高自富,其所持有的采矿许可证仍然是原董兴国持有的5304280830005号采矿许可证。高自富现使用的采矿许可证仍然未予变更,采矿权人仍然为元江县新寨蛇纹岩矿厂。以上事实证明本案《转让协议》的履行在行政审批方面只需要到工商部门办理业主变更手续,而无须到国土资源部门审批,也无须办理采矿权人变更手续;原审裁定以转让协议未经主管部门审批为由认定为无效,属于适用法律错误。从本案的实际履行情况看,高自富取得矿厂后,重点办理的是工商登记变更手续,采矿证仍然沿用董兴国办理的老证,并未进行变更,且国土资源部门也无须审批,这从事实上说明,本案的企业转让并不需要变更采矿权主体,因此有关采矿权主体变更的法律规定不适用于本案。

(2) 被上诉人高自富、高琼仙辩称

董兴国与刘贵荣等三人签订的《转让协议》无效。该转让协议实质上就是转让采矿权,而法律对此规定是非常明确的,采矿权的转让必须经国家有关部门审批。刘贵荣等三人的上诉请求无事实及法律依据。

2. 二审事实和证据

云南省高级人民法院经审理,确认一审法院认定的事实和证据。

3. 二审判案理由

云南省高级人民法院经审理认为:首先,2008年10月10日董兴国与刘贵荣等三人签订的《转让协议》,约定转让的是董兴国经营开采的元江县因远镇安定新寨蛇纹岩矿厂的经营、开采权,究其实质,双方所转让的是新寨蛇纹岩矿厂的采矿权,因此原审法院将本案案由定为采矿权纠纷并无不当。其次,根据《矿产资源法》第六条及国务院《探矿权采矿权转让管理办法》第三条的规定,只有在企业合并、分立,与他人合资、合作经营等情况下,经依法批准,才能进行采矿权的转让。而本案的《转让协议》违反了上述法律法规的禁止性规定，因此该《转让协议》无效。原审法院对此认定正确。《最高人民法院关于民事诉讼证据的若干规定》第三十五条第一款规定："诉讼过程中，当事人主张的法律关系的性质或者民事行为的效力与人民法院根据案件事实作出的认定不一致的，不受本规定第三十四条规定的限制，人民法院应当告知当事人可以变更诉讼请求。"原审法院就合同效力问题对原审原告刘贵荣等三人进行了释明，而刘贵荣等三人坚持其诉讼请求，不予变更，由于刘贵荣等三人主张的民事行为的效力与原审法院根据案件事实认定的不一致，因而原审法院对刘贵荣等三人的起诉予以驳回，符合法律规定。刘贵荣等三人的上诉理由不能成立。

4. 二审定案结论

云南省高级人民法院依照《中华人民共和国民事诉讼法》第一百五十四条之规定，作出如下裁定：

驳回上诉，维持原裁定。

(七) 解说

根据《最高人民法院关于民事诉讼证据的若干规定》的规定，诉讼过程中，当事人主张的法律关系的性质或者民事行为的效力与人民法院根据案件事实作出的认定不一致的，人民法院应当告知当事人可以变更诉讼请求。当事人坚持不变更诉讼请求的，人民法院应当驳回其起诉，而不应作出实体判决。人民法院径行对当事人未予主张的法律关系或者民事行为的效力作出实体判决，既是代替当事人行使起诉权利，又剥夺了对方当事人的抗辩权利，构成程序违法。

《最高人民法院关于民事诉讼证据的若干规定》出台以前，审判实践中与本案类似的当事人主张的法律关系性质或者民事行为的效力与人民法院经审理查明的不一致的情况较多，处理也不统一，较多的处理方式是判决驳回原告的诉讼请求或者直接以人民法院查明的事实径行作出实体判决。2005年9月12日，最高人民法院民一庭审理的（2004）民一终字第107号上诉人北京新中实经济发展有限责任公司、海南中实（集团）有限公司与被上诉人华润置地（北京）股份有限公司房地产项目权益纠纷一案，即因当事人主张的民事法律关系的性质与人民法院查明的不一致，经一审人民法院向当事人依法释明后，当事人坚持不予变更其主张，最高人民法院作出终审裁定，认为："当事人主张的法律关系的性质与一审根据案件事实认定的不一致的，一审法院不应作出实体判决的情形下，径行对当事人未予主张的法律关系予以裁判，既替行了当事人行使起诉权利，又剥夺了对方当事人的抗辩权利，违反了人民法院审理民事案件的法定程序。"遂依照《民事诉讼法》第一百零八条第（一）项、第（三）项，《最高人民法院关于适用〈中华人民共和国民事诉讼法〉若干问题的意见》第一百八十六条及《最高人民法院关于民事诉讼证据的若干规定》第三十五条的规定，裁定撤销原判，驳回起诉。最高人民法院的该终审裁定案例，对于各级人民法院在民商事审判实践中处理此类案件具有重要的指导意义。

(云南省玉溪市中级人民法院民二庭　王建文　罗然)

18. 中国建设银行股份有限公司东营东城支行诉山东华林纸业有限公司、东营市华东线缆集团有限公司、东营市国土资源局开发区分局借款担保合同案
（财产保全与抵押登记的效力认定）

（一）首部

1. 判决书字号

一审判决书：山东省东营市中级人民法院（2009）东民再重字第1号。

二审判决书：山东省高级人民法院（2010）鲁民再终字第22号。

2. 案由：借款担保合同纠纷。

3. 诉讼双方

原告（被上诉人）：中国建设银行股份有限公司东营东城支行（以下简称东城支行），住所地：山东省东营市东营区。

负责人：边盛强，行长。

委托代理人：张永芳，山东众德律师事务所律师。

被告（上诉人）：东营市华东线缆集团有限公司（以下简称华东公司），住所地：山东省东营市东营区。

法定代表人：苏京进，董事长。

委托代理人：齐志英，山东龙合律师事务所律师。

被告（被上诉人）：山东华林纸业有限公司（以下简称华林公司），住所地：山东省东营经济开发区。

法定代表人：程金华，董事长。

第三人（被上诉人）：东营市国土资源局开发区分局（以下简称国土局），住所地：山东省东营市府前大街。

负责人：赵奎庆，局长。

委托代理人：胡新华，山东城合律师事务所律师。

委托代理人：林松涛，东营市国土资源局开发区分局科员。

4. 审级：二审。

5. 审判机关和审判组织

一审法院：山东省东营市中级人民法院。

合议庭组成人员：审判长：张洪江；审判员：于秋华；代理审判员：王梓臣。

二审法院：山东省高级人民法院。

合议庭组成人员：审判长：李培进；审判员：谭玉洁、姚锋。

6. 审结时间

一审审结时间：2009 年 10 月 30 日。

二审审结时间：2010 年 12 月 20 日。

(二) 一审诉辩主张

1. 原告东城支行诉称

被告华林公司于 2004 年 5 月 31 日贷款 450 万元，2005 年 5 月 10 日到期。此贷款采用国有土地使用权抵押与第三人连带责任保证的担保方式，其中，国有土地使用权抵押面积 19 214.9 平方米，连带责任保证人为被告华东公司，保证范围为贷款本金及利息和实现债权的费用。贷款到期后，经催收，被告拒不履行还款义务。请求依法判令被告偿还所欠借款本金 450 万元、截至 2005 年 6 月 30 日的利息 310 525.62 元。后变更利息请求按照借款合同约定计算至归还之日。

2. 被告华东公司辩称

华东公司确实为华林公司提供了保证责任，但在保证的同时有华林公司的土地使用权作为抵押，土地使用权抵押合法有效。华东公司应该在处理完毕抵押物后，对抵押物清偿不足部分承担责任。

3. 第三人国土局述称

2004 年 5 月 31 日的抵押合同、保证合同由双方自愿签订，合法有效。土地使用权抵押登记属于行政行为，不属于民事诉讼审理的范围，若华东公司认为登记有误或给其造成损失，应通过行政诉讼申请撤销登记。

4. 被告华林公司未作答辩。

(三) 一审事实和证据

山东省东营市中级人民法院经公开审理查明：山东省东营市中级人民法院 (2005) 东民二初字第 37 号民事判决确认：2004 年 5 月 31 日，东城支行与华林公司签订借款合同。约定华林公司向东城支行借款 450 万元，借款用途为还贷，借款期限为 1 年，自 2004 年 5 月 31 日至 2005 年 5 月 10 日，借款利率为 5.841%，逾期利率根据中国人民银行的规定，按合同载明的贷款利率加收 50%。当日双方签订抵押合同，约定华林公司以位于登州路西、南一路北的国有土地使用权为借款提供抵押担保，并到国土局办理了抵押登记手续。同日，东城支行又与华东公司签订保证合同，约定华东公司为借款提供连带责任保证，保证范围为借款本金及利息、违约金、赔偿金和实现债权的费用，保证期间为两年。合同签订后，东城支行履行了约定义务。

该判决生效后，东营市中级人民法院以"涉案的抵押物 (土地) 在办理抵押之前已经被法院查封，抵押行为无效"为由，提起再审。再审查明的事实与原判决一致。另查明，2003 年 4 月 4 日，中国建设银行东营市胶州路支行 (以下简称胶州路支行) 与华林公司签订胶工 20030401 号借款合同，约定华林公司向胶州路支行借款 500 万元，借款期限为1年,自2003年4月4日至2004年4月3日,借款利率为5.841%。当日双方签订胶工抵20030401号抵押合同,约定华林公司以东(开)国用(1999)字第7号地块设置抵押额为125万元,东(开)国用(2000)字第16号地块设置抵押额为175万元,并到国土局办理了抵押登记。同日,胶州路支行又与华东公司签订胶工保20030401号保证合同,约定华东公司为借款提供连带责任保证,保证范围为借款本金500万元及利息、违约金、赔偿金和实现债权的费用。胶州路支行履行借款合同后,华林公司支付本金50万元。2004年5月31日,东城支行与华林公司因东工20040501号借款合同而签订东工流抵20040501号抵押合同。约定抵押担保金额为450万元,华林公司以东(开)国用(1999)字第7号国有土地使用权为借款提供抵押担保。国土局出具的东(开)他项(2004)第06号土地他项权利证明书记载抵押贷款金额为150万元。同日,东城支行又与华东公司签订东工保20040501号保证合同,约定华东公司为借款提供连带责任保证,保证范围为借款本金450万元及利息、违约金、赔偿金和实现债权的费用,保证期间为两年。合同履行期间,东城支行与华林公司办理了贷款转凭手续。2003年4月14日,胶州路支行更名为中国建设银行东营市东城支行,2004年11月15日,更名为东城支行。再查明,东营市中级人民法院2003年8月15日受理胜利油田钻井设备安装公司(以下简称钻井公司)申请华林公司支付工程款70万元执行案。同年12月1日作出(2003)东执字第86号民事裁定,查封了被执行人华林公司(1999)东(开)国用第7号土地及地上附着物。

本案再审判决后,华东公司、国土局不服,向山东省高级人民法院提起上诉。2008年10月17日,山东省高级人民法院裁定撤销再审判决,发回东营市中级人民法院重审。本案重审查明的事实与原审一致。另查明,2003年8月14日,钻井公司向东营市中级人民法院申请执行已发生法律效力的东营仲裁委员会(2002)东仲裁字第022号裁决书第一项内容,即由被执行人华林公司支付工程款70万元、迟延履行期间加倍债务利息2 646元(计算到2003年8月18日)和执行费2 700元及实支费用。8月15日,东营市中级人民法院以(2003)东执字第86号立案执行。12月1日,东营市中级人民法院因该案查封(1999)东(开)国用第7号土地。2004年1月8日,该案执行款项10 668.87元到位。2月18日,该案因执行和解结案,后没再恢复执行。2004年4月9日,涉案的70万元款项在东营市中级人民法院(2004)东执字第17号案件执行时到位。

上述事实有下列证据证明:

1. 东工20040501号借款合同。证明东城支行与华林公司签订借款合同约定华林公司向东城支行借款450万元,借款用途为还贷,借款期限为1年,借款利率为5.841%,逾期利率根据中国人民银行的规定,按合同载明的贷款利率加收50%。

2. 东工流抵20040501号抵押合同。证明抵押担保金额为450万元,华林公司以东(开)国用(1999)字第7号国有土地使用权为借款提供抵押担保。

3. 东(开)他项(2004)第06号土地他项权利证明书。证明抵押贷款金额为150万元。

4. 东工保20040501号保证合同。证明华东公司为借款提供连带责任保证,保证范围为借款本金450万元及利息、违约金、赔偿金和实现债权的费用,保证期间为两年。

5. (2003) 东执字第 86 号民事裁定书。证明 2003 年 12 月 1 日，华林公司 (1999) 东 (开) 国用第 7 号土地及地上附着物已被查封。

6. (2002) 东仲裁字第 022 号裁决的执行申请。证明钻井公司申请由华林公司支付工程款 70 万元、迟延履行期间加倍债务利息 2 646 元和执行费 2 700 元及实支费用。

7. 相关执行材料。证明 (2003) 东执字第 86 号案因执行和解结案，涉案款项已执行到位。

（四）一审判案理由

山东省东营市中级人民法院经审理认为：山东省东营市中级人民法院（2005）东民二初字第 37 号民事判决认为，东城支行与华林公司签订的借款合同、抵押合同及与华东公司签订的保证合同是双方在自愿的基础上达成的，是双方真实意思表示，均为有效合同。合同签订后，东城支行依约履行了出借贷款的义务，而华林公司没有按照约定的期限偿还借款本金及利息，应承担违约责任。华东公司作为借款的保证人应按照约定承担连带保证责任。因华林公司以其拥有的出让土地为借款提供了抵押担保，按照担保法的规定，同一债权既有保证又有物的担保的，保证人对物的担保以外的债权承担保证责任，因此，应先用华林公司提供的物的担保来满足东城支行的借款，在物的担保不能全部满足借款时，再由华东公司对剩余部分借款承担保证责任。

该案再审判决认为：（1）关于抵押合同及抵押登记的效力问题。在 2003 年 12 月 1 日（2003）东执字第 86 号案件执行时，本案涉及抵押的土地已被查封，明确限定不得抵押。东城支行与华林公司 2004 年 5 月 31 日签订新借款合同时对该地块予以抵押并登记，显然在该地块被查封之后。法律规定，依法被查封的财产不得抵押，东城支行与华林公司之间的抵押合同及抵押登记无效。（2）关于国土局应否承担责任的问题。国土局是依照法律规定办理抵押物登记的部门，在法院向其送达了查封华林公司土地的协助执行通知书之后，又为华林公司办理了抵押物登记。但是，国土局作为协助义务机关，履行的是公权力，民事判决无权对行政机关行为的合法性进行判断，按照行政诉讼法的规定，对行政权应当通过行政诉讼程序进行监督。所以，对华东公司要求对国土局追究责任的请求，不在本案的审理范围之内。（3）关于保证合同应否有效的问题。保证合同与抵押合同是两个完全独立的合同，不因抵押合同无效而无效。同一债权既有保证又有物的担保的，物的担保合同被确认无效或者被撤销，保证人仍应当按合同约定或者法律规定承担保证责任。因此，华东公司作为保证人应当按照约定对本案借款承担连带保证责任。（4）关于东城支行应否承担责任的问题。东城支行与华林公司在旧贷款未清偿的情况再次签订借款合同，与华东公司签订保证合同是双方的真实意思表示，符合法律规定，为有效合同。东城支行与华林公司签订的抵押合同，因违反法律规定无效。抵押合同无效不是东城支行所为，其无过错，不应承担责任。华东公司为华林公司前后两份借款合同提供担保，并没有加重其风险责任。

该案被发回重审后，东营市中级人民法院经审理认为，本案争议的焦点问题是东工流抵 20040501 抵押合同与东（开）他项（2004）第 06 号土地他项权利抵押登记的效力问题。在旧贷款未全部受清偿的情况下，东城支行与华林公司、华东公司在2004年5月31日签订新借款合同、抵押合同及保证合同，以新贷出的款项清偿旧贷款。原借款合同、抵押合同及保证合同确定的权利、义务关系自然终止，双方形成新的借贷及担保法律关系。新借款合同、抵押合同及保证合同不违背法律、行政法规的强制性规定，当事人的意思表示真实，具有法律效力，各方当事人均应按照约定行使权利并履行义务。虽然2003年12月1日，东营市中级人民法院依据（2003）东执字第86号民事裁定，查封了华林公司（1999）东（开）国用第7号土地及地上附着物。但是该案申请执行的内容是由被执行人华林公司支付工程款70万元、迟延履行期间加倍债务利息2 646元和执行费2 700元及实支费用。在2004年1月8日和4月9日，该案执行款项10 668.87元、70万元分别到位后，所执行的款项已经满足申请执行人的请求。并且2004年2月18日，该案已经因执行和解结案，以后没再恢复执行。根据《最高人民法院关于适用〈中华人民共和国民事诉讼法〉若干问题的意见》第一百零九条关于"诉讼中的财产保全裁定的效力一般应维持到生效的法律文书执行时止"的规定，2004年4月9日，该案执行终结后，查封裁定的效力不影响东城支行与华林公司在2004年5月31日签订的抵押合同的效力，也没有证据证明有其他影响抵押效力的事实存在，抵押合同的效力应予确认。抵押合同签订后，双方当事人在国土局办理了国有土地使用权抵押登记手续，并以土地他项权利证明书确认抵押贷款金额为150万元。国土局是依照法律规定办理抵押物登记的部门，履行的是公权力。非经法定行政诉讼程序改变，该抵押登记具有法律约束力，抵押登记行为合法有效。

东城支行与华林公司签订借款合同后依约履行了出借贷款的义务，而华林公司没有按照约定期限返还借款本金并支付利息，应承担返还借款本金450万元，支付相应利息（以450万元为基数，自2004年5月31日至2005年5月10日，按贷款年利率5.841%计算。自2005年5月11日至借款归还之日，按贷款年利率5.841%加收50%计算）的违约责任。同一债权既有保证又有物的担保的，保证人依法对物的担保以外的债权承担保证责任。因华林公司以其使用的出让土地为借款本息提供了抵押担保，应先用华林公司提供的物的担保（抵押贷款金额150万元）满足东城支行的债权，不足部分，由作为保证人的华东公司承担连带保证责任。

因再审期间东城支行对利息的计算时限作了更正，原审认定的利息内容应作相应调整。同时抵押贷款的金额在原审中没有确认，本案应予以明确。

（五）一审定案结论

山东省东营市中级人民法院（2005）东民二初字第37号民事判决认定，当事人之间的借款合同、抵押合同及保证合同合法有效。华林公司没有按照约定履行义务，应承担违约责任，华东公司应按照约定承担连带保证责任。在华林公司的抵押担保不能全部偿还借款时，由华东公司对不足部分借款承担保证责任。依照《中华人民共和国民事诉讼法》第一百三十条，《中华人民共和国合同法》第六十条、第二百零五条、第二百零六条，《中华人民共和国担保法》第十八条、第二十八条之规定，作出如下判决：

1. 华林公司于本判决生效后 10 日内偿还东城支行借款本金 450 万元，并支付利息（至 2005 年 6 月 30 日为 310 525.62 元，以后发生的利息按合同约定的利率计算至借款归还之日）。

2. 华东公司对以抵押物清偿借款后不足的部分承担连带清偿责任。案件受理费 34 063 元，由华林公司、华东公司负担。

山东省东营市中级人民法院再审判决认定，东城支行与华林公司签订借款合同后依约履行了出借贷款的义务，而华林公司没有按照合同约定的期限偿还借款本金及利息，应承担违约责任。华东公司作为保证人应对借款承担连带保证责任。原审判决认定借款合同、保证合同有效正确，应予维持；认定抵押合同有效不当，应予纠正。华东公司要求国土局承担责任，不在本案的审理范围之内，不予审理。依照《中华人民共和国民事诉讼法》第一百三十条、第一百八十四条，《中华人民共和国合同法》第六十条、第二百零五条、第二百零六条，《中华人民共和国担保法》第十八条、第二十一条、第三十一条、第三十七条第五项，《最高人民法院关于适用〈中华人民共和国担保法〉若干问题的解释》第三十八条第二款、第三十九条之规定，作出如下判决：

1. 维持东营市中级人民法院（2005）东民二初字第 37 号民事判决第一项，即：华林公司于本判决生效后 10 日内偿还东城支行借款本金 450 万元，并支付利息（至 2005 年 6 月 30 日为 310 525.62 元，以后发生的利息按合同约定的利率计算至借款归还之日）。

2. 撤销东营市中级人民法院（2005）东民二初字第 37 号民事判决第二项，即：华东公司对以抵押物清偿借款后不足的部分承担连带清偿责任。

3. 华东公司对上述判决第一项应付款项承担连带清偿责任，承担连带清偿责任后，有权向华林公司追偿。

（六）二审情况

1. 二审诉辩主张

（1）上诉人华东公司诉称

1）本案争议的抵押登记是否合法有效应经行政诉讼程序进行审理，由民事庭依照民事程序进行审理，程序违法；

2）本案中东城支行、华林公司和国土局均存在过错，应依法承担对其不利的后果；

3）涉案土地的全部拍卖价值应首先归还本案涉及的贷款；

4）因本案再审增加的利息及诉讼所产生的相关费用应由提起再审的一审法院承担。

（2）被上诉人东城支行辩称

（2009）东民再重字第 1 号民事判决认定事实清楚，适用法律正确，请求驳回上诉，维持原判。

（3）被上诉人国土局辩称

（2009）东民再重字第 1 号民事判决认定事实清楚，适用法律正确，请求驳回上诉，维持原判。

（4）被上诉人华林公司未作答辩。

2. 二审事实和证据

山东省高级人民法院经审理，确认一审法院认定的事实和证据。

3. 二审判案理由

山东省高级人民法院经审理认为：（1）关于本案争议的抵押登记是否合法有效的问题。行政机关作出的具体行政行为自作出之日起生效，只有在行政相对人不服，且在法定期限内提起行政诉讼时，才由人民法院对该具体行政行为进行司法审查。行政诉讼程序不是具体行政行为生效的必经程序。本案中，国土局根据申请为东城支行和华林公司办理土地抵押登记后，没有行政相对人对此提出异议，也没有行政相对人在法定期限内提起行政诉讼，因此该行政行为自作出之日起生效。（2）关于东城支行、华林公司和国土局在本案中是否存在过错的问题。根据华东公司在本案审理过程中所提出的证据，无法证明东城支行、华林公司和国土局在本案中确有过错。（3）关于涉案土地的全部拍卖价值应否首先归还本案涉及的贷款问题。华林公司在东城支行贷款，华东公司为该贷款提供保证，保证合同中约定保证人华东公司承担的是连带责任保证。而华林公司以其拥有的出让土地为其借款提供了抵押担保，并在国土局办理了抵押登记，根据土地他项权利证明书确认抵押贷款金额为150万元。同一债权既有保证又有物的担保的，保证人对物的担保以外的债权承担保证责任。因华林公司以其使用的出让土地为借款本息提供了抵押担保，应先用华林公司提供的物的担保（抵押贷款金额150万元）满足东城支行的债权，不足部分由华东公司承担连带保证责任。（4）关于因本案再审增加的利息及诉讼所产生的相关费用承担问题。法院是依职权提起再审，当事人因再审而产生的相关费用应由自己承担，该项主张没有法律依据。

4. 二审定案结论

山东省高级人民法院依照《中华人民共和国民事诉讼法》第一百五十三条第一款一项之规定，作出如下判决：

驳回上诉，维持原判。

（七）解说

本案历经三次一审程序，两次二审程序，先后五次实体审理，耗时六年之久，不可不说存在较大的争议。应当说，本案第一次判决生效后，东营市中级人民法院以涉案土地在办理抵押之前已经被法院查封，抵押行为无效为由，提起再审。同时依据当时查明的东城支行与华林公司办理抵押登记是在涉案土地被法院查封之后的事实，依照担保法有关依法被查封的财产不得抵押的规定，认定东城支行与华林公司签订的抵押合同及抵押登记无效，并无不妥。但是根据二审和发回重审后一审进一步查明的事实，能够认定采取财产保全措施的执行案件在执行过程中所执行款项已经满足申请人的请求，该案因执行和解而结案。参照司法解释"诉讼中的财产保全裁定的效力，一般应维持到生效的法律文书执行时止"的规定精神，该案执行终结后，查封裁定对抵押登记机关不再具有约束力。此外，行政诉讼程序不是具体行政行为生效的必经程序。行政相对人对行政机关的具体行政行为不服，在法定期限内提起行政诉讼时，人民法院才对该具体行政行为进行司法审查。本案中的土地抵押登记办理后，行政相对人没有提出异议，也没有在法定期限内提起行政诉讼，该行政行为已生效。总之，东城支行与华林公司签订抵押合同并办理抵押登记不受财产保全裁定的影响，抵押登记这一具体行政行为因行政相对人没有提出异议和提起行政诉讼而生效，抵押合同和抵押登记的效力应予确认。涉案债务应先以华林公司的土地使用权（抵押贷款金额150万元）偿付，不足部分，由保证人承担连带保证责任。

（山东省东营市中级人民法院　于秋华）

19. 姜北诉冯雅镁·耶尼房屋买卖合同案 （转让抵押房屋的效力）

（一）首部

1. 判决书字号
一审判决书：北京市第二中级人民法院（2008）二中民初字第410号。
二审判决书：北京市高级人民法院（2009）高民终字第1165号。
2. 案由：房屋买卖合同纠纷。
3. 诉讼双方
原告（被上诉人）：姜北，女，汉族，精品购物指南报社记者，住北京市朝阳区。
被告（上诉人）：冯雅镁·耶尼（Yamei Jenni），女，瑞士籍，无业，住北京市朝阳区。
4. 审级：二审。
5. 审判机关和审判组织
一审法院：北京市第二中级人民法院。
合议庭组成人员：审判长：肖容远；代理审判员：王金龙、崔智瑜。
二审法院：北京市高级人民法院。
合议庭组成人员：审判长：张凯军；审判员：许雪梅；代理审判员：谷绍勇。
6. 审结时间
一审审结时间：2008年10月23日。
二审审结时间：2010年2月25日。

（二）一审诉辩主张

1. 原告姜北诉称
我与冯雅镁·耶尼签订两份合约，约定冯雅镁·耶尼将其所有的北京市朝阳区光华路2号阳光100E座1706号房屋出售给我,双方确定了房屋价款和付款时间,确认我已经支付房价款31万元,并约定如冯雅镁·耶尼不将此房按约出售给我则赔付我人民币30万元。后双方在北京市第二公证处对房屋买卖情况进行公证,但冯雅镁·耶尼拒不提供单身证明,致使公证无法进行。经多次催告,冯雅镁·耶尼明确表示不再依约出售房屋,已构成违约,故请求法院判令:(1)解除房屋买卖合同;(2)冯雅镁·耶尼返还已支付购房款31万元并支付利息(自2007年12月1日起至给付之日止);(3)冯雅镁·耶尼支付违约金30万元;(4)冯雅镁·耶尼承担本案诉讼费用。

2. 被告冯雅镁·耶尼辩称

姜北所称交易过程基本属实,但交易未能完成的原因是我为了解决当时的实际资金需求,后由于姜北出差,双方没有及时衔接,我的资金需求已经另行解决。涉案房屋存在抵押,双方买卖该涉案房屋违反法律的有关规定,所签合约应属无效合同,故不存在合同解除及支付违约金的问题,且姜北支付的房款我已经退还,请求法院驳回姜北的全部诉讼请求。

(三) 一审事实和证据

北京市第二中级人民法院经公开审理查明:马雅镁·耶尼系涉案房屋北京市朝阳区光华路2号5号楼1706号的房屋所有权人。2007年1月29日,冯雅镁·耶尼作为抵押人与抵押权人东亚银行有限公司北京分行(以下简称东亚银行北京分行)签订房地产抵押贷款合约,约定冯雅镁·耶尼以该房屋设定抵押,向东亚银行北京分行贷款78万元。该合约载明:未经抵押权人书面同意,抵押人不得将部分或全部抵押房地产转让或以任何其他方式处分。

2007年11月29日,姜北与冯雅镁·耶尼签订合约,约定:冯雅镁·耶尼将涉案争议房屋出售给姜北,该房屋建筑面积173.14平方米,出售总价232.721 6万元;其中,该房在东亚银行有抵押贷款76.721 6万元,将经公证由姜北偿还,剩余房款156万元于公证后10日内付清。姜北于当日交付定金19万元。

2007年12月1日,双方又签订一份合约,约定:房屋出售总价变为246万元,姜北已付房款31万元;该房屋的抵押贷款继续由姜北偿还;其余房款138万元,姜北于2007年12月3日公证后10日内支付120万元,剩余部分于2007年12月25日前付清;如姜北无法按时付款则赔偿冯雅镁·耶尼30万元,如冯雅镁·耶尼不将此房按约出售给姜北则赔偿姜北30万元。

2007年12月3日,双方签订合约,确认因冯雅镁·耶尼无法提供单身证明,致双方不能就房屋买卖事宜进行公证。

原审诉讼中,姜北提供北京市第二公证处出具的两份公证书作为证据。第一份公证书内容为:在公证员及公证处工作人员的监督下,姜北打通了电话,并现场取得通话录音带一盘。录音内容整理显示:接听者表示不能向姜北出售房屋。姜此提出冯雅镁·耶尼即为该接听者。原审质证中,冯雅镁·耶尼对录音的真实性不持异议。第二份公证书内容为:在公证员及公证处工作人员的监督下,姜北打通了电话,并现场取得通话录音带一盘。录音内容整理显示：接听者为东亚银行北京分行职员林晨，表示只要按月还钱，银行不反对对设定抵押的房屋进行交易。原审质证中，冯雅镁·耶尼对录音的真实性不持异议。

原审诉讼期间，法院曾主持双方进行调解。冯雅镁·耶尼向原审法院交纳35万元，其中包括返还姜北已支付的31万元及赔偿姜北因此遭受的损失4万元，并坚持以此数额达成调解。姜北不同意该调解方案。

上述事实有下列证据证明：

1. 双方当事人陈述；
2. 房屋产权证书；
3. 2007年1月29日冯雅镁·耶尼与东亚银行北京分行所签房地产抵押贷款；
4. 2007年11月29日姜北与冯雅·耶尼所签合约；
5. 2007年12月1日姜北与冯雅·耶尼所签合约；
6. 2007年12月3日姜北与冯雅·耶尼所签合约；
7. 北京市第二公证处公证书两份、经公证的录音带两份；
8. 付款凭据。

（四）一审判案理由

北京市第二中级人民法院经审理认为：双方所签合约合法有效，均应依约履行。冯雅镁·耶尼主张合约属无效合同，缺乏事实及法律依据，法院不予采信。冯雅镁·耶尼不能提供单身证明，致使相关公证无法进行，此后，冯雅镁·耶尼又明确表示拒绝向姜北出售房屋，故合约解除系冯雅镁·耶尼的原因所致，其应当承担违约责任，姜北的诉讼请求于法有据，应予支持。

（五）一审定案结论

北京市第二中级人民法院依据《中华人民共和国合同法》第九十四条、第一百零八条之规定，作出如下判决：

1. 解除双方于2007年12月1日签订的合约。
2. 冯雅镁·耶尼自判决生效之日起7日内退还姜北购房款31万元及利息（按照中国人民银行同期贷款利率，自2007年12月1日起算至实际给付之日止）。
3. 冯雅镁·耶尼自判决生效之日起7日内向姜北支付违约金30万元。

（六）二审情况

1. 二审诉辩主张

（1）上诉人冯雅镁·耶尼诉称

涉案房屋存在抵押，抵押权人东亚银行北京分行的职员林晨并无合法有效的授权，其所作的电话答复也不属于书面形式,故不能认定抵押权人已经书面同意转让涉案房屋。在此情况下,当事人双方就涉案房屋出售事宜所签合约应属无效合同,原审法院认定事实错误、适用法律不当,应予改判。

(2) 被上诉人姜北辩称

原审判决正确,应予维持。

2. 二审事实和证据

北京市高级人民法院经审理查明:冯雅镁·耶尼原向法院提交的送达地址发生变更,其未告知二审法院。北京市高级人民法院无法查找和联系到其本人。冯雅镁·耶尼在递交上诉状后,未委托二审诉讼的诉讼代理人。北京市高级人民法院依法向冯雅镁·耶尼公告送达了开庭传票。但冯雅镁·耶尼在公告期满后,未到庭参加诉讼。

北京市高级人民法院经公开开庭,缺席审理,确认了一审法院认定的事实和证据。

3. 二审判案理由

北京市高级人民法院经审理认为:冯雅镁·耶尼与姜北所签合约是当事人真实意思表示,对此双方均不持异议。因涉案房屋已设定抵押,冯雅镁·耶尼上诉提出根据其与东亚银行北京分行所签房地产抵押贷款合约,抵押人转让抵押房屋必须经抵押权人书面同意,林晨既无东亚银行北京分行的有效授权,其所作电话答复也不是约定的书面形式,主张其与姜北所签合约为无效合同。因房地产抵押贷款合约系冯雅镁·耶尼与东亚银行北京分行所签,姜北并非该合同的一方当事人,根据合同相对性原则,该合同中关于出售房屋须取得东亚银行北京分行书面同意的约定对姜北并无约束力。冯雅镁·耶尼未经抵押权人书面同意即出售房屋,对抵押权人构成违约,但并不必然影响出售房屋有关合约的效力。根据物权法的相关规定,在抵押期间,抵押人未经抵押权人的同意,不得转让抵押财产。本案中,林晨作为东亚银行北京分行的职员,在并无相反证据的情况下,应视为其所作的同意抵押房屋转让的答复代表东亚银行北京分行,冯雅镁·耶尼与姜北关于转让涉案房屋的合约内容不违反法律的强制性规定,为有效合同。冯雅镁·耶尼的上诉主张缺乏依据,本院不予支持。原审法院判决认定事实清楚、适用法律正确,应予维持。

4. 二审定案结论

北京市高级人民法院依照《中华人民共和国民事诉讼法》第一百五十三条第一款第(一)项之规定,作出如下判决:

驳回上诉、维持原判。

一审案件受理费9 900元,由冯雅镁·耶尼负担;二审案件受理费9 900元,由冯雅镁·耶尼负担(已交纳)。诉讼保全费300元,由冯雅镁·耶尼负担。

(七) 解说

本案涉及抵押房屋出售问题:一是抵押人出售抵押房屋,是否必须经抵押权人明示同意?二是在未经抵押权人明示同意的情况下,抵押人出售抵押房屋的行为是否有效?

1. 抵押权人同意出售抵押物的方式问题

该案中，冯雅镁·耶尼与东亚银行北京分行签订房地产抵押贷款合约，约定冯雅镁·耶尼以涉案房屋设定抵押，向东亚银行北京分行贷款。该合约载明：未经抵押权人（东亚银行北京分行）书面同意，抵押人不得将部分或全部抵押房地产转让或以任何其他方式处分。

此后，在未取得抵押权人书面同意的情况下，冯雅镁·耶尼与姜北签订合约，约定冯雅镁·耶尼将涉案争议房屋出售给姜北，并明确该房在东亚银行有抵押，抵押贷款将经公证由姜北偿还。后本案双方在另一份合约中再次明确涉案房屋的抵押贷款继续由姜北偿还。

姜北提供的经公证的通话录音显示：东亚银行北京分行职员林晨曾表示只要按月还钱，银行不反对对设定抵押的房屋进行交易。对该录音的真实性双方均不持异议。

诉讼中，冯雅镁·耶尼认为：其出售房屋未经抵押权人的书面同意，该行为违反了房地产抵押贷款合约的约定，其出售行为属于无权处分；林晨仅是抵押权人东亚银行北京分行的职员，并无抵押权人明确授权，林晨的答复也未采用书面形式，故不能代表抵押权人。姜北则认为双方约定房屋出售后由其清偿贷款，出售抵押房屋本身并不会影响抵押权人的权益，且抵押权人并未明示反对出售房屋，应认为抵押权人以其行为认可该抵押房屋对外销售。

二审诉讼中，合议庭认为，出售设定抵押的房屋，应取得抵押权人的同意。该"同意"有约定意义的"同意"和法定意义的"同意"两层含义：

从约定意义上讲，抵押权人的同意必须采用书面形式，但该约定为冯雅镁·耶尼与东亚银行北京分行之间的合同所确认，该约定作为抵押双方的合意，对合同之外的买受人姜北并无约束力。

从法定意义上讲，《担保法》第四十九条、《最高人民法院关于适用〈中华人民共和国担保法〉若干问题的解释》第六十七条，均设定抵押物转让的前提条件是抵押人通知抵押权人。《物权法》第一百九十一条规定：抵押期间，抵押人经抵押权人同意转让抵押财产的，应当将转让所得价款提前清偿债务或提存；抵押期间，抵押人未经抵押权人同意，不得转让抵押财产，但受让人代为清偿债务消灭抵押权的除外。由此可见，《物权法》虽将转让条件从《担保法》设定的抵押权人"被通知"变更为抵押权人同意，但这种法定的同意本身并未明确是否需要明示、采用书面形式。在涉及抵押权人同意所采取的形式方面，根据目前法律的规定，采用严格的"书面明示"标准显然过于苛刻。

2. 未经抵押权人同意出售抵押物的法律效力问题

在抵押物转让制度上，我国立法经历了一个从严格限制到逐渐宽松的演变过程：《最高人民法院关于贯彻执行〈中华人民共和国民法通则〉若干问题的意见（试行）》第一百一十五条规定："……在抵押期间，非经债权人同意，抵押人将同一抵押物转让他人……其行为无效。"本案上诉人所主张的正是这种非经抵押权人同意转让行为一概无效的观点。但是《物权法》第一百九十一条明显放宽了抵押物转让的条件，根据该条第一款，抵押物转让需经抵押权人同意为一般原则，而根据该条第二款，未经抵押权人同意，但受让人代为清偿债务的，该转让行为作为例外仍然有效。由此可见，未经抵押权人同意并不意味着抵押物转让当然无效。

事实上,《物权法》第一百九十一条是我国立法者对于价金物上代位主义模式和抵押权追及效力主义模式的综合借鉴和整合。在以价金物上代位主义为原则的同时,立法采用涤除制度平衡抵押权人和买受人的权益。本案中,双方当事人之间关于由姜北通过公证继续清偿冯雅镁·耶尼抵押债务的约定符合涤除权行使的条件,同时也确保抵押权人的合法权益不因抵押物转让而受损,抵押物转让合同的效力不应受到质疑。二审法院据此维持原审判决,应该说是正确的。

(北京市高级人民法院 谷绍勇)

20. 高毅诉张军占有物返还案
(占有物返还)

(一) 首部

1. 判决书字号:江苏省淮安市楚州区人民法院(2010)楚席民初字第518号。
2. 案由:占有物返还纠纷。
3. 诉讼双方

原告:高毅,男,汉族,住江苏省淮安市楚州区淮城镇。

委托代理人:陈学文,江苏大业天平律师事务所律师。

委托代理人:吉剑,江苏省大业天平律师事务所律师。

被告:张军,男,汉族,住江苏省淮安市楚州区淮城镇。

委托代理人:谭顺祥,淮安市楚州马甸镇法律服务所法律工作者。

4. 审级:一审。
5. 审判机关和审判组织

审判机关:江苏省淮安市楚州区人民法院。

独任审判人员:代理审判员:陶文花。

6. 审结时间:2010年10月27日。

(二) 诉辩主张

1. 原告高毅诉称

原告父亲高彦春在淮安市楚州区茭陵乡高荡村有一处房产。在原告父亲病故后,由原告出资拆除旧房在原址重新建房,对于此新建后的房屋,原告姐弟四人于2008年8月23日进行处置,达成协议,协议约定前一排东边三间房屋产权归原告姐姐高秀英所有,其他所有房屋产权均归原告所有。被告系高秀英次子,他不在此处居住却长期占有属于原告的多间房屋,由于原告的生活工作需要,原告已经将被告占有的其他房屋收回,但是有一间正房和半间卫生间一直被被告锁着,无法收回。为此,原告和原告的其他兄弟多次与被告交涉,希望被告将此间房屋内的物品搬走,将房屋和卫生间归还给原告,但是一直无果。现诉至法院请求依法判决被告立即搬出彦春园北排从西向东数第三间房屋和与其相通的半间卫生间并承担本案诉讼费。

2. 被告张军辩称

双方对新建房屋产权没有约定,讼争的房屋在张军的宅基地上应该归张军所有,高毅诉称的分房协议没有法律效力。

(三) 事实和证据

江苏省淮安市楚州区人民法院经公开审理查明:原告高毅父亲高彦春生前在茭陵乡高荡村建有一处房产,1995年高彦春去世,其生前育有四个子女。

2004年1月28日,原告高毅同其他三位兄弟姐妹订立"关于高彦春房屋产权协议",约定:"坐落在楚州区高荡村东高四组的房屋三间以及屋前院子及附属设施产权原归高彦春所有。高彦春的子女有居住使用权,无所有权。该房屋经改造后,东边三间主要用做高彦春生平事迹陈列室,西边三间主要用做生活用房。"

2004年、2005年期间,在没有办理建盖房屋的有关行政审批手续的情况下,由原告高毅出资、被告张军及其他工程人员参与设计和施工,拆除了旧房并在原址翻建房屋共计17间并取名彦春园。彦春园建盖好后,亦未有取得有关部门颁发的权属证书。原、被告双方虽在城镇工作生活,但在彦春园都留有房间用于不定期居住。

2008年8月23日,原告同其他三位兄弟姐妹订立"关于坐落在楚州区茭陵乡高荡村东高四组房屋产权的协议书",约定"该片房产共分前一排六间正房、一间过道,后一排六间正房、一间过道(现作卫生间用),以及三间厨房和走廊。经兄弟姐妹共同协商,前一排东边三间产权归高秀英所有,其余产权归高毅所有"。同日,兄妹四人订立"关于房屋产权的补充协议",约定:"在茭陵东高四组彦春园产权明确后,由高毅负责给高秀英在前排东边三间的东一间前面建厨房一间。"实际履行中,高秀英次子张军占据了讼争房屋,近来双方发生矛盾,高毅要求张军腾让出房屋无果,遂诉至法院。

上述事实有原、被告陈述,原告高毅提供的协议书三份等证据证明。

(四) 判案理由

江苏省淮安市楚州区人民法院经审理认为:高毅出资建筑彦春园,因未取得相关行政许可手续,对该建筑物未取得法律上的物权。高毅及其兄弟姐妹就讼争房屋产权的分割因违反有关法律强制性规定而不具有法律效力。但彦春园在未被法定部门认定为违法建筑之前,其基于该建筑材料是其合法所有、建筑物为其所建并实际控制使用等这一事实,仍得以享有占有保护请求权。张军对彦春园的建设虽付出过人力,但不因此而享有相关物权,其母亲高秀英依据 2008 年 8 月 23 日与高毅等人达成的协议,仅能对彦春园前排东三间房屋占有使用,故张军占据彦春园北排西数第三间房屋及半间卫生间的行为,构成对原告高毅占有的侵害。张军辩称讼争房屋归其所有,无事实和法律依据,不予采信和支持。

(五)定案结论

江苏省淮安市楚州区人民法院依照《中华人民共和国民法通则》第一百三十四条之规定,作出如下判决:

被告张军于本判决生效后三日内搬出彦春园北排从西向东数第三间房屋和与其相通的半间卫生间。

案件受理费 100 元(原告已预交),减半收取,由被告张军负担。

(六)解说

本案处理重点要考虑的是违章建筑的出资建造人对建筑物控制的定性及是否应受法律保护问题。

我国《物权法》有关占有条款规定的前提都是合法占有或者说是有权占有,本案高毅对讼争房屋的占有因未取得合法权益证书系无权占有。理论界关于违章建筑的出资建造人对建筑物控制的定性有三种观点:

(1)动产所有权说,即认为作为违章建筑整体,因其违法性,所有权及其他派生的权利不得承认,但构成违章建筑的建筑材料本身作为动产是合法的,应当受到法律的保护。

(2)不动产所有权说,即建造人对违章建筑享有不动产所有权。理由主要在于:其一,动产与不动产的分类,是依据财产的物理属性。即便建造行为违法,也不能改变违章建筑的不动产属性。其二,违章建筑系土地上之定着物,为不动产,由建造人原始取得其所有权。其三,赋予其所有权可以有效对抗行政权力的任意干涉,对抗违反程序或实体规定的公权力行使。建造人可以基于其建造行为而取得对违章建筑的所有权。虽然我国《物权法》第 30 条规定:"因合法建造、拆除房屋等事实行为设立或者消灭物权的,自事实行为成就时发生效力。"似乎是将违法建造排除在外。但有学者认为,该条规定应当理解为例示性规定,可以通过解释,将"违法建造"包含在"等事实行为"之中。

(3)占有状态说,即认为建筑人对违章建筑的占有,作为一种事实状态受法律保护,除执法机关依法处理外,建筑人对建筑物可以自己占有并一定程度地使用,禁止他人侵犯建筑人对违章建筑的占有。

依照 2007 年 10 月 1 日起实施的《中华人民共和国物权法》分析,不动产说是不可取的,这里不再做赘述。而动产所有权说虽然有一定的合理性,却也有一定的缺憾。实际上,违章建筑是由建筑材料组合而成,建筑材料在未投入建设前,以各自的形态独立存在,如水泥、钢材等都是独立存在的物,也是独立存在的财产。但当违章建筑建成后,各种建筑材料即失去独立存在的形态,组合成为一个新的物——违章建筑物本身。

各种建筑材料的形态和价值均被违章建筑物吸收,建筑材料是违章建筑体的一部分,既然法律禁止违章建筑,其之一部分也理应禁止。当违章建筑物拆除后,部分建筑材料又从违章建筑物中分离出来,恢复了独立存在的形态,成为独立的物,则具有一定的财产价值,而此时违章建筑物已消失。因此,在违章建筑物整体未取得合法手续的前提下,讨论其合法性及对其的保护,没有法律意义。占有状态说似乎符合物权法原理。占有作为一种事实状态体现了财产秩序,占有的现状也构成了一种社会生活秩序。法律之所以要保护占有,并不一定为了寻求对真正权利的保护,而是为维护财产秩序和生活秩序的稳定。占有在罗马法上受令状的保护,其真正的目的在于制止暴行,维持秩序,占有具有特殊地位不过是间接"沾了光",如果真的以保护占有为目的,则占有令状早该成为对物诉讼,不可以对任何持有物的人提起了。

  结合到本案,从占有状态保护的角度进行说理似乎更为符合法理。法律要对占有状态进行维护,制止采用各种暴力侵夺他人的占有,包括不法占有的行为,以贯彻占有制度所体现的"任何人不得以私力改变占有的现状"的原则。

(江苏省淮安市楚州区人民法院　陶文花)

二、人身权纠纷案例

21. 李志坚诉张玉瑞生命权、健康权、身体权案
（临时受托看护人的侵权责任）

（一）首部

1. 判决书字号
一审判决书：北京市石景山区人民法院（2010）石民初字第 1538 号。
二审判决书：北京市第一中级人民法院（2011）一中民终字第 893 号。
2. 案由：生命权、健康权、身体权纠纷。
3. 诉讼双方
原告（上诉人）：李志坚，男。
委托代理人：王良斌，北京市恒方永圆律师事务所律师。
委托代理人：李淳生（系李志坚之父）
被告（被上诉人）：张玉瑞，男。
委托代理人：张晓雨（系张玉瑞之女），女。
委托代理人：李晓中，北京市尚公律师事务所律师。
4. 审级：二审。
5. 审判机关和审判组织
一审法院：北京市石景山人民法院。
合议庭组成人员：审判长：吴海涛；代理审判员：施舟骏、周晓丽。
二审法院：北京市第一中级人民法院。
合议庭组成人员：审判长：谷岳；代理审判员：冷玉、谢学锋。
6. 审结时间
一审审结时间：2010 年 11 月 2 日。
二审审结时间：2011 年 3 月 22 日。

(二) 一审诉辩主张

1. 原告李志坚诉称

原告与被告女儿张晓雨于 2002 年 4 月经人介绍认识,于 2004 年 12 月 15 日登记结婚。婚后生有一子天乐(2006 年 5 月 15 日出生)。2009 年 10 月 26 日 15 时 30 分左右,受害人天乐从被告 12 楼家中坠落,被物业公司工作人员发现,紧急报警。110 出警后,急呼 120 送患儿至北京大学首钢医院急救。16 时院方宣布患儿死亡。事发后,原告悲痛欲绝,精神受到巨大打击,与张晓雨解除了婚姻关系,但至今仍未能从丧子阴影中走出来。原告始终认为,天乐在被告处接受看护而被告却未能尽监管看护职责是导致受害人死亡的直接原因。公民的生命健康权不受侵犯,故诉至法院。诉讼请求:(1) 判令被告支付原告死亡赔偿金 247 250 元、丧葬费 3 335 元、精神损害抚慰金 50 000 元;(2) 判令被告承担案件受理费。

2. 被告张玉瑞辩称

坠楼事件纯属意外,我方同样沉浸在悲痛之中。在此事件中,被告不存在故意及过失,原告之主张缺乏法律依据,故不同意原告之诉讼请求。

(三) 一审事实和证据

北京市石景山区人民法院经公开审理查明:原告李志坚与被告之女张晓雨原系夫妻关系;2004 年 12 月 15 日,李志坚与张晓雨登记结婚;2006 年 5 月 15 日,李志坚与张晓雨生一子天乐(小名乐乐);2009 年 10 月 26 日 15 时 30 分左右,天乐从被告张玉瑞家中坠落,后抢救无效身亡;2009 年 12 月 15 日,李志坚与张晓雨经北京市宣武区人民法院调解离婚。

经原、被告申请,法庭调取了北京市公安局石景山分局八角派出所的相关询问笔录。

在北京市公安局石景山分局八角派出所 2009 年 10 月 26 日的询问笔录中,王文祥(石景山路长安家园物业负责人)有如下陈述……今天 15 时 30 分左右我正在物业办公室内,1 号楼 111 号的租户跑过来说有个小孩坠楼了。我立即与办公室内的一名修理工跑了出去,发现 111 号窗外有一小男孩面朝西趴在地上,我还发现小孩的头部周围有血。我立刻拨打"120"和"110",我又抬头查找是谁家的孩子,发现 1211 号的窗子开着,就安排修理工去楼上通知,修理工刚走就又看见 1211 号的窗口有人探头出来(是小孩的姥爷),我就说你家的孩子在楼下,小孩的姥爷说他怎么到楼下的,我还在找他呢。我告诉他是掉下来的,然后小孩的姥爷也跟着急救车走了……

在北京市公安局石景山分局八角派出所 2009 年 10 月 27 日的询问笔录中,张玉瑞有如下陈述……2009 年 10 月 26 日中午,乐乐的父母都是在我家吃的饭,大约 14 时 10 分左右,乐乐的父母去上班离开我家。当时乐乐在大卧室的床上睡觉,我看孩子睡着了,于是我也在客厅的沙发上睡觉。不知道过了多长时间,我醒了并到大卧室看了一下，乐乐还在床上睡觉。我没有叫他，我又回到沙发上睡着了。大约15时30分左右，我醒来到大卧室一看，乐乐不在床上了，于是我在屋里找，大卧室、小卧室、厕所、厨房我都找了，没有找到。在我找的过程中，听见楼下有人喊"谁家孩子掉下来了"，于是我从小卧室的窗户往下看，发现楼下的小孩像是我家乐乐，于是我马上下楼确认就是我家的乐乐。我当时情绪十分激动，一直哭，并喊"乐乐你醒醒"，可是孩子没有动静⋯⋯

在审理过程中，法庭对原告李志坚、被告张玉瑞之委托代理人张晓雨进行了相关询问，依据双方当事人的陈述，可以确认以下事实：2008年4月张晓雨上班之后，天乐托付给张玉瑞照顾，在此之前，张玉瑞在家里的主卧、次卧、阳台、厨房的窗户上安装了护栏；在天乐上幼儿园之后，通常由张玉瑞负责接送；2009年10月，李志坚从越南回国休假；2009年10月25日晚上，李志坚、张晓雨带天乐从张玉瑞家回到宣武区铁树斜街78号2门101号房屋内居住；2009年10月26日10时至11时，李志坚、张晓雨带天乐到张玉瑞家，吃过中午饭，天乐睡觉后，李志坚送张晓雨上班。

在诉讼过程中，原告李志坚认为：原告每月给付被告一千元，由被告负责看护孩子，但事发当日被告未送孩子上幼儿园，而是将孩子安置在家中看护，故被告对孩子坠楼负有不可推卸的责任；另被告家安装护栏的方式不合理，为孩子攀爬提供了条件，且事发当日气温较低，被告未关好窗户，亦证明被告未尽到审慎的注意义务。

被告张玉瑞认为：双方并未约定一千元费用的问题，其间女儿张晓雨给过两次一千元，但之后就没有再给过，这两年来照顾孩子的费用都是被告自行承担的，故原告关于看护费一千元的说法不成立；另被告安装的护栏符合国家相关标准，孩子的父母在安装护栏后也未提出异议，故被告不存在过错。

在法庭询问过程中，李志坚有如下陈述⋯⋯在我回国后的几天孩子都没有去幼儿园，是我陪着他，晚上回我们家。26日当天我们将孩子送到张玉瑞家⋯⋯我和张晓雨做这个工作，张晓雨一直没有同意，因为在此期间如果将孩子送到幼儿园，再接出来比较麻烦，而且张晓雨提出先将孩子送到她父亲家，按照常理也是这样⋯⋯（张玉瑞家）我居住过，房屋格局我也清楚。（事发时）有一个小凳子。我们去时凳子在客厅，我还坐了，但事发后，凳子在窗户前⋯⋯之前经济不是很好的情况下，她父母没有提出过。但是后来我和张晓雨决定一个月给张晓雨父亲一千元，后来我发奖金时就多给些⋯⋯

张晓雨有如下陈述⋯⋯实际上只给过两次，而且确实李志坚商量过每个月给我父亲一千元。我父母很体谅我们的生活，因为李志坚很辛苦，再养一个孩子，我们两个的消费很大，我父母每次都拒绝⋯⋯

李志坚主张死亡赔偿金247 250元、丧葬费3 335元、精神损害抚慰金50 000元，张玉瑞不同意赔偿。

上述事实有下列证据证明：

1. 民事调解书，证明原告与被告之女于2004年12月15日登记结婚，双方感情破裂，经宣武区人民法院调解离婚的事实；

2. 北京大学首钢医院急诊病历、北京市死亡医学证明书、北京大学首钢医院诊断书等，证明受害人从30米高处坠落，于下午4时多死亡的相关情况；

3. 死者丧葬费用票据若干，证明原告处理受害人后事产生的费用；

4. 公安机关的询问笔录及当事人的陈述意见等证据，证明受害人坠楼前后的相关情况。

(四) 一审判案理由

北京市石景山区人民法院经审理认为：当事人对自己提出的诉讼请求所依据的事实或者反驳对方诉讼请求所依据的事实有责任提供证据加以证明，没有证据或者证据不足以证明当事人的事实主张的，由负有举证责任的当事人承担不利后果；当事人对造成损害都没有过错的，可以根据实际情况，由当事人分担民事责任。

在本案中，李志坚主张张玉瑞承担侵权赔偿责任，故李志坚对张玉瑞之过错负有举证义务。就本起事件，评判张玉瑞之行为妥当与否时，应考虑以下几个方面：(1) 成立委托看护之基础系利害关系人之间特殊的身份关系。张玉瑞系孩子的外祖父、系张晓雨的父亲、原系李志坚的岳父，事发当日，张玉瑞在李志坚、张晓雨离开后照顾孩子，是基于特定的血缘关系，而非获得经济上的利益。虽原告主张其给过被告一千元"看护费"，但现并无客观证据证明原告与被告之间就"看护"一事达成协议，亦无证据证明被告固定从原告或孩子其他法定监护人处收取报酬。(2) 张玉瑞对事发当日孩子未能上幼儿园一事不存在过错。在事发前一日，孩子与其父母至宣武区的家中居住，事发当日上午10时至11时，孩子由其父母送到张玉瑞家。故孩子未依通常习惯入园与张玉瑞无关。(3) 孩子之法定监护人对其被看护地点的安全性予以认可。李志坚与张晓雨作为孩子的法定监护人，有过在张玉瑞家实际居住的经历，并清楚张玉瑞家安装护栏一事，故孩子的法定监护人应当知悉被监护人所处的环境，在长达一年多的时间里，孩子的法定监护人均未提出异议，应视为其认可孩子所处环境的安全性。(4) 张玉瑞在此事件中并无不妥之处。为了不影响孩子睡觉，在确认其睡着后，张玉瑞去客厅休息符合常理，并无不当。综合考虑以上几方面因素，本院认定孩子坠楼是一起极为不幸的意外事件，被告张玉瑞在此次事件中并无过错，原告李志坚主张其承担侵权责任之请求缺乏事实依据，不予支持。

另，本院认为此不幸事件给原、被告均带来巨大心灵痛苦，但原告作为孩子父亲，此不幸事件给其造成的精神痛苦及相关损失，更非常言所能表达。故考虑本案案情，本院酌情判令被告张玉瑞给付原告李志坚10 000元补偿款，适当弥补原告所承受的各种损失。

在此，本院特别需要说明的是：人的生命是不能用金钱衡量的，无论何种方式，都不可能弥补本案中原、被告双方失去亲人的创伤，更无法挽回此次不幸事件所造成的后果。因此，本裁判仅为相关当事人行为之法律价值的判断，而非对逝去生命价值的评判。怨恨只能产生痛苦和伤害，虽然法律化解不了怨恨，但本院希望法律上的裁判能够成为这次不幸事件的终点。在乐乐短暂的人生历程中，曾经给三个家庭带来了快乐和希望，虽然一场意外让这些停止下来，但快乐可以创造、希望可以延续、生活还要继续，如果在这场不幸中还有一丝欣慰，则是孩子的父亲、母亲还很年轻，你们有能力和义务，让暂停的快乐和希望继续下去，让亲人受伤的心灵得到抚慰，这是对逝去生命最好的怀念，也是一切善良人们的共同期望。本院也希望因这次不幸事件受到伤害的，乐乐的父亲、母亲、祖父、祖母、外祖父、外祖母以及所有爱护、关心过乐乐的人们，都能化解怨恨、忘却伤痛，让明天好好地继续下去。

（五）一审定案结论

北京市石景山区人民法院依据《中华人民共和国民法通则》第一百三十二条、《最高人民法院关于民事诉讼证据的若干规定》第二条之规定，作出如下判决：

1. 张玉瑞于本判决生效后二十日内给付李志坚补偿款一万元；
2. 驳回李志坚其他诉讼请求。

（六）二审情况

1. 二审诉辩主张

（1）上诉人李志坚诉称

一审程序违法，导致事实认定不清。受害人为何爬上窗台，打开成人才能打开的窗户，被上诉人事发时是在睡觉还是上网炒股，均没有查明。根据法律的规定，委托合同无论有偿还是无偿，受托人都应该履行委托义务。如果因瞌睡可以免责，后患无穷。亲属关系也不应成为减轻责任的理由。请求二审法院依法改判。

（2）被上诉人张玉瑞辩称

服从原判。

2. 二审事实和证据

北京市第一中级人民法院经审理，确认一审法院认定的事实和证据。

3. 二审判案理由

北京市第一中级人民法院经审理认为：本案上诉人主张被上诉人没有尽到看管的职责而导致最终悲剧的发生，但经本院核实，被上诉人为了保护孩子已经将家中的窗户安装护栏，作为家庭保护措施，此为大多数家庭所没有采取的特殊保护措施。因此应当认为，从日常生活角度而言，被上诉人采取的措施已相当严密。孩子的父母将孩子长期放在被上诉人家中看护，显然也是对此种措施的认可，对被上诉人的信任。孩子在被上诉人午休期间发生事故，是一个谁都无法想到的意外，被上诉人没有主观过错。因此，上诉人上诉主张对方应承担侵权责任，依据不足。原审法院综合考虑各方情况判决被上诉人补偿上诉人钱款1万元，是对上诉人的抚慰，是当下情况的妥善之举。

正如原审法院所殷切期望的，本院也希望两方当事人能够化解仇恨，重新积极面对人生。仇恨是对他人的伤害，也是对自己的伤害。两家的人生都已经惨痛，继续的仇恨除了能增加伤痛还能带来什么？两方当事人经此人生悲剧，已属不幸。如还带着仇恨看待对方，看待自己曾经最亲爱的人，那试问当如何面对将来人生，如何面对将来的爱人？死者已矣，生者还要生活。本院真诚希望本案的双方当事人化解仇恨、面对未来，重新生活。

综上，上诉人上诉请求改判，无事实和法律依据，本院不予支持。原审判决正确，应予维持。

4. 二审定案结论

北京市第一中级人民法院依据《中华人民共和国民事诉讼法》第一百五十三条第一款第（一）项之规定，作出如下判决：

驳回上诉，维持原判。

（七）解说

本案涉及一个立法缺位、实践中经常发生，且尚未引起人们普遍关注的司法困惑问题：法定监护人以外的其他临时委托监护人在监护过程中致被监护人非正常伤害或死亡的，是否对被监护人的法定监护人承担民事赔偿责任问题。监护制度的设立不仅对保护未成年人合法权益，而且对调整、规范家庭人身关系，稳定社会秩序，保持良好社会关系都具有重要意义。但是，我国未成年人监护立法对监护权或监护职责变更及变更后的法律后果没有明确规定，给监护权的行使带来障碍。实践中，有监护资格的人相互推诿担任监护人或争当监护人的情况时有发生。尤其是因为方便外出打工或工作等，父母暂时无法实施监护职责，往往选择将孩子委托给祖父母、外祖父母照顾。这种隔代监护受祖辈传统观念、文化水平、健康条件等因素的影响，可能会给未成年人造成监护不力的后果。这种不幸后果导致的家庭近亲属诉讼纠纷，极易受社会各方普遍关注，处理不当可能影响整个家庭甚至社会关系的和谐稳定。面对立法的缺位，裁判者要尽力在法理与情理的矛盾冲突中作出衡量和抉择。

本案涉及争议的焦点问题：一是如何认定女婿李志坚委托岳父张玉瑞看护孩子行为的性质以及"监护权"变更的法律效果，这是解决本案争议问题的前提；二是受托看护人张玉瑞在看护过程中是否存在过错或失职行为，这是解决本案的关键；三是可否从公平观念出发，适用公平责任原则对受害人所遭受的损失予以适当弥补，以平衡受害方所遭受的利益损失，进而从法律的视角，明确监护人和临时受托监护人对未成年人的监护职责。

1. 法定监护人将未成年子女委托给近亲属临时看护的行为构成委托监护关系

（1）对未成年人的法定监护职责不能随意转移。监护权是基于身份关系，依法定程序确定的兼具义务属性的权利。监护制度设立目的在于保护被监护人的合法利益。因此，监护在本质上不是一种权利而是一种职责，是权利和义务的有机统一。监护人既享有职权（权利），又负有责任（义务）。我国监护制度注重监护人所负有的职责以及职责的正确履行。正是监护的身份属性、法律强制性决定了监护作为法定义务，其权利和义务不能任意放弃和转让。根据《民法通则》第十六条的规定，未成年人的父母是未成年人当然的监护人。父母作为子女的第一顺序法定监护人，对未成年子女的监护因子女出生的法律事实而发生，除死亡或按法定程序予以剥夺外，任何人不得剥夺或限制。只有在父母不能履行监护职责或丧失监护能力时，才能在其他近亲属中指定或由顺序在前的有监护能力的人充当。根据《民法通则》规定的法定监护人顺序，排在前面顺序的监护人在有监护能力的情况下不能推托监护义务。

(2) 法定监护人可基于约定将临时看护职责委托给他人行使。对于委托监护，民法通则或单行法至今无明文规定，但审判实务中承认委托监护人。① 委托监护又称临时监护，是指监护人将监护职责部分或全部委托给他人，由被委托人临时履行部分或全部监护职责。现实生活中，委托监护已成为十分普遍的现象，诸如将孩子委托给长辈、亲属、邻居照看等。而监护职责能否委托给他人行使，关涉法律设立监护制度目的的贯彻。一般来说，监护作为法律上的强行制度，目的在于最大限度地保护被监护人，除非基于受监护人的教育或受照顾的必要，原则上不允许委托。但我国司法实践基于某种实用的考虑，承认了监护委托。② 最高人民法院《关于贯彻执行〈中华人民共和国民法通则〉若干问题的意见（试行）》（以下简称《民通意见》）第二十二条规定："监护人可以将监护职责部分或全部委托给他人。因被监护人的侵权行为需要承担民事责任的，应当由监护人承担，但另有约定的除外；被委托人确有过错的，负连带责任。"我国《未成年人保护法》第十六条亦规定："父母因外出务工或者其他原因不能履行对未成年人监护职责的，应当委托有监护能力的其他成年人代为监护。"根据法律规定及司法解释，监护人可以将部分或全部监护职责委托给他人，监护人对其他履职监护人致被监护人伤害或死亡的，可以主张侵权赔偿责任。③

委托监护成立，需要监护人和被委托人之间就监护事项达成协议。委托监护双方为委托监护人和受托履行监护义务的自然人或法人，委托协议既可以是独立的合同（如父母委托亲属朋友照看未成年子女），也可以成为其他合同的内容（父母将未成年人送入托儿所、幼儿园）。委托监护形成后，委托人可否据此免除监护责任，理论和实务中一直存在较大争议。根据《民通意见》第二十二条，监护人将监护职责部分或全部委托给他人时，原则上不变更监护的效力，因被监护人的侵权行为需要承担民事责任的，仍然由监护人承担，被委托人有过错或有失职行为的，负连带责任。对《民通意见》第二十二条"但另有约定的除外"条款常解释为："约定由受托人负责时，由受托人对第三人承担责任，排除监护人的责任。"实践中，监护人经常以此规避其责任的承担。因此，监护人与受托人关于监护人不承担责任的约定，不能对抗第三人或不允许约定排除更为妥当。④ 监护的性质决定了委托监护原则上不能改变原监护人的地位，也不能导致监护权的转移，但当事人之间可以产生部分监护义务的转移。⑤ 为平衡委托监护双方的权利与义务，在因被委托监护人致害的情形下，监护人应承担第一位的责任，其责任基础为监护职责；受托监护人基于受委托的监护义务，特别是法定监护人以外的其他近亲属履

---

① 参见梁慧星：《民法总论》，2版，104页，北京，法律出版社，2004。
② 参见龙卫球：《民法总论》，2版，246页，北京，中国法制出版社，2002。
③ 参见《民通意见》第十条：监护人的监护职责包括：保护被监护人的身体健康，照顾被监护人的生活，管理和保护被监护人的财产，代理被监护人进行民事活动，对被监护人进行管理和教育，代理被监护人进行诉讼。第二十条：监护人不履行监护职责，或者侵害了被监护人的合法权益，民法通则第十六条、第十七条规定的其他有监护资格的人或者单位可以向人民法院起诉，要求监护人承担民事责任或者要求变更监护关系。
④ 参见龙卫球：《民法总论》，2版，246页，北京，中国法制出版社，2002；胡朝安：《监护权变更的法律效果》，载《法学杂志》，2003 (6)。
⑤ 参见郭明瑞、张平华：《关于监护人对未成年人致人损害的赔偿责任》，载《政法论丛》，2009 (5)。

行临时监护职责的，也应履行谨慎、善良家父监护人职责，如此，才能最大限度地保护未成年人的合法权益。从比较法上看，德国法通说认为，委托监护情形下，委托人作为监护人，其监护义务不仅不因委托而转移，相反还会对受托人的义务产生重大影响，因为，"一方对另一方进行了长期的细致照料，并且前者有可能在很大程度上影响后者的行为。如照料孩子的保姆、医院的护理人员还有幼儿园、孤儿院或私立学校的经办人或领导"①。因此，被监护人所实施的致害行为是监护人和委托监护人同时违反义务的结果，监护人和委托监护人均需承担责任。我国台湾地区判例认为，父母不得将其监督责任暂时委任于他人而主张免责。因为法定代理人的监督义务不因监督的移转而受影响……法定代理人应就直接监管人的故意或过失与自己的故意或过失，负有同一责任。在此情形，法定代理人与直接监督人应依"民法"第一百八十五条第一项前段规定（共同侵权行为）负损害赔偿责任。②

本案中，李志坚和张晓雨作为其子第一顺序的法定监护人，负有保护被监护人人身、财产及其他合法权益的义务，其不履行监护职责或侵害被监护人合法权益的，应当承担责任。而对被监护人造成他人损害或自身伤害，无论监护人有无过错、是否尽了监护责任，都应当承担责任。李志坚夫妇将孩子委托给张玉瑞照看的行为，构成法律上的委托监护关系。虽然双方并无就委托事宜及责任事项进行详细协商，并签订书面协议，但基于日常生活习惯或惯例，近亲属家庭成员之间也不可能就子女临时委托监护事项专门进行约定协商。事实上，张玉瑞基于与李志坚夫妇之间特定的身份及血缘关系，代为履行照顾孩子的义务。即使能证明其接受一定的"报酬"，也并非单纯的利益关系，更不能说明张玉瑞就负有更多一点谨慎、善良家父的注意义务。因此，李志坚夫妇的法定监护职责并没有因与张玉瑞之间的委托监护而发生转移，对于在委托监护期间造成被监护人死亡的后果，李志坚夫妇应承担监护人责任。事实上，李志坚夫妇在长达一年时间里，对张玉瑞家实际居住环境可能造成被监护人伤害的安全隐患没有提出异议，也没有预见到已安装防护栏的窗户存在的潜在隐患。张玉瑞作为受托监护人对造成被监护人死亡的后果，是否承担赔偿责任，要看其是否履行了谨慎、善良家父的注意义务，对造成监护人死亡是否存在过错或在看管期间是否存在失职行为。

2. 在委托监护期间临时受托监护人对被监护人的伤亡承担过错侵权责任

委托监护期间，被委托人应当认真履行临时监护职责，如果因受托人的过错致使被监护人遭受人身或财产损失的，被委托监护人应当承担相应的赔偿责任，被监护人侵权造成第三人损失的，被委托人有过错的也应承担侵权责任。因此，被委托人承担侵权赔偿责任的前提条件为被委托人主观上存在过错，不存在过错的，不承担民事责任。在被监护人处于他人照管的场合，如果被监护人造成他人的损害，由于受托人只是协助履行监护职责，并不改变原监护人的地位，故仍然应由监护人承担侵权责任。受托人有过错的，应以其过错程度，承担相应的民事责任。在考虑受托人的责任时，应根据委托合同

---

① ［德］福克斯：《侵权行为法》，齐晓琨译，180页，北京，法律出版社，2006。
② 参见王泽鉴：《侵权行为法（二）〈特殊侵权行为〉》，79～80页，北京，三民书局出版社，2006。

的有偿、无偿等因素,决定受托人责任的范围。①

本案争议焦点问题是被告张玉瑞是否存在过错或存在失职行为。从情理上分析,尽管李志坚与张玉瑞之间曾因对被监护人照看问题产生过摩擦,但这种摩擦不是相互推托监护职责,而是基于亲情的因素而争取对被监护人天乐的看护,行为虽有不当,但没有证据证明张玉瑞因此就具有主观故意,这也不是民事程序所能够解决的问题。从公安机关出具天乐的死亡现场勘查鉴定亦可证明,张玉瑞对天乐的死亡不具备主观上的故意,而属于意外事件。意外事件是指非由于行为人的故意或过失,而偶然发生的事件,其归因于行为人自身以外的原因,且行为人已经尽到了他在当时应当和能够尽到的注意,事件的发生难以推知、预见而出乎意料。结合本案分析,张玉瑞居住的居室已经安装上窗户护栏,且符合相关标准。且为保护孩子不发生意外,张玉瑞已经将家中的窗户安装护栏,作为家庭保护措施,此为大多数家庭所没有采取的特殊保护措施。从日常生活角度而言,张玉瑞采取的措施已相当严密。李志坚夫妇将孩子长期放在张玉瑞家中看护,显然也是对此种措施的认可。这都说明张玉瑞对住处可能造成未成年人的安全隐患有所防范,事先采取了合理、必要的措施。事发当时,其对天乐从已安装防护栏的窗户中坠落死亡难以认知和预见。张玉瑞在看护期间是否存在失职行为?从张玉瑞看护过程分析,为不影响孩子睡觉,在确认天乐睡着后,张玉瑞去客厅休息符合常理,难以认定存在失职行为。可以说,其已经尽到谨慎、善良家父的照看注意义务。因此,被告张玉瑞不存在主观过错或失职行为,对被监护人天乐意外坠楼死亡不应承担侵权赔偿责任。

3. 由临时受托监护人适当弥补法定监护人的损失,符合公平责任原则和社会公平观念

公平责任是指在当事人双方对造成损害均无过错,按法律规定又不能适用无过错责任的情况下,法院根据公平的观念,在考虑受害人的损害,双方当事人的财产状况及其他相关情况的基础上,判令加害人对受害人的财产损失予以适当补偿。《侵权责任法》第三十二条规定:"无民事行为能力人、限制民事行为能力人造成他人损害的,由监护人承担侵权责任。监护人尽到监护责任的,可以减轻其侵权责任。"可见,监护责任作为一种过错推定的替代责任,对被监护人致他人损害的,从被监护人致害行为事实中,推定监护人有疏于监护的过失,如果监护人证明其确已尽善良监督责任,即监护人无过错,但为平衡当事人之间的利益关系,按照法律的规定,则适用公平责任进行调整,合理确定赔偿归属。就本案而言,在委托监护中,对被监护人意外坠楼死亡,委托监护人张玉瑞虽不存在过错,但也给自己带来巨大心灵的悲痛。而原告李志坚作为父亲,其遭受了更为强烈的精神痛苦及物质损失。基于被告在庭审中提出适用公平原则,考虑原、被告利益平衡关系,综合考虑当事人财产状况、经济收入、必要的经济支出和负担等因素,由张玉瑞对李志坚适当补偿1万元,是社会公平观念的一种体现。

此外,以人为本是我国立法取向。人死不能复生,生命权是人最宝贵、最终极的权利。人的生命无价,而亲情也更加珍贵。一审和二审法院的上述裁判及分析,希冀从法

---

① 参见奚晓明主编:《〈中华人民共和国侵权责任法〉条文理解与适用》,239页,北京,人民法院出版社,2010。

律价值判断的角度，对委托监护当事人各方课以明确的权利和义务，从而对今后类似行为起到引导、规范作用。

（北京市石景山区人民法院　张英周　吴海涛）

22. 贾玉娟等诉红星福利院生命权、健康权、身体权案（代养人的安全保障义务）

（一）首部

1. 判决书字号
一审判决书：北京市大兴区人民法院（2009）大民初字第8925号。
二审判决书：北京市第一中级人民法院（2010）一中民终字第7345号。
2. 案由：生命权、健康权、身体权纠纷。
3. 诉讼双方
原告（反诉被告、上诉人）：贾玉娟，女，汉族，北京汇展之家工艺品进出口贸易中心职员，住北京市朝阳区。
委托代理人：曹学文，男，北京汇展之家工艺品进出口贸易中心职员，住北京市西城区。
原告（反诉被告、上诉人）：贾玉梅，女，汉族，江苏省教育学院退休干部，住江苏省南京市鼓楼区。
委托代理人：张亚妹，女，汉族，中国康复研究中心退休干部，住北京市东城区。
原告（反诉被告、上诉人）：贾泽庆，男，汉族，上海铁路局职员，住江苏省南京市雨花台区。
委托代理人：丛阳，女，汉族，北京汇展之家工艺品进出口贸易中心职员，住北京市朝阳区。
原告（反诉被告、上诉人）：贾玉霞，女，汉族，南京聚德轩画廊业主，住江苏省南京市白下区。
原告（反诉被告、上诉人）：贾泽民，男，汉族，南京港务局职员，住江苏省南京市鼓楼区。
以上五原告、二审上诉人之共同委托代理人：王玉芬，北京市汉博律师事务所律师。
被告（反诉原告、被上诉人）：北京市大兴区红星社会福利院，住所地：北京市大兴区。
法定代表人：郑淑春，院长。
委托代理人：刘巍，女，汉族，北京市大兴区瀛海镇法律服务所法律工作者，住北京市大兴区。

委托代理人：王芳，女，汉族，北京市大兴区红星社会福利院副主任，住北京市大兴区。

4. 审级：二审。

5. 审判机关和审判组织

一审法院：北京市大兴区人民法院。

合议庭组成人员：审判长：杨怡；人民陪审员：朱庆华、沈玉新。

二审法院：北京市第一中级人民法院。

合议庭组成人员：审判长：王磊；代理审判员：章坚强、王雷。

6. 审结时间

一审审结时间：2009年12月16日。

二审审结时间：2010年3月15日。

（二）一审诉辩主张

1. 原告贾玉娟等诉称

2008年2月15日，贾玉娟与红星福利院签订休养员入住合同，将贾玉娟、贾玉梅、贾泽庆、贾玉霞、贾泽民的父亲贾沛根送到红星福利院休养，并办理了入院的相关手续，贾沛根的护理级别为不能自理，贾玉娟按期交纳了各项费用，2009年7月16日，贾沛根坐着轮椅从红星福利院楼梯口摔下致使头部、胸部等全身多处重伤，经北京同仁医院亦庄分院抢救无效于次日00：40死亡，2009年7月28日，大兴公安分局作出鉴定结论书，结论为贾沛根符合闭合性颅脑损伤合并内脏损伤死亡。由于红星福利院安全意识薄弱，缺乏责任心，缺少必要的安全防护措施，导致贾沛根的死亡，该事件给贾玉娟等人造成很大伤害，故起诉至法院，要求红星福利院赔偿死亡赔偿金123 625元、丧葬费22 362.25元、交通费13 456.50元、餐费2 045元、住宿费3 853元、通讯费310元、误工费2 500元、复印费484.80元及精神损害抚慰金100 000元，并由红星福利院承担案件受理费。

2. 被告红星福利院辩称

不同意贾玉娟等人的诉讼请求，贾沛根老人的去世是意外事件，红星福利院已经对贾沛根提供了服务，贾沛根的护理级别虽然为不能自理，但红星福利院不提供一对一的服务，且贾沛根在红星福利院休养期间，性格倔强不服从管理，红星福利院对于贾沛根的摔伤没有责任。自贾沛根摔伤后，红星福利院对其及时进行了抢救及治疗，并垫付了医疗费，是贾沛根的女儿贾玉娟不配合医院治疗，才导致贾沛根的去世，所以红星福利院没有责任，现不同意贾玉娟等人的诉讼请求，要求法院予以驳回。

3. 被告红星福利院反诉称

红星福利院为贾沛根垫付了医疗费，现提起反诉，要求：贾玉娟等五人给付医疗费5 646.54元，反诉费由贾玉娟等五人负担。

4. 原告贾玉娟等反诉被告辩称

不同意红星福利院的反诉诉讼请求，是红星福利院安全意识淡漠导致贾沛根的死亡，医疗费应该由红星福利院负担。

(三) 一审事实和证据

北京市大兴区人民法院经公开审理查明：贾沛根与高秀英系夫妻关系，婚后共生育子女5人，分别为长女贾玉梅、长子贾泽民、次女贾玉霞、次子贾泽庆和三女儿贾玉娟；高秀英于2007年去世。2008年2月15日，贾玉娟作为贾沛根的监护人与红星福利院签订休养员入住合同及补充协议，双方就贾沛根休养员代养一事达成协议，经双方共同认定，贾沛根的身体状况为不能自理，月收费标准为1 180元，补充协议内容为：兹有贾沛根来我院入住，在院期间老人应服从服务人员的服务与管理，如出现不配合服务人员管理或由于老人过错过失引起的任何磕碰、摔伤等意外，导致老人发生事故或死亡，我院没有任何责任，由监护人负全部责任；贾玉娟于当日为贾沛根办理入住及相关手续；入住时，贾玉娟表明：贾沛根精神稍差，体质消瘦，语言表达能力稍慢，上肢活动不受限，双下肢活动受限行走缓慢，试住半个月。2009年7月16日12时许，贾沛根自行乘坐轮椅在红星福利院二楼楼道活动，不慎从楼梯上摔下。事发后，红星福利院对贾沛根进行了及时的抢救，并电话通知贾玉娟其父摔伤的情况，随后红星福利院将贾沛根送至北京同仁医院治疗。12时46分，病历载明：乘坐轮椅活动时自楼梯滑倒摔伤后半小时余，神清、语利查体欠合作，印象为头皮裂伤、引发血肿、硬膜外血肿、胸腔积液、胸骨骨折、腹部闭合性损伤等；医生检查后对贾沛根进行了治疗；15时12分，病历载明：患者家属未在，病史不详，随后贾玉娟至医院；17时，医生告知贾玉娟贾沛根病情危重随时有危及生命情况发生，需予气管插管，以利改善通气，贾玉娟拒绝行呼吸机抢救，医生向其交代贾沛根目前血氧低，如氧情况无法得到改善，则易发生多系统功能衰竭危及生命；19时30分，医生欲复查血常规，但家属拒绝再次化验；20时，贾沛根家属不在现场，配用人员无法决定是否行CT检查，嘱尽快联系家属；20时45分，配用人员积极联系家属，通知患者情况，家属未到场；21时35分，患者家属仍未回，嘱陪同人员积极联系家属，目前病情危重随时有呼吸心跳骤停之情况；22时30分，患者家属归，向其交代目前病情严重，大量多巴胺维持血压仍不良，目前，尿量少，口腔、鼻、脸出血，目前考虑不排除肾功能衰竭、DIC及MODS存在之可能，患者病情危重，随时有危及生命之情况出现，患者家属欲不做各科检查手段；次日0时40分，贾沛根经抢救无效，宣布临床死亡；随后贾玉娟同意对贾沛根进行尸检。2009年7月28日，北京市公安局大兴分局作出鉴定结论书，鉴定结论是贾沛根死亡符合闭合性颅脑损伤合并内脏损伤死亡。在对贾沛根进行治疗及抢救过程中，红星福利院始终有工作人员进行陪同，并支付医疗费5 646.54元。

上述事实有下列证据证明：

1. 入住合同书，证明贾沛根入住红星福利院的时间及贾玉娟等五人与红星福利院就贾沛根在红星福利院代养一事达成协议的主要内容。

2. 补充协议，证明贾玉娟与红星福利院共同认定贾沛根的身体状况为不能自理，贾玉娟等人在事发前与红星福利院达成协议，同意贾沛根在院期间应服从服务人员的服务与管理，如出现不配合服务人员管理或由于老人过错过失引起的任何磕碰、摔伤等意外,导致老人发生事故或死亡,红星福利院没有任何责任,由监护人负全部责任。

3. 贾沛根病历,证明贾沛根受伤伤情。
4. 鉴定书,证明贾沛根死亡原因。
5. 医疗费单据,证明在贾沛根伤后由红星福利院支出的医疗费用情况。
6. 双方当事人的陈述,为双方当事人对本案案件事实的确认。

(四)一审判案理由

北京市大兴区人民法院经审理认为:红星福利院与贾玉娟签订的休养员入住合同书及补充协议,系双方当事人真实意思表示,为合法有效的协议。红星福利院与贾玉娟应当严格按照约定行使权利、履行义务。贾沛根在饭后自行乘坐轮椅在楼道内活动,虽下肢活动受限,但意识清楚、上肢活动不受限,故其在临近楼梯口时,应该意识到危险的存在,故对贾沛根摔伤,贾沛根应自行承担主要责任;尸检鉴定意见书虽表明贾沛根的死亡符合闭合性颅脑损伤合并内脏损伤死亡,但从病历表明,在抢救过程中,贾玉娟存在种种拒绝治疗、化验及不在现场的行为,因此不能确定贾沛根的死亡与红星福利院之间有直接因果关系,故对贾玉娟、贾玉梅、贾泽庆、贾玉霞、贾泽民要求红星福利院承担对贾沛根死亡的赔偿责任,法院不予支持。红星福利院虽在楼梯口张贴了警示黄线并设置了警告牌,亦对贾沛根进行了及时、必要的救治,但在管理及安全意识上应进一步加强,故对贾沛根的摔伤应该承担一定责任,其在贾沛根进行治疗过程中支付的医疗费,应该由红星福利院负担,对贾玉娟、贾玉梅、贾泽庆、贾玉霞、贾泽民诉讼请求中的合理损失应予补偿。

(五)一审定案结论

北京市大兴区人民法院依照《中华人民共和国民法通则》第一百零六条第二款之规定,作出如下判决:

1. 北京市大兴区红星社会福利院赔偿贾玉娟、贾玉梅、贾泽庆、贾玉霞、贾泽民经济损失二万元(于本判决生效后十日内履行)。
2. 驳回贾玉娟、贾玉梅、贾泽庆、贾玉霞、贾泽民的其他诉讼请求。
3. 驳回北京市大兴区红星社会福利院反诉诉讼请求。如果未按本判决指定的期间履行给付金钱义务,应当依照《中华人民共和国民事诉讼法》第二百二十九条之规定,加倍支付迟延履行期间的债务利息。

(六)二审情况

1. 二审诉辩主张
(1)上诉人贾玉娟等诉称

贾玉娟、贾玉梅、贾泽庆、贾玉霞、贾泽民不服一审法院判决,向本院提出上诉,上诉要求：撤销原审法院判决，依法改判。上诉理由：原审法院未认定红星福利院疏于管理，履职不到位，属于认定事实不清。第一，贾沛根被送往福利院时，在协议中双方明确写了贾沛根精神稍差，活动受限，福利院对此明知，其应尽到管护责任，原审法院认定贾沛根在事发当时"意识清楚"没有任何依据，显然属于认定事实不清。第二，贾沛根入住红星福利院，红星福利院负有管理照顾义务，贾沛根摔伤的时间是午餐时间，而此时没有人对贾沛根陪护，虽福利院提醒贾沛根不要下楼，但仍旧无法说明红星福利院尽到了管理义务。第三，贾沛根在入住时告知了红星福利院，贾沛根生活不能自理，活动受限，红星福利院应当对贾沛根进行陪护，但是红星福利院让贾沛根处于无人管理的状态，未安排人员对贾沛根进行陪护，导致贾沛根摔伤，红星福利院应当承担全部责任。第四，红星福利院的管理存在严重瑕疵，导致贾沛根从二楼摔下，贾沛根死亡的鉴定结论中明确写了是颅脑损伤及内脏损伤而亡，贾沛根死亡的事实与红星福利院代养行为不到位之间存在直接的因果关系，原审法院认定贾沛根的死亡与红星福利院之间没有因果关系是错误的。第五，红星福利院与贾沛根的家属之间签订的"补充协议"，规避义务，内容不公平、不合理，明显违反了我国法律的强制性规定，原审法院判决却未认定该协议违反法律的强制性规定，亦属于认定事实不清。第六，原审法院所作"贾沛根在抢救过程中，贾玉娟存在种种拒绝治疗、化验及不在现场的行为"等的认定是错误的，贾沛根家属贾玉娟在接到通知后立即赶往医院，后回单位处理没有来得及处理的事情，这是经过红星福利院同意的，而且贾玉娟的行为与贾沛根的受伤之间没有任何因果关系，原审法院的这一认定不能抗辩公安部门得出的鉴定结论，以及北京市同仁医院出具的死亡医学证明，贾沛根是因摔伤而死，红星福利院负有不可推卸的责任。原审法院对贾沛根摔伤的录像没有进行质证，录像中可以证明福利院抢救不当。综上，二审法院应当予以改判。

（2）被上诉人红星福利院辩称

原审法院判决认定事实属实，贾沛根家属不同意治疗是贾沛根死亡的主要原因。

2. 二审事实和证据

北京市第一中级人民法院经审理，确认一审法院认定的事实和证据。

另北京市第一中级人民法院经审理查明以下事实：（1）在贾玉娟与红星福利院签订的休养员入住合同书中，第二项红星福利院（甲方）的权利义务中约定：1）为入住休养员提供良好的生活环境及营养膳食。2）按休养员不同身体状况提供不同的服务项目：a. 生活完全自理的休养员，服务内容：打扫室内卫生，洗衣服（内衣自己负责），整理床上用品，理发，组织文体活动。b. 生活半自理的休养员，服务内容：含第一项服务内容外，协助休养员洗澡、洗脸、穿衣、倒开水、刷水杯。为休养员提供洗脚水、便器、剪指甲等服务，定期让休养员到室外进行活动及康复锻炼。c. 生活不能自理的休养员，含a项、b项内容，还负责休养员梳头、擦身、定期翻身等。d. 生活完全不能自理的休养员，含a项、b项、c项内容，还负责休养员的喂饭、喂水、喂药、换尿垫等。（2）贾玉娟与红星福利院签订补充协议中写有：贾沛根入住红星福利院，如出现不配合服务人员管理或由于老人过错过失引起的任何磕碰、摔伤等意外，导致老人发生事故或死亡，红星福利院没有任何责任，由监护人负全部责任。（3）在贾沛根下楼时，经管理员提醒，贾沛根仍旧要自行下楼。

上述事实，有入住合同书、补充协议及管理员证言及双方当事人陈述在案佐证。

3. 二审判案理由

北京市第一中级人民法院经审理认为：其一，红星福利院未按照双方合同约定尽到其职责范围内的安全保障义务时，应按照其过错程度承担赔偿责任。其二，贾玉娟与红星福利院通过补充协议的形式约定了贾沛根在不服从管理时若发生磕碰、摔伤等意外，导致发生事故或死亡，发生意外，应由贾沛根自行承担相应的民事责任。故贾沛根因不服从管理引发摔伤，应由贾沛根或其监护人自行承担相应责任。其三，贾沛根入住红星福利院时，贾玉娟告知红星福利院贾沛根属于生活不能自理，并确认贾沛根"精神稍差，体质消瘦，语言表达能力稍慢"，在事发后，贾沛根被送往北京同仁医院的病历中载明："神清、语利，查体欠合作"，故贾沛根应为完全民事行为能力人，其应当对自己的行为承担相应的民事责任。贾沛根在红星福利院自行乘坐轮椅在楼道内活动，虽下肢活动受限，但意识清楚、上肢活动不受限，其在临近楼梯口时，应该意识到危险的存在，应当对自己的行为承担相应的责任。在经管理人员提醒后，贾沛根仍旧坚持独自下楼，导致摔伤，对此，应当由贾沛根承担主要责任。其四，贾玉娟等子女，作为贾沛根的监护人，应当承担对贾沛根的监护责任。贾沛根被子女送往红星福利院，红星福利院已经履行了服务义务；而贾玉娟在贾沛根抢救过程中长时间不在现场，后又拒绝治疗、抢救，因此不能确定贾玉娟等监护人已经履行了监护职责。现贾玉梅等要求红星福利院承担对贾沛根死亡的全部赔偿责任，事实及法律依据不足。

4. 二审定案结论

北京市第一中级人民法院依据《中华人民共和国民事诉讼法》第一百五十三条第一款第（一）项之规定，作出如下判决：

驳回上诉，维持原判。

（七）解说

1. 养老服务合同的性质

关于养老服务合同的性质，有意见认为是服务合同，有意见认为是委托合同。就其实质来看，养老服务合同应该是委托合同的一种，因为双方权利义务的核心是委托方及时给付报酬和受托方提供约定的服务。养老服务合同中，委托人也可以称为托养人，一般是老人的亲属或单位，受托方是具有民政部门颁发从事养老服务机关批准证书的养老机构。但养老服务合同与一般的委托合同又有不同，在老人入住以后，委托方即老人的亲属或单位一般不再直接介入受托方的具体工作，但其对服务工作的进程和效果有知情权，当老人的身体状况发生变化，或出现突发情况时，如由生活能够自理变为不能自理时，双方应及时变更合同，对服务的内容和方式重新进行委托。合同的双方可以随时解除合同，无须征得对方的同意，但因解除合同给对方造成损失的，应负赔偿责任。从养老服务合同的内容看，被托养人在养老机构发生意外的环节，亦应当在合同中述明,并由代养人将可能造成的后果及相关责任告知托养人,同时提出各方应尽的义务。

2. 养老机构的安全保障义务

随着家庭养老向社会养老转变的趋势形成,养老机构亦不断发展,养老机构内老年人发生意外,引发纠纷的事件,也呈上升趋势。老年人在养老院、托老所内发生意外的情况,常见的有骨折、走失、摔伤、烫伤、自伤、他伤、自杀、噎食、褥疮、猝死。对于上述情况发生后,养老机构是否应当承担赔偿责任,根据《侵权责任法》第三十七条的规定,宾馆、商场、银行、车站、娱乐场所等公共场所的管理人或者群众性活动的组织者,未尽到安全保障义务,造成他人损害的,应当承担侵权责任。这一规定虽然未将养老机构列为责任主体,但是养老机构作为提供服务的经营者与管理者,应当保证其提供的服务符合保障人身、财产安全的要求,即经营者的安全保障义务是法定的。本案中,贾某在午饭时间要自行下楼,红星福利院的工作人员虽然口头制止,但是并未采取任何防范措施,而是听之任之,这不符合保障人身安全的要求,所以其有义务承担相应的责任。

3. 被托养人在有相应认知能力的情况下,对自己的行为还要自行承担相应的民事责任

我国民法通则仅规定了取得民事权利能力和民事行为能力的年龄限制,没有规定丧失民事权利能力和民事行为能力的年龄限制。在被托养人还有辨认自己行为的能力时,首先应当由其自行承担相应的民事责任。毕竟养老院不是托儿所,而作为其服务对象的老人,并不都是完全丧失民事行为能力的成年人,很多在养老机构生活的老人,在认知与智力方面出现了衰退,但不等于其就已经成为无民事行为能力人或者限制民事行为能力人。如在本案中,贾沛根明知自己的行为可能产生伤害后果时,仍旧固执地要自行下楼,导致其摔伤的结果,所以对此,还是应当由贾沛根承担相应的责任。

4. 托养人的监护责任不容推卸

根据《民通意见》第二十二条的规定,监护人可以将监护职责部分或者全部委托给他人。但监护人并不因此失去其监护人的身份与责任。监护人与养老机构签订托养协议后,其仍旧负有对被托养人的监护义务,只是不直接参与受托方的具体工作而已。在被托养人遭遇突发情况后,托养人应当以监护人的身份承担责任,由托养人及时对被托养人的救治等作出应对。本案中,贾玉娟等人在医院时并未及时履行监护人的监护职责,导致贾沛根治疗不及时,对此,应当由托养人承担相应的责任。

5. 关于代养人与托养人之间的法律关系应通过法律规定予以明确

目前我国对于养老机构的代养程序与服务标准,没有明确的法律规定。被托养人出现意外伤害等突发情况后,即使是现行的侵权责任法,亦未明确养老机构作为代养人所负有的权利义务,尤其是对于各类被扶养人,养老机构应当承担的责任范围是什么,缺少相关的法律规定予以调整,对此,有待完善。

(北京市第一中级人民法院　王磊)

23. 王训钿诉胡家祥姓名权案
（姓名权侵权赔偿责任的认定）

（一）首部

1. 判决书字号：浙江省慈溪市人民法院（2010）甬慈浒民初字第25号。
2. 案由：姓名权侵权赔偿。
3. 诉讼双方

原告：王训钿。

被告：胡家祥。

4. 审级：一审。
5. 审判机关和审判组织

审判机关：浙江省慈溪市人民法院。

合议庭组成人员：审判长：邵列云；审判员：岑国明、叶黎婷。

6. 审结时间：2010年9月8日。

（二）诉辩主张

1. 原告王训钿诉称

2007年12月，被告以原告的姓名向国土部门举报他人违章建房，他人误认为系原告投诉举报，致原告的名誉受到毁损，生产生活受到影响，故请求法院判令被告停止侵害，恢复名誉，消除影响，赔礼道歉，并赔偿原告损失13 000元。

2. 被告胡家祥辩称

被告未用原告的姓名而是以"王训田"为化名向国土部门举报他人违章建房的，其举报行为是合法的，应受法律保护。且被告的举报行为也未给原告造成任何损失，故请求驳回原告诉请。

（三）事实和证据

浙江省慈溪市人民法院经公开审理查明：原告王训钿与被告胡家祥系同村村民。被告胡家祥于2007年12月15日以"慈溪市横河镇秦堰村村民王训田"的名义写信向国土部门举报同村村民陈某等人有违章建房行为，国土部门随即着手开展调查，陈某等村民误认为举报信是原告王训钿所写，到原告处责骂原告。原告经向村、镇、市相关部门及国土部门多次查询，才得知举报信为被告所写。另经查明，原、被告所在村名为王训钿（音同"田"）的人只有原告王训钿一人，王训钿也用过"王训田"名字从事各类民事活动。

上述事实有下列证据证明：

1. 举报信原件2份，系慈溪市人民法院依职权调查所得，其中一封系向慈溪市国土资源局举报，另一封系向宁波市国土资源局举报，第一封举报信尾部署名"王训田"，日期为"2007年12月15日"。

2. 举报信复印件1份，由原告提供，该举报信记载内容与慈溪市人民法院依职权调查所得的第一封举报信完全一致。

3. 水电费发票22张，由原告提供，发票上记载为"横河镇王畈村"，户名"王训田"，缴费起始日期显示为2000年10月10日，最近的日期显示为2010年5月6日。

4. 中国邮政储蓄银行存折1本，由原告提供，存折户名为"王训田"，开户日期为"2006年5月26日"。

5. 慈溪市横河镇秦堰村村民委员会证明1份，由原告提供，内容为"兹证明本村村民王训钿，男，住址浙江省慈溪市横河镇秦堰村王家畈，公民身份号码……该村民出于个人习惯，有时签名时名字写为王训田，且本村王家畈自然村同名同音的只有一个王训钿"。

（四）判案理由

浙江省慈溪市人民法院经审理认为：被告未经原告同意，擅自以原告的姓名，用书面形式向政府相关部门举报，使相关部门及村民误认为系原告投诉举报，对原告造成了一定的生活困扰和精神损害，被告的这一行为侵害了原告的姓名权。对此，被告应依法承担相应的民事责任。因被告的侵权行为已经发生但未持续，故对原告要求被告停止侵害的请求，本院不予支持。对原告要求被告恢复名誉、消除影响、赔礼道歉的请求，本院予以支持，并酌情确定形式为由被告出具书面道歉书。对原告要求赔偿损失的请求，本院酌情确定被告赔偿原告精神损害抚慰金2 000元。其余赔偿请求，因原告未提供相应的证据，不予支持。

（五）定案结论

浙江省慈溪市人民法院依照《中华人民共和国民法通则》第九十九条、第一百二十条第一款，《最高人民法院关于贯彻执行〈中华人民共和国民法通则〉若干问题的意见（试行）》第一百四十条，《最高人民法院关于确定民事侵权精神损害赔偿责任若干问题的解释》第八条，作出如下判决：

1. 被告于本判决生效之日起十日内向原告出具书面道歉书；

2. 被告于本判决生效之日起十日内赔偿原告精神损害抚慰金2 000元，逾期加倍支付迟延履行期间的债务利息；

3. 驳回原告其余诉讼请求。

案件受理费130元，由原告负担80元，被告负担50元。

（六）解说

本案是一起冒用他人姓名而侵犯他人人格尊严的姓名权纠纷案件。我国《民法通则》第九十九条第一款规定："公民享有姓名权，有权决定、使用和依照规定改变自己的姓名，禁止他人干涉、盗用、冒用。"本案争议的焦点有二：一是被告冒用原告姓名写检举信的行为是否构成对原告姓名权的侵害？二是被告对自己的行为应如何承担责任？

1. 被告的行为是否构成对原告姓名权的侵害

对此争议焦点，本案在审理过程中出现了两种不同观点：第一种观点认为，被告在举报信中用的是化名"王训田"，而不是用的原告"王训钿"的真名，被告并无冒用原告姓名的动机和本意，故其未侵害原告的姓名权。第二种观点认为，只有公民自己才享有决定、使用、变更自己姓名的权利，虽然合法的正规的举报行为是受法律保护和鼓励的，但是，违规甚至违法的举报行为并不受法律保护。本案被告的举报行为不当之处在于不是实名举报，也不是匿名举报，而是冒用他人的姓名举报。不管被举报的违法行为是否查证属实，被告冒用别人姓名的行为足以构成对他人姓名权的侵害。

本案判决遵循了第二种观点。所谓姓名权，是指公民依法享有的决定、使用、变更自己的姓名并要求他人尊重自己姓名的一种人格权利。姓名权保护的客体是权利人的姓名，侵害姓名权的行为是一般侵权行为，适用的是过错责任原则。按照侵权法理论，归责原则决定侵权责任的构成要件。在采用过错归责原则的基础上，通说认为，侵权责任的构成要件有四个，即过错、违法行为、因果关系、损害事实。要认定被告胡家祥的行为是否构成对原告王训钿姓名权的侵害，关键是看其行为是否符合侵权责任的构成要件。

（1）从主观上分析。过错责任的归责基础在于过错，而过错的判断标准，通常要结合主观心理状态和客观行为两个方面。过错的认定标准包括故意和过失两种形态。故意，是指行为人对特定的或可以特定的损害结果的发生是明确知道的，并且意图追求这种损害后果的发生。过失，是指行为人对于特定或可以特定的损害结果的发生应当预见并且具有预见的可能，但却未预见的心理欠缺。本案中，被告与原告是同村村民，应当知道同村只有原告一人叫"王训钿"，也知道"王训钿"与"王训田"系同一人，对其用"王训田"的名字写举报信的行为属于冒用他人姓名的行为性质也应当是明知的，可以说，被告在主观上具有冒用他人姓名的故意，主观上有过错。

（2）从客观行为上分析。侵害姓名权的行为主要有以下四种：一是盗用他人姓名，即未经本人同意，擅自以该人的名义进行民事活动或者从事不利于姓名权人、社会公共利益的行为；二是冒用他人姓名，即行为人冒名顶替、完全以冒用姓名人的身份从事活动；三是干涉他人姓名，即对他人行使姓名权进行无理干预，阻碍他人姓名权的行使；四是不使用他人姓名，即应当使用他人姓名而不予使用他人姓名的行为。本案中，被告客观上确实使用了原告王训钿的姓名书面举报他人的违法行为，虽然被告署名"王训田"而非"王训钿"，但"钿"与"田"属于同音异形字，原、被告所在村名为王训钿

（音同"田"）的人只有原告一人，因此，可以认定被告以"王训田"名义书写并投递举报信的行为属于冒用原告姓名的行为。

（3）从损害事实上分析。被告冒用原告的姓名举报，直接导致受理举报部门及同村村民误认为系原告投诉举报，从而使原告遭受了被举报人的责骂和同村村民的另眼相看，产生紧张、焦虑、不安等不良情绪，心理上承受了不必要的担忧和困扰，如害怕遭到他人的报复、陷害等。同时，原告为查明事实真相，向他人进行解释说明等也需花费一些本不必要的时间和精力。因此，可以认定被告的举报行为在客观上对原告产生了一定的精神损害。

（4）从因果关系上分析。对于因果关系的判定，目前最为通行的是相当因果关系说，相当因果关系，是指作为侵权行为要件的因果关系，只需具备某一事实；依据社会共同经验，即足以导致与损害事实同样的结果。相当因果关系的必备要件有二：一是行为与结果之间具有某种可能性联系，即有否条件关系；二是按照通常人标准，行为可能造成的后果与实际发生的结果之间有相当性，即"无此行为，虽不必生此损害，但有此行为，通常即足以生此种损害者"。本案中，被告冒用原告的姓名举报的行为，导致受理举报部门及同村村民误认为系原告投诉举报，是造成原告精神损害的条件和原因，且被告的行为按照常理判断，足以造成原告的损害结果。因此，可以认定被告的侵权行为与原告的损害后果之间存在相当因果关系。

综上，从侵权行为的四构成要件分析，可以认定被告冒用原告姓名写检举信的行为构成了对原告姓名权的侵害。

2. 被告应如何承担责任

在认定冒名举报行为构成侵权的情况下，关于被告侵权责任的承担方式，实践中也存在两种观点：第一种观点认为，被告冒用原告姓名举报的行为虽然有过错，但过错程度较小，侵权行为情节轻微，同时，根据"谁主张，谁举证"的原则，原告的经济损失和精神损害缺乏相应的证据证实，故不予支持，被告只需向原告赔礼道歉即可。第二种观点认为，虽然原告未举证证明其物质损失，但从客观事实看，原告为查找举报信来源，花费了一定的时间和金钱，遭受了被举报人的责骂，在精神上承受了不必要的痛苦和困扰。因此，原告的经济损失、精神损害都是客观存在的，被告应予以适当赔偿。

本案判决采纳了第二种观点。我国《民法通则》第一百零六条第二款规定："公民、法人由于过错侵害国家的、集体的财产，侵害他人财产、人身的，应当承担民事责任。"《侵权责任法》第六条规定："行为人因过错侵害他人民事权益，应当承担侵权责任。根据法律规定推定行为人有过错，行为人不能证明自己没有过错的，应当承担侵权责任。"《民法通则》第一百二十条第一款规定："公民的姓名权、肖像权、名誉权、荣誉权受到侵害的，有权要求停止侵害，恢复名誉，消除影响，赔礼道歉，并可以要求赔偿损失。"《最高人民法院关行贯彻执行〈中华人民共和国民法通则〉若干问题的意见（试行）》第一百五十条规定："公民的姓名权、肖像权、名誉权、荣誉权和法人的名称权、名誉权、荣誉权受到侵害，公民或者法人要求赔偿损失的，人民法院可以根据侵权人的过错程度、侵权行为的具体情节、后果和影响确定其赔偿责任。"本案中，虽然原告未举证证明其物质损害是多少，但被告冒用原告姓名举报的行为在客观上确实给原告的生活造成了一定的困扰，原告在精神上也因此产生了一定的压力；同时，也为避免以后发生类似的违规举报行为，警示社会，提倡合法正规的举报行为，故法院判决被告向原告出具书面道歉书，并酌情确定被告赔偿原告精神损害抚慰金2 000元。

（浙江省慈溪市人民法院　钟志平　孙雪）

24. 战一诉北京雷霆万钧网络科技有限责任公司名誉权、肖像权案
（网络侵权）

（一）首部

1. 判决书字号：北京市东城区人民法院（2010）东民初字第10071号。
2. 案由：名誉权、肖像权纠纷。
3. 诉讼双方
原告：战一，女，汉族，北京摩纳国际影视投资有限公司演员，住北京市朝阳区。
委托代理人：胡怀玉，北京市合川律师事务所律师。
委托代理人：李洋，北京市合川律师事务所律师律师助理。
被告：北京雷霆万钧网络科技有限责任公司，住所地：北京市东城区。
法定代表人：冯珏，董事长。
委托代理人：赵惠芳，女，北京雷霆万钧网络科技有限责任公司职员。
4. 审级：一审。
5. 审判机关和审判组织
审判机关：北京市东城区人民法院。
独任审判人员：审判员：韩毅冰。
6. 审结时间：2010年12月17日。

（二）诉辩主张

1. 原告战一诉称

2010年5月16日，原告上网时发现被告的网站（http://slideshow.news.tom.com）上刊登了"揭秘北京天上人间真正'陪侍小姐'照片"的报道，盗用了原告的照片，并在照片的下方以文字说明的方式直接捏造该照片的主人公即原告的个人身份信息（以下简称"涉案照片及信息"）。被告基于自身的经营需要，为追求经济效益，未经原告同意即刊登原告的照片，且是在"揭秘北京天上人间真正'陪侍小姐'照片"的报道中使用，与照片相对应的信息也属被告直接捏造，这一行为严重侵害了原告的名

誉权和肖像权，给原告的演艺事业和美好前途都带来了相当不利的影响，同时也给原告造成了严重的精神损害和直接的经济损失。原告于2010年5月19日在新浪网的个人博客上发表声明，就相关媒体转载涉案照片及信息的不实报道一事，声明自己并非天上人间的陪侍小姐，涉案照片系被盗用。2010年5月21日，原告在新浪博客上公开发出律师函，要求刊登涉案照片及信息的相关媒体向原告公开赔礼道歉，消除影响、恢复名誉、并赔偿损失。但被告对原告的上述维权行为无动于衷。为维护自身的合法权益，原告诉至法院，请求判令：（1）被告在一定范围内向原告公开赔礼道歉，消除影响、恢复名誉，并支付侵害原告名誉权的精神损失赔偿金及补偿金2万元，侵害肖像权的直接经济损失和精神损失赔偿金及补偿金2万元；（2）被告承担公证取证费用1 400元；（3）被告承担本案诉讼费。

2. 被告北京雷霆万钧网络科技有限责任公司辩称

（1）对于原告所称的个人声明及律师函，被告无法通过合理途径知悉，亦无法通过二者证明被告未采取措施来消除对原告的影响。被告于2010年7月6日收到原告的律师函后，当日即删除了涉案照片及信息，并于当日告知了原告律师函上注明的联系人，原告的联系人对此予以认可。（2）涉案照片及信息系被告经营的TOM网站上的用户ygfjftgyj于2010年5月14日自行上传，非被告直接转载；因用户注册不需要提供真实身份信息，故无法确定上传者的真实身份，但被告可以提供上传者的用户名、注册时间、注册邮箱、ID号等证明该上传者的存在；被告的网站上也难以通过直接点击网页的方式找到涉案照片及信息。并且，被告在网页上明文提示："本文全部内容均由用户上传，不代表TOM网观点及立场。TOM网已要求用户上传的内容不得侵犯第三方的知识产权及其他权利或具有其他违法行为。如用户违反以上承诺，将承担相应的法律责任。如果您发现上传内容侵犯了您的知识产权、其他权利或具有其他违法行为，请立即通知TOM网。"因此，被告不应当承担侵权责任。（3）被告作为网站经营者，为网络用户提供存储空间，不知道也没有合理的理由知道用户上传的信息是否侵害其他第三方的合法权益，亦无能力进行核实；被告按上述用户提示及《信息网络传播权保护条例》（以下简称"《条例》"）第十四、十五、二十二条的相关规定，在接到原告的律师函后，立即删除了相关信息，被告已履行了法律规定的义务，亦未从涉案照片及信息上获利，不应承担其他法律责任。因此，被告已按法律规定履行了删除涉案照片及信息的义务，在主观上不存在侵害原告人格权的故意或过失，在客观上也没有实施侵害原告人格权的行为，不构成侵权，不应承担任何法律责任，故被告不同意原告的诉讼请求。

（三）事实和证据

北京市东城区人民法院经公开审理查明：原告自2009年4月起于北京摩纳国际影视投资有限公司影视经纪部门任职。

被告经营的TOM网网站的子频道——幻灯片（http://slideshow.news.tom.com/vw/193637-1.html?source=HP_LATEST）上于2010年5月18日登载了题为"揭秘

北京天上人间真正'陪侍小姐'照片"的一组照片,其中第一张照片下方配有文字信息,即:"姓名:瑶瑶;年龄19岁,身高173CM;籍贯:湖北恩施"。该照片中的人物图像即为原告的肖像。另,该网页同时显示:上传者:ygfjftgyj,时间为2010年5月14日11时53分52秒。在该网页的最下面,载有"本文全部内容均由用户上传,不代表TOM网观点及立场。TOM网已要求用户上传的内容不得侵犯第三方的知识产权及其他权利或具有其他违法行为,如用户违反以上承诺,将承担相应的法律责任。如果您发现上传内容侵犯了您的知识产权、其他权利或具有其他违法行为,请立即通知TOM网。[版权保护投诉指引]"的内容。

2010年5月19日,原告在新浪网的个人博客上发表声明,就全国乃至全球华人区各个网站、论坛、贴吧、博客等媒体转载涉案照片及信息的不实报道一事,声明自己并非天上人间的陪侍小姐,涉案照片系被盗用。

同年5月21日,原告在新浪博客上公开发出律师函,要求刊登涉案照片及信息的各网站、论坛、贴吧、博客等媒体应当向原告公开赔礼道歉、消除影响、恢复名誉,并赔偿损失。

2010年7月6日,原告就被告的TOM网网站登载的涉案照片及信息涉及侵害原告肖像权、名誉权一事,向被告发出律师函,指称涉案照片盗用原告照片并诋毁其为天上人间的陪侍小姐,该信息纯属捏造,故要求被告向原告赔礼道歉、消除影响、恢复名誉,并支付损害赔偿金。被告收到律师函后,立即删除了涉案照片及信息,并告知了原告。

庭审中,就原告诉称的精神损害赔偿金及补偿金,原告称赔偿金系因被告的侵权行为造成损害,补偿金系因为被告受益而应对原告的补偿;二者的金额各为1万元。就原告诉请的公开赔礼道歉的方式,原告称要求被告向原告当面赔礼道歉,并公开提交书面道歉信,公开的范围包括向原告本人、原告所任职的公司等。就原告诉称的公证取证费,原告称其诉称的公证费是对包含本案被告在内的10个公司公证取证的费用进行平均计算后的金额,被告认可原告提供的公证费发票的真实性,但认为其不能证明其保全的事实是否侵权,也无法证明涉案照片是否侵权。

上述事实,有下列证据证明:

1. 北京市长安公证处(2010)京长安内民证字第4720号公证书。证明内容:被告网站上登载了题为"揭秘北京天上人间真正'陪侍小姐'照片"的一组照片。

2. 北京市长安公证处(2010)京长安内民证字第4720号、第5239号公证书。证明内容:证明涉案照片上的人物图像为原告。

3. 《在职证明》。证明内容:证明原告的职业以及涉案信息内容的非真实性。

4. 原告向被告发出的律师函。证明内容:证明原告通知了被告涉案照片及信息系侵权信息。

5. 公证费发票。证明内容:证明原告的损失。

(四) 判案理由

北京市东城区人民法院经审理认为:名誉是特定人所受到的有关其品性、才能、功绩、职业、身份等方面的社会评价的总和。公民享有名誉权，公民的人格尊严受法律保护，捏造事实公然丑化他人人格，以及用侮辱、诽谤等方式损害他人名誉，造成一定影响的，应当认定为侵害公民名誉权的行为。肖像是指通过绘画、照相、雕塑、录像等形式使公民外貌在物质载体上再现的视觉形象。肖像权是公民对自己的肖像享有利益并有权排除他人侵害的人格权利。公民享有肖像权，未经本人同意，不得以营利为目的使用公民的肖像。

本案中，涉案照片及信息使用原告的肖像并指称其为"陪侍小姐"，系属以捏造事实的方式对原告进行的侮辱、诽谤，丑化了原告的人格，给原告的名誉造成了负面的影响，侵害了原告的名誉权。

就被告所称的涉案照片及信息系网站的某注册用户上传，作为网站经营者的被告不应当对用户上传内容损害他人权益而承担侵权责任一节，即使确如被告所言，网站经营者虽难以对所有用户上传的所有内容是否损害他人权益进行审查，但对于一些可能涉及损害他人权益的负面信息，应负有一定的审查、管理职责，并采取相应的措施予以控制；若网站经营者未尽到此种谨慎之审查义务，而允许未核实真伪的信息进行登载，则应当承担相应的侵权责任。若网站经营者不承担此种审查、管理义务，任由可能侵害他人权益之信息随意登载，长远来看，将可能危及社会公众之权益。本案中，涉案照片及信息明显有侵害他人权益的内容，然被告并未对该信息予以审查，亦未采取一定的措施予以控制，致使其在被告网站登载长达五十余日，对原告的名誉造成了负面的影响，侵害了原告的名誉权，对此，被告应当承担相应的侵权责任。就被告所称其有权利依提示声明应当免责的意见，因该声明系被告之单方提示，不足以成为其免责之理由。被告接到原告的律师函后将涉案照片及信息立即删除，避免了损害的进一步扩大，故被告仅应承担与其过错相适应的赔偿责任。因此，对于原告要求被告赔礼道歉，消除影响、恢复名誉的诉讼请求，因被告过错程度较轻且涉案照片及信息已经删除，故原告的此项诉讼请求，本院不予支持。对原告要求被告给付侵害名誉权的精神损害赔偿金的诉讼请求，本院予以支持。精神损害抚慰金的具体数额，由本院结合本案的具体情况酌定。

就被告是否侵害原告的肖像权一节，涉案照片虽非直接用于被告的广告、宣传等用途，但被告的网站作为营利性网站，涉案照片的登载会增加网站一定的浏览量，被告能够获取一定的收益。因此，应当认定被告在一定程度上亦侵害了原告的肖像权，应承担相应的侵权责任。故对原告要求被告给付侵害肖像权的精神损害赔偿金的诉讼请求，本院予以支持，精神损害抚慰金的具体数额，由本院结合本案的具体情况酌定。对于原告要求被告给付侵害肖像权的直接经济损失的诉讼请求，因原告并未提供相应的证据予以证明，故本院不予支持。

就被告是否因涉案照片及信息盈利而应对原告进行补偿一节，本院认为，被告的网站虽系营利性网站，但涉案照片及信息的登载对其带来的经济利益的具体数额，原告并未提供相应的证据予以证明，且被告承担了一定的精神损害赔偿责任，已经足以弥补对原告造成的损害，故原告的此项诉讼请求，本院不予支持。

就原告要求被告承担公证取证费用一节，因该笔费用属被告的侵权行为给原告造成的额外支出，故对其该项诉讼请求，本院予以支持。

对于被告所辩称的依据《条例》的相关规定，其不应当承担法律责任的抗辩意见，因该《条例》并非适用于人身权益保护的法律法规，故此项抗辩意见，本院不予采纳。

(五) 定案结论

北京市东城区人民法院依据《中华人民共和国民法通则》第一百条、第一百零一条，《中华人民共和国侵权责任法》第二条、第六条第一款、第二十二条、第三十六条，《最高人民法院关于贯彻执行〈中华人民共和国民法通则〉若干问题的意见（试行）》第一百三十九条、第一百四十条，《最高人民法院关于确定民事侵权精神损害赔偿责任若干问题的解释》第一条、第八条第二款、第九条第三项、第十条之规定，作出如下判决：

1. 被告北京雷霆万钧网络科技有限责任公司于本判决生效后十日内赔偿原告战一侵害名誉权的精神损害抚慰金七千元，侵害肖像权的精神损害抚慰金三千元。

2. 被告北京雷霆万钧网络科技有限责任公司于本判决生效后十日内给付原告战一公证取证费用一千四百元。

3. 驳回原告战一的其他诉讼请求。案件受理费 300 元，由原告战一负担 100 元，由被告北京雷霆万钧网络科技有限责任公司负担 200 元（原告已交纳，被告于本判决生效后十日内交纳）。

(六) 解说

本案中的争议焦点在于提供存储空间的网络服务提供者是否应当对网络用户上传的侵权信息造成的损害后果承担侵权责任。对此，应当明确以下几个问题：

1. 网络服务提供者的界定及其法律适用

在网络侵权中，侵权行为的主体与传统的侵权主体明显不同，除网络用户外，还有网络服务提供者，这使得原本相对简单的"侵权人—被侵权人"的二元法律关系变得更加复杂。

对网络服务提供者的具体含义，目前尚未有统一权威的表述，学界对此也存有较大争议。依据全国人大常委会法制工作委员会民法室的解读，《侵权责任法》中"网络服务提供者"一词内涵较广，不仅应当包括技术服务提供者，还应当包括内容服务提供者。[①]

根据网络服务提供者所进行的网络服务行为，可以将网络服务提供者区分为技术服务提供者和内容服务提供者两种类型。前者是为网络用户提供信息通道或者信息平台服务的行为，例如，提供网络接入、信息传输、存储空间、信息搜索、链接等；后者是为网络用户提供内容服务的行为，即直接向网络用户提供信息、产品以及其他服务。这两类服务行为有着本质的区别。前一种服务行为中，网络服务提供者只是通道或者平台，

---

① 参见王胜明主编：《中华人民共和国侵权责任法释义》，189 页，北京，法律出版社，2010。

本身并不对传输或者存储的信息进行主动编辑、组织或者修改,全部内容都由网络用户提供。后一种服务行为中,网络服务提供者自身直接向网络用户提供内容或者产品服务,其提供的内容和产品是该网络服务提供者自身主动编辑、组织、修改或提供的。二者行为模式不同,适用的法律规则、承担的法律责任也存在差异。

《中华人民共和国侵权责任法》(以下简称"《侵权责任法》")对这两种行为规定了不同的规制模式。对提供内容和产品服务的网络服务提供者,因其网站的信息内容都是该网络服务提供者自己主动编辑、组织和提供的,故应由该网络服务提供者自己负责,造成侵害他人权益的,应该承担直接侵权责任。其所适用的法律规则就是《侵权责任法》第三十六条第一款①的规定。

对提供网络接入或者平台服务的网络服务提供者,则应适用《侵权责任法》第三十六条第二款②和第三款③的规定。第二款实际上为网络服务提供者设立了"避风港"和责任限制。被侵权人如果发现网络用户利用网络服务侵害其合法权益的,有权向网络服务提供者发出通知,要求其采取必要措施。如果网络服务提供者采取了必要措施,则不承担侵权责任。如果网络服务提供者在收到被侵权人的通知之后未采取必要措施,或者采取的措施不合理,造成损害结果扩大的,网络服务提供者只对因此造成的损害的扩大部分与实施直接侵权行为的网络用户承担连带责任。

第三款规定了提供信息接入或信息平台服务的网络服务提供者的间接侵权责任。此种情形下,网络服务提供者的行为本身不构成侵犯他人权利,但是对直接侵权人的行为起到了诱导、帮助作用,因此应承担侵权责任。在这种间接侵权责任中,实施直接侵权行为的是网络用户而不是网络服务提供者,网络服务提供者只是因为未采取必要措施,客观上对直接侵权行为起到了帮助作用。网络服务提供者认识到网络用户利用其网络服务侵害他人民事权益,则负有及时采取必要措施、制止侵权行为的保护义务,未采取必要措施,实际上是放任了侵害结果的发生,因此应与实施直接侵权的网络用户承担连带责任。

本案中,登载涉案照片及信息的部分是被告的网站的幻灯片子频道,该部分主要是为网络用户提供上传的存储空间。就该频道而言,被告可以被视为是平台服务的网络服务提供者,更确切说,是提供存储空间的网络服务提供者。因此,对其行为,应当适用《侵权责任法》第三十六条第二款或第三款的规定。因为被告在接到原告的明确通知之后,及时删除了涉案照片及信息,故本案亦不能适用第二款的规定。

2. 提供存储空间的网络服务提供者承担何种类型的侵权责任

(1) 对《侵权责任法》第三十六条第三款中"知道"的理解在《侵权责任法》第三十六条第三款的适用中,关键是如何理解"知道"这一主观要件。"知道"是指一个正常的、理性的人认识到某一事实的存在的主观状态。

---

① 《侵权责任法》第三十六条第一款规定:"网络用户、网络服务提供者利用网络侵害他人民事权益的,应当承担侵权责任。"

② 《侵权责任法》第三十六条第二款规定:"网络用户利用网络服务实施侵权行为的,被侵权人有权通知网络服务提供者采取删除、屏蔽、断开链接等必要措施。网络服务提供者接到通知后未及时采取必要措施的,对损害的扩大部分与该网络用户承担连带责任。"

③ 《侵权责任法》第三十六条第三款规定:"网络服务提供者知道网络用户利用其网络服务侵害他人民事权益,未采取必要措施的,与该网络用户承担连带责任。"

从解释学的角度看,"知道"包括"明知"和"应知"两种主观状态。对于该款"知道"的含义,主要有三种不同的观点。多数学者主张将"知道"解释为"明知"①,也有学者认为"知道"包括"明知"和"应知"两种情况,但是需要法官在操作层面区分不同标准予以判定②;还有学者提出将"知道"解释为"推定知道"或者"有理由知道"③。

我们认为,"知道"是一种主观认知状态,它必须通过客观化的方式才能得到证明。但是,证明网络服务提供者知道网络用户利用其网络服务侵害他人民事权益的直接证据,如网络服务提供者的工作人员的明确承认、有关文件中有明确记载等,通常难以为外人获得。这就在客观上增加了被侵权人获得侵权救济的难度。所以,在司法实践中,除了有明确的证据表明网络服务提供者确实已经知道之外,还可以通过间接证据推定其有极大的可能已经知道,这种证明方法也被称为"推定知道"或者"有理由知道"。在这种方法下,如果行为人拥有某种信息,一个正常的、理性的人根据该信息,运用日常生活经验将会推出有关事实的存在,或者将会根据该事实存在的假设来控制其自身的行为。④这类间接证据包括有关机构或者个人已经向网络服务提供者发出警告或者提醒等。

本案中,在原告于2010年5月在其个人博客上发出声明及律师函,应当视为其向包含被告在内的网站发出声明,要求相关网站采取相应的措施予以控制。在一定期限后,应当推定被告知道了涉案照片及信息可能涉及侵权的情况。而且,涉案照片及信息具有明显的不符合社会主义精神文明建设、可能涉及侵权的内容,被告对此也应当负有一定的审查义务,核实信息的真伪。因此,本案应当适用《侵权责任法》第三十六条第三款的规定。

(2)网络服务提供者承担何种类型的侵权责任

本案中,被告知道网络用户利用网络上传涉案照片及信息,可能侵害他人民事权利的,而未对涉案照片及信息的真实性进行核实,也未采取必要的措施予以控制,致使涉案照片及信息仍在被告网站上登载的时间长达五十余天,对原告的名誉造成了负面的影响,侵害了原告的名誉权,应当与上传涉案照片及信息的网络用户承担连带责任。依据《侵权责任法》第十三条⑤的规定,在上传涉案照片及信息的网络用户主体不明确的情况下,应当由作为网络服务提供者的被告承担侵权责任。

至于被告承担责任后是否可以向上传涉案照片及信息的网络用户追偿的问题,我们认为,因为被告未采取一定的措施予以控制,对于涉案照片及信息造成的损害后果也存在一定的过错,故其承担其责任后,不能向上传涉案照片及信息的网络用户进行追偿。二者之间的连带责任,应当是一种不真正的连带责任。

---

① 王利明主编:《中华人民共和国侵权责任法释义》,159页,北京,中国法制出版社,2010。
② 参见王利明主编:《中华人民共和国侵权责任法解读》,185页,北京,中国法制出版社,2010。
③ 奚晓明主编:《〈中华人民共和国侵权责任〉条文理解与适用》,265页,北京,人民法院出版社,2010。
④ 参见[美]肯尼斯·亚伯拉罕、阿尔伯特·泰特:《侵权法重述——纲要》,许传玺、石宏等译,第12节。
⑤ 《侵权责任法》第十三条规定:"法律规定承担连带责任的,被侵权人有权请求部分或者全部连带责任人承担责任。"

3. 提供存储空间的网络服务提供者对网络用户上传的侵权信息承担责任的理论基础

我们认为,在实际上传侵权信息的网络用户无法确定时,网络服务提供者应当对网络用户上传的侵权信息造成的损害后果承担侵权责任。从理论上看,主要理由有三个:

一是危险控制理论。一般认为,那些因从事某种活动而给社会增加了危险的人,基于其对危险源的认识和控制,更可能预见到危险所在并采取必要措施防止危险发生。就网络用户上传的侵权信息而言,单纯依靠被侵权人自行发现从而维护自己的权利十分的困难,而且,等被侵权人发现时,往往已经造成了比较严重的侵害后果。网络服务提供者提供存储空间,是一种经营行为,这种行为为网络用户侵害他人权利提供了一定的机会,造成了他人权利受到侵害的危险。因此,从对产生此种危害的控制而言,网络服务提供者是最恰当、也是唯一可以对此种侵害行为予以控制的主体。

二是获利理论。一般认为,从危险源中获得利益的人经常被认为是负有制止危险义务的人。他们从危险活动中受益,当然也应当承担与之有关的风险。网络用户上传的信息,可以提高网站的浏览量,使网络服务提供者获取一定的收益。而获取利益应当承担一定的义务,网络服务提供者应当对网络用户上传的信息负有一定的审查、管理职责,并采取一定的措施予以控制,防止侵权行为的发生。

三是保护处于社会弱势地位者的理论。一般而言,对于上传侵权信息的网络用户,被侵害人很难确定其是否真实存在以及其真正的身份。相对于作为机构主体的网络服务提供者而言,被侵害人处于一种弱势地位。如果网络服务提供者不承担谨慎之审查义务,造成未核实真伪的侵权信息进行登载,而不承担侵权责任,则往往会使处于弱势地位的被侵害人陷入无法维护自身合法权益的境地。

当然,有观点认为,因对网络上海量的信息进行筛选和审查,超出了网络服务提供者的能力范围,故为了保障网络服务提供者能够正常开展平台或者通道服务,免遭莫名其妙的纠纷困扰和不可预见的责任风险,保障网络整体的顺利运营,应免除网络服务提供者对可能侵权的信息的审查义务。但我们认为,从网络行业的发展需要考虑,公民个人的民事权益,尤其是人格利益,更应当得到维护,在二者发生冲突时,应当优先考虑公民个人的人格权益的保护。而且,从目前的网络环境看,也应当赋予网络服务提供者一定的审查义务,以净化网络环境,弘扬社会主流价值观。

综上,我们认为,提供存储空间的网络服务提供者虽难以对所有网络用户上传的所有内容是否损害他人权益进行审查,但对于一些可能涉及损害他人权益的负面信息,应负有一定的审查、管理职责,并采取相应的措施予以控制;若网络服务提供者未尽到此种谨慎之审查义务,而允许未核实真伪的侵权信息进行登载,则应当承担相应的侵权责任。若网站经营者不承担此种审查、管理义务,任由可能侵害他人权益之信息随意登载,长远来看,将可能危及社会公众之权益。

4. 网络服务提供者的免责事由

(1) 免责提示声明是否可以免责

网络服务提供者一般会在网络上发布免责提示声明,就该权利提示声明是否可以使网络服务提供者免责的问题,我们认为,因该声明系网络服务提供者之单方提示,不足以成为其免责之理由。

(2) 及时删除侵权信息后是否可以免责

网络服务提供者是否可以适用《条例》第十四、十五、二十二条的相关规定，在接到被侵害人的通知后立即删除相关信息，因此而不用承担侵权责任。我们认为，《条例》并非适用于人身权益保护的法律法规，不能因及时删除侵权信息而免除其应当承担的侵权责任。但是，网络服务提供者接到被侵害人的通知后将侵权信息及时删除，避免了损害的进一步扩大，仅应承担与其过错相适应的赔偿责任，也就是说，可以减轻其承担的责任。

（北京市东城区人民法院　韩毅冰、李玉斌）

25. 东方京宁建材科技有限公司诉睿达华通化工材料技术有限责任公司名誉权案
（法人名誉权的认定与保护）

（一）首部

1. 判决书字号

一审判决书：北京市大兴区人民法院（2010）大民初字第3421号。

二审判决书：北京市第一中级人民法院（2010）一中民终字第11048号。

2. 案由：名誉权纠纷。

3. 诉讼双方

原告（上诉人）：北京东方京宁建材科技有限公司，住所地：北京市平谷区。

法定代表人：阮蕾，董事长。

委托代理人：韩建宇，北京市大洋律师事务所律师。

委托代理人：徐焱，男，北京市海淀区清华大学土建工程承包总公司职工，住北京市海淀区。

被告（被上诉人）：北京睿达华通化工材料技术有限责任公司，住所地：北京市大兴区。

法定代表人：张美云，董事长。

委托代理人：张颖，男，北京睿达华通化工材料技术有限责任公司技术人员，住北京市丰台区。

委托代理人：张彩风，北京市时代九和律师事务所律师。

4. 审级：二审。

5. 审判机关和审判组织

一审法院：北京市大兴区人民法院。

独任审判人员：审判员：刘军。
二审法院：北京市第一中级人民法院。
合议庭组成人员：审判长：郝从宇；审判员：王雷、章坚强。
6. 审结时间
一审审结时间：2010年5月7日。
二审审结时间：2010年10月20日。

(二) 一审情况

1. 一审诉辩主张
(1) 原告北京东方京宁建材科技有限公司(以下简称"京宁公司")诉称

第一，睿达华通化工材料技术有限责任公司(以下简称华通公司)对我公司进行侮辱和诽谤的事实。我公司成立于2004年，公司的主要业务就是利用清华大学土建工程承包总公司职工徐焱等人的专利技术，生产和销售空心板中的填充材料。公司成立后，其产品成功地应用于"2008年奥运会射击馆"和俗称"鸟巢"的"国家体育场"，后来又陆续在万达广场、主语城、金鼎商贸等大型工程中使用我公司的产品。由此，我公司也先后被邀请参编国家图集《现浇混凝土空心楼盖》(05SG343)及国家规程《现浇混凝土空心及复合楼盖技术规程》。华通公司成立于2007年，销售的产品与我公司同属一类。我公司曾经就被告印刷和发放《现烧混凝土空心楼盖结构技术规程》(CECS175：2004)和图集《现浇混凝土空心楼盖》(05SG343)，并且提供网络下载的事，向有关单位举报，有关单位向我公司出具声明函，对被告的虚假宣传行为进行了澄清。

从2008年5月31日起，华通公司就在其网站上对我公司与徐焱进行侮辱和诽谤。在"徐焱偷窃我公司技术被捉"一文中，对我公司进行侮辱和诽谤；在"北京东方京宁建材科技有限公司偷窃我公司技术被当场擒获"一文中，对我公司进行侮辱和诽谤，我公司于2008年9月10日请北京市长安公证处进行了证据保全。

2009年5月19日，在总参项目中，华通公司感觉自己可能要被替换，在其网站上发了"我公司在总参项目的施工正在进行中"的文章。5月23日，华通公司确定自己肯定要被替换了，又发了"徐焱故意到我工地搞破坏被业主罚款3 000"的文章。根据以上内容不难得出：1) 在质量和服务等方面我公司远不如被告。2) 原告的徐焱到华通公司的工地搞破坏，徐焱承认搞了破坏，并赔偿被告损失3 000元。以上无中生有捏造事实并加以散布的行为毁坏我公司的名誉。与此同时，华通公司在其网站的BBS上，继续无中生有捏造事实并加以散布相关内容，我公司于2009年6月29日再次请北京市长安公证处进行了证据保全。2009年8月以后，华通公司在其网站的BBS上变本加厉地损害或诋毁我公司的名誉，结合6月29日公证书及2009年12月1日我公司自行打印的页面，从2008年6月，我公司就连续接到电话，告知徐焱和我公司现在很出名了，有公司在网上宣称徐焱和我公司偷了别人的技术。从2009年1月起，我公司就从多方渠道获悉，有人在黄色网站上辱骂我公司。我公司登录http：//www.rdpcm.com/网站后发现，为了增大网站的知名度，华通公司不惜铤而走险，通过与黄色网站链接来扩大网站的浏览量,这种现象一直持续到 2009 年 7 月。在此期间,网站的浏览人数迅速增多,这也在客观上造成我公司名誉受损的范围加大,程度加深。目前,在一些搜索引擎网站上,只要输入几个关键词,就会出现一些有损我公司名誉的内容。

第二,华通公司的行为给我公司造成经济损失的事实。我公司曾向多个奥运和国家重点工程供应材料,其技术和科研实力得到广泛认可,是本行业中有着良好口碑的企业。华通公司在网上侮辱、诽谤、捏造事实,散布流言飞语等方式损害我公司名誉的行为,使向我公司进行业务咨询的电话数量大幅度下降,我公司的业务员到一些企业去推销公司产品时,多次遭到别人的耻笑,认为我公司是个品行不端、信用不良的企业,这些印象客观上造成我公司产值和利润的下降。

依照相关法律的规定,我公司请求:1)判令华通公司立即停止侵权,以书面方式公开进行赔礼道歉;消除不良影响,将道歉内容在《中国建设报》上刊登一次,同时在华通公司网站主页的显著位置处连续刊登 18 个月;2)判令华通公司与包括谷歌、百度、腾讯搜搜、搜狐搜狗、网易有道在内的搜索网站联系,清除与事实不符且有损我公司名誉的内容,相关费用应由华通公司承担;3)赔偿我公司因为营业额下降而产生的经济损失 100 000 元;4)判令华通公司承担我公司维权支付的公证费 2 070 元和律师代理费 20 000 元;5)判令本案的诉讼费用由华通公司承担。

(2) 被告华通公司辩称

不同意京宁公司的诉讼请求。理由是:双方确实是同行,网站登载的是客观事实。第一件事情发生在 2008 年 5 月 28 日,京宁公司股东之一徐焱违法闯入我公司工地进行拍照发生冲突,昌平区西关环岛派出所也介入了,徐焱写了保证书,我方申请到派出所调取笔录;第二件事情发生在 2009 年 5 月 19 日,徐焱非法闯入我公司施工的工地,并恶意进行破坏工作,我公司被迫停止施工,是在建设单位李震的调解下,徐焱给付 3 000 元作为赔偿,京宁公司起诉的两件事认为我公司侵害其名誉权不是事实。原告起诉中的网站 BBS 上的留言,BBS 交流平台无论任何人和任何时间都可以发布,我公司无法控制,BBS 留言不能证明是我公司发表的言论,由于我公司发现恶意经营的网站和黄色网站链接,2009 年年底我公司的网站被迫关闭。综上,京宁公司的起诉没有事实和法律依据,网站登的是徐焱个人不是公司,所以京宁公司起诉主体不适格。

2. 一审事实和证据

北京市大兴区人民法院经公开审理查明:2008 年 5 月 29 日下午 3 时 30 分许,京宁公司技术顾问徐焱带领公司员工杨明军等三人,未经华通公司准许,进入华通公司位于本市昌平区西关环岛东侧京客隆施工工地,对施工现场的空心板进行拍照,后被华通公司现场施工人员发现,予以制止,双方发生争执,经昌平派出所调查询问后,徐焱书写保证书一份载明:我于 2008 年 5 月 29 日 15 时 30 分左右进入昌平西关环岛东侧京客隆施工工地观看空心板现场施工情况并拍摄照片 20 张。我进入工地时是没有经过工地负责人许可,擅自进入,此行为违反京客隆工地施工现场规定,我对我的行为深表歉意,错了。今后如果再进入京客隆工地时,严格按照施工现场规定去做,经请示现场负责人允许后方可进入。我今天进入的空心板现场是北京睿达华通化工材料技术有限公司的施工现场。我保证不将京客隆相片外传,如发生应承担相应法律责任。

2008年5月31日,华通公司在其网站上自行刊登了"北京东方京宁建材科技有限责任公司偷窃我公司技术被现场擒获"一文,该文载有如下内容:5月29日15时左右,北京东方京宁建材科技有限责任公司总工徐焱带领其公司的两名员工(一男,叫杨明军,一女,叫郝敏)以修模板的谎言骗过保安和门卫,到我公司昌平项目的施工现场偷窃我公司产品及工法时,被当场擒获,虽然杨明军和郝敏携带偷拍的数码相机逃出了工地,但徐焱最终被送到当地公安机关。在当地公安机关,其承认了自己的错误,并将已逃走的杨明军叫回,两人均做了询问记录,并删除了所偷拍的相片(但从偷拍到相机回到公安机关,中间被杨明军和郝敏带走了近三个小时,存在复制的可能),为保证技术不外流,徐焱写了保证书。到目前为止,郝敏仍未到公安机关接受询问,我公司将保留向其追究相应法律责任的权利。

2008年6月5日,经张连勤申请北京市国立公证处以(2008)京国立内证字第11086号公证书证实,在公证员的监督下,申请人张连勤的委托代理人徐焱于2008年5月29日来到位于北京市昌平区西关环岛东侧(政府街西路)的"伯朗峰"工程建设工地,对该建设工地售楼处标示及工地内使用的建材进行了拍照。兹证明本公证书相粘连的照片十二张均为现场拍摄,与实际情况相符。

2008年9月10日,经徐焱申请,北京市长安公证处对华通公司网站涉及"徐焱偷窃我公司技术的保证书,北京东方京宁建材科技有限责任公司偷窃……"报道的网页资料进行了保全公证。2009年5月23日8时30分许,京宁公司的徐焱到华通公司施工工地现场进行拍照,踩坏两块空心模块,被现场施工人员发现,经建设单位(甲方)有关人员协调,京宁公司的徐焱赔偿华通公司损失3 000元。

2009年5月23日,华通公司在其网站上自行刊登的"东方京宁的徐焱故意到我工地搞破坏被业主罚款3 000"一文,该文载有如下内容:5月23日8:30左右,京宁公司的徐焱到我公司正在施工的工地,绞断我公司已做好的抗浮铁丝,并将已铺设好的内模损坏后,在现场进行拍照的时候被我公司施工人员发现,徐焱在狡辩的过程中,趁我公司人员不注意时逃走。经总包方负责人及业主的追查下,京宁公司的徐焱承认此事,通过业主的调解,赔偿我公司损坏的内模材料费3 000元,但此事所引起的我公司施工损失,正在探讨中。

2009年6月29日,经徐焱申请,北京市长安公证处对华通公司网站涉及"东方京宁的徐焱故意到我工地搞破坏被业主罚款3 000元"、"我公司在总参项目的施工正在进行中"、"北京东方京宁建材科技有限责任公司偷窃我公司技术被当场擒获"等报道的网页资料进行了保全公证。

本案在庭审过程中,经核实,华通公司已经删除"北京东方京宁建材科技有限责任公司偷窃我公司技术被现场擒获"一文和"东方京宁的徐焱故意到我工地搞破坏被业主罚款3 000元"一文。

另查,京宁公司和华通公司的企业经营范围均包括:技术开发、咨询、服务和销售建筑材料等。

上述事实有下列证据证明:双方当事人在庭审中的陈述、公证书、网站网页资料、公证费、照片。

3. 一审判案理由

北京市大兴区人民法院经审理认为：名誉权是指公民、法人对其在社会生活中所获得的社会评价，即自己的名誉依法享有的不受侵犯的权利。构成侵害名誉权的责任，应当根据受害人确有名誉被损害的事实，行为人行为违法，违法行为与损害后果之间有因果关系，行为人主观上有过错来认定。京宁公司的技术顾问徐焱未经被告华通公司同意，采取欺骗的方式进入华通公司的施工现场进行拍照、并损坏施工现场材料属实，华通公司作为有竞争关系的同行业企业有理由对京宁公司技术顾问徐焱的行为产生质疑，并发表相关文章，对此京宁公司负有一定责任。网络在一定程度上允许言论自由，发表自己的意见，华通公司开辟的栏目本身就是这样一个自由讨论的空间，鉴于华通公司已删除网站上涉及京宁公司的相关文章，且京宁公司未能提供充足的证据证明华通公司是故意捏造事实进行诽谤，侵害其名誉，在京宁公司存在一定问题的情况下，华通公司的文章虽存言词过激，但并不是完全恶意捏造事实、诽谤，侵害京宁公司名誉，故京宁公司要求华通公司立即停止侵权，以书面方式公开进行赔礼道歉；消除不良影响，将道歉内容在《中国建设报》上刊登一次，同时在华通公司网站主页的显著位置处连续刊登18个月；华通公司与包括谷歌、百度、腾讯搜搜、搜狐搜狗、网易有道在内的搜索网站联系，清除与事实不符且有损原告名誉的内容，相关费用应由被告华通公司承担；赔偿经济损失；承担公证费、律师代理费的诉讼请求，缺乏依据，法院不予支持。

4. 一审定案结论

北京市大兴区人民法院依照《中华人民共和国民法通则》第一百零一条之规定，作出如下判决：

驳回原告北京东方京宁建材科技有限公司的诉讼请求。

（三）二审诉辩主张

1. 上诉人京宁公司诉称

请求二审法院撤销原判，依法改判或发回重审，并由被上诉人承担诉讼费。主要上诉理由是：一审法院认定事实不清、故意遗漏上诉人的证据材料，对李震的书面材料是否真实未加区分，认定的事实与李震公证录音材料相矛盾，该录音证明徐焱没有破坏被上诉人的物品；不存在徐焱以欺骗方式进入华通公司施工现场的情况；对BBS缺少相关结论；华通公司发表的"我公司在总参项目的施工正在进行中"一文对京宁公司的名誉造成损害；一审判决适用法律错误。

2. 被上诉人华通公司辩称

同意原判，并针对京宁公司的上诉意见发表答辩意见称：构成侵犯名誉权的要件是诋毁或诽谤，但华通公司发表的两项内容都是客观发生的事实，不存在捏造和伪造事实的前提。徐焱等人进入京客隆施工工地未经华通公司同意，发生争执后，徐焱在派出所写下保证书，徐焱的拍照是偷拍，被上诉人把事实放到了网上。另外一个工程，徐焱又未经华通公司同意进入工地拍照，我们提交李震出具的说明，可以说明3 000元的原因。综上，华通公司网站上发表的内容全部是事实。

（四）二审事实和证据

北京市第一中级人民法院经公开审理查明：在原审法院审理过程中，华通公司提交署名"三管处基建办李震"的说明一份，内容为"徐焱来工地现场，拍照，踩坏两块空心模板，造成停工，经甲方协调徐焱拿出3 000元作为损失赔偿。现金由甲方收回后交由张总"。京宁公司对该说明的真实性不予认可。

2010年3月22日，徐焱在北京市国立公证处进行了通话，公证员对通话进行了录音，并出具了（2010）京国立内证字第1248号公证书。京宁公司主张电话的机主是李震，并在原审法院审理过程中提交《电话录音的内容》一份，内容包括，"徐：您也没看见过我踩坏他们的模板，也没有那个绞断铁丝，是不是？李：我没看见，我都没看见"，"徐：拿3 000块钱就给您，你就爱怎么弄就怎么弄，您就作为他退场费，是不是？李：如果法律部门跟我说，这些话我会说"，"李：我没有亲眼看见你踩坏什么，我也没有时间看你踩坏什么"，"徐：这3 000块钱就是说，我下去拍照给你们工作带来了麻烦，是不是？所以，我就是说，给那些钱，您自己去处理，好让他们赶紧退场，我们好踏踏实实进场，是不是？李：是啊"等内容。在本院审理过程中，华通公司对该电话录音的内容的真实性予以认可，但认为徐焱与李震的通话有很多是诱导性的，录音不够明确。

在本院审理期间，京宁公司提交照片，以证明伯朗峰、琥珀郡是同一个工程、是一回事。华通公司对证据的真实性不予认可。

另查明，2009年6月29日北京市长安公证处出具的（2009）京长安内证字第6320号公证书中，对华通公司网站刊登的"我公司在总参项目的施工正在进行中"一文进行了公证，该文内容为"我公司最近中标总参某项目，目前正在施工中。此项目的主要竞争对手为北京东方京宁公司，业主在经过多方考证和比较后，最终从质量和服务等方面综合考虑，而选取了我公司作为合作伙伴。为了对比两公司的产品质量和施工，在业主的施工现场双方提供了施工样板间，经过专家、设计及业主的综合评比，最终我公司以较大优势胜出。目前地下三层已接近施工完毕，地上二层的产品正在加工过程中，此两层均为预应力空心板"。在该公证书中，亦对华通公司网站"现浇空心楼盖技术交流区"的部分文章进行了公证，内容包括署名作者为"W"、"rdpcm"、"最新消息"、"1234"、"wwww"、"967"等人的文章，这些文章中包含了"姓徐的就是一个无赖"、"他是个妻管严"等内容。

另查明，华通公司网站上刊登的"徐焱偷窃我公司技术被捉"、"徐焱偷窃我公司技术的保证书"已经被删除。

除上述事实外，确认一审法院认定的事实和证据。

上述事实有下列证据证明：说明、（2009）京长安内证字第6320号公证书、（2010）京国立内证字第1248号公证书、电话录音的内容、（2010）海民初字第5820号民事判决书、双方当事人陈述。

(五) 二审判案理由

北京市第一中级人民法院经审理认为：本案的核心问题在于华通公司对其网站上发表的文章是否应当承担侵犯京宁公司名誉权的责任。《最高人民法院关于审理名誉权案件若干问题的解答》规定，是否构成侵害名誉权的责任，应当根据受害人确有名誉被损害的事实、行为人行为违法、违法行为与损害后果之间有因果关系、行为人主观上有过错来认定。

本案所争议的文章发表行为，发生在作为公共信息传播平台的互联网之中，作为网络的使用者，华通公司有权在法律允许的范围内发表自己的见解、表达自己的观点。《中华人民共和国民法通则》第一百零一条规定禁止用侮辱、诽谤等方式损害公民、法人的名誉，故华通公司在发表见解、表达观点时，不得采用侮辱、诽谤的方式。对华通公司的合法表达，京宁公司应提供必要的容忍。

本案所争议的主要焦点包括：

1. 针对2008年5月29日发生的事件和纠纷，华通公司在其网站上刊登的"北京东方京宁建材科技有限责任公司偷窃我公司技术被现场擒获"、"徐焱偷窃我公司技术被捉"、"徐焱偷窃我公司技术的保证书"等文章是否侵犯了京宁公司的名誉权。

2008年5月29日，京宁公司的徐焱因进入工地拍照等原因与华通公司发生纠纷，徐焱到公安机关写下《保证书》，承认自己行为错误。对这一事件和纠纷，华通公司有权在网络上发表见解、表达观点，亦有权适度表达自己的不满情绪。但在华通公司刊登的文章标题和内容中，使用了"偷窃技术"的表达方式，而徐焱所写的《保证书》中并没有"偷窃技术"的说法，华通公司亦未能提供其他证据证明徐焱有偷窃技术的行为，因此本院认为，华通公司未能证明京宁公司及徐焱"偷窃技术"，应当承担举证不能的后果，故应认定其文章中的有关表述缺乏事实基础。

2. 针对2009年5月23日发生的事件和纠纷，华通公司在其网站上刊登的"东方京宁的徐焱故意到我工地搞破坏被业主罚款3 000元"一文是否侵犯了京宁公司的名誉权。

2009年5月23日，徐焱进入华通公司工地并与华通公司发生纠纷，并支付现金3 000元。对于当日发生的事件经过及该3 000元的性质，双方当事人存在争议，华通公司提供署名"三管处基建办李震"的说明，该说明的性质属于证人证言，根据《最高人民法院关于民事诉讼证据的若干规定》第五十五条的规定，证人应当出庭作证，接受当事人的质询。但在本案审理过程中，李震未出庭作证，对该份说明京宁公司亦不予认可，因此对华通公司提供的该份说明，本院不予采信。京宁公司提供的（2010）京国立内证字第1248号公证书、电话录音的内容等证据，由于华通公司认可其真实性，本院予以采信。

针对该日的事件和纠纷，华通公司刊登了"东方京宁的徐焱故意到我工地搞破坏被业主罚款3 000"等文章，就其中所使用的"搞破坏"、"罚款"等词语，华通公司未能证明存在事实基础，应当承担举证不能的责任，故应认定其文章中的有关表述缺乏事实基础。

3. 华通公司在其网站上刊登的"我公司在总参项目的施工正在进行中"是否侵犯

了京宁公司的名誉权。

京宁公司主张"我公司在总参项目的施工正在进行中"一文构成对其名誉权的侵害。在该文中，确对华通公司和京宁公司进行了一定的对比，并认为华通公司更为优秀，但该文所使用的词句并不含有强烈的褒义或贬义，亦未直接贬损京宁公司。该文主要表达的意思是"项目的施工正在进行中"，并不违反事实情况。考虑到双方当事人存在直接的市场竞争关系，因此本院认为，"我公司在总参项目的施工正在进行中"一文属于正常的市场宣传行为；京宁公司亦未能证明该文存在虚构事实、隐瞒真相、侮辱等情况；故该文并未侵犯京宁公司名誉权。

4. 华通公司网站"现浇空心楼盖技术交流区"的部分文章是否侵犯了京宁公司的名誉权。

从文章的作者看，分别署名为"W"、"rdpcm"、"最新消息"、"1234"、"wwww"、"967"等，并不能证明华通公司实施了发表文章的行为；从文章的内容看，主要针对的是徐焱个人进行的评论，并未直接涉及京宁公司。因此本院认为，依据这部分文章不能认定华通公司侵害了京宁公司的名誉权。

综上所述，华通公司在"北京东方京宁建材科技有限责任公司偷窃我公司技术被现场擒获"、"徐焱偷窃我公司技术被捉"、"徐焱偷窃我公司技术的保证书"、"东方京宁的徐焱故意到我工地搞破坏被业主罚款 3 000 元"等文章中，在明知缺乏事实基础的情况下，使用了"偷窃"、"搞破坏"、"罚款"等具有强烈贬义的词句，这些词句势必对京宁公司的名誉造成不良影响、使其社会评价降低，故应认定华通公司的行为构成对京宁公司名誉权的侵犯，华通公司应当承担相应的法律责任。

关于京宁公司要求判令华通公司停止侵权的诉讼请求，因诉讼时华通公司网站上的有关内容已经被删除，故已经缺乏事实基础，本院不予支持。关于京宁公司要求华通公司赔礼道歉、消除影响的诉讼请求，符合法律规定，本院予以支持。但京宁公司要求道歉内容在《中国建设报》上刊登、同时在华通公司网站主页的显著位置处连续刊登 18 个月，华通公司与包括谷歌、百度、腾讯搜搜、搜狐搜狗、网易有道在内的搜索网站联系，清除有关内容、费用由华通公司承担的诉讼请求，因与华通公司侵权行为所造成的影响不相适应，不具有合理性，亦缺少法律依据，本院不予支持。关于消除影响的具体方式，由本院酌情确定。关于京宁公司要求华通公司赔偿经济损失的诉讼请求，因其未能证明华通公司的行为对其实际造成了经济损失，故本院不予支持。关于京宁公司要求华通公司支付公证费的诉讼请求，因其未能提供公证费的票据原件，本院不予支持。关于京宁公司要求华通公司支付律师代理费的诉讼请求，缺乏法律依据，本院不予支持。

（六）二审定案结论

北京市第一中级人民法院依照《中华人民共和国民事诉讼法》第一百五十三条第一款第（二）项，《最高人民法院关于民事诉讼证据的若干规定》第五十五条，《中华人民共和国民法通则》第一百零一条、第一百二十条第一款、第一百三十四条，《最高人民法院关于贯彻执行〈中华人民共和国民法通则〉若干问题的意见（试行）》第一百四十

条,《最高人民法院关于审理名誉权案件若干问题的解答》第七条之规定,作出如下判决:

1. 撤销北京市大兴区人民法院(2010)大民初字第3421号民事判决。
2. 北京睿达华通化工材料技术有限责任公司向北京东方京宁建材科技有限公司书面赔礼道歉、消除影响,并在北京睿达华通化工材料技术有限责任公司网站中刊登上述内容;赔礼道歉内容需经法院审查,如不执行上述判决内容,法院将选定报刊刊登判决书主要内容,刊登费用由华通公司负担。
3. 驳回北京东方京宁建材科技有限公司其他诉讼请求。

(七) 解说

本案是关于侵犯名誉权的案件,主要特征有两个方面:一是被侵害的主体是法人而非自然人;二是主要侵权行为发生在互联网之中。

1. 关于法人名誉权的保护

本案的第一个争议在于,本案的双方当事人存在直接的市场竞争关系,所争议的事实亦直接体现为在竞争过程中发表的言论,对此是否应当给予特别考虑?对法人名誉权的保护与对自然人名誉权的保护是否应当有区别?

一种观点认为:对于从事商业活动的法人的名誉权,因主要表现为商业信誉,故应当遵循市场竞争规则;为保障市场竞争、防止过度打击市场主体的经济活力、给市场经济带来不利影响,在审判中应当对竞争行为给予一定程度的宽容,对法人名誉权的保护应当比对自然人名誉权的保护更为宽松;具体到审判之中,对于侵犯法人名誉权行为的认定应当要求行为方式相对更为恶劣、侵害后果相对更为严重,与之相对照的是,对侵害自然人名誉权行为的认定则应当基于对公民权益的高度重视而不苛求行为方式与侵害后果。

另一种观点认为:在我国法律规定的范围内,并未规定法人的名誉权存在任何的特殊性,故在侵权行为的认定上应当采取与自然人相同的原则。

我们认为,民事审判应当严格遵循法律的规定,在侵权行为的认定上必须坚持侵权行为法定的观点,因此,如果法律未对侵犯法人名誉权的行为有从宽的规定,则在侵权行为的认定上不宜采用法人与自然人的双重标准。

但是,考虑到本案双方当事人之间的直接市场竞争关系,亦不能简单孤立地套用侵犯自然人名誉权的处理结果;在侵权人需要承担的责任方面,为保护正常的市场竞争,不宜采用过度强烈的保护方式,要求侵权人承担过高或过于严格的责任。

因此,二审判决认定华通公司侵犯京宁公司名誉权,但仅要求华通公司承担在适度范围内赔礼道歉、消除影响的责任,未支持京宁公司要求华通公司大范围赔礼道歉、赔偿损失等要求,既考虑到了在侵权行为认定上的合法性,又兼顾了对市场竞争行为的保护与激励,实现了法律和社会效果的统一。

2. 关于在互联网上发表言论的法律限制

本案的第二个特点在于争议的言论全部发表于互联网之中,作为公共信息传播渠道的互联网，是否有其特殊性？

一种观点认为，互联网以开放性、平等性、多样性为特征，每个人都有在互联网上表达自己意见的权利，对于个人意见的表达，司法审查不应给予过多限制。因此，对互联网上侵权行为的认定应当持谨慎态度，与一般侵权行为相比应当有更为严格的要求。同时，鉴于互联网言论发表具有开放性的特征，在侵权行为的认定上应当以互联网自身的言论为标准，某一言论，在现实生活中当面发表可能构成侵权，但如果在互联网上发表、基于互联网相对较为宽松的言论环境，可能不被认为构成侵权。

另一种观点认为，互联网在本质上仍然是信息沟通的途径和工具，并不能构成一种全新的社会形态，更不能因此而形成特别的司法标准。在我国法律生效的范围内，法律对事实和法律关系的认定应当标准统一；就互联网上的言论而言，仍应当遵守一般的公共道德，不能因为发布渠道的不同而使得道德标准被降低。但相应的，因为互联网的开放性，言论的尺度相对较为宽松，故在认定侵权行为后果方面可以基于这一环境予以认定。

我们认为，本案中华通公司的大量言论均缺乏事实基础，"偷窃"、"罚款"等词语已经属于捏造事实；同时，这些词语的贬义是极为明显的，无论于何种渠道发布，均已经构成了捏造事实、贬损他人名誉的行为，因此已经触及了社会道德的底线、违反了法律规定，构成了对京宁公司名誉权的侵害。这一行为的性质，并不能因为发布于互联网之中而有任何的改变，否则就将意味着互联网中可以不遵守基本的社会道德，这是不利于互联网本身发展的观点和做法。

同时，在考虑华通公司应承担的责任时，对互联网的开放性亦有所考虑，要求华通公司承担赔礼道歉责任的范围仅仅局限于互联网之中、并未扩张到社会生活的其他方面，无论从华通公司行为的性质、影响的范围、信息接收者的范围还是从京宁公司所受损失的程度考虑，这一判决均与华通公司的侵权行为与侵权后果相适应，很好地体现了民事侵权法"同质救济"的基本原则。

（北京市第一中级人民法院　王雷）

26. 黄静诉崔电博、北京市浩光律师事务所、北京市包诚律师事务所案
（公众人物的隐私范围及其容忍度问题）

（一）首部

1. 判决书字号

一审判决书：北京市宣武区人民法院（2009）宣民初字第6843号。

二审判决书：北京市第一中级人民法院（2010）一中民终字第11644号。

2. 案由：名誉权纠纷
3. 诉讼双方

原告（上诉人）：黄静，女，汉族，无业，住河北省石家庄市桥东区。

委托代理人：周成宇，男，无业，住北京市海淀区。

被告（被上诉人）：崔电博，男，汉族，北京市浩光律师事务所律师，住北京市宣武区。

被告（被上诉人）：北京市浩光律师事务所，住所地：北京市宣武区。

负责人：姚振文，主任。

委托代理人：崔电博，北京市浩光律师事务所律师。

被告（被上诉人）：北京市包诚律师事务所，住所地：北京市崇文区。

负责人：陶纪伟，主任。

委托代理人：孙华柏，北京市包诚律师事务所律师。

4. 审级：二审。
5. 审判机关和审判组织

一审法院：北京市宣武区人民法院。

合议庭组成人员：审判长：史静；人民陪审员：曾芳、张立方。

二审法院：北京市第一中级人民法院。

合议庭组成人员：审判长：刘辉；审判员：张兰珠，张薏。

6. 审结时间

一审审结时间：2010年4月7日。

二审审结时间：2010年9月20日。

（二）一审诉辩主张

1. 原告黄静诉称

2009年6月，黄静诉至一审法院称：2006年3月，原告因向华硕电脑公司维权被刑事拘留后，崔电博受原告母亲的委托，在侦查阶段代理原告涉嫌敲诈勒索一案。侦查阶段结束后，因委托人认为崔电博业务水平不精终止了委托代理协议；2007年11月9日，北京市海淀区人民检察院对原告作出不起诉决定，认定原告无罪并作出国家赔偿。原告在获得国家赔偿后继续向华硕电脑公司开展系列维权诉讼，但遭遇多次人为制造的意外巧合阻拦。2008年12月3日，原告代理人周成宇与华硕电脑公司代理律师参加凤凰卫视中文台《一虎一席谈》节目录制，崔电博伙同他人前往节目录制现场，以原告代理人身份在该节目录制过程中宣称掌握办案材料，现场透露内幕，并当场对原告代理人周成宇进行人身攻击。其后，崔电博又多次伙同他人向《北京青年报》、《新京报》、《京华时报》、《燕赵都市报》等多家媒体公开其在看守所与当事人黄静的谈话笔录原件，多次通过媒体向公众散布、泄露国家秘密及当事人隐私。崔电博的这种出卖当事人利益的行为弃律师职业道德于不顾，严重违反《中华人民共和国保守国家秘密法》、《中华人民共和国律师法》、《律师和律师事务所违法行为处罚办法》、《律师职业道德和执业纪律规范》、《律师业务档案管理办法》等相关法律法规，应当承担相应的法律责任。按照崔电博的描述，谈话记录的原件自2006年以来一直封存于被告北京市包诚律师事务所（以下简称包诚律所）。包诚律所应当对该文件承担保管义务，不得随意让人调阅或者借出，但是此次该笔录原件被人借出并在媒体上公布，严重泄露国家秘密以及原告隐私，包诚律所管理存在严重问题并且严重违反《中华人民共和国保守国家秘密法》、《中华人民共和国律师法》、《律师和律师事务所违法行为处罚办法》、《律师职业道德和执业纪律规范》、《律师业务档案管理办法》等相关法律法规，应当承担相应的法律责任。崔电博先后多次以北京市浩光律师事务所（以下简称浩光律所）执业律师身份接受媒体采访，公开泄露原告隐私，浩光律所应当知道但并未进行制止，例如2008年12月18日，崔电博首次向《北京青年报》公开原告看守所笔录后，该新闻被国内数十家媒体，数百家网站转载，影响非常之恶劣，但是浩光律所并未采取任何管理措施，致使崔电博于2008年12月25日再次向《燕赵都市报》公开泄露原告看守所笔录。浩光律所完全没有尽到律师事务所对律师的监督和管理义务，反而一再包庇、纵容这种违法侵权行为，严重违反了《中华人民共和国律师法》、《律师和律师事务所违法行为处罚办法》、《律师职业道德和执业纪律规范》等相关法律法规，应当承担相应的法律责任。原告向华硕电脑维权事件广受公众关注，在充满艰辛的维权道路上更需要得到全社会具有正义感的人们的帮助。三被告作为专业律师事务所和执业律师更应当了解相关法律规定，但出于利益驱动因素，三名被告却甘愿冒着违反法律和律师行业职业道德的风险出卖自己的当事人，公然在多家媒体大肆泄露原告隐私信息。因此误导舆论出现所谓"黄静代理律师倒戈"、"揭穿黄静谎言，看守所内外口供不符"之类的不实报道，相关内容报道被国内数百家媒体转载，造成极其恶劣的影响，严重误导舆论，并且相关报道在原告诉华硕电脑公司维权案件中被华硕电脑公司引用为证据，致使原告在诉讼中处于不利地位，为原告带来严重后果，原告从情感上始终无法接受自己家人聘请的律师和律师事务所居然会出卖自己，由此造成原告精神受到巨大伤害永远难以愈合。三被告的违法行为是对整个律师行业职业道德与相关法律规定的公然挑衅，使整个律师行业蒙受羞辱。三被告知法犯法，违法情节特别恶劣，侵权后果特别严重。为维护国家法律神圣尊严以及原告的合法权益，故原告诉至法院，请求法院判令：（1）三被告立即停止侵害、消除影响，删除所有涉案侵权内容。（2）三被告在凤凰卫视中文台作公开道歉，并在《北京青年报》、《新京报》、《燕赵都市报》、《京华时报》、新浪网、搜狐网、网易网等媒体头版或者首页上刊登经原告认可内容的道歉声明，为原告恢复名誉。（3）三被告向原告就侵犯原告名誉权行为赔偿精神损失100万元。（4）依照《中华人民共和国律师法》、《律师和律师事务所违法行为处罚办法》相关规定，处罚包诚律所停业整顿六个月并处十万元罚款。（5）依照《中华人民共和国律师法》、《律师和律师事务所违法行为处罚办法》相关规定，处罚浩光律所停业整顿六个月并处十万元罚款。（6）依照《中华人民共和国律师法》、《律师和律师事务所违法行为处罚办法》相关规定，吊销崔电博律师执业证书并处五万元罚款。（7）三被告共同向原告支付本案交通费、住宿费、伙食费、取证费、公证费及其他相关费用等各项费用合计36 654元，以及五位证人的出庭费1 500元。诉讼费由三被告承担。

2. 被告崔电博辩称

我对原告诉讼请求的意见是：我不同意原告的全部诉讼请求，请求法院予以驳回。具体为：原告的第一、二、三、七项诉讼请求是基于侵权成立的情况下产生的诉讼请求，我没有侵权的行为因此不同意以上诉讼请求；原告的第六项请求属于行政处罚，法院没有行政处罚权，所以不在该案的审理范围。具体情况是：2006年4月1日，包诚律所接受原告母亲的委托为原告提供法律服务。我当时作为包诚律所的律师，制订了为原告无罪辩护的计划，我的辩护意见得到相关部门的采纳，我的辩护工作是有成效的。原告诉称我业务不精是不符合事实的。如果我业务不精，原告无罪的请求不可能被司法机关采纳。后来原告的母亲希望我为原告免费提供法律服务，我没有同意，因此我自动终止了为其提供法律服务。我不同意原告诉讼请求的理由如下：第一，原告的起诉没有事实依据，我从来没有侵犯原告名誉权的行为。在《一虎一席谈》节目中我没有泄露过与原告会见过程中的隐私情况；会见笔录的披露不是我的授意或经过我的允许；媒体披露会见笔录之前没有采访过我。我从没在媒体采访中发表侵犯原告隐私的言论，也没有伙同其他人发表过言论。2008年12月3日，在《一虎一席谈》节目中，原告的代理人周成宇被揭发犯罪及被举报犯罪的事实，我无权制止，也没有发表评论。周成宇本人也没有进行反驳。第二，我没有故意或过失行为。我是唯一为原告提供法律服务的律师，也一直致力于为原告争取无罪。第三，原告并没有产生损害后果。会见笔录披露后反而为原告争得了社会上更多的理解和同情。而且从会见笔录的内容来看，与原告本人所公开表露的意思没有实质冲突。第四，华硕事件作为公众事件，原告应具备一定的容忍义务。综上所述，我没有实际侵权行为，没有过错，也没有造成损害的法律后果，所以我不应承担任何法律上的责任。

3. 被告北京市浩光律师事务所辩称

我所同意崔电博的答辩意见。原告起诉我所名誉侵权没有任何事实根据，其主张不能成立，请求法院驳回原告的全部诉讼请求。且原告的第五项诉讼请求不在法院的受案范围，依法不能成立。具体意见如下：第一，我所制定了规范的制度和工作纪律，有良好的社会声誉。第二，就本案而言，崔电博是2008年3月转入我所的。崔电博为原告提供法律服务时是在包诚律所，原告案件卷宗也保存在其工作过的包诚律所。崔电博没有向外界透露过案件内容。第三，原告的诉讼请求没有有效证据予以支持。第四，原告及其代理人在起诉书中对我所进行污蔑谩骂，造成极大伤害。第五，原告提起的名誉权诉讼，是想通过诉讼的方式达到一定目的，是恶意诉讼和恶意炒作。

4. 被告北京市包诚律师事务所辩称

我所不存在侵害原告名誉权的行为，原告亦无名誉权因我所原因而受侵害的事实，故原告的诉讼请求没有事实和法律依据，请求法院驳回原告的诉讼请求。具体意见为：第一，原告所述明显与事实不符。原告诉称我所应当对该文件承担保管义务，不得随意让人调阅或者借出，但是此次该笔录原件被人借出并在媒体上公布，严重泄露国家秘密及原告隐私。实际情况是：2006年6月，原告涉嫌敲诈勒索华硕案侦查终结后，崔电博律师将案卷归档，此后该案卷一直由我所保管，根据我所律师档案管理制度，案卷一般不允许外借。原告的案卷归档后，我所从未将该案卷借出，更不要说将"会见笔录"原件在媒体上公布。2008年12月初，北京市丰台区方庄地区法律事务所法律工作者盛建军，因办案需要，持该所调查介绍信、法律工作者执业证及委托书来到我所，请求查阅原告涉嫌敲诈勒索案的卷宗。盛建军系专职法律工作者，而且查阅手续完备，因该案不涉及国家机密和个人隐私，而且委托人没有要求保密。于是我所同意盛建军在本所查阅会见笔录。至于在媒体上公布之事，到目前为止，我所从未就黄静一案与任何媒体有过任何接触。第二，我所不存在"严重泄露国家秘密及原告隐私"的情形。原告涉嫌敲诈勒索华硕案不属于涉密事件。北京市公安局海淀分局于2006年4月4日及2006年5月18日两次安排承办律师会见原告，会见通知书上均注明该案为非涉密案件。根据《中华人民共和国保守国家秘密法》第二条的规定："国家秘密是关系国家的安全和利益，依照法定程序确定，在一定时间内只限一定范围的人员知悉的事项。"本案律师会见笔录不属于国家秘密，即便当时属于国家秘密，盛建军查阅会见笔录的时间也是在海淀区检察院对原告作出不起诉决定的一年之后，早已不是在"追查刑事犯罪中的秘密事项"了。在会见笔录披露之前，原告维权事件早已在网络上炒得沸沸扬扬。原告及其委托代理人多次接受媒体采访，原告事件毫无隐私可言。会见笔录则客观真实地记录了原告当年对该案整个过程所做的陈述，并没有涉及任何原告的个人隐私。第三，原告没有名誉权被损害的事实。我所不存在侵害原告名誉权的行为，根据原告所述之情形也不构成侵害其名誉权之损害后果。笔录内容在原告涉嫌敲诈勒索华硕案中对原告是有利的，会见笔录即便公布，也是维护了原告的名誉和利益，澄清事实，还公众以真实视听。

（三）一审事实和证据

北京市宣武区人民法院经公开审理查明：崔电博原系包诚律所的律师，2008年转入浩光律所工作。原告黄静的母亲卢枫经盛建军认识崔电博，且于2006年4月1日，委托崔电博为原告涉嫌敲诈勒索案件的律师，委托期限从签订授权委托书至涉嫌敲诈勒索案侦查终结。2006年4月4日、2006年5月18日，崔电博和包诚律所的另一名律师孙华柏至北京市海淀区看守所两次会见原告，并记录有两份会见笔录，其中2006年4月4日的会见笔录中谈及了原告和周成宇的认识过程；2006年4月4日，北京市公安局海淀分局向崔电博发送了《安排律师会见非涉密案件在押犯罪嫌疑人通知书》。崔电博与原告会见后，均与原告的母亲卢枫进行交流，盛建军均在场，且看了会见笔录。庭审中，包诚律所表示，2006年6月22日，崔电博将上述两份会见笔录归档，之后，一直保存在包诚律所。2008年12月3日，崔电博和盛建军参加凤凰卫视的《一虎一席谈》节目，崔电博在节目中发表"作为黄静涉嫌敲诈勒索罪的辩护律师，在整个涉嫌犯罪的过程中，我是她的辩护律师。一个观点我坚持，黄静在这个过程中不构成犯罪，我给她做了一个无罪的辩护，不管这里是五百万也好，还是她要多少钱也好，黄静在这个案件过程中是一个消费者，消费者维权，至于你华硕赔不赔我钱，那是两回事。如果说当初黄静不是选择了去你华硕公司直接索赔，而是到法院起诉的话，那么这个事不会牵扯到后来一系列的事情"的言论。2008年12月4日，盛建军持法律服务工作者执业证、法律事务所介绍信和张灿、王金海委托盛建军的授权委托书，至包诚律所查阅、复制原告涉嫌敲诈勒索案卷宗，包括两份会见笔录和卢枫委托崔电博的授权委托书，且向《北京青年报》、《新京报》和《燕赵都市报》披露会见笔录。同日,《京华时报》发表了题为《黄静告华硕 市一中院未立案》,其中有一段记者追访的内容为,"记者与北京浩光律师事务所的崔电博律师取得了联系,崔律师表示,他当时给黄静做辩护律师时,的确是在包诚律师事务所工作,同时向记者提供了当时案件的授权委托书",庭审中,崔电博否认其向媒体提供任何材料。2008年12月18日,《北京青年报》由记者李罡发表题为《检察院表示黄静案非"无罪释放"》的报道,该报道中首次发布了有原告签名的会见笔录,李罡在报道中表示采访到了崔电博,"崔律师告诉记者,作为黄静刑案的辩护人,他们曾在华硕案的早期近距离接触过此案,正因为如此,他们认为目前周成宇对媒体的许多说法都与他们了解的情况有出入,而黄静方面对此却一直保持沉默,这迫使他们不得不站出来澄清一些事实,否则就是默认一场骗局继续去欺骗更多的人";"对于两人何时相识,周成宇此前一直对媒体坚称两人开始并不认识。我在2000年的时候与黄静的妈妈卢女士认识,但并未与黄静有过来往,直至黄静购买的笔记本出问题后才有联系。而黄静在看守所的会见笔录上对此的回答与周成宇的说法却完全不同,她说,2005年9月网上聊天认识的,认识之后不久我们就交朋友了。她还表示只知道周是南方人,二十七八岁,住在五棵松"。庭审中,李罡出庭作证,证明:其曾就崔电博是否在原告被羁押期间曾经到看守所会见过原告这一问题采访过崔电博,崔电博也仅就此问题作出了回答;其拿到的原告在看守所的笔录不是从崔电博处拿到,与包诚律所也没有关系。2008年12月19日,《新京报》发表题为《"存疑不起诉易误导舆论"》的报道,报道中称"崔电博昨日表示,在他探视黄静时,黄静称和周成宇在案发之前就已经认识,机器第一次送修后在周成宇手里,不久被告知机器CPU是工程测试版,500万美元是周成宇所提出,黄静并未介入其中","崔电博说,当时案件尚在侦查期间,不可能安排单独会见。他与黄静在预审办公室见面时,还有两名公安侦查人员在场,见证了他与黄静见面全过程,可证明笔录内容不可能事先写好","他回忆说,因为谈话问得比较细同时要做笔录,他与黄静的会见持续了一个小时左右,这一点在会见笔录上也有体现"。2008年12月21日,《法制日报》发表题为《检察机关称黄静案属于存疑不起诉》的报道,其中写明"某报记者通过有关渠道获得了黄静因为涉嫌敲诈勒索刚被抓后与律师的两份会见笔录。在两份长达8页的会见笔录上,每页都有黄静本人的签字",同时载明12月18日《北京青年报》中黄静与周成宇的相识情况。2008年12月25日,《燕赵都市报》郭天力记者发表了题为《两年前笔录爆出"黄静案"诸多疑点》的报道,其中发布了有原告签名的会见笔录,并有"据盛建军介绍,他的同事崔电博律师曾在看守所会见黄静,会见时做了全程笔录。目前,盛先生与崔电博已决定公开这份笔录。从笔录中可以看到,黄静当年的表态与现在周成宇对外发布的信息存在多处矛盾","现在,周成宇作为黄静案的全权代理人出现在媒体面前。周成宇与黄静到底是什么关系,2006年4月4日,当黄静代理律师把这个问题抛给黄静时,黄静如是回答:2005年9月通过网上聊天认识的,认识之后不久我们就交朋友了",同时载明了2008年12月19日《新京报》报道中关于崔电博会见原告时的过程。庭审中,郭天力出庭作证,证明:会见笔录是从盛建军处拿到的,其报道时崔电博并不知情,且其只是转载其他媒体的报道,并没有直接与崔电博联系。2008年12月25日,《新京报》发表题为《黄静起诉华硕背后的CPU谜案》的报道,其中载明会见笔录的页数、签名情况以及会见笔录中关于原告与周成宇的相识过程。庭审中,原告申请证人谷黎、代珊珊、叶锦生、潘丽娜出庭作证，证明崔电博在《一虎一席谈》节目结束后接受了记者的采访，并向记者发放了名片，出示了一些材料；谷黎、代珊珊、潘丽娜均不持有其在节目现场的凭证，通过节目的照片可以看出叶锦生在节目现场，但叶锦生不能证实崔电博在节目结束后将会见笔录出示给记者。原告将大量网站报道以及网友评论下载后进行公证，用于证明泄露原告隐私的报道已经严重干扰了舆论导向，造成原告的社会评价降低。原告的母亲出庭作证，证明原告因崔电博在《一虎一席谈》节目中所说的情况不属实，且对原告有侵害，并造成了影响，原告看了节目后开始哭闹，不吃饭，靠输液维持生命。

上述事实，有当事人陈述、新闻报道、会见笔录、授权委托书、证人证言等证据材料在案作证。

（四）一审判案理由

北京市宣武区人民法院经审理认为：公民享有名誉权，公民的人格尊严受法律保护，禁止用侮辱、诽谤等方式损害公民的名誉。名誉权是指公民或法人对自己在社会生活中所获得的社会评价即自己的名誉，依法享有的不可侵犯的权利。侵害名誉权是指行为人以侮辱、诽谤手段损害他人名誉，足以使受害人的社会评价降低的行为。是否构成侵害名誉权的责任，应当根据受害人确有名誉被损害的事实、行为人行为违法、违法行为与损害后果之间有因果关系、行为人主观上有过错来认定。当事人对自己提出的主张，有责任提供证据。本案中，崔电博在包诚律所工作期间接受原告母亲的委托担任原告涉嫌敲诈勒索案侦查阶段的律师，且在接受委托期间，与包诚律所的另一名律师至海淀看守所会见了原告，并做了两份会见笔录，其中一份涉及原告和周成宇的认识过程。代理结束后，崔电博将包括两份会见笔录在内的相关材料归档，保存在包诚律所。盛建军在向包诚律所出示法律服务工作者执业证、法律事务所介绍信和张灿、王金海委托其的授权委托书后查阅、复制了两份会见笔录。现崔电博转至浩光律所工作。三被告是否存在侮辱、诽谤等侵犯原告名誉权的违法行为系认定其是否承担侵犯名誉权责任的构成要件之一。

原告主张崔电博存在在《一虎一席谈》节目录制现场透露内幕、之后向《北京青年报》、《新京报》、《京华时报》、《燕赵都市报》等媒体公开其与原告在看守所的会见笔录、通过媒体向公众散布、泄露国家秘密及当事人隐私的违法行为，根据《一虎一席谈》节目的录像光盘，崔电博发表的言论并不存在透露内幕的情形，只是在言辞上有所欠缺，从严格意义上来说，崔电博并不是原告的辩护律师；根据第一次披露会见笔录的《北京青年报》记者李罡、《燕赵都市报》记者郭天力和盛建军的证言，披露会见笔录的系盛建军，而非崔电博，且原告申请出庭的证人，均无法证明崔电博在《一虎一席谈》节目结束后向记者出示会见笔录；根据《新京报》、《燕赵都市报》、《北京青年报》的报道，崔电博仅就其是否是原告涉嫌敲诈勒索案的代理律师以及会见时的具体细节进行了回答，并没有直接透露会见笔录的内容。综上，原告提交的证据并不能证明崔电博存在透露内幕、公开会见笔录、泄露原告隐私的违法行为。

原告主张包诚律所在管理原告会见笔录原件上存在违法行为，根据北京市公安局海淀分局向崔电博发送的安排律师会见通知书显示，原告的案件属于非涉密案件，且根据包诚律所提交的盛建军的法律服务工作者执业证、法律事务所介绍信和张灿、王金海委托盛建军的授权委托书，可以看出包诚律所在盛建军借阅、复印原告涉嫌敲诈勒索卷宗材料时已经尽到了相应的审查义务。故包诚律所并不存在侮辱、诽谤等侵犯原告名誉权的违法行为。

原告主张浩光律所没有尽到对崔电博的监督和管理义务，存在违法行为，鉴于原告无法证明崔电博存在违法行为，故浩光律所亦不存在监督和管理不善的违法行为。

综上，原告并不能证明三被告存在侵害原告名誉权的违法行为。

另外，崔电博与原告在看守所的会见笔录中确实记录了原告与周成宇的相识过程以及关系，但属于原告自己的陈述，故即使该份会见笔录对外公布，亦不属于以侮辱、诽谤等手段损害原告名誉的行为。

故原告的诉讼请求，缺乏事实和法律依据，法院不予支持。但崔电博作为专业律师，应在公共场合注意自己的言辞，对自己发表的言论做到客观真实。

（五）一审定案结论

北京市宣武区人民法院依据《中华人民共和国民法通则》第一百零一条《最高人民法院关于审理名誉权案件若干问题的解答》第七条、《中华人民共和国民事诉讼法》第六十四条第一款之规定，判决如下：

驳回原告黄静的诉讼请求。

（六）二审情况

1. 二审诉辩主张

（1）上诉人黄静诉称

一审法院判决后，黄静不服一审判决上诉至本院，认为一审法院认定事实不清，适用法律不当。认为盛建军提交的证明其于2008年12月4日持介绍信从包诚律所调阅会见笔录的证言不实，根据2008年12月4日的《河北青年报》以及《京华时报》的相关报道可以反映出，会见黄静的笔录已经于2008年12月3日在凤凰卫视《一虎一席谈》节目录制现场被崔电博透露给媒体，因此，一审法院认定该两份会见笔录系由盛建军透露出去不正确。且包诚律所借阅相关档案材料过程中存在不当之处，根据《律师业务档案管理办法》等相关法律、法规的规定，除国家机关以外的其他人借阅律师业务档案的，应当报经司法行政机关批准，而包诚律所没有履行该手续而擅自将档案材料借出，显属不当。综合以上理由，上诉人认为崔电博于2008年12月4日之前已经将会见笔录泄露给媒体，进而泄露了黄静的个人隐私，使黄静的社会评价明显降低，侵害了黄静的名誉权，应当承担侵权责任。且包诚律所在出借律师业务档案过程中存在违规行为，也应当承担相应的责任。故请求二审法院撤销原判，依法改判支持上诉人的全部诉讼请求。

(2) 被上诉人辩称崔电博、浩光律所、包诚律所同意原审判决。

2. 二审事实和证据

北京市第一中级人民法院经审理查明，确认一审法院认定的事实和证据。

3. 二审判案理由

北京市第一中级人民法院经审理认为：根据《最高人民法院关于民事诉讼证据的若干规定》第二条之规定，当事人对自己提出的诉讼请求所依据的事实或者反驳对方诉讼请求所依据的事实有责任提供证据加以证明。没有证据或者证据不足以证明当事人的事实主张的，由负有举证责任的当事人承担不利后果。本案中，黄静主张崔电博在2008年12月3日的凤凰卫视《一虎一席谈》栏目中及在之后的媒体采访中，泄露了崔电博在看守所会见她时所作的两份会见笔录，其中在2006年4月4日所作的笔录中，黄静陈述了其与周成宇的关系及认识过程。因此，黄静认为崔电博泄露以上笔录内容，已经泄露了其个人隐私，造成了社会公众对其个人评价的降低，侵害了其名誉权，应当承担相应的侵权责任。黄静对于其所主张的以上事实，主要提交了以下证据：即2008年12月4日的《河北青年报》、《京华时报》、2008年12月18日的《北京青年报》、2008年12月19日、2008年12月25日、2008年12月26日的《新京报》、2008年12月21日的《法制日报》等报纸对相关案件的报道，同时提交了证人证言、录音、现场录像等其他证据材料。

崔电博否认其曾向媒体及公众透露过会见黄静的笔录，并同时抗辩称会见笔录是由盛建军向媒体公开的，与其本人没有关系。就此抗辩主张，崔电博主要提交了以下证据材料予以证明：即《北京青年报》记者李罡、《燕赵都市报》记者郭天力以及盛建军的证人证言，以上证人证言均证明两份会见笔录均系盛建军向媒体公开，而不是崔电博。崔电博同时提交了法院判决书、采访报道材料、网络寻人帖、黄静主动找媒体的材料及网络调查等其他证据材料予以证明。

包诚律所抗辩称其律所系通过正常的档案出借手续将会见笔录提供于盛建军调阅并复制，不存在任何不当行为，并且从会见笔录的内容来看，其内容并不涉及黄静的个人隐私，即使笔录透露给他人，也不会对黄静的名誉造成不良影响，不会侵害到黄静的名誉权。为证明其抗辩主张，包诚律所主要提交了以下证据材料：即盛建军调阅两份会见笔录的相关手续、北京市公安局海淀分局安排律师会见非涉密案件在押犯罪嫌疑人通知书以及《北京律师事务所管理指引》等材料。

浩光律所不同意黄静的诉讼请求，并同意崔电博及包诚律所的抗辩主张及意见。

综合以上当事人的主张、抗辩以及举证质证的情况，可以确认，2008年12月4日，盛建军持法律工作者服务证、授权委托书等手续向包诚律所借阅黄静涉嫌敲诈勒索案件的两份会见笔录并进行了复制，之后向相关媒体提供了会见笔录的复印件。黄静上诉认为盛建军所述不符合事实，有提供虚假证言的嫌疑，法院不应采信，对此，黄静并未提供充分证据予以证实，本院难以采纳。黄静另外认为，根据《河北青年报》及《京华时报》于2008年12月4日的相关报道内容可以推测出，会见黄静的两份笔录实际上已经于2008年12月4日之前已经被透露给媒体，而此时掌握会见笔录的人只能是崔电博，故法院应当认定系崔电博透露了会见笔录的内容。但依据本案已经查明的事实可知，盛建军实际上是作为处理黄静涉嫌敲诈勒索案的参与人之一，其对于崔电博律师两次会见黄静及所作笔录内容均了解并知情。而2008年12月3日，盛建军与崔电博均参与了凤凰卫视《一虎一席谈》栏目的现场录制，在节目现场发表了对于该案及涉案当事人的一些看法，并在节目录制完成后，回答了在场媒体提出的相关问题。故结合以上事实，黄静认为根据报纸2008年12月4日登载的报道内容可以推测出崔电博向媒体透露了两份会见笔录的内容，并没有直接的证据支持，本院对此难以采纳。对于黄静认为包诚律所将已经归档的会见笔录出借给盛建军违反相关部门规章规定的程序之主张，本院认为盛建军作为法律工作者，因工作需要向包诚律所借阅相关案件材料，包诚律所在向盛建军出借、复印黄静涉嫌敲诈勒索案卷宗材料时已经尽到了相应的审查义务，其出借行为并无不当，故黄静要求包诚律所承担侵权责任，无法律依据，本院不予支持。

另外，当事人所争议的另一个焦点即如崔电博透露该两份笔录是否对黄静的名誉权造成了实际侵害。对此，本院认为从笔录的性质上看，该两份笔录是在公安机关对黄静涉嫌敲诈勒索案的侦查过程中，崔电博作为为黄静提供法律帮助的律师在会见黄静过程中所形成的文字记录，客观上反映了整个的会见过程及黄静对该案相关事实的说明，属于律师为了之后的审查起诉以及审判过程中为黄静提供无罪或罪轻的辩护时所准备的案件材料。笔录本身对于黄静本人不存在负面影响，不含有侮辱、诽谤的内容，也不带有任何否定性的评价，笔录即使对外公布，不会必然造成社会公众对于黄静个人人格等社会评价的降低。另对于2008年4月4日的会见笔录中所记录的黄静对于其与周成宇的相识过程的陈述，黄静认为该内容属于其个人隐私，若对外公布即侵害其名誉权。本院认为该陈述虽然涉及其私人生活，但从内容上看，不能直接导致社会公众对其评价的降低，不能认为其名誉权受到了实际侵害。

另外需要说明的是，黄静涉嫌敲诈勒索华硕公司一案，属于在当时社会上具有较大影响的案件，广大消费者、商家、网友及新闻媒体等均对该案给予了较高的关注度。新闻媒体为该案引起社会上的广泛关注以及对社会大众的讨论起到了最直接的助推作用。同时，社会公众对该案的广泛关注也促使新闻媒体进一步地挖掘与本案及案件当事人相关的背景等新闻素材，以吸引广大读者阅读。应当说，这是符合新闻媒体的工作性质及新闻工作规律的正常现象，相关的案件当事人此时已经成为社会所关注的公众人物，对于新闻媒体的采访、报道，以及被采访对象的相关言论，只要没有超越法律规定的界限，没有实际损害到相关当事人的权利，不应过分苛责。

4. 二审定案结论

（七）解说

本案当事人黄静涉嫌敲诈勒索华硕公司一案，属于当时在社会上具有广泛影响的案件，包括黄静代理人周成宇在内的相关当事人均因此获得了广大网友及新闻媒体等的广泛关注与讨论。黄静当时委托的为其在侦查阶段提供法律帮助的律师崔电博也因此成为新闻媒体争相采访的对象，本案也正是以此为特定背景而产生。在为黄静提供法律帮助的过程中，崔电博律师曾两次前往看守所会见黄静，并形成了两份会见笔录，在其中的一份笔录中记载了黄静陈述的其与周成宇的相识过程。在2008年12月3日凤凰卫视

《一虎一席谈》节目录制完成后,包括《新京报》、《法制日报》在内的多家报纸及其他媒体登载了以上会见笔录的内容,同时披露了黄静与周成宇之间的相识过程及特殊关系,从而引起了社会公众对黄静与华硕公司案的新一轮讨论。黄静即以崔电博律师泄露会见笔录的内容,侵害了其隐私权并进而侵害了其名誉权为由提起了本案诉讼。

在本案中,法院主要因黄静所提供的证据不足以证明崔电博、浩光律所及包诚律所向新闻媒体泄露了会见笔录的内容而判决驳回其诉讼请求,并同时结合整个案件背景对于公众人物的隐私权、名誉权的范围及容忍度问题进行了简要说明。讨论公众人物的隐私权及名誉权,往往会涉及新闻媒体的报道及传播等问题。因为在当今互联网、报刊等新闻媒介高速发展的时代,公众人物之所以会成为公众人物并获得持续关注,新闻媒体起到了最直接的助推作用。应当说,报道最新发生的事件并进而挖掘与新闻当事人相关的背景材料,符合新闻媒体的基本工作规律,也正是新闻媒体的价值所在。

本案中,黄静与华硕公司之间的纷争,在新闻媒体持续追踪报道的情况下,引起了广大商家、消费者、网友等社会公众的广泛关注与讨论。应当说,该事件已经演变成了公共舆论事件,包括黄静、周成宇等在内的相关当事人同时成为了公众舆论所关注的公众人物。而且,随着该事件的进一步发酵,新闻媒体同时对与事件相关当事人的背景资料等进行了更深的挖掘,本案中所涉及的会见笔录的内容也正是在这样的背景下被公之于众,从而引起了本案诉讼。因此,在黄静成为社会舆论关注的公众人物的情形下,对于新闻媒体的采访范围及被采访人的言论范围,在报道的尺度上,应当有一个适当宽松的限度,同时,相关当事人也应当有一个较社会上一般人更大的容忍度。因此,在涉及公众人物的隐私权或名誉权是否受侵害的司法认定上,应当把握与社会上一般人的隐私权或名誉权是否受侵害的有所区别的判断标准。若非如此,便严重束缚了新闻媒体正常的工作范畴,而这样束缚的存在,也是违反新闻工作的基本规律的。因此,在本案中,即使黄静有证据证明系崔电博律师将会见笔录泄露给新闻媒体,且该笔录记载了属于其私人生活的内容,但因该会见笔录属于与当时黄静涉嫌敲诈勒索案相关的材料,新闻媒体及相关被采访人并未超出合理的范围,若基于此认定侵害了黄静的隐私权及名誉权,显然并不妥当,也同时伤害了新闻媒体的独立性及舆论监督价值。因此,本院基于这样的考虑,判决驳回黄静的诉讼请求是妥当的。

(北京市第一中级人民法院 张薇)

27. 刘欣诉交通银行股份有限公司天津市分行名誉权案
(信用的保护)

(一) 首部

1. 判决书字号:天津市河西区人民法院(2009)西民一初字第3298号。

2. 案由：名誉权纠纷。
3. 诉讼双方
原告：刘欣，女，天津奥力达胶粒销售有限公司文员。
委托代理人：贾立军，男，天津奥力达胶粒销售有限公司经理，系原告同事。
被告：交通银行股份有限公司天津市分行，住所地：天津市河西区南京路。
负责人：付钢，行长。
委托代理人：李永斌，该行职员。
委托代理人：李巍伟，该行职员。
4. 审级：一审。
5. 审判机关和审判组织
审判机关：天津市河西区人民法院。
审判组织：审判长：杨旭兵；审判员：孟晓红；代理审判员：张国栋。
6. 审结时间：2010年1月27日。

(二) 诉辩主张

1. 原告刘欣诉称

2009年6月，我欲采用按揭贷款的方式购买房屋一套，但当我到银行办理借款手续时被告知，我个人信用等级太低，因此拒绝向我提供贷款。得知此事后，我到中国人民银行天津分行进行了个人信用查询，查询结果显示我从2004年4月23日在被告处借款用于购买房屋，并且多次长时间延期付款，导致信用度下降。另查询结果显示，这些贷款及还款的信息均是被告提供的，但我从来没有在被告处办理过任何贷款，与被告不存在贷款合同关系。我认为被告向中国人民银行天津分行提供的所有有关我的贷款和还款信息均是虚假的，其行为严重侵犯了我的合法权益，给我的名誉和生活造成了严重的影响，故呈诉。现要求判令被告：(1) 停止对原告的侵权，将在中国人民银行公布的原告个人信用报告中的不良信用记录全部删除；(2) 责令被告为原告恢复名誉、消除影响，并赔礼道歉；(3) 承担本案诉讼费用。

2. 被告交通银行股份有限公司天津市分行辩称

我行没有侵害原告的名誉权。《民法通则》第101条规定，"公民、法人享有名誉权，公民的人格尊严受法律保护，禁止用侮辱、诽谤等方式损害公民、法人的名誉"。据此，我行从未用侮辱、诽谤等方式损害原告的名誉；原告在我行申请贷款的行为是其具有完全民事行为能力的行为。原告2004年4月向我行申请贷款时，任天津市利通网络服务有限公司财务总监。天津市利通网络服务有限公司、华联行同为海都世纪酒楼的股东。原告贷款由海都世纪酒楼出具了收入证明，该事实与原告申请贷款时的个人申请信息一致，说明原告作为本单位的财务总监对于自己开具收入证明申请贷款的事实是知情的。在原告提供了明确的个人资料信息（含身份证、户口簿、就职单位出具的加盖本单位公章的收入证明），交通银行审核手续齐全的情况下，向原告发放了51万元的个人住房贷款。据我行了解，这几年原告曾与海都酒楼就贷款买房之事进行过多次协调，但未能达成一致意见。利通公司愿意以证人身份出具书面证言。贷款发放距今 5 年有余，原告违背诚实信用，否认事实，谎称她对该贷款不知情，纯属无稽之谈，不乏滥诉之嫌；我行没有实施侵害原告名誉权的行为。《最高人民法院关于贯彻执行〈中华人民共和国民法通则〉若干问题的意见（试行）》第 140 条规定："以书面、口头等形式宣扬他人的隐私，或者捏造事实公然丑化他人人格，以及用侮辱、诽谤等方式损害他人名誉，造成一定影响的，应当认定为侵害公民名誉权的行为。"我行从未实施上述行为；贷款房屋不存在一房两卖情形。我行曾到南开区房管局和实地查阅了原告的贷款资料、该房屋的实物（附有照片），确实登记在原告名下，该房屋门牌号与产权部门登记一致，不存在一房多卖的情形；同时，我行向该小区物业管理单位了解，诉争房所在 C 座不同于紫来花园 A、B 座，是通过津房置业公司向业主出售，不存在一房多卖情况。综上，原告的三项诉讼请求均无法律依据，请求法院依法驳回。

（三）事实和证据

天津市河西区人民法院经公开审理查明：2004 年 4 月，被告交行天津分行收到案外人以原告刘欣名义签署个人住房贷款申请表，申请贷款 51 万元用于购买案外人天津开发区新发房地产开发有限公司开发的房屋。后案外人又以原告刘欣名义用上述房屋作抵押，与被告交行天津分行签订《个人住房借款合同》及《借款抵押合同》，并贷款 51 万元，贷款资料中附有原告的身份证、户口本的复印件及收入证明等贷款材料。上述贷款在还贷过程中多次逾期未还。现天津市南开区双峰道紫来花园房屋产权登记在原告刘欣名下，并为案外人使用。诉讼期间，经原告申请、被告同意，本院对《个人住房借款合同》及《个人住房抵押物清单》、《个人住房贷款申请表》、《借款抵押合同》、《借款凭证》中签字栏内的署名"刘欣"签名字迹是否为原告所写进行了笔迹鉴定。2009 年 11 月 26 日，天津市天鼎物证司法鉴定所出具的津天鼎［2009］物证鉴定字第 453 号鉴定意见书认定上述证据中"刘欣"签名不是原告所写。

上述事实有下列证据证明：

1. 原告的个人征信报告 2 页，证明原告的征信记录。

2. 刘欣《个人住房贷款申请表》一页，证明原告曾向被告申请住房贷款；刘欣身份证复印件一页；刘欣居民户口簿复印件两页；贷款申请个人收入证明一页；证明原告曾向被告提供办理住房贷款所需的个人身份证、居民户口簿及个人收入证明。

3. 《个人住房借款合同》四页；《借款抵押合同》五页，证明原、被告间存在借款、担保关系。原告以贷款所购房屋向被告提供抵押担保。

4. 扣款委托书一页，证明原告授权被告划款以偿贷。

5. 天津市房地产抵押权证明书二页，证明原告贷款所购房屋已办理抵押登记，抵押权人为被告。

6. 个人抵押商品住房保险单副本一页，证明原告为抵押商品住房投保，保险第一受益人为被告。

7. 借款凭证一页，证明被告已按合同向原告发放贷款。

8. 个人贷款还款凭证回单四页,证明原告向被告偿还贷款。

上述证据 2—8 中"刘欣"签字不能证明为原告所签。

9. 天津市天鼎物证司法鉴定所出具的津天鼎[2009]物证鉴定字第 453 号鉴定意见书认定上述证据中"刘欣"签名不是原告所写。

(四) 判案理由

天津市河西区人民法院经审理认为:经天津市天鼎物证司法鉴定所鉴定,被告交行天津分行与原告刘欣所签《个人住房借款合同》及《借款抵押合同》中"刘欣"签名非为原告本人所签,原告事后又未予追认,故本院认定上述借款、抵押合同非为原告真实意思表示,属无效合同。被告交行天津分行可就上述合同无效向原告刘欣、诉争房实际控制人另诉主张权利。上述贷款逾期归还,被告银行个人征信系统如实记录并无过错,但被告交行天津分行在本案贷款发放中,未认真核实贷款人真实身份,履行贷款审查义务时失察造成合同无效,应负相应责任,对原告刘欣的不良还贷信用记录应予更正和消除。原告刘欣对个人身份证明保管不慎,为案外人贷款所利用,亦负有一定责任。

(五) 定案结论

天津市河西区人民法院依据《中华人民共和国民法通则》第一百二十条、《中华人民共和国合同法》第五十二条第一款第(一)项之规定,作出如下判决:

1. 本判决生效之日起 30 日内,被告交行天津分行更正并消除原告刘欣不良还贷信用记录;
2. 驳回原告刘欣其他诉讼请求。

(六) 解说

本案的争执焦点在于被他人冒用身份贷款并产生逾期还款的征信记录是否属于侵犯名誉权的范围。

征信是通过第三方机构共享信用信息的活动,即由专门的征信机构[①]依法采集、整理、保存个人信用信息,建立个人信用档案,并为银行等机构及个人提供个人信用报告查询服务的行为。一个征信活动最起码涉及信用记录主体(被征信对象)、信用记录提供者、征信机构和信用记录使用者四个相关主体,相互之间构成了复杂的法律关系,各主体在征信活动中的过错均可能造成征信记录错误,影响被征信对象的信用评价,产生

[①] 我国的官方征信机构是中国人民银行征信中心,该中心通过 1999 年建立的中国人民银行个人信用信息基础数据库进行征信活动,2005 年 8 月 18 日,中国人民银行发布了《个人信用信息基础数据库管理暂行办法》,2006 年 1 月,个人信用信息基础数据库正式运行。目前,该数据库收录自然人数共计 6 亿多人,其中 1 亿多人有信贷记录。

对被征信对象不利的后果。但对这种损害是否属于侵犯名誉权,目前存在不同的理解,司法实践中也有结果截然相反的判决。①

我们认为,在当前的立法语境下,将信用记录的正确性纳入名誉权的保护范围为妥。"信用"一词可以从人格评价和财产价值两个方面理解,在人格层面上,信用是民事主体在长期交往中形成的固定性的信赖评价;在财产层面上,信用是民事主体特定经济能力的表现,是其获得交易机会,获取经济利益可能的基础。信用具有人格权和财产权的双重属性,对民事主体信用的损害,同时侵犯了其人格利益和财产利益。在市场经济环境下,信用利益对民事主体的重要性显而易见,但在我国的民事立法中,信用并没有被作为一项独立的民事权利进行保护。司法实践中,当民事主体的信用利益受到损害时,往往采用间接的方法对其进行保护,一是作为一种一般的人格权益,用侵权法的一般条款进行调整,二是利用现行法律中名誉权概念的不确定性,运用名誉权的规定对信用利益进行保护。

名誉权是公民个人依法享有的获得客观地社会评价并排除他人不法侵害的权利。此为名誉权理论上的狭义概念,广义的名誉权,除狭义名誉权外,还包含信用、贞操、隐私等为内容之权利,可谓除生命、身体健康、姓名以外之人格权。②我国《民法通则》第一百零一条及《中华人民共和国侵权责任法》第二条均规定公民的名誉权受法律保护,但未规定名誉权的具体内容。《最高人民法院关于贯彻执行〈中华人民共和国民法通则〉若干问题的意见(试行)》第一百四十条规定:"以书面、口头等形式宣扬他人的隐私,或者捏造事实公然丑化他人人格,以及用侮辱、诽谤等方式损害他人名誉,造成一定影响的,应当认定为侵害公民名誉权的行为。"该条实际上规定了侵犯隐私和侵犯名誉(狭义)两种侵权行为类型,同时该条属于列举型法条,并不排除其他行为属于侵犯名誉权的情况。因法律中名誉权为不确定的法律概念,给法官在处理具体案件时留下了进行法律解释的空间。③因民事主体的信用利益具有人格评价的属性,信用记录错误在一定范围内会造成对民事主体人格评价的降低,在一定程度上符合侵犯名誉权的特征,故一些法官在裁判时采用类推的方法,将信用记录错误等同于侵犯名誉权的行为模式,利用法律规定的保护名誉权的法律后果,对民事主体的信用利益进行了保护。这种方法比采用一般条款保护的方式更加便捷(利用一般条款保护,法官需重新构建行为模式和法律后果),我们认为是一种比较妥当的保护方式。

构成侵犯名誉权应符合以下要件:一是有贬损他人名誉的行为,二是侵权行为基于

---

① 如与本案案情基本相同的两个案件:(1)河南省郑州市金水区法院审理的许某诉某银行名誉权案件。法院判决认定银行侵犯了名誉权,判令银行消除信用记录、登报赔礼道歉并赔偿精神损失四万元。见《大河报》2010-05-21。(2)北京市东城区法院审理的徐某诉中信银行某支行名誉权案件。法院认为银行既没有公开宣扬徐先生的隐私,也没有捏造事实丑化他的人格,更没有以侮辱、诽谤等方式损害徐先生的名誉,不构成侵犯名誉权,在银行已经更正信用记录的前提下,驳回了原告的诉讼请求。见:人民网,http://www.people.com.cn/,访问日期:2011-04-08。

② 参见陈元雄:《民法总则新论》,173页,台北,三民书局股份有限公司,1983。

③ 由此看来,前述两个案件结果不同,原因在于审判法官对"名誉权"采取了不同的法律解释方法造成,支持诉请的法官采取了类推的方法,得出了侵权行为成立的判决结果;而否定诉请的法官采取了字面解释的方法,得出了侵权行为不成立的判决结果。

过错,三是造成了他人人格的社会评价降低的后果,四是行为和损害结果具有因果关系。本案中:

1. 根据上述法律解释的方法,法院将信用记录错误归结为贬损他人人格的行为,受法律有关保护名誉权规范的调整。而原告逾期还款的不良信用记录的产生,是因为2004年4月个人住房贷款长时间延期付款,导致信用度下降。但是经鉴定,交行天津分行与刘欣所签《个人住房借款合同》及《借款抵押合同》中"刘欣"签名非为原告本人所签,原告事后又未予追认,借款、抵押合同属无效合同,因被告在发放贷款事项中存在审查疏漏,造成原告的信用记录错误,有侵犯原告名誉权的行为。

2. 虽然被告不具有侵害刘欣名誉权的主观故意,但其在发放贷款时未按照规定认真审核原告的身份,工作中存在严重疏漏,应认定其主观上存在重大过失,故被告有过错。

3. 因被告的错误记录,造成原告在央行个人信用基础数据库中有逾期归还贷款的记录,直接造成原告在办理新的贷款时贷款银行对原告信用评价降低,个人名誉受到贬损,存在损害后果。

4. 原告并无逾期归还贷款的行为,原告受到不客观的信用评价,系因被告提供错误的逾期还贷信息所致,两者之间存在因果关系。

因此本案认定交行天津分行侵犯刘欣名誉权。

同时我们应当看到,征信记录错误侵犯民事主体的名誉权和一般名誉侵权案件的要件构成上还是有明显的区别的:一是侵犯名誉权一般发生在熟人社会,其传播途径主要是口口相传或利用新闻媒体传播;而侵犯信用利益基本发生在陌生人社会,其传播途径要通过征信系统完成。二是侵犯名誉权损害的主要是被害人的人格利益;而侵犯信用利益则是同时侵害被害人的人格利益和财产利益,且以财产利益为主。三是侵犯名誉权的损害后果发生在被侵权人的日常生活空间中,其损害形式主要是造成受害人精神上的痛苦,一般需要以精神损害赔偿作为救济手段;而侵犯信用利益损害的后果主要是影响被害人获得正常的交易机会,造成被害人的纯经济损失,可能需要财产赔偿,而一般情况下,被害人精神痛苦不明显,不需要精神损害赔偿。根据以上情况,我们认为,通过法律解释的手段,利用法律保护名誉权的规定,对民事主体信用权益进行保护,在当前的法律语境下是一种相对稳妥的方式,但要更有效地保护民事主体的信用权益,还有赖于将来立法中将民事主体的信用权作为一项独立的民事权利进行规制和保护。

(天津市河西区人民法院　钱天彤　杨旭兵　王文雅)

三、合同纠纷案例

28. 姚芷蘅诉北京匠心之轮国际网球中心有限公司教育培训合同案
（"不退费"格式条款是否有效）

（一）首部

1. 判决书字号
一审判决书：北京市朝阳区人民法院（2010）朝民初字第7875号。
二审判决书：北京市第二中级人民法院（2010）二中少民终字第10304号。
2. 案由：教育培训合同纠纷。
3. 诉讼双方
原告（上诉人）：姚芷蘅。女，汉族，北京韦弦国际体育文化发展中心学生，住江苏省南京市浦口区。
法定代理人：刘梅，无业，系姚芷蘅的母亲。
委托代理人：孙继国，北京市春林律师事务所律师。
被告（被上诉人）：北京匠心之轮国际网球中心有限公司，住所地：北京市朝阳区。
法定代表人：丁叮，董事长。
委托代理人：晋尧，男，北京匠心之轮国际网球中心有限公司法律顾问，住北京市海淀区。
委托代理人：张璇，女，北京匠心之轮国际网球中心有限公司法律顾问，住北京市海淀区。
4. 审级：二审。
5. 审判机关和审判组织
一审法院：北京市朝阳区人民法院。
独任审判人员：审判员：罗淼。
二审法院：北京市第二中级人民法院。
合议庭组成人员：审判长：艾明；代理审判员：邢述华、张春燕。

6. 审结时间

一审审结时间：2010年3月19日。

二审审结时间：2010年8月19日。

（二）一审情况

1. 一审诉辩主张

（1）原告姚芷蘅诉称：我与北京匠心之轮国际网球中心有限公司（以下简称匠心之轮网球中心）于2009年2月5日签订培训合同，约定匠心之轮网球中心自2009年2月5日至2010年2月4日期间对我进行网球培训。签订合同后我按约向其交纳培训费9万元及各项辅助费900元，但因其教学质量问题，我实际只上课至2009年4月30日就离开该学校，离开时匠心之轮网球中心承诺退还我培训费。但我后来主张该请求时，匠心之轮网球中心均以各种借口推诿，故要求：匠心之轮网球中心返还未能提供教学服务的费用67 500元、洗衣费300元，并由匠心之轮网球中心承担本案诉讼费。

（2）被告匠心之轮网球中心辩称：不同意姚芷蘅的诉讼请求，具体理由如下：1）姚芷蘅在合同约定注册期内无故中途离训，已构成违约，其向我公司交纳的培训费按照合同约定不应退还；2）我公司在姚芷蘅中途离训后，从未与其达成退还培训费的合意。

2. 一审事实和证据

北京市朝阳区人民法院经公开审理查明：匠心之轮网球中心原名称为北京匠心之轮国际体育中心有限公司，于2009年6月5日经工商登记变更为现名称。

2009年2月，姚芷蘅之法定代理人刘梅与匠心之轮网球中心达成协议，约定2009年2月5日至2010年2月4日期间，由匠心之轮网球中心对姚芷蘅进行网球训练（全训生），教育费用为9万元，洗衣等辅助费用另行交纳。后刘梅向匠心之轮网球中心一次交纳学费9万元，并另行交纳洗衣费600元（六个月）、被褥费300元。姚芷蘅于2009年2月5日入学受训，并于2009年4月30日离开该中心。

在原审法院审理中，匠心之轮网球中心提交了《全训生入学须知》一份，该入学须知明确载明：家长办理完交费手续后，学生正式入训，中心各部门即时启动服务程序。学生在注册期未满时中途离训，中心将不做任何理由的学费顺延及退费要求。姚芷蘅及其法定代理人对该入学须知的真实性无异议，但表示当时没有阅读该文件，仅在上面匆忙签字确认而已。姚芷蘅提交了其母刘梅与案外人高银福的电话录音，用以证明高银福与刘梅曾电话协议退费事宜，匠心之轮网球中心对录音真实性不予认可，并否认高银福与公司的关联性。

另查，高银福原系匠心之轮网球中心公司股东，2005年3月将其本人所属股份转让他人，此后其未在匠心之轮网球中心担任领导职务。

上述事实，有工商档案查询记录、《全训生入学须知》、交费收据、通话录音、股权转让协议、收费证明及双方当事人当庭陈述等相关证据在案佐证。

3. 一审判案理由

北京市朝阳区人民法院经审理确认：当事人应对其主张所依据事实提供证据予以支持，否则应承担举证不能之法律后果。本案中，姚芷蘅在匠心之轮网球中心提供的入学须知上签字确认，应视为其同意按照该须知内容履行培训协议，姚芷蘅虽主张2009年4月30日离开匠心之轮网球中心系因匠心之轮网球中心提供教学服务质量瑕疵所致，但未就该主张举证证明，故对其主张事实不予确认。根据该入学须知所载，姚芷蘅中途离训，匠心之轮网球中心有权不退还学费，故姚芷蘅要求匠心之轮网球中心退还后续学费的诉讼请求，不予支持。关于姚芷蘅主张匠心之轮网球中心曾承诺退还后续学费一节，因其提供电话录音内容与证明对象不符，法院亦对此不予采信。关于姚芷蘅要求匠心之轮网球中心退还洗衣费300元，因该项费用不属学费范畴，故应以实际发生为收费依据，姚芷蘅于2009年4月30日离训，已交纳的剩余三个月洗衣费300元，应由匠心之轮网球中心予以退还。

4. 一审定案结论

北京市朝阳区人民法院依照《中华人民共和国合同法》第八条规定，作出如下判决：

（1）北京匠心之轮国际网球中心有限公司于判决生效之日起七日内返还姚芷蘅洗衣费300元。

（2）驳回姚芷蘅的其他诉讼请求。如果未按判决指定的期间履行给付金钱义务，应当依照《中华人民共和国民事诉讼法》第二百二十九条之规定，加倍支付迟延履行期间的债务利息。

（三）二审诉辩主张

1. 上诉人姚芷蘅诉称：原审法院认定事实不清，程序违法。基于本案的特殊性，姚芷蘅很难举证证明匠心之轮网球中心的违约行为，由于匠心之轮网球中心的训练平平、管理松散，姚芷蘅的成绩不升反降，不得已才转学。匠心之轮网球中心对此亦应承担相应的举证责任。《全训生入学须知》为格式条款，并非双方当事人真实意思表示，尤其是第四条第一款严重侵害了姚芷蘅的合法权益，应认定为无效；原审适用法律错误，应适用公平原则，将扣除2009年2月5日至2009年4月30日的培训费用后之余款67 500元退还姚芷蘅，故请求二审法院撤销原判，依法改判。

2. 被上诉人匠心之轮网球中心同意原判。

（四）二审事实和证据

北京市第二中级人民法经审理，确认一审法院认定的事实和证据。同时在审理过程中，匠心之轮网球中心承认收取姚芷蘅一年学费9万元，但称（全训生）培训费全年收费为18万元，姚芷蘅交纳9万元系享受五折后的优惠价格，另提供加盖公司公章的培训收费标准一份。姚芷蘅及其法定代理人对上述证明不予认可，认可9万元系一次性付费的优惠价格，但称培训费若按月交纳收费标准系 1 万元/月。

在二审审理中，双方各自坚持自己的主张，虽经调解，未能达成一致意见。

上述事实，有双方当事人陈述等证据在案佐证。

（五）二审判案理由

北京市第二中级人民法院经审理认为：根据《全训生入学须知》、姚芷蘅及其法定代理人所交纳之 9 万元学费、900 元辅助费以及双方当事人当庭陈述等证据，可以认定姚芷蘅与匠心之轮网球中心之间的教育培训合同客观存在。匠心之轮网球中心称双方签订的即为教育培训合同，但教育培训合同的主要内容在该《须知》中并未载明，故该《须知》应视为教育培训合同的一部分。匠心之轮网球中心以《须知》第四条第一款"学生在注册期未满时中途离训，中心将不做任何理由的学费顺延及退费要求"之规定作为不予退费之依据，鉴于匠心之轮网球中心提供该《须知》属格式条款，且该条款有违公平原则，加之该格式条款排除对方的主要权利，故本院认定该条款无效。原审法院认定《须知》所载中途离训，匠心之轮网球中心有权不予退费约定有效不妥，本院予以纠正。姚芷蘅及其法定代理人向匠心之轮网球中心交纳的 9 万元学费，系自 2009 年 2 月 5 日至 2010 年 2 月 4 日为期一年的培训费。现双方均承认姚芷蘅自正式入训至 2010 年 4 月 30 日姚芷蘅自行离开网球中心，实际受训期间为 2 个月零 25 天。关于姚芷蘅要求退费的主张，按照其实际受训的具体情况本院确定姚芷蘅参加培训 3 个月。匠心之轮网球中心在本院审理中，虽提供一份收费标准，但该收费标准中没有姚芷蘅及其法定代理人签字确认，且对方对此证明不予认可，故本院对匠心之轮网球中心提供的收费标准证明不予采信。在本院审理中，姚芷蘅自认培训费每月收费标准为 1 万元，故其应支付匠心之轮网球中心培训费 3 万元，其余费用匠心之轮网球中心应予退还。原审法院关于姚芷蘅要求退还洗衣费一节所做处理适当，本院予以维持。

（六）二审定案结论

北京市第二中级人民法院依照《中华人民共和国合同法》第三十九条、第四十条以及《中华人民共和国民事诉讼法》第一百五十三条第一款第（二）项之规定，作出如下判决：

1. 维持北京市朝阳区人民法院（2010）朝民初字第 7875 号民事判决第一项；
2. 撤销北京市朝阳区人民法院（2010）朝民初字第 7875 号民事判决第二项；
3. 北京匠心之轮国际网球中心有限公司于本判决生效后七日内返还姚芷蘅培训费六万元；
4. 驳回姚芷蘅其他诉讼请求。

如果未按本判决指定的期间履行给付金钱义务，应当依照《中华人民共和国民事诉讼法》第二百二十九条之规定，加倍支付延迟履行期间的债务利息。

（七）解说

本案系教育培训合同纠纷。本案焦点为：（1）《合同法》第八条与第三十九条、第四十条的适用问题。（2）如何界定是否违反公平原则。

1. 《合同法》第八条与第三十九条、第四十条的适用

《中华人民共和国合同法》第八条规定：依法成立的合同，对当事人具有法律约束力。当事人应当按照约定履行自己的义务，不得擅自变更或者解除合同。本案原审法院正是依据该条款，判定匠心之轮网球中心《全训生入学须知》中各项条款合法有效，驳回姚芷蘅要求退还剩余课时培训费的诉讼请求。

然而《中华人民共和国合同法》第三十九条第一款、第四十条分别规定："采用格式条款订立合同的，提供格式条款的一方应当遵循公平原则确定当事人之间的权利和义务，并采取合理的方式提请对方注意免除或者限制其责任的条款，按照对方的要求，对该条款予以说明"；"格式条款具有本法第五十二条和第五十三条规定情形的，或者提供格式条款一方免除其责任、加重对方责任、排除对方主要权利的，该条款无效。"第三十九条第一款规定了提供格式条款方应遵循的原则及义务，第四十条则明确规定了格式条款无效的情形。

根据特殊条款优于一般条款原则，《合同法》第八条属普通条款，第三十九条、第四十条属特殊条款，当第八条与第三十九条、第四十条竞合时，应优先适用第三十九条、第四十条。结合到本案，匠心之轮网球中心提供的《全训生入学须知》第四条第一款规定："学生在注册期未满时中途离训，中心将不做任何理由的学费顺延及退费要求。"该款项属于格式条款，其"不做任何理由的学费顺延及退费要求"的规定明显违反了《合同法》第三十九条规定之公平原则并且免除己方责任。因此，根据《合同法》第三十九条第一款、第四十条之规定，二审法院认定《全训生入学须知》第四条第一款为无效条款，判令匠心之轮网球中心返还姚芷蘅培训费六万元。

2. 如何界定是否违反公平原则

公平原则是民法的基本原则，然而因其具有高度概括性、历史性和个人感受的差异性，在实践中往往难以界定具体的民事行为是否有违公平原则。以合同行为为例，笔者认为，在审判实践中界定合同条款是否有违公平原则，关键有二：第一，是否有违社会公平、正义价值观。本案中，《全训生入学须知》规定"中途离训，不做任何理由学费顺延及退费要求"。按照此规定，即便参训者刚上课一周因意外事故受伤需住院医治一年，则仍不能顺延学费，这明显有悖于当前社会普遍的公平观念。第二，格式合同、条款接收方是否充分自愿。所谓充分自愿，可以结合以下三方面考虑：一是获利方没有利用不正当的条件；二是获利方虽然利用了自己的某种优势，但该优势不足以构成对他方取得利益的重大影响；三是受损方有充分的条件拒绝缔约或另行选择交易对象。

格式合同是一把双刃剑，一方面以便捷性在很大程度上提高了经济活动效率，另一面也给合同自由及公平原则带来很大威胁。在我国法律制度中，除了《合同法》，《中华人民共和国消费者权益保障法》第二十四条也对格式合同作了相应规定："经营者不得

以格式合同、通知、声明、店堂告示等方式作出对消费者不公平、不合理的规定，或者减轻、免除其损害消费者合法权益应当承担的民事责任。格式合同、通知、声明、店堂告示等含有前款所列内容的，其内容无效。"在审判实践中，法院应综合考量格式合同相关法律规定、社会价值观等，对格式合同的效力作出审慎、科学之判定，最大限度地保障社会公平公正，最大程度地保护社会经济秩序健康稳定。

（北京市第二中级人民法院少年庭　艾明　王磊）

29. 刘道琳诉南京航空瑞华置业有限公司等房屋买卖合同案
（房屋订购单性质、格式条款解释）

（一）首部

1. 判决书字号

一审判决书：江苏省溧水县人民法院（2010）溧民初字第706号。

二审判决书：江苏省南京市中级人民法院（2010）宁民终字第3975号。

2. 案由：房屋买卖合同纠纷。

3. 诉讼双方

原告（被上诉人）：刘道琳，女，汉族，住江苏省南京市溧水县。

委托代理人：王正顺，江苏方胜律师事务所律师。

被告（上诉人）：南京航空瑞华置业有限公司（以下简称瑞华公司），住所地：南京市白下区。

法定代表人：程希杰，该公司董事长。

委托代理人：刘嘉豪，江苏唯衡律师事务所律师。

被告：南京航空瑞华置业有限公司溧水分公司（以下简称瑞华公司溧水分公司），住所地：溧水县永阳镇栖凤西路。

单位负责人：程峰。

4. 审级：二审。

5. 审判机关和审判组织

一审法院：江苏省溧水县人民法院。

独任审判人员：代理审判员：钱锋。

二审法院：江苏省南京市中级人民法院。

合议庭组成人员：审判长：朱志俊；代理审判员：夏海南、左自才。

6. 审结时间

一审审结时间：2010年6月25日。

二审审结时间：2010年10月15日。

（二）一审诉辩主张

1. 原告刘道琳诉称

2009年8月24日，原告在被告处预订了由被告开发的位于永阳镇栖凤西路33号天胜花苑门面房一间，双方签订了订购单，约定房屋单价7 000元/m^2，建筑面积66.27m^2，房屋总价为463 890元。当日，原告即按被告要求交纳了4.5万元定金及额外款项1.3万元。之后原告又陆续多次向被告付款计19万元。2010年1月20日左右，原告要求交清剩余房款时，被告却拒绝收款，声称房子已经卖给他人，只能把购房款退给原告。之后，原告与被告多次协商未果，为维护自身合法权益，特诉至法院，请求：（1）解除原、被告双方的房屋买卖合同；（2）被告返还原告已付购房款23.5万元及额外付款1.3万元；（3）被告支付至判决之日止的已付款利息，并请求赔偿房屋增值损失99 405元；（4）被告承担已付购房款一倍的赔偿责任即赔偿23.5万元；（5）本案诉讼费用由被告承担。

2. 被告瑞华公司辩称

原告与被告溧水分公司之间没有合同关系，原告与被告所签订的订购单不具备商品房买卖合同成立要件，因此被告不应退还原告定金也不应支付已付款利息，被告仅同意返还原告已付的购房款19万元，请求法院依法驳回原告其他诉讼请求。

3. 被告瑞华公司溧水分公司未答辩。

（三）一审事实和证据

江苏省溧水县人民法院经公开审理查明：本案争议房屋永阳镇栖凤西路33号天胜花苑1号楼1层108室系由被告所开发之门面房。2009年8月24日，原、被告在天胜花苑售楼处就争议房屋签订订购合同，该合同就出卖方、订购方、订购房屋位置、面积、单价、总价、定金等做了约定。订购单同时附有附注条款三条：（1）本订购单经买卖双方同意确定，交付卖方一定数额的定金。（2）买卖双方自签订本订购单之日起至正式签约付款日为订购有效期，买方未按本订购单正式签约日期付款签约，则视为无条件自动放弃对本房屋的承购权，定金不予返还，所订购房屋由卖方自行处理，卖方在订购有效期内将买方所订购房屋另卖他方，则视为卖方违约，除返还买方所付定金外，还应按原付定金相同金额补偿给买方。（3）买方正式签约时请携带本订购单、定金收据、签约应缴款项、身份证、私章、按揭贷款资料等，若上述资料及款项提供不全，则不可签约，由此逾期视为买方违约。原告于签订订购单当日即向被告支付定金4.5万元，并陆续就争议房屋于2009年11月26日、2009年12月14日、2010年1月12日向被告付款共计19万元。之后，原告要求缴纳剩余购房款并正式签约买受房屋时，被告认为原告已自动放弃对争议房屋的承购权，因此而拒绝。争议房屋现已由被告出卖给他人，原告就争议房屋买卖一事与被告多次协商未果，遂诉至法院要求依法判决所请。

以上事实有下列证据证明：

1. 商铺订购单；
2. 收款收据；
3. 律师函；
4. 双方当事人在庭审中所作的陈述。

(四) 一审判案理由

江苏省溧水县人民法院经审理认为：本案的争议焦点为：（1）争议房屋订购单能否认定为商品房买卖合同；（2）被告是否违约；（3）被告应如何承担责任。

对于争议焦点一，本院认为，首先，本案中原、被告2009年8月24日所签订的商铺订购单系双方当事人真实意思表示，该订购单就出卖方、订购方、订购房屋位置、面积、单价、总价、定金及违约责任等内容做了约定，已具备商品房买卖合同的主要条款。其次，《中华人民共和国合同法》第三十六条规定，法律、行政法规规定或当事人约定采用书面形式订立合同，当事人未采用书面形式但一方已履行主要义务，对方接受的，该合同成立。本案中，原告之义务在于按约支付相应的购房款，被告之义务在于将争议房屋出卖给原告并协助办理相应的过户手续。商品房买卖依法本应签订书面合同，但本案中，原、被告双方虽未就争议房屋买卖正式签约，但原告已向被告支付购房款23.5万元，已履行主要义务，被告已实际接受，因此原、被告之间就争议房屋已实际达成买卖合同。因此，本案中原、被告2009年8月24日所签订的商铺订购单应认定为商品房买卖合同。

对于争议焦点二，本案中，原、被告2009年8月24日所签订的商铺订购单中关于签约日期的约定为2009年8月24日。对于该日期，原告认为系签订订购单之日期；被告认为系约定争议房屋买卖正式签约之日期，根据附注（2），原告未按约付款签约，违约在先，原告自动放弃对争议房屋的购买权，被告有权就争议房屋自行处理，并不予返还定金，因此被告在争议房屋买卖中并未违约。对此，本院认为，本案中争议房屋买卖的订购单系根据被告所提供的格式条款所签订，《合同法》第四十一条规定，对格式条款的理解发生争议的，应当按照通常理解予以解释；对格式条款有两种以上解释的，应当作出不利于提供格式条款一方的解释。首先，根据通常理解，房屋买卖中，签订订购单之日期与正式签约日期通常不在同一日；其次，原、被告对该日期理解产生争议，应作出对被告不利之解释，因此该日期应按原告之理解为签订订购单之日期；最后，即使2009年8月24日为正式签约之日期，在原告当日未正式签约的情况下，被告理应在此之后按约拒绝原告之付款，但在订购单签订后，原告除支付定金外，又就争议房屋于2009年11月26日、2009年12月14日、2010年1月12日向被告付款共计19万元，被告亦出具相应的收款票据，被告之行为表明被告仍在接受原告之履行，被告并未按约视原告无条件自动放弃对争议房屋的购买权，被告以其行为对合同之约定进行了变更。因此，被告在未与原告解除买卖合同的情况下，未经原告同意擅自将争议房屋卖给第三人，已构成违约。

对于争议焦点三，本院认为，被告未经原告同意，将争议房屋卖与他人，导致原告商品房买卖合同目的不能实现，原告因此请求解除合同，本院予以支持。合同解除后，根据法律规定，结合原告的诉讼请求，本院认为被告应承担以下责任：(1) 返还原告已支付的购房款 19 万元及定金 4.5 万元。原告认为其已付购房款为 23.5 万元，对此本院认为，2009 年 8 月 24 日之 4.5 万元定金，由于原、被告之间并不存在定金充抵购房款的约定且房屋买卖尚未履行完毕，因此本案中 4.5 万元定金之性质仍应为定金，并未转化为购房款，因此原告已付购房款应认定为 19 万元，但对于 4.5 万元定金，合同解除后，被告理应在返还购房款时一并予以返还；对于原告所主张的额外付款 1.3 万元，因原告未提供充分证据予以证明，故本院不予认定。(2) 支付 19 万购房款相应利息，利息皆从原告付款之日起，按中国人民银行同期贷款利率计算。(3) 承担已付购房款一倍的赔偿责任即赔偿原告 19 万元。对于原告要求被告赔偿争议房屋增值损失 99 405 元，本院认为，房屋买卖合同解除后的损害赔偿不包括对可得利益损失的赔偿，且房屋是否增值乃属不确定因素，系合同订立时并不能必然预见，因此对此诉讼请求本院不予支持。

由于被告瑞华公司溧水分公司系瑞华公司之分公司，原告未提供证据证明其具有法人资格，因而瑞华公司溧水分公司在本案中不具备相应的诉讼主体资格，不应承担责任。

(五) 一审定案结论

江苏省溧水县人民法院依照《中华人民共和国合同法》第三十六条、第四十一条、第九十七条，《最高人民法院关于民事诉讼证据的若干规定》第二条、《最高人民法院关于审理商品房买卖合同纠纷案件适用法律若干问题的解释》第八条的规定，作出如下判决：

1. 解除原、被告双方 2009 年 8 月 24 日对栖凤西路 33 号天胜花苑 1 号楼 1 层 108 室房屋买卖所签订的商铺订购单。
2. 被告南京航空瑞华置业有限公司于本判决生效之日起十日内返还原告刘道琳已支付的购房款 19 万元及定金 4.5 万元。
3. 被告南京航空瑞华置业有限公司于本判决生效之日起十日内支付原告刘道琳 19 万元购房款的相应利息（利息皆从原告付款之日起至本判决确定还款之日止，按中国人民银行同期贷款利率计算）。
4. 被告南京航空瑞华置业有限公司于本判决生效之日起十日内赔偿原告刘道琳 19 万元。
5. 驳回原告刘道琳对被告南京航空瑞华置业有限公司的其他诉讼请求。
6. 驳回原告刘道琳对被告南京航空瑞华置业有限公司溧水分公司的诉讼请求。

本案受理费 10 789 元、保全费 3 770 元，共计 14 559 元，由原告刘道琳承担 3 949 元，被告南京航空瑞华置业有限公司承担 10 610 元。

（六）二审情况

1. 二审诉辩主张
(1) 上诉人瑞华公司诉称

原审认定事实错误，适用法律错误。1) 原审法院认定事实错误且有遗漏。双方约定上午签订订购单下午就应付清房款，被上诉人刘道琳没有按约付款，上诉人才拒绝正式签约。原审判决遗漏上诉人委托律师给刘道琳发函，要求刘道琳领取退款的事实，此关系到上诉人应当承担还款的利息计算时间，此后的已付房款的利息损失应由被上诉人自负。2) 原审法院适用法律错误，上诉人不存在违约行为。订购单不具备《商品房销售管理办法》第十六条规定的主要内容，且认定订购单为商品房买卖合同的另一条件，即收受购房款应当是全款，因此原审认定订购单为商品房买卖合同不能成立。双方对订购单中关于签约日期和地点的理解不存在争议，不应适用两种解释。一般情况下，签订订购单日期与正式预售协议不是同一天，但并非当事人不可以约定在同一天，而订购单也必须要约定签订正式买卖合同的日期。上诉人即使在约定日期后又收取了对方的房款，但双方间关于付款时间的约定仍然有效，上诉人的收款行为并没有默示或明示双方变更了约定。原审认定上诉人违约，但上诉人与被上诉人并未成立商品房买卖合同关系，上诉人可以与第三人成立商品房买卖合同关系。订购单没有约定违约金条款，特别约定了定金条款，因此不管哪方违约都只能适用定金罚则。被上诉人没有按约支付约定的全部房款，双方之间也没有达成新的履行时间的约定，系被上诉人违反了订购单的约定，符合适用定金罚则条件，上诉人不应返还定金。综上，请求二审法院撤销原判决第二项中的返还定金 4.5 万元部分，驳回被上诉人与该两项相关的诉讼请求、变更判决第三项利息计算时间为"利息从 2009 年 8 月 25 日起至 2010 年 3 月 13 日止按中国人民银行同期一年存款利息计算"，由被上诉人承担一、二审诉讼费及保全费。

(2) 被上诉人刘道琳辩称

上诉人瑞华公司的上诉理由不能成立。1) 原审被告溧水分公司与被上诉人刘道琳签订订购单时，尚未取得商品房销售许可证，只能签订订购单，但双方对所购房屋的位置、门牌号、面积、单价及总价、担保等均作了明确约定。双方签订的合同虽名为商铺订购单，但该订购单已经具备了《商品房销售管理办法》第十六条规定的商品房买卖合同的主要条款，且上诉人亦按订购单收取了大部分购房款，因此原审认定订购单为商品房买卖合同正确。2) 上诉人所称的上午签订订购单下午就付清房款的说法与事实不符。首先，订购单中并无上午下午之分；其次，如果当日即可签订正式合同，完全没有必要再多此一举签订订购单，最后，原审被告未取得商品房销售许可证，根本不能签约。因此，订购单上约定的签约日期即是签订订购单的日期。3) 被上诉人确收到过上诉人的律师函，但该函系上诉人单方意思表示，旨在损害被上诉人利益，上诉人以此为由拒绝承担相应的责任，缺乏事实和法律依据。4) 订购单虽然约定了定金条款，但订购单只有签订订购单日期没有正式签约日期，上诉人不仅收取了定金，之后还收到了大部分购房款，因此上诉人认为本案只适用定金罚则的理由不能成立。综上，请求二审法院驳回上诉，维持原判。

（3）原审被告瑞华公司溧水分公司同意上诉人瑞华公司的意见。

2. 二审事实和证据

江苏省南京市中级人民法院经审理，确认一审法院认定的事实和证据。另查明，2009年11月20日，上诉人瑞华公司取得诉争房屋商品房销售许可证。2010年2月6日，瑞华公司溧水分公司将涉诉房屋售予第三人。

3. 二审判案理由

江苏省南京市中级人民法院经审理认为：原审被告瑞华公司溧水分公司与被上诉人刘道琳就诉争房屋签订的商铺订购单，已具备商品房买卖合同的必备条款，且瑞华公司溧水分公司在签订订购单后还收取了刘道琳部分购房款，因此该订购单应当认定为商品房买卖合同，而上诉人瑞华公司认为将订购单认定为商品房买卖合同应当具备《商品房销售管理办法》（以下简称《办法》）第十六条规定的全部条款及应收取全部购房款的主张，缺乏法律依据，本院不予采纳。本案中，双方当事人签订诉争房屋订购单的日期与订购单约定的签约日期为同一天，依据通常理解，签订房屋订购单与正式签订商品房预售合同的日期之间应有合理期限，且双方签订房屋订购单时瑞华公司尚未取得商品房预售许可证明，并不具备签订商品房预售合同的条件，故上诉人瑞华公司认为双方签订订购单时约定上午签订订购单下午签订正式商品房预售合同的主张，缺乏事实依据，本院不予采信。双方合同中虽约定一次性支付全款，但刘道琳在签订订购单后向瑞华公司溧水分公司分批付款，瑞华公司溧水分公司予以接受并开具收据，应系双方当事人以事实行为变更了对订购单中付款方式的约定，故上诉人瑞华公司认为刘道琳未于签订订购单当日支付全款即构成违约的主张，缺乏事实和法律依据，本院不予采信。上诉人瑞华公司未与被上诉人刘道琳解除商品房买卖合同关系，即将诉争房屋售予他人，应承担违约责任。双方虽在订购单中约定了卖方在订购有效期内将买方所订购房屋另卖他方的违约责任，但因双方签订的订购单不能认定订购有效期，故该违约责任约定不予适用。原审法院依据《最高人民法院关于审理商品房买卖合同纠纷案件适用法律若干问题的解释》第八条之规定，判决上诉人瑞华公司承担的相应违约责任并无不当，本院予以支持。因双方当事人未对违约责任及损失协商一致，上诉人瑞华公司发函要求刘道琳领取的退房款亦非全部款项，故上诉人瑞华公司以其已发函要求刘道琳领取购房款为由，主张其不应承担刘道琳收到函件后的已付房款利息损失，依据不足，本院不予支持。

综上，上诉人瑞华公司的上诉请求，本院不予支持。

4. 二审定案结论

江苏省南京市中级人民法院依照《中华人民共和国民事诉讼法》第一百五十三条第一款第（一）项之规定，作出如下判决：

驳回上诉，维持原判。

二审案件受理费4 825元，由上诉人瑞华公司负担。

（七）解说

本案的主要争议焦点在于：（1）争议房屋订购单的定性；（2）订购单中的"签约日

期"应如何理解。

1. 争议房屋订购单能否认定为商品房买卖合同

房屋定（订）购单（书）是指房屋买卖双方在订立正式的房屋买卖合同之前，书面约定双方在将来某一时间订立正式的房屋买卖合同的协议，其目的是对双方买卖房屋的有关事宜作出初步的确认。订购单的内容一般包括：双方当事人的基本情况；房屋基本情况（包括位置、面积、单价等）；签署正式契约的时限约定等。订购单的性质为预约合同已成共识。

由于房屋交易具有金额大、风险高的特点，出于保障交易安全，保护购房者合法权益，避免以预约为名非法融资危及社会稳定的不法事件发生等需要，有必要通过立法强制性规范不动产预约合同的签约条件，降低交易风险，提高本约的签约率，促进房地产业的健康发展。因此，2003年4月28日，最高人民法院公布的《关于审理商品房买卖合同纠纷案件适用法律若干问题的解释》（以下简称《办法》）第五条规定："商品房的认购、订购、预订等协议具备《商品房销售管理办法》第十六条规定的商品房买卖合同的主要内容，并且出卖人已经按照约定收受购房款的，该协议应当认定为商品房买卖合同。"根据此条规定，商品房买卖中订购单等预约可以认定为房屋买卖合同，但须同时具备两个条件：即订购单等预约具备买卖合同的主要内容和买受人已支付购房款。

《解释》第五条的本意在于加强对买房人的保护，但如果我们对该条进行仔细分析即会发现，该条规定限制条件过多，在实践中如不灵活运用将难以发挥其应有的作用。

首先，《解释》第五条将支付购房款设定为认定买卖合同的条件，明显增加了限制。

其次，根据《解释》第五条的规定，订购单不仅要以书面形式存在，且应具备《商品房销售管理办法》第十六条规定的主要内容，方能认定为买卖合同。《办法》第十六条规定的内容达25项之多，如果我们对《解释》第五条进行机械理解，显然实践中即使房屋买受人支付了全部货款，但由于绝大部分预约合同很难具备《办法》第十六条中的主要内容，从而使预约合同难以被认定为买卖合同，导致一旦卖方违约，买房人的合法权益难以得到有效保护。

在房地产市场不断升温的今天，开发商为谋取更多的利益而置房屋预约合同于不顾，将房屋另售他人的现象仍层出不穷。此时根据《合同法》的精神，对《解释》第五条加以灵活理解运用对维护买房人的合法权益具有重要意义：其一，对房屋预约合同的主要内容，不宜认定应具备《办法》第十六条中的全部主要条款，而只要具备了必不可少的主要条款，如标的物、总价款等，而对其他主要条款又没有争议的情况下，就应当认定为具备了商品房买卖合同的主要内容；其二，买受人已支付了购房款，这里的购房款既应包括全款，也应包括50%以上的主要购房款。

本案中，原告与被告所签订的房屋订购单已就出卖方、订购方、订购房屋位置、面积、单价、总价、定金等房屋买卖合同的主要内容做了约定，且原告已向被告支付了大部分购房款，因此本案中的房屋订购单应当认定为房屋买卖合同，被告将争议房屋另售他人理应承担相应的违约责任。

2. 订购单中的"签约日期"应如何理解

在房屋买卖中，由于交易频繁，且合同所涉及内容较多，如果每次订约时都需要双方当事人仔细协商每条每款，必然导致交易烦琐、成本高昂。为了降低交易成本，提高签约效率，在房地产交易中，无论是预约合同还是正式的买卖合同，合同中都存在大量的出卖人为了重复使用而预先拟定，并在订立合同时未与买受人协商的条款，也就是我们通常所说的格式条款。

格式条款订入合同后，在适用过程中，如果当事人就格式条款的含义发生争议，此时就需要对格式条款进行解释。出于对格式条款双方当事人的地位不平等、意思表达的不自由等因素的考虑，有必要通过对格式条款的规制加强对处于弱势一方当事人合法权益的保护，而合同解释正是这种规制的一种重要途径。

《合同法》第四十一条规定："对格式条款的理解发生争议的，应当按照通常理解予以解释。对格式条款有两种以上解释的，应当作出不利于提供格式条款一方的解释。格式条款与非格式条款不一致的，应当采用非格式条款。"由此确定了格式条款的三种特殊解释原则，即统一解释规则、不利于条款使用人的解释规则和个别约定优先的解释规则。

本案中，原、被告在所签订的商铺订购单"签约日期"一栏中所书时间为2009年8月24日。对于"签约日期"一词，由于约定不明，故原、被告存在两种解释，即原告认为应为"签订订购单的日期"，而被告认为应为"正式签约日期"。对于"签约日期"的正确理解成了决定被告是否构成违约的关键。

笔者认为，对于本案中的"签约日期"应做如下解释：

首先，预约之签订乃是因签订本约的条件尚不成熟，故日常生活中，预约的签订日期与本约的签订日期通常不应为一日，应有合理的时间间隔，否则无签订预约的必要。且本案中，根据审理查明，被告在签订预约时尚未取得商品房预售许可证明，并不具备签订商品房预售合同的条件。因此根据统一解释规则，被告将预约签订日期与本约签订日期视为同一日明显与生活常理相悖，故"签约日期"应理解为仅为"订购单签订日期"。

其次，根据不利于条款使用人的解释规则，既然原、被告对"签约日期"一词理解产生争议，且原告的解释更为公平合理，出于对消费者合法权益的保护，理应作出不利于被告的解释，采纳原告的解释，将签约日期视为"订购单签订日期"。

最后，《最高人民法院关于贯彻执行〈中华人民共和国民法通则〉若干问题的意见（试行）》第六十六条规定："一方当事人向对方当事人提出民事权利的要求，对方未用语言或文字明确表示意见，但其行为表明已接受的，可以认定为默示。不作为的默示只有在法律有规定或者当事人双方有约定的情况下，才可以视为意思表示。"根据此条规定，本案中，即使"签约日期"2009年8月24日如被告所言为"正式签约日期"，在原告未在该日正式签约并支付买房款的情况下，被告可将原告之行为视为"无条件自动放弃对本房屋的承购权"。此时原告本应无权再购买争议房屋，但除在当日缴纳定金4.5万元外，原告之后陆续就争议房屋分三次向被告支付购房款19万元，原告之行为表明其仍在行使争议房屋的承购权，被告出具收据、接受原告付款的行为自可视为其对原告房屋承购权的认可，原、被告的行为表明，双方已以事实行为对订购单中的正式签约日期和付款方式进行了变更。因此，原告之订购行为仍然有效，被告在订购有效期内将争议房屋另卖他人已构成违约。

（江苏省南京市溧水县人民法院　钱锋）

30. 武春梅诉叶完秀、江玲房屋买卖合同案
（信赖利益损失之赔偿范围）

（一）首部

1. 判决书字号：北京市朝阳区人民法院（2010）朝民初字第23441号。
2. 案由：房屋买卖合同。
3. 诉讼双方

原告：武春梅，女，汉族，北京华翰投资集团有限公司市场助理，住北京市海淀区。

委托代理人：赵学文，汉族，北京北方猎波科技有限公司部门经理，住北京市海淀区，系武春梅的丈夫。

委托代理人：杨士搏，北京市君永律师事务所律师。

被告：江玲，女，汉族，北京天坛生物制品股份有限公司会计，住北京市朝阳区。

被告：叶完秀，女，汉族，交通部公路一局退休干部，住北京市朝阳区。

委托代理人：江玲，系叶完秀的女儿。

4. 审级：一审。
5. 审判机关和审判组织

审判机关：北京市朝阳区人民法院。

独任审判人员：代理审判员：叶永尧。

6. 审结时间：2010年10月28日。

（二）诉辩主张

1. 原告武春梅诉称

位于北京市朝阳区管庄周井大院15号楼3单元303号房屋（以下简称303号房屋）的所有权人为江秉镕，叶完秀系江秉镕之妻，江玲系江秉镕与叶完秀之女。2010年3月19日，在北京链家房地产经纪有限公司（以下简称链家公司）居间下，我与江玲就购买303号房屋达成意向，当天向江玲支付了定金2万元。2010年3月21日，我与叶完秀就303号房屋签订了《北京市存量房屋买卖合同》及补充协议，叶完秀以江秉镕名义签订了合同。当时，叶完秀、江玲均称江秉镕生病在医院治疗，不方便办理相关手续，故由二人代为办理。基于对叶完秀、江玲与江秉镕身份关系的信任，双方签订了合同。但上述合同及补充协议签订后，由于北京市房地产市场的巨大变化，叶完秀、江玲表示不再继续履行合同，并告知江秉镕已去世多年，合同应属无效。我认为，叶完秀、江玲在订立合同时隐

瞒了所有权人已经去世的重大事实,如其告知该情况,我是不会与其订立合同的。在相信了叶完秀、江玲的虚假陈述下,双方签订了房屋买卖合同,造成我的预期利益受到损失,房屋价格上涨约二十四万元,还包括已支付的中介费用34 600元、供暖费2 366.1元及物业费787.1元。经与叶完秀、江玲多次协商未果,故诉至法院。我的诉讼请求为:(1)请求法院依法判令我与叶完秀签订的《北京市存量房屋买卖合同》及补充协议无效;(2)请求法院依法判令叶完秀、江玲共同返还已支付的定金2万元、供暖费2 366.1元及物业费787.1元;(3)请求法院依法判令叶完秀、江玲共同赔偿中介费用34 600元;(4)请求法院依法判令叶完秀、江玲共同赔偿因订立合同所受到的期待利益损失24万元。

2. 被告叶完秀、江玲共同辩称

2010年3月19日,武春梅向江玲支付了2万元定金,后链家公司催促双方签订合同。2010年3月21日,双方签订了房屋买卖合同。2010年3月25日,链家公司委托他人对303号房屋进行评估。2010年4月2日,303号房屋的租户搬走。因303号房屋属于央产房,需办理央产房上市相关手续,交纳物业费和供暖费,所以告知武春梅交纳费用。武春梅交纳相关费用后,江玲于2010年4月9日到央产房交易大厅办理证件,交易大厅工作人员询问所有权人江秉镕是否在世,江玲答复已去世,交易大厅工作人员告知江秉镕已去世,不能进行交易,需办理继承公证。此后,江玲去公证处咨询,公证处称办理公证至少需一个月时间,而且需提交其他继承人的证明。于是,江玲致电链家公司,将此情况告知链家公司,链家公司称可以等。但过了两天,江玲与链家公司联系时,链家公司称武春梅说我们欺诈。我们并非欺诈,而是不懂法律,以为江秉镕去世后,叶完秀当然享有房屋所有权,而叶完秀又不愿意接受江秉镕去世的事实,所以才对武春梅称江秉镕还在世,以江秉镕的名义签订了合同。考虑武春梅尚未支付首付款,我们又不能保证交易顺利完成,所以我们通过链家公司告知武春梅,让她考虑购买其他房屋。2010年5月25日,我们办理完毕央产房上市交易证明,然后再次通过链家公司告知武春梅可以卖房,武春梅称能买也不买了,要起诉我们。针对武春梅的各项诉讼请求,我们的意见如下:第一,双方签订的房屋买卖合同和补充协议是效力待定合同,我们现在也要求确认合同无效。第二,合同无效后,我们同意退还定金2万元、供暖费2 366.1元及物业费787.1元。第三,我们仅同意支付中介费中的600元房屋评估费,其他不同意赔偿。第四,武春梅已通过链家公司购买到其他房屋,不存在损失,而且合同无效,不同意赔偿。

(三)事实和证据

北京市朝阳区人民法院经公开审理查明:303号房屋系央产房,所有权人为江秉镕。叶完秀系江秉镕之妻,叶完秀及江秉镕生育了一子一女,江玲系江秉镕与叶完秀之女。2010年3月19日,在链家公司居间服务下,武春梅作为买受人与江玲就303号房屋达成买卖意向,签订了《买卖定金协议书》,后武春梅向江玲支付了定金2万元。2010年3月21日,在链家公司处,叶完秀、江玲称江秉镕生病在医院,由叶完秀代表江秉镕签订合同,武春梅未提出异议,后叶完秀以江秉镕的名义与武春梅签订了《北京市存量房屋买卖合同》及补充协议。上述房屋买卖合同及补充协议主要约定了以下内容:江秉镕作为出卖方将其所属的303号房屋出售给买受方武春梅，房屋总价款为120万元；买受方于签订合同时支付购房定金2万元，出卖方应在接到链家公司的评估通知3日内配合评估公司对房屋进行评估，买受方应在出具评估报告后3日内将首付款95万元（含前期支付的定金2万元）自行支付给出卖方，剩余款项以商业贷款的形式支付；在买受方支付首付款3个工作日内，出卖方必须配合买受方共同前往银行办理面签手续，双方协商一致，在武春梅所申请的贷款获得批准后3个工作日内双方共同前往办理权属过户手续，出卖方同意在权属过户当日将房屋交付给买受方；如因出卖方提供的相关房屋产权手续、合同或相关产权过户手续不真实、不完整、无效或被查封等，导致房屋产权无法过户或无法领取新的产权证，或者在签订协议后出卖方不将该房屋出售给买受方，或者在签订协议后出卖方提高房屋交易价格，或者出卖方将房屋出售给第三人，均为出卖方违约。若出卖方违约，则应在违约行为发生之日起五个工作日内，以相当于房屋总价款20％的数额向买受方支付违约金，链家公司收取买受方的所有费用不予退还，由出卖方直接赔付买受方。上述房屋买卖合同及补充协议签订当天，武春梅向链家公司支付了信息服务费22 000元、代书费6 000元、贷款服务费3 000元、过户服务费3 000元、代收评估费600元，合计34 600元。2010年4月2日，武春梅之夫赵学文与中交第一公路局有限公司物业公司签订《住宅区自管房收费协议书》，并向该公司支付了2010年度—2011年度的供暖费2 366.1元及物业费787.1元。后双方在继续履行剩余合同内容过程中发生争议，武春梅未再向叶完秀、江玲支付房款，叶完秀、江玲亦未向武春梅交付房屋。

另查，江秉镕早在武春梅与叶完秀签订上述合同及协议之前就已去世多年。

以上事实，有《买卖定金协议书》、《北京市存量房屋买卖合同》及补充协议、链家公司预收费专用收据、《住宅区自管房收费协议书》及收据、当事人陈述等相关证据在案佐证。

（四）判案理由

北京市朝阳区人民法院经审理认为：叶完秀以江秉镕名义与武春梅签订《北京市存量房屋买卖合同》及补充协议时，隐瞒了303号房屋所有权人江秉镕已经去世的事实，该事实属于订立合同的重要事实，其直接影响了购买人武春梅的真实意思表示，且合同当事人江秉镕已经去世，不具备民事行为能力，故双方就303号房屋所签订的房屋买卖合同及补充协议并未成立，自始不发生法律效力。

（五）定案结论

因合同未能成立，江玲据此收取的2万元定金，应当返还武春梅。叶完秀隐瞒订立合同相关重要事实，给另一方当事人武春梅造成损失的，应当承担赔偿责任，武春梅已支付的中介费34 600元、供暖费2 366.1元及物业费787.1元，系武春梅之直接损失，叶完秀应当赔偿。对于武春梅主张的信赖利益损失，考虑武春梅仅支付了2万元定金，房屋亦尚未交付使用，以及北京市房屋价格上涨的趋势，本院酌情支持武春梅主张的信赖利益损失。

北京市朝阳区人民法院依照《中华人民共和国合同法》第九条、第四十二条、第四十四条的规定，作出如下判决：

1. 被告叶完秀以江秉镕名义与原告武春梅就位于北京市朝阳区管庄周井大院 15 号楼 3 单元 303 号房屋所签订的《北京市存量房屋买卖合同》及补充协议不成立。

2. 被告江玲于本判决生效之日起七日内返还原告武春梅购房定金 20 000 元。

3. 被告叶完秀于本判决生效之日起七日内赔偿原告武春梅中介费用 34 600 元、供暖费 2 366.1 元、物业费 787.1 元、信赖利益损失 40 000 元。

4. 驳回原告武春梅的其他诉讼请求。

案件受理费 2 883 元，由原告武春梅负担 1 936 元（已交纳）；由被告叶完秀负担 947 元（本判决生效之日起七日内交纳）。

（六）解说

本案争议的焦点在于如何确定信赖利益的赔偿范围，就信赖利益损失的赔偿范围，目前主要有两种不同的观点：一种观点认为，信赖利益损失的赔偿范围只能是直接损失，包括：（1）缔约费用，包括邮电、文印费用，赴订约地或察看标的物所支付的合理费用；（2）准备履约和实际履行所支付的费用，如为运送标的物或受领对方给付所支出的合理费用，信赖合同成立而购买房屋、机器设备或雇工支付的费用；（3）因缔约过失导致合同无效、被变更或被撤销所造成的实际损失；（4）因身体受到伤害所支出的医疗费等合理费用；（5）因支出缔约费用或准备履约和实际履行支出费用所失去的利息等。另一种观点认为，信赖利益损失的赔偿范围除了直接损失，还包括间接损失：（1）因信赖合同有效成立而放弃获利机会的损失，亦即丧失与第三人另订合同机会所蒙受的损失；（2）因身体受到伤害而减少的误工收入；（3）其他可得利益损失等。

我们同意第二种观点。其理由主要有：第一，信赖利益损失是缔约过失责任的赔偿范围，缔约过失责任的主要法律特征有：（1）法定性，缔约过失责任是基于法律的规定而产生的民事责任；（2）相对性，缔约过失责任是缔约当事人违背依诚信原则所负有的先合同义务的结果，只能在缔约当事人之间产生；（3）财产性，即缔约过失责任是一种财产责任；（4）补偿性，因一方当事人的缔约过失行为给对方造成损失时，该当事人即应承担损害赔偿责任，以补偿相对人因此而遭受的损失。从这些法律特征上看，缔约过失责任是一种民事责任。所谓的民事责任是指民事违法行为人依法所必须承担的法律后果，亦即由民法规定的对民事违法行为人所采取的一种以恢复被损害的权利为目的并与一定的民事制裁措施相联系的国家强制形式。

第二，民事责任包括侵权责任、违约责任、缔约过失责任三种。前两者是我国传统意义上的民事责任。根据财产损失全部赔偿的原则，对于因违反合同造成财产损失的，应赔偿相当于另一方因此所受的损失；对于因侵害他人财产所有权而造成财产损失的，即应先返还原物或恢复原状，或用质量、数量相当的实物赔偿，或者折合价金赔偿。赔偿全部财产损失除了赔偿直接的财产上的减少之外，还应当赔偿失去的"可得利益"。"可得利益"即所谓的间接损失。侵权责任和违约责任的赔偿范围既包括直接损失，也包括间接损失。民事责任是对违法行为的一种民事法律制裁。这种法律制裁的尺度和标准，应当统一。只有相互统一的法律制裁尺度和标准，才能保证民事责任的承担获得总体的相对统一。

第三，民事责任是一方当事人对另一方当事人承担责任的特征，是由民法调整的社会关系的平等性决定的。平等性是我国民法调整的社会关系的特点，表明当事人在这种关系中的法律地位平等，权利、义务平等。按照平等原则要求，在民事法律关系中，当一方当事人不履行义务或侵犯对方的权利时，即因为它不仅使该方的合法权益受到损害，也使其平等的法律地位受到破坏，法律便迫使加害人承担同样的不利后果，以使受害人被破坏的平等地位和被损害的权益得到恢复或弥补。在缔约过失责任中，只有违反先合同义务的一方当事人对另一方给予间接损失的赔偿，才能使权益被损害的另一方的利益得到恢复或弥补，也只有这样才更能体现民法的权利义务的平等性。

第四，从公平合理角度上看，"合理公平"是实践中从人们道德及正义的观点去评价当事人行为标准。法律只能体现公平合理，但法律不能毫不遗漏地明确规定什么行为后果是公平的，什么是不公平的。因此，公平原则就成为道德及正义观念在法律上的体现。要使公平原则能够在法律上得到体现，必须在掌握法律"尺度"时就应当把握一个"度"，以权衡双方的利益关系。缔约过失中的守约方是应当受到法律保护的，支持守约方的间接损失，正是法律保护其合法权益的具体体现。只有使缔约过失守约方的间接损失得到合理的保护，才能使双方当事人利益均衡。

就本案而言，被告叶完秀隐瞒合同当事人江秉镕已经死亡的重要事实，仍以江秉镕的名义与原告武春梅订立合同，使得原告武春梅误认为叶完秀有权代江秉镕订立合同、履行合同，影响了武春梅购买房屋的意思表示，且合同当事人江秉镕早已去世，不具备民事行为能力，导致双方之间的买卖合同不成立。造成合同不成立的法律后果，主要在于叶完秀隐瞒了订立合同的重要事实，其应承担缔约过失责任，对武春梅的损失予以赔偿。就武春梅的损失范围而言，首先是武春梅的直接损失，即为订立合同所支出的定金、物业费、供暖费及中介费，该部分损失为实际支出，理应赔偿；其次就是原告武春梅主张所谓的"信赖利益损失"，应作狭义理解，即"间接损失"或"可得利益"，此部分损失系武春梅基于信任叶完秀订立合同而产生的机会利益损失，该部分损失叶完秀亦应予以适当赔偿。焦点问题在于此损失如何确定。我们认为，根据公平原则及诚实信用原则，本案因房屋买卖合同未成立而产生的机会利益，主要可以从以下几个方面来衡量：（1）合同履行情况，主要是定金给付数额、房款给付数额、房屋是否交付、房屋是否装修；（2）守约方是否积极避免损失扩大，主要是考量合同订立与合同实际未能履行之间的时间间隔，守约方是否及时主张权利；（3）房屋价格波动情况，主要考量上述时间间隔之间的房屋差价情况。在综合考虑以上因素的基础上，酌情支持原告武春梅的"信赖利益损失"。

（北京市朝阳区人民法院　叶永尧）

31. 占小平诉北京盛世万源餐饮管理有限责任公司合同案（合同效力）

（一）首部

1. 判决书字号

一审判决书：北京市顺义区人民法院（2010）顺民初字第 514 号

二审判决书：北京市第二中级人民法院（2010）二中民终字第 14992 号。

2. 案由：合同纠纷。

3. 诉讼双方

原告（反诉被告、上诉人）：占小平，男，汉族，安徽省安庆市怀宁县小市镇禅师村新屋组人，住北京市顺义区。

委托代理人：朱金虎，北京市炜衡律师事务所律师。

被告（反诉原告、被上诉人）：北京盛世万源餐饮管理有限责任公司（以下简称盛世万源公司），住所地：北京市顺义区。

法定代表人：姚兆永，经理。

一审委托代理人：刘玉先，北京市京畿律师事务所律师。

二审委托代理人：刘玉先，北京市京畿律师事务所律师。

二审委托代理人：侯春娟，北京市京畿律师事务所职员。

第三人：北京工业大学耿丹学院（以下简称耿丹学院），住所地：北京市顺义区。

法定代表人：吴瑞祥，院长。

委托代理人：张强，男，汉族，住北京市顺义区。

4. 审级：二审。

5. 审判机关和审判组织

一审法院：北京市顺义区人民法院。

独任审判人员：独任审判员：安金宝。

二审法院：北京市第二中级人民法院。

合议庭组成人员：审判长：陈红建；审判员：李仁、种仁辉。

6. 审结时间

一审审结时间：2010 年 4 月 30 日。

二审审结时间：2010 年 9 月 19 日。

(二) 一审诉辩主张

1. 原告占小平诉称

2009年8月7日，被告将其承包的北京工业大学耿丹学院第一食堂承包给原告，承包期限为四年差23天，承包金额为70万元。原、被告双方还签订了合同，就其他承包事项进行约定。被告向原告还提供了营业阶段报表，以证明该餐厅经营状况良好，并给原告签署了授权书。同日，原告向被告支付了60万元承包费，余下10万元约定在9月22日支付，但是第二天，被告即派车拉走合同约定应该留下的洗碗机等一系列设备，并引起学院的注意。此后，按照尚未知情的学院的要求，原告投入近三十多万元对该第一食堂进行装修。但是，在原告进入本案涉及的食堂进行经营后，由于被告对耿丹学院通知结账置之不理，导致耿丹学院得知被告转包本院食堂的真相。2009年9月4日，耿丹学院以被告违反双方的合同为由，行使合同的解除权利，解除与被告的合同关系。随后，为减少损失，原告与耿丹学院进行多次多方位的磋商，基于前述磋商和耿丹学院对原告经营效果和企业素养的初步认可，愿意与原告投资的北京皖京圣达餐饮管理有限公司签订承包合同，但是，承包期被限定为两年。

尽管如此，被告方置前述情况于不顾，委托第三方多次上门向原告追要另外的10万元，在原告报警，警方介入后，该第三方不再上门追债，改用电话催要。原告认为，被告将第三方享有并禁止转让的权利予以转让，并且该转让行为被权利人知晓后，权利人已解除合同，明确否认被告的转让行为，因此，构成合同的无效。被告理应返还其所收原告的所谓的承包费60万元，并无权再向原告追要另外的10万元所谓的承包费。由于被告的过错所导致原告的损失也应由被告承担。故起诉，请求法院判令：（1）确认本案中原告与被告的转包合同无效；（2）判令被告返还其所收原告的即本案转包合同的部分转包费60万元；（3）判令原告不再向被告支付本案的转包合同尚未支付的部分承包费10万元。

2. 被告盛世万源公司辩称

（1）其关于合同无效的请求是不合理的。2009年8月7号，双方签订了《食堂承包合同》，原告占小平是完全民事行为能力人，该合同是双方真实、自愿的意思表示，是原告占小平实地考察、仔细了解食堂情况后作出的慎重的决定，该合同不存在欺诈、胁迫、恶意串通、非法目的、损害公共利益等情形，故不具备《合同法》第52条规定的确认无效的条件，该合同是有效的。况且，双方均对本合同进行了实际履行，盛世万源公司将北京工业大学耿丹学院第一食堂大厅（包括包间、清真及一切相关的设施设备、无形资产、装修等）交付给了原告占小平，原告占小平也接收了，并开始经营活动至今。（2）基于合同的有效性，原告占小平应该全面实际履行其合同义务，其支付的60万元承包和转让费，根本不存在返还的可能，其拖欠的款项尚需继续履行。其要求不再给付10万元欠款没有合同和法律依据，纯属无理要求。（3）原告占小平有过错和违约行为，应承担法律后果。合同生效后，双方均应严格履行，均受合同的约束。原告占小平用自己的公司实际经营食堂，又要求退还合同款，实属过分和无理要求。双方合同的第四条第五点明确规定,"乙方必须以盛世万源公司名义经营,如有对学校透露(商业秘密),所有后果由乙方承担。如甲方透露,甲方赔偿乙方的一切损失"。双方合同刚刚签订,原告占小平自己的公司就迫不及待地与学院达成协议,并交纳了押金10万元。有理由相信,原告占小平为了达到取得经营权的目的,假装与盛世万源公司签订合同,再自己告密,导致学院解除合同,并与其自己的公司签订合同。这完全是原告占小平自己导演、策划的阴谋。学院解除合同的责任在于原告占小平。对于违约的责任和后果完全由原告占小平自己承担。综上所述,应当驳回原告占小平的请求。

3. 被告盛世万源公司反诉称

2009年8月7号,双方签订了一份《食堂承包合同》,反诉原告将北京工业大学耿丹学院第一食堂大厅(包括包间、清真食堂)承包给反诉被告。约定反诉被告一次性向反诉原告交纳70万元的承包金。合同签订后,反诉原告将食堂及一切设备设施、无形资产等交给反诉被告经营至今。反诉被告因资金紧张只支付了60万元,尚欠10万元,其承诺于2009年9月20日之前付清。但反诉被告没有按约支付,反诉原告多次向其索要未果,故请求法院判令反诉被告立即给付反诉原告10万元。

4. 原告占小平就反诉辩称

双方的合同是无效合同,由于该合同无效,依照法律规定要恢复到原有状态,被告方应该返还60万元,按照该合同所写欠条10万元,就没有支付的义务了。此外,占小平进驻到第一食堂之后,所有的支出都是占小平支付的,与盛世万源公司无关。故不同意盛世万源公司的反诉请求。

5. 第三人耿丹学院述称

2008年7月底,北京长青餐饮管理有限责任公司(以下简称长青公司)与耿丹学院签订合同承包耿丹学院第一食堂,该公司自行投资完成一食堂改造(装修),承包期五年。长青公司副总姚兆永当时委派刘瑞忠经理负责第一食堂改造及经营,后长青公司经营不善,该公司副总姚兆永说长青公司已经解体,继承公司名称是盛世万源,法人代表为姚兆永本人。用盛世万源公司来接替长青餐饮公司经营第一食堂。耿丹学院解除了与长青公司签订的合同。2009年7月31日,耿丹学院与盛世万源公司签订了新的合同。姚兆永当时授权占小平来经营第一食堂,可在2009年3月份占小平来学院谈承包的事情,餐饮公司名称叫皖京圣达。学院拒绝了他的请求。可在2009年7月,他摇身一变变成姚兆永公司的人,占小平还说他是长青餐饮公司的人,我院与盛世万源公司签订承包的合同,占小平又说盛世万源委派他来经营第一食堂。在有些问题解决不了的情况下,占小平没办法才说出姚兆永把第一食堂转包给他的真相。按合同规定如食堂转包他人可与盛世万源解除合同。占小平是给姚兆永60万元转包过来的,加上要交学院风险抵押金10万元,共计70万元整。但当时已开学,再换餐饮公司已不可能,占小平提出用自己的公司接替盛世万源公司,我们同意了,但承包时间从四年改为两年,如经营得好两年后再续签。于是,占小平自己出资对厨房进行了改造。

(三)一审事实和证据

北京市顺义区人民法院经公开审理查明:2008年7月底,长青公司与耿丹学院签订合同,约定由长青公司承包耿丹学院第一食堂,承包期为2008年8月15日至2013年7月14日。长青公司要对第一食堂做进一步改造(装修),如因管理不善亏损自行退出承包,耿丹学院不赔偿任何损失。后因长青公司与耿丹学院发生纠纷,2009年7月30日,长青公司与耿丹学院签订了终止食堂承包协议书。2009年7月31日,耿丹学院与盛世万源公司(法定代表人为姚兆永)签订了新的合同,合同期为2009年8月14至2013年7月14日。其中约定,盛世万源公司不得随意转包他人,并约定盛世万源公司应当在2009年8月20日前交纳押金10万元。2009年8月7日,盛世万源公司与占小平签订了一份《食堂承包合同》,约定盛世万源公司将第一食堂承包给占小平。约定占小平一次性向盛世万源公司交纳70万元的承包金。并应在合同签字之日向学院交纳10万元食品保证金。并约定盛世万源公司投放的设备在合同解除后归占小平,在经营过程中,占小平必须以盛世万源公司名义经营,如对学校或对外泄露承包事项,后果由占小平承担。在2009年8月7日签订《食堂承包合同》当天,盛世万源公司授权占小平来经营第一食堂,任经理,全权处理第一食堂的全部事宜。也是在2009年8月7日签订《食堂承包合同》当天,占小平向姚兆永支付了60万元,占小平给盛世万源公司打下欠条,写明尚欠10万元,其承诺于2009年9月20日之前付清。2009年8月19日,占小平以盛世万源公司名义向耿丹学院交付了风险抵押金10万元。2009年8月26日,占小平向北京市工商行政管理局房山分局递交变更申请,将2006年7月17日成立的北京皖京圣达餐饮管理有限公司的法定代表人由汪海洪变更为占小平。2009年8月至9月,占小平因结账等问题与盛世万源公司发生矛盾。2009年9月3日,占小平向耿丹学院告发,指出姚兆永用盛世万源公司承包食堂后,又转包给占小平,转包费70万元,其已付60万元,尚欠10万元。2009年9月4日,耿丹学院以盛世万元公司违反合同关于不准随意转包的规定,向盛世万源公司提出终止承包合同,盛世万源公司予以签收。2009年9月5日,耿丹学院与北京皖京圣达餐饮管理有限公司签订了食堂承包合同,约定承包期2009年9月5日至2011年7月14日,由北京皖京圣达餐饮管理有限公司经营第一食堂。

上述事实有下列证据证明:

1. 长青公司与耿丹学院签订的食堂承包合同。
2. 长青公司与耿丹学院签订的终止食堂承包协议书。
3. 耿丹学院与盛世万源公司签订的食堂承包合同。
4. 盛世万源公司与占小平签订的《食堂承包合同》。
5. 盛世万源公司授权书。
6. 占小平向姚兆永支付收条。
7. 欠条、风险抵押金收据。
8. 占小平向耿丹学院出具的证明、终止承包合同书。
9. 盛世万源公司签收条。
10. 耿丹学院与北京皖京圣达餐饮管理有限公司签订的食堂承包合同。

(四) 一审判案理由

北京市顺义区人民法院经审理认为:根据耿丹学院的陈述,2009年3月,占小平曾以北京皖京圣达餐饮管理有限公司的名义要承包第一食堂，而由于种种原因，其并未实现其目的。根据一般常识，占小平应当知道第一食堂的承包者为盛世万源公司。而在2009年8月7日，占小平与盛世万源公司签订承包合同时，占小平亦应当清楚其在当时并不具备承包学院食堂的相关资质，而且盛世万源公司与占小平约定以盛世万源公司名义经营，并聘用了占小平为经理。在合同中亦约定，如校方无理由终止原始合同，则盛世万源公司还需要赔偿占小平的损失，故此时，不应当视为占小平具有当然的承包权，而是其以盛世万源公司经理的名义承包食堂。但在此后的不到一个月的时间里，占小平将北京皖京圣达餐饮管理有限公司的法定代表人变更到自己名下，并在向耿丹学院提交的证明上写明"皖京圣达餐饮管理公司的占小平，有丰富的管理经验"。由此可以看出，占小平的身份情况已经由盛世万源公司的经理变为皖京圣达餐饮管理有限公司的实际经营者。在此之后的两天内，耿丹学院向盛世万源公司解除了合同，与北京皖京圣达餐饮管理有限公司签订了新的合同。而实际上，占小平或其代表的北京皖京圣达餐饮管理有限公司实际取得了第一食堂的承包权。而在占小平与盛世万源公司签订的承包合同中已经写明在合同解除后，盛世万源公司所投放的设备归占小平所有。由此可以看出，占小平已经接手相关设备，且取得第一食堂的承包权。在耿丹学院解除与盛世万源公司的合同之后，占小平与盛世万源公司的合同也当然地解除。但双方约定的承包费是双方真实的意思表示，占小平也曾承诺剩余的10万元的给付时间。故应当依当事人的约定，由占小平给付剩余的10万元。综上所述，原告占小平要求确认转包合同无效及返还转包费的请求本院不予支持。而反诉被告盛世万源公司要求占小平继续履行合同的请求，于法有据，应予支持。

（五）一审定案结论

北京市顺义区人民法院依照《中华人民共和国合同法》第六十条之规定，作出如下判决：

1. 驳回原告占小平的诉讼请求；
2. 反诉被告占小平于本判决生效之日起七日内给付反诉原告北京盛世万源餐饮管理有限责任公司剩余承包费十万元。

本诉案件受理费4 900元，由原告占小平负担（已交纳）。反诉案件受理费1 150元，由反诉被告占小平负担，于本判决生效后七日内交纳。

（六）二审情况

1. 二审诉辩主张

（1）上诉人占小平诉称

盛世万源公司将第三方享有并禁止转让的权利予以转让，并且该转让行为被权利人知晓后，权利人已解除合同，明确否认盛世万源公司的转让行为，因此，构成合同的无效。盛世万源公司理应返还所收占小平的所谓的承包费60万元，并无权再向占小平追要另外的 10 万元所谓的承包费。请求法院判令：1) 确认本案中占小平与盛世万源公司的转包合同无效；2) 判令盛世万源公司返还其所收占小平的即本案转包合同的部分转包费 60 万元；3) 判令占小平不再向盛世万源公司支付本案的转包合同的尚未支付的部分承包费 10 万元。

(2) 被上诉人盛世万源公司辩称

同意一审法院的判决。

2. 二审事实和证据

北京市第二中级人民法院经审理，确认一审法院认定的事实和证据。

3. 二审判案理由

北京市第二中级人民法院经审理认为：耿丹学院与盛世万源公司解除合同后，与皖京圣达公司签订了新的合同。占小平任法定代表人的皖京圣达公司实际取得了第一食堂的承包权。占小平与盛世万源公司签订的承包合同中约定，合同解除后，盛世万源公司所投放的设备归占小平所有。在耿丹学院解除与盛世万源公司的合同之后，占小平与盛世万源公司的合同虽然也当然解除，但双方合同中约定的应由占小平交纳的承包费实际是盛世万源公司对其在耿丹学院第一食堂的经营权及所投入设备的财产权的处分行为，虽然盛世万源公司与占小平所签合同已经解除，但占小平任法定代表人的皖京圣达公司现实际经营耿丹学院第一食堂，其仍然具有对盛世万源公司所投入设备占有、使用和收益的权利。故盛世万源公司要求占小平给付剩余承包费的请求，本院应予支持。综上所述，占小平的上诉理由无事实及法律依据，本院不予采纳，其上诉请求应予驳回。原审法院判决认定事实清楚，适用法律正确，论理充分，处理并无不当，应予维持。依照《中华人民共和国民事诉讼法》第一百五十三条第一款第（一）项之规定，作出如下判决：

驳回上诉，维持原判。

一审本诉案件受理费 4 900 元，由占小平负担（已交纳）。反诉案件受理费 1 150 元，由占小平负担（于本判决生效后七日内交至原审法院）。二审案件受理费 12 100 元，由占小平负担（已交纳）。

(七) 解说

本案涉及我国法律实践中经常遇到的一类疑难问题，即在恶意串通损害第三人利益的合同出现时，如何适当地确认其法律效力及相关的责任承担主体。

1. 恶意串通损害第三人利益合同的效力

我国《合同法》第五十二条规定："有下列情形之一的，合同无效：（1）一方以欺诈、胁迫的手段订立合同，损害国家利益；（2）恶意串通，损害国家、集体或者第三人利益；（3）以合法形式掩盖非法目的；（4）损害社会公共利益；（5）违反法律、行政法规的强制性规定。"从该条款可以看出，恶意串通损害第三人利益的合同属于无效合同。但在实践中，恶意串通损害第三人利益的情形比较复杂，能否将其一律归于无效尚不明确。由于合同法对于此条规定并未进行进一步细化，所以有待于法官在实践中依据具体情形作出具体认定。恶意串通损害第三人利益中的第三人是一个范畴模糊的概念，即可为特定的第三人亦可为不特定的第三人。如果双方当事人恶意串通订立的合同损害了不特定的第三人的利益，则其本质上损害的是公共利益，此时应对其进行严格的国家干预，使其成为无效合同。但是，当双方恶意串通损害的是特定第三人利益的时候，也同样将其定性为无效合同则有不妥。此时的合同涉及的是三个民事主体之间的利益博弈。在特定第三人尚未表态的情况下，国家主动干预合同效力的行为越俎代庖，并且也不一定符合第三人的利益和意志，故此时，最恰当的方式应当将决定合同效力的权利交给第三人，故《合同法》第五十二条中的"恶意串通，损害第三人利益"应当理解为损害了不特定第三人的利益。如果损害了特定第三人的利益，则由第三人决定其效力归属。但是在第三人行使其最终决定权之前，该合同的效力处于什么状态是需要考虑的另一个重要命题，从保护交易和促进社会经济发展的角度出发，笔者认为，应当赋予被损害第三人对于该合同的撤销权，在第三人行使该权利之前，让恶意串通人之间的合同处于有效状态，有利于实现社会效益的最优化。本案中的耿丹学院在与盛世万源签订合同之时就已经约定不得转包。但盛世万源却置合同约定于不顾，与知晓该事实的占小平恶意串通订立转包合同，损害了特定第三人耿丹学院的利益，在耿丹学院对其合同效力作出撤销前，该合同处于有效状态。

2. 恶意串通损害第三人利益合同无效的确认主体

此类合同能否继续保持有效的决定权在被损害的特定第三人手中，从保护市场交易和第三人的角度出发，只有第三人享有撤销恶意串通人之间合同的权利。由于实践中恶意串通人最初以损害第三人利益订立的合同，在履行过程中很可能因各种因素的变化而对第三人产生了有利后果。此时的第三人一般不会再撤销合同。另外，法律更不允许恶意串通方以恶意为理由主张合同无效：其一，基于法律不允许任何人从自己的错误行为中获利的基本法理。其二，我国《合同法》第五十四条第二款规定："一方以欺诈、胁迫的手段或者乘人之危，使对方在违背真实意思的情况下订立的合同，受损害方有权请求人民法院或者仲裁机构变更或者撤销。"该条款从另一个侧面印证了法律对恶意方合同变更权利的限制。

本案中，盛世万源公司与占小平为恶意串通人，在当初真实意思的表示之下，双方均无权请求确认合同的无效。故占小平要求确认合同无效的诉讼请求无法得到支持。在特定第三人耿丹学院没有撤销该合同的前提下，该合同继续有效。但本案中由于耿丹学院解除了其与盛世万源的承包合同，直接导致了盛世万源与占小平的合同失去了标的物，导致了合同目的的无法实现。在耿丹学院与盛世万源公司解除承包合同之后，占小平担任法定代表人的皖京圣达餐饮管理公司随之与耿丹学院签订了承包合同，盛世万源公司亦知晓此事。由此可以认定，盛世万源公司与占小平已经以实际行动合意解除了彼此原本有效的合同。在原先的合同中，盛世万源公司和占小平双方明知耿丹学院和盛世万源公司的不可转让约定，依旧签订了转承包合同，双方都存在相等过错，不存在赔偿损失的情形。同时，盛世万源公司转让的是对耿丹学院食堂的经营权，占小平支付的是经营费。在合同解除后，本案中不存在恢复原状的情形，盛世万源公司无权再收回承包经营权，而占小平在与盛世万源公司的合同中已经约定了"占小平一次性向盛世万源公司缴纳70万元的承包金，盛世万源公司投放的设备在合同解除后归占小平"。由合同可知，70万元的承包费实质上是盛世万源公司对其耿丹学院食堂经营权及投放设备的处分对价，在合同解除后，占小平取得了上述设备的所有权，并且占小平现在依然在实际经营着涉诉食堂。故对70万元的承包费不存在返还的法律依据，在占小平已经支付给盛世万源公司60万元的基础上，占小平应当依照约定支付剩余的10万元。故本案中，一二审法院对原被告及第三人之间的法律关系认定正确，判决适当。

（北京市顺义区人民法院　安金宝　史智军）

32. 陈冬香诉吴志刚房屋买卖合同案
（效力性强制性规定的识别）

（一）首部

1. 判决书字号：福建省厦门市思明区人民法院（2010）思民初字第3594号。
2. 案由：房屋买卖合同纠纷案。
3. 诉讼双方

原告（反诉被告）：陈冬香，女，汉族，住厦门市思明区。

委托代理人：缪颖南、丁楚琪，福建厦信律师事务所律师。

被告（反诉原告）：吴志刚，男，汉族，住厦门市思明区。

委托代理人：曾琳，住厦门市思明区。

4. 审级：一审。
5. 审判机关和审判组织

审判机关：福建省厦门市思明区人民法院。

独任审判人员：审判员：彭朝辉。

6. 审结时间：2010年6月9日。

（二）诉辩主张

1. 原告陈冬香诉称

2009年8月27日，被告委托厦门市梁峰房地产行销策划代理有限公司（以下简称"梁峰公司"）出售厦门市思明区京华大厦1618室房屋，由梁峰公司与原告签订《房屋购买意愿书》，约定原告以一次性支付24.72万元的方式购买前述房屋，并由梁峰公司向原告收取出价保证金2 000元。2009年8月28日，被告作为出售方在梁峰公司居间促成下，与原告签署了《房产买卖协议》，协议约定，被告将坐落于厦门京华大酒店附属综合大厦的 A 幢 1618 室房产，作价 24.72 万元出售给原告，原告支付购房定金 20 000 元；双方于京华大酒店签订合同当日，原告向被告支付购房款，被告应于 2010 年 4 月 30 日交付房产，中介费 4 000 元由原告向梁峰公司支付，双方还约定于 2009 年 10 月 16 日前往京华大厦签订合同。协议签订后，原告于 2009 年 8 月 29 日向被告支付 20 000 元购房定金。但是在双方约定的时间，被告仍没有取得出售房屋的产权，该房屋至今没有《预售许可证》，根本无法办理过户手续，其所有人也不是被告。被告根本无法依约向原告交付房屋，也无法要求京华大厦与原告签订合同。此后，原告多次与被告及梁峰公司协商，被告仅答应退还 1 万元，双方协商未果。综上所述，被告与梁峰公司恶意串通，在被告并非产权人的情况下，约定向原告出售房产，而该房屋根本不具备出售条件，无法交易过户，故此《房屋买卖协议》是无效的。原告诉请：（1）判令被告立即双倍返还购房定金 40 000 元；（2）诉讼费用由被告承担。

2. 被告吴志刚辩称

原告违约在先，原告要求被告双倍返还购房定金于法无据：（1）原、被告于 2009 年 8 月 28 日签订的《房产买卖协议》明确约定：购买方（原告）应"于 2009 年 10 月 16 日前与京华签合同"。然而，到了 2009 年 10 月 16 日这一天，原告却拒绝前往与京华大酒店签订购买该套房屋的合同书。被告曾多次催中介梁峰公司督促原告尽快前往与京华签合同，并且也主动打电话要求原告履行合同义务，可原告明确告知被告拒绝继续履行合同义务。为此被告不得不自己于 2010 年 2 月 6 日与京华大酒店签订了《合同书》。（2）原告在起诉状所述："但是在双方约定的时间，被告仍没有取得出售房屋的产权，该房屋至今没有《预售许可证》，根本无法办理过户手续，其所有人也不是被告"，这是原告以此借口拒绝履行与被告签订的《房产买卖协议》而已。事实上，原告通过中介公司的业务员及被告都多次告知了原告关于该套房屋系商业、办公性质，买卖的是房屋的使用权，目前暂不能办理房屋产权，且带原告多次到现场看房。被告也于 2009 年 4 月就向嘉峰公司（京华大酒店委托的代理公司）预定了该套房屋，已经取得该套房屋使用权的处置权。况且，该房屋是否取得预售许可证并不影响被告作为有权处置该房屋的使用权与原告签订买卖协议。被告不仅可以依约按时做到由原告与京华大酒店签订合同，也可以在 2010 年 4 月 30 日向原告交付房屋。（3）由于原告先违约不购买该套房屋，多次打电话与被告协商，被告曾出于同情的角度考虑愿意退还 10 000 元给原告，可原告不同意。因此，被告依据双方签订的协议有权没收原告支付的定金 20 000 元。综上所述，被告请求法院驳回原告方的诉讼请求。

3. 反诉原告吴志刚诉称

2009 年 8 月 28 日，反诉原告通过中介方即梁峰公司与反诉被告签订《房产买卖协议》，明确约定：购买方（即反诉被告）应"于 2009 年 10 月 16 日前与京华签合同"。然而，到了 2009 年 10 月 16 日这一天，反诉被告却拒绝前往与京华大酒店签订购买该套房屋的合同书。反诉原告曾多次催中介梁峰公司督促反诉被告尽快前往与京华签合同，并且也主动打电话要求反诉被告履行合同义务，可反诉被告明确告知反诉原告拒绝继续履行合同义务。反诉原告根据协议第十一条之约定有权没收反诉被告定金。反诉原告诉请：（1）判令反诉人有权没收被反诉人的购房定金人民币 20 000 元。（2）诉讼费用由被反诉人承担。

4. 反诉被告陈冬香辩称

反诉原告所述的理由是不成立的,其无权没收相应的定金。反诉原告没有证据证明反诉被告的违约事实。

(三) 事实和证据

福建省厦门市思明区人民法院经公开审理查明:2009年4月20日,被告向厦门京华大酒店预订了厦门京华大酒店附属综合大厦A幢1618室房屋(即讼争房屋),取得对于该房产的使用权益(但尚未签订书面的买卖合同)。2009年7月30日,被告与厦门市梁峰房地产行销策划代理有限公司(简称"梁峰公司")签订《独家房产销售委托书》,约定由被告委托梁峰公司代为转售讼争房屋。2009年8月27日,梁峰公司与原告签订《房屋购买意愿书》,约定原告以一次性支付24.72万元的方式购买讼争房屋,并由梁峰公司向原告收取出价保证金2 000元。2009年8月28日,被告与原告签署了《房产买卖协议》,约定被告将讼争房屋作价24.72万元转售给原告,直接由被告与厦门京华大酒店签订讼争房屋的书面买卖合同,原告先支付购房定金20 000元,待原告直接与厦门京华大酒店签订书面合同当日(双方所约定的日期为2009年10月16日),原告再向被告支付全部购房款;被告应于2010年4月30日交付讼争房产,原告应向梁峰公司支付中介费4 000元。该协议签订后,原告于2009年8月29日向被告支付20 000元购房定金。之后,原告未依协议约定与厦门京华大酒店签订讼争房产的合同。2010年2月6日,被告与厦门京华大酒店签订了讼争房屋的买卖合同书,支付了讼争房屋的购房款。

以上事实有原告提交的《房屋购买意愿书》、《房产买卖协议》、收条、存款凭条;被告提交的《独家房产销售委托书》、《合同书》、证明、发票以及在案庭审笔录为证。

(四) 判案理由

福建省厦门市思明区人民法院经审理认为:

本案争议的焦点在于:(1) 双方当事人所签订的合同是否有效?(2) 原告、反诉原告的诉求有无事实和法律依据?对此,本院分别认定如下:

1. 双方签订的合同是否有效

原告主张:双方签订的合同是无效的。根据城市房地产管理法的规定:未取得产权证的房产是不得转让的;以划拨取得的房产转让应经有关部门的批准,没有批准是不能转让的;在双方签订合同时,被告并没有取得房产的权属证书,故双方的合同是无效的且无法履行。

被告辩称:双方的合同是有效的,中介方并没有与被告串通,且告知了原告房产的实际情况并领原告去看房了。合同并没有违反相关的强制性规定,根据合同的约定,是由原告与京华签合同,而不是与被告签合同;同意退还10 000元,是出于同情心,然按合同其定金是予以没收的；京华出售房产的行为并没有受到相应的处罚。

本院认为，虽然本案讼争房产尚未取得相应的权属证书，不符合原告所援引的法律规定，但该法律规定属管理性规范并非效力性强制性规定，违反之并不导致买卖合同的无效，换言之，本案讼争的尚未取得权属证书的房产买卖合同系有效合同；况且，本案双方之间所买卖的对象仅限于房屋的使用权益而非所有权。依据《中华人民共和国合同法》第四十四条的规定，"依法成立的合同，自成立时生效"，因此，原、被告签订的《房产买卖协议书》自签订时起即有效力，对合同双方当事人均具有约束力。

2. 原告、反诉原告的诉求有无事实和法律依据

（1）关于原告的诉求

依据前述争议焦点的认定，原、被告签订的《房产买卖协议书》为有效合同，原告基于《房产买卖协议书》无效而提出的诉求缺乏事实及法律依据，本院不予支持。被告的抗辩意见合法有据，本院予以采信。

（2）关于反诉原告的诉求

反诉原告主张反诉被告违约在先，依据《房产买卖协议书》第十一条的规定，反诉原告有权没收反诉被告支付的购房定金。对此，本院认为，依照《最高人民法院关于民事诉讼证据的若干规定》第五条之规定，主张合同关系成立并生效的一方当事人对合同订立和生效的事实承担举证责任。经核实，反诉原告提交的各份证据之内容：第一份证据"独家房产销售委托书"体现反诉原告委托转售诉争房产时即已明示了诉争房产及涉及的土地来源、状态；第二份证据"合同书"、第三份证据"公证书"、第四份证据"证明"、第六份证据"发票"除证明反诉原告拥有诉争房屋使用权的合法权益外，还印证诉争房产所涉及的土地来源及状态；第五份证据"证明、情况说明"证明关于未能签订合同的原因在于反诉被告及自始至终均披露诉争房产的性质、状况；第七份证据"房产买卖协议"证明双方约定的具体权责，该七份证据形成了有效的证据链，足以证明诉争协议订立和生效的事实，反诉原告已完成举证责任。反诉被告未按约定履行直接与厦门京华大酒店签订诉争房屋买卖合同的义务，违反了《房产买卖协议书》第十一条的规定，构成违约，因此，反诉原告有权没收反诉被告支付的购房定金，反诉原告诉求应予支持。

（五）定案结论

福建省厦门市思明区人民法院依照《中华人民共和国合同法》第一百一十五条、《最高人民法院关于适用〈中华人民共和国合同法〉若干问题的解释（二）》第十四条、《中华人民共和国民事诉讼法》第六十四条第一款、《最高人民法院关于民事诉讼证据的若干规定》第二条的规定，作出如下判决：

1. 确认反诉原告吴志刚有权没收反诉被告陈冬香的购房定金 20 000 元。
2. 驳回原告陈冬香的诉讼请求。

一审审判后，双方当事人均未上诉。

(六) 解说

本案的关键在于对《最高人民法院关于适用〈中华人民共和国合同法〉若干问题的解释（二）》第十四条规定中"效力性强制性规定"的理解、识别和适用，判断强制性规定的类型，综合认定违反强制性规定的合同效力。

1. 我国关于"效力性强制性规定"的立法

《最高人民法院关于适用〈中华人民共和国合同法〉若干问题的解释（二）》，第十四条规定：合同法第五十二条第（五）项规定的"强制性规定"，是指效力性强制性规定。该司法解释仅是对能够导致合同无效的"强制性规定"作出限缩解释，并未涉及"效力性强制性规定"的定性和衡量标准。

《最高人民法院关于当前形势下审理民商事合同纠纷案件若干问题的指导意见》（下称《指导意见》）中，第十五条指出："人民法院应当注意根据《合同法解释（二）》第十四条之规定，注意区分效力性强制规定和管理性强制规定。违反效力性强制规定的，人民法院应当认定合同无效；违反管理性强制规定的，人民法院应当根据具体情形认定其效力。"该《指导意见》对强制性规定类型做了明确的划分，并指出两种类型对合同效力的认定。

《指导意见》第十六条规定："人民法院应当综合法律法规的意旨，权衡相互冲突的权益，诸如权益的种类、交易安全以及其所规制的对象等，综合认定强制性规定的类型。如果强制性规范规制的是合同行为本身即只要该合同行为发生即绝对地损害国家利益或者社会公共利益的，人民法院应当认定合同无效。如果强制性规定规制的是当事人的'市场准入'资格而非某种类型的合同行为，或者规制的是某种合同的履行行为而非某类合同行为，人民法院对于此类合同效力的认定，应当慎重把握，必要时应当征求相关立法部门的意见或者请示上级人民法院。"该《指导意见》提出了对强制性规定类型的衡量因素，但未涉及具体识别标准，同时以列举式方法说明了强制性规定的内容对于合同效力的影响。

可见，我国现行法将强制性规定分划为效力性强制性规定和管理性强制性规定两种类型，但对于二者的区分标准，我国立法并未明确，仅仅作了原则上的指导，赋予法官在个案认定中较大的自由裁量空间。

2. 效力性强制性规定的识别

违反强制性规定的合同效力如何，关键在于该强制性规定是否是"效力性强制性规定"。但在如何判断和识别"效力性强制性规定"上，即效力性强制性规定和管理性强制性规定的具体区分标准，立法未明确，实务中亦不甚明了，即使在学者间也有不同见解。史尚宽认为："强行法得为效力规定与取缔规定，可认为非以为违法行为之法律行为为无效，不能达其目的者，为效力规定；可认为仅在组织法律行为事实上之行为者，为取缔规定。"[①] 王利明则认为："法律法规规定违反禁止性规定将导致合同无效或不成立，该规定为效力性规定；法律法规虽然没有明确规定，违反禁止性规定将导致合同无效或不成立，但违反该规定若使合同继续有效将损害国家利益和社会公共利益，也应属效

---

① 史尚宽：《民法总论》，330页，北京，中国政法大学出版社，2000。

力规定；法律法规虽然没有明确规定违反禁止性规定将导致合同无效或不成立，违反该规定若使合同继续有效并不损害国家利益和社会公共利益，而只是损害当事人利益，在此情况下，该规定就不属于效力规定，而是取缔规定。①"还有学者认为："如果立法目的是禁止行为本身，保护社会公共利益不受行为侵害，该规定就是效力性规范。"②

由此观之，对于二者的判断，不论是在理论上抑或是在实务中都莫衷一是。笔者认为，在识别"效力强制性规定"问题上，应综合比较观察，结合我国现有法律现状，具体可从以下方面进行分析判断：

首先，判断强制性规定的立法意旨，即目的解释。如果该强制性规定纯粹是为了行政管理上的便利和需要，并无涉及民事主体之间利益关系的意图，则应视为管理性强制性规范。若旨在维护社会公共利益，违反此类规定将有悖于立法的意旨对交易的控制的，则属于效力性强制性规定。

其次，考虑强制性规定的规制对象。如该法律规范是规制合同行为本身，还是合同履行；是当事人双方的行为，还是当事人一方的纪律条款，若是合同行为本身或当事人双方行为则为效力性强制性规定。如王泽鉴例举的："某一法令（如电子游戏场业管理条例）禁止在特定时间、地点营业者，仅涉及缔结法律行为的外部情况，非在禁止特定行为的内容，应认系取缔性规定，不影响该法律行为的效力。"③

最后，所涉法益的权衡，即在具体个案的评判中，综合衡量社会公平、交易安全、当事人之间的诚实信用等各种法益，以期合同效力得当的认定。

3. 本案中有关效力性强制性规定的认定

本案中涉及的强制性规定是《中华人民共和国城市房地产管理法》第三十八条第六项"……未依法登记领取权属证书的"房地产，不得转让。

这一规定，是否属于效力性强制性规定呢？

第一，从立法意旨看，制定《城市房地产管理法》是为了加强对城市房地产管理，维护房地产市场秩序，保障房地产权利人的合法权益，促进房地产业的健康发展，是政府行政管理上的需要；具体到第三十八条第六项的规定，其主要是"为了维护房地产市场秩序，明确房地产的来源及归属，是国家对房地产的一种管理和监督行为"。

第二，从规制的对象上看，"未依法登记领取权属证书"仅是对一方当事人及合同履行的约束，不影响合同行为本身的效力。

第三，违反《城市房地产管理法》第三十七条第六项规定而转让的房地产，损害的是房屋买受人的权益，并不直接损害社会公共利益。且一方单纯以未取得产权证为由，主张合同无效的，显然有悖诚实信用，有损交易安全。

综上所述，《城市房地产管理法》第三十七条第六项规定应当属于管理性强制性规定而非效力性强制性规定。

（厦门市思明区人民法院　黄素梅、彭朝辉）

---

① 王利明：《合同法新问题研究》，321～332 页，北京，中国社会科学出版社，2003。
② 陈自强：《民法讲义Ⅰ契约之成与生效》，147 页，北京，法律出版社，2002。
③ 王泽鉴：《民法概要》，91 页，北京，中国政法大学出版社，2003。

33. 史少伟诉崔剑侠、北京链家房地产经纪有限公司房屋买卖合同案（因情势变更致房屋买卖合同解除）

（一）首部

1. 判决书字号

一审判决书：北京市通州区人民法院（2010）通民初字第10256号。

二审判决书：北京市第二中级人民法院（2010）二中民终字第18830号。

2. 案由：房屋买卖合同纠纷。

3. 诉讼双方

原告（被上诉人、反诉被告）：史少伟，男，汉族，无业，住北京市通州区。

被告（上诉人、反诉原告）：崔剑侠，女，汉族，无业，住北京市通州区。

委托代理人：李志，北京市京联律师事务所律师。

被告：北京链家房地产经纪有限公司，住所地：北京市朝阳区。

法定代表人：左晖，董事长。

委托代理人：杜凤涛，北京市广盛律师事务所律师。

4. 审级：二审。

5. 审判机关和审判组织

一审法院：北京市通州区人民法院。

独任审判人员：代理审判员：李民。

二审法院：北京市第二中级人民法院。

合议庭组成人员：审判长：陈妍；审判员：刁久豹；代理审判员：张清波。

6. 审结时间

一审审结时间：2010年7月30日。

二审审结时间：2010年12月7日。

（二）一审诉辩主张

1. 原告史少伟诉称

我与崔剑侠于2010年4月11日签订《北京市存量房屋买卖合同》及补充协议，约定我以银行贷款方式筹集款项，购买崔剑侠位于通州区靓景明居10号楼462号房屋。2010年4月17日，国务院颁布了《国务院关于坚决遏制部分城市房价过快上涨的通知》。2010年4月30日，北京市政府颁布了《北京市人民政府贯彻落实国务院关于坚决遏制部分城市房价过快上涨文件的通知》。两项政策使得我出现以下无法承受的情形：（1）购买崔剑侠房屋的首付款由原来的70万增加到91.5万，提高了21.5万整；（2）我由于没有1年以上的完税证明及社保证明，所以无法获得银行系统的贷款；（3）月供由原来的7折利率突变到1.1倍利率。我在无法支付政策变更后的首付款和无法获得银行贷款的前提下多次与崔剑侠协商解除合同并退还定金，均遭到拒绝。我认为，双方在签订商品房购买合同时，我已经告知崔剑侠是通过银行贷款获取购房款，且仅能通过这种方式。但是，由于国务院及北京市人民政府颁布的上述政策导致我无法申请房屋贷款，属因不可抗力导致合同无法履行，且这是双方都无法预见的情势重大变更，双方对此都无责任，仅因双方意志以外的原因造成合同无法履行。《中华人民共和国民法通则》第一百零七条规定，因不可抗力不能履行合同或造成他人损害的，不承担责任。《中华人民共和国民法通则》第一百五十三条规定，本法所称的"不可抗力"是指不能预见、不能避免或不能克服的客观情况，包括自然灾害和政府行为。《中华人民共和国合同法》司法解释（二）明确规定：合同成立以后客观情况发生了当事人在订立合同无法预见的、非不可抗力造成的不属于商业风险的重大变化，继续履行合同对于一方当事人明显不公平或者不能实现合同目的，当事人请求人民法院变更或解除合同的，人民法院应当依据公平原则，并结合案件的实际情况确定是否变更或解除。结合本案事实，结合上述法律规定，本合同实际已经无法履行，我有权请求解除合同，且请求返还定金。但是崔剑侠却不返还。诉讼请求：（1）请求法院判令解除双方于2010年4月11日签订的《北京市存量房屋买卖合同》及补充协议；（2）崔剑侠退还我定金10万元；（3）诉讼费由崔剑侠负担。

2. 被告崔剑侠辩称

不同意史少伟的诉讼请求。史少伟自愿以183万元购买本案诉争房屋，在补充协议中明确约定，如遇国家政策及银行政策调整，以国家政策及银行政策调整为准。补充协议同时约定，如史少伟违约应该按照总房款的20%支付违约金。史少伟于签订合同当日支付定金10万元，之后未按约履行自己的义务，并以自身原因难以获得按揭贷款为由于2010年5月21日向法院提起诉讼，明示毁约。双方签订的《北京市存量房屋买卖合同》及补充协议所确立的房屋买卖合同法律关系不违背禁止性法律规定，合法有效，合同当事人有义务恪守。对于国家及银行的房贷政策，双方在补充协议第二条第五项、第七项已有明确的预见性，故史少伟所述不可抗力及情势变更均不成立，其明示毁约行为应当承担违约责任。故提起反诉，要求：（1）请求确认《北京市存量房屋买卖合同》及补充协议有效；（2）请求判令史少伟支付我违约金26.6万元（总房款183万的20%）；（3）请求判令史少伟继续履行《北京市存量房屋买卖合同》及补充协议；（4）全部诉讼费用由史少伟承担。

3. 被告北京链家房地产经纪有限公司辩称

同意解除合同。

（三）一审事实和证据

北京市通州区人民法院经公开审理查明：2010年4月11日，史少伟与崔剑侠经链家公司签订《北京市存量房屋买卖合同》一份，约定由史少伟购买崔剑侠所有的位于北京市通州区怡乐中街怡乐园三区10号楼4单元6层462号房屋一套，建筑面积为102.99平方米，价款为183万元。当日，史少伟、崔剑侠及链家公司签订补充协议一份。补充协议第二条第二项约定，崔剑侠应在签署本协议后15日内向该房屋的贷款银行预约一次性提前还款，并应于该贷款银行通知提前还贷之日将其原贷款一次性还清。补充协议第二条第二项同时约定，崔剑侠应在接到链家公司的评估通知7日内配合评估公司对房屋进行评估。史少伟应在出具评估报告后35日内，或去银行办理面签手续当日将首付款70万元（含定金10万元）以自行支付的方式支付崔剑侠，崔剑侠应出具同等金额的首付款收到证明。补充协议第二条第三项约定，崔剑侠应在提前还贷后，按照贷款银行的要求办理完解除抵押手续。崔剑侠于房屋解除抵押后10个工作日内，必须配合史少伟共同前往银行办理面签手续；双方协商一致在史少伟所申请的贷款获得批准后五个工作日内共同前往办理权属过户手续。补充协议第二条第五项约定，崔剑侠同意史少伟以商业贷款的方式支付剩余款项，史少伟同意由贷款机构见契税票、领证通知单和物业结清证明后给崔剑侠放款。补充协议第二条第七项约定，经崔剑侠与史少伟协商一致，如遇国家政策及银行政策调整，以国家政策及银行政策调整为准。补充协议第四条约定，签订本协议后史少伟不购买该房屋的情形视为史少伟违约，若史少伟违约，应在违约行为发生之日起五个工作日内支付崔剑侠总房款20%的违约金。2010年4月11日，史少伟支付给崔剑侠定金10万元，崔剑侠为史少伟出具了收据。在一审审理过程中，链家公司称2010年5月5日评估公司为462号房屋出具价值评估，链家公司已经将评估报告送达给崔剑侠，但史少伟未领取评估报告。崔剑侠称其到银行预约提前还款，银行通知其于2010年5月14日提前还贷，但因为史少伟未支付其首付款，其没有资金提前还贷。史少伟称2010年5月12日，链家公司通知其面签，但因崔剑侠未办理银行贷款解押手续，故未去面签。崔剑侠于2010年5月6日给史少伟邮寄催告函，要求史少伟继续履行合同，该邮件被史少伟拒收。史少伟称根据2010年4月17日国务院颁布的《国务院关于坚决遏制部分城市房价过快上涨的通知》及2010年4月30日北京市政府颁布的《北京市人民政府贯彻落实国务院关于坚决遏制部分城市房价过快上涨文件的通知》要求，其需要支付总房款183万元的50%即91.5万元的首付款，比合同约定提高了21.5万元，其为非本市人口，不能提供1年以上的完税证明及社保证明，无法获得银行贷款，同时要支付1.1倍利率的利息，故无法继续履行合同。史少伟提供了2009年4月至2010年4月的个人所得税完税证明，根据该证明，2009年4月至2010年4月，其工资薪金所得实缴税款额为2 785.12元。史少伟称其2009年4月至2010年4月未连续纳税，并申请原审法院调取其2009年4月至2010年4月的纳税明细。根据原审法院自北京市通州区地方税务局调取的史少伟纳税明细，史少伟2009年10月纳税1 576.43元，2009年11月纳税840.8元，2009年12月纳税367.89元。

  另查，2010年4月30日北京市政府颁布的《北京市人民政府贯彻落实国务院关于坚决遏制部分城市房价过快上涨文件的通知》要求，对不能提供1年以上本市纳税证明或社会保险缴纳证明的非本市居民，暂停发放购买住房贷款。

  上述事实，有双方当事人陈述、《北京市存量房屋买卖合同》及补充协议、房款收条、个人所得税完税证明及史少伟纳税明细等证据证明。

（四）一审判案理由

因不可抗力致使不能实现合同目的，当事人可以解除合同；合同解除后，尚未履行的，终止履行，已经履行的，根据履行情况和合同性质，当事人可以要求恢复原状；因不可抗力不能履行合同或者造成他人损害的，不承担民事责任，法律另有规定的除外。史少伟与崔剑侠签订的《北京市存量房屋买卖合同》及补充协议属于双方当事人的真实意思表示，且不违反法律的强制性规定，该合同依法成立并生效，对于崔剑侠要求确认上述《北京市存量房屋买卖合同》及补充协议有效的反诉请求，依法予以支持。史少伟为非本市人口，其无1年以上本市纳税证明或社会保险缴纳证明，根据2010年4月30日北京市政府颁布的《北京市人民政府贯彻落实国务院关于坚决遏制部分城市房价过快上涨文件的通知》，史少伟无法获得住房贷款。《北京市人民政府贯彻落实国务院关于坚决遏制部分城市房价过快上涨文件的通知》的出台对于史少伟与崔剑侠签订的《北京市存量房屋买卖合同》及补充协议的履行构成不可抗力，史少伟可以要求解除上述《北京市存量房屋买卖合同》及补充协议，故对于史少伟要求解除双方于2010年4月11日签订的《北京市存量房屋买卖合同》及补充协议的诉讼请求，依法予以支持。对于崔剑侠要求继续履行《北京市存量房屋买卖合同》及补充协议的反诉请求，依法不予支持。合同解除后，当事人可以要求恢复原状，故对于史少伟要求崔剑侠退还其定金10万元的诉讼请求，依法予以支持。因不可抗力不能履行合同或者造成他人损害的，不承担民事责任，故对于崔剑侠要求史少伟支付违约金26.6万元的诉讼请求，依法不予支持。

（五）一审定案结论

北京市通州区人民法院依照《中华人民共和国合同法》第九条、第四十二条、第四十四条的规定，作出如下判决：

1. 史少伟与崔剑侠于2010年4月11日签订的《北京市存量房屋买卖合同》及史少伟与崔剑侠、北京链家房地产经纪有限公司2010年4月11日签订的《补充协议》有效。
2. 解除史少伟与崔剑侠于2010年4月11日签订的《北京市存量房屋买卖合同》及史少伟与崔剑侠、北京链家房地产经纪有限公司于2010年4月11日签订的《补充协议》。
3. 崔剑侠返还史少伟购房定金人民币10万元，于判决生效之日起七日内执行清。
4. 驳回崔剑侠的其他反诉请求。

（六）二审情况

1. 二审诉辩主张
（1）上诉人崔剑侠诉称
原判认定事实错误，适用法律错误，要求维持原审判决第一、二项，撤销原审判决第三、四项，依法改判史少伟支付其违约金 26.6 万元。

（2）被上诉人史少伟辩称

同意原审判决。

（3）被上诉人链家公司辩称

同意原审判决。

2. 二审事实和证据

北京市第二中级人民法院经审理，确认一审法院认定的事实和证据。

3. 二审判案理由

北京市第二中级人民法院经审理认为，史少伟与崔剑侠签订的《北京市存量房屋买卖合同》及补充协议系双方当事人的真实意思表示，不违反法律、行政法规的强制性规定，合法有效，当事人应当依约履行。依据合同约定，史少伟应通过申请银行商业贷款的方式向崔剑侠支付剩余购房款。但在合同实际履行过程中，为遏制房价过快上涨，促进房地产市场平稳健康发展，北京市政府于 2010 年 4 月 30 日颁布了《北京市人民政府贯彻落实国务院关于坚决遏制部分城市房价过快上涨文件的通知》，依该规定，本案中的史少伟为非本市人口，也不能提供 1 年以上本市纳税证明或社会保险缴纳证明，因此银行暂停发放购房贷款。国务院及北京市上述规定的出台，属于国家房地产宏观调控经济政策的重大调整，是双方当事人在签订合同时所无法预见和控制的，由此直接造成史少伟无法依约获得银行贷款以支付剩余购房款，进而导致合同履行障碍的严重后果，双方对此均无过错，如果判决双方继续履行合同，由史少伟以现金或其他方式支付巨额购房款，既与合同约定不符，也超出了史少伟的履行能力，在结果上显失公平。至于补充协议中"如遇国家政策及银行政策调整，以国家政策及银行政策调整为准"的约定，在合同解释上显然不足以涵盖本案发生的情形。因此，本案属于法律规定的因不可归责于双方当事人的事由导致合同无法继续履行的情形，原审法院判决认定构成不可抗力不当，本院予以调整，但其判决解除双方之间的买卖合同及补充协议，并由崔剑侠返还 10 万元定金并无不当，本院予以维持。崔剑侠的上诉理由和主张，依据不足，本院不予支持。

4. 二审定案结论

北京市第二中级人民法院依照《中华人民共和国民事诉讼法》第一百五十三条第一款第（一）项之规定，作出如下判决：

驳回上诉，维持原判。

（七）解说

本案中，一、二审法院及当事人对于银行信贷政策的调整各有不同的理解。一审法院认定为不可抗力，崔剑侠认为是正常商业风险，二审法院则适用了情势变更原则的理念。因此，该问题是本案的争议焦点。

1. 是否属于不可抗力

所谓不可抗力是指不可预见、不能避免且不能克服的客观情况。通说认为其构成要件包括以下四点：(1)须为客观情况，即不因当事人的行为而发生亦不受当事人所控制。(2)须为缔约时不能预见。(3)须不可避免。(4)须不能克服。所谓情势变更原则，是指合同有效成立后，因当事人不可预见的事情的发生（或不可归责于双方当事人的原因发生情势变更），导致合同的基础动摇或丧失，若继续维持合同原有效力有悖于诚实信用原则（显失公平）时，应允许变更合同内容或者解除合同的法理。[①] 该原则起源于《优帝法学阶梯注解》中的一项法律原则。假定每一个合同均包含一个默示条款，即缔约时作为合同基础的客观情况应当持续存在，若该情况不再存在，应准许变更或解除合同。我国《合同法》中没有规定该原则，但学术界对情势变更原则是认可的，最高人民法院在对湖北省高院就"武汉市煤气公司诉重庆检测仪表厂煤气表装配技术转让合同、煤气表散件购销合同违约纠纷案"请示报告所作的答复也承认了该原则。学理上一般认为适用情势变更原则须满足以下几个条件：(1)有情势变更的事实，即作为合同成立基础的客观环境发生了异常变化，或者某种情况的出现使得合同目的不能达成。(2)情势变更发生在合同生效后履行完毕前。(3)情势的变更不可归责于双方当事人。(4)缔约时当事人，尤其是受不利影响之当事人没有预见且难以预见。(5)继续履行合同显失公平。

从概念和构成要件看，不可抗力与情势变更两个概念有相通之处，似乎前者可以涵盖后者。但仔细比较，二者在程度上是有所区别的：不可抗力必须达到履行不能，而情势变更则只要达到继续履行显示公平的程度即可。就本案来说，在房屋买卖合同中，买受人的义务是支付房款即给付金钱。而给付金钱之债一般来说不发生履行不能，即买受人在不能获得银行贷款的情况下，亦可以通过全款、分期款等形式履行合同。因此，一审法院认为不可抗力是不当的。那么信贷政策变化在本案情形下是否构成情势变更呢？当事人在补充协议中对贷款政策的约定是否表明双方已经预见到了该风险从而使本案排除情势变更之应用呢？

2. 是否属于正常商业风险

正常商业风险与情势变更是实质不同但又难以区分的两个概念。前者属于从事商业活动时固有的风险，是当事人在订立合同时可以或者应该可以预见到的风险，双方确立的合同价格通常已经将该种风险包含在内，故而该风险理应由其自行承担，主要包括市场价格涨落等情况。情势变更与正常商业风险的区别主要可列表如下：

	合同成立的基础环境变化的异常程度	缔约时当事人的可预见性	损失的可归责性	合同继续履行的公平性
正常商业风险	不异常	有所预见或可以预见	可归责于当事人	公平或基本公平
情势变更	异常变动	无预见且难以预见	不可归责于双方当事人	显失公平

[①] 参见韩世远：《合同法总论》，436页，北京，法律出版社，2004。

就本案来说，最有争议的就是补充协议中"如遇国家政策及银行政策调整，以国家政策及银行政策调整为准"的约定是否表明三方在订立合同时是能够预见到该情况的。二审庭审中，崔剑侠及链家公司认为就当时社会抑制房价过快增长的舆论看，各方当事人对房贷政策变化是有所预期的。而史少伟则表示该条款仅指利率调整而不包括银行对不能提供1年以上本市纳税证明或社保缴纳证明的非本市居民，暂停发放购房贷款的情况。二审法院经研究认为，当事人在合同中对于付款方式明确约定为银行贷款，并未有"若不能贷款则全款支付"字样的表述，说明当事人在缔约时，并没有预见到银行可能不予批贷。至于双方在补充协议中的约定应该指的是若银行利率或首付款有所调整，则以调整后的为准。因而该约定，在合同解释上不足以涵盖本案发生的情形。

综上，一审法院判决认定构成不可抗力不当，二审法院予以调整，但一审判决解除双方之间的买卖合同及补充协议，并由崔剑侠返还10万元定金的结果并无不当，二审予以了维持。值得指出的是，一、二审法院虽然都驳回了崔剑侠要求史少伟赔偿违约金的诉讼请求，但理由却有实质不同。一审法院是在违约成立的前提下，以不可抗力这一免责条件免除了史少伟的违约责任；而二审法院则是适用情势变更之原则，认定不构成违约，故而不存在违约责任。二者在性质上是不同的。

（北京市第二中级人民法院　王佳）

34. 尚斌诉卢成爱、高雁伟、北京润邦房地产经纪有限责任公司房屋买卖案
（在案件审理中正确区分无权处分和无权代理）

（一）首部

1. 判决书字号：北京市丰台区人民法院（2009）丰民初字第22999号。
2. 案由：商品房买卖合同纠纷。
3. 诉讼双方

原告：尚斌，女，汉族，北京市西城区西长安街街道办事处职员，住北京市崇文区。

委托代理人：李颖，北京市国联律师事务所律师。

被告：卢成爱，男，汉族，无业，住北京市朝阳区。

被告：高雁伟，女，汉族，无业，住北京市崇文区。

被告：北京润邦房地产经纪有限责任公司，住所地：北京市朝阳区。

法定代表人：陈刚，董事长。

委托代理人：张华嘉，男，北京润邦房地产经纪有限责任公司职员，住北京市崇

文区。

委托代理人：杨奕，男，北京润邦房地产经纪有限责任公司职员，住北京市崇文区。

4. 审级：一审。
5. 审判机关和审判组织

审判机关：北京市丰台区人民法院。

合议庭组成人员：审判长：李岩；人民陪审员：郭洪武、杜伟芳。

6. 审结时间：2010年3月9日。

（二）诉辩主张

1. 原告尚斌诉称

被告卢成爱、高雁伟系夫妻关系，坐落于北京市丰台区政馨园一区1号楼4-2105号的房屋系二人的夫妻共同财产，房屋登记在卢成爱的名下。我经被告润邦房地产经纪公司介绍，向卢成爱、高雁伟二人购买上述房屋。2009年4月27日，高雁伟代理卢成爱与我和润邦房地产经纪公司签订《房屋买卖居间合同》及《补充协议》，约定：房屋成交价为1 060 000元；签订合同当日，买方向卖方交纳购房定金50 000元；卖方在2009年9月1日前将房屋腾空交付给买方；买卖双方在2009年7月1日后办理过户手续。签订合同当日，我向被告卢成爱支付购房定金50 000元。高雁伟在《房屋买卖居间合同》、《补充协议》及定金收条上均签有："卢成爱、高雁伟代"。但被告至今未办理过户手续。我从房屋交易管理中心查到涉诉房屋已被被告出售他人，并已办理过户手续。我诉至法院，要求解除我与被告签订的《房屋买卖居间合同》及《补充协议》，判令被告双倍返还购房定金10 000元，承担居间服务费损失3 000元（依据居间合同，我向润邦房地产经纪公司支付的服务费），承担公告费600元和司法快递费66元。我不要求被告润邦房地产经纪公司承担责任。

2. 被告润邦房地产经纪公司辩称

我认可原告所陈述的事实，我同意解除合同。出卖人委托我方出卖房屋是由高雁伟代办的，其没有卢成爱的委托授权书。高雁伟来我公司时带着其夫妻双方的身份证、户口本和结婚证。买卖居间合同签订后，高雁伟口头告知我方其不想卖房了，不过她没有给过我书面文件。

3. 被告卢成爱未到庭亦未答辩。
4. 被告高雁伟未到庭亦未答辩。

（三）事实和证据

北京市丰台区人民法院经公开审理查明：位于北京市丰台区政馨园一区1号楼4-2105号房屋的产权登记在卢成爱的名下。2009年4月27日，高雁伟以卢成爱的名义代理卢成爱与尚斌、润邦房地产经纪公司签订《房屋买卖居间合同》及《补充协议》，约定：房屋成交价为1 060 000元；签订合同当日，买方向卖方交纳购房定金50 000元；卖方在2009年9月1日前将房屋腾空交付给买方；买卖双方在2009年7月1日后办理过户手续。《房屋买卖居间合同》及《补充协议》上的卖方项下均有高雁伟所签的"卢成爱、高雁伟代"。签订合同当日，尚斌向卢成爱支付购房定金50 000元，但被告至今未办理过户手续。

原告提供在丰台区房屋管理局出具的查询结果一份，载明：坐落于丰台区政馨园一区1号楼16层4单元2105号的房屋已过户给胡金成。

（四）判案理由

北京市丰台区人民法院经审理认为：本案涉诉房屋产权登记在卢成爱名下，该房屋的产权人应认定为卢成爱。不论卢成爱与高雁伟之间存在什么人身关系，作为重大财产的处分，均应得到产权人卢成爱的授权。高雁伟以卢成爱的名义与尚斌签订了《房屋买卖居间合同》及《补充协议》，但没有确凿证据证明高雁伟得到了卢成爱的授权，且卢成爱现已把房屋过户给他人，表明卢成爱对高雁伟的代理行为不予追认，故高雁伟的无权代理导致该合同无效。对于合同无效，高雁伟应当承担主要责任，但尚斌、润邦房地产经纪公司也未尽到合理的注意审查义务，亦应承担次要责任。合同被确认无效后，因该合同取得的财产，应当予以返还。由于合同无效导致的损失应当根据当事人的过错比例承担。故高雁伟应当将收取的定金返还原告尚斌。原告的居间服务费损失应当根据各当事人的过错确定承担数额。原告尚斌现以高雁伟合同违约为由要求解除《房屋买卖居间合同合同》及《补充协议》并双倍返还定金的请求，因合同无效，本院不予支持。

（五）定案结论

北京市丰台区人民法院依照《中华人民共和国合同法》第四十八条、第五十八条之规定，作出如下判决：

1. 确认卢成爱与尚斌、北京润邦房地产经纪有限责任公司之间签订的《房屋买卖居间合同》及《补充协议》无效。
2. 高雁伟于本判决生效之日起十日内返还尚斌定金五万元。
3. 高雁伟于本判决生效之日起十日内赔偿尚斌居间服务费损失一千八百元。
4. 北京润邦房地产经纪有限责任公司于本判决生效之日起十日内返还尚斌服务费六百元。
5. 驳回尚斌的其他诉讼请求。

案件受理费1 180元，公告费600元（尚需公告判决后确定准确数据），司法邮递费66元，由尚斌负担200元，由高雁伟负担1 400元（于本判决生效后十日内交纳），由北京润邦房地产经纪有限责任公司负担246元（于本判决生效后十日内交纳）。

(六) 解说

本案的争议的焦点是高雁伟与尚斌签订合同的行为是属于无权处分行为还是无权代理行为。一种观点认为，诉争房屋属于高雁伟与卢成爱夫妻共同财产，高雁伟对该房屋享有部分实体权利，签订合同均系高雁伟所为，卢成爱并未实际参与签订合同。故房屋买卖合同关系应当在高雁伟与原告尚斌之间发生，高雁伟对该房屋虽然享有部分实体权利，但卢成爱在房屋中也享有部分实体权利，在未经得卢成爱同意的情况下，高雁伟擅自处分整个房屋，侵犯了卢成爱的合法权益，属于无权处分。另一种观点认为，虽然卢成爱没有实际参与合同的签订，但高雁伟系以卢成爱的名义签订的合同，在合同落款处签有"卢成爱、高雁伟代"字样，故高雁伟是以卢成爱的代理人的名义签订的房屋买卖合同，房屋买卖合同关系应是发生在卢成爱与尚斌之间，但高雁伟的代理行为并未得到卢成爱的授权，故属于无权代理行为。本判决采纳了第二种观点，主要基于如下认识：

1. 一个人的民事行为，并非必须本人亲自所为，《民法通则》第六十三条规定："公民、法人可以通过代理人实施民事法律行为。代理人在代理权限内，以被代理人的名义实施民事法律行为。被代理人对代理人的代理行为，承担民事责任。"所以不能说不是自己本人完成的民事行为，就一定不属于该本人的民事行为。反之，一个人亲自实施的行为，也不一定均系其自己的行为。判断一个人的民事行为是代理行为还是自己的行为，关键看该行为是以谁的名义而为。本案中，高雁伟在合同落款处签有"卢成爱、高雁伟代"字样，是以卢成爱的名义签订的合同，而不是以自己的名义签订合同，故高雁伟的行为属于代理行为。如果高雁伟是以自己的名义签订合同，就应属于无权处分。

2. 无权处分与无权代理行为的法律后果有相似之处。《民法通则》第六十六条规定："没有代理权，超越代理权或者代理权终止后的行为，只有经过被代理人的追认，被代理人才承担民事责任。未经追认的行为，由行为人承担民事责任。本人知道他人以本人名义实施民事行为而不作否认表示的，视为同意。"《合同法》第四十八条规定："行为人没有代理权、超越代理权或者代理权终止后以被代理人名义订立的合同，未经被代理人追认，对被代理人不发生效力，由行为人承担责任。"《合同法》第五十一条规定："无权处分的人处分他人财产，经权利人追认或者无处分权的人订立合同后取得处分权的，该合同有效。"从以上法律规定可以看出，无权代理及无权处分都不是完全无效的合同，均属于效力待定合同，合同最终是否有效，要看权利人是否追认。本案中，高雁伟在没有代理权的情况下，以卢成爱的名义进行卖房行为，属于无权代理。后卢成爱将该房屋卖给他人，没有对高雁伟的无权代理行为予以追认，故该代理行为无效，卢成爱不承担合同责任，应由高雁伟承担责任。

3. 在对待善意第三人问题上，二者也有相似之处。《合同法》第四十九条规定："行为人没有代理权、超越代理权或者代理权终止后以被代理人名义订立合同，相对人有理由相信行为人有代理权的，该代理行为有效。"《物权法》第一百零六条规定："无处分权人将不动产或者动产转让给受让人的，所有权人有权追回；除法律另有规定外，符合下列情形的，受让人取得该不动产或者动产的所有权：（一）受让人受让该不动产或者动产时是善意的；（二）以合理的价格转让；（三）转让的不动产或者动产依照法律规定应当登记的已经登记，不需要登记的已经交付给受让人。受让人依照前款规定取得不动产或者动产的所有权的，原所有权人有权向无处分权人请求赔偿损失。当事人善意取得其他物权的，参照前两款规定。"一为表见代理，一为善意取得，均是出于对善意第三人的保护。本案原告尚斌明知产权登记在卢成爱名下，在没有卢成爱的委托授权的情况下，没有理由相信高雁伟有代理权，但其仍与高雁伟签订合同，具有过失，不构成表见代理。

综上，法院判决确认卢成爱与尚斌、北京润邦房地产经纪有限责任公司之间签订的《房屋买卖居间合同》及《补充协议》无效，现该判决已经发生法律效力。

本案告诉我们，无权代理与无权处分是两个不同的法律概念，虽然具有一些相似之处，但在其构成要件上是不同的，在处理实际问题中容易混淆，应当正确区分，以更好地保护当事人的合法利益。

（北京市丰台区人民法院　李岩）

35. 纪玉美诉厦门翔安新城投资开发有限公司房屋买卖合同案（情势变更）

（一）首部

1. 判决书字号：福建省厦门市思明区人民法院（2010）思民初字第6447号。
2. 案由：房屋买卖合同纠纷。
3. 诉讼双方

原告：纪玉美，女，汉族，住福建省厦门市湖里区。

被告：厦门翔安新城投资开发有限公司，住所地：厦门市思明区。

法定代表人：蔡民杰，董事长。

4. 审级：一审。
5. 审判机关和审判组织

审判机关：福建省厦门市思明区人民法院。

独任审判人员：审判员：张卫华。

6. 审结时间：2010年11月11日。

（二）诉辩主张

1. 原告纪玉美诉称

2010年3月22日，原告与被告签订了《领秀城商品房认购书》（编号0000919），约定：原告向被告认购位于厦门市文曾路金榜公园西大门南侧的《鲁能·领秀城》11号楼 25 层 01 室；认购书签订后原告向被告支付定金 20 万元整；合同总价款为 3 369 245.31 元；原告在认购书生效后约定天数内将首期购房款 1 349 245.31 元交付被告并签订《商品房买卖合同》，余款 202 万元由原告向银行或住房公积金管理机构办理按揭贷款；双方约定签订《商品房买卖合同》的时间为甲方书面通知之日起 10 日内；因政府产业政策变化而导致本协议无法履行时，原、被告双方可以解除本协议并免责。认购书签订后，原告按照约定向被告支付了定金 20 万元。2010 年 5 月 14 日，被告书面通知原告于 10 日内与被告签订《商品房买卖合同》。同日，被告售楼人员电话通知原告，由于国家政策变化，银行按揭贷款比例从《领秀城商品房认购书》约定的 60%降为 45%，即原告应支付的首期购房款提高了 50 万元之多，被告要求原告至迟应在 2010 年 6 月 10 日前付清该部分增加的首付款。收到前述信息后，原告即向被告明确提出，由于首付款大幅提高，原告难以在短期内筹集到高出部分的首付款。原、被告双方就付款时间进行协商，但未能达成一致。2010 年 5 月 21 日，原告向被告公证送达了《律师函》，敦请被告在收到《律师函》后三日内就增加的首期购房款支付期限提出合理可行的方案，以便于《商品房买卖合同》的签订。可被告迟迟不予回复，并于 2010 年 6 月 1 日向原告发出《逾期签约的告知函》，函件声称：被告不再为原告保留 11 号楼 2501 单元，且按《领秀城商品房认购书》约定没收原告所缴纳的定金并另售他人。综上所述，原告认为，由于政策调整，导致原告的首期付款增加了 15%，而且双方无法就贷出的 15%款项如何支付重新进行协商，被告在未与原告充分协商的情况下要求原告按其指定时间付款无合同及法律依据，其作出的《逾期签约的告知函》更是严重损害了原告的合法权益。故诉求法院：判令被告立即向原告返还定金 20 万元及利息（利率按银行同期贷款利率，自 2010 年 6 月 2 日起计至实际还款之日止）。

2. 被告厦门翔安新城投资开发有限公司辩称

对原告所述的 2010 年 3 月 22 日签订《领秀城商品房认购书》的时间、5 月 14 日被告送达书面通知的时间、6 月 1 日被告向原告送达《逾期签约的告知函》的时间及事实予以确认，但是对于原告所陈述的与被告多次协商的情况不予认可。原告所谓因房产新政致其"无法实际履行"及接到被告签约通知后要求"重新进行协商"，纯属推脱之辞。原因在于原告既无法证明首付款必然会提高，也无法证明多出的首付款导致其无履约能力。同时《领秀城商品房认购书》已经把按揭付款方式的变更与处理列为双方买卖合同约定调整事项，而双方《商品房买卖合同》也已经约定"出卖人协助买受人办理银行按揭，审批和决定权为银行；买受人无条件接受银行批准的按揭成数和年限；若银行批准的成数低于买受人申请，则买受人应自筹资金补足余款"。该约定为房产买卖行业的交易习惯，对双方都有约束力。综上所述，被告已经切实履行了合同约定的义务，而原告尚未履行签约义务，属于违约方，应承担相应的违约责任。原告的诉讼请求也并不明确，无合法依据，被告合法、可信赖的合同利益应当得到保护。故请求法院依法驳回原告的诉讼请求。

(三) 事实和证据

福建省厦门市思明区人民法院经公开审理查明：原、被告双方在2010年3月22日签订了一份《领秀城商品房认购书》（该房系原告及其家庭购置的第三套房屋）。该认购书约定：原告向被告认购位于厦门市文曾路金榜公园西大门南侧的《鲁能·领秀城》商品房11号楼25层01室（建筑面积为159.93平方米，单价为每平方米21 067元，总价为3 369 245.31元）；原告自认购书签订时自愿向被告交付定金200 000元，该定金在双方签订《商品房买卖合同》时，无息自动转为原告的购房款；原告以按揭贷款的方式付款，即自认购书生效之日起约定天数内将首期购房款1 349 245.31元交与被告并签订《商品房买卖合同》，余款2 020 000元由原告方向银行或住房公积金管理机构办理按揭贷款；双方约定签订《商品房买卖合同》时间为被告书面通知日起十日内，原告未在上述规定的期限内与被告签妥该套商品房买卖合同并付房款，或原告在上述期限内提出不签订合同的，或原告未按本认购书中约定的期限足额缴纳定金，则原告已缴纳的定金归被告所有，原告无权要求返还。同时被告有权将该商品房另售他人且无须通知原告；若因此给被告造成损失，原告应当承担赔偿责任。若被告在认购书载明的要求原告签订《商品房买卖合同》的上述规定期限届满之前将该商品房另售他人，则被告应双倍返还原告已付定金。除此之外，认购书第八款规定，如果本认购书在执行过程中受到诸如：地震、台风、洪水、火灾、战争或其他双方认可的不可预见的直接影响，或无法按照原协议条款执行，受不可抗力影响的一方应当立即以传真通知对方，并且在此以后7天内将发生事故地区有关部门开具的事故证明寄给对方。因政府的产业政策发生变化而导致本协议无法履行时，双方可以解除本协议并免责。第九条规定，本认购书之性质为预约合同，即本认购书指向的标的为签订行为，双方均应按本认购书的约定履行签约义务，最终签订《商品房买卖合同》，双方就本认购书所确认的房产买卖条件以双方签订的《商品房买卖合同》所载为准。认购书签订后，原告至2010年3月23日前支付给被告定金20万元。2010年5月14日，被告书面函告原告，要求原告自收到通知书之日起十日内和被告签订《商品房买卖合同》。此间依据国家的相关政策的调整，原告可以按揭贷款的比例从原来的60%降低为45%，这也意味着原告的首期付款要增加50万元之多。2010年5月21日，原告委托律师以律师函的形式敦促被告自受函三日内就增加的首期购房款支付期限提出可行的解决方案，以便于《商品房买卖合同》的签订。2010年6月1日，被告向原告发出了一份《逾期签约的告知函》，称鉴于原告未按照约定签订《商品房买卖合同》，被告将按照认购书中的约定，不再为原告保留11号楼2501单元，并没收原告所缴纳的定金，将该单元另售他人。

另在本案审理期间，因遇国家政策调整，厦门市禁止向购置第三套房的家庭提供银行按揭贷款。

（四）判案理由

福建省厦门市思明区人民法院经审理认为：本案争议的焦点问题：原告是否有权因政府出台新的房地产政策规定，依据双方合同约定行使合同解除权。

原告认为，依据国家的相关政策，原告的首付款增加50余万元，属于是因为国家产业政策的变更导致的主合同条款的变更，而该变更造成了原告的履行不能，依据认购书第八条的规定，原告当然有权解除合同。同时鉴于相关法律规定，在这种情况下，被告应当返还原告的定金。被告认为关于按揭付款方式的变更和处理，已经纳入买卖合同的调整之下，所以首付款的变更属于双方可预见的事项，故不适用认购书第八条的规定。因为按揭贷款的方式的变化，并没有影响双方主要权利义务之分配，没有造成明显的不公，所以本案并不适用合同的情势变更原则，原告不能依此而解除合同。即使解除合同，因为原告存在违约行为和认购书中第五条，第八条规定的行为，被告也只用返还原告定金即可，而不用支付相应的利息。

法院认为，《领秀城商品房认购书》是双方真实意思的表示，属于合法有效的合同，对双方都具有约束力。当事人应当按照约定履行自己的义务，尊重对方的权利。双方在认购书中约定，因政府的产业政策发生变化而导致本协议无法履行时，双方可以解除本协议并免责。诉讼前原、被告双方因政府出台房地产新的政策规定，导致政府对购房的按揭贷款比例进行了限制，致使原告的首付款增加了50余万元，一定程度上造成了原告履行能力的不足。在诉讼期间，政府进一步出台房地产新的政策规定，家庭第三套房禁止银行按揭贷款，已致使原告难以按照双方签订的《领秀城商品房认购书》的约定实现交易目的，符合双方在认购书中所约定的政府产业政策变化造成的无法履行之事项，对此双方均无过错。因此，原告的诉求符合双方约定，本院予以支持。

（五）定案结论

福建省厦门市思明区人民法院依据《中华人民共和国合同法》第九十三条、第九十七条之规定，作出如下判决：

被告厦门翔安新城投资开发有限公司于本判决生效之日起十日内返还给原告纪玉美定金20万元及利息。

（六）解说

本案的判决所引发的法律问题是：房产政策的频繁调整，是否构成情势变更，当事人能否以情势变更为由解除合同？

一般说来，合同有效成立后，当事人必须全面适当地履行合同中的义务，维护当事人的信赖利益，使当事人的正当期待得以实现。但无论在理论上还是在实践中，各国法律都认为，合同成立后若因客观上发生了某些特殊情况，或出现了当事人在订立合同时无法预料的外因，阻碍了当事人履行其所订合同的义务，则应做适当的调整。因为任何合同的缔结之时，无论当事人是否意识到，双方均是以当时所存在的法律秩序、经济秩序、货币的特定购买能力、当时的社会政策、通常的交易条件等特定的社会环境或背景作为前提的。当这些外部条件和环境不可预见地发生了显著的变化，当事人之间的利益关系出现严重失衡的情况时，就需要国家法律进行干预。因此，情势变更原则就作为"契约必须严守"的例外而发展起来。

情势变更原则是指合同有效成立后，因不可归责于双方当事人的事由发生情势变更而使合同的基础动摇或者丧失，若继续维持合同会显失公平，因此允许当事人通过协商或者司法程序变更合同内容或解除合同的原则。具体而言，情势应指合同成立之后、履行之前所发生的不可预见，无法控制，致使合同之基础或环境发生根本性变化，并且其影响及于社会全体或者局部，而不是单单只影响该合同本身，而且不是直接对合同的利益产生影响，而是通过该事由影响了合同订立所依赖的客观环境或者是基础，进而影响该合同的客观情况。而变更，是指合同赖以订立的基础或者环境发生了异常的、根本性的变动（即情势），在该情势的影响下，如继续履行合同会造成合同当事人双方利益的不均衡，出现明显不公平的局面，有悖我国民法的公平原则，应当允许当事人通过协商或者司法程序变更合同内容或解除合同。

就本案而言，客观上符合情势变更的要求，国家政策的调整使得购房人的首付款将增加 50 余万元，在诉讼期间，政府进一步出台房地产新的政策规定，家庭第三套房禁止银行按揭贷款，客观上强制改变了合同的履行基础。而这种改变对买卖双方来说必须接受、没有协商的余地，这就直接损害了双方当事人订约时的合意基础。因为当事人之间缔结合同，进行交易的一个重要前提是当时的银行贷款政策的相对宽松，购房的首付款比例相对比较低，购房贷款的利率相对较低。但是宏观政策的调整，使得这种交易的客观环境发生了重大的变更——购房人因政策原因无法从银行获得原先预期的贷款，无法按购房合同约定的首付款比例付款，无法继续按约定履行合同，履约的前提发生了动摇。主观上，近年来，政府对房产市场频繁实行各项调控政策，房产政策的调整对于房产买卖合同的双方当事人来说是不可预见，并且不可避免，必须被强制接受。此外，政策调整均发生在《领秀城商品房认购书》生效之后，履行完毕之前。结果上，政策的调整使得购房人陷入履约困难和履约不能的境地。如果当事人继续履行合同，交易的对价似乎并没有改变，对卖方来说，无论其是现金方式还是按揭方式收取购房款，其取得的价款没有发生任何变化，但对于买方来说，其交易对价在实质上发生了巨大的变化。在无法取得银行贷款的情况下，如果合同继续履行，购房人必须一次性付清 3 369 245.31 元，则这笔款项购房人只能通过民间借贷的方式筹集，而民间的借贷受保护的利率是银行贷款利率的四倍，当事人每年至少要多支付三四十万元的民间借贷利息，这无疑是庞大的负担。因此，合同继续履行对购房人而言显失公平。

相反地，适用情势变更解除合同对于卖方来说并没有造成严重的利益不平衡。合同解除后有两个法律后果，即交易房产仍归卖方所有，定金返还买方，卖方并没有明显的利益损失。本案卖方确也已可将诉争房产另售他人。因此，适用情势变更原则将重新平衡业已失衡的权利义务格局，符合我国民法公平的基本原则。

但是，必须看到在现存的大量房地产买卖纠纷中，确实有部分买房者看到了房产政策调整后房价下调的希望，感觉买贵了，想要退房，对于因预计房价下跌而毁约的群体，由于有违诚信原则，自然不能适用情势变更条款，而应让其承担严格的违约责任；但是买房者中间存在很大比例为解决自身居住需要而购房的群体，该部分群体若因政策调整致使无法从银行申请到相应的贷款，鉴于他们的经济状况和支付能力不宜再继续履行原合同或要求其承担严格的违约责任，否则可能危及一些人基本生活的维持，甚而危及其基本生存权的实现，可能并不利于问题的解决，甚至有可能激化社会矛盾。对于此类"政策性违约"，法院应在查清事实的基础上，尽量遵循公平的原则和理念，在个案中适用情势变更原则对当事人的利益进行适当调整。

司法实践应当以维护社会秩序为宗旨，法院在适用情势变更时，还应查明购房人的购房目的，银行提高贷款条件或者拒绝发放贷款的原因等基本事实。

鉴于适用情势变更的合同纠纷案件，在事实认定和实体处理上都有一定的难度，而且认定的结果对于相关当事人的利益影响很大；由于对处理情势变更的合同纠纷案件没有具体规定可循，虽然司法解释对情势变更作了原则性的规定，但在运用其解决实践中的案件时往往伸缩性很大，判定的尺度往往很难统一，故对情势变更原则还需谨慎适用。

（福建省厦门市思明区人民法院　张卫华）

36. 吕铁斌与彭伟、北京链家房地产经纪有限公司、李鹤然房屋买卖合同案
（一物数卖的法律效果）

（一）首部

1. 判决书字号：北京市通州区人民法院（2010）通民初字第7497号。
2. 案由：房屋买卖合同纠纷。
3. 诉讼双方

原告：吕铁斌。

被告：彭伟。

第三人：北京链家房地产经纪有限公司。

第三人：李鹤然。

4. 审级：一审。
5. 审判机关和审判组织

审判机关：北京市通州区人民法院。

独任审判人员：审判员：李民。

6. 审结时间：2010年7月2日。

(二) 诉辩主张

1. 原告吕铁斌诉称

2010年2月22日，我购买为被告彭伟所有的北京通州区西马庄28号楼2层6单元621号房产，通过第三人链家房地产公司与彭伟签订了《北京市存量房屋买卖合同》，并与彭伟及链家房地产公司签订了《居间成交确认书》、《公积金贷款补充协议》和《补充协议》。合同签订后我向彭伟支付定金20 000元，并向链家房地产公司支付了中介费用。我多次催促彭伟按合同约定履行合同义务，彭伟以种种理由拒不履行，我得知彭伟已欲将该房屋高价卖与他人，根据我国相关法律规定，彭伟的行为已侵害了我的合法权益，应承担相应的法律责任。诉讼请求：（1）依法判令被告彭伟及第三人链家房地产公司继续履行双方签订的《北京市存量房屋买卖合同》和《补充协议》；（2）请求判决被告彭伟将诉争房屋北京市通州区西马庄28号楼6单元621室房屋过户到原告名下；（3）请求法院判令被告彭伟接受我的全额房款；（4）依法判令被告彭伟赔偿我违约金124 000元；（5）诉讼费用由被告彭伟承担。

2. 被告彭伟辩称

不同意原告的诉讼请求，应该依法解除合同，对于原告吕铁斌的第二项诉讼请求，要求过户到吕铁斌名下也不成立，原告吕铁斌的第三项诉讼请求没有合同依据。2010年2月22日，我与吕铁斌签订了《北京市存量房屋买卖合同》及《补充协议》、《委托办理个人住房公积金贷款补充协议》等，双方约定：我将位于北京市通州区西马庄28幢6单元621室房屋（以下简称房屋）出售给吕铁斌，成交价为620 000元，签订合同之日支付20 000元定金，吕铁斌在签订公积金贷款《补充协议》之后三个工作日内即2010年2月26日之前将230 000元首付款自行支付给我，我应在签署房屋买卖合同《补充协议》后26个工作日内向该房屋的贷款银行预约一次性提前还款。签署上述合同后，我于3月8日就向贷款银行招商银行预约一次性提前还款，并支付了提前还款的违约金，完全履行了合同义务。但吕铁斌只支付了20 000元定金，没有按期支付首付款，致使后续工作难以进行。我多次催告，但吕铁斌以出国等各种理由推脱。我给了吕铁斌20余天的合理期限仍不见其履行合同的诚意，我认为这是吕铁斌以自己的行为明确表示不再履行上述合同，所以无奈将该房屋出售给了李鹤然，并办理了合同网签和交付房屋的手续。目前，李鹤然已经获得银行贷款申请，并实际占有、使用该房屋。因此，我与吕铁斌签订的房屋买卖合同已实际上无法履行，应当解除，而这样的后果完全是因为吕铁斌违约在先即没有按期支付首付款所致，吕铁斌应当承担违约责任。现提起反诉，要求：（1）判令解除2010年2月22日签订的《北京市存量房屋买卖合同》及三方签订《补充协议》、《公积金贷款补充协议》；（2）判令我不予退还吕铁斌支付的20 000元定金；（3）判令吕铁斌承担本案诉讼费。

3. 第三人链家房地产公司辩称

我们认为原告吕铁斌的诉讼请求符合法律规定，请求人民法院予以支持。

4. 第三人李鹤然诉称

2010年3月24日,我向被告彭伟购买其名下的通州区西马庄28号楼2层6单元621室房屋。3月26日,我向彭伟支付房屋定金及首付款128 000元,并进行了网签。之后,我缴纳了房屋买卖契税,并向上海浦东发展银行北京分行申请贷款,于2010年4月9日获批。4月13日,彭伟向我交付了房屋。4月25日,我和胡宗南签订房屋租赁合同,将该房屋租赁给胡宗南使用。4月13日,我办理过户手续时被告知,该房屋在出售给我之前,彭伟已经和本案原告吕铁斌签订房屋买卖合同,吕铁斌向法院起诉彭伟违约一房两卖,要求彭伟交付房屋,在吕铁斌的申请下,法院将该房屋查封,无法办理过户手续。相对于吕铁斌只交纳了20 000元房屋定金,我履行了更多的合同义务,与彭伟之间的房屋买卖合同履行得更加深入,发生了更为深远的法律关系。并且,吕铁斌未在合同约定的期限内交付房屋首付款,本身已经违反了合同约定,这才造成彭伟又将房屋出售给了我。我认为,两份买卖合同皆是基于被告彭伟名下同一房产产生,属于对同一物权的争议,法院对此案的处理结果对我有法律上的利害关系,故申请作为第三人参加诉讼。诉讼请求:(1)法院判决继续履行我与被告彭伟间的房屋买卖合同;(2)请求法院撤销原告吕铁斌与被告彭伟间的房屋买卖合同;(3)请求判决被告彭伟按照我已付房款128 000元的一倍支付违约金,并支付契税31 722元及中介费31 000元。

(三) 事实和证据

北京市通州区人民法院经公开审理查明:2010年2月22日,原告吕铁斌作为买受人与被告彭伟作为出卖人经第三人链家房地产公司居间介绍签订《北京市存量房屋买卖合同(经纪成交版)》(以下简称合同),由吕铁斌购买彭伟所有的坐落于北京市通州区西马庄小区28幢6单元621号房屋(以下简称621号房屋)一套,建筑面积56.39平方米,房屋总价款为620 000元。当日,吕铁斌、彭伟及链家房地产公司签订《补充协议》一份。《补充协议》第二条第二项约定,彭伟应在签署本协议后26个工作日内向该房屋的贷款银行预约一次性提前还款,并应于该贷款银行通知提前还贷之日(并不迟于2010年3月29日前)将其原贷款一次性还清。《补充协议》第二条第二项同时约定,彭伟应在接到链家房地产公司的评估通知3日内配合评估公司对房屋进行评估,吕铁斌应在出具评估报告3日内或去银行办理面签手续当日将首付款250 000元(含前期交付的定金20 000元)以自行支付的方式支付彭伟,彭伟须同时出具同等金额的首付款收到证明。《补充协议》第二条第三项约定,彭伟应在提前还贷后,按照贷款银行的要求办理完解除抵押手续。彭伟于房屋解除抵押后10个工作日内,必须配合吕铁斌共同前往银行办理面签手续;双方协商一致在吕铁斌所申请的贷款获得批准后5个工作日内共同前往办理权属过户手续。《补充协议》第二条第四项约定,彭伟同意在2010年4月28日将房屋交付吕铁斌,彭伟与吕铁斌在房屋交付当日自行办理物业交割,链家房地产公司陪同。《补充协议》第二条第五项约定,彭伟同意吕铁斌以商业贷款的方式支付剩余款项,吕铁斌同意由贷款机构见契税票、领证通知单和物业结清证明后给彭伟放款。《补充协议》第二条第六项约定,以上事项若任何一方拖延办理,每延期一日违约方需向守约方支付 200 元整的违约金（延期在 30 日内），若延期超过 30 日，则按照本《补充协议》的第四条赔偿标准执行。《补充协议》第四条约定，如果因彭伟提供的相关房屋产权手续、合同或相关产权过户手续不真实、不完整、无效或房屋被查封等，导致房屋产权无法过户或无法领取新的产权证；或者在签订本协议后彭伟不将该房屋出售给吕铁斌；或者在签订本协议后，彭伟提高房屋交易价格；或者彭伟将房屋出售给第三方的情形，均为彭伟违约。若彭伟违约，则应在违约行为发生之日起五个工作日内以相当于房屋总价款 20% 数额向吕铁斌支付违约金，链家房地产公司收取吕铁斌的费用不予退还，由彭伟直接赔付吕铁斌。《补充协议》第六条第三项约定，如该协议与《北京市存量房屋买卖合同》发生冲突，均以该协议为准。2010 年 2 月 22 日，吕铁斌、彭伟及链家房地产公司还签署《公积金贷款补充协议》一份，该协议第二条第一项约定，购房首付款即除贷款申请额之外的剩余房款，由吕铁斌在签署本协议 3 个工作日内自行支付给彭伟（已付定金转为房款）。彭伟应向吕铁斌及贷款审核机构出具首付款收到证明。2010 年 2 月 22 日，吕铁斌支付彭伟购房定金 20 000 元。同日，吕铁斌支付给链家房地产公司信息服务费、代书费、贷款服务费、过户服务费共计 20 880 元。在本案审理过程中，被告链家房地产公司称，根据 2010 年 2 月 22 日《补充协议》的约定，吕铁斌应在签订《补充协议》26 个工作日即 2010 年 3 月 29 日前将首付款 250 000 元（含定金 20 000 元）交付给彭伟，在 2010 年 3 月初该公司工作人员通知彭伟于 2010 年 3 月 23 日接收首付款，但 3 月 22 日晚彭伟称要出差把首付款交付时间改在 2010 年 3 月 29 日，在 2010 年 3 月 27 日彭伟称不能接收首付款，约定清明节之日接收首付款，后彭伟、吕铁斌及该公司进行协商，彭伟要求吕铁斌出具保证书，保证其在 2010 年 4 月 28 日之前拿到房款，吕铁斌不答应。后该公司上网查询，发现彭伟已将 621 号房屋出售给他人。链家房地产公司同时称，621 号房屋未进行评估，虽然《公积金贷款补充协议》中约定 3 个工作日内吕铁斌将首付款给彭伟，但吕铁斌、彭伟及链家房地产公司一直按 2010 年 2 月 22 日的《补充协议》来履行合同。

2010 年 3 月 24 日，彭伟作为出卖人与第三人李鹤然作为买受人签订《北京市房屋买卖合同》，将 621 号房屋出售给李鹤然，房屋总价款为 618 000 元。该《北京市房屋买卖合同》第七条第二项约定，出卖人将该房屋出卖给第三人，导致买受人不能取得房屋所有权证的，买受人有权退房，出卖人应当自退房通知下达之日起十日内退还买受人全部已付款，按照银行同期利率支付利息，并按买受人累计已付房价款的一倍支付违约金（如该违约金低于总价款的 20% 的，出卖人应按照总房价款的 20% 向买受人支付违约金）。该《北京市房屋买卖合同》第八条约定，出卖人或买受人任何一方违约，违约方除了依据本合同第七条约定承担违约责任外，还应赔偿守约方因主张债权而支付的律师费（但赔偿的律师费不应当超出房屋总价款的 5%）；如一方违约导致上述交易无法完成的还应赔偿守约方向居间人支付的佣金。2010 年 3 月 26 日，彭伟收到李鹤然 621 号房屋的首付款 128 000 元，其中包括定金 20 000 元，当日彭伟与李鹤然网签了 621 号房屋《北京市存量房屋买卖合同》。后彭伟与李鹤然在上海浦东发展银行北京分行进行了面签手续。2010 年 4 月 9 日，上海浦东发展银行北京分行向李鹤然发出《个人贷款审批通知书》，同意就李鹤然购买 621 号房屋向李鹤然贷款 490 000 元。2010 年 4 月 13

日，李鹤然缴纳购买621号房屋契税31 722元，彭伟与李鹤然办理了621号房屋的物业交割手续，彭伟将621号房屋交付给李鹤然使用。

在本案庭审过程中，彭伟表示愿意将621号房屋出售给李鹤然，且接受李鹤然继续申请银行贷款给付其放款，其愿意协助李鹤然办理621号房屋的产权变更登记手续并愿意承担李鹤然贷款购房的风险。吕铁斌称李鹤然恶意购买621号房屋，但未就其主张提供相应证据。吕铁斌称如法院判决解除其与彭伟的房屋买卖合同，其要求彭伟承担违约责任，要求彭伟赔偿违约金124 000元并退还其定金20 000元。彭伟认为吕铁斌要求的违约金过高，请求对违约金数额予以降低。

（四）判案理由

北京市通州区人民法院经审理认为：依法成立的合同，对双方当事人具有法律约束力，当事人应当按照约定履行自己的义务，不得擅自变更或者解除合同；当事人应当按照约定全面履行自己的义务；当事人一方不履行合同义务或者履行合同义务不符合约定的，应当承担赔偿损失等违约责任。原告吕铁斌与被告彭伟于2010年2月22日签订的《北京市存量房屋买卖合同》及原告吕铁斌与被告彭伟及被告链家房地产公司2010年2月22日签订的《补充协议》属于双方当事人的真实意思表示，且不违反法律的强制性规定，该合同依法成立并生效。2010年3月24日，被告彭伟与第三人李鹤然签订的《北京市房屋买卖合同》及二人网签的《北京市存量房屋买卖合同》亦属于双方当事人的真实意思表示，且不违反法律的强制性规定，该合同亦依法成立并生效。对于第三人李鹤然要求撤销原告吕铁斌与被告彭伟间的房屋买卖合同的诉讼请求，本院依法不予支持。因第三人李鹤然已将购房首付款128 000元交付彭伟，并实际办理了621号房屋的交付手续，李鹤然实际履行了合同的主要义务，且该义务大于吕铁斌所履行的义务，在吕铁斌、李鹤然与彭伟均未办理产权登记的情况下，本院认为，彭伟应继续履行与李鹤然的房屋买卖合同，协助李鹤然办理621号房屋的过户手续。对于李鹤然要求继续履行与被告彭伟间的房屋买卖合同的诉讼请求，本院予以支持。因此，吕铁斌与彭伟之间签订的《北京市存量房屋买卖合同（经纪成交版）》、《补充协议》及《公积金贷款补充协议》无法继续履行，应当予以解除。对于吕铁斌要求继续履行《北京市存量房屋买卖合同》和《补充协议》、请求法院判决被告彭伟将诉争房屋北京市通州区西马庄28号楼6单元621室房屋过户到吕铁斌名下及请求法院判令被告彭伟接受其全额房款的诉讼请求，本院依法不予支持。对于彭伟反诉要求判令解除2010年2月22日与吕铁斌签订的《北京市存量房屋买卖合同》及三方签订的《补充协议》、《公积金贷款补充协议》的反诉请求，本院依法予以支持。虽然2010年2月22日吕铁斌与彭伟、链家房地产公司签订的《公积金贷款补充协议》中约定购房首付款由吕铁斌在签署该协议3个工作日内自行支付给彭伟，但同日吕铁斌与彭伟、链家房地产公司签订的《补充协议》中约定吕铁斌应在出具评估报告3日内或去银行办理面签手续当日将首付款250 000元（含前期交付的定金20 000元）以自行支付的方式支付彭伟。根据链家房地产公司的庭审陈述，应该以《补充协议》约定的为准，且吕铁斌通过链家房地产公司积极给付彭伟首付款，彭伟拒不接受，故吕铁斌并无违约情形，对于彭伟不予退还吕铁斌支付的 20 000 元定金的反诉请求，本院依法不予支持。彭伟在与吕铁斌房屋买卖合同履行期间又将 621 号房屋另售给李鹤然，彭伟对吕铁斌构成违约，应该对吕铁斌承担违约责任，对于吕铁斌要求彭伟赔偿违约金的诉讼请求，本院依法予以支持，但《补充协议》约定的违约金过高且彭伟要求予以降低，本院将违约金的数额酌定为 90 000 元，对于吕铁斌该项诉讼请求的过高部分，本院依法不予支持。合同解除后，当事人可以要求恢复原状，故对于吕铁斌要求彭伟返还定金 20 000 元的请求，本院依法予以支持。因彭伟积极履行与李鹤然之间的房屋买卖合同，并未对李鹤然造成损失，故对于李鹤然要求彭伟赔偿违约金 190 922 元的诉讼请求，本院依法不予支持。对于吕铁斌称李鹤然恶意购买 621 号房屋的答辩意见，因其未提供相应证据，故对于吕铁斌的该项答辩意见本院依法不予采纳。

（五）定案结论

北京市通州区人民法院依据《中华人民共和国合同法》第八条、第六十条、第九十四条第二款第二项、第九十七条、第一百一十四条，《中华人民共和国民事诉讼法》第六十四条第一款之规定，作出如下判决：

1. 解除原告吕铁斌与被告彭伟于 2010 年 2 月 22 日签订的关于北京市通州区西马庄小区二十八幢六单元六二一号房屋的《北京市存量房屋买卖合同》及原告吕铁斌与被告彭伟、第三人北京链家房地产经纪有限公司于 2010 年 2 月 22 日签订的《补充协议》、《公积金贷款补充协议》。

2. 被告彭伟继续履行与第三人李鹤然于 2010 年 3 月 24 日签订的关于北京市通州区西马庄小区二十八幢六单元六二一号房屋的《北京市房屋买卖合同》及 2010 年 3 月 26 日网签的《北京市存量房屋买卖合同》。

3. 被告彭伟于本判决生效之日起九十日内协助第三人李鹤然办理完毕北京市通州区西马庄小区二十八幢六单元六二一号房屋的产权过户登记手续。

4. 被告彭伟于本判决书生效之日起七日内给付原告吕铁斌违约金人民币九万元。

5. 被告彭伟于本判决书生效之日起七日内返还原告吕铁斌定金人民币二万元。

6. 驳回原告吕铁斌的其他诉讼请求。

7. 驳回被告彭伟的其他反诉请求。

8. 驳回第三人李鹤然的其他诉讼请求。

（六）解说

本案属于一起典型的因同一房屋存在两个买卖合同导致的纠纷案件。本案需要分析的法律问题有三个：（1）关于同一房屋的两个房屋买卖合同的效力如何？（2）如何协调解决前后买受人之间的权利冲突，诉争房屋应该过户给哪一个买受人？（3）如何保护得不到房屋的买受人的利益？

1. 房屋所有权最终是否发生转移属于合同履行的问题，并不影响买卖合同的效力，

符合合同生效要件的关于同一房屋签订的数个买卖合同均为有效合同

依照我国相关法律的规定,房屋买卖合同是出卖人与买受人合意创设的对房屋占有、使用、收益、处分的合同,即所有权转让的合同,故判断同一房屋订立多个买卖合同的情况下各个买卖合同的效力,须联系物权变动模式。目前大陆法系主要存在三种物权变动模式,分别为:以法国为代表的债权意思主义、以德国为代表的物权形式主义及债权形式主义。我国《民法通则》第七十二条规定:"财产所有权的取得,不得违反法律规定。按照合同或者其他合法方式取得财产的,财产所有权从财产交付时起转移,法律另有规定或者当事人另有约定的除外。"《合同法》第一百三十三条规定:"标的物的所有权自标的物交付时起转移,但法律另有规定或者当事人另有约定的除外。"《物权法》第九条规定:"不动产物权的设立、变更、转让和消灭,经依法登记,发生效力;未经登记,不发生效力,但法律另有规定的除外。"由此可见,我国法律采用债权形式主义物权变动模式。债权形式主义物权变动模式下,当事人之间生效的债权合同只有结合交付或登记才能发生物权变动的法律效果,交付和登记不是合同的生效要件,而是物权变动的公示方法。房屋属于不动产,当事人之间转让时除订立房屋买卖合同外,还需到房屋权属管理部门办理房屋所有权权属变更登记手续后方可发生物权变动的效力。根据《合同法》的有关规定,债权合同生效应当具备以下条件:(1)行为人具有相应的民事行为能力;(2)意思表示真实;(3)不违反法律、行政法规的强制性规定或者社会公共利益。只要符合上述三个条件的房屋买卖合同均为有效合同,最终房屋所有权是否发生转移属于合同履行的问题,并不影响房屋买卖合同本身的效力。

本案中,彭伟与吕铁斌签订房屋买卖合同之后并未与吕铁斌办理诉争房屋的产权变更登记手续,诉争房屋登记的所有权人仍为彭伟,彭伟对诉争房屋仍享有处分权,不论是吕铁斌与彭伟之间签订的房屋买卖合同,还是彭伟与李鹤然之间签订的房屋买卖合同均属于双方当事人的真实意思表示,且不违反法律的强制性规定,故两个房屋买卖合同均为有效合同。

2. 买受人均未办理房屋权属转移变更登记的,由先行占有的买受人取得房屋所有权

如前所述,登记是不动产物权变动的典型公示方法和生效要件,因此,当出卖人已为某一买受人办理了房屋登记过户手续时,该买受人便依登记现实取得了房屋的所有权,此种情况下,不论出卖人与其他买受人签订房屋买卖合同是在办理登记手续之前还是之后,其他买受人均不能再取得房屋的所有权。

出卖人将房屋交付于某一买受人占有使用,并不能发生房屋所有权变动的法律效果,但此时该买受人基于买卖合同事实上管领该房屋,形成一种有权占有,这种占有是应该受法律保护的。另外,房屋的交付是房屋出卖人对合同的部分履行,为了减少合同履行的费用,由占有人取得房屋所有权最符合"效益最大化"的经济原则。房屋交付给其中一个买受人占有后,若再将房屋确权给其他买受人,势必引起该买受人与占有人之间的纠纷,导致新的纠纷的产生,不利于及时稳定财产关系。根据"债务人任意履行规则",作为债务人的出卖人向哪个债权人(买受人)履行债务及如何履行,原则上应取决于其自由意志,出卖人选择向某一买受人交付房屋而没有向其他买受人履行债务交付

房屋,只要其没有以此加害于该买受人的意思,法律无须也无权限制,应允许出卖人自主决定将标的物的所有权转移给某一买受人,这样做符合意思自治原则和提高财产的利用价值。综上所述,在买受人均未办理房屋权属转移变更登记的情况下,应由先行占有的买受人取得房屋所有权。

本案中,彭伟已经将诉争房屋交付给李鹤然居住使用,并和李鹤然办理完毕物业交割手续,配合李鹤然成功申请到银行贷款,李鹤然亦已实际交纳办理房屋产权变更登记手续所需的契税,彭伟本人亦愿意将诉争房屋出售给李鹤然,故法院应判决继续履行彭伟与李鹤然之间的合同,将诉争房屋过户给李鹤然。

3. 出卖人应对未取得房屋所有权的买受人承担违约责任

一房两卖案件中,买受人在通过请求出卖人继续履行合同,仍无法取得房屋,致使房屋买卖合同的目的无法实现时,出卖人的行为即构成根本违约,符合《合同法》第九十四条第四款法定解除条件,这时无法取得房屋的买受人可以解除与出卖人的房屋买卖合同,要求出卖人退还购房款本金及利息,并可根据《合同法》第九十七条之规定,请求出卖人赔偿因合同解除而给自己造成的损失。《最高人民法院关于运用〈中华人民共和国合同法〉若干问题的解释(二)》第十五条亦规定:"出卖人就同一标的物订立多重买卖合同,合同均不具有合同法第五十二条规定的无效情形,买受人因不能按照合同约定取得标的物所有权,请求追究出卖人违约责任的,人民法院应予支持。"由此,房屋的买受人在无法得到房屋时,可以依据有效的房屋买卖合同要求出卖人承担相应的违约责任,赔偿因其违约而给自己造成的损失。合同约定有违约金的,以约定的违约金确定赔偿数额,未有约定的,违约人应赔偿买受人实际遭受的全部损失,包括合同履行后可以获得的利益,但不应超过违反合同一方订立合同时预见或可能预见到的因违反合同可能造成的损失。

本案中,彭伟在就诉争房屋与吕铁斌签订买卖合同后又将诉争房屋出售给李鹤然,彭伟的违约行为构成根本违约,虽然依据法律规定应该解除其与吕铁斌之间的买卖合同,但彭伟应返还吕铁斌购房定金,并应该支付吕铁斌违约金。

综上,法院的判决是正确的。

(北京市通州区人民法院 李民)

37. 刘鹏程诉北京亚通房地产开发有限责任公司买卖合同案
(情势变更的效力)

(一) 首部

1. 判决书字号:北京市通州区人民法院(2010)通民初字第8817号。

2. 案由：买卖合同纠纷。
3. 诉讼双方
原告：刘鹏程。
被告：北京亚通房地产开发有限责任公司（以下简称亚通房地产）。
4. 审级：一审。
5. 审判机关和审判组织
审判机关：北京市通州区人民法院。
独任审判人员：代理审判员：杜鹏。
6. 审结时间：2010年7月5日。

(二) 诉辩主张

1. 原告刘鹏程诉称

2010年4月17日，原告与被告北京亚通房地产开发有限责任公司签订北京市商品房认购书，约定：原告认购被告开发的北京市通州区海棠湾嘉园项目中的久居雅园A区1号楼1402室，建筑面积88.64平方米，房款总价2 236 539元，采取按揭贷款方式购买。当日原告向被告支付定金5万元和首付款5万元。后因政策出台，遏制房地产非正常发展，限制第三套购房贷款致使原告无力购买该楼房。原告于2010年4月与被告联系要求解除合同，退还定金和首付款，但被告至今仍未退款。现要求被告退还原告认购通州区海棠湾嘉园项目中的久居雅园A区1号楼1402室的定金和首付款共计10万元，并承担本案的诉讼费用。

2. 被告亚通房地产辩称

对于原告与被告签订北京市商品房认购书、支付定金5万元和首付款5万元的事实予以认可。原告的诉讼请求没有事实和法律上的依据。原告没有按照约定交纳齐首付款，现在单方要求解除合同、退还款项已经构成严重违约，原告无权要求返还定金。现行房地产政策对于原告按照约定履行义务并没有任何影响，原告以此为自己的违约行为辩解不能成立。请求法院驳回原告的诉讼请求。

(三) 事实和证据

北京市通州区人民法院经公开审理查明：原告刘鹏程与被告亚通房地产于2010年4月17日签署北京市商品房认购书及补充协议，约定刘鹏程购买由亚通房地产开发的位于北京市通州区海棠湾嘉园项目中的久居雅园A区1号住宅楼1402室，建筑面积为88.64平方米，房屋总价2 236 539元。同时约定刘鹏程采取贷款方式付款，并应当于签订认购书当日付齐房屋总价款百分之五十的首付款。同日，刘鹏程向亚通房地产交纳首付款五万元、定金五万元。2010年4月17日，国务院出台关于坚决遏制部分城市房价过快上涨的通知（国发[2010]10号），其中规定，对贷款购买第三套及以上住房的，贷款首付款比例和贷款利率应大幅度提高。严格限制各种名目的炒房和投机性购房,商品住房价格过高、上涨过快、供应紧张的地区,商业银行可根据风险状况,暂停发放购买第三套及以上住房贷款。2010年4月30日,北京市人民政府发布贯彻落实国务院关于坚决遏制部分城市房价过快上涨文件的通知(京政发〔2010〕13号),其中规定,严格限制各种名目的炒房和投机性购房。商业银行根据风险状况,暂停发放购买第三套及以上的住房贷款。现刘鹏程以无法办理贷款手续为由要求解除合同,返还定金及首付款。亚通房地产同意解除合同,但以刘鹏程未足额支付首付款,构成违约为由拒绝返还款项。

另查,刘鹏程及其配偶解春梅名下共有两套房屋,分别是位于北京市怀柔区富乐大街26号1号楼3层3单元301室(产权证号:X京房权证怀字第001118号)和北京市怀柔区于家园三区25号楼3-302室(产权证号:京房权证怀私移字第29119号)。

(四)判案理由

北京市通州区人民法院经审理认为:合同成立以后客观情况发生了当事人在订立合同时无法预见的、非不可抗力造成的不属于商业风险的重大变化,继续履行合同对于一方当事人明显不公或者不能实现合同目的,当事人请求人民法院变更或者解除合同的,人民法院应当根据公平原则,并结合案件的实际情况确定是否变更或解除。本案中刘鹏程与亚通房地产签订北京市商品房认购合同,约定以贷款方式购买房屋,后北京市颁布购置房屋政策,导致刘鹏程无法通过贷款方式购买房屋。政府出台的房地产新政导致刘鹏程无法通过贷款方式购买房屋的事实,属刘鹏程与亚通房地产在签订北京市商品房认购合同时所无法预见,且该事由不可归责于双方当事人,现该合同已经无法继续履行,刘鹏程与亚通房地产均同意解除合同,本院不持异议。合同解除后,已经履行的,根据履行情况和合同性质,当事人可要求恢复原状、采取其他补救措施,并有权要求赔偿损失。本案中合同解除后,双方并无实际损失发生,现刘鹏程要求退还定金及首付款的诉讼请求理由正当、证据充分,本院予以支持。亚通房地产认为刘鹏程未按照约定交齐首付款构成违约,故而不同意返还定金。刘鹏程称签约当天国家出台房地产新政,已经发现合同无法履行,为避免更大损失,所以没有继续交款。本院认为,在发生导致合同无法继续履行的情势变更事由后,刘鹏程暂时中止继续履行合同的行为并不构成违约,本院对亚通房地产的意见不予采信。

(五)定案结论

北京市通州区人民法院依据《中华人民共和国合同法》第七十九条及《最高人民法院关于适用〈中华人民共和国合同法〉若干问题的解释(二)》第二十六条之规定,作出如下判决:

1. 解除刘鹏程与北京亚通房地产开发有限责任公司于2010年4月17日签订的北京市商品房认购书和补充协议。

2. 北京亚通房地产开发有限责任公司于本判决生效之日起七日内返还原告刘鹏程

定金 5 万元、首付款 5 万元，共计人民币 10 万元。

（六）解说

本案争议的焦点在于，对房地产新政导致双方无法继续履行合同的情况应如何认定？法院判决依据情势变更原则作出，那么情势变更在法律上该如何认定？

所谓情势变更原则，是指合同有效成立后，因发生不可归责于双方当事人的事由而致使合同之基础动摇或者丧失，若继续维持合同会显失公平，因而允许变更合同内容或者解除合同的原则。我国法律对该项原则予以确认。《最高人民法院关于适用〈中华人民共和国合同法〉若干问题的解释（二）》第二十六条规定：合同成立以后客观情况发生了当事人在订立合同时无法预见的、非不可抗力造成的不属于商业风险的重大变化，继续履行合同对于一方当事人明显不公或者不能实现合同目的，当事人请求人民法院变更或者解除合同的，人民法院应当根据公平原则，并结合案件的实际情况确定是否变更或解除。

情势变更原则以公平为出发点，在司法实践中如何适用极具弹性。我们认为，依据我国法律的相关规定，构成情势变更应当具备如下几个要件：

（1）须有"情势"变更。所谓情势，是指签订合同时作为合同的基础或者其他客观情况。所谓变更，是指这种客观情况发生了非当事人所料的非正常变化，导致当事人的权利义务发生非正常变动。这种变更应当达到一定的程度，若仅使得当事人的权利和义务发生微小的变化，则不能适用情势变更原则。具体来说，判断何种程度属于情势变更，应当进行假设性分析，即发生目前之变更情形下，如果继续履行合同将会对一方当事人明显不公平或者不能实现合同之目的。

（2）情势之变更不可归责于双方当事人，即导致情势变更发生的原因，不可归责于任何一方当事人。情势之变更若属于一方当事人的原因，则属于违约的范畴，不能适用情势变更原则。

（3）情势变更具有不可预见性。不可预见性是相对于在订立合同时的情况而言。同时，能否预见应当以一般的市场主体的认识因素为基础，即作为正常的市场主体，在订立合同时应当且可以预见的程度。此外，这种不可预见性应是非不可抗力的且不属于商业风险的范畴。

（4）情势变更的司法处理——变更或者解除。当发生情势变更导致合同目的无法实现时，当事人可以请求人民法院变更或者解除合同。人民法院作出相应处理应立足于公平原则。如果变更或者解除合同导致相应的损失，由双方当事人公平合理地分担。

本案中刘鹏程与亚通房地产公司签订北京市商品房认购合同，约定以贷款方式购买房屋。原告刘鹏程通过贷款支付房价的行为属于履行买卖合同的重要基础。如果不能通过贷款方式买房，当事人不会与开发商签订房屋买卖合同。可见，以贷款方式购买房屋属于该合同中的重要"情势"。国家出台房地产新政策，导致刘鹏程无法通过贷款方式购买房屋，这属于刘鹏程与亚通房地产公司在签订商品房认购合同时所无法预见，且该事由不可归责于双方当事人，现该合同已经无法继续履行。刘鹏程起诉要求解除合同，法院应依法准许。合同解除后，已经履行的，根据履行情况和合同性质，当事人可要求恢复原状、采取其他补救措施,并有权要求赔偿损失。本案中合同解除后,双方并无实际损失发生,故亚通房地产公司应当退还刘鹏程的定金及首付款。

综上,法院的判决是正确的。

(北京市通州区人民法院 杜鹏)

38. 郑志渊诉查天生、陈尚淮民间借贷案
（保证期间的起算点 保证合同的诉讼时效）

(一) 首部

1. 判决书字号

一审判决书：福建省德化县人民法院（2010）德民初字第1135号。

二审判决书：福建省泉州市中级人民法院（2010）泉民终字第2605号。

2. 案由：民间借贷纠纷。

3. 诉讼双方

原告（上诉人）：郑志渊，男，汉族，德化县人，经商，住福建省德化县。

一审委托代理人：郭福庆，福建瓷城律师事务所律师。

被告（被上诉人）：查天生，男，汉族，德化县人，农民，住福建省德化县。

被告（被上诉人）：陈尚淮，男，汉族，德化县人，经商，生福建省德化县。

4. 审级：二审。

5. 审判机关和审判组织

一审法院：福建省德化县人民法院。

独任审判人员：审判员：郑聪养。

二审法院：福建省泉州市中级人民法院。

合议庭组成人员：审判长：林翠雅；审判员：吴梅芳、倪德利。

6. 审结时间

一审审结时间：2010年9月8日。

二审审结时间：2010年12月20日。

(二) 一审情况

1. 一审诉辩主张

(1) 原告郑志渊诉称

2005年1月2日,被告查天生向其借款5 000元,由被告陈尚淮作保证担保。嗣

后，经原告催讨，二被告未能偿还借款。现要求被告查天生偿还借款5 000元及自起诉日起按中国人民银行同期同类贷款利率计算的利息，被告陈尚淮承担连带清偿责任。

(2) 被告查天生未作答辩，也未提供相关证据材料。

(3) 被告陈尚淮未作答辩，也未提供相关证据材料。

2. 一审事实和证据

福建省德化县人民法院经公开审理查实：2005年1月2日，被告查天生以经商需要资金为由向原告郑志渊借款5 000元，未约定借款期限与借款利率，由被告陈尚淮作保证担保，未约定保证期间与保证方式。二被告共同出具一份借条给原告收执。嗣后，由于二被告未能偿还借款，原告自2006年起每年均向二被告催讨，但二被告至今未能还款。原告遂于2010年8月4日向本院提起诉讼。上述事实，有原告提供的借条及原告的陈述为据。

3. 一审判案理由

福建省德化县人民法院经审理认为：被告查天生向原告郑志渊借款并出具一份借条给原告收执，双方意思表示真实，借贷关系合法有效。原告提供的借条来源合法，内容真实，能够证实被告查天生向原告借款5 000元未还的事实，本院予以采信，故原告要求被告查天生偿还借款5 000元的请求可予以支持。原、被告之间的借贷属不定期无息借贷关系，原告要求被告查天生支付利息可参照国家银行同期同类贷款利率计算，故原告要求被告查天生支付利息的请求可予以支持。被告陈尚淮为被告查天生向原告借款作保证担保，但双方未约定主债务的履行期限，保证期间应自原告要求二被告履行还款义务的宽限期届满之日起计算。原告自2006年起每年均向二被告主张还款的权利，现原告未在第一次主张权利起的6个月的保证期间内要求被告陈尚淮承担保证责任，被告陈尚淮依法免除保证责任。被告查天生、陈尚淮未到庭参加诉讼，本院依法缺席审理与判决。

4. 一审定案结论

福建省德化县人民法院依照《中华人民共和国民法通则》第九十条、第一百零八条，《中华人民共和国担保法》第二十六条，《最高人民法院关于适用〈中华人民共和国担保法〉若干问题的解释》第三十三条，《最高人民法院关于人民法院审理借贷案件的若干意见》第九条、《中华人民共和国民事诉讼法》第六十四条、第一百三十条之规定，作出如下判决：

(1) 被告查天生应于本判决生效后十日内一次性偿还给原告郑志渊借款人民币5 000元及利息（自2010年8月4日起至本判决确定的还款日止按中国人民银行同期同类贷款利率计算）。

(2) 驳回原告郑志渊要求被告陈尚淮承担连带清偿责任的请求。

如债务人未按本判决指定的期间履行给付金钱义务，依照《中华人民共和国民事诉讼法》第二百二十九条之规定，加倍支付迟延履行期间的债务利息。

案件受理费50元，减半收取25元，由被告查天生承担。

(三) 二审诉辩主张

1. 上诉人郑志渊诉称

首先，上诉人郑志渊自认从 2006 年起每年均有向二被上诉人主张还款的权利，说明上诉人在第一次主张权利要求二被上诉人履行还款义务的宽限期届满后，上诉人已在主张债权的宽限期届满起算的 6 个月保证期间向被上诉人陈尚淮主张要求其承担保证责任，不是在法定 6 个月保证期间没有向被上诉人陈尚淮主张要求承担保证责任。因此一审认定上诉人在主张债权的宽限期届满起算的法定 6 个月保证期间没有向被上诉人陈尚淮主张要求承担保证责任义务的事实错误，应予撤销。其次，一审适用法律错误，应予纠正。上诉人郑志渊在主张债权的宽限期届满起算的法定 6 个月保证期间向被上诉人陈尚淮主张要求承担保证责任义务以后，保证债务的诉讼时效从上诉人向被上诉人陈尚淮主张权利时起算 2 年的诉讼时效，且诉讼时效适用中止、中断的规定。上诉人每年均有向二被上诉人主张还款权利，保证债权适用诉讼时效中断的规定，至今未超过诉讼时效，保证债权应受法律保护，故一审判决驳回上诉人要求被上诉人陈尚淮承担连带清偿责任的请求的判决结果是错误的。上诉人请求二审法院撤销一审判决第二项内容、改判被上诉人陈尚淮对被上诉人查天生的借款承担连带保证清偿责任。

2. 被上诉人查天生、陈尚淮在法定期限内未作书面答辩，也未到庭参加诉讼。

(四) 二审事实和证据

福建省泉州市中级人民法院经审理，确认一审法院认定的事实和证据。

(五) 二审判案理由

福建省泉州市中级人民法院经审理认为：上诉人郑志渊与被上诉人查天生、陈尚淮之间的借贷属不定期无息借贷关系，上诉人郑志渊于 2010 年 8 月 4 日向一审法院起诉，要求被上诉人查天生立即偿还借款本金 5 000 元，并从起诉日至付清日止按银行同类贷款利率计付利息，被上诉人陈尚淮承担连带保证清偿责任，于法有据，应予支持。两被上诉人未到庭，视为其自己放弃抗辩的诉讼权利。一审认定上诉人郑志渊未在第一次主张权利的 6 个月的保证期间内要求被上诉人陈尚淮承担保证责任并免除被上诉人陈尚淮的保证责任，没有事实依据，一审判决认定事实错误，应予以纠正。上诉人郑志渊的请求于法有据，应予以支持。

(六) 二审定案结论

福建省泉州市中级人民法院依照《中华人民共和国合同法》第二百零六条，《中华人民共和国担保法》第十九条、第二十六条，最高人民法院《关于适用〈中华人民共和国担保法〉若干问题的解释》第三十三条，《中华人民共和国民事诉讼法》第一百五十三条第一款第三项之规定，作出如下判决：

1. 维持福建省德化县法院（2010）德民初字第1135号民事判决第一项。
2. 撤销福建省德化县人民法院（2010）德民初字第1135号民事判决第二项。
3. 被上诉人陈尚淮对被上诉人查天生的上述借款本息承担连带清偿责任。

（七）解说

这是一起经常遇见的民间借贷纠纷，但涉及保证期间的起算点的问题。本案属于不定期无息借贷关系，即主债务没有约定履行期限，保证人也没有约定保证期间。因此，本案如何认定保证期间的起算点与保证合同的诉讼时效是本案的关键所在。对此，存在有两种不同的观点：

第一种观点认为，时效独立原则。法律既然规定"保证期间"适用诉讼时效中断的规定，就说明保证期间仍然存在，并且仍然在起作用。无非是按处理诉讼时效的原则，来处理已经中断的保证期间。因此应继续根据保证期间的性质处理有关问题。《中华人民共和国担保法》第二十六条规定：连带责任保证人与债权人未约定保证期间的，债权人有权自主债务履行期限届满之日起6个月内要求保证人承担保证责任，债权人未要求承担保证责任的，保证人免除保证责任。本案被告陈尚淮为被告查天生作保证担保，未约定保证期限，视为连带责任保证担保。因原、被告双方未约定主债务的履行期限，保证期间应自原告要求二被告履行还款义务的宽限期届满之日起起算，原告郑志渊在2006年起就向二被告主张还款的权利，保证期间则开始重新计算。现原告未在第一次主张权利的6个月内的保证期间内向被告陈尚淮主张承担保证责任。因此，被告陈尚淮依法免除保证责任。

第二种观点认为，主从关系原则。法律规定保证期间适用诉讼时效中断的规定，意图在于说明保证期间已转换为诉讼时效，因此应当依据法律关于诉讼时效的规定来处理。本案原告自认从2006年起每年均有向二被上诉人主张还款的权利，引起诉讼时效的中断。保证债务的诉讼时效从上诉人向被上诉人陈尚淮主张权利时起算2年的诉讼时效，且诉讼时效适用中止、中断的规定。上诉人每年均有向二被上诉人主张还款权利，保证债权适用诉讼时效中断的规定，至今未超过诉讼时效，保证债权应受法律保护。因此被告陈尚淮应承担连带保证责任。

笔者同意第二种观点，理由是：首先，保证期间从性质上属于一种除斥期间，债权人只要在期间内行使了法律所规定的权利，保证期间归于消灭，诉讼时效制度开始发生作用。本案双方当事人因没有约定保证方式，根据《担保法》的规定，视为连带责任保证方式。连带责任保证的债权人主张权利的方式是要求保证人承担保证责任，而不需要像一般保证那样对债务人提起诉讼或仲裁。原告郑志渊自2006年起每年均有向二被告催讨借款，即法律意义上主张权利，连带责任保证合同的诉讼时效开始计算，即应当从2006年催讨之日的次日起，保证期间失去了作用，开始计算保证合同的诉讼时效。原告郑志渊自2006年以后每年均有向二被告连续主张权利,虽主债务的诉讼时效中断,基于债务的连带性,诉讼时效中断的效力应及于连带保证人,因此,保证合同的诉讼时效适用中止、中断的情形。故本案保证合同的诉讼时效并未超过。原告郑志渊于2010年8月4日起诉主张要求被告陈尚淮承担保证责任,被告陈尚淮依法应承担保证责任。其次,根据《民法通则》第八十八条及《合同法》第六十二条的规定,合同履行期限不明确的,债务人可以随时向债权人履行义务,债权人也可以随时要求债务人履行义务。但是应给对方必要的准备时间。民法理论上将"必要准备时间"称为"宽限期"。本案的原告郑志渊2006年起每年均向二被告主张还款的权利,就说明了原告已在主张债权的宽限期届满起算的法定6个月内向被告陈尚淮要求其承担保证责任,且一审法院在二被告未到庭,即放弃抗辩权利的情况下也未查明原告未在保证期间内向被告陈尚淮主张保证责任的事实依据,故被告陈尚淮依法应承担保证责任。

(福建省德化县人民法院 郑聪养)

39. 徐国文诉闫金奎买卖合同案
(对欠条中有争议的内容进行解释可依据书写习惯)

(一) 首部

1. 判决书字号

一审判决书:北京市丰台区人民法院(2009)丰民初字第24998号。

二审判决书:北京市第二中级人民法院(2010)二中民终字第02517号。

2. 案由:买卖合同纠纷。

3. 诉讼双方

原告(被上诉人):徐国文,男,汉族,福建省莆田市农民,住北京市昌平区。

委托代理人:卓清山,男,北京仁德方达法律咨询中心主任。

被告(上诉人):闫金奎,男,汉族,山东省单县农民,住北京市丰台区。

委托代理人:赵鸿祥,北京市凯泰律师事务所律师。

委托代理人:闫亚,北京市凯泰律师事务所律师助理。

4. 审级:二审。

5. 审判机关和审判组织

一审法院:北京市丰台区人民法院。

独任审判人员:代理审判员:史金霞。

二审法院:北京市第二中级人民法院。

合议庭组成人员:审判长:孙田辉;代理审判员:宋毅、刘茵。

6. 审结时间

一审审结时间:2009年12月3日。

二审审结时间：2010 年 3 月 5 日。

（二）一审诉辩主张

1. 原告徐国文诉称

2008 年 8 月初，被告到原告经营处购买木材，双方约定由原告提供被告所需木材等材料，被告收到材料后及时付款。而被告收到材料后并未及时付款。2008 年 8 月 28 日被告向原告出具欠条一张，共计欠木材款 33 000 元。后被告在 2008 年 9 月还款 12 000 元、2009 年 5 月还款 4 000 元，余款至今未付。我要求被告给付我木材款 17 000 元。

2. 被告闫金奎辩称

原告所述买卖一节属实，我已于 2008 年 10 月 5 日还款 9 000 元、2008 年 12 月 4 日还款 10 000 元、2009 年 2 月 5 日还款 10 000 元，现尚欠 4 000 元。我妻子张月萍在欠条的底部注明：2009 年 5 月 13 号还（hai）欠款 4 000 元。我同意还款 4 000 元。

（三）一审事实和证据

北京市丰台区人民法院经公开审理查明：原告徐国文与被告闫金奎于 2008 年发生买卖关系。2008 年 8 月 28 日经双方确认，被告尚欠原告板材款 33 000 元未付。后被告陆续支付原告货款 16 000 元，余款至今未付。

上述事实有下列证据证明：

（1）双方当事人陈述。

（2）欠条。证明欠款事实的存在。

（四）一审判案理由

北京市丰台区人民法院经审理认为：买受人应当按照约定的期限支付货款。双方确认货款金额后，被告仅支付了部分货款，余款应当按照原告催要的期限及时支付。被告称其在 2009 年 5 月 13 日并未付款，仅于当日在欠条中写明 2009 年 5 月 13 日还欠款 4 000 元，该写法不符合欠条的书写习惯，被告的辩称亦不符合逻辑，故对被告的辩称，本院不予采信。被告对其还款的事实未提供证据。对原告的诉讼请求，本院予以支持。

（五）一审定案结论

北京市丰台区人民法院依照《中华人民共和国合同法》第一百五十九条之规定，作出如下判决：

被告闫金奎于本判决书生效后七日内给付原告徐国文货款 17 000 元；

受理费 126 元，由被告闫金奎负担（于本判决书生效后七日内交纳）。

(六) 二审情况

1. 二审诉辩主张
(1) 上诉人闫金奎诉称
一审法院认定事实有误，闫金奎已经还款 29 000 元，欠条注明的意思是闫金奎扣除已付款后只欠徐国文 4 000 元，不是 2009 年 5 月 13 日向徐国文支付了 4 000 元欠款，一审法院对欠条注明事实认定有误，且欠条除去欠款事实外，其他两条的内容均为徐国文自行添加，不能作为印证案件事实的基础。综上，闫金奎请求撤销一审法院判决，依法改判闫金奎支付徐国文欠款 4 000 元。
(2) 被上诉人（原审原告）徐国文辩称
一审法院判决正确，请求维持原判。
2. 二审事实和证据
北京市第二中级人民法院经审理，确认一审法院认定的事实和证据。
3. 二审判案理由
北京市第二中级人民法院经审理认为：依照有关法律规定，当事人对自己提出的诉讼请求所依据的事实或者反驳对方诉讼请求所依据的事实有责任提供证据加以证明。闫金奎上诉称一审法院认定事实有误，闫金奎已经还款 29 000 元，欠条注明的意思是闫金奎扣除已付款后只欠徐国文 4 000 元，不是 2009 年 5 月 13 日向徐国文支付了 4 000 元欠款。鉴于其关于欠条书写内容的主张不符合通常的书写习惯，闫金奎对其已还款 29 000 元的事实亦未提供任何证据，故闫金奎的该项上诉主张，缺乏事实和法律依据，本院不予采信。一审法院判决认定事实清楚，处理并无不当，应予维持。
4. 二审定案结论
北京市第二中级人民法院依照《中华人民共和国民事诉讼法》第一百五十三条第一款第（一）项之规定，作出如下判决：
驳回上诉，维持原判。

(七) 解说

本案的争议焦点为欠条中 2009 年 5 月 13 号还欠款 4 000 元中的"还"字的念法，"还"字为多音字，可念"huan"也可念做"hai"。也就是多音字"还"在欠条中的读法为本案判案的关键所在。在当事人对"还"的读法产生争议后，就需要法院对"还"字进行解释，这就是我们通常所说的狭义的合同解释。具体而言，狭义的合同解释是指在当事人对合同条款的理解达不成共识的情形下由法院或仲裁机构对争议的内容作出解释。之所以出现合同解释的情形，是因为合同通常以语言文字为载体，而语言本身不可避免地存在模糊性、多义性和歧义性，难免产生歧义。合同解释的原则有文义解释原则、整体解释原则、目的解释原则、习惯解释原则、诚信解释原则和不利解释原则。文义解释原则就是"按照合同使用的词句"确定该条款的真实意思。合同当事人的意思表示是通过语言文字表达出来的,确定了双方所使用词句的含义,也就确定了双方意思表示的内容。整体解释原则,又称为体系解释原则。它要求将合同争议的这个条款或者这个词句视为合同的一个有机组成部分,放在整个合同体系中来加以理解和解释。目的解释原则顾名思义就是指合同的解释应当符合当事人签订合同的目的,它是合同解释的核心原则。诚信解释原则就是按照"诚实信用"来确定合同争议条款的真实意思。不利解释原则是指当事人对格式条款发生争议时,应作出不利于提供格式条款一方的解释。习惯解释原则就是指按照"交易习惯"确定合同争议条款的真实意思。此处所谓交易习惯包含两层意思,一是当事人之间的交易习惯,这是指双方当事人之间已确立的任何习惯做法,包括在以前的系列交易中形成的习惯做法。二是指其他交易习惯,即人们在长期、反复实践的基础上形成的,已被大多数合同当事人所认知、接受和遵从的习惯做法。司法实践中,我们在运用习惯解释原则的时候需要注意以下几点:一是习惯是客观存在的;二是双方当事人都没有明示排斥适用;三是习惯必须合法,不违背公序良俗;四是如果双方当事人处于不同国家或地区时,要兼顾双方的习惯。结合本案而言,徐国文与闫金奎对欠条中 2009 年 5 月 13 日"还"欠款 4 000 元的"还"字进行了不同的意思解释,徐国文主张是 2009 年 5 月 13 日闫金奎偿还了 4 000 元欠款,而闫金奎主张是至 2009 年 5 月 13 日尚欠徐国文欠款 4 000 元。如果按照闫金奎的主张将"还"字解释为"还(hai)",不符合一般人的书写习惯,而闫金奎又不能提供任何的还款凭证,故应根据习惯解释的原则将"还"解释为"还(huan)"。综上,一、二审的判决是正确的。

(北京市丰台区人民法院　姚媛)

40. 金姬善诉董金宝房屋买卖合同案
(房地产调控中借名买房合同的效力认定)

(一) 首部

1. 判决书字号

一审判决书:北京市朝阳区人民法院(2010)朝民初字第 19475 号。

二审判决书:北京市第二中级人民法院(2010)二中民终字第 19950 号。

2. 案由:房屋买卖合同纠纷。

3. 诉讼双方

原告(被上诉人):金姬善,女,朝鲜族,北京天平司法鉴定中心主任,住北京市朝阳区。

委托代理人:周厚兴,北京市京瀚律师事务所律师。

委托代理人：崔雪花，女，北京市京瀚律师事务所律师助理，住北京市丰台区。
被告（上诉人）：董金宝，男，汉族，无业，住北京市大兴区。
委托代理人：李学磊，北京市忠慧律师事务所律师。
委托代理人：申波，男，北京市忠慧律师事务所实习律师，住北京市朝阳区。

4. 审级：二审。
5. 审判机关和审判组织
一审法院：北京市朝阳区人民法院。
独任审判人员：代理审判员：吴岩。
二审法院：北京市第二中级人民法院。
合议庭组成人员：审判长：赵文军；审判员：林立；代理审判员：盛蔚。
6. 审结时间
一审审结时间：2010年8月16日。
二审审结时间：2010年11月19日。

（二）一审诉辩主张

1. 原告金姬善诉称

2009年4月19日，我与张艳丽（案外人）签订了《北京市存量房屋买卖合同》，依约购买了北京市朝阳区东恒时代二期B3幢903号房屋（现房号北京市朝阳区八里庄东里甲2号院3号楼9层903号，下称诉争房屋），房屋总价1 100 000元。合同签订后，我依约向张艳丽支付了定金、首付款等各项费用。因为我不符合贷款条件，我与董金宝协商以他的名义办理贷款手续，董金宝表示同意，并于2009年11月9日在工商银行办理了800 000元的贷款手续。以董金宝名义取得房屋产权证后，2009年12月19日，双方签订了协议书，确认该房屋归我所有，每月按揭贷款由我偿还。之后，我要求董金宝履行协议，协助我办理过户，但其不予同意。为维护我的合法权益，故诉至法院，要求确认诉争房屋归我所有，董金宝协助我办理产权过户手续。

2. 被告：董金宝辩称

金姬善以我名义购买商品房、办理按揭贷款，系以合法形式掩盖非法目的的行为，故双方所签订的协议属于无效。金姬善所支付的首付款、偿还的银行贷款是其代我履行债务的法律关系，是独立于购房合同关系之外的债权债务关系，这不足以使金姬善成为房屋所有权人。诉争房屋系我所有，我不同意其诉讼请求。

（三）一审事实和证据

北京市朝阳区人民法院经公开审理查明：诉争房屋产权人现登记为董金宝，登记时间为2009年11月3日。

2009年4月19日，金姬善（买受人）与张艳丽（出卖人）签订了《北京市存量房屋买卖合同》一份，约定金姬善购买诉争房屋，成交价格1 100 000元……当天双方并与北京中原房地产经纪有限公司签订了《房屋买卖居间合同》。2009年5月8日至10月28日，金姬善分五次向张艳丽共汇款311 000元。2009年9月17日，北京融信厚泽投资担保有限公司（甲方）、张艳丽（乙方）、董金宝（丙方）签订了《转按揭贷款委托担保合同》，内容大致为：乙方欲将诉争房屋转让给丙方，丙方因资金紧张，欲以所购房产作抵押，向银行申请800 000元按揭贷款，丙方向甲方申请为其此笔按揭贷款提供阶段性担保。2009年11月9日，董金宝（借款人、抵押人）、中国工商银行股份有限公司北京崇文支行（贷款人）、北京融信厚泽担保有限公司（保证人）签订了《个人购房借款/担保合同》（合同编号为2009年0612号），董金宝贷款800 000元，用于购买诉争房屋，贷款期限30年。

2009年12月19日，金姬善（甲方）与董金宝（乙方）签订《协议书》一份：双方协商用乙方的名字贷款800 000元，购买诉争房屋，房屋所有权实际归甲方所有，每月还款本息由甲方支付（借款合同编号为2009年0612号）。有关一切问题由甲方负全部责任，甲方保证每月按时还款，若不能按时还款，乙方有权向有关法律部门诉讼。

该案一审庭前谈话时，董金宝表示：我同意诉争房屋归金姬善所有，但是如果要办理过户手续，我要求金姬善给我补偿，数额就是金姬善把房子卖了以后减去她购房款差价的一半。从买房到最后办下产权证，我一分钱也没有出过。我2008年6月本科毕业，2009年3月到北京找工作，5月，金姬善同意我到北京天平司法鉴定中心工作。10月左右，金姬善说要买房，办理贷款，用我的名字。当时我什么都不懂，就同意了。现在我才明白，我无法再申请经济适用房、两限房，再买房贷款利率要提高，首付款也要提高，所以我要一定的补偿。

审理中，中国工商银行股份有限公司北京崇文支行永定门分理处出具提前还贷证明，金姬善通过转账方式，于2010年7月8日提前偿还涉案房屋贷款，数额为792 074.14元。金姬善于诉讼中提出财产保全申请，原审法院依法冻结了诉争房屋的产权过户手续，金姬善交纳了财产保全费5 000元。

上述事实，有《转按揭贷款委托担保合同》、《个人购房借款/担保合同》、《协议书》、《北京市存量房屋买卖合同》、《房屋买卖居间合同》、电汇凭证、还款凭证以及当事人当庭陈述等证据证明。

（四）一审判案理由

北京市朝阳区人民法院经审理认为：诉争房屋实际购房人为金姬善，房屋首付款及银行贷款亦由金姬善支付。因此，对于金姬善确认房屋归其所有并要求董金宝办理产权过户的请求，应予支持。董金宝已经表示过同意诉争房屋归金姬善所有，之后其虽又提出金姬善支付的房款、偿还的银行贷款系双方之间的债权债务关系，但其此项意见与双方所签订的协议书内容不符。即使据其所述，双方所签协议系无效协议，但是，这样也不能改变诉争房屋实际购买人、出资人均为金姬善之事实。

(五) 一审定案结论

北京市朝阳区人民法院依照《中华人民共和国物权法》第三十三条、《中华人民共和国民法通则》第五条之规定，作出如下判决：

北京市朝阳区八里庄东里甲2号院3号楼9层903号房屋归原告金姬善所有，被告董金宝于本判决生效后七日内协助原告金姬善办理上述房屋的产权过户手续。

(六) 二审情况

1. 二审诉辩主张

(1) 上诉人董金宝诉称

我在庭前谈话所作陈述仅是对案件提出解决方案，是和解的意思表示，不能作为认定案件的事实；我是诉争房屋的实际购房人，金姬善与售房人之间不存在房屋买卖关系，即使先前存在，其合同的权利义务已经概括转移给我；我已向售房人支付了所有的购房款，金姬善支付的首付款权利义务已经转移给我，其余80万元房款已由我通过银行借款的方式支付；我已登记为房屋所有权人，金姬善的付款行为是我与金姬善之间的债权债务关系，不能引起房屋所有权变更；原审法院未明确购买人与出资人这一法律关系的区分，我是购房人，但出资人可以是其他人；本案购买房屋、办理贷款之时，金姬善已56岁，名下已有多套房产，不享有一套房贷7折优惠的贷款利率，同时二套房还要在基础利率基础上上浮1.1倍，金姬善借用具有一套房资格人的名义、借用具有贷款30年年限资格人的名义买房来规避政策法规，以达到其投机的目的；双方"借名买房"的《协议书》系以合法形式掩盖非法目的并损害社会公共利益，属于无效的民事行为、无效合同，不能发生变更房屋所有权的效力；金姬善非法获利423 094.2元，即董金宝的直接损失。综上，原判认定事实错误、适用法律不当，请求二审法院撤销原判，发回重审或依法改判驳回金姬善的诉讼请求。

(2) 被上诉人金姬善辩称

诉争房屋的定金、首付款、银行贷款本息、手续费、产权过户费、契税均由我支付，董金宝未支付分文，我与董金宝之间不存在债权债务关系；董金宝已与我签订《协议书》，明确约定诉争房屋的产权归我，现董金宝主张诉争房屋归他所有，是无理缠诉、有悖诚信；实际买房人以他人名字登记产权，我国法律法规并不存在禁止性和限制性的规定，更谈不上损害社会公共利益。综上，董金宝的上诉主张既无法律依据也无事实依据，请求二审法院依法驳回，维持原判。

2. 二审事实和证据

北京市第二中级人民法院经审理，确认一审法院认定的事实和证据。

北京市第二中级人民法院另查明，2007年9月27日，中国人民银行、中国银行业监督管理委员会发布《关于加强商业性房地产信贷管理的通知》，要求：商业银行应提请借款人按诚实守信原则，在住房贷款合同中如实填写所贷款项用于购买第几套住房的相关信息。对购买首套自住房且套型建筑面积在 90 平方米以下的，贷款首付款比例（包括本外币贷款，下同）不得低于 20%；对购买首套自住房且套型建筑面积在 90 平方米以上的，贷款首付款比例不得低于 30%；对已利用贷款购买住房、又申请购买第二套（含）以上住房的，贷款首付款比例不得低于 40%，贷款利率不得低于中国人民银行公布的同期同档次基准利率的 1.1 倍，而且贷款首付款比例和利率水平应随套数增加而大幅度提高，具体提高幅度由商业银行根据贷款风险管理相关原则自主确定，但借款人偿还住房贷款的月支出不得高于其月收入的 50%。

3. 二审判案理由

北京市第二中级人民法院经审理认为：当事人对自己提出的诉讼请求所依据的事实或反驳对方诉讼请求所依据的事实有责任提供证据加以证明，没有证据或证据不足以证明当事人的事实主张的，由负有举证责任的当事人承担不利后果。一方当事人提出的证据，另一方当事人认可或者提出的相反证据不足以反驳的，人民法院可以确认其证明力。本案中，董金宝为证明诉争房屋系其购买，提供《转按揭贷款委托担保合同》、《个人购房借款/担保合同》为证，而金姬善则提供《北京市存量房屋买卖合同》、《房屋买卖居间合同》、《协议书》、电汇凭证、还款凭证等证据予以反驳。董金宝未确认《北京市存量房屋买卖合同》、《房屋买卖居间合同》的真实性，但认可《协议书》、电汇凭证、还款凭证真实。《协议书》的有关内容已明确显示董金宝、金姬善之间借名购房、办理贷款的事实，董金宝亦在原审法院对借名买卖一事有过相应的陈述。虽董金宝在本院审理期间提出异议，但依据我国相关法律规范的规定，诉讼过程中，当事人在起诉状、答辩状、陈述及其委托代理人的代理词中承认的对己方不利的事实和认可的证据，人民法院应当予以确认，但当事人反悔并有相反证据足以推翻的除外。现董金宝未提供足以推翻其陈述的相反证据，因此，原审法院确认金姬善提供证据的证明力，认定诉争房屋由金姬善购买，经协商后以董金宝名义另行签订购房贷款合同，合法有据，本院予以认同。

通过对董金宝、金姬善上诉、答辩意见的归纳总结，本案的争议实质在于诉争房屋的所有权问题，焦点有二：一为谁系真正购房人，二为《协议书》是否无效。

关于争议焦点一，金姬善认为其为真正购房人，其签有买卖合同，亦针对买卖合同进行了支付款项等实际履行行为，而董金宝则认为即使金姬善与购房人此前存在买卖关系，也已将合同关系概括转移，自己为实际购房人，金姬善的付款行为系董金宝与金姬善之间代付的债权债务关系。我国民法通则明确规定，民事行为应当意思表示真实。根据现有证据，金姬善曾作出过借用董金宝名义购房贷款的意思表示，董金宝未能提供充分证据证明金姬善曾作出过将购房权利义务转移给董金宝、双方之间就代付款另行成立债权债务的意思表示。董金宝认为其为实际购房人的上诉意见，依据不足，本院无法采信。

至于争议焦点二，董金宝坚持认为双方"借名买房"的《协议书》系以合法形式掩盖非法目的并损害社会公共利益，属于无效合同，不能发生变更房屋所有权的效力。金姬善则认为，我国法律法规并不存在禁止性和限制性规定，更谈不上损害社会公共利益。依据我国合同法的有关规定，认定合同无效应依据效力性禁止性规范。本案诉争房屋购买、办理贷款之时，人民银行的部门规章规定商业银行贷款首付款比例和利率水平应随套数增加而大幅度提高。也就是说，金姬善、董金宝这种借名购房办贷规避银行信贷政策的行为，规避的是首付款的支付比例及利率水平。现董金宝上诉认为金姬善不应获得诉争房屋的所有权，法律依据不足，本院难以支持。原审法院依据当事人的真实意思表示确认诉争房屋归金姬善所有，并判令董金宝协助办理过户手续，并无不当，本院予以维持。

需要指出的是，为进一步加强和改善房地产市场调控，稳定市场预期，促进房地产市场平稳健康发展，有关部门已出台相应举措。当事人在订立、履行合同时，应当遵守法律、行政法规，尊重社会公德，不得扰乱社会经济秩序，损害社会公共利益。虽然本院未支持董金宝的上诉请求，但对金姬善、董金宝这种借名买房办贷规避信贷政策的行为提出批评，并要求本案当事人在今后的民事活动中不得再进行此种规避行为。

4. 二审定案结论

北京市第二中级人民法院依据《中华人民共和国民事诉讼法》第一百五十三条第一款第（一）项之规定，作出如下判决：

驳回上诉，维持原判。

财产保全费 5 000 元，由金姬善负担 2 500 元，由董金宝负担 2 500 元。一审案件受理费 35 元、二审案件受理费 70 元，均由董金宝负担。

（七）解说

本案的争议焦点在于房地产调控中借名买房合同的效力认定问题。为进一步加强和改善房地产市场调控，稳定市场预期，促进房地产市场平稳健康发展，有关部门在房贷、税收、登记等方面出台了一系列政策举措，由此导致一部分欲购房的当事人无法购房、无法获得房屋贷款或要交纳更多的税费。司法实践中于是出现了为规避上述政策而借名买房的案件，即实际购房人与名义购房人、登记权利人之间围绕买卖合同、借名约定以及房屋所有权确认而产生的纠纷。此类案件中，当事人争议的焦点往往集中在房屋买卖合同是否有效、借名约定是否有效、借名购房人能否真正成为诉争房屋的所有权人等方面。

由于此类案件的出现源于近两年的房地产调控，我国法律对该问题尚无明确的法律规定，学者及审判实践中对此也鲜有论及，笔者将结合本案作初步探讨。

1. 借名买房事实的认定——真实意思表示

借名买房案件的首要问题在于确认案件争议确系借名买卖而引起。"借名买房"，顾名思义，必然涉及实际购房人、名义购房人。从提起诉讼的当事人来看，可能是实际购房人，可能是名义购房人，可能是登记权利人，也可能是出卖人，还有部分案件可能由贷款发放银行提起。从案件事实的认定方面来看，当事人可能对借名一事予以确认，但大多数案件中，名义购房人往往都对借名一事予以否认。此时，就要根据案件的有关事实及证据来审查是否存在借名买房的事实。

一般来说，如果双方之间存在借名约定，借名买房的事实是可以直接确认的。如本案中的董金宝，一审时认可借名买房的事实，二审予以否认，但金姬善已提供双方签署的借名买房《协议书》，二人之间借名买房的事实是可以确认的。但在其他案件中，比较困难的是没有借名约定书面证据的情形，当事人经常会以实际出资来主张其系实际购房人。此类纠纷中要注意区分实际出资人和实际购房人。

在现实的房屋买卖中，实际出资人并非一定是购房人，如父母为子女出资购房、购房人向出资人借贷购房、出资人将出资赠与购房人等。是否为实际购房人，要看出资是否具有购房的真实意思表示。我国民法通则明确规定，民事法律行为应当意思表示真实，因此，借名买卖中的实际购房人的出资行为一定要有购买房屋的真实意思表示，举证责任应当由实际购房人承担。再以本案为例，董金宝认可金姬善支付了房屋的首付款，但主张系其与金姬善另外的债权债务关系。此时，人民法院应依据当事人的真实意思表示予以认定。金姬善曾作出过借用董金宝名义购房贷款的意思表示，董金宝未能提供充分证据证明金姬善曾作出过将购房权利义务转移给董金宝、双方之间就代付款另行成立债权债务的意思表示。因此，法院通过意思表示认定本案存在借名买房的事实。

2. 借名买房合同效力的认定——社会公共利益

从当事人的诉求来看，借名买房案件中的诉求基本围绕的是借名买房合同的效力问题，有的要求确认诉争房屋的买卖合同无效，有的要求确认借名买卖的约定无效，还有的主张贷款合同无效。理由也多种多样，有的认为一方以欺诈、胁迫的手段订立合同，损害国家利益，有的则认为当事人之间存在恶意串通，损害国家、集体或者第三人利益，有的主张当事人以合法形式掩盖非法目的，有的认为合同损害社会公共利益，还有的认为诉争合同违反法律、行政法规的强制性规定。

由于房地产调控政策多为政府部门规章或地方行政法规，以借名买房行为违反法律、行政法规的强制性规定、以合法形式掩盖非法目的而主张合同无效的，因缺乏法律依据，人民法院往往不予支持。但是不是说此类合同一定是有效的呢？我们认为，应有所区分，区分的依据即社会公共利益标准。公共利益是相对于个人利益而言的，是指关系到全社会的利益，表现为某一社会应有的道德准则。① 如果借名买房的行为，损害了社会的公共利益，该借名行为应当无效。反之，如果该行为损害的是个别人的利益，除非具有恶意串通等其他合同无效的因素，该借名买卖原则上不应认定为无效。

以本案认定为例，根据已查明的事实，金姬善、董金宝借名买卖诉争房屋时，政府部门的对当事人购房资格限购令尚未颁布，金、董二人借名买卖的原因在于规避信贷政策。如果当时以金姬善的名义购房，有可能银行不予批贷，或者银行批贷的利率较高。也就是说，当时的政策并非不允许金姬善购房，仅是对金姬善的贷款行为予以限制。因此，二审法院认为，本案借名买房的行为损害的是银行利益而非社会公共利益，所以没有支持董金宝合同无效的主张。如果本案购房行为在有关第三套房屋限购令颁布之后，案件的最终认定又会有所不同。这是因为，不允许已有两套以上房屋的当事人购买第三套房屋，已经成为政府明令，此时，当事人之间的借名买房行为损害的则是社会公共利益，应当受到禁止。

---

① 参见江平主编：《中华人民共和国合同法精解》，43页，北京，中国政法大学出版社，1999。

3. 借名买卖案件中的物权登记——转移登记

当事人借名买卖案件中的诉讼请求很多时候都会涉及物权登记,如当事人要求确认诉争房屋归实际购房人所有,要求登记权利人协助实际购房人办理转移登记手续。如前所述,我们认为,物权确认应当以登记为原则,如果实际出资人有相应证据证明其已经作出要取得相应物权的意思表示,且已完成了实际的出资义务,在不损害社会公共利益的前提下,人民法院对于实际出资人的确权请求可以支持。

实际出资人和登记权利人之间对所有权的争议属于标的物所有权的内部法律关系,与之相对应的是涉及交易第三人的外部法律关系,前者属于物权确认争议,后者多为买卖合同纠纷。两者适用范围、处理标准都应有所不同。但是,诉争房屋的物权确认往往要以买卖合同效力的认定为基础。此类案件中,虽无当事人的明确诉求,人民法院同样要对合同的效力予以审查。

借名买房案件中,人民法院要注意行使释明权。2008年7月1日,建设部开始实施的《房屋登记办法》第三十五条第二款[①]已经规定房屋登记机构要依据人民法院的协助执行通知书办理过户登记,因此对于当事人仅主张确认房屋所有权的,人民法院应当释明当事人是否请求同时将房屋登记到实际购房人名下,以避免出现确认类判决无法执行的问题,同时也可以减少当事人再次起诉所导致的诉累。因此时的物权登记人与实际购房人不一致系因实际购房人的原因造成,我们认为,此种物权登记的变更应通过转移登记的方式完成,实际购房人应当为此支付相应的税费。

需要指出的是,借名买卖这种行为本身是应受到抑制而非鼓励的,因此,本案二审法院在判决中对金姬善、董金宝的行为提出了批评。对于此类借名买房行为的抑制手段,除了让实际购房人支出转移登记税费外,还可以探讨由行政部门对此行为予以处罚的方式,以此达到规范购房行为、稳定房地产市场的终极目标。

(北京市第二中级人民法院 盛蔚)

41. 广东菱王电梯有限公司诉武夷山市建宏置业有限公司买卖合同案(买卖合同中所有权保留的效力)

(一)首部

1. 判决书字号

一审判决书:福建省武夷山市人民法院(2010)武民初字第211号。

[①] 《房屋登记办法》第35条第2款规定:"因人民法院或者仲裁委员会生效的法律文书取得房屋所有权,人民法院协助执行通知书要求房屋登记机构予以登记的,房屋登记机构应当予以办理。房屋登记机构予以登记的,应当在房屋登记簿上记载基于人民法院或者仲裁委员会生效的法律文书予以登记的事实。"

二审判决书：福建省南平市中级人民法院（2010）南民终字第971号。

2. 案由：买卖合同纠纷。

3. 诉讼双方

原告（上诉人）：广东菱王电梯有限公司（以下简称菱王公司）。

法定代表人：梁永标，董事长。

委托代理人：崔建军，广东龙浩律师事务所律师。

委托代理人：王福斌，该公司业务员。

被告（被上诉人）：武夷山市建宏置业有限公司（以下简称建宏公司）。

法定代表人：林建，董事长。

第三人（被上诉人）：施国庆。

委托代理人：彭俊仁，福建弘袍律师事务所律师。

4. 审级：二审。

5. 审判机关和审判组织

一审法院：福建省武夷山市人民法院。

合议庭组成人员：审判长：辛崇华；审判员：余崇斌；代理审判员：彭敬贵。

二审法院：福建省南平市中级人民法院。

合议庭组成人员：审判长：万卫平；代理审判员：张聪荣；代理审判员：陈君精。

6. 审结时间

一审审结时间：2010年7月6日。

二审审结时间：2010年11月18日。

(二) 一审诉辩主张

1. 原告菱王公司诉称

原告与被告签订二份设备买卖合同，约定被告向原告购买电梯设备，总价款269 000元，并安装在武夷山度假区内，如果被告逾期付款，应按每天千分之五偿付逾期付款违约金，在未收到合同款项99%的价款时，设备的所有权归原告所有。其后，原告向被告提供了货物，并于2008年12月19日取得了最后一份合同约定的电梯检验合格证。按合同约定，被告应于取得电梯检验合格证3天内支付货款，但被告先后仅支付了货款211 800元，其中第一部电梯款支付完毕，第二部尚余57 200元未支付，经原告多次催讨，至今仍未支付。为此诉请法院判令：（1）被告立即支付所欠货款57 200元给原告；（2）被告以上述款项为准按中国人民银行同期贷款利率的四倍自2008年12月22日起至清偿之日止支付违约金（暂计2009年11月22日的违约金为11 136元）给原告；（3）确认在被告未付清货款前合同号LW-080612-F的电梯（型号：LTW630/1.0VF）所有权归原告所有。

2. 被告建宏公司辩称

对尚欠57 200元电梯款没有异议，但关于违约金及保留所有权问题，要求法院酌情予以考虑。

3. 第三人施国庆述称

被告向原告购买的电梯安装于被告开发的"武夷中国书画艺术家创作交流中心",但第三人于2008年12月向被告购买该交流中心A区第一幢01-04号房,并已付清了全部购房款,且于2009年9月30日依法登记取得房屋产权证。第三人认为,其在购买商品房时就支付了包括电梯等相关附属物在内的价款,当然享有诉争电梯的所有权。故请求法院驳回原告要求确认在被告未付清货款前电梯所有权归原告所有的诉请。

(三) 一审事实和证据

福建省武夷山市人民法院经公开审理查明:原告分别于2007年4月5日和2008年9月3日与被告订立两份设备买卖合同,由被告向原告购买两部电梯。其中第二份合同即编号为LW-080612-F的合同还对付款方式、违约责任等进行了约定:付款方式为"合同签订后三日内支付27 800元预付款,设备运至指定工地验箱合格后三日内支付83 400元发货款,安装完毕经技术监督部门验收合格后三日内支付26 410元验收款,余款1 390元质量保修金在技术监督部门验收合格保修期(一年)结束后三日内支付",合同第十条约定"如果买方未按合同规定的日期支付设备发货款、验收款和质量保证金给卖方,则须按拖欠金额每天5‰支付违约金至该款付清止",合同第十二条约定"卖方在未收到本合同款项的99%价款时,设备的所有权仍旧归卖方所有"。合同签订后,原告依约将两部电梯根据被告的指示进行了安装,并分别于2007年12月20日和2008年12月18日通过了验收,但被告安装于书画艺术创作交流中心、型号为LTW630/1.0VF电梯尚有57 200元余款未付清。

另查明,第三人施国庆于2008年12月9日与被告签订《商品房买卖合同》,由第三人向被告购买位于武夷山国家旅游度假区的"武夷中国书画艺术家创作交流中心A区",购房款5 000 000元,合同附件三"设备标准"第14项注明"电梯一个",该合同于2008年12月12日在武夷山房地产交易管理所办理了备案登记,并于2009年9月30日对该房屋办理了三本房产证。

上述事实有下列证据证明:

原告提供的3组证据:(1)原、被告签订的《设备买卖合同》2份;(2)电梯验收报告2份;(3)武夷山建兴假日酒店应付账款明细。

第三人提供的2组证据:(1)《商品房买卖合同》1份,证明第三人向被告购买"武夷中国书画艺术家创作交流中心A区",购房款人民币5 000 000元,合同附件三"设备标准"第14项注明"电梯一个";(2)房屋所有权证3份。

(四) 一审判案理由

福建省武夷山市人民法院经审理认为:原、被告签订的《设备买卖合同》系双方真实意思表示,未违反法律法规,应属有效合同。原告依约将合同约定的电梯进行安装并经有关部门检验合格,被告应依约履行付款义务,故原告诉请要求被告支付货款57 200元应予支持。被告逾期支付货款,依约应承担相应违约责任。关于违约金的标准,法院认为,《设备买卖合同》虽有约定按拖欠金额每天5‰计付违约金,因该标准过高原告自行作出调整,主张按同期银行贷款利率的四倍进行计算,但按"银行贷款利率四倍进行计算"的规定来源于《最高人民法院关于人民法院审理借贷案件的若干意见》,本案系买卖合同纠纷,应当按照合同法及其司法解释的有关规定对违约金进行评判和调整。根据《最高人民法院关于适用〈中华人民共和国合同法〉若干问题的解释(二)》第二十九条的规定,当事人约定的违约金超过造成损失的百分之三十的,一般可以认定为《合同法》第一百一十四条第二款规定的"过分高于造成的损失",原告在庭审中对其损失的陈述为资金本身的利率损失,故应当以原告自认的利率损失为基础上浮30%确认违约金,超过的部分不予保护。对于违约金的起算日期,由于原告自愿将合同中第二笔应付款的违约金延迟至2008年12月22日起计算,不违反法律规定,可以支持;但对最后一期1%的款项即1 390元,应在合同约定的给付期限届满后起算,即应在电梯检验合格后一年保修期结束后的第四天(2009年12月22日)起算。关于原告主张确认其对电梯的保留所有权,法院认为,根据《中华人民共和国物权法》第一百零六条的规定,无处分权人将财产转让,受让人受让时是善意的、支付了合理的对价,并且依照法律规定不需要登记的,已经交付给受让人即取得财产所有权。在此情况下,第三人善意、有偿取得财产所有权的,财产所有权已发生转移。本案中,虽然原、被告双方约定了电梯的保留所有权,但由于被告又将包含电梯在内的房屋转让给本案第三人,并办理了房屋产权登记,且没有证据证明第三人在购买房屋时知晓电梯系出卖人保留所有权,可以认为第三人善意取得该电梯的所有权,原告方不能再依据设备买卖合同保留对电梯的所有权,故原告的该项诉请不予支持。本案被告建宏置业经本院合法传唤,无正当理由拒不到庭参加诉讼,依法可以缺席判决。

(五) 一审定案结论

福建省武夷山市人民法院依照《中华人民共和国民事诉讼法》第一百三十条,《中华人民共和国合同法》第一百一十四条、第一百五十九条、第一百六十一条,《中华人民共和国物权法》第一百零六条,《最高人民法院关于适用〈中华人民共和国合同法〉若干问题的解释(二)》第二十九条之规定,作出如下判决:

1. 被告武夷山市建宏置业有限公司应于本判决生效之日起十日内支付原告广东菱王电梯有限公司电梯货款57 200元。逾期付款违约金以尚欠的57 200元货款按同期中国人民银行贷款利率的130%计算,其中55 810元自2008年12月22日起计算至本判决确定之日止,1 390元自2009年12月22日起计算至本判决确定之日止。

2. 驳回原告的其他诉讼请求。

如果未按本判决指定的期间履行给付金钱义务,应当依照《中华人民共和国民事诉讼法》第二百二十九条之规定,加倍支付迟延履行期间的债务利息。

本案受理费1 508元,由原告负担166元,被告负担1 342元。

(六) 二审情况

1. 二审诉辩主张

（1）上诉人菱王公司诉称

一审法院确认上诉人的损失仅为资金利息损失是完全错误的。施国庆不是善意第三人。诉争电梯属于特种设备，其使用权人至今仍是被告，说明产权并未转移。综上，请求二审法院：1）撤销一审判决第二项；2）变更第一项中有关违约金的内容为：判令建宏公司从2008年12月22日起按中国人民银行同期贷款利率的4倍计付违约金给上诉人；3）确认建宏公司在未付清99%货款前诉争电梯所有权归上诉人。

（2）被上诉人建宏公司未作答辩。

（3）被上诉人施国庆辩称

一审判决认定事实清楚，适用法律正确，请求驳回上诉，维持原判。

2. 二审事实和证据

福建省南平市中级人民法院经审理，确认一审法院认定的事实和证据。

对原判认定的事实，上诉人认为：（1）没有看到商品房买卖合同原件，真实性无法确认，且合同附件上的电梯也没有证据体现。（2）购房款500万元是否支付不清楚。对原判认定的其他事实，双方当事人均无异议，法院依法予以确认。

另查明，在二审庭审中，上诉人明确表示对一审判决中关于违约金的时间起算点没有异议。

还查明，被上诉人施国庆在二审中提交了《商品房买卖合同》和购房发票的原件，上诉人对《商品房买卖合同》和购房发票的真实性没有异议。

二审中，双方当事人均未向法庭提交新的证据。

3. 二审判案理由

福建省南平市中级人民法院经审理认为：关于诉争电梯所有权的保留问题，经查，《商品房买卖合同》附件三第14项明确约定：电梯一个，说明被上诉人施国庆所购系有电梯的房屋；加上房屋买卖合同的签订、备案，以及房产权属证书的办理，其时间均在诉争电梯安装之后，且房屋权属证书在本案诉讼前四个月即已办理，说明房屋转让时即包含诉争电梯在内。至于约定的房屋交付时间早于电梯买卖合同签订之日，或可判断被上诉人建宏公司交付房屋是否符合约定，但并不足以证明购买房屋时不包含电梯。再说，诉争电梯保留所有权的约定存在于上诉人菱王公司与被上诉人建宏公司的买卖合同之中，欠缺公示性，亦无证据证明被上诉人施国庆在购买房屋时知晓该约定。另，在本案中，诉争电梯已经安装（说明已交付），应可视为房屋的附属物，而且房屋产权证已办，转让价格也是合理的，这些都是客观事实，亦应得到尊重。对此，一审法院已有相应的分析，是正确的。因此，根据物权法等相关法律的规定，可以认为被上诉人施国庆取得诉争电梯是善意的，上诉人不能再以设备买卖合同保留对电梯的所有权。关于约定的违约金标准过高如何调整的问题，因本案系买卖合同纠纷，一审法院未适用最高人民法院关于审理借贷案件的司法解释并无不当。上诉人在一审诉讼中陈述其损失为资金本身的利率损失，这属于自认，故一审法院以此为基础上浮30％来确认违约金损失的做法符合《最高人民法院关于适用〈中华人民共和国合同法〉若干问题的解释（二）》第二十九条的规定。又因上诉人在二审中明确表示对于一审判决中关于违约金的起算时间不持异议，故一审法院关于违约金部分的判决亦是正确的，可予维持。被上诉人建宏公司经传票传唤，无正当理由拒不到庭参加诉讼，法院依法缺席审理。综上，一审判决认定事实清楚，处理并无不当，应予维持。

4. 二审定案结论

福建省南平市中级人民法院依照《中华人民共和国民事诉讼法》第一百三十条、第一百五十三条第一款第（一）项、第一百五十八条之规定，作出如下判决：

驳回上诉，维持原判。

二审案件受理费1 508元，由上诉人负担。

（七）解说

本案是一起在分期付款买卖合同中约定了所有权保留，买受人未按照约定向出卖人履行付款义务而引发的较为典型的买卖合同纠纷。本案的处理，应明确两方面的问题：一是基于所有权保留的对内效力，出卖人可享有的诉讼请求权；二是所有权保留买卖合同的对外效力。

1. 所有权保留买卖中出卖人的诉讼请求权

所有权保留，是指在商品交易中，买受人先占有、使用买卖标的物，但在双方当事人约定的特定条件（一般为价金的一部或全部清偿）成就前，出卖人仍保留标的物所有权，条件成就后，标的物所有权始转移于买受人的一种法律制度。它主要存在于分期付款买卖中。这一制度的设立，实质系为达到促销和担保出卖人价款受偿权得以实现之双重目的。该制度在立法上亦有明确规定，即我国《合同法》第134条规定："当事人可以在买卖合同中约定买受人未履行支付价款或者其他义务的，标的物的所有权属于出卖人。"

所有权保留为出卖人债权的实现提供了有益担保，在有所有权保留的分期付款买卖中，所有权保留一旦成立，就对双方当事人产生了一定的拘束力：买受人可以享有对标的物的占有、使用和收益及对标的物所有权的期待权，但不得对标的物进行处分，且应当合理保管；出卖人也不能行使对标的物的处分权，不能再次将标的物转让他人或在标的物上设立抵押权等，但其享有在一定条件下对标的物的取回权及相关请求权。

本案的买受人（被告）在尚未付清电梯货款前，即将包含了讼争电梯的房产转让给了第三人，其行为违反了《设备买卖合同》的约定。依该合同，被告在未支付99％的电梯价款前，电梯的所有权属于原告，被告是不得对电梯进行处分的。在此情况下，出卖人（原告）若要通过诉讼途径解决，其可提起何种具体的诉讼请求呢？一般而言，有两种方式：其一，请求法院判令买受人继续履行合同，向出卖人支付剩余货款。其二，请求法院判令买受人返还标的物，并支付相应的使用折旧费用。第一种方式，在法律上可行，但关键的问题是买受人是否具有支付剩余货款的能力。如买受人在资金上已陷入危机，此种方式已不可取。第二种方式，出卖人系基于对标的物的所有权保留，要求行使对标的物的取回权，该种方式因涉及使用折旧费用的支付与买受人已支付价款的返还等，使得实际执行更为复杂与困难，但这对出卖人权益的保护更为有利，因而为大多数出卖人所选择。

本案原告在起诉时，既要求被告继续履行支付剩余价款的义务和承担违约金，又要求法院确认在被告未付清货款前，电梯的所有权归原告所有，这是否可行呢？实际上，因要求继续支付价款与确认所有权保留之间不存在冲突，只要双方当事人签订的买卖合同合法有效，原告可以同时主张既要被告支付所欠余款及逾期付款违约金，又要确认款项未付满约定的比例时保留所有权。本案中，原、被告之间签订的设备买卖合同系双方当事人的真实意思表示，未违反相关法律法规，应属有效合同，故原告可要求被告支付余款和违约金，并要求法院确认其对电梯的所有权保留。

但是，需要注意的是，主张支付余款与主张行使标的物的取回权不能并存，因为支付余款是继续履行合同，而行使取回权则涉及合同的解除。当事人若要行使取回权，则应待确认所有权保留之诉的判决生效后，被告仍不履行支付所欠余款义务的情况下，另案起诉要求行使取回权，并在该诉讼中解决解除买卖合同及有关行使取回权的费用、电梯的折旧费、使用费、返还货款、损失承担等一系列问题。

2. 所有权保留买卖合同的对外效力分析

该部分重点探讨所有权保留买卖合同的对外效力问题，即当出卖人对保留所有权买卖标的物的权利与合同外当事人对该标的物的权利发生冲突时，如何进行处理。要分析这个问题，首先要对动产所有权保留制度的法律特征进行探讨。我们知道，买卖合同中所有权保留一旦成立，出卖人将动产交付于买受人，买受方获得了对该动产的占有、使用和收益三项权能，出卖人则保留处分权能，买受人全额支付价款前不得对所有权保留物行使再处分权。但出卖人的这种保留权并不是一种绝对权利，它需要借助于买受人的"诚实守信"和"正当履行"才能保留和行使。然而，一旦买受人恶意利用其对物的占有权而实施再处分行为（如将该标的物另行出让或设定担保物权），该所有权保留的存续效力将面临法律风险，出卖人在行使对该物的取回权时将与第三人的相应权利发生冲突，将直接面对第三人权利的挑战。面对这种权利冲突，不能简单地说何种权利优先，而应当结合物权善意取得制度来进行分析判断。

本案中，被告与第三人签订的《商品房买卖合同》附件三第14项明确约定：电梯一个，说明第三人所购买的系包含了讼争电梯在内的房屋；同时，商品房买卖合同的签订、备案以及产权证书的办理，其落款时间均在讼争电梯安装之后，说明房屋转让时应包含讼争电梯在内。而原告与被告之间有关电梯所有权保留的约定，仅存在于原、被告签订的设备买卖合同中，欠缺公示性，且原告未能提供证据证明第三人在购买房屋时知晓该约定，故第三人购买包含讼争电梯的房屋属善意。同时，在本案中，讼争电梯已安装（说明已交付），应可视为房屋的附属物，且房屋产权证已办，转让价格也是合理的，因此，根据《物权法》第一百零六条的规定，可以认为第三人购买讼争电梯是善意的，可以取得对电梯的所有权，原告不能再依据设备买卖合同保留对电梯的所有权。

（福建省武夷山市人民法院　余崇斌　冯灼兰）

42. 周永兴、陈若春诉周勇明赠与合同案
（经公证的不动产赠与）

（一）首部

1. 判决书字号

一审判决书：福建省厦门市思明区人民法院（2010）思民初字第4019号。

二审判决书：福建省厦门市中级人民法院（2010）厦民终字第1798号。

2. 案由：赠与合同纠纷。

3. 诉讼双方

原告（上诉人）：周永兴，男，汉族，住福建省厦门市前埔社区。

委托代理人：林岫峰，福建重宇合众律师事务所律师。

委托代理人：龚晓洪，福建重宇合众律师事务所律师。

原告（上诉人）：陈若春，女，汉族，住湖南省醴陵市姜湾新街。

委托代理人：林岫峰，福建重宇合众律师事务所律师。

委托代理人：龚晓洪，福建重宇合众律师事务所律师。

被告（被上诉人）：周勇明，男，汉族，住福建省厦门市洪莲西里。

委托代理人：江帆，福建开元大同律师事务所律师。

4. 审级：二审。

5. 审判机关和审判组织

一审法院：福建省厦门市思明区人民法院。

独任审判人员：审判员：林鸿斌。

二审法院：福建省厦门市中级人民法院。

合议庭组成人员：审判长：赖民勇；审判员：林巧玲、许向毅。

6. 审结时间

一审审结时间：2010年6月10日。

二审审结时间：2010年10月9日。

（二）一审诉辩主张

1. 原告周永兴、陈若春诉称

其与周勇明签订赠与协议后，周勇明对其不闻不问，非但不为其解决住房问题，且对周永兴从未尽赡养义务，甚至多年来未探望过父亲。其夫妻二人亦无其他收入。请

求：撤销周永兴、陈若春与周勇明于2008年5月13日签订的经厦门市公证处公证的房屋产权赠与合同。

2. 被告周勇明辩称

陈若春不是其母亲，不应由其赡养。周永兴有固定的养老金，周勇明的姐姐每个月都有给周永兴1 000元。周勇明现失业没有经济来源，也是靠姐姐资助的，其不是不赡养父亲，而是暂时没有经济能力；如果找到工作，可以赡养父亲。其不是不去看望父亲，而是父亲隐瞒住处和联系电话。赠与时周勇明就没有工作，周永兴是明知的，且在赠与后，周勇明将一处四十多平方米的房产交给周永兴、陈若春使用，但周永兴、陈若春却办理了退房并领取退房款。赠与合同经过公证，符合法律规定的程序，是合法的，周永兴、陈若春的请求不符合法律规定且不诚信，其不同意周永兴、陈若春的诉讼请求。

(三) 一审事实和证据

福建省厦门市思明区人民法院经公开审理查明：周永兴与周勇明系父子关系。周永兴与蔡敏凤（周勇明之母）1997年之前系夫妻关系。周永兴与蔡敏凤协议，将周永兴与蔡敏凤共有的厦门市灵应殿8-3号房产进行分割，周永兴拥有20%的产权，蔡敏凤拥有80%的产权。2003年11月7日周永兴与陈若春结婚。2006年，厦门市灵应殿8—3号房产被拆迁，周永兴与蔡敏凤被安置在厦门市碧湖嘉园2号楼401室及801室安置房。2008年5月13日，周永兴、陈若春同意将其拥有的厦门市碧湖嘉园2号楼401室及801室二处房产20%的产权赠与周勇明，并办理了公证。2008年8月4日，周永兴、陈若春将周勇明购买用于给周永兴、陈若春居住并已缴交的预留金共计97 376.76元的海发大厦二期（B座）A402房屋（使用权）退回开发单位并领取预留金。2009年11月，周永兴以与周勇明因赡养纠纷诉至法院，经法院判决周勇明向周永兴每月支付赡养费200元并负有探望义务。判决生效后，周勇明以失业及无法找到周永兴住所为由，未按判决要求履行前述义务。另，周勇明于2010年2月3日办理了《厦门市居民就业失业登记证》。

上述事实有下列证据证明：

1. 《公证赠与合同》一份。
2. 《民事判决书》一份。
3. 《厦门市居民就业失业登记证》一份。
4. 缴款记录一份。
5. 收条一张。
6. 当事人的陈述。

(四) 一审判案理由

福建省厦门市思明区人民法院经审理认为：周永兴、陈若春向法院主张权利应当具有事实及法律依据。本案中，周永兴、陈若春将其拥有的厦门市碧湖嘉园2号楼401室及801室二处房产的20%产权赠与周勇明，并办理了公证，依据《合同法》第一百八十六条的规定，经过公证的赠与合同，赠与人不得在赠与财产的权利转移之前撤销赠与。周永兴、陈若春主张撤销房产赠与,与法相悖。且周勇明也购买有使用权的房屋用于给周永兴、陈若春居住,但周永兴、陈若春却将该房屋退回,并领取了周勇明缴纳的预留金,因此,周永兴、陈若春的诉请缺乏事实及法律依据,法院不予支持。至于周永兴主张周勇明未完全尽到赡养义务,周勇明亦举证其无业没有收入故无法支付判决的赡养费,周永兴可以通过申请法院强制执行或另行主张等法律程序予以解决,但并不构成可以撤销之前作出赠与公证的法律理由,因此,对周永兴、陈若春的诉讼请求不予支持。

(五)一审定案结论

福建省厦门市思明区人民法院依照《中华人民共和国合同法》第一百八十六条、《中华人民共和国民事诉讼法》第六十四条第一款、《最高人民法院关于民事诉讼证据的若干规定》第二条之规定,作出如下判决:

驳回原告周永兴、陈若春的诉讼请求。

案件受理费50元,由周永兴、陈若春负担。

(六)二审情况

1. 二审诉辩主张

(1)上诉人周永兴诉称

1)本案周勇明不履行对周永兴的赡养义务证据确定。(2009)思民初字10836号民事判决书中已认定周勇明不履行对周永兴的赡养义务,并判决周勇明应从2009年11月起每月向周永兴支付赡养费200元,并每月至少探望周永兴一次。判决已于2010年2月23日生效,由于周勇明拒不履行赡养义务,周永兴于2010年3月17日向法院申请强制执行。截至本案起诉之日,周勇明仍未支付赡养费,更从未探望过周永兴。2)周永兴、陈若春的诉讼请求有法律依据。依据《合同法》第一百九十二条的规定,撤销周永兴、陈若春与周勇明于2008年5月13日签订的经厦门市公证处公证的房屋产权赠与合同。原审判决适用法律错误,《合同法》第一百八十六条虽规定经过公证的赠与合同不得撤销,但第一百九十二条也规定了对赠与人有扶养义务而不履行,赠与人可以撤销。根据《老年人权益保障法》规定,周勇明已成年,具有赡养老人的义务和能力,但其未履行赡养老人的义务。周勇明以自己没有收入没工作为由,于理于法均不符。请求二审法院:撤销原审判决,改判撤销周永兴、陈若春与周勇明于2008年5月13日签订的经厦门市公证处公证的房屋产权赠与合同。

(2)被上诉人周勇明辩称

1)从法律规定上看,周勇明仅对周永兴具有赡养的义务,陈若春作为继母,并没有与周勇明形成抚养关系,周勇明对其没有赡养义务。陈若春自己另有子女,应由其子女对其赡养。2)根据《婚姻法》第二十一条的规定:没有劳动能力或生活困难的父母可以要求子女赡养。本案上诉人周永兴的收入水平远高于厦门人均消费水平,不符合相关法律规定的生活困难的情形。3）周永兴办理赠与合同时，周勇明就处于失业状态，当时经济上就无法支持周永兴，对此周永兴是明知的，并自愿办理了赠与合同。故在事隔一年多以后，周永兴再以周勇明不履行赡养义务要求撤销赠与合同是不能成立的，且也超过了《合同法》第一百九十二条规定的一年除斥期间。(4)周永兴办理赠与合同后，周勇明即将购置的海发大厦B-A402室（位于轮渡附近，约40m²）交由周永兴，准备给其居住使用，周勇明已尽到相应的义务。但周永兴与陈若春却向开发商办理退房手续，领取了周勇明缴纳的购房款9万余元，故从公平合理的角度，周永兴也无权再要求撤销该赠与合同。综上，周勇明现处于失业状态，暂时无能力履行赡养义务，并非不履行对周永兴的赡养义务。本案不具备撤销赠与合同的法律条件，请求二审法院驳回周永兴、陈若春的上诉请求。

2. 二审事实和证据

福建省厦门市中级人民法院经审理，确认一审法院认定的事实和证据。

3. 二审判案理由

福建省厦门市中级人民法院经审理认为：本案是房屋赠与纠纷，周永兴、陈若春请求撤销经过公证的房屋赠与合同。周永兴、陈若春同意将周永兴所拥有的厦门市碧湖嘉园2号楼401室和801室二处房产的20％产权赠送给周勇明所有，周勇明亦对赠送表示愿意接受。该赠与合同经过公证，是双方当事人的真实意思表示。周勇明虽因与周永兴存在赡养纠纷，且经法院判决周勇明应每月向周永兴支付赡养费200元并负有探望义务，但周勇明也在原审诉讼中提交了其就业失业登记证，用于证明其无收入来源，周永兴、陈若春未举证证明周勇明存在因某种主观目的，故意不履行赡养义务，且周勇明亦曾购买了房屋使用权提供给周永兴、陈若春居住，周永兴、陈若春却将该房屋退回开发建设单位，领取了周勇明缴纳的预留金。周永兴、陈若春否认该项预留金是周勇明缴纳，但未提供证据佐证，其二审提出的该项异议不能成立。根据《合同法》第一百八十六条第二款的规定，经过公证的赠与合同，赠与人不得行使任意撤销权。因此，周永兴、陈若春以其无房居住为由，要求撤销赠与合同，与其领取预留金的行为不符，且无充分证据证明周永兴、陈若春经济状况显著恶化，故周永兴、陈若春并不存在《合同法》第一百九十五条所规定的可以不再履行赠与义务的情形。因此，周永兴、陈若春的上诉理由不充分。

4. 二审定案结论

福建省厦门市中级人民法院依照《中华人民共和国民事诉讼法》第一百五十三条第一款第（一）项之规定，作出如下判决：

驳回上诉，维持原判。

二审案件受理费100元，由周永兴、陈若春负担。

(七) 解说

本案是一起经过公证的赠与合同案件，双方当事人争议的焦点在于赠与人是否可以撤销赠与。

赠与合同是赠与人将自己的财产无偿地给予受赠人，受赠人表示接受赠与的合同。关于赠与合同的成立问题，主要在于赠与合同为诺成性合同还是实践性合同，根据赠与合同的特征，赠与合同的成立标准主要有两个方面：一是根据《合同法》第一百八十五条及一百八十六条第一款的规定，赠与合同原则上是实践性合同，故赠与合同的成立要件一般不仅需要有赠与人与受赠人意思表示的一致，还要求必须进行赠与财产的交付。二是根据《合同法》第一百八十六条第二款及第一百八十八条的规定，具有救灾、扶贫等社会公益、道德义务性质的赠与合同或者经过公证的赠与合同，属于诺成性合同，而不是实践性合同，只要双方当事人的意思表示达成一致，即可成立。根据赠与合同是否可以任意撤销，《合同法》将赠与分为两类：一类是可以任意撤销的赠与；另一类是不得任意撤销的赠与。后一类赠与又可分为两部分：一部分是具有救灾、扶贫等社会公益、道德义务性质的赠与；另一部分是指经过公证的赠与。本文主要评析赠与合同的法定撤销。法律之所以规定经过公证的赠与合同不适用任意撤销权，原因在于此类合同中，赠与人采取此种方式与受赠人订立赠与合同，作出赠与的意思表示，经过公证人员的解释和说明不能不说是经过法律上的慎重考虑，不存在一时冲动考虑欠周的问题，如果允许赠与人随意撤销这种赠与，即严重违背诚实信用原则，也妨碍了公证的严肃性。所以，若赠与合同已经过公证，则不得撤销。但法律也有它的公平合理性，其还规定了具备一定法定事由，赠与人有权撤销赠与。

赠与合同的法定撤销是指赠与合同生效后，只有在法定事由出现时，享有撤销权的人才能行使撤销权而撤销赠与合同，《合同法》第一百九十二条至第一百九十四条的规定即为赠与合同的法定撤销，是对赠与人无法行使任意撤销权的一种救济手段，是对受赠人违法行为的一种惩罚，经过公证的赠与不是绝对不能撤销的，但法定撤销权的行使应受到严格限制。法律规定只要受赠人有《合同法》第一百九十二条第一款规定的情形之一的，赠与人可以撤销赠与。本案中，周永兴主张其曾起诉周勇明赡养纠纷案件，且法院判决周勇明履行赡养义务，因此，其行使撤销权符合法定事由。但周勇明在本案中亦辩称其失业无收入，且提交了失业登记证，用以证明其不是不履行义务而是目前没有能力。二审法院根据双方当事人的各自主张及提交的证据，认为周勇明不履行赡养义务属于客观不能，应与那种可以履行赡养义务而故意、恶意不履行的情形区别开来，并结合在赠与合同签订前，周永兴和陈若春还自行领取了周勇明缴纳的作为给其两人房屋居住使用的预留金，综合周勇明的履行赡养能力和积极为周永兴、陈若春提供住房情况，不宜认定周勇明存在故意、恶意不履行扶养义务的情形。在判案时，二审法院也同时注意到周永兴和陈若春并不存在经济状况显著恶化，严重影响其生活，可以不再履行赠与义务的情形，二审综合评判赠与人的利益及为受赠人利益的平衡考虑，在此原则指导下，根据本案查明的实际情况作出维持不予撤销的判决，符合法律规定。

此外，依据《合同法》的规定，赠与人本人行使法定撤销权的期间是自知道或者应当知道撤销原因之日起1年内，权利人在此期间不行使权利，其撤销权消灭。法律规定撤销权的除斥期间，目的在于维持社会关系、社会秩序的稳定，也是促使赠与人及时行使权利。

（福建省厦门市中级人民法院　林巧玲）

43. 温勉雄诉王化荣借款案
（借款事实）

（一）首部

1. 判决书字号
一审判决书：四川省雅安市雨城区人民法院（2009）雨城民初字第1335号。
二审判决书：四川省雅安市中级人民法院（2010）雅民终字第274号。
2. 案由：借款合同纠纷。
3. 诉讼双方
原告（被上诉人）：温勉雄。
委托代理人：李宗银。
被告（上诉人）：王化荣。
委托代理人：高建强，四川高扬律师事务所律师。
委托代理人：喻远军，四川高扬律师事务所律师。
被告（被上诉人）：重庆市鼎天建筑工程有限公司。
4. 审级：二审。
5. 审判机关和审判组织
一审法院：四川省雅安市雨城区人民法院。
合议庭组成人员：审判长：刘力；审判员：张秀荣；人民陪审员：黄志明。
二审法院：四川省雅安市中级人民法院。
合议庭组成人员：审判长：付屹；审判员：刘夏；代理审判员：刘宝东。
6. 审结时间
一审审结时间：2010年3月2日。
二审审结时间：2010年9月29日。

（二）一审情况

1. 一审诉辩主张
（1）原告温勉雄诉称
2009年2月7日，王化荣、鼎天建筑公司向其借款30万元，用于支付雅泸高速公路四川路桥公司项目一分部（以下简称四川路桥雅泸高速项目部）工程合同履约保证金，现因王化荣不履行工程合同，又拒不偿还借款，经协商无果，要求王化荣偿还借款

30万元及利息。因王化荣将该款用于支付鼎天建筑公司应付四川路桥雅泸高速项目部工程合同履约保证金，故要求鼎天建筑公司承担连带责任。

（2）被告王化荣辩称

1）温勉雄与王化荣之间没有借款事实，双方不存在借贷关系，温勉雄要求王化荣出具《借条》是以合法形式掩盖非法目的。温勉雄对资金来源没有提供相应的证据证明，且陈述也不符合日常生活逻辑；温勉雄与王化荣素不相识，不可能将巨款借给一个素不相识的人，其对借款理由、借款动机、目的、付款方式、付款地点、借条的形成的陈述不符合日常生活逻辑；借条上载明的借款用途是虚假的。按鼎天建筑公司与四川路桥雅泸高速项目部之间的《风险抵押承包合同书》约定，鼎天建筑公司根本不需要另行交保证金，是逐月按比例从计量款中提取。该合同主体是鼎天建筑公司和四川路桥雅泸高速项目部，且鼎天建筑公司已经垫付44万元工程款，王化荣并非合同主体，也不需要交纳保证金，从担保书和证人证言可以看出，该借条的形成实际是温勉雄为促使工程介绍成功，不惜为鼎天建筑公司担保，以达到收取"工程介绍费"的目的。2）从《借条》形式上看，即使有借款的事实，该《借条》也约定了还款的条件，而该条件并不成就，且该条件不可能成就，因此，温勉雄的诉讼请求不能成立。

（3）被告重庆市鼎天建筑工程有限公司辩称

公司没有也不可能向温勉雄借款，也未授权王化荣向温勉雄借款，无论本案借条是否真实，均与鼎天建筑公司无关，不应承担还款义务。同时，从查明的事实看，该借款并未实际发生。故请求依法驳回温勉雄的诉讼请求。

2. 一审事实和证据

四川省雅安市雨城区人民法院经公开审理查明：2009年1月19日，鼎天建筑公司（合同乙方）与四川路桥雅泸高速项目部（合同甲方）签订了《风险抵押承包合同》。合同约定，甲方向乙方支付工程款的方式是以监理及业主批准的实际计量数为准，并在扣除甲方相关费用后按计量进度支付。该合同还对保证金支付方式作了约定。但该合同签订后，鼎天建筑公司刚进场施工就发现继续施工将导致亏损，故终止了继续履行该合同，也未发生工程计量款。

2009年2月7日，王化荣向温勉雄出具借条："今借到温勉雄人民币300 000元，用于支付雅泸高速公路四川路桥公司项目一分部工程合同履约保证金。此款在五月的工程计量款到位后，一次性归还温勉雄。"2009年3月5日，温勉雄以王化荣不履行工程合同，又拒不偿还借款为由诉至法院，要求王化荣归还借款30万元及利息。

上述事实有《风险抵押承包合同》、借条等证据证明。

3. 一审判案理由

四川省雅安市雨城区人民法院经审理认为：温勉雄提交的王化荣亲自出具的借条记载的内容直接反映了双方当事人的借贷关系，该借条不仅作为借款合同存在，更是双方当事人交付借款的凭证。王化荣否认借贷关系的存在，就必须提供充足的证据予以证明。但其提供的证据并不能直接证明借款事实的不存在，不足以反驳温勉雄所提交的借条，故对温勉雄提交的借条及王化荣向温勉雄借款30万元的事实予以确认。对于温勉雄以王化荣借款用于支付《风险抵押承包合同》的履约保证金而要求鼎天建筑公司承担连带还款责任的主张。从审理查明的事实看，温勉雄明确表示该借款系王化荣个人借款，且温勉雄也未提供证据证明鼎天建筑公司授权王化荣借款的证据，王化荣将借款作何用途不能成为温勉雄要求鼎天建筑公司承担连带责任的理由，故对温勉雄要求鼎天建筑公司承担连带还款责任的主张，依法不予支持。

4. 一审定案结论

四川省雅安市雨城区人民法院依照《中华人民共和国合同法》第一百九十六条、第二百一十一条第一款，《最高人民法院关于民事诉讼证据的若干规定》第七十二条第一款之规定，作出如下判决：

（1）由被告王化荣在判决发生法律效力之日起30日内归还原告温勉雄借款本金300 000元。

（2）驳回原告温勉雄要求被告重庆市鼎天建筑工程有限公司承担连带还款责任的诉讼请求。

（3）驳回原告温勉雄要求被告王化荣、重庆市鼎天建筑工程有限公司支付利息的诉讼请求。

案件受理费4 675元，由王化荣负担，保全费3 125元，由温勉雄负担，温勉雄已预交诉讼费4 675元由王化荣在本判决执行时一并给付。

（三）二审诉辩主张

1. 上诉人王化荣诉称

（1）王化荣与温勉雄之间不存在真实有效的借贷事实。温勉雄据以作为起诉依据的借条形成的过程和原因实为谋取不受法律保护的"工程介绍费"。温勉雄对借条形成过程的阐释不符合生活逻辑和经验法则。根据温勉雄提供的借条，可以推定借条所载内容是不真实的，借条中约定的借款用途也与一审查明的事实不符。一审法院不能简单地将借条作为完全排除其他证据证明效力的唯一债权凭证，而应对借款时间、地点、借款原因、借款用途、借款支付方式、支付依据、基础合同及温勉雄的经济状况进行相应的审查，以查明债务的真实性与合法性，防止虚构债务。一审庭审中，温勉雄对借款的资金来源没有提供任何的来源证明，其法庭陈述也明显不符合日常生活逻辑。由于温勉雄根本没有提供过借款的事实，因而其在一审中陈述的借款经过，借款的动机和目的及借款用途的叙述是严重违背日常生活经验法则的，温勉雄没有提供借款的基础事实。（2）温勉雄承诺的担保书证实了获取工程介绍费的真实目的，借条仅仅是形式，是以合法形式掩盖非法目的。所以，上诉人请求依法撤销原判，驳回被上诉人温勉雄的诉讼请求。

2. 被上诉人温勉雄辩称

借款事实真实存在，王化荣应予归还。一审判决正确，应驳回上诉，维持原判。

3. 被上诉人重庆市鼎天建筑工程有限公司未到庭应诉，也未提交书面答辩材料。

(四) 二审事实和证据

四川省雅安市中级人民法院经审理查明：(1) 2009年2月7日，王化荣向温勉雄出具借条的同时，温勉雄向王化荣出具担保书，载明：兹有重庆市鼎天建筑公司（王化荣），向雅泸高速公路四川路桥公司项目一分部交垫付款440 000元，大写肆拾肆万元整（凭项目一分部的收款收据）；用于垫付原路基四队的外债。现温勉雄担保此款在原路基四队完成的计量款中一次性扣回，归还给重庆市鼎天建筑公司（王化荣），否则，由温勉雄承担相关的经济责任。

(2) 2009年8月24日温勉雄陈述借款经过："我听我的驾驶员周伟说，王化荣筹44万元交给公司项目上，没有钱买挖掘机，周伟叫我借钱给王化荣。考虑到是周伟介绍的，王化荣说给周伟一定的报酬，我是帮周伟的忙；王化荣准备和我一起做项目，项目上有44万元要退给他等原因，我就同意了。2009年2月7日上午九、十点钟，王化荣在雅川宾馆楼上写的借条，当时有熊伟、王化荣的驾驶员在场，周伟在车上，当天我也住在雅川宾馆，借条是王化荣起草的，钱放在车后备箱的一个黑包里面，有银行、工地的钱，钱怎么取的记不清了，有万州项目重庆华粹房地产公司30万元、南川项目上有几十万、中铁八局南京铁路一分部给的钱，都是春节前给的。当时我拿了38万元来，给了王化荣30万元，在停车场里给王化荣的，王化荣只数了砸数，没有具体点钱，王化荣用红色购物袋把钱拿走的，当时没有人看到。担保书是写借条时写的，意思是项目部给王化荣44万元的时候要通过我。关于鼎天建筑公司与四川路桥雅泸高速项目部的工程合同，王化荣开始是做了的，我还把挖掘机借给了他，2009年3月2日他说他不想做了，我去找他归还挖掘机，结果就找不到他了"。

2009年11月18日温勉雄又陈述到："借款时，我与王化荣相识一个月左右，是经周伟介绍借给王化荣的，王化荣在2009年2月7日前二、三天提出借款的，我从绵阳来到雅安也在这一时间，住哪记不清了，30万元是从兰湖铁路和万州的房建工程上结的款，没有银行取款记录，从家里带过来的。钱是在出具借条的当天在停车场我的车上交给王化荣的，王化荣大致数了一下，就把借条给我了。"

二审查明的其他事实与一审查明的事实一致。

(五) 二审判案理由

四川省雅安市中级人民法院经审理认为：本案的焦点是借款事实是否存在。根据《中华人民共和国合同法》第二百一十条"自然人之间的借款合同，自贷款人提供借款时生效"的规定，民间借贷为实践性合同，自贷款人提供借款时生效，即出借人交付了款项后合同才生效。借条是借贷双方借款关系成立的书面合意体现，它有待于双方的实际履行。根据《最高人民法院关于民事诉讼证据的若干规定》第五条"在合同纠纷案件中，主张合同关系成立并生效的一方当事人对合同订立和生效的事实承担举证责任；主张合同关系变更、解除、终止、撤销的一方当事人对引起合同关系变动的事实承担举证责任。对合同是否履行发生争议的,由负有履行义务的当事人承担举证责任"的规定,温勉雄作为主张借贷关系成立并已履行的一方有举证证明借贷关系真实成立并已向王化荣履行了交付30万元借款的义务。在民间借贷关系中,一般是双方达成借贷合意后,贷款人向借款人交付借款,借款人向贷款人出具借条,所以,借条一般具有借款关系成立和贷款人履行了借款义务的双重证明力。但本案中,借条约定以工程计量款到位为还款条件、担保书表明温勉雄为王化荣的工程计量款提供担保及温勉雄于2009年3月2日发现王化荣不做工程后即于同年3月5日提起诉讼的情况看,孤立的借条不能完全佐证双方是否存在真实的借贷关系和借款已履行。所以,温勉雄负有已向王化荣履行了交付30万元借款的义务,进一步作出合理解释和证明的义务。但温勉雄对借款的来源、付款方式、付款地点的陈述不明确,前后不一致,对借款用途的陈述与借条约定也不符;另外,温勉雄的行为也明显有悖日常生活习惯和经验准则。在民间借贷中,30万元的借款金额并不小,在双方相识时间较短的情况下,温勉雄即向王化荣提供借款30万元,且不但未要求借款人王化荣提供一定的担保,反而为王化荣提供担保,明显有悖常理。而温勉雄对自己上述不一致的陈述和有违生活经验准则的行为,也未提供相关的证据予以佐证。而从王化荣的陈述看,王化荣对借条的形成过程和原因的陈述更符合交易习惯和日常生活经验准则,并提供了相关证据予以佐证,其陈述从证据上形成了证据链,其可信性明显优于温勉雄陈述的事实,故本院对温勉雄主张的借款事实不予确认。根据《最高人民法院关于民事诉讼证据的若干规定》第二条第二款"没有证据或者证据不足以证明当事人的事实主张的,由负有举证责任的当事人承担不利后果"的规定,借款事实不存在,温勉雄承担举证不能的不利后果,应驳回其诉讼请求。

(六)二审定案结论

四川省雅安市中级人民法院依照《中华人民共和国合同法》第二百一十条,《最高人民法院关于民事诉讼证据的若干规定》第二条第二款、第五条,《中华人民共和国民事诉讼法》第一百三十条、第一百五十三条第一款第(二)项之规定,作出如下判决:

1. 撤销四川省雅安市雨城区人民法院(2009)雨城民初字第1335号民事判决。
2. 驳回温勉雄的诉讼请求。

一审案件受理费4 675元,财产保全费3 125元;二审案件受理费4 675元;均由温勉雄负担。

(七)解说

民间借贷纠纷是借贷双方中有一方或双方都是自然人的借贷纠纷。它作为民间融资的一种重要形式,在我国普遍存在。民间借贷属实践性合同,自贷款人提供借款时生效。对此类纠纷,法院往往着重于对借条真实性的审查,这是因为,在一般民间借贷中,借款人出具借条和贷款人支付借款是同时履行的,所以借条原则上具有借款关系存在和借款事实履行的双重证明效力。但本案却有其特别之处,即:据温勉雄陈述,王化荣在宾馆房间出具的借条，然后温勉雄与王化荣一起到停车场，温勉雄在车上将现金30万元交给了王化荣。而王化荣则陈述，该款实质上是其承诺给温勉雄的工程介绍费，并非借款，并没有借款事实。由此，可以看出，王化荣在向温勉雄出具借条的同时，温勉雄并没有履行支付借款的义务。所以，在温勉雄对借款的相关事实不能补强证据和王化荣围绕其抗辩主张能够提供相关证据的情况下，本案借条的证明效力即被弱化，法院应对本案争议的焦点借款事实是否客观存在进行查明。

1. 借款人的抗辩事由是否足以引起合理怀疑。因在一般民间借贷纠纷中，只要贷款人提供了借款人出具的收据，就可以推定贷款人已经履行了贷款义务。如果借款人没有其他足以引起法官合理怀疑的抗辩理由及证据，法官是可以不对借款事实作进一步审查的。所以，查明借款事实是否存在，首先应对借款人的抗辩事由进行审查。本案中，王化荣抗辩该借款非真实借款，实质是工程介绍费，并提供了《风险抵押承包合同》、担保书、取款收据等证据佐证。从双方当事人的陈述、借条和温勉雄的担保书反映的内容来看，均涉及重庆市鼎天建筑公司（王化荣）原承建雅泸高速公路四川路桥公司部分项目工程事项，所以，王化荣的抗辩理由并非与本案无关联。综合本案的证据和当事人的陈述，王化荣对借条的形成过程的陈述符合逻辑，可能更接近于客观真实，能够引起合理怀疑。

2. 贷款人对借款事实的陈述是否符合常理，有无相关证据支持。在借款人的抗辩事由能够足以引起合理怀疑的情况下，根据《最高人民法院关于民事诉讼证据的若干规定》第五条"在合同纠纷案件中，主张合同关系成立并生效的一方当事人对合同订立和生效的事实承担举证责任；主张合同关系变更、解除、终止、撤销的一方当事人对引起合同关系变动的事实承担举证责任。对合同是否履行发生争议的，由负有履行义务的当事人承担举证责任"的规定，此时举证责任应进行一次合理、及时的转换，贷款人应对其主张的借款事实作出合理的解释说明，并应提供一定的证据予以佐证，此种举证义务并非一种完全的举证义务，只要其补强的证据能够证明其对借款事实的陈述或解释说明具有合理性、可信性即可。而本案中，温勉雄对借款相关事实的陈述前后不一，无相关证据佐证，且有悖常理。温勉雄在2009年8月24日陈述：30万元有银行、工地的钱，万州项目重庆华粹房地产公司30万元、南川项目上有几十万、中铁八局南京铁路一分部给的钱。而其在2009年11月18日则陈述：借款是温勉雄从家里带过来的，是从兰湖铁路和万州的房建工程上结的款，没有银行取款记录。温勉雄对30万借款的来源两次陈述不一，且不能够对其陈述的事实举证证明，这是其一。其二，借条中对借款的用途注明是用于支付雅泸高速公路四川路桥公司项目一分部工程合同履约保证金，而事实上王化荣早已交纳了保证金，与客观事实不符；另温勉雄陈述王化荣是因无钱购买建筑机具才通过周伟向其借款的。无论是用于交纳保证金还是用于购买建筑机具，均属于合法用途，无作假之必要，但本案借款用途恰恰是虚假的，令人产生合理怀疑。其三，温勉雄称该借款是基于周伟的关系才借款给王化荣的，温勉雄与王化荣相识时间并不长，只有一个月左右，按一般生活常理，温勉雄借款给一个交往不深的人，要么要求借款人提供担保，要么要求介绍人从中作保，但本案所涉借款并没有这方面的保证，相反在王化荣向温勉雄出具借条的同时，作为债权人的温勉雄却向债务人王化荣出具了担保书，为王化荣能收回44万元工程垫付款提供担保，明显有违生活逻辑和日常生活经验准则。

3. 本案当事人双方实际上是一种居间合同关系，并非民间借贷法律关系。本案温勉雄与王化荣因工程承包业务相识，按王化荣的陈述，经温勉雄介绍，王化荣代表重庆市鼎天建筑公司与雅泸高速公路四川路桥公司项目一分部签订了《风险抵押承包合同》，并交纳了保证金，借条是基于该工程介绍王化荣承诺付给温勉雄的介绍费，并提供了相关证据。从温勉雄的陈述来看，双方确实存在工程方面的来往。所以，王化荣的陈述不仅有相应证据佐证，温勉雄的陈述也予以了一定的印证，具有可信性，双方并非真实的借贷关系，实为一种居间合同关系。温勉雄应据此法律关系主张权利。

从上述论证来看，温勉雄对借款事实并不能够作出合理的解释和说明，且不能提供一定的证据佐证，而王化荣对借条的形成过程和原因的陈述更符合交易习惯和日常生活经验准则，并提供相关证据予以佐证，其陈述从证据上形成了证据链，其可信性明显高于温勉雄的陈述。基于高度盖然性原理，应对王化荣的抗辩理由予以采纳，支持其抗辩主张。所以，二审法院根据《最高人民法院关于民事诉讼证据的若干规定》第二条第二款"没有证据或者证据不足以证明当事人的事实主张的，由负有举证责任的当事人承担不利后果"的规定，驳回温勉雄的诉讼请求，是正确的。一审在审查确认借条真实的情况下，未对借款事实是否客观存在作进一步的审理，对温勉雄就借款事实陈述的不合理和王化荣对借条形成过程的陈述及所举证据未作比较审查，致事实认定错误。

此案所带来的启示：首先，审判实践中，应改变以往只注重对借条进行真实性审查，而对借款事实是否存在，往往是基于借条的真实与否作出事实推定的审判思路，在借款人对借款事实作出合理辩解，并能够提供相应证据佐证的情况下，法院应对借款事实是否存在做进一步的审查。其次，由于民间借贷双方往往存有特殊关系，形式上不规范，证据上比较欠缺。审理中应加强诉讼的引导和庭审的技能，让当事人充分诉辩，结合日常生活经验法则，运用证据优势原则，对案件事实作出更符合客观事实的认定。

（四川省雅安市中级人民法院　付屹　刘夏　刘宝东）

44. 王宝珍等诉厦门公交集团开元公共交通有限公司城市公交运输合同案
（先合同义务如何认定）

（一）首部

1. 判决书字号

一审判决书：福建省厦门市思明区人民法院（2009）思民初字第10248号。

二审判决书：福建省厦门市中级人民法院（2010）厦民终字第1344号。

2. 案由：城市公交运输合同纠纷。
3. 诉讼双方

原告：王宝珍，女，汉族，住福建省厦门市湖滨东路。
原告：王宝玲，女，汉族，住福建省厦门市营平路。
原告：王明恩，男，汉族，住福建省厦门市长青路。
原告：王明春，男，汉族，住福建省厦门市文屏路。
共同委托代理人：张彦威、周玉坤，内蒙古义源律师事务所律师。
被告：厦门公交集团开元公共交通有限公司（以下简称开元公交公司），住所地：福建省厦门市湖滨中路。
法定代表人：洪炳耀，总经理。
委托代理：郑志宁，福建金海湾律师事务所律师。

4. 审级：二审。
5. 审判机关和审判组织

一审法院：福建省厦门市思明区人民法院。
独任审判人员：审判员：戴建平。
二审法院：福建省厦门市中级人民法院。
合议庭组成人员：审判长：蔡美萍；审判员：郑萍、纪荣典。

6. 审结时间

一审审结时间：2010年4月9日。
二审审结时间：2010年8月4日。

（二）一审诉辩主张

1. 原告王宝珍、王宝玲、王明恩、王明春诉称

2009年9月22日，原告的父亲王黑定在大同路路口公交车站乘坐被告的4路公交车上车的过程中，因被告没有尽到对乘客安全注意的义务，在原告父亲仰面倒地的情况下没有立即救助而驾车离去，导致原告父亲未能得到及时救助。当日下午17时，厦门市医疗急救中心到现场后，经确认无抢救意义而当场死亡。现诉求判令被告支付原告死亡赔偿金119 740元、丧葬费16 170元、精神损害抚慰金50 000元，共计185 910元。

2. 被告开元公交公司辩称

（1）原告之父王黑定系因其自身原因摔倒致死，因此，原告诉称"王黑定系被告撞倒摔伤致死亡"的理由缺乏事实根据。（2）原告诉称的"被告之公交车突然滑行"之理由缺乏事实根据。（3）由于王黑定是在准备上车且手都未扶到上客门之前就直接仰面倒地，因而王黑定并未与被告之间建立运输合同关系，被告不负有保障义务和善良管理义务，故被告没有过错，因此，原告以"被告有义务保障王黑定作为乘客之人身安全"及"违反善良管理人的义务"为理由提出诉讼，缺乏事实和法律根据。（4）原告在没有进行尸检的情况下认定系司机未尽救助义务而死亡没有依据。综上，请求驳回原告的诉讼请求。

(三) 一审事实和证据

福建省厦门市思明区人民法院经公开审理查明：王黑定系四原告的父亲。2009年9月22日下午近17时，被告司机李贻彪驾驶被告所有的闽DY2252号（4路）公交车从本市轮渡经大同路自西往东方向行驶，当车行至大同路口公交车停靠站时，被告司机将车停稳后打开车门，此时候车的乘客依次上车，当排在最后的王黑定右手扶着车门正准备上车的过程中，突然仰面垂直倒地，后脑勺流血。被告司机李贻彪见状，与公交车上其他乘客交谈以证明车辆未碰到王黑定后，随即驾车离去。此后路人及时拨打120求助并报警。当日下午17时经厦门市医疗急救中心现场确认王黑定当场死亡，无抢救意义。厦门市鹭江派出所经查明后，认定王黑定系意外死亡。

另查明，王黑定于1932年出生，其妻子黄菊英已于2006年去世，王黑定与黄菊英生前共生育子女四人，即本案四原告。王黑定死亡前患有较严重的肾病，已进行了长达一年多每周二次的血液透析。

庭审中，原、被告双方对死亡赔偿金、丧葬费的计算标准无异议，即死亡赔偿金按5年计算，为119 740元，丧葬费按6个月计算，为16 170元，共计135 910元。

上述事实有下列证据证明：

原告提供如下证据：

1. 120出警记录，证明王黑定倒地后路人及时拨打120求助并报警。
2. 户籍注销证明，证明原告父亲死亡。
3. 报警回执单，证明原告父亲死亡和地点与公交车的关联性。
4. 回复函，证明四原告系王黑定的法定继承人。

被告提供如下证据：

派出所摘抄笔录，证明原告自认其父亲在事发前多次进行血透，且原告已经自认王黑定的死亡属意外，并自愿向公安机关提出要求，尸体由家属自行处理。所以，王黑定死亡原因无法查明的后果应当由原告自行承担。而对于原告所称的被告司机未尽到及时救助义务缺乏法律根据。

经被告申请，本院依职权向派出所调取公交车上的监控录像资料：证明被告司机将车停稳后打开车门，此时候车的乘客依次上车，当排在最后的王黑定右手扶着车门正准备上车的过程中，突然仰面垂直倒地，后脑勺流血，被告司机李贻彪见状，与公交车上其他乘客交谈以证明车辆未碰到王黑定后，随即驾车离去。

(四) 一审判案理由

福建省厦门市思明区人民法院经审理认为：公民的生命权依法受法律保护。公民由于自身过错导致他人人身受到损害的，应当承担相应的法律责任。王黑定在与被告之间基于信赖关系而作出准备缔结运输合同的过程中，按照诚实信用原则，双方均应当善尽必要的注意义务，相互促进，保护对方当事人的人身、财产权利在缔约过程中免受损害。本案事发时，王黑定已年满77周岁，并患有较严重的肾病，已进行了长达一年多每周二次的血液透析，可见其身体虚弱，但其出行却没有亲友陪同，而是独自一人乘车，况且当其右手扶着车门正准备上车时，其所要乘坐的闽DY2252号（4路）公交车已经停稳，导致其仰面垂直倒地系其自身原因所致，故王黑定对其自身的死亡应承担主要责任，即85%的责任。被告司机在王黑定倒地后，负有法定的保护和救助义务，但其却怠于行使，选择驾车离开现场，使王黑定失去获救的可能性和最佳时机，其对王黑定在当时境况下持不作为的放任态度，违反了先合同义务，存在缔约过失，对王黑定的死亡存在一定的过错，应承担相应的民事责任，即15%的责任。被告司机李贻彪系履行职务中发生事故致人损害，其后果应由作为用人单位的被告承担。因本案属合同纠纷，原告据此主张精神损害抚慰金缺乏法律依据，本院不予支持。

（五）一审定案结论

福建省厦门市思明区人民法院依照《中华人民共和国民法通则》第一百一十九条，《中华人民共和国合同法》第六条、第四十二条第三款，《最高人民法院关于审理人身损害赔偿案件适用法律若干问题的规定》第八条、第二十七条、第二十九条，《中华人民共和国民事诉讼法》第六十四条第一款之规定，作出如下判决：

1. 被告厦门公交集团开元公共交通有限公司于本判决生效之日起十日内赔偿原告王宝珍、王宝玲、王明恩、王明春20386.5元（其中王黑定的死亡赔偿金119740元、丧葬费16170元，共计135910元×15%）；

2. 驳回原告王宝珍、王宝玲、王明恩、王明春的其他诉讼请求。

（六）二审情况

1. 二审诉辩主张

（1）上诉人王宝珍、王宝玲、王明恩、王明春诉称

1）上诉人之父王黑定与被上诉人之间的城市公交运输合同已经成立，原审判决认为双方之间系"基于信赖关系而作出准备缔结运输合同的过程"是错误的。根据被上诉人提供的公交监控录像资料显示，4路公交车在大同路口公交车停靠站停靠打开车门时，王黑定从该车的前右侧向上车门正常走来，前两个乘客依次上车时，王黑定右手扶着车门上车，在上车过程中摔倒。上诉人认为，王黑定已经与被上诉人建立城市公交运输合同关系，城市公交运输合同成立。2）被上诉人未履行城市公交运输合同的法定义务，依法应当承担法定的损害赔偿责任，原审判决认定被上诉人违反先合同义务，构成缔约过失是错误的。3）被上诉人赔偿的责任范围应当及于损害赔偿的全部，且应当承担主要责任，原审判决上诉人承担主要责任错误。被上诉人应当对上诉人之父死亡的损害后果承担100%的赔偿比例。综上，应撤销原审判决，改判支持上诉人在原审所提出的诉讼请求，并由被上诉人承担本案一、二审诉讼费用。

（2）被上诉人开元公交公司辩称

1）上诉人之父王黑定在手扶车门框但脚未踏上车的情况下就直接仰面倒地，所以，

王黑定并未与被上诉人建立起城市公交运输合同关系，上诉人主张合同已经成立的上诉理由缺乏事实和法律依据。2）鉴于王黑定并未与被上诉人建立运输合同关系，被上诉人依法不承担运输合同的法定义务，上诉人以被上诉人未履行合同义务为由要求被上诉人承担赔偿责任，缺乏事实前提条件。3）因为王黑定之死亡由其自身健康因素而引起，即使被上诉人已经成为本案运输合同中的承运人，也依法无须承担赔偿责任。《合同法》第三百零二条规定："承运人应当对运输过程中旅客的伤亡承担损害赔偿责任，但死亡是旅客自身健康原因造成的或者承运人证明伤亡是旅客故意、重大过失造成的除外。"本案中承运人无须对旅客因自身原因导致伤亡之后果承担赔偿责任。因此，原审法院认定事实清楚，适当法律正确，应维持原判，驳回上诉人的上诉请求。

2．二审事实和证据

福建省厦门市中级人民法院经审理，确认一审法院认定的事实和证据。

3．二审判案理由

福建省厦门市中级人民法院经审理认为：王宝珍、王宝玲、王明恩、王明春之父王黑定在开元公交公司所有的第4路车停靠后，在准备上车的过程中，突然仰面倒地并最终意外死亡，事实清楚。《合同法》第二百九十三条规定："客运合同自承运人向旅客交付客票时成立，但当事人另有约定或者另有交易习惯的除外。"本案中，王黑定尚未上车购买车票或出示相应免费乘车的相关证件并为公交公司查验认可，因此，王黑定与开元公交公司之间的客运合同尚未成立。上诉人主张王黑定与开元公交公司已经建立运输合同，没有法律依据。至于开元公交公司是否应承担责任及承担责任的范围，原审判决已对此进行充分阐述。上诉人王宝珍、王宝玲、王明恩、王明春为此所提出的上诉请求，没有法律依据，应予驳回。原审判决认定事实清楚，适用法律正确，应予维持。

4．二审定案结论

福建省厦门市中级人民法院依照《中华人民共和国民事诉讼法》第一百五十三条第一款第（一）项之规定，作出如下判决：

驳回上诉，维持原判。

（七）解说

本案是一起公交车司机因"见死不救"违反先合同义务而引发的城市公交运输合同纠纷。"见死不救"这个词，有着强烈的道德谴责意味，但就法律层面而言，"见死不救"是否就应承担责任，其责任边界又在哪里？一直是人们关注的热点。透过本案的事实及审理的脉络，"见死不救"应否担责的关键在于是否负有义务。因为"无义务，即无责任"。下面就本案所涉及的先合同义务的定义、特征、内容及如何认定本案被告负有先合同义务问题进行分析。

1．先合同义务的定义、特征及内容

古典合同法理论认为，只有在合同生效时，当事人才负有合同义务。然而现实生活中，许多纠纷发生在合同订立过程中和合同履行之后，如果此时当事人的利益得不到保护，也违背法律的正义、公平理念。基于此，法律实务和理论界开始了对先合同义务理论、后合同义务理论的研究。

先合同义务又称"前合同义务"或"先契约义务",是指在要约生效后合同生效前的缔约过程中,缔约双方基于诚信原则而应负有的告知、协力、保护、保密等的合同附随义务。

先合同义务的特征包括:(1)先合同义务的主体是特定的,即缔结合同的双方为缔结合同进行接触磋商,由一种普通人之间的陌生关系进入特殊密切联系的关系,实现了义务主体的特定化、相对化。(2)先合同义务的理论依据是诚信原则。诚信原则要求缔约双方维持特殊的信赖关系,共同促成合同缔结成功。如果违反该义务而给对方造成损失时,即使合同未成立或已经订立的合同被撤销或宣布无效,也要进行损害赔偿。(3)先合同义务是一种法定义务。先合同义务是法律强制缔约双方承担的义务,不是由当事人合意产生的义务。因而违反先合同义务是违法行为而非违约行为。(4)先合同义务始于要约生效,终于合同生效。在要约生效前,双方只是一般人之间的关系,相互间的期待和义务较弱,没有进入特殊信赖关系范围内。随着双方的接触,要约生效后,要约对要约人和受要约人产生约束力,进入特定信赖关系。只有在这种情况下才可能基于信赖对方而作出缔结合同的必要准备工作,对于违反先合同义务的行为进行制裁才有意义。如在要约生效前,当事人承担先合同义务无疑加重了缔约双方的负担,不利于交易的顺利进行。

如果违反了先合同义务就应当承担缔约过失责任,即当事人在合同订立过程中,因自己的故意或过失,未尽到保护等义务,从而侵害对方当事人的人身权利或财产权利所应承担的责任。《中华人民共和国合同法》第四十二条规定:"当事人在订立合同过程中有下列情形之一,给对方造成损失的,应当承担损害赔偿责任……"其中第三款中"其他违背诚实信用原则的行为"主要包括一方未尽照顾、保护义务,造成对方当事人人身或者财产的损害。当然,缔约过失责任的承担是有条件的,只有在符合条件的情况下,一方当事人才对另一方负有损害赔偿责任。

承担缔约过失责任的条件包括:(1)违反了先合同义务。在合同订立的过程中,一方当事人未能按要求履行其应当履行的先合同义务,没有给对方的人身财产安全以有效的保护。(2)给对方当事人造成了不应有的损失,即有损害事实的存在。(3)行为人有过错。(4)损害结果与行为人的过失有因果联系。只有在这四个条件同时符合的情况下,行为人才负有缔约过失责任。

2. 本案被告是否负有先合同义务,即被告对王黑定的死亡是否具有过错

原告认为,被告没有尽到对乘客安全注意的义务和善良管理义务,在原告父亲仰面倒地的情况下没有立即救助反而驾车离去,导致原告父亲王黑定死亡,对此,被告具有过错。

被告认为,原告之父王黑定系因其自身原因摔倒致死。由于王黑定是在准备上车但尚未上车之前就直接仰面倒地,所以王黑定并未与被告之间建立运输合同关系,被告不负有保障义务和善良管理义务,故被告没有过错。

法院认为,公交车作为一种特殊的公共交通工具,当其在途经公交停靠站停车,并打开车门让不特定的候车乘客上车时,意味着向不特定的候车乘客发出乘车要约。候车

乘客上车或准备上车就是对要约人要约的承诺，被告司机停稳车并打开车门和王黑定准备上车的过程就是双方基于信赖关系而作出缔结运输合同的准备过程，此时作为承运方的被告产生了先合同义务，即应给准备上车的王黑定的人身、财产以更高的注意和保护义务，也就是保护对方当事人的人身财产权利在缔约过程中免受损害的义务。对已年老体弱、事发时又没有亲友陪同的王黑定，在其手扶着车门正准备上车的过程中突然仰面垂直倒地，后脑勺流血的情况下，被告司机应立即对其实施救助义务，包括及时送医院、拨打120救助等，但被告司机李贻彪却选择驾车离开现场，使王黑定失去获救的可能性和最佳时机，其对王黑定在当时境况下持不作为的放任态度，违反先合同义务，构成缔约过失，故被告对王黑定的死亡存在一定的过错。法院根据过失大小及原因力比例，确定被告应承担损失金额15％的赔偿责任，是合理的。

诚实信用乃立世之本。诚实信用原则亦为民法之基本原则。作为一个公民，在法律责任之外，还有道德的担当。古稀老人与公交车，两者本毫无相干，但双方在缔结运输合同过程中，基于信赖，本应诚信促成合同的订立，而被告司机在责任面前不敢担当，而是选择离开，不仅应受道德谴责，还应受法律制裁。本案在审理过程中，《人民法院报》、《海峡导报》及《凤凰网》等媒体先后进行了报道，引起人们对"见死不救"思考。在社会呼唤诚信与责任的当下，本案的审理对类似纠纷案件的解决及诚信社会的构建有着一定的现实意义。

（厦门市思明区人民法院　戴建平）

45．五指山市林业局诉海南天艺之星酒店管理有限公司保管合同案
（保管合同）

（一）首部

1．判决书字号

一审判决书：海南省海口市秀英区人民法院（2010）海秀法民一初字第236号。

二审判决书：海南省海口市中级人民法院（2010）海中法民一终字第1174号。

2．案由：保管合同纠纷。

3．诉讼双方

原告（上诉人）：五指山市林业局，住所地：海南省五指山市。

法定代表人：蔡开文，该局局长。

委托代理人：罗以平，海南金裕律师事务所律师。

委托代理人：王泽轩，五指山市森林公安局局长。

被告（被上诉人）：海南天艺之星酒店管理有限公司（以下简称天艺公司），住所地：海南省海口市海秀西路。

法定代表人：崔德民，该公司总经理。

委托代理人：郑锋，该公司职员。

4. 审级：二审。

5. 审判机关和审判组织

一审法院：海南省海口市秀英区人民法院。

合议庭组成人员：审判长：聂晓桥；审判员：何雪春、潘孝赛。

二审法院：海南省海口市中级人民法院。

合议庭组成人员：审判长：符平山；代理审判员：傅萍、张斌。

6. 审结时间

一审审结时间：2010年7月5日。

二审审结时间：2010年10月28日。

（二）一审诉辩主张

1. 原告五指山市林业局诉称

2009年8月31日，原告司机陈武忠因公事驾驶本单位一辆长城牌哈弗越野车（车牌号：琼D01622，车身两侧印有"森林消防"字样），从8月31日至9月7日，一直住在被告位于海口市海秀西路160号天艺酒店508房。期间，除了办公事需要，均将车停放在酒店的停车场。9月6日21时30分许，陈武忠驾车回到酒店休息，将车停放在酒店停车场的东北角并锁好车控锁和方向盘。次日8时30分许，陈武忠从酒店下来准备外出，发现其昨晚停放在被告停车场内的车辆已不见。随后，陈武忠向公安机关报案。到目前为止，被盗车辆尚未追回。原告曾与天艺酒店协商赔偿事宜，但未果。公安机关查明，案发时，天艺酒店刚开业不久，停车场的管理设施不完善，停车场及停车场入口处无门岗和监控设备。原告认为，酒店作为服务场所，按法律和商业惯例，对入住客人的人身、财产承担安全保障的附随义务。由于天艺酒店未尽谨慎注意义务，致使原告的车辆被盗，经公安机关委托有关机构鉴定，被盗车辆价值102 336元。对此，被告应负赔偿责任。为维护原告合法权益，特向法院提起诉讼，请求判令被告赔偿原告车辆损失102 336元。

2. 被告天艺公司辩称

原告起诉称其一辆长城哈弗越野车在我酒店被盗，但未提供证据证明被盗车辆是停放在我酒店的停车场，请求驳回原告的诉讼请求。

（三）一审事实和证据

海南省海口市秀英区人民法院经公开审理查明：原告五指山林业局司机陈武忠因公事驾驶本单位一辆长城牌哈弗越野车（车牌号：琼D01622，车身两侧印有"森林消防"字样），从2009年8月31日至同年9月7日，一直住在被告位于海口市海秀西路160

号天艺酒店 508 房。9 月 7 日 8 时 30 分许，陈武忠从酒店下来准备外出，发现其昨晚停放在被告停车场内的车辆已不见。随后，陈武忠向公安机关报案。

另查明，被告的停车场内没有安装监控设备，陈武忠入住被告酒店时也没有办理车辆保管的手续或凭证。根据公安机关调查询问被告当班保安人员的记录，他们均回答证明"不能肯定"琼 D01622 车辆在案发的前一天晚上停放在被告停车场内。

上述事实有下列证据证明：

1. 五指山市林业局组织机构代码证，证明五指山市林业局身份情况。
2. 企业档案登记资料，证明天艺公司工商登记情况。
3. 住宿登记表、发票及以结算清单，证明原告司机陈武忠从 2010 年 8 月 31 日至 9 月 7 日期间入住在天艺酒店。
4. 琼 D01622 车辆照片，证明原告被盗的长城牌哈弗越野车外貌情况。
5. 报案书，证明原告司机陈武忠发现车辆不见后向公安机关报了案。
6. 询问笔录，证明案发后，公安机关对案件的调查情况。
7. 鉴定报告书，证明经鉴定，五指山市林业局被盗车辆价值 102 336 元。

（四）一审判案理由

海南省海口市秀英区人民法院经审理认为：根据"谁主张，谁举证"的诉讼规则，当事人对其诉讼主张负有举证证明的责任，否则应当承担举证不能的诉讼后果。本案原告虽然向海南省垦区公安局草坡派出所报案，并在报案时称其存放在被告的停车场内的一辆长城牌哈弗越野车（车牌号：琼 D01622）被盗。但原告在诉讼中未能提供相应证据证明其曾于 2009 年 9 月 6 日 21 时 30 分许，将被盗窃的车辆停放在被告的停车场内的事实，原告也没有证据证明其与被告之间形成了车辆保管合同的关系，故原告的诉讼请求理由不成立，应依法予以驳回。

（五）一审定案结论

海南省海口市秀英区人民法院依照《中华人民共和国民事诉讼法》第六十四条之规定，作出如下判决：

驳回原告五指山市林业局的诉讼请求。

本案受理费 2 346 元，由原告负担。

（六）二审情况

1. 二审诉辩主张

（1）上诉人五指山林业局诉称

原审判决无论是在事实认定上，还是在法律适用上都是错误的。第一，原审认定本案被盗的车辆未停放在被告的停车场内的事实理由是原告未能提供相应证据证明。上诉人的车辆停放在被上诉人的停车场内后被盗，认定这一事实的证据充分确凿，有：1）2009年9月7日五指山市林业局的报案书。2）公安机关于2009年9月7日向陈武忠制作的《询问笔录》。3）公安机关于2009年9月8日向陈晓丹制作的《询问笔录》。4）公安机关于2009年12月10日向天艺之星酒店物业主管郑辉制作的《询问笔录》。5）物证（两把车钥匙）。6）公安机关《关于2009年9月7日在天艺之星酒店停车场长城哈弗汽车被盗的情况的报告》。以上证据，形成证据链，充分证明上诉人的车辆是在被上诉人的酒店停车场内被盗的事实。虽然酒店当晚值班的保安李信雄、易勇在调查笔录中称：2009年9月7日早上8点多，酒店服务员报告客人在酒店停车场内停放的车辆被盗，他们与车主一道寻找不见后便向公安机关报案，但当天客人是否把车辆停放在停车场内，他们不清楚。这两个保安员的证言，不可信。第二，原审判决以原告没有证据证明其与被告之间形成了车辆保管合同关系为由，驳回原告的诉求于法无据。1）上诉人与被上诉人之间存在旅店服务合同关系，被上诉人对上诉人的车辆负有安全保障的附随义务。上诉人的司机陈武忠入住被上诉人的酒店，并支付了费用，双方形成了服务合同关系。酒店作为服务场所，对入住客人的人身、财产均承担安全保障的附随义务和提供周到服务的义务。酒店为客人提供停车服务场所，是按照酒店行业惯例提供服务的一部分，应妥善保管客人停放的车辆。如不妥善看管客人车辆，造成车辆丢失，被上诉人应赔偿上诉人的损失。2）上诉人车辆被盗，被上诉人存在重大过错。上诉人的司机入住被上诉人酒店，被上诉人承诺保安24小时值班，保证客人的人身财产安全。上诉人的司机是基于对被上诉人的信赖，才放心入住被上诉人酒店。从法律意义上来说，上诉人的司机把车辆停放在停车场内，已经暂时转为被上诉人控制看管，被上诉人应当负有妥善保管的附随义务。按国务院《旅馆业治安管理办法》第三条之规定，开办旅馆，必须要具备必要的防盗安全设施。被上诉人不设置完善的安全设施就开业，以致造成上诉人车辆被盗，被上诉人有不可推卸的过错责任。综上所述，原审判决错误，请二审依法改判：1）撤销海口市秀英区人民法院（2010）秀民一初字第236号民事判决书，改判被上诉人赔偿上诉人车辆损失费102 336元。2）本案一、二审诉讼费用由被上诉人承担。

（2）被上诉人天艺公司辩称

第一，请求法院驳回上诉人的上诉请求，维持原审判决。理由如下：一审判决认定本案被盗的车辆没有停放在被上诉人的停车场内，理由是上诉人没有提供相应证据证明。1）上诉人提供了五份证据，第三份证据是关于郑辉和李信雄反映的情况，上诉人虽提供了该证据但后来又否定了。2）关于两份公安机关分别对陈武忠和陈晓丹的调查笔录，这二人是上诉人公司的内部人员。3）关于物证，仅仅通过两把钥匙证明车辆丢失与其停放在被上诉人的停车场，这是没有关联的。4）关于公安局多方的调查笔录，内容中没有一句话显示车就停放在酒店的停车场内，上诉人提供的证据不能证明被盗的车就停在酒店的停车场内。第二，既然上诉人的被盗的车辆不是停在被上诉人的酒店的停车场内，双方不存在车辆保管的合同关系。一审判决认为，没有直接的证据证明被上诉人的车辆停放在酒店的停车场内，双方不存在保管合同关系，理由成立。请求法院驳回上诉人的诉讼请求，维持一审的判决。

2. 二审事实和证据

海南省海口市中级人民法院经审理,确认一审法院认定的事实和证据。

3. 二审判案理由

海南省海口市中级人民法院经审理认为:《中华人民共和国侵权责任法》第三十七条规定:宾馆、商场、银行、车站、娱乐场所等公共场所的管理人或者群众性活动的组织者,未尽到安全保障义务,造成他人损害的,应当承担侵权责任。因第三人的行为造成他人损害的,由第三人承担侵权责任;管理人或者组织者未尽到安全保障义务的,承担相应的补充责任。本案所涉及的公共停车场管理权尚不明晰,本案上诉人所提交的证据不能充分证明该案中公共停车场的管理者是被上诉人天艺公司。所以,上诉人不能因第三人侵权而追究被上诉人天艺公司作为管理者的过错侵权补充责任。《中华人民共和国消费者权益保护法》第七条规定:消费者在购买、使用商品和接受服务时享有人身、财产安全不受损害的权利。消费者有权要求经营者提供的商品和服务,符合保障人身、财产安全的要求。上诉人与被上诉人天艺公司虽存在旅店服务合同关系,但上诉人未能就被盗车辆案发时是否停放在被上诉人停车场内的事实给予充分的证据证明,且该案件正在公安机关侦查当中,事实尚未查明,故该被盗车辆是否在被上诉人管理的停车场内丢失尚存疑问。因此,上诉人不能以被上诉人天艺公司没有提供相应保障财产安全的服务,而要求被上诉人赔偿自己的财产损失。原审判决驳回上诉人的上诉请求无误。综上,上诉人的上诉理由缺乏法律依据,本院不予支持。原审判决认定事实基本清楚,适用法律正确,本院予以维持。

4. 二审定案结论

海南省海口市中级人民法院依照《中华人民共和国民事诉讼法》第一百五十三条第一款第(一)项之规定,作出如下判决:

驳回上诉,维持原判。

二审受理费2 346元,由上诉人五指山市林业局负担。

(七)解说

近段时间来,消费者在经营场所消费时,汽车被盗引起的赔偿纠纷案件有所增加。虽然法律明确要求经营者负有保管车辆的义务,但实际上,由于商家提供的是免费停车,车主自然不能获得车辆停放的有效凭证,消费者很难成功向商家索赔。

本案中,由于原告无法提供有效的证据证实哈弗越野车是在被告的停车场被盗,故其诉讼请求被法院依法驳回,法院的判决是正确的。

由本案引发出另一个值得探讨的问题,如原告能提供有效的证据证实哈弗越野车是在被告的停车场被盗,但停车场是被告免费提供的,被告是否应负赔偿责任?实际上,在原告的司机陈武忠入住被告的酒店时,双方便形成服务合同关系。陈武忠将其驾驶的哈弗越野车停放在被告的停车场,根据《消费者权益保护法》的相关规定,酒店作为服务场所,对入住客人的财产承担安全保障的附随义务。酒店提供的停车场虽然是免费,但实际上车辆保管费已反映在原告的司机在酒店住宿消费后所支付的费用中,故双方的保管关系成立。因酒店没有妥善保管原告的车辆义务,造成车辆被盗走,属于一种违约行为。在此情况下,被告对原告因车辆被盗所造成的损失是应负赔偿责任的。

(海口市秀英区人民法院　陈成军)

46．北京莹灿房地产经纪有限公司诉张亚杰居间合同案
(格式条款、居间合同)

(一) 首部

1．判决书字号

一审判决书：北京市丰台区人民法院(2010)丰民初字第3866号。

二审判决书：北京市第二中级人民法院(2010)二中民终字第16553号。

2．案由：居间合同纠纷。

3．诉讼双方

原告(上诉人)：北京莹灿房地产经纪有限公司(以下简称莹灿公司)，住所地：北京市朝阳区。

法定代表人：顾平，董事长。

被告(被上诉人)：张亚杰，女，汉族，北京市某公司职员，住北京市大兴区。

4．审级：二审

5．审判机关和审判组织

一审法院：北京市丰台区人民法院。

独任审判人员：审判员：张立楠。

二审法院：北京市第二中级人民法院。

合议庭组成人员：审判长：孙田辉；代理审判员：刘茵、宋毅。

6．审结时间

一审审结时间：2010年3月29日。

二审审结时间：2010年10月28日。

(二) 一审情况

1．一审诉辩主张

(1) 原告莹灿公司诉称

2009年11月3日，被告委托原告为其购买房屋提供居间服务，原告根据被告要求的条件对房屋信息进行筛选后于当日带被告现场查看了意向房屋，双方签订了《居间服务确认书(带看房屋)》，并与房屋业主见面商议了房屋价格。《确认书》中约定委托人应当尊重居间人的劳动，遵守诚信义务，保证在接受居间人本次服务后的6个月内，委

托人不得越过居间人与业主以任何方式成交,否则委托人应当按照房屋《确认书》中报价的2.5%两倍向居间人支付赔偿金。看房后,被告违背诚信原则,越过原告与业主完成购房(大兴区亦庄北岸9号楼1单元203室)交易。被告的行为违反了双方签署的《确认书》,故起诉要求被告支付原告赔偿金55 000元,并承担诉讼费。

(2)被告张亚杰辩称

不同意原告诉讼请求。2009年11月3日,原告是带我看过亦庄北岸的房屋,但与2009年10月份另一房屋中介北京鑫尊房地产经纪有限责任公司带被告看的是同一个房屋。房源信息是公开的,原告并不是独家代理,第三方也有房源信息,原告告知被告房屋售价110万元,而且因为中介佣金问题双方并没有谈成,后来被告在北京鑫尊房地产经纪有限责任公司的居间服务下与房屋出卖人签订了售价为108万元的房屋买卖合同。原告提供的确认书中对被告购房的限制是无效的,原告也未促成房屋买卖合同的成立,居间失败,故不同意原告的诉讼请求。

2. 一审事实和证据

北京市丰台区人民法院经公开审理查明:2009年11月3日,莹灿经纪有限公司带张亚杰看过大兴亦庄北岸9号楼1单元203室房屋,双方并于当日签订《居间服务确认书》,约定"居间人提供本项服务不收取委托人任何费用,但委托人应当尊重居间人的劳动,遵守诚信义务,保证在接受居间人本次服务后的6个月内,委托人或者关联人不会越过居间人与本次带看房屋的业主或者关联人以任何方式(包括但不限于买卖、租赁、赠与、抵押等)成交,否则应当向居间人作出赔偿,支付给居间人相当于应付居间报酬2倍的赔偿金。居间报酬标准以居间人店内公示为准"。

莹灿经纪有限公司于2009年11月26日向张亚杰发送催告函,其中称"经我公司多方核实你已通过鑫尊置地购买了亦庄北岸9-1-203,佣金未向我公司支付……故此,我公司特向您通知如下:(1)您请于2009年12月2日10时前到我公司新村店办理下述合同相关履约事宜:向我公司交付佣金27 500元。(2)提请您注意:如你未能在上述期限前履行义务,您将承担相应的违约责任。在您履约之前我们保留诉讼权利,否则您将承担该费用的2倍赔偿金及其他损失赔偿责任"。

另查明,2009年10月25日,张亚杰曾通过北京鑫尊房地产经纪有限责任公司看过上述家园9号楼1单元203室房屋(上述家园9号楼1单元203室房屋与亦庄北岸9号楼1单元203室房屋系同一地址),张亚杰于11月5日与原业主张芳兵、居间人北京鑫尊房地产经纪有限责任公司签订《房屋买卖居间服务合同》,购买上述房屋,张亚杰并于当日向北京鑫尊房地产经纪有限责任公司支付佣金5 000元。

上述事实,有《居间服务确认书》、《房屋买卖居间服务合同》、证明、收据及本院庭审笔录等证据证明。

3. 一审判案理由

北京市丰台区人民法院经审理认为:原告与被告签订《居间服务确认书(带看房屋)》为原告提供的格式条款,根据本案现已查明的事实来看,其中约定原告在带被告看房后,被告在6个月内不得越过居间人与当次带看房屋的业主、关联人以任何方式成交,否则应支付居间报酬2倍的赔偿金。该格式条款实际为居间人无论是否促成合同,均可获取佣金,并以佣金为标准的2倍作为违约赔偿金。该约定加重被告的责任,免除原告的责任,该条款应为无效条款。现原告要求被告支付赔偿金的请求,无法律依据,法院不予支持。

4. 一审定案结论

北京市丰台区人民法院依照《中华人民共和国合同法》第四十条之规定,作出如下判决:

驳回原告北京莹灿房地产经纪有限公司要求支付赔偿金的诉讼请求。

(三) 二审诉辩主张

1. 上诉人莹灿公司诉称

一审法院认定合同中有关赔偿的条款无效是错误的,该条款合法有效,合同中明确约定了违约行为及责任,张亚杰的购房行为已构成违约,应承担赔偿责任。综上,莹灿公司请求撤销一审法院判决,进行改判。

2. 被上诉人张亚杰辩称

一审法院判决正确,请求维持一审判决。

(四) 二审事实和证据

北京市第二中级人民法院经审理,确认一审法院认定的事实和证据。

(五) 二审判案理由

北京市第二中级人民法院经审理认为:莹灿公司与张亚杰签订《居间服务确认书(带看房屋)》是双方当事人的真实意思表示,内容不违反国家法律及行政法规的强制性规定,应为合法有效。双方当事人在确认书中约定"居间人提供本项服务不收取委托人任何费用,但委托人应当尊重居间人的劳动,遵守诚信义务,保证在接受居间人本次服务后的6个月内,委托人或者关联人不会越过居间人与本次带看房屋的业主或者关联人以任何方式(包括但不限于买卖、租赁、赠与、抵押等)成交,否则应当向居间人作出赔偿,支付给居间人相当于应付居间报酬2倍的赔偿金。居间报酬标准以居间人店内公示为准"。该条款为确认书的主要内容。在双方签订《居间服务确认书(带看房屋)》时,张亚杰对该条款的内容及法律后果是明知的,因此,该条款合法有效,对张亚杰具有约束力。张亚杰在接受莹灿公司居间服务后,在6个月内越过莹灿公司与业主完成购房(大兴区亦庄北岸9号楼1单元203室)交易,张亚杰行为违反了双方签署的《居间服务确认书(带看房屋)》的约定,其行为已构成违约,应承担相应的违约责任。对于莹灿公司主张的55 000元赔偿金,因莹灿公司没有提供证据证明其实际损失高于合同中约定的居间报酬,故本院酌定赔偿数额为27 500元。综上,一审法院判决有误,应予纠正。

(六) 二审定案结论

北京市第二中级人民法院依据《中华人民共和国民事诉讼法》第一百五十三条第一款第（二）项之规定，作出如下判决：

1. 撤销北京市丰台区人民法院（2010）丰民初字第3866号民事判决。
2. 张亚杰于本判决生效之日起十日内给付北京莹灿房地产经纪有限公司赔偿金27 500元。
3. 驳回北京莹灿房地产经纪有限公司的其他诉讼请求。

(七) 解说

本案争议焦点主要有两点：（1）委托人与中介公司签订的类似《居间服务确认书》的合同的法律性质如何认定；（2）《居间服务确认书》中约定的委托人不得越过居间人成交的条款是否有效。

实践中，买卖双方通过中介公司进行房地产交易已成为一种普遍方式，卖方找多家中介公司挂牌、买方找多家中介公司看房的情形也颇为常见，客观上体现了我国当前房屋买卖（包括租赁）市场中介公司的利益取得及冲突。

1. 《居间服务确认书》的合同的法律性质

《中华人民共和国合同法》第四百二十四条规定："居间合同是居间人向委托人报告订立合同的机会或者提供订立合同的媒介服务，委托人支付报酬的合同。"居间人的义务是向委托人报告订立合同的机会或提供订立合同的媒介服务，委托人的义务是在居间人促成合同订立后向其支付居间报酬或佣金。

本案中，张亚杰到莹灿房地产公司表示买房的意愿，莹灿房地产公司向张亚杰提供房源信息，并带张亚杰实地看房，且与张亚杰签订《居间服务确认书》，虽约定看房服务不收取费用，但该确认书的目的是为促使居间合同的成立，一旦居间合同成立，莹灿公司将收取居间费用，因此应当认定该确认书符合《合同法》规定的居间合同的法律特征，具备居间合同的主要条款，应认定为居间合同。

2. 《居间服务确认书》中约定的委托人不得越过居间人成交的条款是否有效

在居间法律关系中，居间人是为委托人服务的，这种服务表现为报告订约的机会或者提供订约的媒介，其目的在于通过居间活动取得佣金。但是，在房地产中介市场上，存在委托人越过中介公司自行私下与业主成交或者委托人与业主一致同意通过其他收费较低的中介公司成交的情形。为了防止委托人此种行为，中介公司拟定的合同中多列明惩罚条款，常见的条款内容即本案中约定的：委托人应当尊重居间人的劳动，遵守诚信义务，保证在接受居间人本次服务后的6个月内，委托人或者关联人不会越过居间人与本次带看房屋的业主或者关联人以任何方式（包括但不限于买卖、租赁、赠与、抵押等）成交，否则应当向居间人作出赔偿，支付给居间人相当于应付居间报酬2倍的赔偿金。

关于该条款的效力，一种意见认为，该条款系中介公司拟定的格式条款，按照该条款内容，中介公司无论是否促成合同，均可获取佣金，并以佣金为标准的2倍作为违约赔偿金。该约定加重委托人的责任，免除居间人的责任，应为无效条款。本案中一审法院的判决即采用此种观点。另一种意见认为，该条款并非格式合同，不存在合同法规定的无效情形，而且签署确认书的委托人系完全民事行为能力人，对自己的行为及后果应当有足够的认识，可以认为是双方真实的意思表示，故该条款应为合法有效，本案中二审法院依据此种意见进行了改判。

依据合同法相关规定，只要合同条款系双方当事人的真实意思表示，内容不违反国家法律及行政法规的强制性规定，即应认为合法有效。本案中《居间服务确认书》系被告自愿签署，被告作为具有完全民事行为能力人，应当对其签署该确认书的后果有明确的认识，且该条款内容不违反国家法律及行政法规的强制性规定，故该条款合法有效，被告应当受其约束。被告在接受原告的居间服务后，在6个月内越过原告与其他中介机构完成了交易行为，其行为已构成违约，应承担相应的违约责任。但原告主张赔偿应当以其实际损失为限，故法院可以酌定调整赔偿数额。据此，二审法院的认定是正确的。

（北京市丰台区人民法院　张立楠）

四、侵权纠纷案例

47. 黄万奎等诉北京市道培医院医疗损害赔偿案
（医疗注意义务　伦理要求）

（一）首部

1. 判决书字号

一审判决书：北京市海淀区人民法院（2009）海民初字第15167号。

二审判决书：北京市第一中级人民法院（2010）一中民终字第3924号。

2. 案由：医疗损害赔偿纠纷。

3. 诉讼双方

原告（上诉人）：黄万奎，男，农民。

原告（上诉人）：陈绵珍，女，无业。

一审、二审共同委托代理人：陈军，北京市汉威律师事务所律师。

二审共同委托代理人：舒中，北京市汉威律师事务所律师助理。

被告（被上诉人）：北京市道培医院，住所地：北京市海淀区。

法定代表人：段萱，院长。

委托代理人：王凯戎，北京市言采律师事务所律师。

委托代理人：樊逸光，男，该医院医务处主任，住该医院宿舍。

4. 审级：二审。

5. 审判机关和审判组织

一审法院：北京市海淀区人民法院。

合议庭组成人员：审判长：李颖；人民陪审员：刘晓霏、黄一丁。

二审法院：北京市第一中级人民法院。

合议庭组成人员：审判长：刘彧；代理审判员：肖伟、谷岳。

6. 审结时间

一审审结时间：2009年11月17日。

二审审结时间：2010年5月20日。

(二) 一审诉辩主张

1. 原告黄万奎、陈绵珍诉称

我们是黄艳玲的父母。黄艳玲因患白血病于 2009 年 1 月 14 日到道培医院住院治疗。前期治疗后，根据医生安排，从 5 月 1 日起，黄艳玲开始进行骨髓移植阶段治疗，被安排到道培医院无菌室先进行预处理治疗，不允许外人陪护与接触，也不允许患者走出无菌室，吃喝拉撒睡等全部由护士处理，以防感染。5 月 10 日清早六时许，我们接到医院医生电话，告知黄艳玲从六楼摔到地面，正进行抢救，后抢救无效死亡。道培医院不遵守护理常规，不履行起码安全陪护义务，造成黄艳玲的死亡，故诉至法院，请求判令道培医院赔偿各项经济损失共计 648 202 元，包括丧葬费 22 358 元、死亡赔偿金 494 500 元、精神损害赔偿 100 000 元、救治原告陈绵珍医疗费 11 000 元、法医尸检费 3 200 元、处理丧葬等事宜的交通、住宿、误工费 127 04 元、尸体存放费 4 440 元。诉讼费用由道培医院承担。

2. 被告道培医院辩称

黄艳玲 2009 年 1 月 14 日入住我院，诊断为急性 T 淋巴细胞白血病。因患者家属要求行异基因造血干细胞移植，多次化疗后于 4 月 20 日检查获得骨髓细胞形态学缓解，立即开始造血干细胞的移植。但 4 月 28 日，患者父亲要求回当地行化疗联合中药治疗，遂取消原定放疗计划。4 月 29 日，患者再次要求行异基因造血干细胞移植，签署知情同意书，当日下午启动放疗，开始进行移植前预处理。2009 年 5 月 1 日下午放疗结束后，患者及家属态度再次改变，要求中止移植，但此时已无法中止，否则患者将死于严重全血细胞减少及相关并发症。经充分告知，患者及家属表示继续进行移植，患者进入移植舱。移植预定于 5 月 11 日进行。2009 年 5 月 10 日晨，患者趁护士给其他病人抽血之际，从移植舱走出，经工作人员通道进入楼梯间消防通道，坠楼身亡。我院的诊疗行为没有违反诊疗护理规范，无任何过错。黄艳玲是完全民事行为能力人，原告要求我院对黄艳玲的自杀行为承担民事责任无事实及法律依据。

(三) 一审事实和证据

北京市海淀区人民法院经公开审理查明：黄万奎、陈绵珍系黄艳玲的父母。黄艳玲因患白血病于 2009 年 1 月 14 日开始到道培医院住院治疗。2009 年 4 月 29 日，黄艳玲及其父亲黄万奎在异基因造血干细胞移植知情同意书上签字，同意委托道培医院进行异基因造血干细胞移植术。5 月 1 日起，黄艳玲开始进行骨髓移植阶段治疗，被安排到无菌室进行预处理治疗，停一级护理改为特级护理，约半小时或一小时一次护理记录，持续心电监护。不允许外人陪护与接触，也不允许患者走出无菌室，吃喝拉撒睡等全部由护士处理。录像显示：2009 年 5 月 10 日早晨 5：38 护士发放口服药，黄艳玲入睡中，没有交谈。6 时左右，黄艳玲从所住移植舱中自行走出，经工作人员通道进入 8 楼楼梯间后，未停留直接到 7 楼并继续沿楼梯向下走。当时病区楼层值班处并无值班人员，黄艳玲未受到任何医护人员的发现和阻拦。当日凌晨6点05分，物业听说有人坠楼，通知医护人员立即去现场，并通知值班医师。同时，去抽血的夜班护士也发现患者不在舱内，立即寻找病人，马上拨打家属电话。6点15分左右，将患者送到航天中心医院急诊科抢救。8点15分黄艳玲抢救无效死亡。经公安机关鉴定，黄艳玲符合高坠死亡。双方认可道培医院所在的7层、8层封闭，6层没有封闭，黄艳玲是自行到六层跳下。

黄艳玲死后，家属支付骨灰盒、接尸车运输费、火化费、丧事承办费等共6 537元。黄万奎、陈绵珍提供火车票、汽车票以及租房等票据，作为处理黄艳玲在道培医院坠楼身亡一事的费用支出凭证。道培医院提供为黄艳玲进行急救的收费通知单和搬运尸体的票据，主张对黄艳玲进行急救支付了3 033.4元的抢救费和1 000元运尸费。

上述事实有下列证据证明：
1. 病历、诊断证明，证明黄艳玲的病情以及诊治和抢救过程。
2. 结婚证、户籍证明，证明黄万奎、陈绵珍与黄艳玲的亲子关系。
3. 尸体检验鉴定书，证明黄艳玲死亡原因和事发经过。
4. 法医检验收据及其他票据，证明处理黄艳玲后事的花费。
5. 当事人陈述和本院开庭笔录，证明双方对事情经过的陈述。

（四）一审判案理由

北京市海淀区人民法院经审理认为：虽然道培医院为了防止发生感染将黄艳玲安排到移植舱中，并要求患者不要外出，这种要求的贯彻主要基于患者的自愿和自觉，医院不能采取强制措施。黄艳玲及其家属也了解移植舱不能外出的意义，以行为表示自觉遵守医院的要求，道培医院基于对黄艳玲年龄、精神状态等方面的判断会产生对黄艳玲不会出舱的一定信赖，但如道培医院所辩称的，患者及其家属曾存在是否放疗、是否中止移植的态度变化，这种反复势必对患者的情绪造成一定影响，而患者年仅20岁却罹患白血病，自己和家人因此承受肉体、精神以及金钱上的多重折磨和压力，在患者不能与家属见面、家属无法给予患者有效关怀和照顾的情况下，医护人员基于医德和人道主义的考虑，应对即将实施手术的患者黄艳玲给予更多的关心和照顾，如经验丰富的护理人员能够进行细致观察，对于年轻因而无法有效遮掩不良情绪的患者黄艳玲，应能较为容易地看出其不正常的情绪波动和意欲寻死的蛛丝马迹，但道培医院的相关护理人员并未及时察觉以及采取有效的心理疏导和劝解措施，丧失了预防黄艳玲发生跳楼极端行为的第一个机会。再者，基于进入移植舱的患者一旦出舱可能导致严重后果的考虑，道培医院应不仅依靠患者不出舱的自觉保证确保患者不出舱，还应采取相应措施防范出舱情况的发生，如时时设有监督值班护士，对意欲出舱的患者进行及时劝导和阻止，甚至向主治医生进行出舱不能做手术的汇报，毕竟在长达十多天甚至一个月的时间内不出舱，对于本身孤独无助的患者而言，单纯靠意志和自觉是很难做到的。这种值班护士监督的存在也是保证移植手术顺利进行和良好效果所应有的必要措施。在本案中，在黄艳玲从所住移植舱走出，经工作人员通道进入8楼楼梯间，未停留直接到7楼并继续沿楼梯向下走的过程中，却无一个医护人员值班，没有人发现黄艳玲走出监护舱的情况，从而丧失了阻止悲剧发生的最后机会。虽然道培医院在发现黄艳玲跳楼后及时进行了救治，但综合分析本案具体情况，法官仍认为道培医院在护理过程中存在未能体察患者情绪变动、管理不严的过错。道培医院主张凌晨工作忙，护士到各屋打针抽血导致楼层无人值班，并不构成否认其过错的合理理由。

道培医院辩称，患者黄艳玲的死亡与道培医院的诊疗护理行为之间没有因果关系。法院认为，如果道培医院的护理工作更人性化一点，更细致周密一点，采取及时劝导或时时在移植舱外的护士站留有一个值班人员的措施，就很可能避免本案悲剧的发生，故不能否认道培医院的过错与黄艳玲的跳楼死亡之间存在一定因果关系。但黄艳玲选择自杀，应是内外在原因综合作用的结果，其中内因起到主要作用，其可能是基于肉体痛苦的折磨难以忍受，或者精神的崩溃，或者是医疗过程中的不快，或者仅仅为了避免亲属继续承受经济方面的巨大压力而作出自杀的选择，外因则是道培医院存在护理上的疏忽，没有及时发现黄艳玲情绪的波动，未及时发现和阻止黄艳玲出舱跳楼的行为，故道培医院的过错与本案的损害后果之间存在一定因果关系。但是，基于黄艳玲是精神正常的成年人的考虑，造成黄艳玲跳楼死亡结果发生的原因又是多方面的，医院方面的过错并非造成该结果的主要原因，而是具有多因共同作用造成一果的性质，且不能排除如道培医院采取有效措施，黄艳玲仍决意寻找机会跳楼或者因病死亡的结果发生的可能性。考虑道培医院发现黄艳玲跳楼后及时进行了救治的情节，并考虑本案的其他具体情况，从规范医疗行为和抚慰死者家属的角度考虑，法院认为道培医院应向黄艳玲的家属支付一定的赔偿款项，具体数额根据具体案情酌定，驳回黄万奎、陈绵珍的其他诉讼请求。

（五）一审定案结论

北京市海淀区人民法院依照《中华人民共和国民法通则》第一百一十九条之规定，作出如下判决：

1. 自本判决生效之日起七日内，北京市道培医院赔偿黄万奎、陈绵珍6万元；
2. 驳回黄万奎、陈绵珍的其他诉讼请求。

（六）二审情况

1. 二审诉辩主张

（1）上诉人黄万奎、陈绵珍诉称

一审判决认定案件事实有误，适用法律错误。道培医院没有尽到护理义务，所以分担责任不公平。请求二审法院予以改判。

（2）被上诉人道培医院辩称

同意原审判决。

2. 二审事实和证据

北京市第一中级人民法院经审理，确认一审法院认定的事实和证据。

3. 二审判案理由

北京市第一中级人民法院经审理认为：黄艳玲的死亡确实是一个悲剧。正如一审法院所指出的：事后推测，其自杀可能是基于肉体痛苦的折磨难以忍受，或者精神的崩溃，或者是医疗过程中的不快，或者仅仅为了避免亲属继续承受经济方面的巨大压力而作出自杀的选择。作为外因则是道培医院对于基于其崇高职业所应具有的高度的注意义务有所缺失。这一注意义务包含一定的道德因素，也就是"医者父母心"的标准。道培医院没有及时发现黄艳玲情绪的波动，未及时发现和阻止黄艳玲出舱跳楼的行为，其行为有一定的过失。但仍然必须明确的是，黄艳玲选择自杀，应是内外在原因综合作用的结果，其中内因起到主要作用。原审法院综合考虑多因共同作用造成一果的性质，并考虑道培医院在发现黄艳玲跳楼后及时进行了救治的情节，以及本案的其他具体情况，所确定的赔偿数额适当。

4. 二审定案结论

北京市第一中级人民法院依照《中华人民共和国民事诉讼法》第一百五十三条第一款第（一）项之规定，作出如下判决：

驳回上诉，维持原判。

（七）解说

本案的关键在于确定医护人员的注意义务边界，需要考虑的是自杀是否构成医院免责的绝对事由。

医疗纠纷中，对医院医护人员科以的注意义务是较高的。这不仅因为医护人员受过长期严格的专门训练，从事的工作具有高度的专业性，还因为医生和患者之间需要建立一种信赖关系，以及医疗行为关涉人们的生死和健康。医疗职业作为"健康所系，性命相托"的崇高职业，医师不仅应具备传统的医学理论和技能，还应从医学书籍杂志、专业学会通告、卫生管理机关文件等途径吸收医学新知，以提高医疗水准。同时，好的医师要求"妙手仁心"、"心病同医"，医护人员还应以体恤之情，充分注意特殊患者的心理健康和情绪波动，预防极端情况的发生。总之，医护人员这一崇高职业要求其具有较高的注意义务，这种注意义务不仅涵盖技术上的不断学习和追究，也包括对患者精神上的关怀和心理上的抚慰。

值得讨论的是，法官在判断医疗机构是否履行了注意义务时，需要对注意义务划定一定的边界，判断医护人员注意义务的范围。医护人员注意义务的判断，一方面体现在医疗卫生管理法律、行政法规、部门规章和诊疗护理规范、常规之中，另一方面也需要来源于日常生活经验的判断。因此，法官在判断医疗机构是否尽到注意义务时，会因为具体的情形不同而有所差异。虽然，一般而言，医患关系建立在相互信赖的基础上，医疗行为的实施要靠医患双方互相有效配合，才可能达到理想的医疗效果，如由于患者未能如实陈述或未能正确执行医嘱、甚至自杀造成自己人身伤害的，因医方存在对患者的合理信赖，一般不能追究医方的民事法律责任。但是，医疗行为中只有在医师或护士已履行自身的合理注意义务进而得出可以信赖患者采取合理行为的预期，才能免除自身责任，即医院医师对患者的信赖本身必须相当合理才有信赖原则的成立。如医师尽到一定注意义务就可以预见患者无法采取合理行为协助达到医疗效果或可能预见患者可能采取极端的自杀行为时，其没有及时采取合理的预防或处置措施时，则不能适用信赖原则。如在对待有自杀倾向或被疾病折磨而极可能作出极端选择的患者时，患者未必能遵守医嘱或采取有利于医疗效果的行为，甚至可能会采取与医嘱相反的行为，故对此类人员，医生或护士应给予更多的关心与注意。在医疗人员尽到合理注意义务就能预见到患者可能不会协助医疗行为，并有充分时间或可能采取合理措施避免结果发生时，如医疗人员没有合理预见或采取适当措施予以避免或阻止，医院不得主张信赖原则而免责。本案中，虽然医院为了防止发生感染将黄艳玲安排到移植舱中，并要求患者不要外出，这种要求的贯彻主要基于患者的自愿和自觉，医院不能采取强制措施，黄艳玲及其家属也了解移植舱不能外出的意义，以行为表示自觉遵守医院的要求，医院基于对黄艳玲年龄、精神状态等方面的判断会产生对黄艳玲不会出舱的一定信赖。但如医院所辩称的，患者及其家属曾存在是否放疗、是否中止移植的态度变化，这种反复势必对患者的情绪造成一定影响，而患者年仅20岁却罹患白血病，自己和家人因此承受肉体、精神以及金钱上的多重折磨和压力，在患者不能与家属见面、家属无法给予患者有效关怀和照顾的情况下，医护人员基于医德和人道主义的考虑，应对即将实施手术的患者黄艳玲给予更多的关心和照顾，此即所谓"医者父母心"。如经验丰富的护理人员能够进行细致观察，对于年轻因而无法有效遮掩不良情绪的患者黄艳玲，应能较为容易地看出其不正常的情绪波动和意欲寻死的蛛丝马迹，但医院的相关护理人员并未及时察觉以及采取有效的心理疏导措施。另外，基于进入移植舱的患者一旦出舱可能导致严重后果的考虑，医院还应采取相应措施防范出舱情况的发生，如时时设有监督值班护士等。而在本案中，在黄艳玲出舱下楼、跳楼的过程中，却无一个医护人员值班，没有人发现，从而丧失了阻止悲剧发生的最后机会。虽然医院在发现跳楼后及时进行了救治，但不能否认医院在护理过程中存在未能体察患者情绪变动、管理不严的过错。如果医院的护理工作更人性化一点，更细致周密一点，采取及时劝导或时时在移植舱外的护士站留有值班人员的措施，就很可能避免本案悲剧的发生，故不能否认医院的过错与黄艳玲的跳楼死亡之间存在一定因果关系。

有疑问的是，患者自杀是否构成医院绝对的免责事由。道培医院认为，黄艳玲的自杀构成医院的免责事由。我国《侵权责任法》第六十条规定："患者有损害，因下列情形之一的，医疗机构不承担赔偿责任：（一）患者或者其近亲属不配合医疗机构进行符合诊疗规范的诊疗；（二）医务人员在抢救生命垂危的患者等紧急情况下已经尽到合理诊疗义务；（三）限于当时的医疗水平难以诊疗。前款第一项情形中，医疗机构及其医务人员也有过错的，应当承担相应的赔偿责任。"该条款明确规定医疗机构在诊疗护理活动中出现患者遭受损害，如果具备上述免责事由之一的，即否定了医疗过错的存在或中断了医疗行为与医疗损害之间的因果关系，可阻却医疗机构承担医疗损害责任。通常情况下，医疗损害责任的阻却事由包括患方过错致害，即患者及其家属对医疗损害的发生或者扩大具有过错的情形，其中通常包括患者故意自损，那么，本案中黄艳玲选择自杀，是否构成医疗损害责任的免责事由？一般而言，自杀是可以作为医疗损害责任的免责事由的。医疗人员对患者进行诊疗护理，必须得到患者和家属的配合。如患者或其亲属不配合诊疗或者患者自损或自杀，说明患者及家属在主观方面具有过错且损害与拒绝配合诊疗或自损、自杀存在因果关系。此种情况下，如医疗机构从事的诊疗护理活动符合诊疗规范，则说明医疗机构的诊疗护理行为不存在过错，切断了医疗行为与医疗损害之间的因果关系，阻却了医疗机构医疗损害责任的成立。按照侵权责任法"自己过错自己责任"的基本原理，患者及其家属因拒绝配合治疗或自杀、自伤而应对自身医疗损害的发生或者扩大自行承担责任，可免去医疗机构承担医疗损害责任。但是，如果患者及家属拒绝配合治疗或者患者自损、自杀是导致医疗损害的原因之一，而医疗机构及医务人员在此情况下也存在医疗过错的，则构成混合过错，应依据过失相抵的基本原理，由双方各自在自己过错及原因力范围内分担医疗损害责任。上面已经分析到，本案中道培医院对黄艳玲的护理是存在一定医疗过错的，如尽到合理的诊疗义务，有可能避免损害发生，故医院不能完全免责。本案中，法院认定医院的过错与本案的损害后果之间存在一定因果关系，但并非造成该结果的主要原因，且不能排除如医院采取有效措施，黄艳玲仍决意寻找机会跳楼或者因病死亡的结果发生的可能性。考虑本案具体情况，从规范医疗行为和抚慰死者家属的角度考虑，酌定道培医院向黄艳玲的家属支付一定的赔偿款项，这种做法是恰当的。

（北京市海淀区人民法院　李颖）

48. 胡发刚等诉吴红勤等损害赔偿案
（工伤事实认定）

（一）首部

1. 判决书字号：江苏省大丰市人民法院（2009）大民一初字第2842号。
2. 案由：雇员受害赔偿纠纷。
3. 诉讼双方

原告：胡发刚。

原告：胡德静。

原告：吴玉珍。

三原告委托代理人：张桂江，江苏丰元律师事务所律师。

被告：阮连根。

被告：吴红勤。

被告：商爱民。

三被告委托代理人：肖林，大丰市盐丰法律服务所法律工作者。

4. 审级：一审。

5. 审判机关和审判组织

审判机关：江苏省大丰市人民法院。

合议庭组成人员；审判长：褚保平；审判员：刘曙呆；代理审判员：朱艳萍。

6. 审结时间：2010 年 1 月 5 日。

(二) 诉辩主张

1. 原告胡发刚等诉称

原告之亲属王扣美系被告经营的大丰市爱民汽车装潢美容中心雇员，工作一年半左右，从事洗车工作。该汽车装潢美容中心工作特点是雨天放假，停雨即工作。2009 年 1 月 4 日上午下雨，午后停雨，到 13 时 54 分时，汽车场老板吴红勤打电话叫王扣美去上班。当时，王扣美在大丰市名都广场购物，接到上班通知后即从名都广场步行到人民桥上被一辆未知名的三轮车撞倒受伤，经大丰市人民医院抢救无效于半月后死亡，花去医疗费 3 万余元。三轮车驾驶员逃逸至今未归案。大丰市爱民汽车装潢美容中心以下岗职工阮连根名义经营，实际经营系吴红勤与商爱民夫妻。现请求人民法院依法判决三名被告连带赔偿原告损失 16 万元（以死亡赔偿金 373 600 元、丧葬费 13 687 元、被抚养人生活费（胡德静）59 890 元三项计算，其他医疗费、另一被抚养人生活费、交通费暂不主张，其余权利保留），并要求被告承担诉讼费用。

2. 被告阮连根等辩称

被告阮连根辩称，洗车场原为阮连根与商爱民合伙办的，后转给商爱民夫妻，但未变更营业执照，请求法庭依法驳回对阮连根的诉讼请求。

被告吴红勤辩称，我系个体工商户，原告应按劳动合同法相关规定先行主张工伤程序；事故当天并不是死者王扣美放假而是请假，吴红勤打电话是事实，但通话内容不是通知王扣美上班，其发生事故时不是上班途中。

被告商爱民辩称，我不是本案适格被告，不应承担责任，应驳回对我的诉讼请求。

(三) 事实和证据

江苏省大丰市人民法院经公开审理查明：2009 年 1 月 4 日早上，王扣美到大丰市爱民汽车装潢店上班，因天下雨没事做便提前回家。13 时天气停雨转阴。中午王扣美和姐姐王扣琴、王美玲及弟弟王扣仁陪母亲在名都广场逛街买衣服。13 时 54 分左右，被告吴红勤打电话给王扣美通知其上班，14 时 02 分许，王扣美从名都广场出来，经华联超市右转沿人民路由北向南步行，当行至大丰市区人民桥机动车道时，被一辆从其身后沿人民路由北向南行驶的正三轮摩托车刮倒，造成王扣美受伤，经大丰市人民医院抢救无效于 2009 年 1 月 19 日死亡。事故发生后，正三轮摩托车驾驶人驾车逃逸。

另查明，被告商爱民与被告吴红勤原系夫妻关系，已于 2008 年 3 月 18 日登记离婚。2007 年 6 月，阮连根与商爱民、吴红勤夫妇合伙承租他人房屋经营大丰市爱民汽车装潢店，营业执照上登记业主为阮连根，经营性质个体工商户，经营场所大丰市大中镇成郊村六组（沈德荃宅）即益民路3号。2007年12月16日，阮连根清算退伙，后大丰市爱民汽车装潢店由商爱民、吴红勤夫妇经营，直至2008年3月18日商爱民、吴红勤离婚，将该装潢店转让给吴红勤一人经营。吴红勤于2009年4月13日又将该装潢店转让给商爱民经营，但一直未进行业主变动的变更登记。事故发生前，王扣美在该装潢店从事洗车工作一年多，月工资800元，未交纳相关保险。原告胡发刚、胡德静、吴玉珍分别系受害人王扣美之丈夫、儿子及母亲。原告吴玉珍共生育四个子女王扣琴、王美玲、王扣美、王扣仁。原告胡德静系大丰市第四小学二（1）班学生。

上述事实有下列证据证明：

1. 大丰市交通巡逻警察大队对王扣美事故所作的交通事故证明，说明王扣美由北向南步行到人民桥上被一辆正三轮摩托车（已逃逸）撞倒后死亡的事故情况。

2. 大丰市人民路邮政储蓄所探头录像资料，显示王扣美在当天14时02分一人由华联超市右拐由北向南行走，说明王扣美在接到老板电话后便和家人分开一人赶往上班地点发生事故。

3. 大丰市气象局关于2009年1月4日具体降雨情况的证明，说明事故当天13时后一直停雨。

4. 联通公司出具的王扣美的通话记录，其中被告吴红勤于2009年1月4日13时54分45秒拨打受害人王扣美电话，说明老板吴红勤打电话通知王扣美上班。

5. 证人王扣仁、王扣琴、王美玲关于事发前与王扣美一起在名都广场逛街为其母亲买衣服，后王扣美接到老板电话一人先行去上班的证言。

6. 盐城市大丰工商行政管理局企业资料查询表，说明字号名称大丰市爱民汽车装潢店，经营者姓名阮连根，经济性质个体工商户。

7. 大丰市公安局交通巡逻警察大队于2009年1月4日对卞锦霞、于1月5日对张远龙、胡发刚及于2月19日对王扣仁所作的询问笔录。

8. 2008年3月18日的商爱民与吴红勤的离婚证及离婚协议书，双方约定位于大丰市益民路3号门市（即大丰市爱民汽车装潢店）归吴红勤所有，吴红勤贴3 200元给商爱民。

9. 2009年4月13日，被告吴红勤（甲方）与商爱民（乙方）就爱民汽车装潢店转让签订协议书1份，约定甲方将大丰市爱民汽车装潢店转让给乙方经营，乙方从转让之日起交甲方转让费10 000元整，从转让之日起以前一切债务、费用由甲方承担，以后一切债务费用由乙方承担等内容。

10. 有被告关于2007年12月16日阮连根清算退伙，大丰市爱民汽车装潢店由商爱民、吴红勤夫妇经营的陈述。

（四）判案理由

江苏省大丰市人民法院经审理认为：大丰市爱民汽车装潢店实际由被告吴红勤经

营，原告的近亲属王扣美在该汽车装潢店中从事洗车工作，据此，王扣美与被告吴红勤之间的雇佣关系应予认定。本案的争议焦点是王扣美是否在上班途中因发生机动车交通事故受伤致死。根据现有证据可以证明：当天早上王扣美曾到店里上班，因下雨即离开工作场所，吴红勤与王扣美通话时雨已止，王扣美接听吴红勤电话后随即往工作地点方向行进，据此可以认定，原告主张的王扣美系在上班途中被机动车撞击受伤医治无效死亡的事实成立。被告吴红勤辩称王扣美不是在上班途中发生交通事故与本院查明事实不符，本院不予采信。王扣美系在上班途中被机动车撞击受伤医治无效死亡，可以视同其是在从事雇佣活动中遭受第三人侵害造成的损害。根据法律的规定，王扣美的近亲属可以请求作为雇主的被告吴红勤承担赔偿责任。根据交警部门作出的交通事故证明，王扣美系在机动车道内行走时发生的事故，其对事故的发生明显存在过错，故可以适当减轻侵害人的责任，在本案中亦应相应减轻被告吴红勤的赔偿责任。被告吴红勤辩称原告应按照工伤程序解决争议，因被告吴红勤系个体工商户，原告根据最高人民法院关于人身损害赔偿司法解释等相关法律规定向被告主张权利并无不当。对被告吴红勤的这一辩称本院亦不予采纳。被告阮连根、商爱民与王扣美之间无雇佣关系，原告向其主张权利缺乏事实和法律依据，本院不予支持。经审查，原告主张的各项损失中：丧葬费13 687元、被抚养人生活费59 890元（10年×11 978元/年÷2人），均符合法律规定，本院予以认可；受害人王扣美虽系农村户口，但其在城镇工作已满一年，其死亡赔偿金按2008年城镇居民人均纯收入标准计算为373 600元（18 680元/年×20年），损失合计为人民币447 177元。该损失由被告吴红勤承担60%，为268 306.20元，原告只向被告主张160 000元，系其对可享有权益的处分，应予认可。

（五）定案结论

江苏省大丰市人民法院依照《中华人民共和国民法通则》第九十八条、第一百一十九条、第一百三十一条，《最高人民法院关于审理人身损害赔偿案件适用法律若干问题的解释》第十一条、第十七条第三款、第二十七条、第二十八条、第二十九条之规定，作出如下判决：

1. 被告吴红勤赔偿原告胡发刚、吴玉珍、胡德静人民币160 000元。
2. 驳回原告对被告阮连根、商爱民的诉讼请求。

案件受理费1 100元，由被告吴红勤负担。

（六）解说

本案涉及间接证据认定规则问题。从逻辑上说，证据的作用在于证明待证事实，而以证据对于案件事实的证明作用是否直接，我国民诉法通常将证据分为直接证据和间接证据。案件的事实是指法院经过对证据的全盘考虑审核认定的据以判案的依据，而直接证据是指不需要借助于其他证据就能够证明案件事实的证据，间接证据是指不能直接证明案件主要事实,而只能证明案件事实的某种情况,必须与其他证据结合起来才能证明案件主要事实的证据。我国《中华人民共和国民事诉讼法》和《最高人民法院关于适用〈中华人民共和国民事诉讼法〉若干问题的意见》中对间接证据的审核制定了严格的标准,即间接证据不能单独作为判定案件的依据,间接证据相互之间能够印证,结合起来能够证明案件事实和性质的,可作为判定案件的依据,也就是间接证据必须能够形成证据链,才能起到证明案件事实和性质的作用。实践中对于间接证据如何能够形成证据链没有统一的标准,评判的理论标准通常是证据之间的关联程度和充分程度。《最高人民法院关于民事诉讼证据的若干规定》第六十四条规定:"审判人员应当依照法定程序,全面客观地审核证据,依据法律的规定,遵循法官职业道德,运用逻辑推理和日常生活经验,对证据有无证明力和证明力大小独立进行判断,并公开判断的理由和结果。"第六十六条规定:"审判人员对案件的全部证据,应当从各证据与案件事实的关联程度、各证据之间的联系等方面进行综合审查判断。"当直接证据不存在或不能认定案件的主要事实时,可以通过几个间接证据对间接事实的证明来加以认定,而在间接证据也不能认定间接事实的情况下,可以基于证据对间接事实进行推理来完成对事实的认定。诉讼中通过间接证据来认定待证事实需达到一定的证明标准,达到证明标准的证据,法官就可以该事实作为裁判的依据。为此,我国民事诉讼法确立了法律真实的证明观念,也确立了高度盖然性的证明标准。

参照劳动法关于工伤认定的标准,工伤保险条款第十四条规定,职工有下列情形之一的,应当认定为工伤,在工作时间和工作场所内,因工作原因受到事故伤害的;在上下班途中受到机动车事故伤害的。正是基于对工作原因的考量,才拓宽对工作时间及工作场所的认定,由此可见,工作时间、工作原因、工作场所是工伤认定的三大要素,而工作原因是工伤认定的关键因素,本案中如何认定王扣美发生交通事故受到伤害系工作原因,就是必须满足因上班的工作原因导致伤害才能符合雇员受害的赔偿的起诉依据,本案对是否上班途中的认定就成了相关事实是否成立的关键。本案的证据有:

1. 大丰市交通巡逻警察大队对王扣美事故所作的交通事故证明,说明王扣美由北向南步行到人民桥上被一辆正三轮摩托车(已逃逸)撞倒后死亡的事故情况。

2. 大丰市人民路邮政储蓄所探头录像资料,显示王扣美在当天14时02分一人由华联超市右拐由北向南行走。

3. 大丰市气象局关于2009年1月4日具体降雨情况的证明,说明事故当天13时后一直停雨。

4. 联通公司出具的王扣美的通话记录,其中被告吴红勤于2009年1月4日13时54分45秒拨打受害人王扣美电话。

5. 证人王扣仁、王扣琴、王美玲关于事发前与王扣美一起在名都广场逛街为其母亲买衣服,后王扣美接到老板电话,一人先行去上班的证言。

6. 2009年1月5日胡发刚在公安的询问笔录,有"我舅子当时在电话里讲我老婆是在接到汽车厂老板的电话后到洗车厂的路上被一辆车子撞下来了"的陈述。

上述证据中,单个证据都无法证明受害者受伤在上班途中的必然性,但综合各个证据的证明力可以形成一个证据锁链。间接证据认定还需遵守证据相互印证规则,要对单个证据的证明力进行审查判断，要从整体上判断全案证据是否确实充分。在民事司法实践中，要求法官在审查认定证据和案件事实时持极为谨慎的态度，禁止在无其他证据印证的情况下，对孤立的证据草率加以认定采用，并将其作为认定案件事实的根据。认定具有客观性、相关性的证据必须得到其他证据的印证，据以认定案件事实的全部证据都必须相互印证，需要在对全案的证据进行全面分析的基础上确证，坚持主观证据与客观证据相结合的原则。如果法官在判案时仅凭主观经验以一则电话来判断雇员受害的事实，有违经验法则，也是非理性的。本案中，事发第二日胡发刚在交警部门陈述听其舅子说王扣美是接到老板电话在上班途中发生事故与王扣美姐弟在法庭上陈述的事发前与王扣美一起在名都广场逛街为其母亲买衣服，后王扣美接到老板电话，一人先行去上班的证言相吻合，原告提供当天13时天气停雨转阴的气象资料，吴红勤13时54分的通话记录，王扣美14时02分一人由华联超市右拐由北向南行走的录像资料，又进一步反映出雨停后吴红后勤打电话让王扣美上班途中发生交通事故的事实，而据王扣美亲属讲，13时54分通话时王扣美在名都广场为母亲买衣服，接电话后14时02分王扣美已出现在人民桥北侧，与通常从名都广场步行至人民桥北侧的时间差吻合，同时，王扣美步行的路线是其至上班地点的唯一路线，这一时间、路线连接的紧密程度足以让法官内心确信原告所举的证据已达到高度盖然性的证明标准。

本案中王扣美姐弟所作的证人证言的判断价值标准也值得一提。证人证言由于本身具有主观性和不稳定性，因而在整个证明价值上要小于各类书证。本案中几名证人均与当事人具有亲属关系，一般而言，关系证人的证明效力又小于无关证人，但关系证人的证言仍然可以作为断案的证据采纳，本案除此之外没有其他直接证据来证明王扣美上班途中发生交通事故的事实，虽与原告有利害关系而证明效力不高，但其证明事实与原告胡发刚在事发后第二天的公安询问笔录中陈述的内容相吻合，且得到其他间接证据的印证，故应予采信。本案中各个间接证据符合认定事实的逻辑规则，结合起来能够形成一个完整的证据锁链，且任一单个证据均不能独立证明案件事实，在各个间接证据形成的证据链条中，能够得到印证，虽然证人证言的效力不高，但不影响其作为本案的证据予以采纳，结合本案原告家人在事发第二天在公安局的陈述更能印证相关家人的证人证言的真实性，以及对本案事实认定的作用力。王扣美在接到电话后急匆匆地离开街市赶往工作地点符合常理，而被告辩称打电话系普通朋友间的问候，未能提供充分证据予以证实，也无法让人信服。运用逻辑推理推断出王扣美系上班途中的事实具有高度盖然性。当然，从盖然推断的事实可能与客观事实有一些差异，故在案件的责任承担上需谨慎分配。

合理运用证据裁判规则是现代诉讼制度下法官追求诉讼价值的必然要求，只有在详细考察当事人提供的全部证据的基础上，运用诉讼规则和证据规则，辅之以法官的心证推理，来确认当事人有争议的案件事实，为公正判决奠定确实充分的事实基础，才能让诉讼结果无限接近于实质正义，才能使得裁判的结果更加被公众认同，由此产生对于法律的尊重和信仰。

（江苏省大丰市人民法院 朱艳萍）

49. 李莹莹诉李诗琦等人身损害赔偿案
（共同侵权责任　补充责任）

（一）首部

1. 判决书字号：湖北省当阳市人民法院（2010）当民初字第 40 号。
2. 案由：人身损害赔偿纠纷。
3. 诉讼双方

原告：李莹莹（曾用名李硕硕），女，汉族，当阳市人，学生，住当阳市西正街。

法定代理人：朱华玲，女，汉族，当阳市人，无业，住址同上。系李莹莹的母亲。

法定代理人：李少波，男，汉族，当阳市人，系当阳电力联营公司职工，住址同上。系李莹莹的父亲。

委托代理人（特别授权代理）：谢丹，当阳市恒兴法律服务所法律工作者。

委托代理人（一般授权代理）：宋开慧，女，汉族，退休职工，当阳市人，住址同上。系李莹莹的祖母。

被告：李诗琦，女，汉族，当阳市人，学生，住当阳市长坂路。

法定代理人：李家法，男，汉族，武汉市人，住址同上，系李诗琦的父亲。

法定代理人：胡玉莲，女，汉族，当阳市人，住址同上。系李诗琦的母亲。

委托代理人（一般授权代理）：曹可汗，湖北三峡律师事务所律师。

被告：秦雅雯，女，汉族，当阳市人，学生，住当阳市金叶小区。

法定代理人：秦怡，男，汉族，当阳市人，住址同上。系秦雅雯的父亲。

法定代理人：张英静，女，汉族，当阳市人，住址同上。系秦雅雯的母亲。

委托代理人（特别授权代理）：谢宜山，当阳市法律援助中心法律工作者。

被告：龚璐，女，汉族，当阳市人，学生，住当阳市玉墅林风小区。

法定代理人：龚继民，男，汉族，当阳市人，工人，住址同上。系龚璐的父亲。

法定代理人：王春子，女，汉族，当阳市人，工人，住址同上。系龚璐的母亲。

委托代理人（一般授权代理）：李红艳，当阳市正阳法律服务所法律工作者。

被告：湖北省当阳市实验中学（以下简称实验中学），住所地：当阳市长坂路。

法定代表人：康红君，系该校校长。

委托代理人（一般授权代理）：胡虎，湖北楚雄律师事务所律师。

委托代理人（特别授权代理）：丁德早，该校党支部副书记。

4. 审级：一审。
5. 审判机关和审判组织

审判机关：湖北省当阳市人民法院。

合议庭组成人员：审判员：张玉菊、雍少波、罗友平。

6. 审结时间：2010 年 5 月 27 日。

(二) 辩诉主张

1. 原告李莹莹诉称

2007 年 9 月，我到被告实验中学读书，学习刻苦、上进心强、有文艺特长，2008 年在该校组织的元旦文艺汇演中获一等奖。从 2008 年 10 月底，同班同学李诗琦、秦雅雯、龚璐书写长达 12 页的文章并汇编成册，在文章中采用侮辱性的语言对我进行人身攻击，导致我的身心受到极大损害。2009 年 4 月，我到宜昌市优抚医院住院治疗，经医生诊断系言语性幻听、关系妄想、被害妄想所导致的精神分裂症。现诉至法院，要求四被告共同赔偿经济损失人民币 308 014 元，庭审中变更诉讼请求，要求被告李诗琦、秦雅雯、龚璐的法定代理人和被告实验中学共同赔偿经济损失人民币 177 517 元 [医疗费 14 843 元、住院伙食补助费 2 000 元（40 天×50 元/天）、护理费 1 562 元（40 天×14 260 元/年÷365 天）、交通费 2 800 元、鉴定费 4 300 元、后期治疗费 72 000 元（3 600 元/季度×4 季度/年×5 年），精神损害抚慰金 80 000 元]，并互负连带责任。

2. 被告辩称

被告李诗琦未在法定的期间内提交答辩状，庭审时辩称：（1）我并没有诱发原告李莹莹患精神分裂症的事实；（2）李莹莹厌学情况在之前就已经存在，李诗琦并没有再次对其威胁。

被告秦雅雯未在法定的期间内提交答辩状，庭审时辩称：（1）原告李莹莹的诉讼请求不能成立，因为我没有侵权的事实；（2）原告李莹莹患有精神分裂症是自身原因引起的；（3）同学之间的批评、教育不是诱发其患精神病的原因。

被告龚璐未在法定的期间内提交答辩状，庭审时辩称，我没有侵权行为，也没有损害事实，不应承担赔偿责任。

被告实验中学辩称：（1）李诗琦、秦雅雯、龚璐写册子共 3 张 6 页，内容主要是叙述李莹莹平时表现的话语，同时也夹杂一些评价性的语言，但没有讽刺和侮辱的语言。根据李莹莹母亲陈述，李莹莹以往经常感到头痛，李莹莹从 2008 年 11 月以来无明显异常，直到 2009 年 4 月才出现精神异常，因此，李诗琦、秦雅雯、龚璐写小册子与李莹莹患精神分裂症没有因果关系，其内容没有侮辱原告。（2）我校尽到了保护、管理、教育义务，因为在编册子事件发生后，我校 904 班班主任对三位同学进行了批评，并且要求三位同学写书面检讨，所以，我校不应承担赔偿责任。（3）我校无过错，不构成侵权。综上，请求法院驳回原告李莹莹要求我校承担责任的诉讼请求。

(三) 事实和证据

湖北省当阳市人民法院经审理查明：李莹莹于 2007 年 9 月到实验中学读初一，李诗琦、秦雅雯、龚璐均是实验中学同一班级学生。2008年10月，李诗琦、秦雅雯、龚璐共同书写小册子，主要内容：（1）班上有个黄色老师叫赵××，经常利用学生读书时间勾引李莹莹；（2）全班男生都被李莹莹勾引过，甚至全校男生，李莹莹有一双勾魂的眼睛，见一个勾一个；（3）李莹莹喜欢宋××，把宋××的书都摸破了，说跟宋××谈恋爱；（4）李莹莹长着水桶腰、大象腿、馒头脸、丑得像猪、长得像妖精、衣服穿得像裸体、没有一处优点、还自以为是、真该死；（5）李莹莹跳舞像蛇一样疯狂地扭动，简直不堪入目，每次都想吐等。李诗琦、秦雅雯、龚璐将共同编写的小册子在学校同学之间传阅，尔后传到李莹莹手中，李莹莹将"小册子"带回家交给母亲朱华玲，朱华玲遂到实验中学找到班主任胡林红交流。胡林红将此事报告给实验中学张英江副校长，由张英江副校长找李诗琦、秦雅雯、龚璐谈话，并对其进行批评，责令写出书面检讨，由李诗琦、秦雅雯、龚璐向李莹莹及其母亲朱华玲当面赔礼道歉。之后，李莹莹的性格发生较大变化，上课喜欢睡觉，经常夜间做噩梦，说同学要害她，说头不舒服，不肯上学，上课精神不集中，后来发展到在家自言自语，说同学跟踪她、监视她。2009年4月，李莹莹休学在家。

同时查明，2009年4月18日，李莹莹在宜昌市优抚医院住院治疗40天，花去医疗费9 817.92元，于2009年5月27日出院，出院诊断为精神分裂症。医嘱：（1）需终生服药，防止复发；（2）长期坚持心理治疗；（3）不适随诊。2009年6月26日，李莹莹在宜昌市优抚医院门诊治疗，花去医疗费808.80元；2009年7月27日，李莹莹在宜昌市优抚医院门诊治疗，花去医疗费971.80元；2009年8月10日，李莹莹在宜昌市优抚医院门诊治疗，花去医疗费333元；2009年8月26日，李莹莹在宜昌市优抚医院门诊治疗，花去医疗费167.70元；2009年9月12日，李莹莹在当阳市人民医院门诊治疗，花去医疗费102.16元；2009年10月1日，李莹莹在当阳市人民医院门诊治疗，花去医疗费99.40元；2009年11月16日，李莹莹在宜昌市优抚医院查询病案材料，花去查询费10元；2009年12月29日，李莹莹在华中科技大学同济医学院附属同济医院门诊治疗，花去医疗费250元。2009年11月16日，宜昌市优抚医院出具证明，内容为："患者李莹莹在我院治疗费用（因发票丢失）共计4 936.90元，明细如下：（1）2009年6月10日，发票号码17367443，金额90元；（2）2009年6月11日，发票号码17367498，金额90元；（3）2009年6月26日，发票号码28236504，金额52.80元；（4）2009年6月26日，发票号码28236505，金额90元；（5）2009年6月5日，发票号码17367073，金额45元；（6）2009年6月5日，发票号码17367075，金额738.80元；（7）2009年6月5日，发票号码177367089，金额90元；（8）2009年6月26日，发票号码28236498，金额666元；（9）2009年7月11日，发票号码28237449，金额738.80元；（10）2009年7月11日，发票号码28237450，金额90元；（11）2009年7月27日，发票号码28238476，金额90元；（12）2009年7月27日，发票号码28238477，金额806.60元；（13）2009年7月27日，发票号码28238479，金额75.20元；（14）2009年8月10日，发票号码28239365，金额333元；（15）2009年8月10日，发票号码28239366，金额45元；（16）2009年6月3日，发票号码17366873，金额90元；（17）2009年6月9日，发票号码17367377，金额90元；（18）2009年6月12日，发票号码17367590，金额90元；（19）2009年8月26日，发票号码28240425，金额35元；(20)2009年6月4日，发票号码28240429，金额167.70元。"李莹莹住院期间由李凤云护理，李凤云系经营商品零售业务的个体工商户。

另查明，2009年11月9日，根据李莹莹的申请，本院对外委托鉴定，2009年12月30日，湖北同济法医学司法鉴定中心作出同济司法鉴定中心（2009）法医临精鉴0888号司法鉴定意见书，内容：分析说明：(1)精神医学评定。1)被鉴定人李莹莹为未成年的初中学生，生长发育无异常，适龄入学，学习成绩中上等，有舞蹈特长，无脑外伤史及其他重大躯体疾病史，无精神疾病家庭史，相关旁证材料证明其病前性格无特殊，精神活动正常。2)被鉴定人患病前有明显的生活事件造成精神应激，相关材料可证实三名同学对其多次指责、攻击，并汇编十余页文章对其进行侮辱和人身攻击。3)被鉴定人于2009年4月18日至宜昌市优抚医院住院治疗，主诉"耳闻人语，疑人害关年"，精神检查有言语性幻听、关系妄想、被害妄想、思维被洞悉感、物理影响妄想、自知力丧失等精神病症状，临床诊断为"精神分裂症"，给予专科药物治疗后症状部分缓解，说明被鉴定人在生活事件发生后有明显的精神症状。4)鉴定时被鉴定人接触被动，检查合作，能陈述其多次遭受同学欺负、嘲讽的生活事件，并暴露出关系妄想、被害妄想、幻听、思维被洞悉感、象征性思维、被控制感等精神病情症状，症状内容与生活事件有一定关联性，并伴有明显行为异常，其病程约一年，学习及适应能力明显受损；经临床治疗后目前自知力部分恢复，但情绪仍显低落，并有思维障碍及行为退缩表现。5)辅助检测提示被试检测合作，目前仍有明显精神异常表现；头部CT检查提示无脑器质性病基础。综上所述，被鉴定人李莹莹的临床表现符合《中国精神障碍分类与诊断标准》（第三版）中"精神分裂症"之诊断。(2)因果关系及伤残程度评定。1)根据文献资料，精神分裂症为内源性精神病，发病主要决定于病人自身的生物学素质，但该病可在心理刺激下发病。虽然校方材料提出被鉴定人李莹莹"性格比较内向，不愿和同学主动交流"，但年龄小、心理发育尚不成熟，被同班同学李诗琦等人多次侮辱、人身攻击所构成的持续精神应激已超过相应年龄青少年的心理承受能力；且被鉴定人为首次发病，其病前精神活动无异常，其症状内容与生活事件有一定关联性，发病经过与生活事件时间上有密切联系。因此，李诗琦等三人的侵权行为与被鉴定人罹患"精神分裂症"存在一定的因果关系（诱发因素）。2)如前述，精神分裂症为内源性精神病，根据现行伤残标准不宜评定伤残等级，但被鉴定人目前仍有部分精神症状，建议积极给予药物及心理治疗。鉴定意见：(1)被鉴定人李莹莹诊断为"精神分裂症"；(2)其患病与李诗琦等三人的侵权行为存在一定因果关系（诱发因素）；目前不宜评定伤残等级。花去鉴定费2 000元及会诊费1 000元。

2010年1月18日，根据李莹莹的申请，本院对外委托鉴定，2010年2司3日，湖北同济法医学司法鉴定中心作出同济司法鉴定中心（2010）法医临精鉴0059号司法鉴定意见书，内容：分析说明：(1)精神医学评定。1)被鉴定人受生活事件刺激（被同班同学人身攻击）而起病，于2009年4月18日至5月27日在宜昌市优抚医院住院诊治40天，临床诊断为"精神分裂症"，经专科药物治疗后症状部分缓解；2)鉴定时被鉴定人意识清楚，注意力尚集中，检查合作，言语理解及表达能力正常，对答切题，思维内容暴露较充分，能详细讲述个人近况，仍存关系妄想、被害妄想等重性精神病性症状,智能、记忆正常,情绪尚稳定,意志行为与环境尚协调,自知力部分恢复;3)被鉴定人病程已持续一年余,家属反映其虽坚持服药及心理治疗,但目前被鉴定人学习及适应能力仍明显受损,难以适应正常的学习生活;4)辅助检测(MMPI、SCL-90)提示被鉴定人目前仍存在明显精神症状。综上所述,被鉴定人李莹莹目前的临床表现符合《中国精神障碍分类与诊断标准》(第三版)中"精神分裂症"之诊断。(2)后期治疗费用评定。1)精神分裂症是一种慢性持续性疾病,首次发病后系统而规范地使用抗精神病药物并长期维持治疗可以显著减少该病的复发,对于首发的、缓慢起病的患者,维持治疗时间一般至少5年。此外,在积极药物治疗的同时,亦应适当给予心理社会干预。根据被鉴定人目前的治疗用药情况(芮达,即帕利哌酮缓释片3mg/日)、专科证明并结合现有医疗费用水平,被鉴定人后期仍需定期门诊复诊,继续服用抗精神病药物芮达维持治疗,同时适当给予营养脑细胞、护肝等药物辅助治疗,酌情进行心理支持治疗,定期复查血常规、肝肾功能以及心电图以监测和减少药物副作用,所需治疗费用原则上按实际发生额赔付,如提前结案,建议每季度给予临床治疗费用3 600元,治疗时限原则上不宜超过5年。2)若病情变化需住院治疗,建议按实际发生额予以赔付或重新鉴定。鉴定意见:被鉴定人李莹莹的后期治疗费用每季度建议给予3 600元,治疗时限原则上不宜超过5年。花去鉴定费1 000元及会诊费300元。

(四)判案理由

湖北省当阳市人民法院经审理认为:原告李莹莹与被告李诗琦、秦雅雯、龚璐均是被告实验中学的同一班级同学,本应互相团结帮助,而被告李诗琦、秦雅雯、龚璐共同编写小册子,从小册子的内容看,虚构事实,对原告李莹莹进行指责和评论,并且将该册子在同学之间进行传阅,造成了一定影响,致使原告李莹莹身心受到伤害。经鉴定,原告李莹莹目前患有精神分裂症与被告李诗琦、秦雅雯、龚璐共同编写小册子进行广为传阅的侵权行为存在一定因果关系,为此,被告李诗琦、秦雅雯、龚璐应共同承担相应的赔偿责任。因被告李诗琦、秦雅雯、龚璐是限制民事行为能力人,应当由被告李诗琦、秦雅雯、龚璐的监护人根据其过错程度共同承担40%的民事赔偿责任。被告实验中学对在校学生在德、智、体方面负有全面教育及管理的法定职责,由于其对学生在思想品德方面教育不力,导致被告李诗琦、秦雅雯、龚璐对原告李莹莹有意见时采取不正当的方式进行人身攻击,使原告李莹莹受到伤害,虽然随后被告实验中学对被告李诗琦、秦雅雯、龚璐的错误行为进行了批评,但给原告李莹莹造成的伤害已实际发生,因此,被告实验中学在教育、管理上存在过错,根据其过错程度,承担40%的民事赔偿责任。原告李莹莹请求的住院伙食补助费标准有误,应按15元/天计算,即40天×15元/天=600元。李莹莹提交的交通费票据有些与治疗地点不符,但考虑到其就医确需发生交通费,酌情支持1 500元。关于精神损害抚慰金的请求,因原告李莹莹年龄较小,并且造成精神分裂症的后果,因而应予支持。但原告李莹莹请求的数额明显超过我省实际执行情况,酌情支持30 000元。其他请求符合法律规定,予以支持。

(五) 定案结论

湖北省当阳市人民法院依照《中华人民共和国民法通则》第一百零六条第二款、第一百一十九条、第一百三十条、第一百三十三条第一款,《最高人民法院关于贯彻执行〈中华人民共和国民法通则〉若干问题的意见(试行)》第一百五十九条,《最高人民法院关于审理人身损害赔偿案件适用法律若干问题的解释》第三条第一款、第七条第一款、第十七条第一款、第十八条、第十九条、第二十一条、第二十二条、第二十三条,《最高人民法院关于确定民事侵权精神损害赔偿责任若干问题的解释》第一条、第八条第二款、第十条之规定,作出如下判决:

1. 原告李莹莹的经济损失人民币 94 805 元(医疗费 14 843 元,住院伙食补助费 600 元,护理费 1 562 元,交通费 1 500 元,鉴定费 4 300 元,后期治疗费 72 000 元),由被告李诗琦的监护人李家法、胡玉莲,秦雅雯的监护人秦怡、张英静,龚璐的监护人龚继民、王春子共同赔偿人民币 37 922 元,并互负连带责任;被告湖北省当阳市实验中学赔偿人民币 37 922 元。

2. 被告李诗琦的监护人李家法、胡玉莲,秦雅雯的监护人秦怡、张英静,龚璐的监护人龚继民、王春子共同赔偿原告李莹莹精神损害抚慰金人民币 15 000 元,并互负连带责任;被告湖北省当阳市实验中学赔偿原告李莹莹精神损害抚慰金人民币 15 000 元。

3. 驳回原告李莹莹的其他诉讼请求。

上列应给付款项限于本判决生效之日起十日内付清。如果未按本判决指定的期间履行给付金钱义务,应当依照《中华人民共和国民事诉讼法》第二百二十九条之规定,加倍支付迟延履行期间的债务利息。

案件受理费 300 元(原告李莹莹已预交),由原告李莹莹负担 50 元,被告李诗琦的监护人李家法、胡玉莲,秦雅雯的监护人秦怡、张英静,龚璐的监护人龚继民、王春子共同负担 125 元,被告湖北省当阳市实验中学负担 125 元。

(六) 解说

1. 关于因果关系的认定。原告李某甲的赔偿请求得到法律的支持,其首先要证明自己患精神分裂症与被告李某乙、秦某、龚某编写侮辱性小册子在同学之间传阅的行为存在因果关系。为证明两者之间存在因果关系,原告提交主要证据是两份鉴定结论。鉴定结论是指专门机关就案件的专门性问题,指派或聘请专门人员进行鉴定后所做的结论性判断,是一种独立的证据种类。本案中两份鉴定结论均系由原告申请,法院对外委托鉴定机构作出,结论均认定原告李某甲患精神分裂症和被告李某乙、秦某、龚某编写侮辱性小册子在同学之间传阅的行为存在因果关系,而三被告均未提出相反证据。故应当认定三被告之间存在共同侵权行为,对原告李某甲的损失承担连带赔偿责任,又因三被告均为未成年人,故其法定代理人应当代为承担连带赔偿责任。

2. 学校是否承担赔偿责任问题。《最高人民法院关于贯彻执行〈中华人民共和国民法通则〉若干问题的意见（试行）》（简称《民通意见》）第一百六十条规定，"在幼儿园、学校生活、学习的无民事行为能力的人或者在精神病院治疗的精神病人，受到伤害或者给他人造成损害，单位有过错的，可以责令这些单位适当给予赔偿"。《最高人民法院关于审理人身损害赔偿案件适用法律若干问题的解释》（简称《人身损害赔偿解释》）第七条规定："对未成年人依法负有教育、管理、保护义务的学校、幼儿园或其他教育机构，未尽职责范围内的相关义务致使未成年人遭受人身损害，或者未成年人致他人人身损害的，应当承担与其过错相应的赔偿责任……"由此可知，学校对未成年人未尽到教育、管理、保护职责范围内的义务，除直接侵权人应承担赔偿责任外，学校有过错，也应在其未尽到教育、管理、保护职责，防止或制止侵权行为发生的范围内承担补充赔偿责任。此案中学校辩称：在编册子事件发生后，学校904班班主任对三位同学进行了批评教育，并且要求三位同学写书面检讨，尽到了教育、管理、保护的职责。但采取行为时，原告李某甲的损害结果已经实际出现，学校并没有制止或防止侵权行为的发生，故也应承担相应的赔偿责任。

3. 关于精神损害赔偿问题。《最高人民法院关于确定民事侵权精神损害赔偿责任若干问题的解释》第八条规定，只有在精神损害后果严重，采取停止侵害、恢复名誉、赔礼道歉等民事责任方式不足以弥补被害人精神损害，不足以抚慰受害人的，才适用精神损害赔偿对其予以救济。确定是否达到严重的标准，应考虑侵权人的主观方面、侵害手段、场合、行为方式和被害人精神状况等具体因素加以判断。本案中，原告李某甲因同学编写侮辱性小册子在学校传阅，已经给其心理造成了巨大伤害，其精神伤害采取停止侵害、恢复名誉、赔礼道歉等民事责任方式是难以抚平的，故法院应当支持其精神损害赔偿请求。

4. 关于精神损害赔偿的数额问题。我国现行法律并未对精神损害赔偿的数额做具体规定。笔者认为，精神损害赔偿应当考虑如下因素：（1）精神损害赔偿这一制度的设计具有补偿和惩罚的双重目的，赔偿数额确定应考虑立法目的。（2）应当综合考量侵权人的主观方面（即过错程度）、行为方式（即客观恶劣程度）和受害人的受害程度。（3）当地的经济水平。本案中，侵权人的过错和行为方式均毋庸置疑，同时也给被害人造成了极大的精神损害，被害人主张80 000元的精神损害赔偿，法院在综合考量相关因素的情况下支持30 000元的赔偿是有其合理性的。

（湖北省当阳市人民法院　贾继堂）

50. 林良才诉杨军等人道路交通事故人身损害赔偿案
（"二次事故"数个侵权人的责任承担）

（一）首部

1. 判决书字号：福建省厦门市思明区人民法院（2009）思民初字第11380号。

2. 案由：道路交通事故人身损害赔偿纠纷。
3. 诉讼双方

原告：林良才，男，汉族，住福建省厦门市湖里区。

委托代理人：林双华，女，汉族，住福建省厦门市湖里区。

被告：杨军，男，汉族，住福建省厦门市湖里区。

被告：厦门鑫博强建材有限公司（以下简称"鑫博强"公司），住所地：福建省厦门市湖里区。

法定代表人：张小玲，总经理。

共同委托代理人：徐道发，北京市东元律师事务所厦门分所律师。

被告：刘志成，男，汉族，住福建省厦门市湖里区。

被告：厦门宏仁医药有限公司（以下简称"宏仁医药公司"），住所地：福建省厦门市湖里区。

法定代表人：陈文渊，总经理。

委托代理人：姚世焕、苏苹，福建厦祥律师事务所律师。

被告：中国人民财产保险股份有限公司龙海支公司（以下简称"人财保险龙海公司"），住所地：福建省龙海市石码镇。

负责人：许捷宏，经理。

委托代理人：章小燕、王新宏，福建漳州九鼎律师事务所律师。

被告：都邦财产保险股份有限公司厦门分公司（以下简称"都邦财保厦门公司"），住所地：福建省厦门市湖光路。

负责人：戚慧群，总经理。

委托代理人：黄薇，职员。

4. 审级：一审。
5. 审判机关和审判组织

审判机关：福建省厦门市思明区人民法院。

合议庭组成人员：审判员：阎彤、黄志雄、李莹。

6. 审结时间：2010年8月27日。

（二）诉辩主张

1. 原告林良才诉称

2009年3月28日21时55分许，被告刘志成驾驶被告宏仁医药公司所有的闽D42346车辆、被告杨军驾驶被告鑫博强公司所有的闽DD8663车辆，行驶至南山路时撞伤原告，造成原告左侧孟氏骨折、胸部外伤、双侧气血胸、多发肋骨骨折、胸部皮下血肿、脑震荡、左顶头皮血肿、左胸及左肘皮肤深处Ⅱ-Ⅲ度皮肤烧伤、盆骨多发骨折、双侧耻骨坐骨多发骨折、全身多处皮肤挫伤、后尿道高度狭窄并膜部外篓等伤害。当日，原告入住厦门中山医院治疗至2009年11月9日。2009年12月4日，原告因伤复发再次住院至2010年1月12日。该事故经厦门市公安局交通警察支队湖里大队认定，被告刘志成、杨军负事故同等责任。因被告宏仁医药公司系被告刘志成驾驶车辆的车主、被告人财保险龙海公司系该车的投保公司；被告鑫博强公司系被告杨军驾驶车辆的车主，被告都邦财保厦门公司系该车的投保公司。故被告刘志成、宏仁医药公司、杨军、鑫博强公司应对原告的损害承担连带赔偿责任，被告人财保险龙海公司、都邦财保厦门公司应在保险赔偿限额内承担责任。故原告请求判令：（1）被告刘志成、宏仁医药公司、杨军、鑫博强公司应共同赔偿原告460 017.89元，（医疗费182 048.65元、误工费43 447.50元、护理费34 845元、住院伙食补助费15 840元、营养费21 120元、残疾赔偿金178 786.04元、交通费4 090.70元、鉴定费1 860元，共计482 037.89元扣除被告杨军、都邦财保厦门公司已分别支付的12 000元、10 000元）；（2）被告刘志成、宏仁医药公司、杨军、鑫博强公司应共同支付原告精神损害抚慰金50 000元；（3）被告人财保险龙海公司、都邦财保厦门公司分别在第三者责任强制险范围内承担责任。

2. 被告刘志成、宏仁医药公司共同辩称

（1）刘志成是宏仁医药公司职员，其驾车系履行职务的行为，因此将刘志成列为被告没有法律依据。（2）本案交通事故存在前后两个情节，根据《交通事故责任认定书》的认定，事故相关当事人均负同等责任。（3）两被告与本案其他被告不应承担连带责任，原告主张的损失是针对本案事故的第二个情节，而在该情节中，被告刘志成仅存在间接责任，另一被告杨军才是事故的直接责任人，相对于被告刘志成，杨军应该承担更大的责任。（4）原告主张的误工费、营养费、交通费、精神损害抚慰金缺乏事实和法律依据；护理费的要求明显过高；医疗费中的部分费用与本案无关。综上，请求法院依法判决。

3. 被告杨军、鑫博强公司共同辩称

（1）原告的损失首先应当由被告人财保险龙海公司、都邦财保厦门公司在机动车第三者责任强制保险责任限额范围内予以赔偿，不足的部分再由原告与被告宏仁医药公司、鑫博强公司按比例分担。（2）被告已垫付原告医疗费用12 000元，该部分费用应从原告主张的金额中扣除。（3）对原告主张的住院伙食补助费、残疾赔偿金、鉴定费无异议；原告主张的医疗费用中3 804.30元系原告自行在药店买药发生，与本案不具有关联性，且其中177 425.32元已由商业保险支付，该部分原告无权再向被告主张；原告提交的证据无法证明原告实际误工的损失，即使证据属实，其签订的聘用合同截止日期至2009年7月31日，误工损失也仅应计算到此时；原告主张每天护理费93元过高，应予调整；原告已主张住院伙食补助费，不应再主张营养费；原告主张的交通费及精神损害抚慰金不合理。

4. 被告人财保险龙海公司辩称

（1）有关原告主张的各项费用，答辩意见与被告杨军、鑫博强公司意见一致。（2）鉴定费、诉讼费不属于保险赔偿范围，不应由被告承担。

5. 被告都邦财保厦门公司辩称

（1）本案不应将商业责任险列入赔偿范围，本案仅应处理第三者强制责任险。（2）本案被告刘志成和原告的过错行为不仅引发第一次的事故碰撞，而且对第二次事故的发生起了决定性作用,在二起事故对原告造成的损失无法确认的情况下,应由两家保险公司各按原告损失的50%进行赔偿,之后第一次事故被告刘志成与原告按4∶6的比例,第二次事故原告、被告刘志成、杨军按3∶3.5∶3.5的比例分担责任。(3)被告已在交强险的范围内赔偿了原告10 000元,该款应从原告的主张中扣除。(4)鉴定费、诉讼费不属于保险赔偿范围,不应由被告承担。

(三) 事实和证据

福建省厦门市思明区人民法院经公开审理查明:2009年3月28日21时55分许,被告刘志成驾驶被告宏仁医药公司所有的闽D42346号轿车、沿南山路由西往东方向直行至事故路段时,该车左前角碰撞由南北横过道路的行人李雪娇和原告,致使李雪娇、原告倒卧于道路中间。而后,被告杨军驾驶被告鑫博强公司所有的闽DD8663号小型普通客车沿南山路由东往西方向直行至事故路段,该车左前轮碾压倒卧于路中的原告,造成行人李雪娇、原告受伤及闽D42346号轿车损坏的后果。随即,原告被送往厦门大学附属中山医院治疗,入院诊断为左侧孟氏骨折、胸部外伤、双侧气血胸、多发肋骨骨折、胸部皮下血肿、急性失血性休克、头部外伤、脑震荡、左顶头皮血肿、多处皮肤软组织挫伤、左胸及左肘皮肤烧伤。2009年4月29日,厦门市公安局交通警察支队湖里大队作出湖公交认字3502063200900019号《道路交通事故认定书》认定,第一情节:被告刘志成夜间雨天条件下行驶未降低行驶速度,未注意观察路面情况,导致车辆与行人相撞,对发生本起事故起一定的作用;李雪娇横过机动车道时,未从人行横道上横过道路的行为,对发生本起事故起一定的作用;原告横过机动车道时,未从人行横道上横过道路的行为,对发生本起事故起一定的作用;故被告刘志成、李雪娇、原告负事故的同等责任。第二情节:被告刘志成夜间雨天条件下行驶未降低行驶速度,未注意观察路面情况,导致车辆与行人相撞,对发生本起事故起一定的作用;被告杨军夜间雨天条件下行驶未降低行驶速度,未注意观察路面情况,导致车辆与行人相撞,对发生本起事故起一定的作用;原告横过机动车道时,未从人行横道上横过道路的行为,对发生本起事故起一定的作用;故被告杨军、刘志成、原告负事故的同等责任。2009年11月9日,原告出院(住院225天),医嘱:继续左上肢功能锻炼,避免剧烈运动,门诊定期复诊观察伤口情况,术后满6个月感染未发作方考虑下一步手术左尺骨植骨内固定治疗,随访观察;需陪护,需加强营养,休息两个月。2009年12月4日,原告因后遗症复发,再次到厦门大学附属中山医院住院治疗,入院诊断为左尺骨慢性骨髓炎。2010年1月12日,原告出院(住院39天),医嘱:继续观察患肢切口情况,适当运动,注意加强营养,增强机体抵抗力,若切口、患肢肿胀则立即到医院治疗,骨科门诊随访。原告住院期间,被告杨军、都邦财保厦门公司已分别向原告支付医疗费12 000元、10 000元。被告宏仁医药公司为李雪娇支付了住院期间的医疗费29 161.33元。

另查明,原告系中交第三航务工程有限公司厦门分公司(以下称第三航务公司)的退休职工。2008年10月7日,原告与第三航务公司签订《聘用退休干部合同》,约定:因工作需要,第三航务公司返聘原告担任企业年志编辑工作,聘用期限为自2008年10

月7日至2009年7月31日，每月聘用工资5000元。再查明，被告刘志成系被告宏仁医药公司的职员，事发时在履行职务；闽D42346号轿车的车主系被告宏仁医药公司，该车已在被告人财保险龙海公司投保交强险。被告杨军系被告鑫博强公司的职员，事发时在履行职务；闽DD8663号小型普通客车的车主系被告鑫博强公司，该车已在被告都邦财保厦门公司投保交强险。

本院在审理过程中，原告于2009年11月26日向本院申请对其伤残等级进行鉴定。本院依法委托福建方成司法鉴定中心进行鉴定。2010年1月22日，福建方成司法鉴定中心作出闽方成司鉴中心［2010］临鉴字第012号《法医临床鉴定书》认定：原告因交通事故致胸部肋骨多发骨折，其伤残等级评定为Ⅷ（八）级伤残；因交通事故致左上肢损伤术后继发慢性骨髓炎，其伤残等级评定为Ⅷ（八）级伤残；因交通事故致盆部损伤后致尿道狭窄，其伤残等级综合评定为Ⅸ（九）级伤残；因交通事故致胸部及左上肢皮肤烧伤致瘢痕形成，其伤残等级综合评定为Ⅹ（十）级伤残。2010年1月27日，原告向本院申请对其护理情况及后续治疗费进行鉴定。本院依法委托福建鼎力司法鉴定中心进行鉴定。福建鼎力司法鉴定中心认为后续治疗费现无法鉴定，但对护理情况于2010年4月8日作出闽鼎厦［2010］临鉴字第51号《司法鉴定意见书》认定：原告的损伤不需要护理依赖；护理期限评定为90天。

本案在审理过程中，原告于2009年12月11日向本院提出财产保全的申请，本院于2009年12月15日作出（2009）思民初字第11380号民事裁定书，分别冻结被告厦门鑫博强建材有限公司、厦门宏仁医药有限公司价值100 000元的财产。

（四）判案理由

福建省厦门市思明区人民法院经审理认为：本案的争议焦点在于：（1）原、被告应承担的责任比例。（2）原告主张的赔偿范围及金额。

1. 原被告应承担的责任比例

原告认为，被告刘志成与被告杨军在行驶时不慎撞倒原告，二者直接结合造成原告损害的后果，故应对原告的损失共同承担连带责任。

被告刘志成、宏仁医药公司认为，本事故应依交警的认定分为二个情节来看，原告主张的损失主要系针对第二个情节的损害提出的，被告杨军的不当驾驶造成原告受伤应承担60%的责任，而原告与被告刘志成、宏仁医药公司对第一个情节应作为整体承担责任，具体比例为原告、李雪娇各承担12%、被告刘志成、宏仁医药公司承担16%。

被告杨军、鑫博强公司认为，原告的损失首先应当由被告人财保险龙海公司、都邦财保厦门公司在机动车第三者责任强制保险责任限额范围内予以赔偿，不足的部分再由被告鑫博强公司与宏仁医药公司共同承担60%的赔偿责任。

被告都邦财保厦门公司认为，根据交警事故认定书应按二个情节各承担50%的赔偿责任，第一个情节承担的50%在保险公司赔付后，由原告与被告刘志成、宏仁医药公司按4∶6的比例分担；第二个情节承担的50%在保险公司赔付后，由原告、被告刘志成、宏仁医药公司、被告杨军、鑫博强公司按3∶3.5∶3.5的比例分担。

本院认为，根据交警事故认定书认定的事实，被告刘志成驾车将横穿马路的原告撞倒在地。随后原告被被告杨军驾驶的车辆碾压受伤。从这一过程来看，两被告对于事故的发生并不存在共同的过失，其各自的行为亦无法单独造成原告的损害结果，因而应认定两被告的行为间接结合导致原告损害结果的发生，二者应根据其过失大小及原因力比例承担相应的责任。二被告的行为结合原告横穿马路的过失行为，本院酌定原告自行承担25%责任，被告刘志成、杨军各承担37.5%的赔偿责任。鉴于事发时被告刘志成、杨军在履行职务，故其责任应由其单位被告宏仁医药公司、鑫博强公司分别承担。

2. 原告主张的赔偿范围及金额

(1) 医疗费 182 048.65 元

被告刘志成、宏仁医药公司、杨军、鑫博强公司认为原告主张的医疗费中有3 804.30元系原告自行购买的药物，缺乏相关病历及诊断证明佐证，对其关联性有异议，不应予以认定。本院认为，原告虽然提交了发票证明其自行购买的药物，但未进一步提交医嘱或诊断证明等证据佐证，故对该部分费用本院不予认定，对被告提出的答辩意见本院予以采纳，本院认定原告发生的医疗费为178 244.35元。

(2) 误工费 43 477.5 元

被告刘志成、宏仁医药公司认为原告无法证明其实际损失，误工费不应予支持。被告杨军、鑫博强公司认为原告提交的存折无法证明其自2009年4月工资未发放，故无法证明其实际损失；退一步说，原告的聘用合同期限仅为一年，无法证明之后双方仍存在聘用关系。误工费最多只应计至2009年7月31日。本院认为，误工费应从误工收入和误工时间两方面考虑，因原告属退休后返聘人员，其返聘单位出具的《证明》可证实其返聘收入及是否发放的情况，故原告提交的证据足以证明原告每月减少收入4 675元；误工时间上来看，虽然《聘用退休干部合同》约定"合同期限自2008年10月7日至2009年7月31日，聘用期结束后如因工作需要，聘用时间顺延至企业年志编辑工作完成，不再重新订立聘用合同"，但原告未再举证证明企业年志编辑工作至今尚未完成，故原告主张的误工时间应自2009年4月1日计算至2009年7月31日，即4个月，原告的误工费应为4 675元×4月＝18 700元。

(3) 护理费 34 845 元

被告认为原告主张每天护理费93元过高，应予调整；原告的护理期限为90天不应再加医嘱建议休息的期限。本院认为，从原告提供的护理费发票来看，原告在第一次住院期间发生护理费20 895元，本院予以认定；原告第二次住院未聘请护工，该期间的护理费本院认定70元×39天＝2 730元；经鉴定原告的护理期限为90天，本院不再支持原告另主张的医嘱休息时间，认定该期间的护理费为70元×90天＝6 300元，故原告的护理费应为29 925元。

(4) 营养费 21 120 元

被告均认为原告已主张了住院伙食补助费不应再主张营养赞。本院认为，营养费应根据受害人伤残情况并参照医疗机构的意见确定。本案原告因交通事故多处伤残，出院时按医嘱加强营养，故对原告该主张本院予以支持，但原告主张的金额偏高，本院予以调整为 10 000 元。

(5) 交通费 4 090.70 元

被告均认为原告主张的交通费过高,应予调整。本院认为,原告二次住院长达 264 天,其家属多次往返照顾原告必然发生较多交通费,结合原告提交的交通票据,本院对原告主张的交通费予以认定。

(6) 住院伙食补助费 15 840 元、残疾赔偿金 178 736.04 元、鉴定费 1 860 元,被告均无异议,本院予以认定。

(7) 精神损害抚慰金 50 000 元

福建省厦门市思明区人民法院认为,原告因本事故不仅肉体上受到伤害,精神上也遭受了痛苦,故原告主张精神损害抚慰金,有事实和法律依据,本院予以支持,但原告主张的数额偏高,考虑到本案侵害的手段、场合、行为方式、原告伤残等级、原告主观过错等具体情节,本院予以调整为 10 000 元。

综合以上第 1 至 6 项,原告共发生的费用为:医疗费 178 244.35 元、误工费 18 700 元、护理费 29 925 元、营养费 10 000 元、交通费 4 090.70 元、住院伙食补助费 15 840 元、残疾赔偿金 178 736.04 元、鉴定费 1 860 元,以上共计 437 396.09 元。根据相关规定,被告人财保险龙海公司、都邦财保厦门公司应在第三者强制保险责任限额内承担责任,鉴于被告都邦财保厦门公司已支付原告医疗费 10 000 元,被告都邦财保厦门公司尚应支付原告死亡伤残赔偿金 110 000 元;被告人财保险龙海公司应承担医疗赔偿金 10 000 元及死亡伤残赔偿 110 000 元。上述金额扣除保险公司承担的限额后(437 396.09 元－240 000 元＝197 396.09 元)由原告与被告宏仁医药公司、鑫博强公司按 25%、37.5%、37.5% 的比例承担,即被告宏仁医药公司、鑫博强公司应各承担 74 023.53 元,但被告鑫博强公司负担部分应扣除其已支付的 12 000 元为 62 023.53 元。另二被告尚应各支付原告精神损害抚慰金 5 000 元。

(五) 定案结论

福建省厦门市思明区人民法院依照《中华人民共和国道路交通安全法》第七十六条,《最高人民法院关于审理人身损害赔偿案件适用法律若干问题的解释》第三条第二款、第八条、第十八条第一款、第十九条、第二十条、第二十一条、第二十二条、第二十三条第一款、第二十四条、第二十五条第一款,《最高人民法院关于确定民事侵权精神损害赔偿责任若干问题的解释》第八条、第九条,《中华人民共和国民事诉讼法》第六十四条第一款之规定,作出如下判决:

1. 被告中国人民财产保险股份有限公司龙海支公司应于本判决生效之日起十日内一次性支付原告林良才人身损害赔偿金 120 000 元;

2. 被告都邦财产保险股份有限公司厦门分公司应于本判决生效之日起十日内一次性支付原告林良才人身损害赔偿金 110 000 元;

3. 被告厦门宏仁医药有限公司应于本判决生效之日起十日内一次性支付原告林良才人身损害赔偿金 74 023.53 元、精神损害抚慰金 5 000 元;

4. 被告厦门鑫博强建材有限公司应于本判决生效之日起十日内一次性支付原告林良才人身损害赔偿金 62 023.53 元、精神损害抚慰金 5 000 元;

5. 驳回原告林良才的其他诉讼请求。

(六) 解说

前车发生交通事故,后车来不及采取措施导致的二次碰撞或二次碾压的事故,称为"二次交通事故"。这类事故的特征在于前后两起事故的侵权行为人在主观上没有共同的故意,也没有共同的过失,即没有共同的意思联络,只是因为数个侵权行为人所不能预见和认识的客观的、外来的、偶然的情况,使数个侵权行为人的行为偶然结合而造成同一损害后果,这属于法定的特殊的侵权方式。《最高人民法院关于审理人身损害赔偿案件适用法律若干问题的解释》第三条规定:"二人以上共同故意或者共同过失致人损害,或者虽无共同故意、共同过失,但其侵害行为直接结合发生同一损害后果的,构成共同侵权,应当依照民法通则第一百三十条规定承担连带责任。二人以上没有共同故意或者共同过失,但其分别实施的数个行为间接结合发生同一损害后果的,应当根据过失大小或者原因力比例各自承担相应的赔偿责任。"《中华人民共和国侵权责任法》第十一条规定:"二人以上分别实施侵权行为造成同一损害,每个人的侵权行为都足以造成全部损害的,行为人承担连带责任";第十二条规定:"二人以上分别实施侵权行为造成同一损害,能够确定责任大小的,各自承担相应的责任;难以确定责任大小的,平均承担赔偿责任。"

这种特殊的侵权方式系由各侵权行为叠加结合造成同一损害,但各侵权行为所造成的损害大小一般很难区分,如果让受害人举证证明各侵权行为对其造成的损害的大小,那受害人很有可能因为举证不能而无法得到及时有效的救济,为了给予受害人最有力的保障和救济,现行法律对这种特殊的侵权方式的责任承担方式作出明确规定:以各侵权行为的结合方式即直接结合或间接结合、各侵权行为是否都足以造成全部损害来划分责任的承担方式即连带责任或按份责任。"各行为是否都足以造成全部损害"的划分标准相对比较好理解,但"直接结合"和"间接结合"这一划分标准是值得仔细推敲的:(1) 立法本意:《最高人民法院关于审理人身损害赔偿案件适用法律若干问题的解释》第三条将"直接结合"的情形纳入"共同侵权"的范畴,对应连带责任,"直接结合"情形中,侵权行为人对受害人的加害部分不明确,并且每一侵权行为均可独立产生同一的损害后果,就单个独立的侵权行为来讲,侵权行为人应当就全部的损害后果承担赔偿责任,这实际上是在各侵权行为人之间形成了不真正的连带之债,各侵权行为人之间互相承担连带责任并未超出侵权行为人自己的责任范围,这与各侵权行为人对损害后果产生的过错是相吻合的。而"间接结合"的情形独立于"共同侵权",对应的是"按份责任",是因为在为受害者寻求保护和救济的同时,考虑"间接结合"的情形中,部分侵权者的侵权行为只是一个参与因素,与损害后果没有直接因果关系,如果对其课以连带责任,则加重了这部分侵权者的责任,不符合法律公平公正的原则,"间接结合"对应"按份责任"系为了平衡受害者和侵权者之间的利益。(2) 概念解释。最高人民法院关于《人身损害赔偿司法解释的理解与适用》对"直接结合"和"间接结合"的含义阐述如下:"直接结合"和"间接结合"都具有偶然因素,但"直接结合"指数个行为结合非常紧密,对加害后果而言,各自的原因力和加害部分无法区分;"间接结合"指各行为对损害结果而言并非全部都是直接或必然导致结果发生的行为,其中某些行为或原因只是为另一个行为或原因直接或者必然导致损害结果发生创造了条件,而本身不会也不可能直接或必然引发损害结果。另外,杨立新主编的《人身损害赔偿司法解释释义》中,将"直接结合"的解释为,数个行为直接结合,共同成为受害人损害发生的原因,也就是受害人发生损害的原因只有一个,在因果关系的形态中,属于一因一果的情形,且数个行为造成的损害后果是同一的,不可分割。综上可见,在"直接结合"情形中,各侵权行为人的行为具有关联共同性并构成一个统一的不可分割的行为整体,且各侵权行为人的行为均构成损害后果发生原因不可或缺的一部分,而"间接结合"情形中,导致受害者损害的是后一个与其有直接因果关系的侵权行为,前一个侵权行为只是后一个侵权行为的条件,前一个侵权行为与损害结果没有必然的关系。本案中,原告伤残是由被告杨军驾车碾压直接造成的,被告刘志成驾车碰撞原告导致原告横倒路中央是被告杨军驾车碾压原告的条件之一,并不是原告伤残的后果不可或缺的原因,即使不存在被告刘志成驾车碰撞原告的行为,仅仅被告杨军驾车碾压原告这一行为也可能造成原告的伤残。另外,参考另一划分标准"是否都足以造成全部损害",本案中,很明显,仅仅被告刘志成驾车碰撞原告导致原告横倒路中央的行为是不可能造成原告因为碾压造成伤情,即只有被告刘志成驾车碰撞原告导致原告横倒路中央的行为是不足以造成全部损害的,因此,本案中,被告杨军和被告刘志成对事故的损害应当承担按份责任。

(福建省厦门市思明区人民法院　李莹)

51. 郑兰诉肖平人身损害赔偿案
(损失分担)

(一) 首部

1. 判决书字号

一审判决书:四川省金堂县人民法院(2010)金堂民初字第941号。

二审判决书:四川省成都市中级人民法院(2010)成民终字第3666号。

2. 案由:人身损害赔偿纠纷。

3. 诉讼双方

原告(被上诉人):郑兰,女,汉族,农民,住四川省宜宾市翠屏区。

委托代理人(一审、二审):何华明,四川尺度律师事务所律师。

被告（上诉人）：肖平，男，汉族，农民，住四川省金堂县云合镇。
委托代理人（一审）：肖建，男，汉族，农民，住四川省金堂县云合镇。系被告肖平之兄。

4. 审级：二审。

5. 审判机关和审判组织

一审法院：四川省金堂县人民法院。

合议庭组成人员：审判长：龙吉成；代理审判员：刘正权、张莉娟。

二审法院：四川省成都市中级人民法院。

合议庭组成人员：审判长：杨桓；代理审判员：邓凌志、于洋。

6. 审结时间

一审审结时间：2010年6月25日。

二审审结时间：2010年10月26日。

（二）一审诉辩主张

1. 原告郑兰诉称

原、被告双方于2007年5月相识，同年9月开始同居。同居期间，被告致原告怀孕三次，前两次均人工流产处理，第三次怀孕被四川大学华西第二医院确诊为异位妊娠（宫外孕），于2010年1月4日手术切除右侧输卵管，经法医鉴定损伤程度为八级伤残。因输卵管切除后可能终身不育，被告在原告出院后便与原告分手。被告的行为给原告的身心造成了极大伤害。请求判令被告补偿原告残疾赔偿金83 448元、误工费3 998元、护理费2 250元、住院伙食补助费2 250元、交通费895元、营养费1 000元等，共计93 841元。

2. 被告肖平辩称

原、被告双方恋爱同居系双方自愿，原告作为成年人，应当为自己的行为负责。宫外孕发生的概率相当小，与女性自身的特殊生理结构有必然关系，被告没必要也不可能预见到损害的发生。因此，被告没有过错，不构成侵权。被告支付了医疗费用，并对原告精心护理，分手后又为原告租房，给原告补偿金及物品等累计花费24 979元。请求驳回原告的诉讼请求。

（三）一审事实和证据

四川省金堂县人民法院经公开审理查明：2007年5月，离婚后的被告肖平与原告郑兰在网上相识，2007年9月起在成都市区同居生活。同居期间，原告郑兰先后三次怀孕，前两次均人工流产处理。原告郑兰第三次怀孕后，先到成都市成华区妇幼保健院做人工流产手术，因不宜立即做手术，住院观察一周后，2009年12月31日，转入四川大学华西第二医院住院治疗，诊断为"右输卵管狭部妊娠，肠粘连，慢性乙肝病毒携带者"。2010年1月4日，行"腹腔镜下右输卵管切除术＋肠粘连松解术"，1月6日出院，出院医嘱休息一月。原告郑兰住院治疗共花去医疗费 10 156 元。2010 年 2 月 3 日，双方协商终止同居生活，并订立"分手协议"。2 月 5 日，经四川求实司法鉴定所鉴定，郑兰右输卵管切除的致残等级为八级伤残。原告郑兰住院治疗期间，均由被告肖平护理。被告肖平支付医药费 7 400 元、伤残鉴定费 750 元，原告郑兰支付医药费 2 756 元（含手术后并发症治疗费用 756 元）。分手后，被告肖平为原告郑兰租房支付租金等费用 3 500 元，支付原告郑兰误工等补偿金 900 元。

另查明，原告郑兰长期在成都务工，暂住于成都市成华区府青路东三街 3 号 1 栋 2 楼 13 号；被告肖平自 2008 年 2 月起在成都市成华区保安服务公司上班。2007 年 5 月，被告肖平与前妻的离婚协议约定，15 岁的婚生女由肖平抚养。2009 年度四川省城镇居民人均可支配收入为 13 904 元。

上述事实有下列证据证明：

1. 2010 年 2 月 3 日原告郑兰与被告肖平签订的《分手协议》。
2. 四川大学华西第二医院住院病历、出院证明及医疗费发票。
3. 四川求实司法鉴定所川求实鉴〔2010〕临鉴 442 号法医学鉴定意见书。
4. 成都市公安局签发的 510108991200090 2003547 号成都市暂住证，该暂住证载明，暂住人为郑兰，有效期为 2009 年 2 月 25 日至 2010 年 2 月 24 日。
5. 成都市保安服务公司成华区分公司关于肖平在该公司工作的证明等。
6. 双方当事人的当庭陈述等。

（四）一审判案理由

四川省金堂县人民法院经审理认为：原告因宫外孕手术所产生的损失，根据《最高人民法院关于审理人身损害赔偿案件适用法律若干问题的解释》（以下简称《人身损害赔偿解释》）第十九条"医疗费根据医疗机构出具的医药费、住院费等收款凭证，结合病历和诊断证明等相关证据确定"的规定，医疗费确定为 10 156 元。原告主张住院伙食补助费 2 250 元，依照《人身损害赔偿解释》第二十三条"住院伙食补助费可以参照当地国家机关一般工作人员的出差伙食补助标准予以确定"的规定，按当地国家机关一般工作人员的出差伙食补助标准计算，住院伙食补助费为 15 天×20 元/天＝300 元。原告主张营养费 1 000 元，依照《人身损害赔偿解释》第二十四条"营养费根据受害人伤残情况参照医疗机构的意见确定"的规定，酌定营养费每日按 10 元计算，营养费为 15 天×10 元/天＝150 元。原告主张残疾赔偿金 83 448 元，依照《人身损害赔偿解释》第二十五条"残疾赔偿金根据受害人丧失劳动能力程度或者伤残等级，按照受诉法院所在地上一年度城镇居民人均可支配收入或者农村居民人均纯收入标准，自定残之日起按二十年计算。但六十周岁以上的，年龄每增加一岁减少一年；七十五周岁以上的，按五年计算"的规定，原告郑兰居住在城镇，且收入来源于城镇，故残疾赔偿金应当按城镇居民标准计算，即 13 904 元/年×20 年×30％＝83 424 元。原告主张交通费 895 元，依照《人身损害赔偿解释》第二十二条"交通费根据受害人及其必要的陪护人员因就医或者转院治疗实际发生的费用计算。交通费应当以正式票据为凭"的规定，原告未提交相应的交通费正式票据，结合本案的具体情况，酌情认定为500元。此外，因鉴定伤情，产生鉴定费750元。原告主张护理费2 250元，因原告郑兰住院治疗期间由被告肖平护理，原告也未提供其他人护理的证据，对此主张不予采纳。原告主张误工费3 998元，依据《人身损害赔偿解释》第二十条"误工费根据受害人的误工时间和收入状况确定"的规定，原告虽然提供了"出院休息一月"的医嘱，但未提供实际误工的时间和误工所减少的收入，况且被告已实际支付了一定的误工补偿金，该主张证据不足，本院不予以采纳。上述各项损失共计为95 280元。

原告郑兰与被告肖平同居期间，多次怀孕并人工流产，是双方避孕不当的结果。但原、被告的性行为并不必然导致原告郑兰怀孕，即使致孕也并不必然导致原告郑兰宫外孕。从医学角度来说，是否出现宫外孕的结果，与受孕女性自身特殊生理结构有必然的关系，且因输卵管狭部妊娠造成输卵管切除的概率极小。被告肖平与原告郑兰发生性行为时，导致原告郑兰右输卵管狭部妊娠的后果是被告肖平不应当也不可能预见的，故被告肖平对原告郑兰损害后果的发生没有主观上的过错，不构成侵权。鉴于原告郑兰右输卵管切除，属八级伤残，后果较为严重，由其独自承担损害后果显失公平。依照公平原则，根据实际情况，决定由双方分担损失，酌定由被告肖平承担50%的损失。被告肖平关于驳回原告郑兰诉讼请求的抗辩意见，理由不能成立，本院不予采纳。原告郑兰的各项损失共计为95 280元，被告肖平承担其中的50%即47 640元，扣除已支付的医疗等费用12 550元，尚应当补偿原告郑兰35 090元。

（五）一审定案结论

四川省金堂县人民法院依照《中华人民共和国民法通则》第一百三十二条，《最高人民法院关于审理人身损害赔偿案件适用法律若干问题的解释》第十九条、第二十二条、第二十三条、第二十四条、第二十五条之规定，作出如下判决：
1. 被告肖平在本判决生效之日起7日内给付原告郑兰人民币35 090元。
2. 驳回原告郑兰的其他诉讼请求。
案件受理费1 300元，由原告郑兰负担650元，被告肖平负担650元。

（六）二审情况

1. 二审诉辩主张
（1）上诉人肖平诉称
原审法院既然认定被上诉人肖平对郑兰损害结果的发生没有主观上的过错，不构成侵权，又判定肖平承担民事责任不当。请求撤销原判，依法改判上诉人肖平不承担责任。
（2）被上诉人郑兰服从判决，认为一审法院认定事实清楚，适用法律正确，请求驳回上诉，维持原判。
2. 二审事实和证据
四川省成都市中级人民法院经审理，确认一审法院认定的事实和证据。

3. 二审判案理由

四川省成都市中级人民法院经审理认为：郑兰与肖平同居后，双方忽视身体健康、怠于采取避孕措施，致郑兰多次怀孕、人工流产，对其身体损害极大。虽然肖平对郑兰损害后果的发生没有主观上的过错，不构成侵权。但原审法院鉴于郑兰右输卵管切除，属八级伤残，后果较为严重，由其独自承担显失公平，故依照公平原则及实际情况，酌定由肖平承担50%的损失并无不当。肖平的上诉请求，本院不予支持。原审法院认定事实清楚，适用法律正确，应予以维持。

4. 二审定案结论

四川省成都市中级人民法院依照《中华人民共和国民事诉讼法》第一百五十三条第一款第一项之规定，作出如下判决：

驳回上诉，维持原判。

一审案件受理费及其他诉讼费的负担按一审判决执行；二审案件受理费1 300元，由肖平负担。

(七) 解说

本案是一起双方当事人对损害结果的发生均无过错，由法官决定当事人双方分担损失的案件。主要涉及以下两个问题：

1. 关于肖平对郑兰损害结果的发生是否存在过错的认定

一般情况下，过错是侵权责任构成的重要因素，行为人有无过错，决定着其应否承担侵权责任，过错的程度，决定着其承担责任的大小。过错是一个主观和客观要素相结合的概念，是指支配行为人从事在法律上应非难的行为的故意和过失心态。判断行为人是否存在过错，就是分析行为人对损害结果的发生是否存在故意或者过失。故意是指行为人对特定的或可以特定的损害结果的发生是明确知道的，努力追求或者放任这种损害后果发生的心理状态。故意是典型的过错形式，在具体案件中，通过考察行为人是否应当认识或预见其行为的后果，容易判定行为人是否具有希望或放任其行为后果发生的故意心态，而对行为人是否存在过失则较难判断。

过失是与故意相对的过错形式，可以分为疏忽与懈怠两种情况。前者是指行为人对于特定或可以特定的损害结果的发生，应当预见并且具有预见的可能性但却没能预见的心理欠缺，后者是指行为人对于特定或可以特定的损害结果的发生，虽然已经预见却轻信能够避免以至于发生了损害后果的心理状态。过失的核心不在于行为人因为疏忽或者懈怠而对其行为的结果未能预见或未加注意，而在于行为人违反了对他人的注意义务并造成了他人的损害。注意义务包括一般注意义务与特殊注意义务。一般注意义务即法律规定不得侵犯他人人身、财产的注意义务，特殊的注意义务即行为人在实施行为时应对他人的特定注意义务。两种注意义务都要求行为人在已经或应当预见到自己行为已违反法律规定，其行为已处于一种即将造成他人损害后果的危险状态时，应当采取合理的作为或不作为方式排除这种危险状态。在司法实践中，判定行为人是否存在过失，是否违反了法律规定的注意义务，就是以一个合理的、谨慎的人的标准来衡量行为人的行为。

如果行为人按照一个合理的、谨慎的人那样行为或不行为，则其没有过错，反之则有过错。从主观方面看，应具体分析行为人的生理状况、身体状况、智力状况、业务技术水平、受教育程度、专业知识、生活习惯等，以确定其在当时情况下，是否应该或者能够选择合理的行为。从客观方面来看，应具体分析行为人在特定环境下所从事行为的性质和特点、行为是否具有致他人损害危险发生的概率、行为所危及的利益范围等，以决定行为人是否具有过错。

回到本案，肖平、郑兰同居期间，郑兰先后三次怀孕，三次行人工流产手术，表明双方均不追求或放任怀孕这一结果的出现，三次怀孕并非双方故意的结果，而是因双方避孕不当的过失所致。现代医学表明，是否出现宫外孕，取决于受孕女性自身生理结构及健康状况，或因输卵管炎，或因输卵管发育不良、畸形，或因输卵管过长、有憩室等，均可导致输卵管妊娠。同时，因输卵管狭部妊娠造成输卵管切除这一结果的概率极小。肖平、郑兰均系普通人，在不清楚郑兰生理结构及健康状况的情况下，二人均无法如同妇科专业人员那样去预见因避孕不当致输卵管狭部妊娠的可能性，不应当也不可能预见因输卵管狭部妊娠造成输卵管切除这一损害后果。肖平、郑兰对损害后果的发生，双方均既不存在主观上的故意，也不存在主观上的过失。一、二审法院认定肖平对郑兰身体的损害没有过错，不构成侵权，不承担侵权的民事责任，并依照公平原则确定由双方分担损失，是正确的。

2. 关于"可以根据实际情况"在当事人间公平分担损失

当损害发生后无法适用过错归责原则处理时，如何在双方当事人之间分担损失，对此，《中华人民共和国民法通则》第一百三十二条规定："当事人对造成损害都没有过错的，可以根据实际情况，由当事人分担责任"，2010年7月1日施行的《中华人民共和国侵权责任法》第二十四条亦作了类似的规定："受害人和行为人对损害的发生都没有过错的，可以根据实际情况，由双方当事人分担损失。"在审判实践中，如何把握"可以根据实际情况"，我们认为，应当以平衡当事人间的财产关系为目的，从社会公众认同的公平正义观和诚实信用、互助友爱、扶贫济困传统美德，有利于构建和谐稳定的社会关系的角度，着重从必要性与可能性两个方面，考量以下问题：一是受害人遭受损害的类型。受害人遭受的损害主要有财产性损害和非财产性损害两类。财产性损害相对客观，损害的赔偿、补偿方式主要为恢复原状或金钱赔偿，一般可用金钱衡量，当事人之间对损失总额争议较少，比较容易由当事人双方分配各自承担的数额。非财产性损害主要指精神上、肉体上的痛苦等，这种损害具有很难以金钱衡量的特性，其救济方式除了金钱赔偿或补偿外，还包括赔礼道歉、消除影响、恢复名誉等无法在当事人之间进行分担的形式。对这种损害赔偿数额的确定，具有较强的主观性，若由双方当事人予以分担，容易引起争议，也不便操作。因此，应当在当事人双方间分担损失的损害，应当是指财产性损害。当然，人身损害案件中的医疗费、护理费、误工费、丧葬费等，根据定型化公式可以计算出相对确定的数额，在表现形式上与财产性损害造成的损失并无不同，对上述费用的支出，仍可由当事人分担。二是受损害的程度与实际遭受经济损失的大小。受损害的程度，应当达到相当的程度，实际遭受经济损失也应当达到一定的程度。在具体把握上，一方面，应当以若不分担损失，受害人将受到严重的损害，有悖于民法公平、正义观念，因而必须对受害人的损失采取分担的方法予以补救为标准；另一方面，应当以分担损失的必要性为标准，若损害的程度显著轻微,受害人遭受的经济损失极小,或者虽然损害程度较重,但受损害一方通过购买保险等方式已基本弥补了损失,一般应当由受害人自行承担损失,若让另一方当事人分担其损失,既有悖于公平、正义观念,也可能导致受害人轻易提起诉讼、增加整体司法成本等不良指引。三是双方当事人的经济状况。主要是比较双方当事人的实际经济收入、必要的经济支出和应对家庭、社会承担的经济负担等,以确定是否在当事人间分担损失,如何分担损失。如果行为人的经济状况优于受害人的经济状况,或者与受害人的经济状况大致相当,在确定双方分担损失的比例时,应由行为人承担更大比例的损失;如果行为人的经济状况明显不如受害人的经济状况时,应由受害人分担更大比例的损失。此外,法律规定的"可以"并非强制性规定,人民法院也可以不在双方当事人间分担损失,而确定由一方当事人承担。在受害人因损害发生造成经济状况严重恶化,而行为人经济状况又较好时,可由行为人承担全部损失;在行为人自身经济状况极差,而受害人经济状况又较好时,可以由受害人自行承担全部损失。

具体到本案,郑兰所受的人身损害属于性器官功能性损害,虽然该非财产性损害造成的损失应当适用过错责任原则,但医疗费、残疾赔偿金等根据定型化公式可以计算出相对确定数额,在表现形式上与财产性损害造成的损失并无不同,上述费用可以由双方当事人分担。一、二审法院对此认定是正确的。在对当事人分担数额的确定上,一审法院考虑到郑兰性器官功能性损害,已达八级伤残程度,损害后果较为严重,所受损失并未分散,实际遭受了较大的经济损失,存在分担损失的必要性;同时,肖平与郑兰的经济收入基本相当,肖平虽然尚要扶养未成年的婚生女,但仍有一定的承受能力,存在分担损失的可能性。但考虑肖平尚要扶养未成年的婚生女,经济状况略次于郑兰,决定由双方平均分担,既没有采纳郑兰要求对方分担大部分损失的主张,也没有采纳肖平"自己无过错不分担损失"的主张,较好地平衡了肖平、郑兰间的财产关系,体现了民法的公正原则,符合《中华人民共和国民法通则》第一百二十三条规定的立法精神,是正确的,二审法院对此予以维持也是正确的。

(四川省金堂县人民法院 张顺强)

52. 王伯诚诉中银国际证券有限公司北京宣外大街证券营业部、中银国际证券有限责任公司财产损害赔偿案
(账户交易安全保障义务)

(一) 首部

1. 判决书字号

一审判决书:北京市宣武区人民法院(2009)宣民初字第01682号。

二审判决书:北京市第一中级人民法院(2010)一中民终字第03472号。

2. 案由：财产损害赔偿纠纷

3. 诉讼双方

原告（上诉人）：王伯诚，男，汉族，嘉鑫钢铁集团员工，住北京市海淀区。

委托代理人：肖永成，男，北京市京都律师事务所律师。

委托代理人：常俊峰，男，北京市京都律师事务所律师。

被告（被上诉人）：中银国际证券有限责任公司北京宣外大街证券营业部，住所地：北京市海淀区宣外大街。

负责人：王耀纲，总经理。

委托代理人：于淞琳，男，北京市大地律师事务所律师。

委托代理人：王晨，女，中银国际证券有限责任公司北京宣外大街证券营业部职员，住北京市海淀区。

被告（被上诉人）：中银国际证券有限责任公司（上海），住所地：上海市浦东新区。

法定代理人：唐新宇，董事长。

委托代理人：王晨，女，中银国际证券有限责任公司北京宣外大街证券营业部职员，住北京市海淀区。

4. 审级：二审。

5. 审判机关和审判组织

一审法院：北京市宣武区人民法院。

合议庭组成人员：审判长：甄红；人民陪审员：张京颖、李桂荣。

二审法院：北京市第一中级人民法院。

合议庭组成人员：审判长：刘辉；审判员：张兰珠、陈立新。

6. 审结时间

一审审结时间：2009年11月30日。

二审审结时间：2010年4月20日。

（二）一审诉辩主张

1. 原告王伯诚诉称

2007年4月，经他人介绍，我与中银证券宣外大街营业部客户部经理张洁相识，在她的煽动下，我清理了其他证券公司的股票，张洁将相关开户资料带到中银证券宣外大街营业部办公室，在我未在现场的情况下，将我的证券业务全部转到中银证券宣外大街营业部。自2007年4月至2008年3月，就具体股票交易事宜，我通过电话和手机短信与张洁联系。2008年6月，我在核实股票交易记录时，发现很多股票交易，我并未作出委托和指令。例如，2007年6月7日10点32分，我正在赴烟台的飞机上，发生了ST罗牛股份5 000股的股票买入。经核实，交易是通过电脑委托进行，IP地址为218.97.242.172。该IP地址出自北京。我不可能在飞机上使用北京的IP地址交易。该笔股票给我造成经济损失。为此，我要求二被告赔偿该ST罗牛股份5 000股交易时计价32 344.9元及利息,自2007年6月7日至本案结束日计算利息。

2. 被告中银证券宣外大街营业部辩称

2007年4月24日,原告申请在被告处开设证券交易账户,并按照规定提供了身份证等开户资料。被告经审核,与其签署了证券交易委托代理协议书。同时,原告还签署了开户申请表(资金)、上海证券指定交易协议书、网上委托协议书、证券经纪人权限揭示书等文件。经审核无误,被告为其开设了资金账户,原告有权通过被告的网络系统进行证券交易。被告为原告开设账户的行为符合法律规定,不存在任何侵权行为。原告称自己未作出委托和指令的情况下,在飞机上发生股票交易,从而认为是被告私自在其账户中进行股票交易,其主张完全没有事实和法律依据。在被告的交易系统记录中,明确记录着原告全部交易委托均来自客户端,通过校验客户账户和密码的方式正常委托交易。原告的交易密码和资金密码由其本人掌握,被告不可能掌握其交易密码和资金密码,因而也不可能在其账户中进行任何证券买卖操作。原告在出差期间发生了非本人操作的证券交易,只能证明其相关密码告知了他人或密码失密。如果原告将密码告知了他人或密码失密,则其他人同样可以在其账户上进行买卖。这些行为与被告无关,因此不同意原告的诉讼请求。

3. 被告中银国际证券有限责任公司(上海)经合法传唤未到庭应诉。

(三) 一审事实和证据

北京市宣武区人民法院经公开审理查明:2007年4月24日,原告在被告中银证券宣外大街营业部员工张洁的帮助下,办理了在被告处开户手续。2007年6月7日10点32分,原告正在赴烟台的飞机上,发生了ST罗牛股份5 000股的股票买入。交易是通过电脑委托进行,IP地址为218.97.242.172。该IP地址不属于被告,属于北京奥捷特广告有限公司,地址在本区宣外大街庄胜广场东翼1526号,该IP地址有效期从2005年7月25日至2006年7月24日,2006年7月24日后已关闭。张洁于2006年12月1日与中银证券宣外大街营业部签订了为期两年的《证券经纪人服务协议》,2008年11月30日期满从中银证券宣外大街营业部离职。张洁在接受本院调查中否认帮助过原告交易股票。审理中,原告到公安机关报案,未立案。原告要求调查其与张洁的手机短信记录,本院为其开具了调查令,但在调查期限内未提交相关证据。另查,中银证券宣外大街营业部是中银证券公司的分支机构,中银证券公司经本院依法传唤未应诉。

上述事实有下列证据证明:

1. 开户申请表(资金),证明2007年4月24日,原告在被告中银证券宣外大街营业部员工张洁的帮助下,办理了开户手续。

2. 原告自2007年4月起至2008年4月之间的555笔股票交易委托记录清单,证明2007年6月7日10点32分,原告股票账户发生了ST罗牛股份5 000股的股票买入,委托方式为电脑委托,IP地址为:218.97.242.172.

3. (2009)京方圆内经证字第00022号公证书,证明2007年6月7日9点45分,原告自北京赴烟台飞机途中,不可能在飞行期间发生ST罗牛股份5 000股的股票委托。

4.(2008)京方圆内经字第82242公证书,证明ST罗牛股份5 000股的股票交易,IP地址为:218.97.242.172.该IP地址出自北京。

5. 2009年2月18日,北京市宣武区人民法院至北京光环新网数字技术有限公司制作的调查笔录,证明IP地址218.97.242.172.属于北京奥捷特广告有限公司,公司地址为北京市宣武区宣外大街庄胜广场东翼1526号,该IP地址有效期从2005年7月25日至2006年7月24日,2006年7月24日后关闭。

6. 2009年3月11日,北京市宣武区人民法院对张洁所作的调查笔录,证明张洁否认其帮助原告进行过股票交易。

7. 证券经纪人服务协议,证明张洁于2006年12月1日与中银证券宣外大街营业部签订了为期两年的《证券经纪人服务协议》,2008年11月30日期满从中银证券宣外大街营业部离职。

(四)一审判案理由

北京市宣武区人民法院经审理认为:当事人对自己提出的主张,有责任提供证据。现原告主张被告擅自用其账户进行证券买卖操作,但所提供的证据不足以证明该主张,因此,对原告的诉讼请求,本院不予支持。被告中银证券宣外大街营业部辩称原告的交易密码和资金密码由其本人掌握,被告不可能掌握其交易密码和资金密码,因而也不可能在其账户中进行任何证券买卖操作。原告在出差期间发生了非本人操作的证券交易,只能证明其相关密码告知了他人或密码失密,与被告无关。该抗辩理由成立,本院予以采信。本案被告中银证券公司经本院合法传唤,未到庭应诉,视为其放弃了答辩和质证的权利,本院依法缺席审判。

(五)一审定案结论

北京市宣武区人民法院依据《中华人民共和国民事诉讼法》第六十四条、第一百三十条,《最高人民法院关于民事诉讼证据的若干规定》第七十六条之规定,作出如下判决:

驳回原告王伯诚的诉讼请求。

案件受理费608元,由原告王伯诚负担(已交纳304元),自本判决生效后七日内交纳。

(六)二审情况

1. 二审诉辩主张

(1)上诉人王伯诚诉称

原审判决认定事实和适用法律错误。我的股票进行交易的电脑IP地址在股票交易时已被关闭,因而在原审中我要求对该IP地址进行技术鉴定,以确认该IP地址在关闭情况下是否可以正常使用、能否进入中银证券宣外大街营业部的电脑进行交易，但原审法院对我的申请未予重视，只是电话咨询了有关部门，从而导致事实的认定错误。同时，我在原审中要求追加涉案 IP 地址注册单位的股东为共同被告，但原审法院未予追加。通过该涉案 IP 地址交易我的股票多达 48 笔，涉案金额二百多万元，已涉嫌职务犯罪，法院应移送公安机关进行查处，但原审法院未予移送。上诉请求是：撤销原审判决，依法改判由中银证券公司及中银证券宣外大街营业部承担赔偿责任。

（2）被上诉人中银证券公司与中银证券宣外大街营业部辩称

原审判决认定事实清楚，适用法律正确，应予维持。涉诉 IP 地址的性质和归属与本案无关，王伯诚未提供任何证据证明是我公司擅自用其账户进行证券买卖操作，涉诉交易与我公司无关，我公司没有任何过错，不应承担任何的责任。

2. 二审事实和证据

北京市第一中级人民法院经审理，确认一审法院认定的事实和证据。

3. 二审判案理由

北京市第一中级人民法院经审理认为：《最高人民法院关于民事诉讼证据的若干规定》第二条规定，当事人对自己提出的诉讼请求所依据的事实或者反驳对方诉讼请求所依据的事实有责任提供证据加以证明。没有证据或证据不足以证明当事人的事实主张的，由负有举证责任的当事人承担不利后果。本案中，王伯诚认为中银证券宣外大街营业部在其股票交易中存在过错因而要求中银证券公司及中银证券宣外大街营业部承担赔偿责任。对此，王伯诚应提供相应的证据证明中银证券宣外大街营业部在其股票交易中存在过错、存在损害结果且该过错与其损害结果具有因果关系，但王伯诚提供的证据不能证明上述待证事实。一般而言，股票交易的账户和密码通常由开户人保管，作为具有完全民事行为能力的成年人，王伯诚应知道开户名称和交易密码的重要性，王伯诚称系中银证券宣外大街营业工作人员张洁代其进行交易并知道密码，但就此未提供证据。对其该项主张，本院不予支持。

关于王伯诚提出的鉴定、追加当事人和涉嫌职务犯罪问题，因鉴定与追加当事人并非本案所必须，且没有充分的证据证明存在职务犯罪问题，如果王伯诚认为涉嫌犯罪，其应向公安机关报案，故王伯诚的上述理由均不能成立。

4. 二审定案结论

北京市第一中级人民法院经审理认为，王伯诚的上诉请求和理由缺乏事实和法律依据，本院不予支持。综上所述，原审判决认定事实清楚，适用法律正确，应予维持。依据《中华人民共和国民事诉讼法》第一百五十三条第一款第（一）项之规定，作出如下判决：

驳回上诉，维持原判。

一审案件受理费 608 元，由王伯诚负担（已交纳）；

二审案件受理费 608 元，由王伯诚负担（已交纳）。

（七）解说

1. 负有举证责任的当事人对自己的诉讼请求未提供充分的证据加以证明时，应承

担败诉的不利后果

原告王伯诚的股票账户在原告本人不知情亦未进行委托的情况下发生了交易，进而使得原告的财产权益受到损害。原告要求被告承担赔偿责任的理由在于，被告公司的工作人员张洁在为原告办理开户手续的过程中获知了原告的账户和密码，进而使得被告可以对原告账户进行擅自交易。然而，在法院对张洁进行的调查笔录中，张洁否认知晓原告的账户密码和曾经替原告进行过股票操作，原告亦未提供其他证据证明诉称事由，故按照举证责任的规定，原告的主张本院不予采信，对其诉讼请求本院不予支持。

另外，在一般的财产损害赔偿案件中，通常适用过错责任的归责原则，即只有在被告方对原告的损害具有过错且被告的行为与原告的损害之间存在因果关系时，被告才应承担赔偿责任。然而，在本案中，由于原告无法证明被告方知晓其股票交易密码且曾经替其进行过交易，违背原告意图擅自进行交易的电脑IP地址亦非被告公司所用，故原告无法证明其损失是由于被告公司的擅自操作行为所致，即原告无法证明被告对原告所受损失存在过错（擅自）和因果关系（被告的擅自操作致原告损失），所以原告的事实主张、诉讼请求无法得到法院的认可。

2. 交易账户的安全保障义务并非被告公司一方负担

原告在诉讼理由中曾提出，被告方对于客户的交易账户具有管理和保障交易安全的职责，原告账户发生违背户主真实意思的擅自交易行为即可证明被告方未尽到对交易账户的安全保障义务，故被告方应承担赔偿责任。然而，对交易账户的安全保障义务并非仅仅由被告一方负担，原告作为成年人亦应妥善保管自己的交易账户。当发生账户密码丢失的情况时，原告在不能证明是由于被告原因造成密码失窃时，不可将责任全部推向被告，因为原告自身亦应承担对账户密码的保管义务。当原告无法用确实的证据将责任的矛头直接指向被告时，法律即不能排除原告因自身原因导致账户失窃的可能，所以原告应自己承担相应的责任。

3. 鉴定申请是否必要由法院根据案件的审理情况进行判断

本案中原告提出对被告提交的证据"证券经纪人权限揭示书"的真实性及原告签名进行鉴定，法院未予准许。被告提交该份证据的证明目的在于，证明按照相关规定证券经纪人无权代理客户进行交易。然而，无论该份证据的真伪、原告签名的真伪，都与本案争议的焦点无直接关联。即使该份证据为真，亦不可能排除被告公司的经纪人没有违规操作的可能性，因为规定不能等同于实际情况；即使该份证据为假，证明了原告在开户时未见过该份证据，但亦无法证明原告所主张的事实与理由——被告公司知晓其交易密码且在其不知情的情况下进行了违规操作。所以原告的鉴定申请与案件的审理没有直接关系，法院不予准许是合理的，并且有利于提高审判效率。

4. 民事诉讼中如发现涉嫌犯罪情况的处理

本案中，原告方认为被告存在职务犯罪的嫌疑，故主张法院应将案件移送公安机关。法院认为，并没有充分的证据能够证明被告存在职务犯罪问题，在向原告方释明可自行向公安机关进行报案后，法院又至公安机关实际询问了立案情况，得到的答复均为"未予立案"，故本案中未将案件移送公安机关的做法并无不当。

（北京市西城区人民法院　李云舒）

53. 陈萍诉中衡公证处公证损害赔偿案
（公证损害赔偿）

（一）首部

1. 判决书字号

一审判决书：云南省昆明市官渡区人民法院（2010）官法民一初字第1003号。

二审判决书：云南省昆明市中级人民法院（2010）昆民三终字第726号。

2. 案由：公证损害赔偿纠纷。

3. 诉讼双方

原告（上诉人）：陈萍。

被告（被上诉人）：云南省昆明市中衡公证处。

第三人：陈芳。

4. 审级：二审。

5. 审判机关和审判组织

一审法院：昆明市官渡区人民法院。

独任审判人员：审判员：苏燕。

二审法院：云南省昆明市中级人民法院。

合议庭组成人员：审判长：杨棱；审判员：王政；审判员：付立红。

6. 审结时间

一审审结时间：2008年4月29日。

二审审结时间：2010年11月1日。

（二）一审情况

1. 一审诉辩主张

（1）原告陈萍诉称

位于昆明市茭菱路88号创意英国·温莎堡·棕榈泉公园3幢2单元204号的房屋，2003年由原告购买所得，产权证号为"昆明市产权证西房字第200610291号"。2009年1月，申请人在办理其他事务时，发现该房屋已被变更在"陈芳"名下。申请人多方调查得知，2008年7月15日，陈芳伪造原告的委托书到被告处办理委托书公证，被告在原告未亲自到场的情况下，为陈芳办理了《委托书》公证手续，并出具了（2008）云昆中衡证字第7412号公证书，证明了该委托书系原告签名捺印；陈芳在拿到被告出具的（2008）云昆中衡证字第7412号公证书的同一天，又在被告处办理了"房屋买卖合同"的公证，被告同一天又出具了（2008）云昆中衡证字第7413号公证书，由于被告未按照《公证法》及《公证程序规则》办理公证，致使陈芳顺利办理了相关手续，造成原告的房产被过户到陈芳名下，导致原告遭受极大的财产损失。事后，原、被告多次协商处理此事，原、被告共同委托云南公正司法鉴定中心，对被告所公证的《委托书》及《房屋买卖合同》上有关原告的签名及原告的捺印进行了笔迹和指纹鉴定，经云南公正司法鉴定中心鉴定，确认《委托书》、《房屋买卖合同》上的签名、捺印不是原告所写，并出具云南公正（2009）痕鉴字第04号，云南公正（2009）文鉴字第55号司法鉴定书。根据《公证法》第三十九条之规定，原告申请对被告所出具的上述两份公证书复查，被告复查后，作出（2010）云昆中衡决字第01号复查决定，对上述两份公证书予以撤销。被告的违法公证行为造成原告的房产遭受损失。综上所述，被告未按照法律程序办理公证，致使原告的财产遭受极大的损失，根据《公证法》第四十三条，《公证程序规定》第十一条第一款、第六十九条之规定，为维护原告的合法权益，原告向法院起诉，要求：（1）依法判决被告赔偿原告因公证错误造成原告的房产损失570 000元（参考原告起诉时的房屋市价）；（2）要求被告赔偿其他损失36 500元，具体包括租金损失15 600元（自2009年1月至2010年2月共13个月，按每月1 200元计）、律师代理费20 000元、交通费900元；（3）本案诉讼费由被告承担。

（2）被告云南省昆明市中衡公证处辩称

原告所称的第一项房产损失并非由于我处的过错造成，不应由我处赔偿。根据《公证法》第四十三条的规定：公证机构及其公证员因过错给当事人、公证事项的利害关系人造成损失的，由公证机构承担相应的赔偿责任。由此，我们可以得出，并非是公证书错误就一定赔偿，而是要依据公证处的过错是否给当事人及利害关系人造成损失及过错和损失之间是否存在因果关系，才能确定公证机构的赔偿责任。在本案中，原告的财产损失是由于陈萍自己本身的纵容和放任造成的，其根本原因是陈萍本人过错而非公证处，具体理由如下：1）公证书的错误本可以补救。陈芳采用请人冒名顶替的方式在我处办理了（2008）云昆中衡证字第7412号委托书公证书及（2008）云昆中衡证字第7413号房屋买卖公证书，并恶意使用，客观上造成了陈萍的房屋被转移登记到陈芳名下。但该错误在2009年1月至9月的时间范围内，都可以采取有效手段补救，将上述房屋的所有权恢复到陈萍名下的。按照公证法的规定，对于错误的公证书，公证机构是可以撤销的；按照《物权法》第十九条的规定，权利人、利害关系人认为不动产登记簿记载的事项错误，可以申请更正登记。不动产登记簿记载的权利人书面同意更正或者有证据证明登记确有错误的，登记机构应当予以更正。不动产登记簿记载的权利人不同意更正的，利害关系人可以申请异议登记。登记机构予以异议登记的，申请人在异议登记之日起十五日内不起诉的，异议登记失效。异议登记不当，造成权利人损害的，权利人可以向申请人请求损害赔偿。按照《房屋登记办法》第八十一条的规定，司法机关、行政机关、仲裁委员会发生法律效力的文件证明当事人以隐瞒真实情况、提交虚假材料等非法手段获取房屋登记的，房屋登记机构可以撤销原房屋登记，收回房屋权属证书、登记证明或者公告作废，但房屋权利为他人善意取得的除外。依据上述规定，在本案中，陈芳取得上述房屋并非是善意取得，而是采用非法手段骗取公证书，通过假买卖的形式来骗取银行的贷款用作他途；如陈萍及时将陈芳的不法行为反映到产权部门、人民法院或者是公证处，那么，相关部门都会依法保护其权利，恢复其所有权的登记；同时追究陈芳骗取银行贷款的法律责任。2）陈萍自己的过错导致无法补救。从陈萍的起诉状中我们可以看到，其在2009年1月就知道了其妹妹陈芳将上述房屋所有权登记变更到陈芳自己的名下，然而，自2009年1月到2009年9月长达九个月之久的时间内，其本可以到法院起诉，可以向房屋登记机关主张权利，也可以要求公证处撤销公证书，但其未采取任何有效的手段保护其权利，避免其损失，而是采取了放任、纵容的态度，最终导致了上述房屋于2009年9月29日被转移登记到了第三人娄涵勃名下，使得产权部门无法撤销登记，将上述房屋的所有权登记恢复到陈萍名下，造成了实际损失的发生。

原告的第二项诉讼请求，要求我处赔偿其他损失36 500元没有提出相关的证据，本处不予认可。

综上，可以看出，正是由于陈萍对陈芳违法犯罪行为的放任和纵容，最终才导致了上述房产被转移到第三人名下，造成了实际的损失。故此，恳请人民法院依据过错原则和公平原则，驳回陈萍的所有诉讼请求，其所有损失由其自行承担。

(3) 第三人陈芳述称

被告云南省昆明市中衡公证处申请追加陈芳为第三人属申请对象错误。第三人与被告（2008）云昆中衡证字第7412号公证书的错误公证行为并无任何直接的因果关系。与上述错误公证行为有关系的是冒充业主陈萍申请公证的假陈萍、虚构获得授权的委托代理人葛天能及公证员张正旺。故第三人请求人民法院驳回被告追加陈芳为本案第三人的申请。第三人对原告要求被告赔偿损失的诉请无异议。

2. 一审事实和证据

云南省昆明市官渡区人民法院经公开审理查明：原告陈萍与第三人陈芳系姐妹关系，两人共同居住，两人的户口登记在同一本户口簿中。原告陈萍于2003年年底向云南杰昌房地产开发有限公司购得昆明市创意英国·温莎堡·棕榈泉公园3幢2单元204号房屋，原告购买此房共交纳房款171 102.76元，其中130 000元是原告向中国银行昆明市南窑支行按揭贷款支付。原告购买的上述房屋于2006年7月1日核发了房屋所有权证，所有权人登记为原告陈萍。2008年7月，第三人陈芳伪造了一份内容为：委托人陈萍，受托人葛天能，委托人因售房，现特委托受托人出售坐落于昆明市创意英国·温莎堡·棕榈泉公园3幢2单元204号房屋，并办理如下委托事项：（1）出售上述房屋，签订上述所述房屋的《房屋买卖合同》，并办理公证；（2）办理房屋所有权转移登记的相关手续；（3）代收房屋所得款项……（4）其他委托事项：提前偿还银行贷款，注销抵押登记，领取《房屋他项权证》及《房屋所有权证》；代为办理《国有土地使用证》登记、过户的相关手续等事项的"委托书"。2008年7月15日，第三人陈芳找人冒充其姐姐陈萍到被告处办理上述"委托书"以及"陈萍"将昆明市创意英国·温莎堡·棕榈泉公园3幢2单元204号房屋以185 000元的成交价卖给第三人陈芳的《房屋买卖合同》公证事项。被告于同日作出（2008）云昆中衡证字第7412号、7413号公证书，7412号公证书对上述"委托书"进行了公证，7413号公证书对上述《房屋买卖合同》进行了公证。被告办理上述两份公证书时，由"陈萍"向被告提供的材料有"陈萍"的户籍证明一份，陈萍和陈芳的户口簿一份，昆明市五华区民政局陈萍无婚姻登记记录证明一份，昆明市创意英国·温莎堡·棕榈泉公园3幢2单元204号房屋的房产证复印件一份，西山区房产管理局就昆明市创意英国·温莎堡·棕榈泉公园3幢2单元204号房屋的档案摘抄表一份。被告在办理"委托书"公证时向"陈萍"做了一份询问记录。"陈萍"向被告提供的户籍证明中照片一栏张贴了一张照片，庭审时被告表示照片上是否加盖了派出所的印章其记不清了，户籍证明原件当时已退还"陈萍"。2008年7月30日，第三人陈芳持被告（2008）云昆中衡证字第7412号"委托书"公证书到银行提前偿还了昆明市创意英国·温莎堡·棕榈泉公园3幢2单元204号房屋的贷款105 000元，取出了该套房屋的房屋所有权证。之后，第三人陈芳向西山区房产管理局申请产权转移登记。2008年8月11日，上述房屋的产权人变更登记为第三人陈芳。2008年9月12日，第三人陈芳以上述房屋向光大银行昆明分行抵押贷款298 000元。原告于2009年1月得知其购买的昆明市创意英国·温莎堡·棕榈泉公园3幢2单元204号房屋的产权已变更为其妹妹陈芳所有，并知道了事情的整个经过。2009年9月29日，第三人陈芳又将上述房屋卖给了娄涵勃，成交价390 000元。该套房屋的抵押登记也于同日注销。现该套房屋的所有权人登记为娄涵勃。原告于2009年11月19日向被告提出其作出的（2008）云昆中衡证字第7412号、7413号公证书存在错误，要求被告进行复查。2009年12月21日，原告陈萍及被告共同委托云南公正司法鉴定中心对被告目录号为2008113807的公证卷宗档案中第一页《委托书》和第27页《云南省昆明市中衡公证处询问记录》上"陈萍"签名字迹是否是陈萍所写以及"陈萍"签名字迹处红色指印是否陈萍本人所留进行鉴定。云南公正司法鉴定中心于2009年12月24日作出云南公正〔2009〕文鉴字第55号笔迹鉴定书及云南公正〔2009〕痕鉴字第04号指纹鉴定书，结论为：昆明市中衡公证处目录号为2008113807的公证卷宗档案中第一页《委托书》和第27页《云南省昆明市中衡公证处询问记录》上"陈萍"的签名字迹不是陈萍所写；"陈萍"签名字迹处红色指印不是陈萍本人所留。被告于2010年1月12日作出《对（2008）云昆中衡证字第7412号公证书及（2008）云昆中衡证字第7413号公证书的复查决定》，撤销（2008）云昆中衡证字第7412号公证书及（2008）云昆中衡证字第7413号公证书。现昆明市创意英国·温莎堡·棕榈泉公园3幢2单元204号房屋至今由原告陈萍出租使用。原告现以被告未按照法律程序办理公证，致使原告的财产遭受损失为由，诉至本院，主张上述诉请。诉讼中，原告明确表示其不要求第三人陈芳承担赔偿责任，只要求被告承担赔偿责任。

上述事实有下列证据证明：

（1）商品房购销合同、公证书一份、发票各一份，证实原告于2003年12月24日从云南杰昌房地产开发有限公司购得创意英国·温莎堡·棕榈泉公园3幢2单元204号房屋的事实。

（2）房产证复印件一份，证实原告于2006年7月1日取得上述房屋产权证。

（3）西山区房产管理局档案摘抄表一份，证实上述房屋已被他人利用被告作出的7412、7413号公证书过户到娄涵勃名下。

(4) 司法鉴定书（笔迹鉴定）、司法鉴定书（指纹鉴定）各一份，证实经原、被告共同委托云南公正司法鉴定中心对昆明市中衡公证处目录号为 2008113807 的公证卷宗档案中的第一项《委托书》和第 27 页《云南省昆明市中衡公证处询问记录》上"陈萍"签名字迹进行鉴定，结论是：不是"陈萍"本人所写，"陈萍"签名字迹处红色指印进行鉴定，结论是：不是"陈萍"本人所留。

(5) 复查决定一份，证实被告于 2010 年 1 月 12 日，对（2008）昆中衡证字第 7412 号公证书及（2008）云昆中衡证字第 7413 号公证书进行了复查，复查之后被告确定，因被告未按照《公证法》及《公证程序规则》办理以上两份公证，故予以撤销。

(6) 2009 年 11 月 23 日被告工作人员对陈萍的谈话笔录一份、2009 年 12 月 1 日被告工作人员对陈芳的谈话笔录一份，证实陈萍知道权利被侵害的时间和整个事件的过程。

(7) 委托书公证书一份，证实陈芳代陈萍归还银行贷款。

(8) 办理（2008）昆盘证字第 7412、7413 号公证书业务卷宗档案（目录号 2008113807）一份，证实在办理公证过程中，被告已尽了审查义务。

(9) 依被告申请自西山区房产管理局调取的昆明市创意英国·温莎堡·棕榈泉公园 3 幢 2 单元 204 号房屋的产权档案摘抄表。

3. 一审判案理由

云南省昆明市官渡区人民法院经审理认为：《公证法》第二十八条规定："公证机构办理公证，应当根据不同公证事项的办证规则，分别审查下列事项：（一）当事人的身份、申请办理该项公证的资格以及相应的权利；（二）提供的文书内容是否完备，含义是否清晰，签名、印鉴是否齐全；（三）提供的证明材料是否真实、合法、充分；（四）申请公证的事项是否真实、合法。"第二十九条规定："公证机构对申请公证的事项以及当事人提供的证明材料，按照有关办证规则需要核实或者对其有疑义的，应当进行核实，或者委托异地公证机构代为核实，有关单位或者个人应当依法予以协助。"第三十一条规定："有下列情形之一的，公证机构不予办理公证：……（五）当事人虚构、隐瞒事实，或者提供虚假证明材料的……"第四十三条规定："公证机构及其公证员因过错给当事人、公证事项的利害关系人造成损失的，由公证机构承担相应的赔偿责任；公证机构赔偿后，可以向有故意或者重大过失的公证员追偿。"第四十四条规定："当事人以及其他个人或者组织有下列行为之一，给他人造成损失的，依法承担民事责任；违反治安管理的，依法给予治安管理处罚；构成犯罪的，依法追究刑事责任：（一）提供虚假证明材料，骗取公证书的；（二）利用虚假公证书从事欺诈活动的……"本案中，被告作出的（2008）云昆中衡证字第 7412 号公证书有关原告陈萍签名及捺印的材料均非原告陈萍亲笔签名或捺印，说明原告陈萍并未到被告公证处办理"委托书"公证。对此，被告没有尽到法定的审查义务，明显存在过错，应承担相应的民事责任。但鉴于第三人陈芳提供虚假材料，骗取公证书，将原告的房屋过户于自己，后又将房屋卖出，第三人的恶意行为才是造成原告财产损失的主要原因。同时，原告在得知自己的房屋已被非法过户于第三人陈芳后，并未向相关部门或公证处提出异议，以至于第三人陈芳又将房屋出售他人，为挽回其损失增加了难度。综上所述，本院认为，本案中第三人是造成原告财产损失的直接侵权人，同时被告在办理公证过程中，没有尽到法定的审查义务，存在过错，被告依法应对原告的损失承担相应的赔偿责任。庭审中，原告明确表示其不要求第三人承担赔偿责任，系原告自愿处分其实体权利，不违反法律规定，第三人应承担的赔偿份额由原告自行承担。对于原告要求被告赔偿原告损失 570 000 元的诉讼请求，本案中第三人陈芳 2008 年 9 月以昆明市创意英国·温莎堡·棕榈泉公园 3 幢 2 单元 204 号房屋向银行抵押贷款的金额为 298 000 元，本院参照该房能够向银行贷款的比例，综合考虑上述房屋由陈萍过户于陈芳时，原告陈萍尚欠银行按揭贷款 105 000 元的客观实情，结合被告公证处的过错程度，认为由被告酌情赔偿原告经济损失 40 000 元为宜。对于原告提出的整个案件过错在公证处，应由被告承担全部赔偿责任的请求，本院不予支持。对于原告要求被告赔偿其租金损失 15 600 元的请求，因现房屋实际仍由原告出租使用，故不存在该项损失，原告的该请求无事实依据，本院不予支持。对于原告要求被告赔偿律师代理费 20 000 元的诉讼请求，因无法律依据，故本院不予支持。对于原告要求被告赔偿交通费 900 元的诉讼请求，因原告所举证据不能证实其提交的交通费单据与本案存在关联，故本院不予确认，对原告的该请求本院不予支持。对于被告辩解的是由于陈萍对陈芳违法犯罪行为的放任和纵容，最终才导致其房屋被转移到第三人名下，造成了实际的损失，其所有损失应由原告自行承担的意见，本院认为，原告的房屋产权被变更登记为第三人陈芳后其损失客观上已产生，故本院对被告的此辩解不予采纳。对于第三人陈芳提出的其与本案无关，其不应作为第三人参加诉讼的意见，不符合法律规定，本院不予采纳。

4. 一审定案结论

云南省昆明市官渡区人民法院依照《中华人民共和国公证法》第二十八条、第二十九条、第三十一条、第四十三条、第四十四条之规定，作出如下判决：

（1）由被告云南省昆明市中衡公证处于本判决生效之日起十五日内赔偿原告陈萍经济损失人民币 40 000 元。

（2）驳回原告陈萍的其他诉讼请求。

案件受理费 9 865 元，由原告陈萍承担 4 607.5 元，由被告云南省昆明市中衡公证处承担 325 元，其余 4 932.5 元按规定退还原告陈萍。

（三）二审诉辩主张

1. 上诉人陈萍诉称

其房屋被出售转让是由于上诉人公证处的违法公证，为他人违约行为提供"合法"外衣造成，因此，上诉人公证处应承担其全部经济损失。其房屋被他人以近四十万元购买，一审判决酌情由上诉人公证处赔偿 4 万元损失属枉法裁判，另，一审判决认定本案诉争房屋仍由其出租使用，与事实不符，故请求二审法院撤销原判，依法改判。至贷款还清之日止；本案一、二审诉讼费由星耀教育公司承担。

2. 上诉人公证处上诉并辩称

撤销原判，改判驳回上诉人陈萍的诉讼请求。其主要上诉理由：一审判决认定事实清楚，但适用法律不当，本案的核心是上诉人陈萍的财产损失如何造成，2009 年 1 月上诉人陈萍就知道其房屋被其妹原审第三人陈芳变卖，此时上诉人陈萍就应及时采取措施，但因其放任而使原审第三人又转卖他人造成财产损失，因而上诉人陈萍房屋的财产损失应由其自行承担。

3. 上诉人陈萍辩称

上诉理由不成立，请求驳回上诉。

4. 第三人陈芳述称

上诉理由不成立，请求驳回上诉。

（四）二审事实和证据

二审中，上诉人陈萍除对一审判决认定其仍出租使用诉争房屋提出异议外，对其他认定的案件事实无异议，认为诉争房屋已被他人购买，其不可能仍出租使用，诉争房屋出租至2009年12月终止，并提交其与原承租人马丹的《调查笔录》和《租房协议》（租期为2009年4月1日至2010年3月30日）、现诉争房屋所有人娄涵勃与承租人的房屋租赁合同予以证明。上诉人公证处称，对一审判决认定的案件事实无异议，诉争房屋上诉人陈萍仍出租使用，是其2009年11月23日的《谈话笔录》自认。原审第三人陈芳对上诉人陈萍的证据材料予以认可。本院认为，诉争房屋已被第三人陈芳骗取公证出售，上诉人陈萍对该房屋不再享有权利，上诉人公证处也未充分举证上诉人陈萍现仍使用该房屋，因此一审判决认定诉争房屋仍由上诉人陈萍出租使用，没有事实依据，本院不予确认；另确认，诉争房屋截至2009年12月由上诉人陈萍收取租金，故二审除此外外，确认的事实与一审判决认定的案件事实相同。

（五）二审判案理由

云南省昆明市中级人民法院经审理认为：关于对上诉人陈萍赔偿责任的承担，原审第三人陈芳故意提供虚假资料骗取公证存在过错，上诉人公证处未依法核实原审第三人陈芳的资料错误公证也有过错，导致原审第三人陈芳将上诉人陈萍所有的房屋出售，给上诉人陈萍的财产造成损失。《公证法》第二条规定："公证是公证机构根据自然人、法人或者其他组织的申请，依照法定程序对民事法律行为、有法律意义的事实和文书的真实性、合法性予以证明的活动。"第二十八条关于公证时审查事项、第二十九条关于公证协助核实义务、第三十一条关于不予公证的情形、第四十三条关于公证人员和公证机构赔偿责任的规定，公证的证明责任的行使可以有效防范民商事纠纷发生，保证交易安全，但本案因为上诉人公证处没有依法公证，导致原审第三人陈芳骗取公证将上诉人陈萍房屋出售造成财产损失，对此上诉人公证处应承担主要赔偿责任，本院根据其过错程度确定其承担60%的赔偿责任。又根据《公证法》第四十四条"当事人以及其他个人或者组织有下列行为之一，给他人造成损失的，依法承担民事责任……（一）提供虚假证明材料，骗取公证书的……"的规定，原审第三人陈芳应承担上诉人陈萍财产损失40%的赔偿责任。因上诉人陈萍放弃对原审第三人陈芳的赔偿责任，根据《民事诉讼法》第十三条"当事人有权在法律规定的范围内处分自己的民事权利和诉讼权利"之规定,系上诉人陈萍对其民事权利的处分,本院予以准许。关于上诉人公证处称,上诉人陈萍知道诉争房屋被原审第三人陈芳出售后,没有采取措施导致再次出售,财产损失由上诉人陈萍自行承担的观点不成立,因为原审第三人陈芳骗取公证出售诉争房屋,即产生上诉人陈萍的财产损失。关于上诉人陈萍的财产损失,上诉人陈萍称诉争房屋的价值为 570 000 元,但未举证证明,因此本院根据该房屋 2009 年 9 月 29 日出售的 390 000 元确认损失。原审第三人陈芳在出售房屋过程中替上诉人陈萍归还银行贷款 105 000 元,应予扣减,因此诉争房屋给上诉人陈萍造成的损失为 285 000 元,由上诉人公证处赔偿上诉人陈萍 60% 计 171 000 元,至于上诉人陈萍诉请的房屋租金损失及律师费等,本院不予支持。综上所述,一审判决认定事实不清,适用法律错误,本院予以改判。

(六) 二审定案结论

云南省昆明市中级人民法院依照《中华人民共和国民法通则》第十七条,《中华人民共和国公证法》第二条、第二十八条、第二十九条、第三十一条、第四十三条、第四十四条,《中华人民共和国民事诉讼法》第十三条、第一百五十三条第一款第(二)项和第(三)项、第一百零七条第一款之规定,作出如下判决:

1. 撤销云南省昆明市官渡区人民法院(2010)官民一初字第 1003 号民事判决。
2. 云南省昆明市中衡公证处于本判决生效后十日内赔偿陈萍财产损失 171 000 元。
3. 驳回陈萍的其他诉讼请求。

一、二审案件受理费 14 797.5 元,由上诉人陈萍承担 10 000 元,上诉人云南省昆明市中衡公证处承担 4 797.5 元;二审中上诉人陈萍预交的 9 865 元,本院退还 800 元。

(七) 解说

本案一、二审法院均判决公证处赔偿当事人陈萍财产损失,但一、二审法院在确定公证处承担赔偿责任的比例上却有很大出入。我国《公证法》第四十三条规定:"公证机构及其公证员因过错给当事人、公证事项的利害关系人造成损失的,由公证机构承担相应的赔偿责任……"这是审理公证损害赔偿案件的法律依据,由于该条文对如何界定过错大小及赔偿责任的范围规定不尽详细,导致各级法院审判此类案件执法尺度不统一。首先是如何判定公证机构的有无过错及其赔偿责任。公证机构承担赔偿责任的前提是公证机构及其公证员存在过错,对其过错的界定,可根据其是否已尽到应有的义务,是否严格按照法律、法规及规章的规定(包括实体法、程序法和公证程序的规定等)出具公证书等情节,综合判断其是否有过错;赔偿的范围,原则上仅限于直接经济损失,而且该损失应与公证机构的过错有必然的因果关系,避免当事人或利害关系人不适当地将本应该由自己承担的合同风险转嫁给公证机构。其次是如何确定公证机构赔偿责任的范围，在审判实务中应注意从以下几方面进行分析判断：一是因当事人提供虚假材料，故意隐瞒真实情况，导致公证机构作出错误公证文书的，经审查，如果公证机构已经尽到充分的审查、核实义务，仍无法避免错误出现的，公证申请人应当承担全部赔偿责任，公证机构不需要承担责任。二是因当事人提供虚假材料，故意隐瞒真实情况，同时，公证机构在审查、核实中也存在过失，导致错误发生的，由于错误发生是由于公证申请人的故意所致，因而公证申请人应当承担全部赔偿责任，而公证机构也应当对其相应的过错，承担补充赔偿责任。三是对于公证申请人因疏忽或者认识错误，提供了错误材料，而公证机构因过失未尽到审查、核实义务，而作出错误公证，给当事人造成损害的，应当根据公证申请人和公证机构的过错程度，分别判定其各自承担相应的责任。四是公证机构与公证申请人恶意串通，作出错误的公证文书的，公证机构与公证申请人应当对损害承担连带责任。本案由于第三人陈芳提供虚假材料，故意隐瞒真实情况，骗取公证书，故第三人陈芳应对原告陈萍的房屋出售造成的财产损失承担全部赔偿责任，而被告云南省昆明市中衡公证处在审查、核实中也存在过失，导致错误发生，故被告云南省昆明市中衡公证处对原告陈萍的财产损失承担补充赔偿责任。故二审法院根据本案的实际情况及公证机构的过错大小作出由被告云南省昆明市中衡公证处赔偿原告陈萍的经济损失的做法，是合理和恰当的。

（云南省昆明市官渡区人民法院　贺丽纯）

54. 彼得·迈克莱恩诉中青旅控股股份有限公司旅游合同案（外国人赔偿标准）

（一）首部

1. 判决书字号：北京市东城区人民法院（2010）东民初字第3300号。
2. 案由：旅游合同纠纷。
3. 诉讼双方

原告：彼得·迈克莱恩（Peter Mclaren），男，澳大利亚维多利亚州团队工作会计师事务所公共会计业务部会计职员，住澳大利亚维多利亚州迈克罗德市陶倍街。

委托代理人：刘作为，北京市华沛德律师事务所律师。

委托代理人：林华，北京市华沛德律师事务所律师。

被告：中青旅控股股份有限公司，住所地：北京市东城区东直门南大街5号。

法定代表人：张骏，董事长。

委托代理人：叶国钰，女，该公司职员，住该公司。

委托代理人：陈伟，男，该公司职员，住该公司。

4. 审级：一审。

5. 审判机关和审判组织

审判机关：北京市东城区人民法院。

合议庭组成人员：审判长：赵世浩；审判员：孙莉；人民陪审员：杨金柱。

6. 审结时间：2010年12月16日。

(二) 诉辩主张

1. 原告彼得·迈克莱恩诉称

2008年11月28日，原告彼得·迈克莱恩与被告中青旅控股股份有限公司签订了前往昆明旅游的《北京市国内旅游合同》，并按照合同约定支付被告旅游团费2 360元。2008年12月4日，原告在昆明乘坐被告安排的车号为云A.L0559号的中巴，行驶过程中发生了交通事故，导致原告身体受伤。原告被立即送往中国人民解放军昆明总医院救治，并于2009年4月3日出院。原告住院期间，被告向原告推荐了司法鉴定机构进行鉴定。2009年3月25日，云南鼎丰司法鉴定中心出具了司法鉴定书，原告伤残鉴定为7级，后期医疗费评估为20 000元。该事故经云南省公安厅交警总队高速公路交巡警支队昆石大队交通事故认定，事故是由于被告为旅行团安排的车辆驾驶人违规驾驶导致的，由驾驶人承担全部责任。事故发生后，被告在原告旅行期间没有能够保证其人身安全，违反了合同约定，造成原告住院、伤残7级的人身损害的事实。根据相关法律规定，被告应承担给原告造成的全部损失，为维护原告的合法权益，原告诉至法院，请求依法判令：（1）被告支付原告残疾赔偿金1 134 686.21元；误工费115 969.65元；后续治疗费20 000元；精神损害赔偿金30 000元；退还原告支付的团费2 360元。（2）被告承担本案诉讼费。

2. 被告中青旅控股股份有限公司辩称

本案涉及的旅游合同纠纷是由于意外的交通事故造成，双方均不愿意看到其发生。在事故发生后，地接社、旅游汽车公司以积极的态度对原告进行了及时的抢救和最好的治疗，直至原告伤愈出院返回北京。被告同意按照我国法律规定进行赔付，被告认为原告64岁高龄仍在工作的证据证明力不足，故不认可原告115 969.65元的误工费的诉求。对于原告要求支付的后续医疗费20 000元不予认可，原告应提供已进行后续医疗费的证据。原告依据合同关系起诉，故不认可原告支付精神损害赔偿的要求。对于原告要求支付残疾赔偿金1 134 686.21元的计算方式不予认可，被告同意按照北京市2009年"城镇居民人均可支配收入"标准向原告支付残疾赔偿金共171 123.2元。另外原告家属在治疗期间提出的不合理及不合法的费用被告已经支付，现必须在赔付款中扣除。同意在原告交纳的团款中扣除已发生的费用后，退还尚未发生的团款。

(三) 事实和证据

北京市东城区人民法院经公开审理查明：2008年11月28日，原告与案外人武雅芬（已另案起诉）作为旅游者与被告签订了合同编号为0108786的《北京市国内旅游合同》，合同约定：行程时间为6天，即自2008年12月3日至2008年12月8日；成行团号为200812－829Z94；每人旅游费为人民币2 360元，二人合计为人民币4 720元。同时合同第六条约定中写道，"客人在连锁店反复说明此团为按照内宾标准设计的情况下仍决定参团，并对全程所用到的酒店、餐饮、车辆、导游服务等过程旅游服务没有任何异议，并保证旅游结束后不会对旅游过程中任何环节进行任何异议或投诉，特此声明"。合同签订后，原告交纳了约定款项后参团。

2008年12月4日，原告随团乘坐被告安排的车号为云A.L0559号的中型普通客车（以下简称事故车）在由石林向昆明方向行驶过程中，车辆发生了交通事故，致原告身体受伤。原告被立即送往中国人民解放军昆明总医院救治。2009年3月11日，原告申请云南鼎丰司法鉴定中心进行伤残鉴定及后期医疗费用评估鉴定。鉴定结果为原告损伤为七级伤残，后期所需医疗费用评估为人民币2万元。

2009年4月3日原告出院，出院诊断为左锁骨骨折、左侧3、4、5肋肋骨骨折、左下肺挫伤、胸部软组织伤、肾挫伤、肺部感染。原告认可在整个医疗过程中所花费的医疗费用均由被告垫付。

云南省公安厅交警总队高速公路交巡警支队昆石大队对此次交通事故作出交通事故认定书，认定事故是由于云A.L0559号的中型普通客车驾驶人未按照操作规范安全驾驶导致的，由该驾驶人承担此次事故的全部责任。

另查，涉案云A.L0559号事故车为案外人云南旅游商务集团光大旅游汽车有限公司（以下简称光大汽车公司）所有，被昆明中国国际旅行社（案外人，以下简称昆明国旅）租用为涉案旅游活动的运输车辆。昆明国旅系中青旅公司在云南的委托接待单位，双方就委托事项于2008年签订编号为0800080的《国内旅游团队委托接待合同》（以下简称《委托接待合同》），约定：中青旅公司委托昆明国旅接待其组织的旅游团队，并按期结算团费；双方同意按中青旅公司制定的《中青旅公司国内旅游团队委托接待工作规范》进行结算，即完成受托业务之日起7日内，按城市间交通费、接待费、地面交通费、房费等分项填列《旅费结算单》，加盖公章、提供银行账号连同正式发票邮寄至中青旅公司指定的账单接收人，中青旅公司审核后，3个月内付款；上述委托事项的有效期至2009年3月31日。

本案审理中，原告向法院提交了其在澳大利亚的劳动合同和工资损失证明及澳大利亚统计局发布的2007—2008年度澳大利亚维多利亚市城镇人均可支配收入等证据。但被告对以上证据的真实性及证明目的均不予认可。

被告提供了案外人武雅芬签收的生活费及预付费共27 000元的收条12份，武雅芬居住昆明饭店住宿费52 920元、餐费1 338元、电话费985.52元、杂费629.60元，共计55 877.12元的发票。原告受伤后，其女儿往返澳中机票7 280元的收条。为原告请陪护发生费用9 240元发票、翻译费4 100元的收条、上网设备发票1 380元、电脑配件1 750元收据、移动电话费预交收据150元等用以证明被告曾为原告垫付了费用，但原告对以上证据均持异议。同时，被告提出，涉案交通事故发生于2008年12月4日，已经游览完了石林景点返回昆明途中。故扣除相应的费用后应返还原告1 425元，对此原告表示同意。

另查，案外人武雅芬诉被告旅游合同纠纷一案中，被告对武雅芬签收的款项提起了反诉。

上述事实，有下列证据证明：

1.《北京市国内旅游合同》，证明原、被告之间存在旅游合同关系。
2. 国内旅游报名表，证明原、被告之间存在旅游合同关系。
3. 发票、收据，证明原告已经履行了合同义务，支付了旅游费。
4. 检查报告单，证明原告受到损害的事实。
5. 诊断证明书，证明原告受到损害的事实。
6. 病历记录，证明原告受到损害的事实。
7. 交通事故认定书，证明事故由于云A.L0559号的中型普通客车驾驶人未按照操作规范安全驾驶导致，由该驾驶人承担此次事故的全部责任。
8. 司法鉴定书，证明事故造成原告伤残的等级。
9. 原、被告的陈述及庭审笔录等。

（四）判案理由

北京市东城区人民法院经审理认为：根据查明的事实，本案原告与被告签订的书面旅游合同，系双方当事人真实意思表示，内容不悖法律，故合法有效。在履行合同过程中，因旅行社方面之责任致彼得·迈克莱思（Peter Mclaren）身体受到伤害，未完全实现合同目的，故中青旅公司应当退还彼得·迈克莱恩（Peter Mclaren）未履行的相关款项，对此，原告表示同意，法院准许。因此次交通事故导致原告伤残，故被告应支付原告伤残赔偿金，根据我国法律规定，侵权行为的损害赔偿，适用侵权行为地法律，且原告与被告签订的系《北京市国内旅游合同》，故原告要求按照其居住国澳大利亚的生活标准及工资支付其伤残赔偿金、误工费没有依据，法院将按照北京市2009年"城镇居民人均可支配收入"标准计算原告的伤残赔偿金，并参照国内同行业的工资标准支付原告的误工损失。现经鉴定，原告尚需后续治疗费20 000元，该款被告应予支付。虽然原、被告系合同关系，但被告确实造成了原告伤残，给原告造成了精神伤害，故被告应适当支付原告精神损害抚慰金，但原告要求过高，法院对此予以酌定。关于被告主张原告给付已经支付给案外人武雅芬的相关费用，因该笔费用被告已经在武雅芬一案中提起反诉，同时该笔费用均由武雅芬领取，故被告要求在本案中扣除，理由不足，法院不予采纳。关于被告已经支付的护工费、翻译费系被告当时自愿支付，现又主张从应付原告款中扣除，法院对此辩称不予采纳。

(五) 定案结论

北京市东城区人民法院依据《中华人民共和国民法通则》第一百一十九条、一百四十六条之规定，作出如下判决：

1. 被告中青旅控股股份有限公司于本判决生效后 15 日内返还原告彼得·迈克莱恩 (Peter Mclaren) 旅游团费人民币 1425 元。
2. 被告中青旅控股股份有限公司于本判决生效后 15 日内支付原告彼得·迈克莱恩 (Peter Mclaren) 伤残赔偿金人民币 171 123.2 元。
3. 被告中青旅控股股份有限公司于本判决生效后 15 日内支付原告彼得·迈克莱恩 (Peter Mclaren) 误工损失费人民币 50 500 元。
4. 被告中青旅控股股份有限公司于本判决生效后 15 日内支付原告彼得·迈克莱恩 (Peter Mclaren) 后续治疗费 2 万元。
5. 驳回原告彼得·迈克莱恩 (Peter Mclaren) 的其他诉讼请求。

(六) 解说

本案属于典型的加害给付的案件。所谓加害给付，是指债务人的给付不仅含有瑕疵，而且其瑕疵还造成债权人的其他损害。我国《合同法》第一百一十二条规定："当事人一方不履行合同义务或者履行合同义务不符合约定的，在履行义务或者采取补救措施后，对方还有其他损失的，应当赔偿损失。"本案中，原告与被告签订的前往昆明旅游的《北京市国内旅游合同》，该合同是双方的真实意思表示，合同的内容也没有违反法律、行政法规的强制性规定，该合同合法有效。而且原告已经按照合同约定履行了支付被告旅游团费的义务，被告在履行合同的过程中，由于其委托接待单位雇用的驾驶人未按照操作规范安全驾驶导致了事故，从而造成原告身体的损害。由于被告在履行合同过程中存在瑕疵，导致合同目的没有能完全实现，故对于未发生的团费，被告应该返还原告。此外，被告在履行合同的过程中，还对原告的身体造成了伤害，《合同法》第一百一十二条规定，还应该赔偿由于被告的责任导致原告身体受到伤害的损失，包括伤残赔偿金、后续治疗的费用以及因伤残给原告造成精神损害的精神损害抚慰金。

本案中，双方争议的主要焦点在于对于作为外国人的原告，在我国境内受到身体伤害，应该适用什么样的标准计算损害赔偿额的问题。本案原告认为，应以其居住国澳大利亚的生活标准及工资支付其伤残赔偿金、误工费。而被告则认为按照我国法律规定进行赔付，并同意按照北京市 2009 年"城镇居民人均可支配收入"标准向原告支付残疾赔偿金。对于外国人在我国受到侵害应该适用何种赔偿标准的问题，目前我国的立法中，除了在参加的有关航空国际公约中有规定的情况外，没有明确的规定。最高人民法院的司法解释也没有通用的规则。在此情况下，该适用何种标准计算赔偿额，实践中有不同的看法。根据国际私法的相关规定，侵权损害赔偿一般以损害发生地国家法律为准据法，根据我国民法通则的相关规定，侵权行为的损害赔偿，适用侵权行为地法律。外国人在我国身体受侵害的情况下,应该适用中国法律。根据《民法通则》第一百一十九条的规定,"侵害公民身体造成伤害的,应当赔偿医疗费、因误工减少的收入、残废者生活补助费等费用;造成死亡的,并应当支付丧葬费、死者生前扶养的人必要的生活费等费用"。而《最高人民法院关于贯彻执行〈中华人民共和国民法通则〉若干问题的意见(试行)》第一百四十六条规定:"侵害他人身体致使其丧失全部或部分劳动能力的,赔偿的生活补助费,一般应补足到不低于当地居民基本生活费的标准。"该司法解释的"当地"无论理解为"侵权行为地"还是"受害人所在地",都只能适用中国境内的标准,而不应适用外国人居住地的标准。对外国人赔偿,适用中国境内的标准这种观点,也是我国目前法院的主流观点和做法。此外,根据《最高人民法院关于审理人身损害赔偿案件适用法律若干问题的解释》,残疾赔偿金根据受害人丧失劳动能力程度或者伤残等级,按照受诉法院所在地上一年度城镇居民人均可支配收入或者农村居民人均纯收入标准计算。本案中,法院最终也采用了按照北京市2009年"城镇居民人均可支配收入"的标准计算原告的伤残赔偿金,并参照国内同行业的工资标准计算原告的误工损失。

(北京市东城区人民法院 孙莉)

55. 刘丽萍等诉北京大学人民医院医疗损害赔偿案
(医疗损害鉴定)

(一)首部

1. 判决书字号

一审判决书:北京市第一中级人民法院(2008)一中民初字第4579号。

二审判决书:北京市高级人民法院(2010)高民终字第474号。

2. 案由:一般医疗损害赔偿纠纷。

3. 诉讼双方

原告(上诉人):刘丽萍,女,汉族,无业,住北京市门头沟区。

原告(上诉人):高子轩,男,汉族,学生,住址同刘丽萍。

共同委托代理人:徐守恒,北京市天依律师事务所律师。

被告(上诉人):北京大学人民医院,住所地:北京市西城区。

法定代表人:王杉,院长。

二审委托代理人:刘苏阳,男,北京大学人民医院医务处干部,住该单位宿舍。

一、二审委托代理人:崔振德,北京市天宁律师事务所律师。

4. 审级:二审。

5. 审判机关和审判组织

一审法院：北京市第一中级人民法院。
合议庭组成人员：审判长：赵斌；代理审判员：闫帮、冷玉。
二审法院：北京市高级人民法院。
合议庭组成人员：审判长：单国军；代理审判员：陈特、史德海。
6. 审结时间
一审审结时间：2009年12月23日。
二审审结时间：2010年9月29日。

（二）一审诉辩主张

1. 原告刘丽萍、高子轩诉称

刘丽萍之夫、高子轩之父高勤国因"腹胀6个月、加重伴乏力、纳差1个月"，经人民医院门诊以"肝硬化、腹水"于2005年4月15日收入院，2005年5月3日出院。2005年5月9日，因病情加重再次入院。人民医院在CT＋血管造影等检查结果显示肝癌及病情表明很有可能是肝癌的情况下，仅凭人民医院于2005年6月3日所作的病理报告就确定高勤国是肝硬化而不是肝癌，并为高勤国做了原位肝移植术（背驮式）。2006年6月27日，高勤国于做了肝移植术后13个月再次入院，经人民医院检查，确诊为肝癌。因人民医院误诊，致使高勤国失去了最佳治疗时机，于2007年9月30日去世。因人民医院的失误造成了对高勤国的误诊，延误了高勤国的病情并进而导致其死亡，不仅严重侵害了高勤国的权益，同时给刘丽萍、高子轩的精神造成了极大的痛苦。为维护刘丽萍、高子轩的合法权益，恳请依法判决人民医院向刘丽萍、高子轩赔偿医疗费756 957.28元、护理费52 595.80元、住院伙食补助费15 350元、营养费15 350元、精神损失费2 300 000元、丧葬费22 357.5元、死亡赔偿金494 500元，共计3 657 110.58元。

2. 被告人民医院辩称

对患者高勤国术前检查有肝移植的手术指征，术后显示患者是结节性肝硬化，经过会诊不是肝癌。出院后，我院按照良性肝病对患者进行随访和检查。后检查发现肝癌，采用化疗。我方的病后诊断和术后随访不具有过错。我方没有侵权，不同意刘丽萍、高子轩的诉讼请求。

（三）一审事实和证据

北京市第一中级人民法院经公开审理查明：患者高勤国系本案原告刘丽萍之夫、高子轩之父。高勤国于2005年4月15日至5月3日因"腹胀6个月、加重伴乏力、纳差1个月"在北京大学人民医院（以下简称人民医院）住院治疗，诊断为"乙肝后肝硬化，肝功能失代偿期"。2005年5月9日，高勤国突发呕血，至人民医院就诊，诊断为"上消化道出血，食管静脉曲张；乙肝、肝硬化、失代偿期；酒精性肝损害，肝性脑病；重症肝炎"。高勤国先后在急诊监护室、肝病科诊治，并于2005年5月25日转入人民医院肝胆外科，其病情诊断为"慢性重型肝炎，乙肝后肝硬化、肝功能失代偿期，上消化道大出血，门静脉高压，食道胃底静脉曲张，脾大、脾功能亢进、腹水，右侧胸腔积液"。5月26日，对高勤国进行CT上腹部平扫＋增强＋血管造影，印象：（1）肝左叶肝癌。腹膜后多发淋巴结；（2）肝硬化，门脉高压，脾大，腹水，食管下段轻度静脉曲张；（3）右侧大量胸腔积液，右下肺膨胀不全。6月1日，经医学检查，患者高勤国腹胀仍明显，肝功能损害严重，保守治疗效果不佳，认为患者高勤国有原位肝移植术的手术指征，无明确手术禁忌症。2005年6月2日，人民医院对患者高勤国在全麻下行原位肝移植术。术前诊断：肝硬化（肝功能失代偿期）、肝占位（性质待定）。术后病理报告：结节性肝硬化改变，其中可见巨大再生结节形成，未见癌；慢性胆囊炎。高勤国于2005年6月22日出院，出院诊断：肝硬化术后、肺部感染、右侧胸腔积液、低钠血症、低蛋白血症。2005年9月7日，高勤国因拔出T管收入院，9月8日T管造影未见异常。高勤国于2005年9月13日出院，出院医嘱：注意休息；定期复查；不适随诊。

2006年6月25日，高勤国因"肝移植术后13个月，发现肝右后叶占位2周"在人民医院住院。6月27日超声检查结论：移植肝实性占位（考虑Ca），脾大，副脾。2006年7月4日，对高勤国全麻下行剖腹探查、肝右后叶上段部分切除术。术中诊断为肝右后叶肝癌，决定行肝右后叶上段部分切除术。切除组织送病理。7月5日病理报告：肝细胞癌，中分化，直径5cm，肿瘤被膜外可疑有血管内癌栓，周围肝组织汇管区可见套袖状淋巴细胞浸润。（肝膈项）可见癌侵犯。2006年7月14日，高勤国出院，出院诊断：原发性肝癌（肝左叶）、肝移植术后。

高勤国确诊肝癌前后，分别于2006年6月25日至7月14日、2006年8月10日至8月17日、2006年9月15日至9月20日、2006年11月2日至11月6日、2007年1月18日至2月1日、2007年3月23日至4月2日在人民医院住院治疗六次，高勤国支付医疗费用92 376.71元。此后，高勤国于2007年4月29日至2007年8月29日在北京黎明医院住院治疗122天，支付费用42 769.36元。高勤国于2006年12月13日至12月21日、2007年8月29日至9月29日在北京市门头沟区医院住院治疗，支付医疗费用12 696.61元。高勤国于2007年8月21日至8月29日支付转院过程中的出诊费及救护车费516元。2007年9月29日，高勤国死亡，时年51岁。高勤国住院治疗期间，由其妻刘丽萍护理。

本案一审诉讼期间，经人民医院申请，原审法院委托北京市西城区医学会就人民医院对患者高勤国的诊疗行为是否构成医疗事故进行鉴定。该医学会鉴定分析意见为：（1）本病例肝移植术前临床诊断正确，肝移植手术指征明确。术后病理诊断为结节性肝硬化，未见癌细胞。临床术后依据病理诊断实施的治疗方案符合医疗规范。（2）患者术后13个月发现移植肝肝癌，可能原因为长期应用免疫抑制剂、机体免疫机能低下；不排除乙肝肝硬化患者术前已存在目前诊疗技术难以发现的微小癌性病灶。医方发现移植肝肝癌后，对患者进行了积极治疗，符合医疗规范。（3）医方应加强对肝移植术后患者的随访，尤其是影像学方面的检查。鉴定结论为：高勤国病例不属于医疗事故。经质证，双方当事人对此鉴定结论予以认可。

经刘丽萍一方当事人申请，并由双方当事人共同选定、确认鉴定机构，原审法院委托法大法庭科学技术鉴定研究所就人民医院对高勤国的诊疗行为是否存在过错，如有过错，该过错与高勤国死亡之间是否存在因果关系及责任度进行鉴定。法大法庭科学技术鉴定研究所鉴定报告分析说明指出：由于被鉴定人高勤国死亡后未进行尸体解剖，对判断其死亡原因及评价医院诊疗行为是否有过错存在一定的局限性。(1) 死亡原因。根据现有病例资料，被鉴定人高勤国患有慢性重型乙型肝炎，肝硬化失代偿期；肝硬化肝移植术后；肝移植左叶原发性肝癌；肝移植左叶肝癌术后、化疗后及介入治疗后复发肝内多发转移瘤；上消化道大出血，食管胃底静脉曲张；脾大、脾功能亢进。终因肝、肾功能衰竭、上消化道持续性出血，致多器官功能衰竭而死亡。(2) 诊疗评价。1) 关于诊断：根据病历资料，被鉴定人高勤国患有慢性重型乙型肝炎，肝硬化失代偿期 (child 分级 B 级)；肝硬化肝移植术后；移植肝左叶原发性肝癌；移植肝左叶肝癌术后、化疗后及介入治疗后复发肝内多发转移瘤；上消化道大出血，食管胃底静脉曲张；脾大、脾功能亢进诊断成立。关于肝移植术前是否存在肝癌，具有多种可能，目前材料难以判断。本例肝移植术前 CT 检查发现肝左叶可疑存在肝癌，肝移植术后病理检查未发现肝癌，医院病理检查符合常规，考虑由于病理检查本身存在的局限性，不能否认肝移植术前已存在肝癌的可能。同时，由于目前尚无对供体肝脏进行检查的临床常规，故具有供体肝脏存在肝癌的可能。另外，肝移植术后长期使用免疫抑制剂，本身存在肝硬化，都是患肝癌的高危因素。本例肝移植术前，临床考虑存在肝癌，但未进行病理检查以明确诊断，考虑到已决定进行肝移植术，且病理检查（如穿刺）可能会有并发症，因此，肝移植术前未进行病理检查尚不能认定为医疗过错。2) 关于手术：根据被鉴定人高勤国肝移植术前的病情，具有进行肝移植的指征，即使存在原发性肝癌，依照肝移植的米兰指准（单个肿瘤直径小于或等于 5 厘米或多发肿瘤少于 3 个且最大直径小于或等于 3 厘米，无大血管浸润，无淋巴结或肝外转移），仍具有进行肝移植的适应症。本例选择原位肝移植术（背驮式）符合诊疗常规，手术过程中未见操作不当。3) 关于术后治疗：被鉴定人高勤国肝移植术后恢复良好，术后 1 年 CT 检查发现"肝移植术后肝癌复发"，并行肝右后叶上段部分切除术，后行化疗。上述治疗符合诊疗常规，但现有鉴定材料提示，被鉴定人高勤国肝移植术后虽进行了相关随访及复查，但肝移植术后 1 年期间未见进行影像学检查，提示随访及复查不到位，导致未能早期及时发现移植肝占位病变。从后果来看，延误了对肝癌复发的早期诊断和有效治疗。同时考虑到肝癌，尤其是肝移植术后肝癌复发的预后差、5 年生存率低的实际情况，我们认为，人民医院在对被鉴定人高勤国诊疗过程中，存在术后随访及复查不到位的缺陷，该缺陷在某种程度上缩短了被鉴定人高勤国的有效生存期限。鉴定意见：人民医院在对被鉴定人高勤国诊疗过程中，存在术后随访及复查不到位的缺陷，该缺陷在某种程度上缩短了被鉴定人高勤国的有效生存期限。经质证，人民医院对鉴定结论存在异议，法大法庭科学技术鉴定研究所对此出具了书面说明意见，指出：对于患者高勤国，在肝移植术前曾怀疑患有肝癌，且就目前情况来看，亦不能排除在肝移植术前就存在肝癌的可能性；同时存在肝移植术后长期使用免疫抑制剂、本身存在肝硬化的患肝癌的高危因素；医院对该情况应给予足够重视，术后要进行严密的观察，因此认为医院术后随访及复查不到位。法大法庭科学技术鉴定研究所指派鉴定人张海东出庭接受质询，表示：过错程度不好确定，对于患者高勤国死亡的后果，主要原因是患者本身的疾病；但对于延长寿命而言，随访及复查的过错是主要原因。

本案庭审中，刘丽萍申请证人宋玉正、谷建国出庭作证，以证实高勤国于肝移植术后遵人民医院医生医嘱在外自购药品，且费用为17万元。证人宋玉正、谷建国作为高勤国的同事出庭证实高勤国术后在外自行购买了药品，但未证明费用支出情况。经质证，人民医院认为证人与刘丽萍有利害关系，很多证言是转述而来，不能算是直接证据。

诉讼中，刘丽萍、高子轩就其主张赔偿的护理费计算方法为，依据2009年北京市职工年平均工资计算，以职工日平均工资171.32元为日护理费标准，按高勤国住院307天计算；营养费以每日50元标准，按住院307天计算；住院伙食补助费以每日50元标准，按住院307天计算；死亡赔偿金按北京市2008年城镇居民年人均可支配收入24 725元，计算20年；丧葬费按北京市2008年职工月平均工资计算6个月。

上述事实有下列证据证明：
（1）当事人陈述；
（2）北京市西城区医学会出具的西医鉴字（2008）第025-08029号医疗事故技术鉴定书；
（3）法大法庭科学技术鉴定研究所出具的法大（2009）医鉴字第116号法医学鉴定意见书；
（4）书面说明、证人证言；
（5）刘丽萍提供的户籍登记材料；
（6）高勤国部分病历资料复印件；
（7）高勤国死亡证明书复印件；
（8）医疗费用单据复印件；
（9）刘丽萍提供的北京金鹏建业安全设备有限公司待岗证明等。

（四）一审判案理由

北京市第一中级人民法院经审理认为：人民医院对患者高勤国于2005年6月2日在全麻下行原位肝移植术。术后13个月，高勤国在人民医院确诊为肝癌，并于2007年9月29日死亡，由此导致患者高勤国亲属与人民医院产生纠纷。本案诉讼中，经北京市西城区医学会鉴定，本病例不属于医疗事故。当事人双方对该鉴定结论均无异议，法院对该鉴定结论的证明力予以认定。

经双方当事人选定，由法大法庭科学技术鉴定研究所对本案进行了医疗过错鉴定，该鉴定程序合法、鉴定结论明确，鉴定人员亦出庭接受了双方当事人的质询，双方均未提出足以反驳鉴定结论的相反证据和理由，因此法院对该鉴定结论的证明力亦予以认定。根据该鉴定结论，能够认定人民医院在对患者高勤国的诊疗过程中，根据患者高勤国的病情，在肝移植术前曾怀疑高勤国患有肝癌，高勤国在肝移植术后长期使用免疫抑制剂、本身存在肝硬化的患肝癌的高危因素的情况下，未给予足够重视，致使在高勤国肝移植术后1年期间未对高勤国进行影像学检查，存在对高勤国术后随访及复查不到位的缺陷。由此，法院认定人民医院在对患者高勤国的诊疗过程中存在一定过错。根据鉴定机构鉴定结论及鉴定人员的出庭陈述，可以认定人民医院的过错并非导致高勤国死亡这一后果的直接原因，而是在缩短高勤国的有效生存期限方面具有影响，据此法院确定人民医院应承担的责任比例为30%。人民医院所辩称的，在患者高勤国病后诊断和术后随访中，医方不具有过错，没有侵权的抗辩意见，依据不足，对其抗辩意见，法院不予采纳。

关于刘丽萍、高子轩请求赔偿的损失范围，法院认为，患者高勤国于肝移植术前发生的费用、高勤国因肝移植手术所支付的费用以及刘丽萍、高子轩主张的高勤国肝移植术后自行购买抗排异药品费用为高勤国治疗疾病所必然发生费用，且无证据显示人民医院在此过程中存在诊疗缺陷或过错，故对此部分费用的赔偿请求，法院均不予支持。诉讼中刘丽萍、高子轩能够举证证明的高勤国确诊肝癌期间及之后的医疗费用，即在人民医院治疗所支付的医疗费用92 376.71元、在北京黎明医院住院治疗所支付的费用42 769.36元、在北京市门头沟区医院住院治疗所支付的医疗费用12 696.61元及转院时支付的出诊费、救护车费516元，本院予以认定。人民医院依据其应承担的责任比例应予赔偿44 507.60元。

高勤国确诊肝癌住院治疗期间，由其妻刘丽萍护理，刘丽萍于诉讼中提供北京金鹏建业安全设备有限公司证明材料，证明其自2005年1月17日起在家待岗。故刘丽萍、高子轩主张的护理费应依据《最高人民法院关于审理人身损害赔偿案件适用法律若干问题的解释》第二十一条的规定，参照护工的劳务报酬标准，即按每天60元的标准，计算227天。人民医院依据责任比例应予赔偿4 086元。因高勤国所患疾病危重，刘丽萍、高子轩主张高勤国住院期间营养费的赔付标准按每天50元计算，并无不当，法院予以确认；依此标准计算227天，人民医院应赔偿营养费3 405元。刘丽萍、高子轩请求赔偿住院伙食补助费的日标准为50元，符合《最高人民法院关于审理人身损害赔偿案件适用法律若干问题的解释》的相关规定，依此标准计算227天，人民医院应赔偿住院伙食补助费3 405元。关于死亡赔偿金的赔偿数额，根据法庭辩论终结前上一年度，即2008年度城镇居民人均可支配收入标准，按20年计算并结合人民医院所负责任比例确定为148 350元。丧葬费的赔偿数额以2008年度职工月平均工资标准，结合人民医院责任比例计算6个月确定为6 707.25元。

关于刘丽萍、高子轩要求人民医院赔偿其精神损害抚慰金之请求，法院认为，鉴于高勤国的死亡确实给刘丽萍、高子轩带来失去亲人的心理痛苦，给刘丽萍、高子轩今后的生活造成一定程度的影响，为给予刘丽萍、高子轩精神上的抚慰，人民医院应当赔偿刘丽萍、高子轩一定的精神损害抚慰金。具体数额由本院根据相关的司法解释，综合考虑本案案情予以酌定为20 000元。

（五）一审定案结论

北京市第一中级人民法院依据《中华人民共和国民法通则》第一百一十九条，《最高人民法院关于审理人身损害赔偿案件适用法律若干问题的解释》第十七条、第十八条、第十九条、第二十一条、第二十三条、第二十四条、第二十七条、第二十九条之规定，作出如下判决：

1. 判决生效后七日内，北京大学人民医院赔偿刘丽萍、高子轩因高勤国患病死亡产生的医疗费、营养费、住院伙食补助费、护理费、死亡赔偿金、丧葬费、精神损害抚慰金共计230 460.85元；

2. 驳回刘丽萍、高子轩的其他诉讼请求。

（六）二审情况

1. 二审诉辩主张

（1）上诉人刘丽萍、高子轩诉称

改判原判决第一项为北大人民医院赔偿刘丽萍、高子轩各项费用共计3 657 110.58元。撤销原审判决第二项。事实与理由：1）一审法院认定人民医院责任比例为30%有误、有失公允，应负全责。患者死亡原因肯定是疾病，但是过错是医院造成的，因为随访及复查不到位是导致高勤国死亡的主要原因。本案中如果没有人民医院的过错，高勤国不一定会死亡，但是有了这个过错，肯定会造成高勤国的死亡。2）鉴定费用的负担显失公平。3）刘丽萍、高子轩所主张的营养费、住院伙食补助费、护理费应当按照307天计算，而不是227天。4）精神损害抚慰金的赔偿数额过低。综上所述，请求二审法院撤销一审判决，维护刘丽萍、高子轩的合法权益，依法改判。

（2）上诉人人民医院诉称

请求二审法院撤销原判，依法改判驳回刘丽萍、高子轩的诉讼请求。事实与理由如下：高勤国在肝移植手术前已经处在濒临死亡的状况，成功实施肝移植手术使其生命得以延长，手术后又是在人民医院认真随访过程中及时发现新生肿瘤并采取了积极手术医疗措施，再次延长生命，肝移植手术凝结了医学高端技术水平，不存在缩短高勤国生命的事实。因此，我院对其采取的诊疗手段不存在任何过错，更不存在手术后随访及复查不到位的缺陷，医护人员付出了大量劳动和心血对其积极救治，原审判决由我院赔偿刘丽萍、高子轩230 460.85元无事实根据。刘丽萍、高子轩上诉请求缺乏充分理由，原审判决确定医院承担责任比例为30%依据不足，无司法鉴定的支持。故我院上诉恳请二审法院依法撤销原判，驳回刘丽萍、高子轩的诉讼请求。

2. 二审事实和证据

北京市高级人民法院经审理，确认一审法院认定的事实和证据。

3. 二审判案理由

北京市高级人民法院经审理认为：患者在诊疗活动中受到损害，医疗机构及其医务人员有过错的，医疗机构应当承担赔偿责任。因医疗行为引起的损害赔偿诉讼，由医疗机构就医疗行为与损害结果之间不存在因果关系及不存在医疗过错承担举证责任。

在本案中，西城区医学会及法大法庭科学技术鉴定研究所进行的医疗鉴定，程序合法、结论明确，其出具的鉴定报告是本案的重要证据。医学会的鉴定报告指出，医方应加强对肝移植术后患者的随访，尤其是影像学方面的检查。法大法庭科学技术鉴定研究所的鉴定报告进一步分析认为,人民医院在对患者高勤国的诊疗过程中,存在术后随访及复查不到位的缺陷,在某种程度上缩短了高勤国的有效生存期限。因此,可以认定人民医院对高勤国的诊疗在后期存在一定的过错,造成缩短高勤国有效生存期限的损害后果。人民医院应当对患者高勤国一方的损害后果承担相应的赔偿责任。人民医院虽上诉坚持其所有的医疗行为均不存在过错,但人民医院未能就此提举充分的证据。因此对人民医院要求改判驳回刘丽萍、高子轩诉讼请求的上诉请求,本院不予支持。

关于刘丽萍、高子轩要求人民医院承担高勤国全部诊疗过程的各项损失的上诉请求。由于医学会和法大法庭科学技术鉴定研究所的鉴定报告均认为,人民医院所实施的肝移植手术以及术后护理符合医疗规范,所以,原审法院认定人民医院仅需赔偿高勤国确诊肝癌期间及之后的医疗费用等各项损失符合客观实际。刘丽萍、高子轩的此项请求,法律依据不足,本院不予支持。

关于人民医院应承担赔偿责任的比例问题,刘丽萍、高子轩上诉认为原审法院确定的30%的责任比例过低,人民医院应承担全责。对此,法大法庭科学技术鉴定研究所的鉴定意见认为,患者高勤国死亡的主要原因是患者本身的疾病,人民医院在随访及复查方面的过错是缩短其有限生存年限的主要原因。同时,考虑肝移植术后肝癌复发的预后差、5年生存率低,原审法院依此确定人民医院应承担赔偿责任的比例为30%。上述责任比例的确定,系原审法院行使自由裁量权的范畴,并无不当,本院予以确认。刘丽萍、高子轩的此项上诉意见,无事实和法律依据,本院不予采纳。

关于精神损害抚慰金的数额问题。对此,原审法院根据本案具体情况,酌定精神损害抚慰金为2万元,原审法院的处理并未违反相关法律规定,本院予以确认。刘丽萍、高子轩关于精神损害抚慰金数额过低的上诉意见,没有法律依据,本院亦不予采纳。

此外,刘丽萍、高子轩上诉认为一审法医鉴定费用的负担显示公平。经查,法医鉴定费的费用总额为8 000元,原审法院确定由人民医院负担2 400元,由刘丽萍、高子轩负担5 600元。由于医学会的鉴定报告已经指出了人民医院的不足之处,人民医院本应依此主动承担相应的赔偿责任,即法医鉴定并无必要,且法医鉴定的结论亦未支持人民医院关于自身没有任何过错的主张。因此,人民医院应承担全部法医鉴定费8 000元。原审法院的确定方式不妥,本院予以调整。

4. 二审定案结论

北京市高级人民法院依照《中华人民共和国民事诉讼法》第一百五十三条第一款第(一)项之规定,作出如下判决:

驳回上诉,维持原判。

(七) 解说

1. 本案充分体现了医疗损害鉴定双轨制的特点

在《侵权责任法》实施前,在医疗损害赔偿的二元化机制下,相应诉讼机制也较为复杂。① 一经发生医疗损害,在起诉时,患者一方为其利益往往选择医疗事故以外的其他医疗损害赔偿案由,并要求进行医疗损害责任过错鉴定,而医疗机构为自身利益则往往提出双方争议应属医疗事故损害赔偿争议,并要求进行医疗事故技术鉴定。协调解决的办法是赋予医疗机构提出不构成其他医疗损害的抗辩权。如经医疗事故技术鉴定不构成医疗事故时,患者往往又会要求按一般医疗损害赔偿给予救济,由此在诉讼中改变案由和诉讼请求,并再进行医疗损害责任过错鉴定。也即要走两种救济渠道,通常要进行三次鉴定,案件审理周期冗长。例如在本案中,法院首先依据人民医院的申请委托医学会组织进行医疗事故技术鉴定。虽然鉴定报告认为本病例不构成医疗事故,但该报告也指出"医方应加强对肝移植术后患者的随访,尤其是影像学方面的检查"。也就是说,人民医院在对患者的随访尤其是影像学方面的检查方面存在不足。那么,法院仅依据该鉴定结论无法审结此案。所以,法院在此种情形下还需再委托进行医疗损害责任过错鉴定。

在《侵权责任法》实施前,实践中存在大量的与本案例相似的因医疗事故技术鉴定存在不足再次进行医疗损害责任过错鉴定的案件。对于这些案件,首先涉及医疗事故技术鉴定结论的效力问题。一种观点认为,对医疗事故技术鉴定结论应完全采信。我们认为,这是不正确的。医疗事故鉴定结论只是证据的一种形式,应经审查认定才能明确是否采信。这也涉及医疗事故技术鉴定和医疗损害责任过错鉴定的关系问题。从根本上说,二者都是鉴定,不存在效力高低问题,但在医疗损害责任二元鉴定机制的情况下,可能存在着以医疗损害责任过错鉴定弥补医疗事故技术鉴定不足的问题。正如上述案例中,医疗事故技术鉴定虽认为本病例不构成医疗事故,但又指出人民医院的医疗行为存在一定的过错。其内容自相矛盾。这是医疗事故技术鉴定自身存在的问题,无法通过重新鉴定、补充鉴定解决,因为这份鉴定结论的内容本身是完整的。有鉴于此,立足公平救济,一审法院许可患者一方在医疗事故技术鉴定之后另行申请医疗损害责任过错鉴定。应当说,一审法院在医疗事故技术鉴定后许可再进行医疗损害责任过错鉴定,是基于对医疗事故鉴定结论审查后发现鉴定结论存在矛盾的解决办法,而不是进行重复鉴定。因此,一审法院的做法是正确的。最终,两审法院也采纳了医疗损害责任过错鉴定的结论,依法审结了此案。

2.《侵权责任法》的施行对医疗损害鉴定机制的影响

《侵权责任法》已于2010年7月1日开始施行。《侵权责任法》设专章规定了医疗损害责任。但是,由于《侵权责任法》第七章对医疗损害鉴定没有作出规定。各界均认为,对于医疗损害责任制度中存在的三个双轨制问题,诉由及赔偿的双轨制,依据《侵权责任法》已经得到解决。上述医疗损害鉴定的双轨制因涉及鉴定体制改革等复杂问题

---

① 所谓二元化机制,有学者概括为三个双轨制构成的二元化现象。一是诉由的双轨制,既有医疗事故损害赔偿纠纷,也有医疗事故以外的其他医疗损害赔偿纠纷;二是鉴定的双轨制,既有由卫生行政部门指导的各级医学会组织进行的医疗事故技术鉴定,也有由统一在司法行政部门登记注册的司法鉴定机构组织进行的医疗损害过错鉴定;三是赔偿的双轨制,既有适用《医疗事故处理条例》进行的医疗事故赔偿,也有适用《中华人民共和国民法通则》、《最高人民法院关于人身损害赔偿若干问题的解释》进行的赔偿。参见杨立新:《侵权责任法》,407页,北京,法律出版社,2010。

还将在一段时间内存在。

按照《侵权责任法》的规定，构成医疗事故已不再是医疗损害侵权责任的构成要件，那么在医疗损害侵权责任案件中，医疗事故技术鉴定也不再是必经程序。而与《侵权责任法》相呼应，今后的医疗损害责任鉴定重点会出现在医疗行为是否违反诊疗规范；医疗过失行为与人身损害后果之间是否存在因果关系；医疗过失行为在损害结果中的责任比例等。以上医疗损害责任鉴定行为应如何规范，是否还能沿用《医疗事故处理条例》的规定委托医学会进行鉴定，也是亟待解决的问题。

经最高人民法院调研，医学会所组织的技术鉴定虽然存在鉴定专家不署名、不出庭等问题，但社会各界普遍反映，医学会的医疗事故技术鉴定具有专业性、科学性、客观性的特点，且收费相对低廉。因此，最高人民法院下发的《关于适用〈中华人民共和国侵权责任法〉若干问题的通知》第3条规定，人民法院适用侵权责任法审理民事纠纷案件，根据当事人的申请或者依职权决定进行医疗损害鉴定的，按照《全国人民代表大会常务委员会关于司法鉴定管理问题的决定》、最高人民法院《人民法院对外委托司法鉴定管理规定》及国家有关部门的规定组织鉴定。

卫生部于2010年6月28日下发的《关于贯彻实施〈侵权责任法〉有关问题的通知》第四部分明确指出：在2010年7月1日之后，对于司法机关或医患双方共同委托的医疗损害责任技术鉴定，医学会应当受理，并可参照《医疗事故技术鉴定暂行办法》等有关规定，依法组织鉴定。医疗损害责任技术鉴定分级参照《医疗事故分级标准（试行）》执行。

根据上述最高人民法院和卫生部的通知，对于医疗损害赔偿纠纷案件，在保留原有的司法鉴定机构所作的医疗损害责任过错鉴定的基础上，人民法院虽然不再委托医学会进行医疗事故技术鉴定，但可以委托医学会组织进行医疗损害责任技术鉴定。

从法院的审判实践看，由于医疗纠纷数量的上涨，有些地方出现医疗损害鉴定资源相对紧张的问题。例如，在北京市法院系统，案件委托一些司法鉴定机构鉴定后需等待较长时间才能真正启动。为解决这一问题，考虑医疗损害责任技术鉴定也有其优势，实践中可考虑由当事人自愿选择医疗损害责任技术鉴定机构开展医疗损害鉴定。《最高人民法院关于民事诉讼证据的若干规定》第二十六条规定："当事人申请鉴定经人民法院同意后，由双方当事人协商确定有鉴定资格的鉴定机构、鉴定人员，协商不成的，由人民法院指定。"按照该规定，确定鉴定机构应优先由当事人协商选择。也就是说，基于上述规定，就医疗损害争议，医患双方可协商选择医疗损害责任技术鉴定机构开展医疗损害鉴定。

3. 北京市高级人民法院关于医疗损害鉴定的具体规定

经调研，北京市高级人民法院于2010年11月18日下发了《北京市高级人民法院关于审理医疗损害赔偿纠纷案件若干问题的指导意见（试行）》（京高法发［2010］第400号，下称《北京指导意见》）。《北京指导意见》第二十一条第一款规定：人民法院委托进行医疗损害责任过错鉴定的，应当根据北京市高级人民法院关于司法鉴定工作的相关规定，委托具有相应资质的鉴定机构组织鉴定。第二十一条第二款规定：在国家有关部门关于医疗损害鉴定的新规定颁布之前，人民法院也可以委托各区、县医学会或北京医学会组织进行医疗损害责任技术鉴定。

《北京指导意见》作出上述规定主要有以下几层意思。第一，在案件审理中，如果一方当事人申请委托司法鉴定机构组织进行医疗损害责任过错鉴定，另一方当事人申请委托医学会组织进行医疗损害责任技术鉴定，人民法院应当委托司法鉴定机构组织进行医疗损害责任过错鉴定。理由是医学会目前组织医疗损害责任技术鉴定是依据卫生部的通知，不能说完全没有依据，但多少有点底气不足。第二，双方当事人均同意委托进行医疗损害责任技术鉴定，人民法院也可以委托医学会进行医疗损害责任技术鉴定。如果委托医学会进行医疗损害责任技术鉴定，既可以委托区、县医学会，也可以直接委托市医学会组织进行医疗损害责任技术鉴定。技术鉴定和过错鉴定一样，一般情况下都只进行一次。第三，无论是进行医疗损害责任过错鉴定还是医疗损害责任技术鉴定，其鉴定结论的效力都是相同的，它们互相不成为对方的一种救济手段。如果鉴定结论有缺陷，当事人只能根据《最高人民法院关于民事诉讼证据的若干规定》第二十七条的规定申请重新鉴定。[①]

因此，根据上文的分析，应当看到，在《侵权责任法》实施之后，由于医疗损害责任的二元化问题已成过去，民事赔偿意义上的医疗事故技术鉴定不复存在，取而代之的是与医疗损害责任过错责任相当接近的医疗损害责任技术鉴定。随着《北京指导意见》的实施，实践中一般不会再出现本案所涉及的两种鉴定的复杂关系问题。

（北京市高级人民法院　陈特）

56. 李小娥等诉首都医科大学附属北京朝阳医院医疗损害赔偿案（因果关系）

（一）首部

1. 判决书字号
一审判决书：北京市朝阳区人民法院（2008）朝民初字第06072号。
二审判决书：北京市第二中级人民法院（2010）二中民终字05230号。
2. 案由：医疗损害赔偿纠纷。
3. 诉讼双方
原告：李小娥，女，汉族，湖南省邵阳县黄荆乡腊树村农民，住湖南省邵阳县。
委托代理人：王良斌，北京市恒方永圆律师事务所律师。
委托代理人：陈晓兰，女，汉族，住上海市闸北区。

[①] 参见陈特：《北京市高级人民法院〈关于审理医疗损害赔偿纠纷案件若干问题的指导意见（试行）〉的理解与适用》，载北京市高级人民法院编：《审判前沿》，总第33集，165页，北京，法律出版社，2011。

原告：李旭光，男，汉族，湖南省邵阳县黄荆乡腊树村农民，住湖南省邵阳县。

委托代理人：黄远雄，男，壮族，广西南珠集团医生，住广西钦州市钦南区。

被告：首都医科大学附属北京朝阳医院（以下简称朝阳医院），住所地：北京市朝阳区。

法定代表人：王辰，院长。

委托代理人：胡文中，北京市法大律师事务所律师。

委托代理人：王凯戎，北京市律理律师事务所律师。

4. 审级：二审。

5. 审判机关和审判组织

一审法院：北京市朝阳区人民法院。

合议庭组成人员：审判长：陈闯；代理审判员：史震、雷恩强。

二审法院：北京市第二中级人民法院。

合议庭组成人员：审判长：王宗魁；代理审判员：王轶稚、曾小华。

6. 审结时间：

一审审结时间：2009年12月18日。

二审审结时间：2010年4月28日。

（二）一审诉辩主张

1. 原告李小娥、李旭光诉称

2007年11月21日下午2时左右，受害人李丽云（女，22岁，汉族，湖南省邵阳县人）因感冒、畏寒、咳嗽等病症，在肖志军陪同下走入朝阳医院京西院区呼吸内科门诊就诊。院方在没有采取任何诊断手段和急救措施情况下，将李丽云强行转到妇产科住院，并立即对受害人行剖宫产手术前准备工作，后因肖志军拒绝在手术同意书上签字，手术未能进行，而朝阳医院亦未能对受害人采取有效的救助措施，坐视受害人不治身亡，最终造成一尸两命的惨剧。二原告认为，李丽云之死，朝阳医院负有不可推卸的责任。朝阳医院没有根据《北京市流动人口计划生育管理规定》核查受害人的婚育证明情况下就认定肖志军是李丽云的丈夫，僵硬地套用《医疗机构管理条例》第三十三条的规定，只有亲属签字才能手术。朝阳医院的诊疗、急救措施存在明显过失，包括：（1）客观病历中没有任何李丽云在呼吸科的诊断、急救措施记录；（2）没有任何医疗检查，就让受害人进行剖宫产手术；（3）没有向受害人和原告履行术前告知义务；（4）参加诊疗、急救的部分医、护士资质存在严重瑕疵；（5）治疗、急救地点不合常规，急救措施不当；（6）手术前准备工作长达4个小时，病人三九寒天一丝不挂；（7）违反法定义务拖延治疗；（8）住院病历疑事发后遭涂改、伪造、隐匿。另外，院方提交的诊疗手册为事发后院方伪造。现诉至法院，要求被告支付丧葬费1万元（停尸费4500元，尸体转运费5000元，尸体整容费、寿衣费500元），医疗费挂号费5元，在医院期间发生的费用如医疗费、停尸费等由院方承担，鉴定费12600元，受害人亲属办理丧葬事宜的误工损失90000元，交通费2000元，住宿费25200元，死亡赔偿金495000元，精神损失70万元。

2. 被告朝阳医院辩称

患者李丽云，女，22岁，因"受凉后出现咳嗽、咳黄痰伴咯血10天，自觉发热，未测体温，呼吸困难1周，夜间不能平卧3天，少尿1天"，于2007年11月21日下午14：50到朝阳医院京西院区呼吸内科门诊就诊。陪同之关系人肖志军（自称为患者丈夫）诉该患者怀孕9个月，从未进行孕期体检。查体发现患者病情危重且经济状况不佳，医院决定欠费收入院治疗。医院妇产科、ICU、麻醉科联合对病人进行了积极抢救，并急请石景山区危重症孕产妇抢救小组组长等专家会诊，其间因考虑挽救母儿生命建议剖宫产手术，因关系人肖志军拒绝签字，手术而未能施行。19：25患者李丽云因病情危重，救治无效死亡。朝阳医院认为，其对患者李丽云的诊断、治疗、抢救已充分尽到了法定义务，没有任何违反国家卫生管理法律、行政法规、部门规章和诊疗护理规范的行为，无任何过错，患者李丽云的死亡与朝阳医院的医疗行为没有因果关系，要求朝阳医院承担民事责任无事实和法律依据，要求驳回二原告的全部诉讼请求。

（三）一审事实和证据

北京市朝阳区人民法院经公开审理查明：李小娥为李丽云之母，李旭光为李丽云之父。

李丽云，因"受凉后出现咳嗽、咳黄痰伴咯血10天，呼吸困难1周，端坐呼吸三天"，于2007年11月20日到北京市济润中西医诊所就诊，接诊护士当时发现病人病情很重，立即劝其到大医院就诊。患者于2007年11月21日下午14：50到朝阳医院京西院区呼吸内科门诊就诊，查体发现患者呼吸频率40次/分，脉搏140次/分，血压119/59mmHg，双肺广泛湿罗音。初步诊断为"重症肺炎，心功能不全，肺栓塞，孕36周"。因患者病情危重且经济状况不佳，医院决定欠费收入院治疗。

据李丽云住院病历记载：入院日期：2007年11月21日15时40分，出院日期：2007年11月21日19时25分。入院主诉：孕足月，咳脓痰十天，憋气不能平卧1周，加重1天。平素月经规律，2007年3月12日查尿HCG（＋），估计末次月经2007.2.2，孕早期早孕反应轻，胎动开始时间不详，孕期未口检，无阴道流血史，孕晚期双下肢浮肿至膝，无头晕、眼花，十天前因受凉后出现咳嗽，咳脓痰，偶有发烧，伴胸闷、胸痛，伴憋气一周、不能平卧，无晕厥，一天前憋气加重，呼吸急促，咳脓痰增多伴咯血，今日来院呼吸科就诊，疑诊"重症肺炎、心功能不全、肺栓塞"入我科。（病史为其丈夫提供，患者呼吸急促，不能应答）。既往生产史：流产1次，早产0次，足月产0次，末次流产2004年。一般检查：体温37摄氏度，脉搏140次/分，呼吸40次/分，血压119/59mmHg，一般情况差，强迫坐位，口唇紫绀，皮肤无出血点，无皮疹，淋巴腺浅表未及肿大，胸无畸形，呼吸急促，心界不大，心率140次/分，心律齐，心音弱，双肺弥漫湿罗音，脊柱四肢生理弯曲存在，水肿（＋＋）。产科检查：宫底高度剑突下二横指，腹围未查，羊水未破膜，宫缩无，胎位不清，胎心126次/分。初步诊断：（1）急性心功能衰竭，（2）重症肺炎，(3) 孕足月，(4) 妊娠期高血压。2007.11.21 3：50PM 孕妇……主治医师查房认为，根据患者目前病史、症状，化验结果未归，目前初步诊断：急性心功能衰竭，重症肺炎，孕足月，妊娠期高血压，患者病情危重，抗心衰、抗感染治疗的同时应立即剖宫产结束分娩，以减轻孕妇循环负担，立即向患者及家属交代患者目前病情危重，随时可能危及母胎生命，应立即剖宫产终止妊娠，挽救母儿生命，并联系麻醉科做好病房急诊剖宫产准备。2007.11.21 4：30PM 患者强迫体位，呼吸困难，咳粉红色泡沫样痰，PE：130/50mmHg，P 135 次/分，R 44 次/分，血氧 68%。麻醉科王振元主任，ICU 曹志新主任均到场参加抢救，清理呼吸道，加压给氧改善血氧饱和度，抢救同时向患者及家属交代病情，患者谵妄状态，不能应答。患者家属拒绝在手术同意书上签字，并当面告知：目前考虑重症肺炎肺部感染诱发急性心衰，不终止妊娠，可能出现猝死，危及母儿生命，现在的治疗原则是抗心衰、抗感染同时积极终止妊娠。患者家属签字："拒绝剖腹产生孩子，后果自负。肖志军。"手术室准备随时手术。2007.11.21 5PM 患者一般情况无明显改善，胎心未闻及。2007.11.21 5：40PM 患者经过给予氧气、补液等治疗后无明显好转，急请麻醉科王振元主任到场行气管插管，准备送手术室急诊手术，与家属交代病情，要求签手术同意书，家属仍不签，患者烦躁，意识丧失，心率降为 0 次/分，血压测不出，立即行心肺复苏，肾上腺素 3mg 静推，复苏后患者恢复自主心率 138 次/分，血氧 53%，行呼吸机辅助呼吸。2007.11.21 6：30PM 经过呼吸机心肺复苏后病人仍无意识，瞳孔直径 4mm，对光反射消失，血压恢复至 128/74mmHg，心率 148 次/分，血氧 100%，多普勒听胎心未闻及，急请彩超检测胎心，未见胎心搏动，考虑胎死宫内，急拍胸片，回报为急性肺水肿，考虑急性呼吸窘迫综合征。王淑珍主任医师到场看过病人认为病情危重，胎儿已死亡，仍应积极剖宫取胎，减轻孕妇的心肺负荷，改善孕妇一般状况，反复向家属交代病情，继续劝说家属签手术同意书。继续强心利尿、纠酸等治疗，手术室人员继续在场抢救待手术。2007.11.21 7：30PM 经过积极抢救于 18：50 血氧下降，心率逐渐降至 50 次/分以下，再次行心外按压，心肺复苏，经 CPR 复苏 35 分钟，瞳孔散大，心电图呈直线，无自主呼吸，曹志新主任及王淑珍主任宣告患者临床死亡。

根据二原告申请，本院委托北京明正司法鉴定中心进行尸体检验，委托事项为：(1) 李丽云死亡原因；(2) 李丽云所怀胎儿是否足月，具体孕周；(3) 李丽云腹内有无有毒、有害物质。2008 年 4 月 22 日，北京市明正司法鉴定中心作出京正[2008]医鉴字第 62 号法医学鉴定意见书，鉴定意见为：(1) 李丽云妊娠晚期患双侧弥漫性支气管炎合并小叶性肺炎，继发重度肺水肿、急性呼吸窘迫综合征，最终出现呼吸循环衰竭死亡。(2) 法医学推断胎儿胎龄在 36 周左右。(3) 李丽云体内未检出毒鼠强毒物成分。

根据被告申请，本院委托北京市朝阳区医学会对朝阳医院对李丽云的诊疗过程是否存在过错、与患者死亡是否存在因果关系、是否构成医疗事故等事项进行鉴定。2008 年 12 月 2 日，北京市朝阳区医学会医疗事故技术鉴定工作办公室回复本院，因北京市卫生局于 2007 年 11 月 25 日组织了市级孕产妇死亡专家评审并作出了几点意见，故该会不再对此病例进行医疗事故技术鉴定。

2009 年 1 月 16 日，经北京市高级人民法院随机确定，本院委托中天司法鉴定中心对朝阳医院的诊疗行为是否存在过错以及该过错与李丽云的死亡后果之间是否存在因果关系及过错参与度进行鉴定。2009年5月27日,中天司法鉴定中心作出中天司鉴中心[2009]临鉴字226号法医临床文证审查鉴定意见书,鉴定意见为:患者李丽云的死亡主要与其病情危重、病情进展快、综合情况复杂有关。朝阳医院对患者李丽云的诊疗过程中存在的不足与患者的死亡无明确因果关系。

中天司鉴中心[2009]临鉴字226号法医临床文证审查鉴定意见书中所载的分析说明为:

(1)根据患者李丽云入住朝阳医院京西院区期间的临床表现、体格检查及辅助检查结果,对其病情状况进行综合评估,患者为妊娠晚期合并重症肺炎、多脏器功能障碍及衰竭(急性左心衰、ARDS、急性肾功能不全、意识障碍),经对病人进行危重症评分(APACHE Ⅱ)、肺炎严重程度评分(PSI)、心功能分级(Forrester),根据评分结果,同时考虑到晚期妊娠、低蛋白血症等情况,我们认为患者李丽云属于死亡率极高的危重病人。

(2)由于缺乏门诊病历资料,故无法评价朝阳医院对患者李丽云门诊阶段的诊疗行为。

(3)患者李丽云在晚期妊娠基础上合并重症肺炎、急性左心衰竭、呼吸窘迫综合征等复杂情况,属于病理产科范围,在当时的情况下将患者收住妇产科,无原则性错误。收住妇产科后,医方拟在合适的时机采取终止妊娠的决定无不当。我们认为,此种情况应该尊重现场医生在治疗方案上的决定权。

(4)患者李丽云住院后,朝阳医院对其给予了强心、利尿、扩血管、面罩给氧、心电监护、抗感染等处置,在患者缺氧状况无明显改善的情况下,医方调整了给氧方式,并给予多科会诊。临床决策不存在违反医疗原则的情况。但医方的诊疗过程中存在一定不足,如动脉血气分析不够及时、气管插管机械通气相对较晚等。

(5)根据病历记载患者入院后很快进入谵妄状态,医方向送其入院的"相关人"进行必要的告知无不当。

综上所述,患者李丽云最终预后(死亡)与其病情危重、复杂、疑难,病情进展迅速,临床处理难度较大等综合因素密切相关,同时医患双方在临床决策上存在较大差异、患方依从性较差等因素也对临床诊疗过程及最终结果产生一定影响。朝阳医院存在的不足对患者李丽云的最终预后无明确因果关系。

对鉴定结论中需要明确的问题,本院又向中天司法鉴定中心致函询问,要求书面答复下列问题:(1)是否具备门诊病历资料,对鉴定结论有何影响?如参考现有的未载明患者姓名的门诊手册,应如何评价门诊阶段的诊疗行为?(2)动脉血气分析不够及时具体是指什么?如及时分析又如何?未及时分析具体带来何种损害后果?该不足为何与最终预后无明确因果关系?(3)气管插管机械通气相对较晚具体是指什么?晚多长时间?如及时插管又如何?未及时插管具体带来何种损害后果?该不足为何与最终预后无明确因果关系?

2009年7月15日,中天司法鉴定中心函复本院,就本院询问的问题答复如下:

(1)如果参考北京朝阳医院2007年11月21日的未载明患者姓名的门诊手册的记载,院方根据主诉、临床体格检查,作出的初步诊断和处置符合诊疗常规,不存在过错。由于患者李丽云的病情恶化主要是在住院之后,故无门诊病历对该案鉴定结论也无明显影响。

（2）动脉血气分析不够及时具体指患者李丽云在入住北京朝阳医院（京西院区）妇产科时，根据其临床表现，医方应给予动脉血气分析，该检查有助于判断患者李丽云呼吸衰竭的情况，血气分析对采取相应救治措施有指导作用。未及时进行血气分析，在一定程度上会影响医方对病人病情的准确判断。

（3）气管插管机械通气相对较晚具体是指患者李丽云在鼻导管吸氧、储气囊面罩给氧、简易呼吸器正压给氧等措施下其血氧饱和度仍不能达到正常范围时就应考虑行气管插管机械通气。据此估计晚了大约1小时。患方对治疗依从性较差，客观上也影响了气管插管时间。未及时行气管插管机械通气会影响抢救效果。

以上不足与最终预后因果关系的判定：考虑到该患者基础条件较差（如妊娠晚期合并重症肺炎、多脏器功能障碍及衰竭、营养不良低蛋白血症等），病情危重且复杂，结合三种临床病情评分，患者属于死亡率极高的病例，这些因素是患者最终死亡的主要因素。此外，病人病情进展迅速，临床抢救时机不容耽搁，此种情况下患方的依从性对最终预后有十分重要的影响。故认为医方上述不足虽然对抢救患者有一定不利影响，但与患者最终预后无明确因果关系。

对于本院询问的病历中几处存在涂改的地方是否影响鉴定结论，中天司法鉴定中心于2009年12月8日答复称：(1)"产科入院记录的入院日期15时40分有改动痕迹"：对于入院日期，在首次病程记录中有"于07年11月21日15：40时收入院"的记载，同时与临时医嘱单、护理记录单上记载的入院日期均一致，因此可以认为入院日期为2007年11月21日15时40分是可信的。(2)"首次病程记录中病史一栏有改动"：对于该患者的病史，在产科入院记录中有详细的记载，同时在病程记录中亦有相应记载，因此此处改动不会对本次鉴定产生影响。(3)"化验报告粘贴单中的一份心电图中出现07/11/20 19：25字样，而患者入院时间为2007年11月21日"：该份心电图中另有一时间为07/11/21 19：25，同时该心电图的表现与07/11/21 19：25时的抢救记录和护理记录单上所记载的情况均相吻合，故该心电图是可信的。即使没有该份心电图，亦不会对本次鉴定产生影响。

另据二原告提交的房租交费通知单、车票、充值卡等证据，其在京期间花费住宿费23 520元、交通费17 110元、通信费1 220元。朝阳医院已垫付停尸费19 500元。

2009年7月17日庭审时，朝阳医院当庭宣读了该院致本院的公函，对于患者李丽云的死亡深感痛心和遗憾，表示愿意给予患者家属经济帮助10万元。

二原告提出重新鉴定申请。经本院审查，二原告的申请不符合法律规定的条件，本院未予准许。

以上事实有双方当事人陈述、（2008）京方圆内经证字第80123号公证书、病历、京正〔2008〕医鉴字第62号法医学鉴定意见书、中天司鉴中心〔2009〕临鉴字226号法医临床文证审查鉴定意见书、中天司法鉴定中心答复函、房租交费通知单、车票、充值卡、收据在案佐证。

(四) 一审判案理由

北京市朝阳区人民法院经审理认为：医疗机构承担医疗侵权损害赔偿责任的条件有三项：（1）有损害后果；（2）医疗机构的医疗行为存在过错；（3）过错医疗行为与损害后果之间有因果关系。根据《最高人民法院关于民事诉讼证据的若干规定》，医疗机构须就其不存在医疗过错及其医疗过错与损害后果之间不存在因果关系承担举证责任。本案中，李丽云经朝阳医院诊治后死亡，二原告作为其家属，主张朝阳医院存在医疗过错，造成了李丽云死亡的后果。朝阳医院作为医疗机构，依法应当就医疗行为与损害后果之间不存在因果关系及不存在医疗过错承担举证责任。朝阳医院就此申请进行医疗事故技术鉴定，但因北京市卫生局已经明确就此病例发布了几点意见，北京市朝阳区医学会不再进行医疗事故技术鉴定工作。在此情况下，经北京市高级人民法院随机确定，本院委托中天司法鉴定中心对朝阳医院的诊疗行为是否存在过错以及该过错与李丽云的死亡后果之间是否存在因果关系及过错参与度进行鉴定。二原告对朝阳医院的住院病历提出了一些意见，因病历为双方共同封存，亦无证据表明存在伪造的情况，涂改之处也不影响对医疗行为的评价，故可以作为鉴定材料。经向卫生行政主管部门核实，朝阳医院参与救治李丽云的医务人员均具有相应的资质，且医务人员的资质属于行政管理范畴，并不影响对医疗机构医疗行为的鉴定。根据中天司法鉴定中心的鉴定结论及答复函，朝阳医院对患者李丽云的诊疗过程中存在一定不足，但患者李丽云的死亡主要与其病情危重、病情进展快、综合情况复杂有关，医方的不足与患者的死亡无明确因果关系。患者李丽云神志清醒时，并未对陪同其就医的肖志军的关系人身份表示异议，故朝阳医院无法、也没有能力对肖志军作为李丽云家属的身份进行核实。需要说明的是，患者入院时自身病情危重，患方依从性又较差，朝阳医院履行了医疗方面法律法规的要求，而患方却不予配合，这些因素均是造成患者最终死亡的原因。因朝阳医院的医疗行为与患者的死亡后果之间没有因果关系，故不构成侵权，不应承担赔偿责任。二原告据此提出的各项赔偿请求，均缺乏法律依据，本院难以支持。朝阳医院表示愿意给予患者家属经济帮助，考虑到本案的实际情况，本院亦认为可由朝阳医院付二原告适当的经济补偿，具体数额由本院酌定。

(五) 一审定案结论

北京市朝阳区人民法院依照《中华人民共和国民法通则》第一百零六条第二款之规定，作出如下判决：

1. 被告首都医科大学附属北京朝阳医院于本判决生效之日起7日内向原告李小娥、李旭光共支付人民币100 000元。
2. 驳回原告李小娥、李旭光的诉讼请求。

北京明正司法鉴定中心鉴定费12 000元及鉴定人员出庭费1 000元，中天司法鉴定中心鉴定费7 000元，均由被告首都医科大学附属北京朝阳医院负担。

案件受理费 16 813 元，本应由原告李小娥、李旭光交纳。原告李小娥、李旭光因经济困难，申请免交，经审查，其申请符合条件，本院予以准许。

（六）二审情况

1. 二审诉辩主张
（1）上诉人李小娥、李旭光诉称：坚持一审的诉讼请求，请求二审法院依法判决。
（2）被上诉人北京市朝阳医院辩称：同意一审判决，请求驳回上诉人的诉请。
2. 二审事实和证据
北京市第二中级人民法院经审理，确认一审法院认定的事实和证据。
3. 二审判决理由
同一审判决理由。
4. 二审定案结论
北京市第二中级人民法院依照《中华人民共和国民事诉讼法》第一百五十三条第一款第（一）项的规定，判决：驳回上诉，维持原判。

一审、二审案件受理费各 16 813 元，均应由李小娥、李旭光负担，但均被法院准许免交。

（七）解说

本案的发生、发展及审判过程均被媒体广泛跟踪报道，在全国范围内有比较大的影响，并可能在某种意义上推动了《侵权责任法》医疗损害赔偿责任部分中关于医院手术需征得患者书面同意及紧急情况下立即施救规定的立法进展。

患者李丽云怀有身孕，因"重症肺炎、心功能不全、肺栓塞"等危重病情进入朝阳医院治疗。由于患者病情危重，朝阳医院在给予抗心衰、抗感染治疗的同时，认为应立即剖宫产结束分娩，以减轻孕妇循环负担。院方立即向患者及家属交代患者目前病情危重，随时可能危及母胎生命，应立即剖宫产终止妊娠，挽救母儿生命，并联系麻醉科做好病房急诊剖宫产准备。患者由于处于谵妄状态，不能应答，而患者家属拒绝在手术同意书上签字。院方再次告知，目前考虑重症肺炎肺部感染诱发急性心衰，不终止妊娠，可能出现猝死，危及母儿生命，现在的治疗原则是抗心衰、抗感染同时积极终止妊娠。此时患者家属签字："拒绝剖腹产生孩子，后果自负。肖志军"。此后患者经过给予氧气、补液等治疗后无明显好转，院方又行气管插管、呼吸机辅助呼吸等手段急救，并继续劝说家属签手术同意书，但陪同患方就诊的肖志军一直不签字，终致患者死亡。

经司法鉴定，朝阳医院对患者李丽云的诊疗过程中存在动脉血气分析不够及时、气管插管机械通气相对较晚等不足，但患者李丽云的死亡主要与其病情危重、病情进展快、综合情况复杂有关，而病人病情进展迅速，临床抢救时机不容耽搁，此种情况下，患方的依从性对最终预后有十分重要的影响，医方的不足与患者的死亡无明确因果关系。

本案引起社会广泛关注的核心在于，病人在病情危重的情况下，医院是否必须需要有患方签字才能进行手术。具体到案件中，争议点之一也是院方是否应该核实患方陪同人员的身份以及能否核实。《侵权责任法》实施之前，规范医院这方面行为的主要是《医疗机构管理条例》第三十三条，该条要求医疗机构施行手术，必须征得患者同意，并应当取得其家属或者关系人同意并签字；无法取得患者意见时，应当取得家属或者关系人同意并签字；无法取得患者意见又无家属或者关系人在场，或者遇到其他特殊情况时，在取得医疗机构负责人或者被授权负责人员的批准后实施。具体到本案中，患者李丽云初入院时，神志尚清醒，并未对陪同其就医的肖志军的关系人身份表示异议，故朝阳医院无法、也没有能力对肖志军作为李丽云家属的身份进行核实。而后患者意识不清醒，而陪同其就医的关系人签字明确拒绝手术，从而使得院方陷入一种无法取得患方同意、又无法按照紧急情况由负责人批准进行手术的境地。按照当时的法规，医院在这种情况下，是不能实施手术的。

经鉴定，医疗机构虽有不足，但其诊疗行为与患者的死亡之间没有因果关系，患者入院时自身病情危重、患方依从性较差，是造成患者最终死亡的主要原因。因朝阳医院的医疗行为与患者的死亡后果之间没有因果关系，故不构成侵权，不应承担赔偿责任。在认定责任的基础之上，法院同时认为，朝阳医院表示愿意给予患者家属经济帮助，考虑到本案的实际情况和朝阳医院的具体承诺，法院酌定朝阳医院向二原告支付10万元的经济帮助，以便帮助解决二原告遭受不幸后遇到的实际困难。

（北京市朝阳区人民法院　陈闯）

57. 王建国、管惠英诉北大医院医疗损害赔偿案
（医疗损害责任二元化结构下的鉴定采信问题）

（一）首部

1. 判决书字号

一审判决书：北京市第一中级人民法院（2007）一中民初字第13348号。

二审判决书：北京市高级人民法院（2009）高民终字第4612号。

2. 案由：医疗损害赔偿纠纷。

3. 诉讼双方

原告（上诉人）：王建国，男，汉族，北京大学光华管理学院教授，住北京市海淀区。

一、二审委托代理人：卓小勤，男，中国政法大学教师，住北京市海淀区。

一审委托代理人：刘凤媛，女，北京中医药大学学生，住北京市朝阳区。

原告（上诉人）：管惠英，女，汉族，住武汉市汉江区。

一、二审委托代理人：王建国（同原告王建国）。

一审委托代理人：曹健，北京市炜衡律师事务所律师。
二审委托代理人：卓小勤（同王建国之委托代理人）。
被告（上诉人）：北京大学第一医院（以下简称北大医院），住所地：北京市西城区。
法定代表人：刘玉树，院长。
一审委托代理人：于峥嵘，男，汉族，北大医院骨科医师，住单位宿舍。
一、二审委托代理人：郑雪倩，北京市华卫律师事务所律师。
二审委托代理人：赵江宁，北京市天达律师事务所律师。
4. 审级：二审。
5. 审判机关和审判组织
一审法院：北京市第一中级人民法院。
合议庭组成人员：审判长：徐庆斌；代理审判员：曹燕平、李军。
二审法院：北京市高级人民法院。
合议庭组成人员：审判长：张凯军；审判员：许雪梅；代理审判员：谷绍勇。
6. 审结时间
一审审结时间：2009年7月1日。
二审审结时间：2010年4月28日。

（二）一审诉辩主张

1. 原告王建国、管惠英诉称

熊卓为（王建国之妻、管惠英之女）因病在北大医院治疗期间，该院存在术前检查不全面、术中扩大手术范围、围手术期对于血栓形成等防治不当、抢救不当等过错，导致熊卓为死亡。请求判令北大医院承担因过错医疗行为给王建国、管惠英造成的损失，即：医疗费4.2万元、住院伙食补助费180元、营养费180元、死亡赔偿金4 108 205.8元、丧葬费18 048.5元、精神损失抚慰金954 465.82元，及管惠英的抚养费305 016.23元（以上各项总计5 428 096.35元），并承担本案诉讼费。

2. 被告北大医院辩称

我院对熊卓为的诊疗措施符合医学诊疗常规，不存在违规行为。

（1）熊卓为术前诊断明确，有手术适应症。（2）手术过程顺利，围手术期处理符合操作常规，不存在过错。（3）我院对熊卓为术后产生并发症的抢救及时得当，不存在违规行为。熊卓为死亡的后果是其自身疾病发展的自然转归所致，是在现有的医学技术水平下可以预料、但是难以避免的，与我院的医疗诊疗行为没有因果关系。请求法院依法驳回原告的诉讼请求。

（三）一审事实和证据

北京市第一中级人民法院经公开审理查明：熊卓为系澳大利亚国籍。2004年3月，熊卓为受聘于北大医院心血管研究所任研究员、教授。管惠英系熊卓为之母，武汉市协和医院退休人员，享有退休金。王建国系熊卓为之夫。

2006年1月24日，北大医院为熊卓为行腰椎管减压、椎弓根钉内固定、植骨融合术。手术后第六天（2006年1月30日）熊卓为出现头晕、恶心呕吐，以及呼吸困难、烦躁，血压测不出，进行抢救治疗，并开胸及开腹探查，终因抢救治疗无效，于2006年1月31日死亡。死亡医学证明书中载明的死亡原因为：急性肺栓塞。熊卓为已支付医疗费用4.2万元。

王建国、管惠英对北大医院提交的病历中医师刘宪义的签名提出疑问，并申请鉴定。经原审法院委托法大法庭科学技术鉴定研究所鉴定，结论为：检材中"刘宪义"的签名与样本中"刘宪义"的签名是同一人书写。对该鉴定意见，各方当事人均认可。

针对北大医院提交的病历材料，王建国、管惠英提出质疑，并申请对病历材料的真实性、完整性、逻辑性等进行司法鉴定。双方均同意委托北京法源司法科学证据鉴定中心进行鉴定，经法院委托，该所出具鉴定意见，除建议病历中《手术前讨论记录表》不能作为鉴定材料使用以及"胃溃疡"诊断暂不列入整体考虑范围外，其他材料均可作为鉴定材料使用。对该鉴定意见，双方当事人均提出了相关异议，针对质疑，鉴定人出庭接受了质询并一一答复，最终表示对鉴定意见不作调整或补充。

针对北大医院在诊疗过程中是否存在医疗过错以及如存在医疗过错，该过错与熊卓为死亡之间是否具有因果关系问题，王建国、管惠英申请鉴定，并同意以北京法源司法科学证据鉴定中心鉴定意见中可以作为医疗评价的病历材料为基础进行司法过错鉴定。双方均同意选择法大法庭科学技术鉴定研究所进行医疗过错鉴定。

经法院委托，法大法庭科学技术鉴定研究所于2009年4月出具法大〔2008〕医鉴字第1387号法医学鉴定意见书。其中，诊疗评价：（1）关于手术，本例存在腰椎滑脱的临床症状，诊断明确。根据一般医疗常规，对于成人峡部裂性脊柱滑脱中轻度滑脱（Ⅰ、Ⅱ度）的患者大多数可保守治疗，手术治疗的主要指征是：顽固性疼痛，且非手术治疗无效。熊卓为第4腰椎滑脱（Ⅰ度），且出现腰腿疼痛仅10天（加重8天），病程相对较短。现有资料未见保守治疗的客观证据，亦无详细的手术治疗必要性的论证。虽然临床选择L4、L5椎管减压、椎弓根钉内固定、植骨融合术，未见手术治疗禁忌症，但手术适应症缺乏有力支持，手术治疗的选择表现为仓促和过度积极。（2）关于肺动脉栓塞，熊卓为存在高血压、糖尿病、高血脂症病史，围手术期停用阿司匹林，均是深静脉血栓形成的高发因素，同时术后卧床且未使用抗凝药，均是促发深静脉血栓形成的因素。分析现有材料认为：1）医院应该能够预见深静脉血栓形成的发生，并应及时采取鉴别诊断和相应的预防措施。但围手术期间未见对深静脉血栓形成进行客观检查；2）医院未及时采取具有针对性的综合预防或治疗措施；3）医院未能早期及时发现和采取有效治疗措施，失去了干预机会，导致病情最终加重。（3）关于抢救治疗，在熊卓为病情紧急、危重的情况下，医院虽然采取了一些抢救措施，如持续胸外按压、手术取栓等，但由于抢救过程中出现肝脏，尤其是心脏破裂，对于其死亡结果的发生无疑起到了促进作用。因果关系分析：北大医院对熊卓为采取手术治疗的适应症存在质疑；同时对围手术期深静脉血栓形成的认识不足，存在检测、预防及治疗等方面的缺陷，未能早期发现深静脉血栓形成；在出现肺动脉栓塞时，亦未能及时发现并有效处理，致使病情进一步加重，同时抢救过程中出现心脏和肝破裂。综合分析，目前材料未能发现其他可以导致熊卓为死亡的因素，北大医院的上述医疗过失造成熊卓为死亡，两者之间存在因果关系。鉴定意见：根据现有材料，未能发现其他可以导致熊卓为死亡的因素，北大医院存在的医疗过失造成熊卓为死亡，两者之间存在因果关系。对于该鉴定意见经庭审质证，王建国、管惠英表示认可；北大医院对此不予认可，并对鉴定人就相关问题进行了质询，鉴定人予以答复，并表示对鉴定意见不作调整、补充。

上述事实有下列证据证明：
(1) 双方当事人陈述。
(2) 法大［2008］物鉴字第70号物证技术学鉴定意见书。
(3) （京）法源司鉴［2008］医鉴字第08125号法医学鉴定意见书。
(4) 法大［2008］医鉴字第1387号法医学鉴定意见书。

(四) 一审判案理由

北京市第一中级人民法院经审理认为：根据法院委托鉴定机构的鉴定结论，北大医院在对熊卓为诊疗过程中存在医疗过失，造成熊卓为死亡，两者之间存在因果关系。北大医院虽不认可该鉴定意见，但未提供充足证据否定该鉴定意见或证实该鉴定程序存在重大瑕疵。根据该鉴定意见，北大医院的医疗过失造成熊卓为死亡的损害后果，对此，北大医院应承担民事损害赔偿责任。关于各项赔偿请求数额，经法院审核认为，其中医疗费4.2万元、住院伙食补助费180元、营养费180元、丧葬费18 048.5元应予支持。熊卓为虽系澳大利亚国籍，但其自2004年3月受聘于北大医院，日常工作、生活所在地均在本市，因此不论是经常居住地还是受诉法院所在地，均应按照本市的上一年度城镇居民人均可支配收入计算死亡赔偿金，经法院审核认定，死亡赔偿金应为49.45万元。结合北大医院的过错程度、损害后果、受诉法院所在地平均生活水平等因素综合考虑，法院酌情确定精神损害抚慰金数额为20万元。因管惠英系退休人员，有固定退休收入，对其提出的被抚养人生活费一项不予支持。

(五) 一审定案结论

北京市第一中级人民法院依照《中华人民共和国民法通则》第一百零六条第二款、第一百一十九条，《最高人民法院关于确定民事侵权精神损害赔偿案件适用法律若干问题的解释》第十条之规定，作出如下判断决：

1. 本判决生效后10日内，北大医院赔偿王建国、管惠英医疗费4.2万元、住院伙食补助费180元、营养费180元、死亡赔偿金49.45万元、丧葬费18 048.5元、精神抚慰金20万元（以上共计754 908.5元）。
2. 驳回王建国、管惠英的其他诉讼请求。

(六) 二审情况

1. 二审诉辩主张
(1) 上诉人王建国、管惠英诉称

1) 北大医院持有熊卓为的门诊病历,但拒不出示,因此原审判决关于熊卓为因"腰腿痛10天,加重8天"入院的确认无依据;2) 北大医院实施诊疗的三名"医师"中,仅于峥嵘获得执业医师资格,但未经医师执业注册,未取得《医师执业证书》,而另两名所谓的"医师"既未取得执业医师资格,也未经注册、未取得《医师执业证书》,上述事实已经北京市卫生监督所认定为非法行医,应在判决书中予以认定;3) 熊卓为是澳大利亚国籍,原审法院依照北京市标准计算其死亡赔偿金有误。管惠英上诉另提出,其年老多病,在熊卓为去世后只能去澳大利亚生活,但退休工资不能维持在澳大利亚的基本生活和医疗开支。请求依法改判支持其全部原诉讼请求,并判令北大医院承担诉讼费、鉴定费。

(2) 上诉人北大医院诉称

1) 北大医院在原审中不同意进行医疗过错鉴定,同时提出保留申请医疗事故鉴定的权力。根据北京高院相关规定,一方当事人申请医疗过错鉴定,另一方当事人申请医疗事故鉴定的,法院应委托医疗事故鉴定。原审法院违反程序进行医疗过错鉴定,属程序违法;2) 原审法院委托的鉴定单位所作鉴定结论存在诸多问题,且前后矛盾,原审法院采信该结论导致案件事实没有查清;3) 原审法院认定熊卓为不具有手术适应症,与事实不符;4) 原审法院认定熊卓为死亡原因是心脏和肝脏破裂,与事实不符;5) 熊卓为死因是肺栓塞,原审法院未能查明肺栓塞产生的原因;6) 原审法院认定北大医院未及时采取针对性的综合预防或治疗措施,与事实不符;7) 原审法院判令北大医院承担全责比例不当;8) 本案应适用《医疗事故处理条例》,原审法院适用法律不当;9) 原审判令北大医院赔偿精神损害抚慰金20万元,数额明显偏高;10) 原审法院判令北大医院赔偿医疗费缺乏依据。请求依法改判(根据医学会的法定医学专家的结论作出判决),并由对方负担案件受理费。

(3) 王建国、管惠英及北大医院均答辩不同意对方的上诉意见。

2. 二审事实和证据

北京市高级人民法院经审理,确认一审法院认定的事实和证据,并重点查明了如下事实:

(1) 关于院方是否构成非法行医的问题。王建国、管惠英提交北京市卫生监督所2008年4月出具的《关于对北京大学第一医院违法行医行为查处情况的复函》。内容为:经查,北大医院于2006年1月23日至31日在对患者熊卓为治疗期间,使用了未取得《医师执业证书》的医学院校的研究生于峥嵘、段鸿洲、肖建涛从事诊疗活动。从调取的临床病例记载中,未发现上级医师对上述三名实习生指导的签字,为此,该行为违反了《卫生部关于医学生毕业后暂未取得医师资格从事诊疗活动有关问题的批复》的规定。由于本案的违法行为发生在2006年1月间(已超出2年的处罚期),我所仅就北大医院的违法行为下达了《卫生监督意见书》，未实施行政处罚。二审庭审中，北大医院确认，于峥嵘于2005年12月6日取得《医师资格证书》、于2006年5月25日取得《医师执业证书》（熊卓为于2006年1月31日死亡），段鸿洲未取得《医师资格证书》和《医师执业证书》。患者家属从卫生部执业医师注册网查找，未见肖建涛注册资料。另北大医院二审庭审中称未收到监督意见书。2009年11月5日，《北京日报》记者采访了北京市卫生监督所副所长李扬，李扬确认监督所复函的真实性，并表示在读博士生、硕士生也可从事医疗工作，但必须在执业医师指导下。二审中，法院到北京市卫生监督所调查，该所工作人员明确曾根据王建国的举报进行了调查，作出了《关于对北京大学第一医院违法行医行为查处情况的复函》并在调查中向北大医院出具了监督意见书。

（2）关于门诊病历问题。原审委托鉴定过程中，双方均未提供门诊病历。对此，双方均认为是对方隐匿了该病历。二审庭审中，北大医院确认熊卓为在该院保健室建有门诊病历档案，提出熊卓为看病时把病历取走后未归还，但医院不能提供病历出入记录。北大医院并称患者家属方曾在原审质证中出示过该门诊病历，患者家属一方否认。

（3）关于原审委托司法鉴定（医疗过错鉴定）问题。北大医院在二审中坚持本案应进行医疗事故鉴定，而不是医疗过错法医鉴定。经查，原审诉讼中，双方均同意进行医疗过错鉴定，并共同委托了鉴定单位。

上述事实有下列证据证明：

（1）双方当事人陈述。

（2）北京市卫生监督所复函。

3. 二审判案理由

北京市高级人民法院经审理认为：医疗损害赔偿纠纷不同于一般意义的侵权案件，其原因在于医疗机构承担着治病救人、发展医学、造福人类的重大责任，医疗过程本身即存在一定的风险和不确定性，因此，产生医疗技术损害赔偿责任的原因只能是医疗机构或其医务人员在诊疗的过程中存在过错，医疗机构不应因其从事的医疗行为的风险或医疗行为的结果承担责任。本案中，根据法院委托鉴定机构的鉴定结论，北大医院在对熊卓为诊疗过程中存在医疗过失，造成熊卓为死亡，两者之间存在因果关系。在鉴定结论明确的情况下，医院是否存在过失以及过失与患者死亡后果之间是否存在因果关系并不需要通过过错推定予以认定，故王建国、管惠英上诉提出的患者入院依据问题、治疗医师资质问题对于法院确认医院是否应当承担民事赔偿责任并无直接关联。本案争议的核心问题在于北大医院在对患者熊卓为的治疗工作中是否存在过失，以及如存在过失，该过失与熊卓为死亡后果之间是否存在因果关系，该问题构成本案的基本事实，对此，王建国、管惠英在原审中申请进行医疗过错鉴定，北大医院表示同意，现又以其在原审中不同意进行医疗过错鉴定为由上诉，该项上诉主张本院不予支持。根据现行法律规定，在涉及医疗损害责任的案件中，当事人可选择根据医疗事故鉴定确认民事赔偿责任，也可以选择通过医疗过错鉴定确认责任，两种类型的鉴定主体、鉴定程序虽然存在一定的差别，但作为对案件基本事实的专业性认定意见，两种类型的鉴定在结论上不应存在差异。在当事人均同意的情况下，原审法院委托进行医疗过错鉴定并无不妥。北大医院在同意进行医疗过错鉴定的同时表示保留医疗事故鉴定的权利，该表示并无法律根据。北大医院关于本案应适用《医疗事故处理条例》，认为原审法院适用法律不当的上诉主张亦缺乏法律依据，法院不予支持。诉讼中，北大医院提出医疗过错鉴定结论存在诸多问题，原审法院认定熊卓为不具有手术适应症，认定熊卓为死亡原因是心脏和肝脏破裂以及认定北大医院未及时采取针对性的综合预防或治疗措施均与事实不符，认为熊卓为死因是肺栓塞，原审法院未能查明肺栓塞产生的原因，但不能提供充分、翔实的证据予以证明，故对北大医院的上述各项上诉主张亦不予支持。原审法院确认北大医院的医疗过失造成熊卓为死亡的损害后果，判令北大医院承担民事损害赔偿责任并无不当。

关于损害赔偿的具体数额，王建国、管惠英上诉提出死者熊卓为是澳大利亚国籍，原审法院依照北京市标准计算其死亡赔偿金有误。管惠英上诉另提出其年老多病，在熊卓为去世后只能去澳大利亚生活，但退休工资不能维持在澳大利亚的基本生活和医疗开支，主张调整赔偿数额；北大医院则认为原审法院判令其承担全责比例不当、赔偿医疗费缺乏依据，并提出原审法院确认的精神损害抚慰金数额偏高，上诉主张改判。对此问题，应综合考虑患者家属与医疗机构的合法权益，在关注患者家属利益诉求和充分提供救济弥补其损害的同时，还应考虑我国医疗制度的福利性特征、医疗技术及诊疗手段的风险以及医疗机构通过医疗实践去发展医学、造福人类的重大职责。本案中，根据鉴定结论，北大医院存在的医疗过失造成熊卓为死亡，原审法院据此综合考虑北大医院的过错程度、损害后果、受诉法院所在地平均生活水平等因素，判令北大医院承担全责，赔偿医疗费并向死者家属支付 20 万元的精神损害抚慰金并无不当，北大医院的上诉请求缺乏依据，不予支持。熊卓为虽系澳大利亚国籍，但其生前工作、生活所在地均在北京市，原审法院以北京市标准作为计算熊卓为未来收入损失的赔偿标准，所确认的死亡赔偿金数额并无不妥。管惠英有固定退休收入，其上诉提出的被抚养人生活费一项无法律依据，该项上诉主张不成立。原审判决认定事实清楚、适用法律正确，应予维持。

4. 二审定案结论

北京市高级人民法院依照《中华人民共和国民事诉讼法》第一百五十三条第一款第（一）项之规定，作出如下判决：

驳回上诉，维持原判。

一审案件受理费 49 797 元，由王建国、管惠英负担 42 872 元（已交纳），由北大医院负担 6 925 元（于收到本判决后 7 日内交纳）；二审案件受理费 49 797 元，由王建国、管惠英负担 42 872 元（已交纳），由北大医院负担 6 925 元（已交纳）。

鉴定费 17 500 元，由王建国、管惠英负担 5 250 元（已交纳），由北大医院负担 12 250 元（于收到本判决后 7 日内交纳）。

鉴定人员出庭费 1 800 元，由王建国、管惠英负担 400 元（已交纳），由北大医院负担 1 400 元（已交纳 1 000 元，余款于收到本判决后 7 日内交纳）。

（七）解说

本案曾以"北大医院治死教授案"引起广泛的社会关注。关于争议的焦点，原告王建国、管惠英一方认为北大医院存在非法行医的问题；被告北大医院则认为原审法院委托医疗过错鉴定不妥，本案应委托医疗事故鉴定，并依据医疗事故鉴定结论确认责任。

关于北大医院是否构成非法行医的问题，本身并不属于本案民事诉讼的审理范围。对于北大医院是否构成非法行医，应通过行政管理机关审查且已经实际处理，法院并无在本案中予以确认的必要。即使如原告方所称北大医院因非法行医导致患者熊卓为死亡，因本案存在明确的鉴定结论，该结论确认北大医院存在医疗过失，造成熊卓为死亡，两者之间存在因果关系，根据该鉴定结论可以确认相关损害责任，无须通过医院一方是否构成非法行医推定其民事责任。

关于鉴定问题，即本案应委托何种鉴定并以之作为定案依据，具有相当普遍的代表性：在我国当前医疗损害责任二元化结构之下，法院应如何确认委托鉴定并进行确认？这一普遍性问题的产生，既有现行制度的原因，也涉及审判人员对医疗损害赔偿责任归责原则的认识。

实践中，可以认为《侵权责任法》实施前，我国医疗损害责任制度的设计是由双重主体主导的，即行政机关和最高司法机关：

1. 以行政机关为主导的限制患者赔偿权利的责任制度。1986年，国务院制定了《医疗事故处理办法》（以下简称《办法》），该行政法规对患者权利采取严格限制政策：（1）限制医疗事故责任构成，明确规定只有构成医疗责任事故和医疗技术事故，患者才可以请求赔偿，医疗机构即使存在医疗差错也不承担赔偿责任；（2）限制赔偿数额。2002年，国务院将《办法》修订为《医疗事故处理条例》（以下简称《条例》），相关限制出现了一定程度的松动，如该《条例》废除一次性限额赔偿制，将医疗事故鉴定主管部门由卫生行政主管部门改为医学会等，但这些松动并没有从根本上改变对医疗事故损害赔偿予以严格限制的状态。

2. 以最高人民法院为主导的加重医疗机构责任的制度。2001年，最高人民法院颁布《关于民事诉讼证据的若干规定》，明确规定："因医疗行为引起的侵权诉讼，由医疗机构就医疗行为与损害结果之间不存在因果关系及不存在医疗过错承担举证责任。"这种过错和因果关系的双重推定及举证责任倒置，加重了医疗机构在相关诉讼中的举证责任。2003年，最高人民法院又颁布《关于审理人身损害赔偿案件适用法律若干问题的解释》，明确人身损害赔偿标准又大大高于《条例》的规定。

两主体就制度设计的初衷本身即存在极大差异：一个要保护医疗机构的权益，一个要给受害患者以更优越的民事诉讼地位；一个旨在减轻医疗机构的责任，一个旨在加强对受害患者的权利保护。这种差异导致了行政法规和司法解释的矛盾，形成了我国当前特有的医疗损害责任二元化结构，并表现为实践中的诉讼双轨制：

（1）诉因的双轨制。医疗损害责任纠纷案件在诉因或案由上被刻意区分为医疗事故责任和医疗过错责任。

（2）赔偿标准的双轨制。由于最高人民法院司法解释中规定的人身损害赔偿标准远远高于《条例》规定的标准，最高人民法院在司法解释中又确定医疗事故赔偿纠纷应当参照《条例》规定的标准办理，所以，对于不构成医疗事故的医疗损害责任纠纷，或者患者不请求进行医疗事故鉴定的医疗损害责任纠纷，就可得到大大高于医疗事故标准的赔偿。

（3）鉴定的双轨制。医疗事故鉴定是医学鉴定，由医疗机构的行政主管机关或者医学研究机构独家垄断，法院对医疗事故鉴定结论无权进行司法审查。医疗过错鉴定属于司法鉴定，对不申请医疗事故责任鉴定和鉴定为不属于医疗事故责任的案件，医疗过错鉴定结论可以作为相关案件的定案依据。基于医学会对医疗事故鉴定的垄断，司法鉴定机构普遍开展医疗过错鉴定，形成了医疗损害责任鉴定的双轨制。

医疗损害责任二元化结构及二元化结构下实际形成的诉讼双轨制局面，并非司法刻意而为。卫生行政主管部门对医疗机构提供片面保护所表现出的行政权力"走偏"，以及行政权力超越必要法治限度所表现出的行政权力"膨胀"，使医患纠纷中患者一方的权利无法得到全面保障，迫使赔偿权利人放弃通过医疗事故责任寻求救济，转而主张医疗过错责任。

而举证责任倒置的范围过于宽泛、忽视医学作为自然科学需要进行探索和存在未知领域的特性，对医疗损害赔偿责任与一般侵权责任"同等对待"的做法以及当前一些司法鉴定机构在专业性、临床实践性方面存在的不足，又使医疗机构在医疗过错纠纷中处于不利甚至弱势的地位，从而导致了防御性医疗、过度检查、推诿和拒绝治疗等现象。这些现象的存在，其结果必然是迟滞医学科学发展，进而损害全体患者的整体利益。

值得关注的是，2009年12月通过的《侵权责任法》第五十八条对医疗损害赔偿纠纷中医院一方过错责任推定做了严格限制："患者有损害，因下列情形之一的，推定医疗机构有过错：（一）违反法律、行政法规、规章以及其他有关诊疗规范的规定；（二）隐匿或者拒绝提供与纠纷有关的病历资料；（三）伪造、篡改或者销毁病历资料。"这种限制改变了《最高人民法院关于民事诉讼证据的若干规定》中举证责任倒置的原则性规定。根据《侵权责任法》，举证责任倒置不再是原则而仅仅是限于上述三种情形之下的例外。《侵权责任法》实施之后，司法实践中对于医疗技术损害赔偿责任的认识重新统一于一般过错责任。由于医疗损害赔偿纠纷案件无例外地由患者或患者家属一方起诉，在医疗技术损害赔偿案件中，患者或患者家属作为主张权利的原告，根据过错原则，取得了选择诉因的权利和申请何种鉴定的优势。基于原告方对赔偿标准差异的考虑，大量的医疗技术损害赔偿案件被导入医疗过错责任这一案件形态，即现行的诉讼双轨制模式可能在今后的司法实践中变得单一，以行政机关为主导的限制患者权利的责任制度将在实践中被抛弃。

然而，从鉴定的专业性、临床实践性考虑，当前司法鉴定的准确性和权威性是值得考虑的。从自然科学角度考虑，对于涉及医疗技术可能造成的损害赔偿纠纷，临床医学专家的鉴定比法医的鉴定可能更准确、更具权威。但是，民事审判毕竟不是单一的自然科学研究，在医疗损害责任二元化结构之下，司法鉴定与医学鉴定同样是最高审判机关确认的鉴定方法，日常的审判工作无权对两种鉴定的优劣进行评价，只能根据不同的诉因使用该模式内的鉴定方法，即对于诉讼双轨制之一的选择同时意味着对鉴定方法的选择，理论上两种鉴定方法的结论在诉讼中不应存在差异。二审法院据此维持原审判决，应该说是正确的。

（北京市高级人民法院　谷绍勇）

58. 喻春秀诉新疆医科大学第一附属医院医疗损害赔偿案
（患者知情同意权的保护）

（一）首部

1. 判决书字号

一审判决书：新疆维吾尔自治区乌鲁木齐市新市区人民法院（2009）新民一初字第2293号。

二审判决书：新疆维吾尔自治区乌鲁木齐市中级人民法院（2010）乌中民一终字第782号。

2. 案由：医疗损害赔偿纠纷。

3. 诉讼双方

原告（上诉人）：喻春秀，女，汉族，新疆云洋电器有限公司退休职工，住新疆维吾尔自治区乌鲁木齐市友好南路。

委托代理人：喻尊明，男，汉族，新疆建材行业办公室退休职工，住新疆维吾尔自治区乌鲁木齐市友好南路。

委托代理人：宁烁臻，新疆众望律师事务所律师。

被告（上诉人）：新疆医科大学附属肿瘤医院（以下简称肿瘤医院），住所地：新疆维吾尔自治区乌鲁木齐市苏州路。

法定代表人：王喜艳，该院院长。

委托代理人：李强辉，男，汉族，该院法律顾问，住新疆维吾尔自治区乌鲁木齐市新洲城市花园小区。

委托代理人：朱丽萍，女，汉族，该院医生，住该院家属院。

4. 审级：二审。

5. 审判机关和审判组织

一审法院：新疆维吾尔自治区乌鲁木齐市新市区人民法院。

合议庭组成人员：审判长：彭惠；人民陪审员：张成胜、窦国华。

二审法院：新疆维吾尔自治区乌鲁木齐市中级人民法院。

合议庭组成人员：审判长：黎剑；审判员：肖炜；代理审判员：蔡联。

6. 审结时间

一审审结时间：2010年2月5日。

二审审结时间：2010年7月19日。

(二) 一审情况

1. 一审诉辩主张

(1) 原告喻春秀诉称

2004年1月15日,我因左胸乳房肿块入住被告肿瘤医院外二科,同月18日,经病理诊断为左乳癌,医院行局麻"左乳肿块切除术"。2月6日,医院又为我做了"左乳癌改良根除术",2004年3月4日出院。后我多次入住被告医院进行"左乳癌根除术后"的相关检查治疗。2007年3月双肺癌多发转移,2008年又发现骨转移。按照医学规范化的治疗常识,被告在1月18日手术中已证实我患乳腺癌的情况下,应当立即实施左乳癌根除术而没有及时实施,导致患者目前癌转移的严重后果。另,被告方篡改病例,给我安排的住院医师和手术医师齐新并未取得执业资格,违反《医疗事故处理条例》、《中华人民共和国执业医师法》的相关规定,存在严重过错。现诉至法院,要求被告赔偿2004年3月4日之后的医疗费131 690.92元、住院伙食补助费8 650元、精神损害抚慰金30 000元、伤残补助金11 432元、后续治疗费60 000元、鉴定费4 000元,并承担本案诉讼费用。

(2) 被告肿瘤医院辩称

原告本身就是乳腺癌患者,发生骨转移是其自身疾病发展的结果,我方没有误诊、误治的行为,本病例经乌鲁木齐医学会鉴定不构成医疗事故。齐新是我院的医生,具有医师资格,我院没有篡改、隐匿病历。原告请求赔偿各项损失没有事实和法律依据,故请依法驳回原告的诉请。

2. 一审事实和证据

新疆维吾尔自治区乌鲁木齐市新市区人民法院经公开审理查明:2004年1月15日,原告喻春秀以"左乳肿块2年余"为主诉入住被告肿瘤医院外二科,初步诊断为:左乳肿块待查(1.纤维腺瘤?2.囊性增生?)。1月18日行"左乳肿块局部切除术",术中快速病检显示:左乳癌。术后给予CMF方案化疗、抗炎、支持、对症等处理。1月28日患者诉恶心、呕吐、心前区不适,不能耐受化疗,抑行内分泌治疗。2月6日行"左乳癌改良根除术"。2月10日,彩色图文病理报告单显示:左侧乳腺肿块剔除术后单切标本,原切口旁无残留瘤组织,腋窝淋巴结有癌转移(1/9)。2004年3月4日出院。后原告多次入住被告肿瘤医院进行"左乳癌根除术后"的相关检查治疗。2007年3月至6月,原告在住院期间经诊断为左乳癌术后肺转移,2008年后又发现骨转移。

另查明,齐新系被告肿瘤医院的医务人员,2001年7月毕业于新疆医科大学临床医学专业,2004年4月取得《医师资格证》。在病例书写方面,医方仅对病历中出院小结中的"患者术前已行CMF方案化疗2周期"修改为"患者术前已行CMF方案化疗一次",此处修改不符合病历书写规范,没有注明修改日期和修改人员签名。病历的其他原始记录真实、规范。

2009年3月17日,经乌鲁木齐医学会鉴定:(1)医方在诊疗护理过程中,对患者左乳包块采用诊断、治疗性手术,术中冰冻切片确定为乳腺癌后,行围手术期化疗。两次化疗用药后，患者出现恶心、呕吐等毒副作用后，决定待免疫组化结果回报后，抑行内分泌治疗（弗隆），限期再行手术。2月6日行左乳腺癌改良根除术，之后行内分泌治疗，治疗过程符合乳腺癌综合治疗的规范要求。（2）医方使用未取得医师资格证书的试用期医师独立执业，属医方违法行为，同时存在违规事实：1）部分医疗文书和医嘱无上级医师签字。2）现场调查：术中在已确定为乳腺癌情况下，因病情变化未行改良根除术，医方仅口头向患者家属告知，未履行签字手续。（3）医方对患者行左乳肿块切除，20天后又行改良根治术，病理证实原切口无肿瘤组织残留。（4）乳腺癌是全身性疾病，患者左乳肿块两年余，第二次手术证实已有腋窝淋巴结转移。三年后发现双膝、骨转移癌，是疾病的性质、肿瘤的生物学特性和病程转归所致。（5）患者在第二次乳腺癌改良根治术后，由于年龄大、前两次静脉化疗毒副作用大、行内分泌治疗，是按照乳腺癌诊疗规范实施的。（6）医方的违法违规事实，与患者乳腺癌术后三年后发生双肺、骨癌转移无因果关系。鉴定结论：本病例不属于医疗事故。原、被告双方均未提起再次鉴定申请。

3. 一审判案理由

新疆维吾尔自治区乌鲁木齐市新市区人民法院经审理认为：（1）被告诊疗行为与患者乳腺癌术后三年后发生双肺、骨癌转移无因果关系。医学是一门极其复杂的科学，又是一种高风险的行业，患者疾病临床表现的个体差异性和复杂性决定了临床医疗活动的探索性和医疗风险。原告本身就是乳腺癌患者，根据乳腺癌的诊疗规范，左乳腺癌改良根除术后必然要进行一定的放化疗措施及其相关的检查治疗。乳腺癌是全身性疾病，原告左乳肿块两年余，第二次手术证实已有腋窝淋巴结转移，三年后发现双膝、骨转移癌，是该疾病的性质、肿瘤的生物学特性和病程转归所致。

被告肿瘤医院的医务人员齐新，在没有取得《医师资格证》的情况下，可以在执业医师的指导下进行临床实习，但不得独立从事诊疗活动。至于原告认为医方篡改病历的问题，医方仅对病历中出院小结中的"患者术前已行CMF方案化疗2周期"修改为"患者术前已行CMF方案化疗一次"，此处修改不符合病历书写规范，修改时没有注明修改日期和修改人员签名，但病历的原始记录还是清楚可辨的，此处修改并不影响整体病历的真实性。被告肿瘤医院使用未取得《医师资格证》的试用期医生独立执业，且部分医疗文书和医嘱无上级医师签字，违反医疗卫生管理法律和行政法规的相关规定，但与原告自身疾病及病程发展不存在因果关系。

原告主张的医疗费131 690.92元、住院伙食补助费8 650元等费用是在2004年3月4日第一次出院之后，进行"左乳癌根除术后"放化疗和治疗肺转移、骨转移所支出的费用，不应由被告承担，本院对上述请求不予支持。伤残补助金、伤残评定鉴定费250元、后续治疗费60 000元、后续治疗费的鉴定费250元也不予支持。

（2）被告未尽全面告知义务，应承担相应过错责任。患者享有知情权，患者不仅对于自己的病情、医院所采取的诊疗方法和措施，伴生的医疗风险以及替代的疗法和愈后情况有向医院要求知情的权利，而且对医院诊疗上的决定，还有行使同意或否定的权利。

原告喻春秀入住被告肿瘤医院进行治疗，被告肿瘤医院在对原告实施"左乳肿块切除＋快速术"之前的手术志愿书中明确载明原告术中如果病理证实为乳腺癌，将手术切除全乳、胸大小肌、腋下及锁骨下淋巴脂肪组织。虽然被告肿瘤医院抗辩因原告身体状况不适宜改变麻醉方式立即进行左乳腺癌改良根除术,但并未履行书面的告知义务,且原告当时的身体状况条件是否不适合左乳腺癌改良根除术,被告方未向法庭提供相关凭证,仅为口头陈述。被告如认为原告的身体状况不适宜立即采取左乳腺癌改良根除术,而需择期进行二次手术,应当进行书面告知,以便原告对被告的治疗措施进行充分的了解,从而有效地行使选择权和自我决定权。被告的告知义务存在瑕疵,致使原告于20天后又进行第二次手术,给原告身体和精神造成一定的损害。

由于被告肿瘤医院的告知义务存在瑕疵,加之违法使用试用期医生独立执业,这些虽与原告病程进展无直接因果关系,但其医疗行为确实存在不规范之处,给原告治疗带来一定影响,根据被告过错,本院酌定精神损害抚慰金为15 000元。原告为医疗鉴定支出的鉴定费3 500元,属合理请求,予以支持。

4. 一审定案结论

新疆维吾尔自治区乌鲁木齐市新市区人民法院依照《中华人民共和国民法通则》第一百零六条第二款,参照《最高人民法院关于确定民事侵权精神损害赔偿责任若干问题的解释》第八条第二款、第九条、第十条之规定,作出如下判决:

(1) 被告新疆医科大学附属肿瘤医院赔偿原告喻春秀精神损害抚慰金15 000元。
(2) 被告新疆医科大学附属肿瘤医院赔偿原告喻春秀鉴定费3 500元。
(3) 驳回原告喻春秀的其他诉讼请求。

(三) 二审诉辩主张

1. 上诉人喻春秀诉称

医方未按诊疗常规及早地作出乳腺癌根除术,耽误了最佳的治疗时期,存在明显的违法违规事实。医方使用未取得医师资格证的人员负责患者的治疗,医疗行为存在明显违法。使用一个没有专业临床经历的试用期人员为患者医治,明显对上诉人肿瘤疾患认识不足,从而耽误了最佳的手术治疗时机,使患者病情进一步恶化。医方所述因患者病情变化,在实施首次手术时不能进行乳腺癌根治术,其根本就没有向患者家属履行告知义务,且其没有相关证据证实在病检回报确诊系乳腺癌时,患者的身体状况不适宜做乳腺癌根治术。医方耽误了手术治疗的时机,致使肿瘤转移、扩散,应当承担赔偿责任。另,肿瘤医院存在篡改病历,同时,医方在耽误手术治疗的最佳时机后,在进行第一次化疗因患者身体不适停药而医方并未进一步采取积极有效的药物治疗,医方对此应当承担赔偿责任。司法鉴定中明确医方对患者造成病情迅速发展存在直接因果关系,原审法院对此并未予以采纳,依据司法鉴定结论,医方对患者病情恶化理应承担赔偿责任。综上,原审法院认定事实有误,请求二审法院查明事实,依法支持上诉人的上诉请求。

2. 上诉人肿瘤医院上诉并辩称

虽然我方的医疗存在不足,但医疗事故鉴定明确患者三年后发现双肺、骨转移癌是疾病的性质、肿瘤的生物学特性和病程转归所致,医方的违规事实与该转移无因果关系。原审法院判决我方承担15 000元的精神损害抚慰金明显过高,请求二审法院依法改判。另，喻春秀所进行的司法鉴定经法庭质证，该鉴定结论无事实依据，不能证明案件事实，原审法院判决我方承担3 500元鉴定费有误。请求二审法院支持上诉人的上诉请求。关于喻春秀认为我方对其癌症转移应承担全部责任的上诉理由没有事实依据，我方只承担自身相应的过错责任，在首次手术时，我方对喻春秀因本人原因未能进一步实施根治术已口头向患方告知。其癌症转移系自身疾病的自然发展转变，与我方的治疗没有必然的因果关系，请求二审法院依法驳回喻春秀的上诉请求，维护我方的合法权益。

3. 上诉人喻春秀辩称

医方的手术违法，把癌症手术作为瘤手术治疗，手术方法及手术目的都是错误的，且使用没有取得医师执业证的人员对患者进行医治，过错方在医方。原审法院判决由医方承担精神损害抚慰金及相应的鉴定费并无不当。请求二审法院驳回肿瘤医院的上诉请求，支持喻春秀的诉讼请求。

（四）二审事实和依据

新疆维吾尔自治区乌鲁木齐市中级人民法院经审理，确认了一审法院认定的事实和证据。

（五）二审判案理由

新疆维吾尔自治区乌鲁木齐市中级人民法院经审理认为：行为人因过错侵害他人民事权益，应当承担侵权责任。本案系一起因医疗纠纷引起的侵权诉讼。患者喻春秀与医方肿瘤医院存在医患关系，作为医方的肿瘤医院对患者进行治疗时，在需要实施手术、特殊检查、特殊治疗的，医务人员应及时向患者说明医疗风险、替代医疗方案等情况，并取得患者或者近亲属同意。本案正是基于肿瘤医院在首次手术发现患者系乳腺癌时，未向患者履行告知义务，没有按照医学常规首选实施乳腺癌根治术，而采取了其他的替代疗法而后再次实施乳腺癌根治术，导致患者两次手术，且肿瘤医院没有确切的证据证实，其已向患者及亲属履行了因患者术中身体状况不适宜不能进一步做根治术的告知义务，肿瘤医院同时亦没有证据证明患者存在自身原因不宜做乳腺癌根治术，故肿瘤医院侵害了患者知情同意权，同时二次手术行为扩大了对患者的损害，对此理应承担相应的赔偿责任。

关于上诉人喻春秀认为其在肿瘤医院不当的医治导致其术后发生癌转移，与肿瘤医院诊治存在直接的因果关系，肿瘤医院对此应承担全部责任。本院认为，患者喻春秀以左乳肿块2年余入住肿瘤医院，尽管首次手术发现乳腺癌未进行首选乳腺癌根治术，只将原发病灶予以切除，同时也没有及时向患方履行告知义务，但肿瘤医院仍然采用了相关的替代治疗并在首次手术20天后采取了乳腺癌根治手术，术中未发现原切口部位存留肿瘤组织残留，且二次手术证实腋窝淋巴结发生转移。依据当时相关的手术记录、病史记录及相应的医疗事故鉴定，患者左乳肿块2年余，在行第二次手术时已存在腋窝淋巴结转移，三年后发现双肺及骨转移癌，与患者自身疾病的性质、肿瘤的生物学特性及病程的自然发展转归存在直接因果关系。故患者乳腺癌术后三年并发肺及骨转移癌没有相应证据证实与医方首次未采用乳腺癌根治术存在直接关联性。故对喻春秀要求肿瘤医院对其癌转移承担全部责任的上诉理由，本院不予支持。

基于肿瘤医院对患者的治疗过程中存在过错，且在对患者治疗过程中，使用未取得医师资格证的试用期医生对患者进行独立行医，降低了患者获得正确诊治疾病的机会，增加了患者受损害的风险及不必要的医疗负担，侵害了患者享有医疗机构应当向患者提供适格医疗服务的权利。此外，肿瘤医院不当的医疗诊疗行为对患者所造成的不应有的损失，扩大了对患者的损害，对此，肿瘤医院理应对患者在肿瘤医院住院及门诊的相关治疗中自费所花费的相关损失承担相应的过错赔偿责任。依据患方提供的术后在肿瘤医院为治疗癌症期间的相关自费项目数额为49 249.21元，且肿瘤医院对患者术后关于在肿瘤医院住院及门诊自费所花费的医药费数额没有异议。本院根据肿瘤医院对患者诊疗行为存在的过错及结合病人自身存在的疾病因素酌情认定由肿瘤医院承担上述医药费用80%的赔偿责任。原审法院对此未予认定相应的赔偿责任不妥，本院予以纠正。喻春秀在肿瘤医院以外医院所进行的相关抗癌治疗，系治疗自身疾病所必要，喻春秀对此部分医药费用要求赔偿的主张，本院不予支持。关于上诉人肿瘤医院认为原审法院判决认定精神抚慰金过高及司法鉴定费不应由其承担的问题。本院认为，原审法院依据本案的相关事实及肿瘤医院在对患者实施治疗过程中的过错程度、违规行为及患者为治疗疾病对医院所产生的信赖利益被侵害的程度，酌情认定肿瘤医院赔偿患者15 000元的精神损害抚慰金及由肿瘤医院承担司法过错鉴定费用并无不妥，本院予以维持。综上，原审法院判决认定事实清楚，但适用法律部分有误，本院予以部分改判。

（六）二审定案结论

新疆维吾尔自治区乌鲁木齐市中级人民法院依照《中华人民共和国民事诉讼法》第一百五十三条第一款第（一）项、第（二）项之规定，作出如下判决：

1. 维持乌鲁木齐市新市区人民法院（2009）新民一初字第2293号民事判决第一项、第二项即：新疆医科大学附属肿瘤医院赔偿喻春秀精神损害抚慰金15 000元；新疆医科大学附属肿瘤医院赔偿喻春秀鉴定费3 500元。

2. 撤销乌鲁木齐市新市区人民法院（2009）新民一初字第2293号民事判决第三项即：驳回喻春秀的其他诉讼请求。

3. 新疆医科大学附属肿瘤医院赔偿喻春秀医药费39 399.37元（49 249.21元×80%）；

4. 驳回喻春秀的其他诉讼请求。

本案一审案件请求标的245 772.92元，核定给付金额57 899.37元，占请求标的的23.56%，应收一审案件受理费4 986.59元（喻春秀已预交），由喻春秀、肿瘤医院各负担2 493.29元；本案二审案件喻春秀诉讼标的227 272.92元，核定给付金额57 899.37元，占诉讼标的的25.48%，应收二审案件受理费4 709.09元（喻春秀已预交 2 354.55 元，缓交 2 354.54 元），喻春秀已预交的二审案件受理费 2 354.55 元，由肿瘤医院负担 25.48% 即 599.94 元，由喻春秀负担 74.52% 即 1 754.61 元；喻春秀缓交的二审案件受理费 2 354.54 元，本院予以免交；本案二审案件肿瘤医院诉讼标的 18 500 元，应收二审案件受理费 262.50 元（肿瘤医院已预交），由肿瘤医院负担；喻春秀多交的一、二审案件受理费 3 093.23 元，本院不予退还，由肿瘤医院给付案款时一并支付给喻春秀。

以上应付款项合计 60 992.60 元，于本判决生效之日起 10 日内由肿瘤医院一次性支付给喻春秀，逾期支付，则依照《中华人民共和国民事诉讼法》第二百二十九条之规定加倍支付迟延履行期间的债务利息。

(七) 解说

《中华人民共和国侵权责任法》第五十五条规定："医务人员在诊疗活动中应当向患者说明病情和医疗措施。需要实施手术、特殊检查、特殊治疗的，医务人员应当及时向患者说明医疗风险、替代医疗方案等情况，并取得其书面同意；不宜向患者说明的，应当向患者的近亲属说明，并取得其书面同意。医务人员未尽到前款义务，造成患者损害的，医疗机构应当承担赔偿责任。"这里所说的患者知情同意权，是指患者向医务人员了解自己的病情、医生拟采用的医疗措施以及这些医疗措施可能会给其带来的医疗风险，并在此基础上决定是否接受或拒绝医生的建议医疗措施的权利。据此，患者的知情同意权由两部分构成：一是患者的知情权；二是患者的同意权或者选择权。患者知情权是基础，但不是最终目的，在知情权的基础上作出的相应的选择才是其最终目的。因此，患者的知情同意权有时又被称为"知情选择权"、"自我决定权"。

目前我国涉及患者知情同意权案件主要有以下几种类型：（1）与手术有关的知情同意权案件。（2）与特殊治疗有关的知情同意权案件。（3）与特殊检查有关的知情同意权案件。（4）与尸体或尸检有关的知情同意权案件。（5）与病历有关的知情同意权案件。（6）与医疗费用有关的知情同意权案件。（7）其他原因引起的知情同意权案件。本案涉及的就是与手术有关的知情同意权案件。本案被告新疆医科大学附属肿瘤医院对患者喻春秀进行治疗时，在需要实施手术、特殊检查、特殊治疗的，医务人员应及时向患者说明医疗风险、替代医疗方案等情况，并取得患者或者近亲属同意。本案正是基于肿瘤医院在首次手术发现患者系乳腺癌时，未向患者履行告知义务，没有按照医学常规首选实施乳腺癌根治术，而采取了其他的替代疗法而后再次实施乳腺癌根治术，导致患者两次手术，且肿瘤医院没有确切的证据证实，其已向患者及亲属履行了因患者术中身体状况不适宜不能进一步做根治术的告知义务，肿瘤医院同时亦没有证据证明患者存在自身原因不宜做乳腺癌根治术，肿瘤医院侵害了患者知情同意权，同时二次手术行为扩大了对患者的损害。故法院依法判决医疗机构承担相应的损害赔偿责任。

(新疆维吾尔自治区乌鲁木齐市新市区人民法院 彭惠)

59. 曾子孟等诉中山大学附属第一医院医疗损害赔偿案
（不当出生　诉讼主体）

（一）首部

1. 判决书字号
一审裁判书：广东省广州市越秀区人民法院（2008）越法少民初字第12号。
二审判决书：广东省广州市中级人民法院（2009）穗中法少民终字第266号。
2. 案由：医疗损害赔偿纠纷。
3. 诉讼双方
原告（上诉人）：朱远群。
委托代理人：王欣、王伟，广东国鼎律师事务所律师。
原告（上诉人）：曾红伍。
委托代理人：曾凡英、曾凡惠，系原告曾红伍的亲属。
原告：曾子孟。
法定代理人：朱远群、曾红伍，系原告曾子孟的父母。
委托代理人：王欣、王伟，广东国鼎律师事务所律师。
被告（被上诉人）：中山大学附属第一医院。
法定代表人：王深明，院长。
委托代理人：符忠，广东经纶律师事务所律师。
委托代理人：施祥，系中山大学附属第一医院医务科工作人员。
4. 审级：二审。
5. 审判机关和审判组织
一审法院：广东省广州市越秀区人民法院。
合议庭组成人员：审判长：王英魁；人民陪审员：何燕红、李秋霞。
二审法院：广东省广州市中级人民法院。
合议庭组成人员：审判长：陈海仪；审判员：张姝；代理审判员：魏巍。
6. 审结时间
一审审结时间：2009年8月27日。
二审审结时间：2010年7月21日。

（二）一审诉辩主张

1. 原告曾子孟等诉称
2006年7月13日，原告朱远群在暨南大学附属第一医院妇产科做例行彩超检查，结果提示"胎儿左心室腔回声光斑",医生考虑原告高龄产妇身份,认为"发生21三体胎儿概率高",故特别建议原告到有检验条件的综合性三甲医院做羊水穿刺或脐血检查染色体,以作进一步确诊。原告随后于7月19日到被告中山大学附属第一医院就诊,向医生阐明了上述情况并出示暨大附属医院的病历,被告随即安排原告作脐穿产前诊断(染色体、血象),并于7月21日施行手术抽取脐血送检,于2006年8月3日出具了脐血检查报告,医生告知染色体正常,没有异常病征。原告安心于2006年10月14日产下男性婴儿一名,即原告曾子孟。但原告曾子孟出生后经常患病,并发现其在成长过程中,智能及运动发育迟缓,后带到中山大学基础医学院遗传教研室重新做染色体检查,2007年7月23日及8月27日两次染色体检查报告显示结果均为:47,XY,inv(9)(p11q13),+21,诊断曾子孟患有唐氏综合征。由于被告工作人员极不负责,在原告明确告知检查目的后,被告在脐血染色体检查中仍未查出胎儿染色体有问题,导致不符合国家优生优育政策和违反国家《母婴保健法》的缺陷儿出生,按目前医疗技术和水平,唐氏婴儿属于智力残疾,成长过程中必然会导致小孩需要更多的特殊护理和教育培训,并且完全是由于被告的过错而造成此结果,已给原告家庭造成巨大精神损害,现原告向法院起诉,请求法院判令:(1)被告向原告曾子孟赔偿残疾人生活补助费192 180元;(2)被告向原告朱远群、曾红伍赔偿医疗费3 396.12元、护理费216 000元、康复训练费259 200元、精神损害抚慰金300 000元;(3)被告承担本案的诉讼费用。

2.被告中山大学附属第一医院辩称

(1)原告曾子孟、曾红伍不具备诉讼主体资格,法院应驳回原告曾子孟、曾红伍的起诉。(2)从医疗服务合同角度分析,医院没有违反诊治义务,不存在违约行为。原告朱远群产前诊断误差是一种医疗风险,是现有医疗技术条件下,能够预见但无法完全避免的,且朱远群、曾红伍未遵医嘱进行复查,失去再次检查发现胎儿患病的可能性,也是导致产前未能准确诊断的重要原因。(3)被告医院未查出胎儿染色体异常,只是影响朱远群优生优育选择权的行使,而非侵犯朱远群优生优育选择权。(4)本案中曾子孟染色体异常是遗传因素导致,并且在被告对朱远群实施检查前已客观存在,即非被告造成,也非目前的医疗技术所能改变,与被告的医疗行为没有因果关系。(5)原告诉讼请求没有事实和法律依据,具体如下:1)原告主张医疗费3 396.12元,上述费用中有部分费用为曾子孟出生后三原告到医院看病产生的费用,这些费用与被告的产前检查无关,不应由被告承担相关治疗费用;2)关于残疾人生活补助费,原告未申请进行伤残等级鉴定,无法确定曾子孟是否构成残疾,即使构成残疾,该残疾是由遗传性因素导致,而非由被告的医疗行为造成,与被告的医疗行为不存在因果关系,因此也不应由被告赔偿残疾赔偿金;3)关于护理费,护理费用受到护理依赖程度和护理等级的影响,实践中唐氏综合征,多数人无须护理依赖,只是少数人部分项目存在生活护理依赖,原告请求的216 000元护理费总额标准明显畸高,广州市内医院24小时全护的每月费用才900元,另外,一个健康的人在其10周岁前的婴幼儿时期生活同样需要照顾,这部分费用请法庭客观、合理地予以裁量;4)原告请求康复训练费并无证据证明,且目前医学上对先天性智力残疾障碍并没有有效的治疗措施,即不存在智力康复的可能,因此不应予以支持;5)被告只是影响了原告优生优育选择权的行使,并不属于最高院关于精神损害赔偿解释中需要给付精神损害赔偿金的范围。

（三）一审事实和证据

广东省广州市越秀区人民法院经公开审理查明：2006年7月13日，原告朱远群在暨南大学附属第一医院进行胎儿彩超检查，超声提示：（1）宫内妊娠，胎儿大小相当于23±周，单活胎；（2）胎儿左心室腔回声光斑，建议定期复查。医嘱：彩超示"胎儿左心室回声光斑"，因孕妇36岁为高龄产妇，发生21三体胎儿概率高，建议行羊水穿刺，胎儿染色体检查。2006年7月19日，原告朱远群到被告处门诊检查，该院医生方群在门诊病历上书写："孕早期曾少许阴道流血，3次，无处理，于7.13外院B超检查拟孕23±周，胎儿左心室腔回声光斑……建议脐穿产前诊断（染色体、血象）。"7月21日，原告朱远群在被告处行脐带穿刺术，并于当天签署了《染色体检查知情同意书》、《胎儿医学中心产前诊断及宫内治疗知情同意书》，同意书中写明染色体检查的准确率为96%等。8月3日被告出具染色体报告单，结果为46，XY，inv（9）（p13q13）。2006年9月6日，原告朱远群再次到被告处门诊，并进行超声检查，超声提示：（1）宫内妊娠，胎头双顶径84mm，胎儿发育相当30+孕周；（2）胎儿长骨稍短，左侧肾盂分离，余结构未见明显异常，建议进一步遗传咨询。被告医生方群、韩振艳在病历上书写："21/7脐穿结果显示：血ABC正常；染色体：46XY，inv（9）（p13q13）……（1）2周后B超复查，注意是否有软骨发育不全及肾盂分离情况；（2）建议夫妇双方染色体较型。"此后，原告朱远群再无到被告处进行诊治。2006年10月14日，原告朱远群生育一男婴，即原告曾子孟。原告朱远群在原告曾子孟出生前在被告处共产生医疗费2 196.12元。2007年7月23日、8月27日，曾子孟两次在被告处检查染色体均为47，XY，inv（9）（p11q13），+21，被告医生诊断为21三体综合征。原告在诉讼过程中提交中山大学出具的检查费发票四张，其中曾子孟二张，二原告各一张，金额均为300元。在本案审理过程中，一审法院委托广州市医学会对本案进行医疗事故技术鉴定，但被告不配合鉴定，使医疗事故技术鉴定无法进行。

（四）一审判案理由

广东省广州市越秀区人民法院经审理认为：对原告曾子孟是否具备诉讼主体资格，首先，根据我国《民法通则》第九条的规定，公民的民事能力始于出生，终于死亡，在朱远群与被告发生法律关系时原告曾子孟尚未出生，只是母体中的胎儿，没有民事权利能力，亦不具备民事诉讼主体资格；其次，原告曾子孟自受孕始即患残疾，其残疾原因是先天性残疾，并非被告的医疗行为造成，被告对朱远群所作胎血染色体检查的医疗行为与曾子孟患唐氏综合征没有因果关系，被告对原告曾子孟的身体不构成侵权；最后，即使是有残疾的生命，从尊重生命本身的价值而言，其存在意义仍胜于无，不能因此低估生命本身的价值，而认定其生命属于应予赔偿的损害。因此，原告在本案中作为诉讼主体是不适格的。《最高人民法院关于民事诉讼证据的若干规定》第四条第一款第八项规定，因医疗行为引起的侵权诉讼，由医疗机构就医疗行为与损害结果之间不存在因果关系及不存在医疗过错承担举证责任，因此，被告应举证证明其对原告朱远群实施的脐带穿刺术及染色体检查不存在医疗过错。而在法院委托广州市医学会进行医疗事故技术鉴定的情况下，被告拒不配合鉴定，使鉴定无法进行，且被告亦无提交其他证据证实其不存在医疗过错，因此被告应承担举证不能的责任，法院推定被告对原告朱远群的医疗行为存在医疗过错。从原告朱远群、曾红伍的主张可知，本案性质上属优生优育选择权侵权赔偿，被告的医疗虽未对原告朱远群、曾红伍的身体造成侵害，但其未能通过医疗手段及时确认，未能检查出曾子孟染色体异常，而影响了原告朱远群、曾红伍作出是否终止妊娠的决定，侵害了原告朱远群、曾红伍的优生优育选择权，原告曾红伍亦具有本案诉讼主体的资格。被告认为朱远群、曾红伍未遵医嘱进行复查，失去再次检查发现胎儿患病的可能性，也是导致产前未能准确诊断的重要原因，对此，被告在对原告朱远群进行染色体检查前已告知其染色体检查的准确率为96%，而原告朱远群忽视医疗行为的风险，对染色体检查错误的概率并未予以足够重视，在暨南大学附属第一医院被告知其为高龄产妇，发生21三体胎儿概率高。2006年9月6日在被告处就诊，被告医生建议其复查并进行夫妇双方染色体较型的情况下，仍未对染色体检查错误的概率予以足够重视，遵医嘱进行复查，丧失了避免曾子孟出生的有利条件，自身负有一定过错，应适当减轻被告的赔偿责任。染色体检查对21三体综合征的诊断是决定性的，而原告朱远群属普通人群，并无专业的医疗知识，对医疗行为风险的认识具有一定的局限性，因此，其过错程度不宜认定过高。综合本案事实，确定原告应自负5%的责任，被告应负95%的责任。对具体赔偿的项目及数额，法院认为，对医疗费，原告主张的医疗费可分为三类，第一类为原告朱远群产前在被告处进行脐带穿刺术及染色体检查的费用，票据共两张，金额共计1701.63元，此类费用被告应予赔偿；第二类为原告朱远群在被告处进行其他检查的费用，票据共两张，金额共计494.5元，此类费用与原告朱远群进行染色体检查无关，本院不予支持；第三类为曾子孟出生后，原告朱远群、曾红伍与曾子孟进行染色体检查的费用，票据共4张，金额共计1200元，此类费用被告应予赔偿。综上，医疗费共计2901.63元。对护理费，在日常生活中，一般而言五岁以下的正常健康小孩均需看护照顾，对残疾患儿的特殊照顾费用应予以赔偿的是因残疾增加的费用部分，结合医学实践以及本案情况，酌定护理期限为5年，原告主张护理费的标准是每月900元，与本地护工的劳务报酬一致，予以支持，因而护理费为30元/天×30天×12个月×5年＝54000元，超出判决确定的护理期限仍需护理费的，原告朱远群、曾红伍可另行主张。关于精神损害抚慰金，原告朱远群、曾红伍作为曾子孟的父母不得不接受曾子孟因残疾而遭受生活不幸的现实，这无疑是一种巨大的精神痛苦，应获得精神损害抚慰金的赔偿。因《医疗事故处理条例》中对医疗事故赔偿确定的精神损害抚慰金赔偿标准为以医疗事故发生地居民年平均生活费计算成本，造成患者死亡的，赔偿年限最长不超过6年，造成患者残疾的，赔偿年限最长不超过3年，参照上述规定的精神，及结合本地实情及处理惯例，酌定精神损害抚慰金为50000元。关于康复训练费，原告请求康复训练费并无证据证明，且目前医学上对先天性智力残疾障碍并没有有效的治疗措施，即不存在智力康复的可能，本院采纳被告的意见，对康复训练费不予支持。综上,原告的各项损失共计 2 901.63 元+54 000 元=56 901.63 元,被告应承担 95%即 54 056.55 元,加上精神损害抚慰金 50 000 元,被告总共应向原告朱远群、曾红伍赔偿 104 056.55元。

(五) 一审定案结论

广东省广州市越秀区人民法院依照《中华人民共和国民法通则》第九条,《中华人民共和国民事诉讼法》第一百零八条第(一)项,《最高人民法院关于适用〈中华人民共和国民事诉讼法〉若干问题的意见》第一百三十九条第一款之规定,于 2009 年 4 月 13 日裁定驳回原告曾子孟对被告中山大学附属第一医院的起诉。依照《中华人民共和国民法通则》第一百零六条第二款、第一百一十九条、第一百三十一条,《最高人民法院关于民事诉讼证据的若干规定》第二条、第四条第一款第八项,《最高人民法院关于审理人身损害赔偿案件适用法律若干问题的解释》第十七条第一款、第十八条、第十九条、第二十一条之规定,于 2009 年 8 月 27 日作出如下判决:

1. 自本判决书发生法律效力之日起五日内,被告中山大学附属第一医院向原告朱远群、曾红伍赔偿医疗费、护理费、精神损害抚慰金 104 056.55 元。
2. 驳回原告朱远群、曾红伍的其余诉讼请求。

本案一审受理费 11 586 元,由原告朱远群、曾红伍负担 10 038 元,由被告中山大学附属第一医院负担 1 548 元。

(六) 二审情况

1. 二审诉辩主张
(1) 上诉人朱远群、曾红伍诉称

1) 被上诉人不具备法定的产前诊断资格,原审对此未予审查,且被上诉人从事产前诊断的程序明显违法;2) 原审认为上诉人也有一定过错没有依据,上诉人一直遵循医嘱,没有任何过错,最后结果完全是由于被上诉人单方过错造成的;3) 唐氏综合征患者的症状和疾病是终身和致命的,原审法院酌定五年护理期限相对于复杂且漫长的护理工作而言太短暂,护理期限应为二十年;4) 及早进行康复训练会对先天性唐氏综合征患者施加有利影响,使其在早期发育过程中智力发育能够有所增加,同时上海、武汉等地已有专门的康复训练机构,故该赔偿费用应当包括康复训练费,原审法院简单驳回既不合理也不公平;5) 原审对精神损害抚慰金支持的额度过低,希望二审法院能够体恤上诉人所面对的残酷事实和精神压力,并结合被上诉人具体状况,重新确认精神损害抚慰金。据此请求:1) 撤销原判第二项;2) 改判原判第一项为:被上诉人向上诉人赔偿医疗费 2 901.62 元、护理费 216 000 元、康复训练费 259 200元、精神损害抚慰金 300 000 元;3) 判令被上诉人承担本案一审、二审全部的诉讼费用。

(2) 被上诉人(原审被告)中山大学附属第一医院答辩称

其已经告知过朱远群检查有一定的局限性，而且认为本案属于医疗服务合同纠纷，故此精神损害抚慰金不应给付。

2. 二审事实和证据

广东省广州市中级人民法院经审理，确认一审法院认定的事实和证据。

3. 二审判案理由

广东省广州市中级人民法院经审理认为：中山大学附属第一医院的诊疗行为虽未对朱远群、曾红伍的身体造成侵害，但未能通过医疗手段及时检查出曾子孟的染色体异常，直接影响了朱远群、曾红伍作出是否中止妊娠的决定，原审据此认定中山大学附属第一医院侵害了朱远群、曾红伍的人身权利，由此可见，原审系依据医疗损害赔偿纠纷而非医疗服务合同纠纷对本案进行审理。依照《最高人民法院关于审理人身损害赔偿案件适用法律若干问题的解释》第一条第一款的规定，因生命、健康、身体遭受侵害，赔偿权利人起诉请求赔偿义务人赔偿财产损失和精神损害的，人民法院应予受理，故此，原审认定中山大学附属第一医院应当依法赔偿朱远群、曾红伍的财产损失和精神损害并无不当，予以维持。中山大学附属第一医院在朱远群进行染色体检查前已经明确告知其染色体检查的准确率为96%，而且朱远群本身系高龄产妇，发生21三体胎儿的概率亦随之提高，其应当尽可能地采用多种方法避免该项检查的局限性，但其对该医疗手段的错误概率未能给予足够重视，对于未能避免患有21三体综合征的婴儿出生亦负有一定过错，原审结合其没有专业医疗知识等情况，酌情认定其自负5%的责任具有事实依据，亦予维持。关于护理费的期限问题，对于患有21三体综合征的儿童而言，其在不同的年龄阶段所需要护理的内容和标准均可能产生变化，原审虽支持其护理期限为五年，但已告知上诉人如有超过判决确定的护理期限仍需护理费用的，可以另行主张权利，故上诉人对朱远群、曾红伍要求按照二十年的期限支付护理费的请求，不予采纳。关于康复训练费问题，上诉人朱远群、曾红伍虽提起上诉称唐氏综合征患者需要进行相应的康复训练，但其举证尚不足以充分证实该康复训练的必要性以及该费用数额的合理性，原审亦据此对该费用未予支持具有事实和法律依据，予以维持。关于精神损害抚慰金的数额问题，朱远群、曾红伍在曾子孟出生后发现其患有21三体综合征，由于该疾病系先天形成且无特效药物可以治疗，其作为曾子孟的父母确实遭受精神痛苦，原审酌情认定精神损害抚慰金为50 000元符合本地实情及审判实践，亦予维持。

4. 二审定案结论

广东省广州市中级人民法院依照《中华人民共和国民事诉讼法》第一百五十三条第一款第（一）项的规定，作出如下判决：

驳回上诉，维持原判。

（七）解说

本案同时涉及不当出生和不当生命之诉。不当出生之诉即指孕有先天缺陷胎儿的父母，因医疗机构的过错影响其优生优育的选择权，导致缺陷胎儿出生，父母以医疗机构对该缺陷胎儿的不当出生负有过错为由,请求其承担赔偿责任而提起的诉讼。不当生命之诉是指在不当出生的情形下出生的婴儿,要求医方对其承担损害赔偿责任而以医方为被告提出的诉讼。两者区别在于,前者是以父母为原告提起的诉讼,后者是以孩子为原告提起的诉讼。要确定本案的赔偿范围及数额,首先,要确定诉讼主体。被告的医疗虽未直接对原告朱远群、曾红伍的身体造成侵害,但其未能通过医疗手段及时确认,未能检查出胎儿染色体异常,而影响了原告朱远群、曾红伍作出是否终止妊娠的决定,侵害了原告朱远群、曾红伍的优生优育选择权,因此朱远群、曾红伍作为本案诉讼主体是适格的。至于曾子孟是否本案适格主体,对此主要从以下几方面分析:(1)从民事权利能力方面,朱远群、曾红伍与被告中山医院发生医疗法律关系时,曾子孟仍是母体中的胎儿,尚未出生成为法律意义上的生命,其不具备法律规定的民事权利能力,固然也不具备成为民事诉讼主体的资格。(2)以曾子孟为原告起诉侵权纠纷,则必须考虑医疗机构损害了其何种权利。是生命健康权?答案是否定的。造成曾子孟患唐氏综合征是由于其父母受孕的生理因素造成,其缺陷是先天的,并非被告中山医院的医疗过错行为导致。本案中被告中山医院的医疗行为虽有过错,但该过错并非造成曾子孟缺陷的原因,从另一角度看,由于被告中山医院的这一医疗过错导致了曾子孟的出生,获得了生命。可见,被告中山医院的行为虽导致曾子孟出生并承受缺陷的痛苦,但不存在侵害曾子孟生命健康权的法律关系。其次,从尊重生命本身的价值而言,孩子出生到世上,即使是有缺陷,其生命本身仍然是宝贵的,不能以其存在缺陷而否定其生命存在的价值和意义。如果以曾子孟的名义起诉,似乎是在强迫其宣告"我宁愿死,也不愿生"。综上考虑,以曾子孟的名义起诉,不但缺乏法律依据,更严重违反了道德伦理。因此一审法院先行裁定驳回曾子孟的起诉,以朱远群、曾红伍为原告进行审理。

关于被告的医疗过错问题。如前所述,被告未能确认胎儿染色体异常存在医疗过错,侵害了朱远群、曾红伍的优生优育选择权。同时,朱远群忽视医疗行为的风险,对染色体检查错误的概率并未予以足够重视,未遵医嘱复查,失去再次检查确定胎儿患病的机会,其自身也存在过错。法院综合考虑疾病发病率、检查准确率及双方的认知水平等因素,最终确定由原告自负5%的责任,被告负95%的责任。

最后是被告应承担责任的范围。缺陷孩子出生后,其生命价值与健康孩子的生命价值是同等的,但不能否认的是,缺陷孩子的出生,必然会给其父母带来精神上及物质上的额外付出。虽然在伦理上,我们不支持因缺陷孩子的出生使其父母痛苦的思维,但在实际上,我们并不能因为缺陷孩子与健康孩子的生命是同等的而否认两者在抚养过程中的差异。医疗机构承担的赔偿责任,不是对缺陷孩子出生的赔偿,不是对缺陷孩子生命价值的评价,而是对父母在抚养缺陷孩子过程中付出的额外精力和金钱的赔偿。该赔偿款使父母有更多的经济能力抚养缺陷孩子,这对缺陷孩子有利。因此,医疗机构赔偿的范围应当包括:母亲及缺陷孩子的医疗费用、额外增加的对缺陷孩子的护理费用和特殊教育费用及缺陷孩子父母遭受的精神损害抚慰金。

(广东省广州市越秀区人民法院　王英魁)

60. 张培萱诉南通市第一人民医院人身损害赔偿案
（不作为型医疗过失赔偿）

（一）首部

1. 判决书字号

一审判决书：江苏省南通市崇川区人民法院（2009）崇民一初字第0001号。

二审判决书：江苏省南通市中级人民法院（2010）通中民终字第0442号。

2. 案由：一般人身损害赔偿纠纷。

3. 诉讼双方

原告（上诉人）：张培萱。

法定代理人：张焱，系张培萱的父亲。

法定代理人：王鑫华，系张培萱的母亲。

委托代理人：张武林，系张培萱的祖父。

委托代理人：徐海兵，江苏高仁律师事务所律师。

被告（上诉人）：南通市第一人民医院。

法定代表人：缪旭东，院长。

委托代理人：蔡斌，江苏平帆律师事务所律师。

委托代理人：徐明，南通市第一人民医院儿科主任。

4. 审级：二审。

5. 审判机关和审判组织

一审法院：江苏省南通市崇川区人民法院。

合议庭组成人员：审判长：张达军；审判员：沈永斌；人民陪审员：吴更生。

二审法院：江苏省南通市中级人民法院。

合议庭组成人员：审判长：金玮；代理审判员：罗勇、卢丽。

6. 审结时间

一审审结时间：2010年1月10日。

二审审结时间：2010年7月30日。

（二）一审情况

1. 一审诉辩主张

（1）原告张培萱诉称

被告于5月10日至5月19日连续十天擅自对原告使用高压氧治疗，未按卫生部的有关规定和早产儿的护理常规对原告进行眼科筛查和治疗，未如实向家长告知病情，延误了对原告眼睛的治疗，最终导致原告双目失明。因为被告的医疗行为存在过错，侵犯了原告的健康权和知情选择权，故提起诉讼，要求判令被告赔偿原告各项损失。

（2）被告南通市第一人民医院辩称

被告对原告进行高压氧治疗符合医疗常规，被告的医疗行为不构成医疗事故，被告不应承担赔偿责任。原告发生视网膜病变的根本原因是早产儿、超低体重儿，被告的医疗行为与原告的损害后果之间没有因果关系，即使认定被告存在医疗缺陷，被告的赔偿金额不应超过医疗事故的赔偿标准。请求法庭驳回原告的诉讼请求。

2. 一审事实和证据

江苏省南通市崇川区人民法院经公开审理查明：张培萱系孕27W早产儿，超低体重儿，这些因素均与ROP（早产儿视网膜病变）发生有关，且胎龄越小，越易发生ROP，因此该患儿目前资料引起ROP依据不够充分。患儿存在低氧血症，有用氧指征，医方无违反诊疗操作常规。医方对早产儿用氧后果估计不足，对家属详细告知不够，尤其是早产儿高压氧治疗需掌握指征、及时请眼科会诊。

3. 一审判案理由

江苏省南通市崇川区人民法院经审理认为：第一人民医院的诊疗行为未违反常规，但存在未充分告知相应风险，未详尽告知眼科筛查、随访等事项的缺陷，而这些未尽充分告知义务的缺陷对张培萱ROP病情控制有不利影响的可能性。据此，崇川区人民法院认定原告的损害后果与被告的医疗行为存在一定的因果关系，被告应对原告的损害后果承担一定的赔偿责任。

4. 一审定案结论

江苏省南通市崇川区人民法院依照《中华人民共和国民法通则》第一百零六条第二款、第一百一十九条，《最高人民法院关于审理人身损害赔偿案件适用法律若干问题的解释》第十八条第一款、第十九条、第二十一条、第二十二条、第二十五条、第三十一条，《最高人民法院关于确定民事侵权精神损害赔偿责任若干问题的解释》第八条第二款、第十条之规定，作出如下判决：

（1）被告南通市第一人民医院于本判决生效之日起赔偿原告张培萱各项损失合计人民币99 067.8元。

（2）被告南通市第一人民医院于本判决生效之日起赔偿原告张培萱精神损害抚慰金人民币20 000元。

（3）驳回原告张培萱的其他诉讼请求。

如果未按本判决指定的期间履行给付金钱义务，应当依照《中华人民共和国民事诉讼法》第二百二十九条之规定，加倍支付迟延履行期间的债务利息。

案件受理费人民币7 557元，由原告张培萱负担人民币6 046元，被告南通市第一人民医院负担人民币1 511元。

（三）二审诉辩主张

1. 上诉人南通市第一人民医院诉称

《早产儿治疗用氧和视网膜病变防治指南》2004年5月21日才由南通市卫生局收

发,该规范不应适用于张培萱的用氧治疗。且根据该规范,眼科筛查时间为出生后 4 周~6 周,以张培萱出生计算,应在 2004 年 4 月 5 日至 4 月 20 日进行眼科筛查。但规范出台时间为同月 27 日,因此我院没有义务对张培萱进行 ROP 筛查。我院是否告知 ROP 风险与 ROP 是否发生无因果关系。ROP 一旦发生,无论采取什么措施均不能有效控制病情。且司法鉴定用语为"不能排除",系推断和可能的表述,不能直接认定存在因果关系。综上,我院的医疗行为与张培萱损害后果间无因果关系。退一步而言,即便我院医疗行为存在缺陷,原审判决的 20%责任比医疗行为构成事故并承担轻微责任还要高,这种判决显然对我院不公。原审法院计算赔偿标准应以发回重审前一审案件辩论终结时间,即 2006 年标准予以判决。请求二审法院依法改判。

2. 上诉人张培萱诉称

原审法院应当查明本人在高压氧疗期间使用小牛血清蛋白的医疗行为是否存在医疗过错,该举证责任不应分配给本人。如果人民医院及时告知风险,本人法定代理人就不会选择高压氧治疗。如果在高压氧治疗后,及时进行 ROP 筛查和治疗,本人就有可能不会双目失明。人民医院过错重大,原审法院确定的 20%赔偿责任明显偏低。原审应按照司法解释规定,确定 20 年的护理费用,确定的精神损害抚慰金也偏低。请求二审法院依法改判。

(四)二审事实和证据

江苏省南通市中级人民法院经审理,确认一审法院认定的事实和证据。

(五)二审判案理由

江苏省南通市中级人民法院经审理认为:根据两级医学会鉴定及南京医科大学司法鉴定,人民医院针对张培萱病情给予吸氧等治疗措施符合用氧指征,并无过错。2009 年 5 月 10 日为康复治疗,人民医院对张培萱又进行了高压氧治疗,人民医院该行为亦未违反临床常规,不存在过错。但在《早产儿治疗用氧和视网膜病变防治指南》颁布后,人民医院未能按照规范要求在用氧治疗前,充分告知张培萱家属用氧好发 ROP 的风险,亦未按规定进行 ROP 筛查,存在过错。这使张培萱失去了选择是否进行高压氧治疗和及时对 ROP 进行治疗的机会,故人民医院理应对此承担相应的赔偿责任。张培萱发生 ROP 主要与其早产低胎龄、超低体重及视网膜发育不成熟等因素有关;张培萱进行高压氧治疗后不到一个月的时间内,就已在复旦大学附属医院眼耳鼻喉科进行了检查,并随后被确诊为 ROP。这表明因人民医院过失导致延误诊断张培萱 ROP 的时间并不太长,张培萱还是有相当的时间和机会对 ROP 进行治疗;即便在发达国家,对 ROP 进行治疗的患眼中,也仅有 55.6%的患眼视力大于 0.1,25.2%(55.6%×45.4%)的患眼可以恢复到 0.5 以上。而我国尚是发展中国家,医疗水平远远低于发达国家。故即便人民医院当时能够及时检查出 ROP,张培萱在采取治疗措施后仍有相当可能会失明,达到常人视力水平的概率更是低于 25%;《早产儿治疗用氧和视网膜病变防治指南》于 2004 年 4 月 27 日颁布实施后,医疗机构毕竟应有一个合理的学习、转发时间。故原审法院根据本案具体情况,酌定人民医院承担 20% 的责任,并无不当。原审法院确定 10 年的护理期限虽无不可,但张培萱双目失明治愈的可能性微乎其微,为减少诉累,考虑到张培萱的实际情况和诉讼请求,本院将护理期限确定为 20 年,即护理费为 365 000 元。

(六) 二审定案结论

江苏省南通市中级人民法院依照《中华人民共和国民事诉讼法》第一百五十三条第一款第（二）项之规定,作出如下判决：
1. 维持南通市崇川区人民法院作出的（2009）崇民一初字第 0001 号民事判决第二项,即人民医院于本判决生效之日起赔偿张培萱精神损害抚慰金人民币 20 000 元。
2. 撤销南通市崇川区人民法院作出的（2009）崇民一初字第 0001 号民事判决第一项、第三项。
3. 人民医院于本判决生效之日起赔偿张培萱各项损失合计 135 567.8 元。
4. 驳回张培萱的其他诉讼请求。
5. 驳回人民医院的上诉请求。

如果未按本判决指定的期间履行给付金钱义务,应当依照《中华人民共和国民事诉讼法》第二百二十九条之规定,加倍支付迟延履行期间的债务利息。

一审案件受理费人民币 4 057 元、二审案件受理费人民币 3 500 元,合计人民币 7 557 元,由张培萱负担人民币 5 000 元,南通市第一人民医院负担人民币 2 557 元。

(七) 解说

本案中人民医院反复强调被告对原告进行高压氧治疗符合医疗常规,被告的医疗行为不构成医疗事故,被告不应承担赔偿责任。原告发生视网膜病变的根本原因是早产儿、超低体重儿,被告的医疗行为与原告的损害后果之间没有因果关系。要追究医疗过失的赔偿责任,首先必须明确到底是什么原因导致了损害结果的发生,对于可能引起损害结果发生的原因,包括原本存在于患者体内的一些疾病恶化因素或者其他一些客观因素,还包括医方的不作为,尤其需要量化的是医方的不作为行为对不良后果承担多大比例的责任。

对于不作为型医疗过失造成的损害赔偿,"机会丧失"理论有很大的施展空间。但正因为我国尚未在法律层面确立"机会丧失"理论,当事人在我国现行的侵权法体系下,无法以机会丧失为由起诉。现实的做法是法院一般不会认定医疗机构在诊疗行为中的不作为侵犯了患者的人身权,而是以医疗机构存在过错为由,依据公平原则,判令医疗机构向患者支付一定的赔偿费用。医患双方都难以对这样的判决理由心悦诚服。医疗机构认为自己并未侵权,而患方认为自己的损害是由医方造成的。可见,传统侵权理论在该类纠纷中已经不再适用,引入"机会丧失"理论可以更好地解决现实中存在的矛盾,保护患者的权利。

（江苏省南通市中级人民法院　罗勇　高雁）

61. 吴锡雄等诉姚丽璇、汕头市中心医院道路交通事故人身损害、医疗损害赔偿案
（"多因一果"侵权责任）

（一）首部

1. 判决书字号：广东省汕头市濠江区人民法院（2009）汕濠法民一初字第24号。
2. 案由：交通事故人身损害、医疗损害赔偿纠纷。
3. 诉讼双方

原告：吴锡雄。

原告：郑芝荣。

原告：郑鸿发。

原告：郑晓娥。

被告：姚丽璇。

被告：汕头市中心医院。

法定代表人：许海雄，该院院长。

4. 审级：一审。
5. 审判机关和审判组织

审判机关：广东省汕头市濠江区人民法院。

合议庭组成人员：审判长：肖育胜；审判员：郑志坤、陈海燕。

6. 审结时间：2010年4月23日。

（二）诉辩主张

1. 原告吴锡雄等诉称

2008年12月17日，吴健如骑自行车被被告姚丽璇驾驶的小货车撞击，致使吴健如严重受伤，后送往汕头市中心医院抢救治疗。2009年3月1日，吴健如经抢救无效死亡。汕头市公安局交通警察支队四大队作出交通事故认定，认定被告姚丽璇、吴健如应负本事故的同等责任。根据有关法律规定，被告姚丽璇对原告因该交通事故造成的经济损失承担60%的赔偿责任，请求法院判令其赔偿四原告316 904.52元。由于被告汕头市中心医院对其医疗过错应承担相应的赔偿责任，故四原告变更诉讼请求，请求法院判令：（1）被告姚丽璇赔偿四原告的经济损失误工费5 548元、住院伙食补助费3 650元、护理费5 548元、死亡赔偿金250 842.40元、丧葬费13 849元、被扶养人生活费236 828.90元、精神损害抚慰金50 000元、尸体保管费60 000元，共计626 266.30元×

70%×60%为263 031.85元；（2）被告汕头市中心医院赔偿四原告的经济损失误工费5 548元、住院伙食补助费3 650元、护理费5 548元、死亡赔偿金250 842.40元、丧葬费13 849元、被扶养人生活费236 828.90元、精神损害抚慰金50 000元、尸体保管费60 000元，共计626 266.30元×30%为187 879.89元；（3）本案诉讼费用由两被告承担。

2. 被告姚丽璇辩称

第一，本案死者吴健如与被告应负事故同等责任。第二，本案交通事故致吴健如颅脑损伤及右小腿骨折，而吴健如的死因却是急性暴发性肝功能衰竭，经法院委托汕头大学司法鉴定中心对死者吴健如的死因进行鉴定，结论为死者的较严重交通事故损伤属于根本原因；医疗过程中药物毒副作用属于中介前因；药源性急性暴发性肝功能衰竭合并肾功能等器官衰竭属于直接死因。2009年8月30日，汕头大学司法鉴定中心的补充说明中进一步指出死者吴健如系主要死于汕头市中心医院医疗不当引起的急性暴发性药源性肝肾功能衰竭及其多器官功能衰竭，应分别属于根本死因和直接死因。故吴健如的死亡与本交通事故无关，被告汕头市中心医院对吴健如的死亡负有直接责任，应承担相应的民事责任。第三，湖北同济法医学司法鉴定中心对吴健如所作的死因鉴定意见是错误的：其一，汕头大学司法鉴定中心所作的司法鉴定意见书中明确死者吴健如肝、肾存在结晶物质沉积，而湖北同济法医学司法鉴定中心的司法鉴定意见书中却对此只字不提，其目的是要否定"急性暴发性药源性肝肾功能衰竭及其多器官功能衰竭"这个事实；其二，湖北同济法医学司法鉴定中心司法鉴定意见书认为汕头市中心医院对死者吴健如未超量使用药物，但按正常量使用药物，完全有可能产生毒副作用而导致严重后果，更何况是联合、持续地使用多种化学药物，其实是医院没有采取针对性的监控措施而导致急性暴发性药源性肝肾功能衰竭及其多器官功能衰竭；其三，湖北同济法医学司法鉴定中心司法鉴定意见在分析推理死者吴健如生前存在全身性病毒感染和一定程度的细菌感染时，使用了不确定、不明确、推断性的词语，其结论是不可信的。故湖北同济法医学司法鉴定意见不具备真实性、客观性、关联性，不能予以采信。第四，湖北同济法医学司法鉴定中心的司法鉴定意见认为，死者吴健如多器官功能衰竭发生主要系颅脑损伤及伤后并发细菌及病毒感染所致，该结论是错误的。就算是细菌及病毒感染所致，也有一个从轻到重的发展过程，期间必然出现相应的临床症状、体征，被告汕头市中心医院作为三甲医院没有及时监控、防治、救治，在长达一个月的时间内没有给吴健如任何用药，也没有按一般医疗常规对前段时间的用药可能发生的病变采取化验、检查等监控防治措施，从而导致吴健如多器官功能衰竭而死亡，故被告汕头市中心医院应承担责任。第五，湖北同济法医学司法鉴定中心的补充说明对肝组织是否存在结晶物的问题表述不清楚，用药不超量并不能说明无毒副作用，故该说明不能作为证据使用，被告汕头市中心医院应对死者吴健如承担主要责任。第六，本交通事故发生后，被告为吴健如支付了医疗费35 883.80元、护理费700元，被告已尽了积极救治的责任。此外，被告经法院要求后，又先行支付了1 000元。

3. 被告汕头市中心医院辩称

2008年12月17日晚，吴健如因车祸致伤不省人事4个小时，由被告急诊收入神经外科住院。经被告诊断，吴健如的伤势为：（1）左颞脑挫裂伤出血；（2）右胫腓骨骨折。入院后被告予以抗炎、止血、脱水、营养神经等治疗。经治疗后吴健如的病情逐步好转，CT复查示左颞脑出血吸收期。2009年1月9日，拔除胃管后能自行进食，无呕吐，无黄疸，意识逐步清醒，但仍失语且右小腿下端肿胀畸形严重。2009年1月11日，吴健如转入被告骨外科治疗。2009年1月20日，吴健如逐渐能说话、偶尔轻微头痛及小腿疼痛外无其他不适。2009年1月23日，被告给予吴健如行右内外踝骨骨折并踝关节脱位切开复位钢板螺丝钉克氏针内固定手术。术后吴健如恢复良好。2009年2月5日，切口一期愈合拆线。吴健如总体病情基本稳定，本可出院，但因交通事故纠纷未解决，吴健如一直不愿意出院。由于吴健如一直欠费，且一般情况好，无明显不适，被告没有给予吴健如任何药物治疗。2009年2月28日上午8时，吴健如突然出现呕吐，经被告科室会诊后考虑有消化道出血、可疑黄疸，被告立即将吴健如病情告知其家属并要求补交欠费。在吴健如欠费的情况下，被告仍予患者检查和治疗，为患者急查血常规，肝功能因吴健如已进食而无法立即检查。2月28日22时左右，吴健如出现烦躁，神志模糊，被告给予吴健如制酸、止血、镇静等对症治疗，并告病危。3月1日9时左右，吴健如神志模糊，呼之不能应答，巩膜黄染，结膜稍白，被告马上给予行头颅CT和血氨、生化、止凝血功能等检查。3月1日14时，吴健如呈昏迷状、呼吸浅快、有氨味、双肺可闻及水泡音，其病情经被告诊断为急性肝功能衰竭，被告马上给予护肝、降血氨、脱水、抗感染等对症治疗。3月1日21时20分，吴健如出现呼吸停止，心率逐渐减慢，血压及血氧为0，被告马上进行全力抢救，终因吴健如病情严重抢救无效，临床死亡。上述事实表明，被告姚丽璇凭借汕头大学司法鉴定中心的鉴定结论，提出被告对吴健如用药和医治不慎不当，对吴健如的死亡负有直接责任的主张是不成立的。被告针对吴健如病案用药和诊治方案是医治脑外伤普遍采用的方案，在多年的临床应用上从没有发生过类似的暴发性肝功能衰竭的病例，被告为吴健如的诊治完全符合神经外科的诊治原则，给予吴健如使用的药物也没有不当。药源性引起的急性肝衰竭发病快、时间短，通常在用药后的2周内发病，且急性的程度越严重，发病的时间越短，而吴健如暴发肝病一个月前被告已没给予吴健如任何用药，吴健如暴发性肝功能衰竭的发生与被告的用药无关；药源性引发的暴发性肝衰竭，患者通常出现发热、呕吐等症状，吴健如在被告使用相应药物后至发病时长达两个月时间里从无出现上述症状。在吴健如拖欠医药费用的情况下，被告仍为吴健如尽责尽力地诊治。汕头大学司法鉴定中心的法医病理学鉴定意见书缺乏根据，其结论和表述混淆事实、自相矛盾、极不负责任，对死者吴健如尸解中发现具有诊断价值的肝脏、肾脏存在的结晶、胃中的胃液不作进一步的毒物和性质分析检查，在未排除其他病因的情况下错误地把责任强加给被告，吴健如的死亡与被告的诊治行为没有因果关系。被告对吴健如诊治、抢救已尽责，没有任何过失，被告对吴健如的死亡后果应免予承担责任，请求法院驳回被告姚丽璇的主张。本案关于吴健如的死亡原因，先后进行了两次法医学病理鉴定，汕头大学司法鉴定中心的鉴定结论明显缺乏依据，且结论随意，而湖北同济法医学司法鉴定中心的鉴定结论依据充分、科学、公正，本案应采信湖北同济法医学司法鉴定中心的鉴定。理由为：（1）汕头大学司法鉴定中心的鉴定只收集调取了吴健如部分客观病历资料,资料来源片面;而湖北同济法医学司法鉴定中心的鉴定收集调取了吴健如所有的病历资料及相关的尸检、医学切片等,证据资料全面,为科学、公正的鉴定奠定了基础。(2)汕头大学司法鉴定中心的鉴定分析推论明显自相矛盾。特定条件或特定药物引起的损伤,在人体器官、人体组织上呈现着特定的形态改变,病理学的鉴定就是运用病理学的检验手段,通过人体器官、人体组织的形态改变,分析寻找出致损的原因。湖北同济法医学司法鉴定中心的鉴定是通过对吴健如尸解器官的翔实检验,在得到"未观察到肝组织急性坏死尤其是化学性药物损伤等病理形态改变"的前提下,继而排除吴健如的暴发性肝衰竭为药源性所致。(3)汕头大学司法鉴定中心的鉴定结论含糊,且明显存在极大随意性。2009年6月16日,汕头大学司法鉴定中心的鉴定意见书结论为交通事故损伤是吴健如死亡根本原因,医疗过程药物毒副作用属中介前因,药源性急性暴发性肝、肾功能等多器官衰竭属直接死因,那么吴健如是死于根本原因还是直接死因或者中介前因根本无法判定。2009年8月30日,当得知被告重新申请鉴定后,汕头大学司法鉴定中心又作出了补充说明,认为医疗不当的药源性是吴健如的根本死因和直接死因,推翻了原鉴定结论关于交通事故损伤为吴健如死亡根本原因的结论,前后结论自相矛盾。且该补充意见是在无任何进一步检验的情况下作出的,充分证明汕头大学司法鉴定中心的鉴定结论有极大的随意性,根本不具有科学性和客观性。而湖北同济法医学司法鉴定中心是全国有名的鉴定机构,其结论是科学的,但湖北同济法医学司法鉴定中心出具补充说明认为被告存在医疗过失超出病理学鉴定范围,该补充说明认为被告应对医疗过失承担30%的责任偏高。本案应先计算被告姚丽璇应承担的交通事故责任后,余下的赔偿责任再由原被告三方承担。

(三)事实和证据

广东省汕头市濠江区人民法院经公开审理查明:2008年12月17日18时03分,被告姚丽璇驾驶无定期进行安全技术检验的粤D07806号厢式小货车往汕头市广澳方向行驶,至汕头市濠江区磊广线7km+550m处,在通过没有交通信号灯控制的交叉路口时没有减速慢行,且在遇情况时没有及早采取有效措施,没有按照操作规范安全驾驶,与骑自行车在没有交通信号灯控制的路口转弯时没有让直行车辆先行的吴健如发生碰撞,造成吴健如受伤、车辆受损的交通事故。汕头市公安局交通警察支队四大队于2009年2月4日作出第EB00052号交通事故认定书,认定被告姚丽璇、吴健如负同等责任。吴健如受伤后于当天到被告汕头市中心医院住院治疗,其伤势经诊断为左颞脑挫裂伤出血、右胫腓骨骨折。吴健如经被告汕头市中心医院治疗后,病情逐渐好转。从2009年1月28日起,被告汕头市中心医院未再给予吴健如任何药物治疗。2009年2月5日,吴健如接受右内外踝骨骨折并踝关节脱位切开复位钢板螺丝钉克氏针内固定手术,术后切口一期愈合拆线。2009年2月28日上午8时,吴健如突然出现呕吐,当晚又出现烦躁、神志模糊。2009年3月1日9时左右,吴健如神志模糊,呼之不能答。2009年3月1日14时,吴健如呈昏迷状、呼吸浅快、有氨味、双肺可闻及水泡音。自2009年2

月28日吴健如突然出现呕吐症状后,被告汕头市中心医院采取了急查血常规、制酸、镇静、止血、行头颅CT、生化、降血氨、抗感染等措施,对吴健如进行了医治。2009年3月1日21时20分,吴健如出现呼吸停止,心率逐渐减慢,经被告汕头市中心医院抢救无效死亡。2009年3月18日,汕头市公安局对吴健如死亡原因作出(2009)汕公法尸检字第047号法医学尸体检验意见书,认为交通事故致颅脑损伤是导致吴健如死亡的诱因。吴健如住院治疗期间被告姚丽璇为其先行支付了医疗费35 883.83元。2009年4月21日,本院根据被告姚丽璇的申请,依法委托汕头大学司法鉴定中心对吴健如的死亡原因进行鉴定。2009年6月16日,汕头大学司法鉴定中心就吴健如的死亡原因作出汕大司鉴中心〔2009〕病鉴字第185号法医病理学鉴定意见书,鉴定结论为死者吴健如的较严重交通事故损伤属于根本死因;医疗过程中药物毒副作用等情况属于中介前因;药源性急性暴发性肝功能衰竭合并肾功能等多器官衰竭属于直接死因。2009年8月30日,汕头大学司法鉴定中心就上述鉴定意见出具补充说明,认为吴健如根本死因和直接死因是汕头市中心医院医疗不当引起的急性暴发性药源性肝肾功能衰竭及其多器官功能衰竭,期间存在的医疗用药及其监控防治等医疗问题属于中介原因,交通事故所致各种原发性损伤及其潜在的并发症或后遗症应属于辅助死因。被告姚丽璇因上述司法鉴定支付了鉴定费5 000元。2009年7月28日,被告汕头市中心医院不服上述鉴定结论向本院申请重新鉴定,本院经审查后于2009年9月7日依法委托湖北同济法医学司法鉴定中心对吴健如死亡的原因重新进行鉴定。2009年12月25日,湖北同济法医学司法鉴定中心作出同济司法鉴定中心〔2009〕法医病理F-250号法医病理学检查意见书,分析认为:(1)死者吴健如符合在因交通事故致重度颅脑损伤及全身多发性损伤基础上,继发以肝功能衰竭为主的多器官功能衰竭而死亡。(2)未观察到肝组织急性坏死尤其是化学性药物损伤等病理形态学改变,联系汕头市中心医院对吴健如的用药为常见治疗脑外伤及抗感染药物,亦未超量使用,可以排除药源性(即医源性)因素所致的急性暴发性肝功能衰竭。(3)死者吴健如生前存在全身性病毒感染和一定程度的细菌感染。(4)死者吴健如肝功能及全身多器官功能衰竭的发生可能系以下综合因素共同作用所致:1)因重度颅脑损伤及全身多部位损伤致机体免疫力及抵抗力低下。2)损伤后局部组织出血、坏死,坏死产物吸收对肝及全身各主要器官的毒性作用。3)因严重创伤并发全身细菌及病毒性感染所致。鉴定结论为死者符合在因交通事故致重度颅脑损伤及全身多发性损伤基础上,继发以肝功能衰竭为主的多器官功能衰竭而死亡;其多器官功能衰竭的发生主要系颅脑损伤及伤后并发细菌及病毒感染所致,与汕头市中心医院治疗所用的药物无直接因果关系。2010年1月15日,本院发函要求湖北同济法医学司法鉴定中心就被告汕头市中心医院是否存在医疗过失等问题作出补充说明。2010年3月12日,湖北同济法医学司法鉴定中心应本院要求向本院出具了关于同济法医学司法鉴定中心法医病理〔2009〕F-250号检验意见书的补充说明,认为:(1)在对患者吴健如肝组织进行法医病理形态学观察过程中,曾注意到有少量与组织折光性不一致的结晶状物质存在,但未观察到肝坏死,尤其是化学性药物损伤的病理形态学改变,联系审核送检病历资料,医方并未有超量使用对肝有明显毒性作用的药物,且上述结晶状物质性质不明,即使是药物成分,也并非一定具有肝毒性作用,因此对鉴定中心的鉴定结论无影响。（2）根据审核法院送检病历资料，结合相关临床专家会诊结果，综合分析认为，汕头市中心医院在对患者吴健如的治疗过程中，存在着病情观察不仔细，对伤后感染、肝、肾功能障碍等并发症处理不及时的医疗过失，其过失与患者吴健如死亡后果间存在一定的因果关系，建议该院医疗过失行为与患者吴健如死亡后果间的责任程度为30%。被告汕头市中心医院因进行上述司法鉴定支付了鉴定费6 000元。吴健如死亡后，其尸体于2009年3月4日由公安机关送往汕头市殡仪馆存放至今。汕头市殡仪馆尸体存放费用为每天160元。

另查明，被告姚丽璇驾驶的粤D07806号厢式小货车所有人为汕头经济特区百乐汇娱乐城有限公司，该公司已于2002年12月16日被注销。

再查明，死者吴健如，女，1964年5月6日出生，非农业家庭户口，生前无固定收入，其丈夫郑成坚于2002年6月因工伤死亡；原告吴锡雄系死者吴健如之父亲，为农业家庭户口，原共有扶养人四人（包括死者吴健如）；原告郑芝荣、郑鸿发、郑晓娥均为非农业家庭户口，均系死者吴健如的子女。

又查明，被告姚丽璇于2009年7月23日先行垫付1 000元赔偿款给四原告，现提存于本院。

另外，2009年7月14日，本院根据四原告的财产保全申请，依法查封被告姚丽璇所有的位于汕头市金陵路北段东10号306号房（面积65.84平方米，权证号C2373750）的房产全套。

上述事实有下列证据证明：

1. 交通事故认定书，用以证实吴健如及被告姚丽璇负本事故同等责任。

2. 汕头市濠江区达埠社区居民委员会证明，用以证实吴健如的母亲、丈夫郑成坚均已死亡，以及居委会同意吴健如之胞弟吴健明作为原告郑芝荣、郑鸿发、郑晓娥的监护人。

3. 常住人口登记卡，用以证实原告吴锡雄为农业家庭户口，吴健如及原告郑芝荣、郑鸿发、郑晓娥为非农业家庭户口。

4. 汕头市公安局（2009）汕公法尸检字第047号法医学尸体检验意见书，用以证实死者吴健如因本交通事故致颅脑损伤及右小腿骨折。

5. 被告姚丽璇身份证复印件。

6. 汕头市中心医院药品明细汇总清单、押金单23单金额33 000元、收费收据5单金额2 883.83元，用以证实被告姚丽璇因本交通事故为吴健如支付了医疗费35 883.83元。

7. 吴健如门诊病历、死亡记录、住院病历、医嘱表、护理记录等，用以证实吴健如因本交通事故在汕头市中心医院住院治疗的情况。

8. 发票1单金额5 000元，用以证实被告姚丽璇因申请司法鉴定支付了鉴定费5 000元。

9. 医疗机构执业许可证、方旭升医师资格证、执业证。

10. 住院病历案首页、死亡记录、住院病历（手术前）、术前小结、骨科手术同意书、麻醉记录、手术记录表、住院病历（手术后）、会诊申请书、病危通知书、检查和检验报告书、医嘱表、术中护理记录、入院患者评估单、护理记录、体温表、护理书写质控表、门诊病历、病危通知书，用以证实被告为吴健如诊治及用药情况，自2009年1月28日起，被告没有给予吴健如任何药物，吴健如自进入被告医院接受治疗至其出现肝衰竭的两个半月里，从没有出现发热、呕吐、黄疸等急性肝衰竭的前期症状。

11. 湖北同济法医学司法鉴定中心出具的同济司法鉴定中心［2009］法医病理F-250号法医病理学检验意见书，用以证实吴健如的死亡与汕头市中心医院治疗所用的药物无直接因果关系。

12. 发票1单金额6 000元，用以证实被告汕头市中心医院因上述司法鉴定支付鉴定费6 000元。

13. 汕头市殡仪馆证明，证明该馆于2009年3月4日起保管吴健如尸体，尸体冷冻费每天160元。

14. 道路交通事故现场图、现场勘验笔录、询问笔录，证明吴健如、被告姚丽璇发生本案交通事故的有关事实。

15. 关于同济法医学司法鉴定中心法医病理［2009］F-250号检验意见书的补充说明，证明吴健如肝组织虽存在结晶物，但对湖北同济法医学司法鉴定中心的鉴定结论无影响，以及汕头市中心医院存在医疗过失，应承担30%的责任。

(四) 判案理由

广东省汕头市濠江区人民法院经审理认为：本案系道路交通事故人身损害、医疗损害赔偿纠纷。交警部门关于本交通事故被告姚丽璇、吴健如应负同等责任的认定准确，法院予以确认。被告姚丽璇和吴健如应依法各自承担相应的民事责任。本案吴健如在发生交通事故后被送往汕头市中心医院住院治疗，在治疗过程中吴健如经抢救无效死亡，关于吴健如的死亡原因及是否与被告汕头市中心医院的诊疗救治行为存在因果关系的问题，汕头大学司法鉴定中心与湖北同济法医学司法鉴定中心分别作出了鉴定结论不同的法医病理学鉴定、检验意见书及补充说明。由于汕头大学司法鉴定中心作出的汕大司鉴中心［2009］病鉴字第185号法医病理学鉴定意见书在没有明确吴健如肝组织存在化学性药物损伤等病理形态学改变的情况下，便得出吴健如的暴发性肝衰竭为药源性所致的结论，该结论依据不足，且其鉴定意见与补充说明的结论不一致，出现了同一鉴定机构对同一鉴定事项作出了两个不同的鉴定结论。故汕头大学司法鉴定中心的鉴定意见书和补充说明不能作为处理本案的依据，法院不予确认。湖北同济法医学司法鉴定中心作出的同济司法鉴定中心［2009］法医病理F-250号法医病理学检验意见书在明确未观察到肝组织急性坏死或化学性药物损伤等病理形态学改变的情况下及根据被告汕头市中心医院使用的药物为常见治疗脑外伤及抗感染药物，且未超量使用的实际情况，排除了药源性因素所致的急性暴发性肝衰竭，得出了吴健如符合在因交通事故致重度颅脑损伤及全身多发性损伤基础上，继发以肝功能衰竭为主的多器官功能衰竭而死亡，其多器官功能衰竭的发生主要系颅脑损伤及伤后并发细菌及病毒感染所致，与汕头市中心医院治疗所用的药物无直接因果关系的结论；其补充说明根据审核送检病历资料和结合相关临床专家会诊结果，认为汕头市中心医院在对患者吴健如的治疗过程中，存在着对病情观察不仔细，对伤后感染、肝、肾功能障碍等并发症处理不及时的医疗过失，其过失与患者吴健如死亡后果间存在一定的因果关系，建议该院医疗过失行为与患者吴健如死亡后果间的责任程度为30%。湖北同济法医学司法鉴定中心的上述鉴定结论客观、公正、准确，法院予以确认。

由于被告汕头市中心医院存在医疗过失行为，故应对四原告因吴健如死亡后果而产生的吴健如死亡赔偿金、丧葬费、尸体保管费、被扶养人生活费、精神损害抚慰金损失共454 243.40元承担30%的民事赔偿责任计136 273.02元；上述四原告五项损失总额的70%加上吴健如医疗费35 883.83元、住院伙食补助费、护理费、误工费损失共363 747.21元由被告姚丽璇承担60%的民事赔偿责任计218 248.33元。

（五）定案结论

广东省汕头市濠江区人民法院依照《中华人民共和国民法通则》第一百零六条第二款、第一百一十九条，《中华人民共和国道路交通安全法》第十三条第一款、第二十二条第一款、第四十四条，《中华人民共和国道路交通安全法实施条例》第六十八条第（一）项，《最高人民法院关于审理人身损害赔偿案件适用法律若干问题的解释》第三条第二款，第十七条第一、三款，第十八条第一款，第十九条，第二十条，第二十一条第一、二款，第二十三条第一款，第二十七条，第二十八条，第二十九条以及《最高人民法院关于确定民事侵权精神损害赔偿责任若干问题的解释》第八条第二款之规定，作出如下判决：

1. 被告姚丽璇应赔偿原告吴锡雄等各项经济损失218 248.33元，扣除被告姚丽璇已支付的医疗费35 883.83元和赔偿款1 000元后为181 364.50元。

2. 被告汕头市中心医院应赔偿原告吴锡雄、郑芝荣、郑鸿发、郑晓娥各项经济损失136 273.02元。

3. 驳回原、被告的其他诉讼请求。

（六）解说

本案受害人吴健如因交通事故受伤而入院治疗，在住院治疗过程中死亡，当事人对吴健如死亡原因的鉴定结论发生争议。在上述情况下，人民法院如何通过重新司法鉴定来认定受害人的死亡原因，从而确定当事人之间的民事责任，是案件的关键。本案主要涉及如下二方面问题：

1. 诉讼中进行重新鉴定必须具备的条件

司法鉴定是指在诉讼过程中，为查明案件事实，人民法院依据职权或者根据其他诉讼参与人的申请，指派或委托具有专门知识的人，对专门性问题进行检验、鉴别和评定的活动。审判实践中一方当事人往往因司法鉴定结论对其不利而向法院申请重新鉴定。对此审判实践中的常见问题如何处理是法官们必须认真对待的法律问题。

《最高人民法院关于民事诉讼证据的若干规定》第二十七条规定:"当事人对人民法院委托的鉴定部门作出的鉴定结论有异议申请重新鉴定,提出证据证明存在下列情形之一的,人民法院应予准许:(一)鉴定机构或者鉴定人员不具备相关的鉴定资格的;(二)鉴定程序严重违法的;(三)鉴定结论明显依据不足的;(四)经过质证认定不能作为证据使用的其他情形。对有缺陷的鉴定结论,可以通过补充鉴定、重新质证或者补充质证等方法解决的,不予重新鉴定。"第二十八条规定:"一方当事人自行委托有关部门作出的鉴定结论,另一方当事人有证据足以反驳并申请重新鉴定的,人民法院应予准许。"从上述规定可以看出,决定是否重新进行司法鉴定应当非常慎重,只有在符合上述规定情况下人民法院才可以决定重新鉴定。如果不具备上述法律规定情形而草率决定重新鉴定,极有可能出现同一案件有多个鉴定结论而难以确认其中之一作为定案依据而陷入两难境地,致使案件久拖不决,这势必会浪费司法资源以及加重当事人的诉累和诉讼费用的负担。

本案汕头大学司法鉴定中心根据法院的委托已就吴健如的死亡原因作出了司法鉴定结论,吴健如的死亡直接原因的鉴定结论是药源性急性暴发性肝功能衰竭。本案被告汕头市中心医院是一家在本地有一定名气的综合性医院,治疗诸如吴健如颅脑损伤病例应有一定临床经验,且综合本案被告汕头市中心医院从2009年1月28日起至2009年2月28日吴健如开始出现病情恶化之前二十多天已没有给吴健如用药的实际情况,吴健如在治疗过程中因药源性致死的可能性不大,案件事实与鉴定结论可能存在矛盾。此外,患者如系药源性致死,其肝组织应有相应的病理形态改变,但汕头大学司法鉴定中心的鉴定意见书并未明确吴健如肝组织是否存在化学性药物损伤等病理状态改变,该鉴定结论存在缺陷。通过综合分析上述因素,人民法院以原鉴定结论明显依据不足而依据《最高人民法院关于民事诉讼证据的若干规定》第二十七条第一款第三项的规定对吴健如死因进行重新鉴定是正确的。本案吴健如死亡原因重新鉴定的结论也证实了人民法院重新鉴定的决定是正确的。

2."多因一果"侵权行为的构成要件及责任承担原则

我国《民法通则》第一百三十条作了二人以上共同侵权造成他人损害的,应当承担连带责任的原则规定。该规定对共同侵权行为在主观要件方面的要求不明确,造成实践中对诸如数个侵权行为之间没有共同故意或共同过失,但是行为直接或间接结合产生损害后果是否构成共同侵权等问题有不同的解释。《最高人民法院关于审理人身损害赔偿案件适用法律若干问题的解释》第三条第一款将无意思联络的数人侵权中侵害行为直接结合产生同一损害结果的情形明确规定为共同侵权,而第二款则第一次以司法解释的形式将无意思联络的数人侵权中侵害行为间接结合导致同一损害结果的情形排除在共同侵权范围之外,明确规定"多因一果"侵权行为的构成要件并确定了按份的责任承担原则,这与2010年7月1日起实施的《侵权责任法》的相关规定是一致的。

"多因一果"行为是指数个行为人无共同过错但其行为间接结合导致同一损害结果发生的侵权行为。其构成要件为:(1)多行为人的行为均为作为行为,对损害结果的发生均有原因力;(2)各行为人的行为相互间接结合;(3)各行为人没有共同的意思联络;(4)损害结果同一。"多因一果"行为往往是若干个与损害结果有间接因果关系的行为,与同一损害结果有着直接因果关系的行为间接结合导致同一损害结果的发生。因多因行为的表现是原因竞合,而不是行为竞合,故对"多因一果"行为不能定性为共同侵权行为和判定其承担连带责任。

本案导致吴健如死亡的直接原因是交通事故造成的损伤发展所致,也即被告姚丽璇与死者吴健如不遵守交通法规行为与吴健如因交通事故受伤死亡存在直接因果关系;而被告汕头市中心医院在为吴健如治疗交通事故损伤过程中的观察不够仔细、处理不及时等医疗过失行为并不会也不可能直接或者必然引发吴健如死亡的损害结果,被告汕头市中心医院的医疗过失行为只是为本案当事人不遵守交通法规行为直接造成本案损害最终结果的发生创造了条件,也即本案吴健如死亡后果的发生是"多因一果"行为所致,应按照《最高人民法院关于审理人身损害赔偿案件适用法律若干问题的解释》第三条第二款的规定确定当事人的民事责任。故人民法院根据被告姚丽璇及吴健如的交通违法行为、被告汕头市中心医院的医疗过失行为与吴健如死亡后果之间的原因力比例,判决两被告分别承担60%及30%的按份赔偿责任是正确的。

(广东省高级人民法院 梁展欣 张达君)

62. 陈桂芳诉周伟国、钟汉波、天平汽车保险股份有限公司佛山中心支公司道路交通事故人身赔偿案
(无证、醉酒驾驶保险公司能否免赔)

(一)首部

1. 判决书字号:佛山市南海区人民法院(2010)南法民一初字第4984号。
2. 案由:道路交通事故人身损害赔偿纠纷。
3. 诉讼各方

原告:陈桂芳,女,汉族,住广西容县杨村镇。

委托代理人:钟晓、钟海松,广东禅信律师事务所律师、律师助理。

被告:周伟国,男,汉族,住广东省阳山县江英镇。

被告:钟汉波,男,住广东省佛山市司马坊。

被告:天平汽车保险股份有限公司佛山中心支公司(以下简称天平保险公司),住所地:广东省佛山市南海区。

负责人:谭锦波。

委托代理人:廖尤辉、龙亨云,该公司职员。

4. 审级：一审。
5. 审判机关和审判组织

审判机关：广东省佛山市南海区人民法院。

独任审判人员：审判员：周桂颜。

6. 审结时间：2010年11月22日。

(二) 诉辩主张

1. 原告陈桂芳诉称

2010年4月7日22时20分许，被告周伟国在未取得机动车驾驶证的情况下，驾驶粤E2P864号二轮摩托车，行驶至罗村中南市场富安花园B区门口路段时，与原告陈桂芳发生碰撞，造成摩托车损坏、原告受伤的道路交通事故。肇事后，被告周伟国送伤者到医院后逃逸。佛山市公安局南海分局交通警察大队认定被告周伟国负全部责任，原告无责任。事故发生后，原告被送进佛山市南海区红十字会医院救治，花费7 852.2元医药费，出院后，司法鉴定所对原告的伤残等级进行了鉴定，鉴定原告的伤残等级为九级。粤E2P864号二轮摩托车车主是被告钟汉波，且在被告天平保险公司处买了机动车交通事故责任强制保险（以下简称"交强险"），故三被告应当承担连带赔偿责任。为维护自身合法权益，依法提起诉讼，请求法院判令：三被告赔偿原告损失合计114 551元，包括医疗费7 852.2元、护理费1 500元、住院伙食补助费1 500元、误工费5 200元、残疾赔偿金86 298.8元、精神抚慰金8 000元、司法鉴定费700元、交通费500元、营养费3 000元。

2. 被告天平保险公司辩称

(1) 无证驾驶时保险公司免责并不违反《中华人民共和国道路交通安全法》第七十六条，如将《道路交通安全法》第七十六条理解为保险人交强险均应赔付，既不符合基本的公平正义观念和社会伦理道德，有违公序良俗，也不利于抑制无证、醉酒驾驶等道路交通事故侵权行为的发生。假如允许违法者通过缴纳少量的保险费就转移自己因违法行为所承担的经济赔偿责任，无形中会鼓励违法者从事不法行为，不但违背《道路交通安全法》的立法本意，而且可能使保险成为违法者逃避责任的工具。(2) 本案件应当适用《机动车交通事故责任强制保险条例》第二十二条规定和交强险合同，即无证、醉酒驾驶标的车情况下，保险公司交强险仅对抢救费用垫付，对垫付的费用有权向致害人追偿；对除抢救费用之外的其他人身伤亡费用，保险人不负责垫付和赔偿。(3) 原告诉请的部分数额不合理。

(三) 事实与证据

广东省佛山市南海区人民法院经公开审理查明：2010年4月7日22时20分许，被告周伟国在未取得机动机驾驶证的情况下，驾驶粤E2P864号二轮摩托车，行驶至罗村中南市场富安花园B区门口路段时，与原告陈桂芳发生碰撞，造成摩托车损坏、原告受伤的道路交通事故。肇事后，被告周伟国送伤者到医院后逃逸。2010年5月13日，佛山市公安局南海分局交通警察大队作出道路交通事故认定书，认为被告周伟国承担此事故的全部责任，原告陈桂芳不承担此事故的责任。事故发生的当天即2010年4月7日，原告陈桂芳被送往佛山市南海区罗村医院住院治疗至2010年5月6日出院，共住院30天。入院诊断：第二腰椎压缩性骨折。出院医嘱：全休3个月，定期复诊，加强功能锻炼及营养。至此，原告陈桂芳为本起交通事故造成的伤害而进行治疗（含住院及门诊）共产生了医疗费7 853.2元。事故发生后，肇事车方向原告赔偿4 500元。2010年7月20日，佛山市第一人民医院法医临床司法鉴定所作出司法鉴定意见书，鉴定意见为：伤者陈桂芳的损伤达九级伤残。原告陈桂芳为此支付鉴定费700元。原告陈桂芳在定残时年满44周岁，系广西容县杨村镇农村居民，其在事故发生前在佛山市南海区连续居住工作一年以上。庭审中，原告陈桂芳明确放弃主张被扶养人生活费。肇事车辆粤E2P864号二轮摩托车的登记车主为被告钟汉波。该车在被告天平保险公司处投保了交强险，保险期限从2009年7月29日15时至2010年7月29日15时，事故发生在保险期限内。被告周伟国发生本起事故时未取得驾驶资格。

上述事实有下列证据予以证明：

原告证据：1. 原告的身份证、常住人口登记卡（复印件，与原件核对无异）各1份，用以证明原告的主体资格。

2. 被告周伟国的身份证（复印件，1份）、粤E2P864号普通二轮摩托车行驶证（复印件，1份），用以证明被告的主体资格。

3. 机动车交通事故责任强制保险摩托车定额保险单正本（复印件，1份），用以证明肇事车辆粤E2P8 64号普通二轮摩托车在被告保险公司处参投交强险，保险期限从2009年7月29日至2010年7月29日，事故发生在保险期限内。

4. 道路交通事故认定书（原件，1份），用以证明事故发生的经过及责任的划分，其中被告周伟国承担事故的全部责任，原告陈桂芳不承担事故责任。

5. 南海区罗村医院：出院小结、疾病证明书、CT影像检查报告单（原件，1份），用以证明原告受伤治疗的情况，其中住院期间从2010年4月7日至2010年5月6日，医嘱全休3个月，定期复查，加强营养，住院期间陪护一人。

6. 住院收费收据（原件，1份）、门诊收费收据（原件，2份）、住院费用明细清单（原件，1份）、费用清单（原件，1份），用以证明原告支付的医疗费。

7. 司法鉴定意见书（原件，1份），用以证明原告陈桂芳的损伤达九级残废。

8. 鉴定费发票（原件，1份），用以证明原告支付的鉴定费700元。

9. 佛山市南海区大沥烧卤肉类制品加工有限公司出具的证明（原件，1份），用以证明原告陈桂芳从2008年7月25日至11月30日在该公司34号档陈文才处工作，月收入为1 300元，并且工作期间一直居住在该公司宿舍楼。

被告天平保险公司证据：车险人伤信息表（复印件，与原件核对无异，1份），用以证明：（1）原告的工作单位为永力村市场，工种为家畜工，1 200元/月；（2）原告住院期间由护工护理，40元/天。

（四）判案理由

广东省佛山市南海区人民法院经审理认为：本起交通事故是机动车与机动车之间发生的交通事故。交警部门作出的事故认定书，程序合法，认定事实清楚，责任划分准确，本院予以采信。根据该道路交通事故认定书认定，原告陈桂芳不承担事故责任，被告周伟国承担事故的全部责任。在民事赔偿方面，被告周伟国应对原告陈桂芳的超出交强险部分的损失承担全部的赔偿责任。被告钟汉波是粤E2P864号二轮摩托车的登记车主，故应对被告周伟国在本案中承担的赔偿责任承担连带责任。关于被告周伟国未取得驾驶资格驾驶，被告天平保险公司是否应承担本案保险赔偿责任的问题，本院作如下分析：1. 根据交强险的公益性质，交强险应当更多地倾向于受害人权利的保障，国家通过交强险制度强制机动车所有人或管理人购买相应的责任险，以提高第三者责任保险的投保面，有利于受害人获得及时、有效的经济保障和充分救治，故交强险第一目的是保护受害人，使受害人能够得到及时、最大的救济。如果机动车方在一般过失甚至无过失的情形下发生交通事故，受害人都可以基于法律的规定而直接从保险公司获得赔偿，而机动车方在存在严重过错——无驾驶资格、醉酒等情形下致人损害，受害人反而不能从保险公司获得赔偿，对于受害人来讲是不公平的，这就曲解了交强险的本意。《中华人民共和国道路交通安全法》（以下简称《安全法》）第七十六条之规定由保险公司首先在责任限额内予以赔偿，不论交通事故当事人各方过错程度如何，体现了交强险保障受害人及社会大众利益的根本目的。2. 《机动车交通事故责任强制保险条例》（以下简称《保险条例》）旨在调整投保人和保险公司之间的关系，而非调整保险公司与第三人之间的关系。其功能在于区分保险公司与投保人谁是责任的最终承担者这样一个责任划分问题，而非对第三人免责问题。故《保险条例》第二十二条关于无证、醉酒的免责条款是保险公司和投保人的内部问题，不能对抗善意第三人。3. 《保险条例》是行政法规，《安全法》是法律。法律与法规适用发生冲突时，前者优于后者。综上，虽本案被告周伟国未取得驾驶资格，但被告天平保险公司仍应对原告陈桂芳因本起交通事故造成的损失在交强险范围内承担直接赔偿责任。

根据本院确认的事实，结合相关法律规定，本院核定原告因本起交通事故造成的损失为：医疗费3 353.2元（原告医疗费总额为7 853.2元，扣除案外人支付的费用4 500元，尚余3 353.2元）；住院伙食补助费1 500元（原告陈桂芳住院30天，按50元/天标准计算，共1 500元）；合理营养费500元；护理费1 500元（原告陈桂芳住院30天，按50元/天标准计算，共1 500元）；残疾赔偿金86 298.8元（原告因本起事故受伤，其伤残程度达到九级，原告的户别虽为农业家庭户，但其在事故发生前在佛山市南海区城镇居住、工作连续满一年以上，原告请求按2010年度广东省一般地区城镇居民人均可支配收入21 574.7元/年计算，没有违反法律规定，本院予以支持，故其伤残赔偿金计算如下：21 574.7元/年×20年×20％＝86 298.8元）；鉴定费700元（该费用是当事人因确定事故造成的损害或伤害程度而支付的费用，依《中华人民共和国保险法》第六十四条之规定，应由被告天平保险公司承担）；误工费4 200元（原告发生交通事故前在佛山市南海区大沥烧卤肉类制品加工有限公司及在中南农业科技有限公司三鸟加工8号场档口工作,每月工资1 200元。原告的误工时间从事故发生日计至定残前一天,即误工时间为105天;故原告的误工费1 200元/月÷30天/月×105天=4 200元。原告的请求超出本院确定金额的部分,本院不予支持);交通费500元(根据原告的住院情况及进行司法鉴定,本院酌定交通费为500元);精神损害抚慰金8 000元(原告因本起事故造成九级伤残,且在事故中不负责任,本院酌定精神损害抚慰金为8 000元)。综上,上述各项合共106 552元。上述1—3项损失合计5 353.2元属医疗费用赔偿项目,应由被告天平保险公司在交强险医疗费用赔偿限额10 000元范围内直接赔偿给原告,上述4—9项损失合计101 198.8元,属死亡伤残赔偿限额范围,故应由被告天平保险公司在交强险死亡伤残赔偿限额110 000元的赔偿范围直接赔偿给原告。故被告天平保险公司应在交强险赔偿限额范围内直接赔偿106 552元给原告。原告应得的赔偿总额并没有超过交强险的各项赔偿限额范围,故被告周伟国、钟汉波在本案中不承担直接赔偿责任。肇事车方为原告垫付的相关款项,由其与被告天平保险公司自行结算。原告诉请的各项赔偿费用超出本院上述核定数额范围的,本院不予支持。

(五)定案结论

广东省佛山市南海区人民法院依照《中华人民共和国民法通则》第一百零六条,《中华人民共和国道路交通安全法》第七十六条,《最高人民法院关于审理人身损害赔偿案件适用法律若干问题的解释》第十七条、第十八条、第十九条、第二十条、第二十一条、第二十二条、第二十三条、第二十四条、第二十五条、第二十八条、第三十五条之规定,作出如下判决:

1. 确认原告陈桂芳因本起交通事故尚应得的赔偿款总额为106 552元。
2. 被告天平汽车保险股份有限公司佛山中心支公司应于本判决发生法律效力之日起十日内在机动车交通事故责任强制保险责任限额范围内赔偿106 552元予原告陈桂芳。
3. 驳回原告陈桂芳的其他诉讼请求。

本案适用简易程序结案,案件受理费减半收取1 295.52元(原告已申请缓交),由被告周伟国、钟汉波连带负担。被告周伟国、钟汉波负担的诉讼费应于本判决发生法律效力之日起七日内交纳本院。

(六)解说

无证、醉酒驾车交强险应否赔偿是处理交通事故案件频繁争论的问题。在本案中,保险公司认为在无证、醉酒驾驶标的车情况下,保险公司交强险仅对抢救费用垫付,对垫付的费用有权向致害人追偿;对除抢救费用之外的其他人身伤亡费用,保险人不负责垫付和赔偿。而受害人方则认为,《道路交通安全法》第七十六条明确规定保险公司在交强险范围内不分责任先行赔偿,对此也不应例外。在《侵权责任法》出台前,法律对该情形无明确规定，各地法院的做法不一，笔者认为有必要对此作出分析，以统一实务界的操作。

1. 保险公司对无证、醉酒驾驶不应赔偿的抗辩理由

（1）《机动车交通事故责任强制保险条例》（以下简称《条例》）第二十二条及交强险保险条款第九条明确规定在驾驶人员无证、醉酒驾驶的情况下，保险公司不承担赔偿责任，且保险公司已就免责事项明确告知，履行了说明义务，依法不应承担赔偿责任。①②

（2）《道路交通安全法》第七十六条无明确规定不能存在任何免责情形（包括加害人故意制造交通事故、无证、醉酒驾驶等情形），且如将此理解为保险公司均应赔付既不符合基本的公平正义观念和社会伦理道德，有违公序良俗，也不利于抑制无证、醉酒驾驶等道路交通事故侵权行为的发生。从减少道德风险以及增强交通的安全性考量，考虑到无证、醉酒驾驶作为近年来造成重大交通事故最主要的原因之一，将无证、醉酒驾驶作为交强险法定免责事由，无疑是对无证、醉酒驾驶在制度上的进一步否定性评价，也必然降低因无证、醉酒驾驶发生交通事故的概率。机动车交通事故责任强制保险对部分违法行为列为除外责任，就是要通过对违法者的经济制约，提高道路通行者的守法意识，维护道路交通安全。假如允许违法者通过缴纳少量的保险费就转移自己因违法行为所应承担的经济赔偿责任，无形中会鼓励违法者从事不法行为，不但违背《道路交通安全法》的立法本意，而且可能使保险成为违法者逃避责任的工具。

（3）世界上大多数国家或地区都把无证、醉酒驾驶排除在保险公司的承保责任范围之外。因为，保险公司承担保险费的前提是机动车在道路上正常行驶，责任风险可以被有效地预测和控制并作为保险公司正常运营的基础。否则，必然会影响交强险制度的正常运行。目前交强险费率的厘定显然是没有将"无证驾驶、醉酒驾车、被保险机动车被盗抢期间肇事、被保险人故意制造交通事故"等情形考虑在内的，且以上四种情形的风险根本无法预测或很难进行预测。

2. 《侵权责任法》出台后关于保险公司在机动车交通事故中承担责任的规定

（1）肯定了《道路交通安全法》关于保险公司在事故中责任的划分。《侵权责任法》第四十八条规定，机动车发生交通事故造成损害的，依照道路交通安全法的有关规定承担赔偿责任。《道路交通安全法》第七十六条规定机动车发生交通事故造成人身伤亡、财产损失的，由保险公司在机动车第三者责任强制保险责任限额范围内予以赔偿。

---

① 《机动车交通事故责任强制保险条例》第二十二条规定："有下列情形之一的，保险公司在机动车交通事故责任强制保险责任限额范围内垫付抢救费用，并有权向致害人追偿：（一）驾驶人未取得驾驶资格或者醉酒的；（二）被保险机动车被盗抢期间肇事的；（三）被保险人故意制造道路交通事故。有前款所列情形之一，发生道路交通事故的，造成受害人的财产损失，保险公司不承担赔偿责任。"

② 《机动车交通事故责任强制保险条款》第九条规定："被保险机动车在本条（一）至（四）之一的情形下发生交通事故，造成受害人受伤需要抢救的，保险人在接到公安机关交通管理部门的书面通知和医疗机构出具的抢救费用清单后，按照国务院卫生主管部门组织制定的交通事故人员创伤临床诊疗指南和国家基本医疗保险标准进行核实。对于符合规定的抢救费用，保险人在医疗费用赔偿限额内垫付。被保险人在交通事故中无责任的，保险人在无责任医疗费用赔偿限额内垫付。对于其他损失和费用，保险人不负责垫付和赔偿。（一）驾驶人未取得驾驶资格的；（二）驾驶人醉酒的；（三）被保险机动车被盗抢期间肇事的；（四）被保险人故意制造交通事故的。对于垫付的抢救费用，保险人有权向致害人追偿。"

（2）《侵权责任法》明确了保险公司的免责情形。其第五十二条规定，盗窃、抢劫或者抢夺的机动车发生交通事故造成损害的，由盗窃人、抢劫人或者抢夺人承担赔偿责任。保险公司在机动车强制保险责任限额范围内垫付抢救费用的，有权向交通事故责任人追偿。对于免责情形的明确规定在《安全法》里是没有的。

（3）明确肇事者逃逸后，由保险公司在交强险责任限额范围内予以赔偿。《侵权责任法》第五十三条规定，机动车驾驶人发生交通事故后逃逸，该机动车参加强制保险的，由保险公司在机动车强制保险责任限额范围内予以赔偿。

关于无证、醉酒造成他人损害的交通事故，属机动车一方责任的保险公司要不要赔，侵权法也没有明文规定。

3. 无证、醉酒驾车保险公司不能免责

虽然侵权法没有明文规定无证、醉酒造成的事故，保险公司要不要赔的问题，但从侵权法的立法精神及有关规定，可以看出在这种情形下，保险公司不只是承担抢救费的垫付责任，也应承担赔偿责任。理由如下：

（1）立法目的

交强险具有很强的公益色彩，其第一目的是保护受害人，使受害人能够得到及时、最大的救济。如果机动车方在一般过失甚至无过失的情形下发生交通事故，受害人都可以基于法律的规定而直接从保险公司获得赔偿，而机动车方在存在严重过错——无驾驶资格、醉酒等情形下致人损害，受害人反而不能从保险公司获得赔偿，对于受害人来讲是不公平的，这就曲解了交强险的本意。

《道路交通安全法》第七十六条之规定由保险公司首先在责任限额内予以赔偿，不论交通事故当事人各方是否有过错以及过错程度如何，体现了交强险保障受害人及社会大众利益的根本目的。这也正是侵权法所要体现的立法目的。

（2）法律规定

1）没有明文排除就是囊括在内。侵权法只规定保险公司对盗窃、抢劫或抢夺的机动车发生交通事故造成损害的，不承担赔偿责任，只需在责任限额内垫付抢救费用。没有将无证、醉酒驾车发生交通事故保险公司是否只承担垫付责任的情况罗列其中。如果承认保险条例中无证、醉酒可以免责的话，为什么侵权法单单列举犯罪免责这一项？既然只明确保险公司犯罪免责这一特殊性，那么无证、醉酒驾车发生事故，保险公司就应按照《安全法》第七十六条的规定，在保险责任限额内予以赔偿。

2）确定保险公司在驾驶人交通肇事逃逸后应予以赔偿，等于间接承认无证、醉酒驾驶时，保险公司也应赔偿。在交通肇事的案件中了解到，多数的事故责任人都存在无证、醉酒的情形。在认定交通事故责任时，无证、醉酒也是划分当事人责任大小的依据。既然交通肇事中，保险公司应赔偿，那无证、醉酒驾车造成事故其当然也要赔偿。

（3）法律法规理解与适用

《保险条例》的功能在于调整保险公司与机动车一方之间的关系。因此，不影响《道路交通安全法》第七十六条的功能发挥。也就是说，《保险条例》第二十二条的规定旨在调整投保人和保险公司之间的关系，而非调整保险公司与第三人之间的关系。换言之，《保险条例》第二十二条的功能在于区分保险公司与投保人谁是责任的最终承担者这样一个责任划分问题,而非对第三人的免责问题。从《道路交通安全法》规定的强制保险制度的迅速填补损害的立法目的来看,应当认定保险公司对第三人的责任是一种法定责任。[①] 从民法原理的理解来说,《条例》第二十二条关于无证、醉酒的免责条款是保险公司和投保人的内部问题,不能对抗善意第三人。《条例》是行政法规,《安全法》、《侵权责任法》是法律。法律与法规适用发生冲突时,前者优于后者。

4. 无证情形下保险公司的追偿问题

保险公司在此类情形下并非赔偿责任的最终承担者,保险公司在赔偿后可以向责任人追偿。对于保险公司承担责任,很多人提出质疑。认为允许违法者通过缴纳少量的保险费,就转移自己因违法行为所应承担的经济赔偿责任,无形中会鼓励违法者从事不法行为。笔者认为,侵权法的目的一是预防、惩罚侵权行为,二是救济受害者。保险公司赔偿并不当然是放纵违法者。保险公司完全可以向违法者行使追偿权。这样既惩罚了违法者,又使受害人可以得到及时的救济,对于维护社会稳定、和谐起到了积极的作用。

(广东省佛山市南海区人民法院 周桂颜)

63. 江礼琼诉刘国等交通事故人身损害赔偿案
(交强险的适用)

(一) 首部

1. 判决书字号

一审判决书:重庆市北碚区人民法院(2009)碚法民初字第4171号。

二审判决书:重庆市第一中级人民法院(2010)渝一中法民终字第1870号。

2. 案由:道路交通事故人身损害赔偿纠纷。

3. 诉讼双方

原告(被上诉人):江礼琼,女,汉族,重庆市人,住重庆市北碚区。

委托代理人:田常彬,男,汉族,农民,住重庆市北碚区。

被告(被上诉人):刘国,男,汉族,四川西昌人,住重庆市北碚区。

法定代理人:刘学明,男,汉族,重庆市人,住重庆市合川区,系刘国的父亲。

被告(被上诉人):唐遂芬,女,汉族,重庆市人,住重庆市北碚区。

被告(上诉人):中国人民财产保险股份有限公司重庆市北碚支公司,住所地:重庆市北碚区。

---

① 参见奚晓明主编、最高人民法院侵权责任法研究小组编著:《〈中华人民共和国侵权责任法〉条文理解与适用》,349、379页,北京,人民法院出版社,2010。

法定负责人：谭晓华。

委托代理人：李军，重庆渝韬律师事务所律师。

4. 审级：二审。

5. 审判机关和审判组织

一审法院：重庆市北碚区人民法院。

独任审判人员：审判员：韦建正。

二审法院：重庆市第一中级人民法院。

合议庭组成人员：审判长：张欲晓；审判员：肖怀京；代理审判员：郑泽。

6. 审结时间

一审审结时间：2010年1月19日。

二审审结时间：2010年5月12日。

（二）一审诉辩主张

1. 原告江礼琼诉称

2009年10月4日22时30分许，被告刘国驾驶被告唐遂芬所有的渝BK5658号摩托车，车行至北碚区龙凤桥加气站口路段将行人江礼琼撞伤。要求被告赔偿原告医疗费用4 109.59元，住院期间伙食补助费180元，护理费450元，误工费5 869.5元，交通费50元，精神抚慰金500元。

2. 被告刘国辩称

我对交通事故的责任认定有异议，原告也应承担一部分责任；对医疗费、住院伙食补助费、护理费、交通费无异议，但对精神抚慰金和误工费不同意赔付。

3. 被告唐遂芬辩称

同意刘国父亲刘学明的意见，并且对误工费只能按每天20元计算。

4. 被告中国人民财产保险股份有限公司重庆市北碚支公司辩称

对交通事故的事实无异议，但被告刘国未取得驾驶证造成交通事故，中国人民财产保险股份有限公司重庆市北碚支公司不应承担赔付责任，也不应承担垫付医疗费和精神抚慰金的责任，并且对误工费的计算标准有异议。

（三）一审事实和证据

重庆市北碚区人民法院经公开审理查明：2009年10月4日22时30分许，被告刘国驾驶渝BK5658号牌普通二轮摩托车沿重庆市北碚区龙凤桥往火车站方向行驶，车辆行驶至北碚区龙凤桥加气站路口一人行横道处，撞击由车行方向道路左侧往右侧横过道路的原告江礼琼，造成被告刘国和原告江礼琼受伤。原告在事后被送往重庆市第九人民医院治疗，诊断为：（1）左桡骨远端粉碎性骨折；（2）右足𧿹趾挫裂伤；（3）右足第二趾皮肤撕脱伤；（4）全身多处平软组织挫伤。住院15天出院，用去医疗费4 109.59元，其中被告已支付医疗费2 783.59元，出院后有休息证明三个月。本次交通事故经重庆市公安局交通管理局北碚区支队道路交通事故认定书认定由刘国承担事故的全部责任，行人江礼琼不承担事故责任。原告江礼琼受伤前在重庆超威机械有限公司工作，2009年7月、8月、9月3个月的月工资平均1 677元，被告刘国与被告唐遂芬系母子关系，唐遂芬为渝BK5658号牌普通二轮摩托车车主，在中国人民财产保险股份有限公司重庆市北碚支公司为该车投保了机动车交通事故强制保险。

上述事实有下列证据证明：
1. 交通事故责任认定书。
2. 机动车交强险保险单。
3. 住院病例。
4. 门诊病历及诊断证明书。
5. 医疗费发票。
6. 工资发放表。
7. 机动车销售统一发票。

（四）一审判案理由

重庆市北碚区人民法院经审理认为：根据《中华人民共和国道路交通安全法》第七十六条的规定，机动车发生交通事故造成人员伤亡、财产损失的，由中国人民财产保险股份有限公司重庆市北碚支公司在机动车第三者责任强制保险责任限额范围内予以赔偿。被告刘国驾驶摩托车在本次交通事故中对江礼琼受伤有过错，应当承担民事责任，鉴于刘国系限制民事行为能力人，造成他人损害的，应由监护人承担民事责任，被告唐遂芬系刘国监护人又系肇事车渝BK5658号牌摩托车的车主，对交通事故所造成的经济损失应该承担全部民事责任，其称对交通事故的责任认定有异议和误工费按每天20元计算的意见，本院不予采纳。被告中国人民财产保险股份有限公司重庆市北碚支公司称本次事故系未取得驾驶资格的被告刘国所致，不承担保险责任的意见不符合有关规定，本院不予采纳。原告江礼琼伤情轻微，其要求赔偿精神抚慰金本院不予支持。综上所述，对原告江礼琼要求被告刘国、中国人民财产保险股份有限公司重庆市北碚支公司赔偿医疗费、住院伙食补助费、护理费、误工费、交通费等诉讼请求，本院予以支持。其具体金额如下：（1）医疗费4 109.59元，（2）住院伙食补助费6天×30元＝180元，（3）护理费15元×30天＝450元，（4）误工费105天×1 677元/30天＝5 869.50元；（5）交通费50元。原告要求精神抚慰金不符合法律规定，本院不予支持。上述费用中误工费、护理费、交通费共计6 369.50元，属交强险死亡伤残赔偿限额项下的赔偿项目，应由中国人民财产保险股份有限公司重庆市北碚支公司赔付。医疗费、住院伙食补助费共计4 289.59元，属医疗费用赔偿限额项下项目，扣除被告已支付的医疗费2 783.59元，余款1 506元由中国人民财产保险股份有限公司重庆市北碚支公司向江礼琼赔付。

（五）一审定案结论

重庆市北碚区人民法院依照《中华人民共和国民法通则》第一百零六条、第一百一十九条、第一百三十四条第一款第七项，《中华人民共和国道路交通安全法》第七十六条，《最高人民法院关于审理人身损害赔偿案件适用法律若干问题的解释》第十七条、第十八条之规定，作出如下判决：

1. 由中国人民财产保险股份有限公司重庆市北碚支公司在本判决生效之日起10日内赔偿江礼琼交通事故强制保险责任限额医疗费、住院伙食补助费、护理费、交通费、误工费共计5 869.50元。
2. 驳回江礼琼的其他诉讼请求。

如果未按本判决指定的期间履行给付金钱义务，应当依照《中华人民共和国民事诉讼法》第二百三十二条之规定，加倍支付迟延履行期间的债务利息。

案件受理费55元，由唐遂芬负担。

（六）二审情况

1. 二审诉辩主张

（1）上诉人中国人民财产保险股份有限公司重庆市北碚支公司诉称

被上诉人刘国系无证驾驶，根据《机动车交通事故责任强制保险条例》第二十二条的规定，无照驾驶机动车发生交通事故，保险公司仅垫付抢救费用，对受害人的财产损失保险公司不承担赔偿责任。最高人民法院2009年10月20日（2009）民立他字第42号的答复精神为，受害人财产损失应作广义理解，包括人身伤亡造成的损失，如伤残赔偿金、死亡赔偿金等。故上诉人在本案中不应承担交强险除垫付抢救费以外的赔偿责任。

（2）被上诉人江礼琼辩称

一审判决认定事实清楚，适用法律正确。交强险是一种强制保险，是为了受害人能得到及时充分的救济，具有较强的社会公益性质。保险公司属于严格责任，只有法律法规有明确规定才能免责。一审判决正确，请求维持原判。

（3）被上诉人刘国辩称

交强险是强制性责任保险，发生交通事故造成第三人人身损害的情况下，保险公司应当赔偿第三人的损失。财产损失不应作广义理解，不应包括伤残赔偿金和死亡赔偿金，且拒赔和追偿是不同的概念，一审判决正确，请求维持原判。

2. 二审事实和证据

重庆市第一中级人民法院经审理，确认一审法院认定的事实和证据。

3. 二审判案理由

重庆市第一中级人民法院经审理认为：机动车进行交通事故责任强制保险是为了保障机动车道路交通事故受害人依法得到赔偿、促进道路交通安全而设立，而受害人对机动车驾驶人是否具有驾驶资质不具有预见能力和控制能力。《机动车交通事故责任强制保险条例》第二十二条规定，驾驶人未取得驾驶资格造成受害人人身伤害的，由保险公司在责任限额范围内垫付抢救费用，并有权向致害人追偿，造成受害人财产损失的，保险公司不承担赔偿责任。从此条规定可以看出，其规制与交强险立法目的是一致的，即对交通事故受害人的人身损失进行赔偿是第一位的。虽然该条规定对交通事故受害人的人身损失范围未作具体规定，但处理交通事故仍应遵循以人为本、保障交通事故受害人依法得到赔偿的原则，应将与受害人人身相关的赔偿项目纳入交强险赔偿范围，故上诉人中国人民财产保险股份有限公司重庆市北碚支公司的上诉请求本院不予支持。

4. 二审定案结论

重庆市第一中级人民法院依照《中华人民共和国民事诉讼法》第一百五十三条第一款第（一）项之规定，作出如下判决：

驳回上诉，维持原判。

本案二审受理费110元，由上诉人中国人民财产保险股份有限公司重庆市北碚支公司负担。

（七）解说

《机动车交通事故责任强制保险条例》第二十二条规定：有下列情形之一的，保险公司在机动车交通事故责任强制保险责任限额范围内垫付抢救费用，并有权向致害人追偿：

（一）驾驶人未取得驾驶资格或者醉酒的；

（二）被保险机动车被盗抢期间肇事的；

（三）被保险人故意制造道路交通事故的。

有前款所列情形之一，发生道路交通事故的，造成受害人的财产损失，保险公司不承担赔偿责任。

根据上述规定，机动车发生交通事故，存在驾驶人未取得驾驶资格或者醉酒、被保险机动车被盗抢期间肇事、被保险人故意制造道路交通事等情况时，保险公司仅有义务在强制责任险限额内垫付抢救费，并对致害人享有追偿的权利。同时，该条第二款规定造成受害人的"财产损失"，保险公司不承担赔偿责任。问题在于这里的"财产损失"将作何解？死亡赔偿金和伤残赔偿金是否属于财产损失？一直以来都存在免赔说和应赔说两种观点。

应赔说认为：《机动车交通事故责任强制保险条例》第二十一条与《机动车交通事故责任强制保险条款》第十条是交强险的免责条款，规定了"因受害人故意造成的交通事故的损失"保险公司不负赔偿责任，无证驾驶却并未作为免责事由规定在免责条款中，而是与醉酒驾驶等情形一并规定在另外的章节部分，属于垫付与追偿的范畴。对于造成受害人的物质性财产损失，保险公司可以免除赔偿责任，但对于造成受害人的人身伤亡损害，保险公司则不能免责。

免赔说认为：《机动车交通事故责任强制保险条例》第二十二条与《机动车交通事故责任强制保险条款》第九条已经明确阐明，无证驾驶、醉酒驾驶等情形，保险公司仅有在医疗费用赔偿限额内垫付抢救费用的责任，而不负担赔偿责任，垫付的抢救费用也可向致害人进行追偿。财产损失并非指的是狭义的"物质性财产损失",而应当指的是广义的包含人身伤亡的经济损失。其理由是:无证驾驶、酒后驾驶等行为系法律明令禁止的行为,因这些行为造成的损失,致害人应当罪责自担,而不能让交强险为其提供保障。因为交强险虽可为驾驶人员的过失行为提供保障,却不能为驾驶人员的违法甚至犯罪行为负责,如果交强险为违法行为提供保险保障,等于是在纵容和鼓励违法行为的发生,存在道德风险。同时,《机动车交通事故责任强制保险条例》第二十二条第二款的"财产损失",应当指的是包含人身伤亡的广义的经济损失,而非狭义的"物质性财产损失",包括因人身伤亡而产生的各种经济损失。

随着2009年10月20日,最高人民法院(2009)民立他字第42号答复的出台,免赔说似乎获得了最高人民法院的支持,以司法解释的形式成为法律渊源,这一争论已然尘埃落定。本案中保险公司上诉的请求权基础即是该答复。对此,笔者试评析如下:

1. 最高人民法院(2009)民立他字第42号答复是否是法律渊源

根据《最高人民法院关于司法解释工作的规定》(法发〔2007〕12号文)第六条的规定:司法解释的形式分为"解释"、"规定"、"批复"和"决定"四种。最高人民法院(2009)民立他字第42号答复从形式上显然不属于前述四种形式中的任何一种。同时从文号来看,该答复出自最高人民法院立案庭,且未经最高人民法院审判委员会讨论通过。而根据《最高人民法院关于司法解释工作的规定》第二条之规定,人民法院在审判工作中具体应用法律的问题,由最高人民法院作出司法解释;第四条又规定,最高人民法院发布的司法解释,应当经审判委员会讨论通过。此外,《最高人民法院关于司法解释工作的规定》第二十五条规定,司法解释以最高人民法院公告形式发布。司法解释应当在《最高人民法院公报》和《人民法院报》刊登。而最高人民法院(2009)民立他字第42号答复也并未在上述两种刊物上公布。综上,笔者认为,最高人民法院(2009)民立他字第42号答复只是就个案的倾向性意见,并非是司法解释,不具有法律渊源的效力。

2. 死亡赔偿金和伤残赔偿金等人身损害的损失是否属于"财产损失"

(1)从交强险的立法初衷来看,应当赔偿受害人的人身损害。交强险是指由保险公司对被保险机动车,发生道路交通事故造成第三人人身伤亡、财产损失,在责任限额内予以赔偿的强制性责任保险。它是为维护社会大众利益,以法律法规的形式强制推行的保险,其主要目的在于保障车祸受害人能够获得基本保障,具有社会公益属性,有别于商业险。由于交强险的公益性质,交强险应当更多地倾向于对受害人进行保障性救济,同时分化机动车交通事故责任风险,保障社会和谐、稳定发展。《道路交通安全法》第七十六条规定:机动车发生交通事故造成人身伤亡、财产损失的,由保险公司在机动车第三者责任强制保险责任限额范围内予以赔偿。该条是交强险的原则性规定,规定了保险公司唯一的免责事由是非机动车驾驶人、行人故意制造交通事故。所以,保险公司的交强险赔偿责任是一种严格的无过错责任,在责任限额内的赔偿付义务并不考虑机动车的过错情况。这体现了对受害人倾向性救济的保障。因为当法律对某种行为苛以严格责任时,说明法律对相应的受害人提供的是倾向性保护。

(2)交强险经营的非盈利性的收支平衡原则决定了对受害人的救济应持宽容的法律

态度。交强险经营实行非盈利性的收支平衡原则,本质上就是保险费、保险费率和赔付总额及管理成本的大体对等关系。其首要目的在于分化风险承担,保障受害人,而不在于保护保险公司的经营利益甚至盈利。免赔说认为的对无证驾车、醉酒驾车等违法行为导致的损害进行赔偿损害其他投保的守法驾驶人权利,等于是在纵容和鼓励违法行为的发生,如此解释,是从行为责任角度去理解问题的,某人存在驾驶人未取得驾驶资格、醉酒等情况致使自身受损,保险公司对其损失享有免责任的权利那是应该的,因为受害人应该为自己的过错行为承担责任,而不能将这些责任转嫁给社会。在这种情况下保险公司免责无疑是正确的,但相对受害人为第三者而言,就不能用该法理逻辑来理解了。不容忽视的是,每一个人都有可能为他人无证驾驶、醉酒驾驶的受害者。受害人本身是无法对致其受伤的驾驶人是否具备驾驶资格、是否醉酒进行预见和防备的,是完全无辜的。受害人因驾驶人一般过失行为尚且可以请求保险公司赔付,而驾驶人具有无证驾驶的严重过失行为,则更应得到保险公司赔付。

(3)从条文上下理解看,"财产损失"应限定为物质性财产损失。免赔说将《机动车交通事故责任强制保险条例》第二十二条所称的"财产损失"广义解释为指与精神损害相对应的广义上的财产损失,则该条的免赔范围包括因人身伤亡产生的各项经济损失,如伤残赔偿金、死亡赔偿金等。这种解释与《最高人民法院关于审理人身损害赔偿案件适用法律若干问题的解释》第一条规定的"因生命、健康、身体遭受侵害,赔偿权利人起诉请求赔偿义务人赔偿财产损失和精神损害的,人民法院应予受理",第三十一条规定的"人民法院应当按照民法通则第一百三十一条以及本解释第二条的规定,确定第十九条至第二十九条各项财产损失的实际赔偿金额"(而该解释第十九条至第二十九条分别规定的是医疗费、误工费、护理费、交通费、住院伙食补助费、营养费、残疾赔偿金等11项赔偿项目)相对照,从文义及形式逻辑上看并无不妥。如此一来,就等于肯定了保险公司基于上述几种事由享有免除责任的权利。但我们应当注意到,《机动车交通事故责任强制保险条例》第二十三条第一款与《机动车交通事故责任强制保险条款》第八条中,明确将责任限额分为死亡伤残赔偿限额、医疗费用赔偿限额与财产损失赔偿限额。此外,《机动车交通事故责任强制保险条例》第二十一条对第三人的损失界定为人身伤亡和财产损失两部分,将人身伤亡和财产损失并列分开表述。可见,人身伤亡和财产损失是两个概念,此处"财产损失"是从狭义上规定的,并不包括死亡赔偿金和伤残赔偿金等人身损害。而《机动车交通事故责任强制保险条例》第二十二条第二款规定:"有前款所列情形之一,发生道路交通事故的,造成受害人的财产损失,保险公司不承担赔偿责任。"该款仅规定保险公司对受害人的财产损失不承担赔偿责任,而未规定对受害人的人身伤害损失不承担赔偿责任,体现出立法者的原意为免赔的部分只针对物质性财产损失,而不包括人身受伤害受到的损失。如果按照最高人民法院(2009)民立他字第42号答复的解释,则在《机动车交通事故责任强制保险条例》一部法规之中对于"财产损失"将出现两种不同解释,这于法理不合。

综上,《机动车交通事故责任强制保险条例》第二十二条中"受害人财产损失"应仅限于物质性财产损失,即虽投保人无证驾车致人损害具有重大过错,并不能免除保险公司在交强险责任限额内对受害人的包括死亡赔偿金和伤残赔偿金在内的人身伤害损失的赔偿责任。

(重庆市北碚区人民法院 张宏敏)

64. 程立芹诉刘兴雨道路交通事故人身损害赔偿案
(双重赔偿)

(一) 首部

1. 判决书字号：北京市密云县人民法院(2010)密民初字第2942号。
2. 案由：道路交通事故人身损害赔偿纠纷。
3. 诉讼双方

原告：程立芹。

委托代理人：高生林，男，47岁，汉族，住北京市密云县。

被告：刘兴雨，男，20岁，蒙古族，内蒙古通辽市扎鲁特旗鲁北镇第二十居委会5组农民，现住北京市密云县。

4. 审级：一审。
5. 审判机关和审判组织

审判机关：北京市密云县人民法院。

独任审判人员：代理审判员：张维霞。

6. 审结时间：2010年6月10日。

(二) 诉辩主张

1. 原告程立芹诉称

2009年10月27日下午2时30分左右，我在回家的路上骑自行车由南往北走，被告刘兴雨骑电动自行车从后面突然把我撞倒，经北京市密云县公安局交通大队认定，被告刘兴雨负事故全部责任。事后我被送往密云县医院治疗，诊断为L2椎体骨折，住院至11月13日。因被告在给付我20 000元现金后，拒绝支付剩余医疗费，我被迫于2009年11月13日出院。我虽从商业保险公司报销医疗费8 859.3元，但此商业保险是我自己投保并交纳相应保费，被告对已经报销的数额也应予以赔偿。现起诉至法院要求被告赔偿我医疗费10 799.89元、住院伙食补助费480元、护理费8 460元、营养费7 200元、误工费12 000元、交通费50元。

2. 被告刘兴雨辩称

我对发生交通事故的事实没有异议，事故发生后我为原告支付了一部分医疗费，给付其780元现金。因原告已向商业保险公司报销大部分医疗费,对于其已报销的部分我不同意赔偿。

(三) 事实和证据

北京市密云县人民法院经公开审理查明:2009年10月27日14时10分,在密云县密虹公园灯岗处,被告刘兴雨骑电动车由南向北行驶,原告程立芹骑自行车由南向北行驶,两车接触,造成两车损坏,程立芹受伤。此次事故经北京市密云县公安局交通大队认定,被告刘兴雨负事故全部责任。原告程立芹于出事当日被送往密云县医院救治,急诊留观1天,于2009年10月28日转至该院住院处住院,11月13日出院,实际住院17天。原告之伤经密云县医院诊断为:L2椎体压缩骨折。被告刘兴雨为原告花费医疗费1 535.49元,给付住院押金480元,出院后给付现金300元。原告程立芹自行支付医疗费8 060.49元。原告程立芹于2009年10月28日至2009年11月3日住院期间请护工进行护理,支付护理费480元,剩余住院期间由原告家人自行护理。原告自行支付留观及住院期间餐费480元。原告出院时租车回家花费交通费50元。另查,原告程立芹在中国人寿保险股份有限公司北京市分公司(以下简称中国人寿保险公司),投保附加意外伤害医疗保险,于2010年5月5日从该保险公司报销医疗费8 859.3元,报销费用总额中包括被告刘兴雨花费医疗费1 999.58元。

上述事实有下列证据证明:
1. 交通事故责任认定书,证明交通事故事实及责任认定。
2. 诊断证明,证明原告伤情及误工时间。
3. 医疗费票据,证明支付医疗费数额。
4. 护理费收据,证明支付护理费数额。
5. 餐费收据,证明住院期间伙食费。
6. 租车条,证明因看病支付的交通费。
7. 理赔医疗费分割单和报销票据,证明从商业保险公司报销数额。
8. 双方当事人陈述,证明事实经过。

(四) 判案理由

北京市密云县人民法院经审理认为:公民的生命健康权受法律保护。本案被告刘兴雨未尽谨慎的注意义务,驾驶电动车发生交通事故,导致原告程立芹身体受伤,被告刘兴雨应在其过错范围内对原告程立芹的损失承担赔偿责任。原告要求的医疗费、营养费、住院伙食补助费、护理费、误工费属交通事故造成的合理损失,本院予以支持。医疗费的具体数额以本院核实的为准。营养费、误工费、护理费数额过高,本院根据原告伤情依法予以确定。交通费为交通事故导致原告实际支出的费用,本院予以支持。因原告在中国人寿保险公司自行购买附加意外伤害医疗保险,此属商业保险,开庭前原告向该保险公司报销部分医疗费。《中华人民共和国保险法》第四十六条规定:被保险人因第三者的行为而发生死亡、伤残或者疾病等保险事故的，保险人向被保险人或者受益人给付保险金后，不享有向第三者追偿的权利，但被保险人或者受益人仍有权向第三者请求赔偿。根据上述规定，被保险人程立芹在向保险公司报销相应医疗费后，仍有权向被告刘兴雨主张赔偿。但原告程立芹报销费用总额中包括被告刘兴雨所花费的部分医疗费，应按相应报销比例予以扣除。

（五）定案结论

北京市密云县人民法院依据《中华人民共和国民法通则》第一百一十九条，《中华人民共和国保险法》第四十六条，《最高人民法院关于审理人身损害赔偿案件适用法律若干问题的解释》第十七条第一款之规定，作出如下判决：

被告刘兴雨于本判决生效之日起10日内赔偿原告程立芹医疗费5 996.66元、护理费2 970元、误工费6 000元、营养费340元、住院伙食补助费480元、交通费50元，共计15 836.66元。

案件受理费387元，由原告程立芹负担289元（已交纳），由被告刘兴雨负担98元，限本判决生效之日起7日内交纳。

（六）解说

本案的争议焦点在于当事人发生意外事故后，对于商业保险公司报销的数额是否仍可以请求侵权人赔偿，即是否可以得到"双重赔偿"。对于此问题有两种截然不同的观点：一种观点认为，传统民法坚持损失补偿原则，被保险人仅可以就从保险公司报销后剩余的费用向第三人主张赔偿；另一种观点则认为，不能简单地适用损失补偿原则，应区分商业保险的性质而适用不同的赔偿标准。那么，被保险人是否可以得到"双重赔偿"呢？下面我们从保险理论和法律规定两方面进行分析和解读。

保险按照性质的不同可以分为商业保险、社会保险和政策保险。按照保险标的的不同可以分为人身保险和财产保险。财产保险是以财产及其有关利益为标的的保险，而人身保险则是以人的寿命和身体为保险标的的保险。财产保险又分为财产损失保险、责任保险、信用保险、保证保险等；人身保险分为人寿保险、健康保险和意外伤害保险等。可见，附加意外伤害医疗保险的性质属于人身保险。人身保险与财产保险区别在于：(1) 保险金额的确定方式不同。由于人的身体和生命是无价的，无法用金钱衡量，保险金额由投保人根据自己的需要和保险费缴付能力，选定适合自己的保险金额。当合同约定的保险事故发生时，保险人只需按照保险合同约定的保险金额给付保险金即可，即人身保险合同属于定额保险合同。而财险保险合同是补偿性合同，保险金额不得超过投保标的的实际价值，超过部分无效。当保险事故发生后被保险人仅能就保险事故造成的实际损失主张赔偿。此规定的目的旨在避免被保险人故意制造保险事故骗取钱财的道德风险。(2) 是否适用代位求偿权不同。保险代位求偿权（又称保险代位权）是指因第三者对保险标的的损害而造成保险事故，保险人自向被保险人给付保险金后，在赔偿金额范围内享有的代位行使被保险人对第三者请求赔偿的权利。保险代位求偿权仅适用于财产保险合同,即保险人在履行赔偿义务后,可以向第三方责任人追偿,被保险人不能再向第三方责任人索赔。在人身保险中,投保人或被保险人在遭受保险事故受到伤害后,既能从保险公司获得保险金,又可向侵权人主张赔偿,保险人给付保险金后不能向侵权人代位行使受害人对侵权人索赔的权利。这也充分体现了人的生命或身体无价的特点。(3)保险期限不同。大多数人身保险险种的保险期限较长,而财产保险的保险期限较短,除工程保险和长期出口信用险外,多为1年及1年以下短期合同。(4)人身保险一般具有保障性和储蓄性两方面功能,而财产保险一般只具有保障性功能。

2009年10月1日起施行的《保险法》第四十六条规定:被保险人因第三者的行为而发生死亡、伤残或者疾病等保险事故的,保险人向被保险人或者受益人给付保险金后,不享有向第三者追偿的权利,但被保险人或者受益人仍有权向第三者请求赔偿。《保险法》第六十条规定:因第三者对保险标的的损害而造成保险事故的,保险人自向被保险人赔偿保险金之日起,在赔偿金额范围内代位行使被保险人对第三者请求赔偿的权利。前款规定的保险事故发生后,被保险人已经从第三者取得损害赔偿的,保险人赔偿保险金时,可以相应扣减被保险人从第三者已取得的赔偿金额。保险人行使代位请求赔偿的权利,不影响被保险人就未取得赔偿的部分向第三者请求赔偿的权利。

通过对保险理论及我国保险法相关规定进行分析,我们发现因第三人原因致被保险人财产和人身受损,对于是否直接适用损失补偿原则不能一概而论。首先,应区分保险标的及保险合同的性质,如保险标的是财产及其有关利益,则应适用损失补偿原则,被保险人实际得到的补偿数额应等于实际损失,被保险人不能获得多于损失的赔偿,从而避免被保险人故意制造保险事故骗保的道德风险的发生;如保险标的是人的寿命和身体,因对人的寿命和身体造成的损害是无法用金钱衡量的,在被保险人报销相应保险后,应赋予其向侵权人主张赔偿损失的权利,不仅使受害人因第三人侵权引发财产损失得到弥补,同时也使其心灵得到慰藉和满足。

(北京市密云县人民法院 张维霞)

65. 黄选才诉被告金雄、金虎、黄俊、黄显亮道路交通事故人身损害赔偿案
(共同危险行为致人损害赔偿的价值选择和利益平衡)

(一)首部

1. 判决书字号

一审判决书:湖北省兴山县人民法院(2009)兴民初字第242号。

二审判决书：湖北省宜昌市中级人民法院（2010）宜中民一终字第00001号。

2. 案由：道路交通事故人身损害赔偿纠纷。

3. 诉讼双方

原告（被上诉人）：黄选才，男，汉族，农民，住湖北省兴山县黄粮镇。

委托代理人特别授权代理（一、二审）：贾勇，湖北神兴律师事务所律师。

被告：金雄，男，汉族，农民，住湖北省兴山县黄粮镇金家坝村二组。

被告：金虎，男，汉族，农民，住湖北省兴山县黄粮镇金家坝村二组。

一、二审委托代理人：陈小英，女，汉族，农民，住兴山县黄粮镇。系金虎的妻子。

被告（上诉人）：黄俊，男，汉族，农民，住湖北省兴山县水月寺镇。

被告（上诉人）：黄显亮，男，汉族，农民，住湖北省兴山县水月寺镇。

二审委托代理人：周华，湖北普济律师事务所律师。

4. 审级：二审。

5. 审判机关和审判组织

一审法院：湖北省兴山县人民法院。

独任审判人员：审判员：黄江。

二审法院：湖北省宜昌市中级人民法院。

合议庭组成人员：审判长：高见成；审判员：杨云先、刘强。

6. 审结时间

一审审结时间：2009年9月15日。

二审审结时间：2010年2月16日。

(二) 一审诉辩主张

1. 原告黄选才诉称

2009年1月13日，原告手推木板车沿保（康）兴（山）线自黄粮镇刘家坝往金家坝方向行走至黄粮坪居委会黄家湾段，欲左转进入黄家湾村级公路时，被尾随驶来的被告金雄驾驶的鄂E8A535号牌的两轮摩托车撞翻板车，原告当即倒地，紧随其后的被告黄俊驾驶无号牌摩托车、被告金虎驾驶鄂E88878两轮摩托车因车速过快，制动措施不力撞上原告，造成原告右胫腓骨中下段粉碎性骨折，被告金虎肇事后逃逸。原告住院手术治疗至2009年2月28日好转出院，经鉴定为十级伤残，后续治疗取钢板费用需5 500元。原告住院期间支出医疗费18 603.47元、鉴定费600元。被告黄俊驾驶的无号牌车辆所有权人为被告黄显亮，因四被告互相推诿拒绝赔偿，三辆肇事摩托车均未依法投第三者责任强制保险，特请求法院判决四被告在第三者责任强制保险赔偿范围内承担相应赔偿责任，共同连带赔偿原告医疗费18 603.47元、护理费4 500元、误工费4 500元、伤残赔偿金9 312元、住院伙食补助费555元、鉴定费600元、交通费500元、精神抚慰金2 000元，取钢板后续治疗费5 500元，合计46 070.47元。

2. 被告金雄辩称

原告手推板车横穿公路，被告金雄驾驶鄂E8A535号牌的两轮摩托车从左道超越原告时,原告板车头部撞击被告金雄驾驶的摩托车油箱部位,原告被随后的被告黄俊驾驶的无号牌摩托车撞倒受伤。被告金雄所有的鄂E8A535号牌的两轮摩托车未投第三者责任强制保险,但未撞伤原告,不承担赔偿责任。

3. 被告金虎辩称

被告金虎驾驶的鄂E88878号牌的两轮摩托车到达现场时,原告已摔倒在地,被告金虎及时采取了制动措施,未与原告身体发生接触;被告金虎所有的鄂E88878号牌的两轮摩托车虽未投第三者责任强制保险,但未撞伤原告,不承担赔偿责任。

4. 被告黄俊辩称

被告金雄占用左道将原告板车撞翻,原告当即倒地,被告黄俊已采取制动措施,车辆靠右侧倒在地,没有接触原告,原告所受损伤与被告黄俊无因果关系,不应承担赔偿责任。

5. 被告黄显亮辩称

被告黄显亮与被告黄俊系父子关系。被告黄显亮将自购无号牌摩托车交由被告黄俊驾驶,被告黄显亮搭乘该车尾随被告金雄驾驶的摩托车,被告金雄从左道与原告的板车头部发生碰撞,此前被告黄俊已采取减速措施,因车速较快刹车效果较差,车辆自右道侧翻向前滑行,未与原告身体发生接触。被告黄显亮所有的无号牌摩托车虽未投第三者责任强制保险,但该车未与原告发生接触,对于原告所受损伤不应承担赔偿责任。

(三) 一审事实和证据

湖北省兴山县人民法院经公开审理查明:2009年1月13日中午13时许,被告黄显亮将自购无号牌摩托车交其子被告黄俊驾驶,同车从兴山县水月寺镇祭祖后返回古夫,行至兴山县黄粮镇刘家坝保兴线路段,尾随被告金雄驾驶鄂E8A535号牌豪爵牌HJ125-2普通两轮摩托车自刘家坝向界牌垭方向行驶;被告金虎驾驶鄂E88878号牌隆鑫牌LX125-L普通两轮摩托车紧随被告黄俊行驶;原告黄选才手推木板车亦自兴山县黄粮镇刘家坝沿保兴线向黄粮坪居委会四组黄家湾方向行走,至保兴线78.2km黄粮坪居委会四组李直军门口处时,欲左转进入黄家湾村级公路时,被告金雄随后欲从左侧车道超越原告,因车速过快处置不当,与原告板车头部相撞,板车被撞翻,原告当即倒地,被告黄俊见状采取制动措施但避让不及,车辆侧倒后自公路右道滑行,撞上原告,被告金虎随后又撞上原告并自行撤离现场。原告黄选才在本次事故中受伤,当即被送往兴山县人民医院,诊断为右胫腓骨中下段粉碎性骨折,当日住院治疗;原告2009年1月20日行右胫腓骨下段开放型复位+钢板内固定+植骨术,术后行外固定、抗感染及促进骨愈合药物治疗,住院37天,于2009年2月19日出院,医嘱石膏固定六周,一年后视情况取钢板,四个月不负重行走,不适随诊。2009年5月12日,经兴山县人民医院法医司法鉴定所鉴定,原告黄选才所受损伤伤残程度为X(十)级,后续取钢板及术后抗炎费用为5 500元,出院后误工150日(含后续取钢板手术时间30天),护理日为150日(Ⅰ级护理30日,Ⅱ级护理120日,含第二次取钢板住院护理时间)。原告治疗本次损伤支出门诊医疗费156元、住院医疗费18 447.47元,支出鉴定费500元、交通费 500 元。

同时查明，本次交通事故中被告金雄所有的鄂 E8A535 号牌的两轮摩托车、被告金虎所有的鄂 E8A535 号牌的两轮摩托车及被告黄显亮所有的无号牌摩托车均未投第三者责任强制保险。本次事故经兴山县公安局交通警察大队调解，三被告均表示无责任拒绝赔偿，原告故而诉诸本院，要求四被告连带赔偿原告医疗费 18 603.47 元、护理费 4 500 元、误工费 4 500 元、伤残赔偿金 9 312 元、住院伙食补助费 555 元、鉴定费 600 元、交通费 500 元、精神抚慰金 2 000 元，取钢板后续治疗费 5 500 元，合计 46 070.47 元。

以上事实，有原、被告当庭陈述及下列证据证实：

1. 兴山县公安局交通警察大队兴公交证字 2009 年第 01 号交通事故证明书 1 份，证实发生交通事故的时间、地点，原告在本次交通事故中受伤的事实，肇事人及肇事车辆的所有权人，交通事故的部分事实经过及被告金虎自行撤离现场、被告黄俊无证驾驶的事实。

2. 交通事故现场图 1 份，证实交通事故发生后现场状况。

3. 兴山县公安局交通警察大队对被告金雄询问笔录 1 份，证实被告金雄驾驶摩托车与原告板车相撞的事实。

4. 兴山县公安局交通警察大队对被告金虎询问笔录 1 份，证实被告金虎驾驶摩托车与原告身体发生接触，事后被告金虎离开了现场。

5. 兴山县公安局交通警察大队对被告黄俊询问笔录 2 份，证实被告金雄与原告板车发生碰撞，被告黄俊倒地时距离原告板车很近，从板车把位置划过去，是否与原告及板车碰撞不清楚。

6. 兴山县公安局交通警察大队对被告黄显亮询问笔录 1 份，证实被告金雄的摩托车与原告板车发生刮擦。

7. 兴山县公安局交通警察大队对原告黄选才询问笔录 1 份，证实被告金雄与原告板车发生碰撞后原告倒地的事实。

8. 兴山县公安局交通警察大队对金开玉询问笔录 1 份，证实第二辆车（被告黄俊驾驶的摩托车）倒地后撞上原告及板车。

9. 兴山县公安局交通警察大队对黄达顶询问笔录 1 份，证实第三辆车（被告金虎驾驶的摩托车）撞上原告的事实。

10. 兴山县人民医院司法鉴定所司法鉴定意见书 1 份，证实原告伤残等级为十级、出院后误工时间 150 天、护理时间 150 天及取钢板后续费用为 5 500 元。

11. 兴山县人民医院出院记录 1 份，证实原告损伤及治疗情况。

12. 湖北省医疗单位住院医疗收费收据 1 份、门诊医疗收费收据 3 份，证实原告支出门诊（仪器诊断）医疗费 156 元、住院医疗费 18 447.47 元、法医鉴定费 500 元。

13. 张立红证明、万忠贵证明各 1 份，证明原告入院、出院各支出交通费 50 元。

14. 兴山县公安局交通警察大队对证人万常军的询问笔录，证实被告金雄驾驶车辆与原告板车相撞的事实。

15. 现场照片 2 份。

16. 四被告法庭陈述，证实三辆肇事摩托车均未购买机动车第三者强制责任保险及对原告支出交通费 500 元等事实无异议。

（四）一审判案理由

湖北省兴山县人民法院经审理认为：机动车应当依法参加第三者责任强制保险。投保义务人未投第三者责任强制保险、车辆发生交通事故致第三者损害的，投保义务人应当因未投保过错向第三者在保险赔偿限额范围内承担赔偿责任。被告金雄、金虎、黄显亮作为机动车所有人和使用人，未参加机动车第三者责任强制保险，具有同等过错，应各自在中国保险监督委员会制定的第三者责任险固定保费20 000元限额内向原告平均承担赔偿责任。被告金雄、金虎、黄俊系共同侵权，虽不能确定实际致原告骨折的侵权行为人，但三被告共同实施了危及他人人身安全的危险行为并产生实际损害后果，依法应承担连带赔偿责任。被告黄俊代驾车辆系为被告黄显亮无偿帮工，被告黄俊无证驾驶无牌证车辆，具有重大过错，应对被帮工人被告黄显亮的赔偿责任承担连带责任。原告主张的医疗费、护理费、误工费、伤残赔偿金、住院伙食补助费、交通费、取钢板后续治疗费5 500元，被告并无异议，应计入赔偿范围，原告主张赔偿精神损害抚慰金2 000元，因四被告的侵权行为致原告身体残疾且互相推诿拒绝赔偿，给原告造成精神损害应予酌定赔偿，鉴定费据实应为500元。原告主张四被告赔偿的理由成立，应予支持；四被告均抗辩未对原告造成侵权损害不应赔偿的理由与事实不符，不予采信。

（五）一审定案结论

湖北省兴山县人民法院依照《中华人民共和国民法通则》第一百一十九条、第一百三十条，《最高人民法院关于审理人身损害赔偿案件适用法律若干问题的解释》第三条、第四条、第十三条，《最高人民法院关于确定民事侵权精神损害赔偿责任若干问题的解释》第八条第（二）款，《湖北省实施〈中华人民共和国道路交通安全法〉办法》第四十七条之规定，作出如下判决：

1. 原告黄选才医疗费18 603.47元、护理费4 500元（含后续取钢板护理）、误工费4 500元（含后续取钢板误工）、伤残赔偿金9 312元、住院伙食补助费555元、鉴定费500元、交通费500元、精神抚慰金800元，取钢板后续治疗费5 500元，合计44770.47元，被告金雄、被告金虎、被告黄显亮各赔偿原告黄选才人民币14 923.49元，限于本判决生效之日起十五日内履行完毕。

2. 被告黄俊对被告黄显亮的赔偿责任承担连带责任。

3. 被告金雄、被告金虎、被告黄显亮互负连带赔偿责任。

4. 驳回原告黄选才的其他诉讼请求。

（六）二审情况

1. 二审诉辩主张

（1）上诉人黄俊、黄显亮诉称

第一，上诉人黄俊驾驶的隆鑫牌LX125-A普通两轮摩托车倒地的原因，是由于原审被告金虎驾驶的摩托车从后面碰撞所致,并不是一审认定的与被上诉人黄选才碰撞倒地。上诉人没有与被上诉人接触,自然不会造成被上诉人黄选才损害。原审被告金虎的摩托车碰撞上诉人黄俊的摩托车后逃逸,破坏了现场,一审对此错误认定为撤离现场。第二,一审程序错误。一审对目击证人金开玉的证明,在其证言与当事人陈述存在矛盾可疑之处时,没有对证人进行质询,也未核实,直接采信了证言内容。第三,上诉人黄俊驾驶摩托车正常行驶后被后面的车辆碰撞,与被上诉人黄选才没有发生接触,在本次交通事故中并无过错,与被上诉人黄选才受伤没有任何因果关系,与原审被告金雄、金虎不构成共同危险行为。同时,二上诉人之间也不构成帮工与雇主的法律关系。综上所述,一审认定事实不清、程序错误、法律适用不当,请求二审依法撤销一审判决,改判上诉人不承担赔偿责任或将本案发回重审。

(2) 原审被告金雄经传票传唤无正当理由拒不到庭,也未提交书面陈述意见。

(3) 原审被告金虎述称

在事故发生之时,上诉人黄俊驾驶的摩托车与原审被告金虎驾驶的摩托车距离较远,并不是上诉人所说的金虎驾驶的摩托车撞到上诉人的摩托车后,上诉人的车才倒地的。事实是上诉人黄俊驾驶得过快,看到推板车的黄选才横穿公路而来不及避让,才撞上黄选才的板车。上诉人的摩托车撞断板车把,其摩托车才倒地压伤黄选才右腿。上诉人的摩托车撞断板车把,因车速过快而向前滑行至李直军门前,其摩托车当时严重损伤。在事故发生之中,原审被告金虎与黄选才及板车、上诉人黄俊驾驶的摩托车无任何刮伤和碰撞痕迹,金虎是在上诉人黄俊撞倒黄选才之后到达现场。由于事情发生太突然,金虎的摩托车减速滑行并采取了制动措施,其所驾驶的摩托车并未倒地,更没有上诉人所说撞上了上诉人的车。事故现场的破坏,并不是金虎逃离现场,而是上诉人黄俊撞伤黄选才后与金雄发生争执破坏了现场。金虎见上诉人黄俊与金雄打架,就帮忙把伤者抬上张立红的车,因有要事才离开现场。公安交警部门对金虎所做的询问笔录,金虎有异议拒不签字,办案人员强制金虎捺指印,该笔录取得不合法,不能作为定案依据。金虎并非拒买或不买交强险,而是事发时刚刚超出保险期限,依法应予警告处分,而不是因此承担事故责任。上诉人黄俊无证驾驶无号牌摩托车,应承担法律责任。

原审被告金虎为证明其所述事实,向二审法院提交了宜昌市古夫机动车安全技术检测站于2009年1月17日作出的鄂E88878号隆鑫牌LX125-L普通两轮摩托车《检验情况及结论》复印件一份,证明其摩托车无任何刮擦痕迹,操作系统正常。

该证据经质证,不能证明该摩托车在事发时与其他摩托车未发生碰撞的事实。

2. 二审事实和证据

湖北省宜昌市中级人民法院经审理,确认一审法院认定的事实和证据。

二审法院另查明,兴山县公安局交通警察大队2009年2月25日作出兴公交字2009年第01号《交通事故证明书》认定,2009年1月13日,金雄驾驶鄂E8A535号豪爵牌HJ125-A普通两轮摩托车,载其子金东。黄俊驾驶隆鑫牌LX125-A普通两轮摩托车(无号牌),载其父黄显亮。金虎驾驶鄂E88878号隆鑫牌LX125-L普通两轮摩托车,载其妻陈小英。摩托车顺序为金雄、黄俊、金虎,由黄粮镇刘家坝沿保兴县朝黄粮镇界牌垭方向行驶。当日13时10分许,行至保兴县78.2km处(黄粮坪村四组李直军家门前)路段时,遇同向推木制板车的黄选才左转弯进入黄家湾村级公路,金雄驾驶的摩托车采取制动并向左绕行时,紧随其后黄俊驾驶的摩托车倒地沿公路向黄选才右侧滑行,金雄驾驶的摩托车右侧油箱与板车前段接触,黄俊驾驶的两轮摩托车滑停在道路右侧边缘。黄选才倒地后坐在道路上面向刘家坝,被紧随黄俊的金虎驾驶的摩托车碰撞。然后金虎逃逸现场。黄选才在本次事故中受伤。公安交警部门对现场进行了勘验,对摩托车进行了检验,对当事人和证人进行了询问调查。因当事人没有对现场采取有效保护措施,并在移动伤者及车辆时没有标注位置,当事人及证人对事故发生经过陈述模糊,导致事故现场形成原因不明,致使公安交警部门对道路交通事故成因无法查清。

上述事实,有一、二审庭审笔录及双方当事人在一审各自提供的已经庭审质证的证据在卷佐证。

3. 二审判案理由

湖北省宜昌市中级人民法院经审理认为:

(1) 根据原审被告金雄、金虎及上诉人黄俊在公安交警部门的陈述,足以认定三人驾驶的摩托车几乎同时抵达事故现场;根据上诉人黄俊、被上诉人黄选才陈述及证人金开玉证言,不能排除黄俊驾驶的摩托车倒地时碰撞黄选才板车把或者黄选才身体的事实;公安交警部门在事故调查阶段对证人已作询问笔录,在民事诉讼阶段是否需要该证人出庭接受质询并无明确规定,故不能认定金开玉未出席法庭作证违反法定程序。

(2) 当事人陈述及证人证言及其他证据不足以查清事故成因,当事人金雄、金虎、黄俊均表示自己在本次事故中无责任,一审法院根据当事人陈述、证人证言、公安交警部门作出的《交通事故证明书》综合分析认定,金雄、金虎、黄俊共同实施了危及他人人身安全的行为,构成共同侵权,应承担连带赔偿责任,其适用法律并无不当。

4. 二审定案结论

湖北省宜昌市中级人民法院依照《中华人民共和国民事诉讼法》第一百五十三条第一款第(一)项之规定,作出如下判决:

驳回上诉,维持原判。

二审案件受理费600元,由上诉人黄俊、黄显亮负担。

(七) 解说

本案争议的焦点在于确定,实际造成被上诉人黄选才身体损伤的侵权行为人是谁,上诉人黄俊、原审被告金雄、金虎在本次道路交通事故中是否构成共同侵权。因事故发生突如其来且场面混乱,被上诉人黄选才对事故经过表述不清,上诉人黄俊、黄显亮,原审被告金雄、金虎各执一词,均否认与被上诉人身体所受损伤存在因果关系,公安交警部门对事故责任亦无法作出认定,承担被上诉人黄选才损失的民事责任主体及责任分配方式存在较大争议。

1. 共同危险行为的认定

数人实施危险行为致他人损害，而实际加害人不明的情形在现实生活中极为常见，此即共同危险行为。本案虽为道路交通事故，但因事故经过无法查清，按照现有证据已无法按照道路交通事故分清责任，在此情况下，应适用共同侵权法律条款。

共同危险行为具有如下法律特征：

(1) 行为主体的复数性，共同危险行为是由二人或二人以上实施的。(2) 危险行为的共同性，数人实施的行为都具有危及他人人身或财产权利的可能。(3) 致损原因的择一性，损害结果是由共同危险行为人中的一人或部分人造成的，并非全体行为人的行为所致。真正的加害人只有一人或部分人。(4) 加害人的不可知性，只有一人或部分人的行为是造成损害产生的真正原因，但由于认识条件的限制，对于实际加害人无法判明。(5) 民事责任的连带性，受害人有权向共同危险行为人中的任何一人或者一部分人或者全体请求赔偿全部损失，而任何一个共同危险行为人都有义务向受害人负全部的赔偿责任。

2. 共同危险行为人责任分配方式

共同危险行为是一种特殊的侵权行为，它的独特性在于加害人的不明确性和责任的连带性上。共同危险行为的规定是为了防止那些无辜的受害人在因非可归责于自己的原因而无法证明损害后果与侵害行为的因果关系时，无法获得救济。在共同危险行为中，非致害人主观上是有过错的，尽管非致害人并未造成实际损害后果，但并不表明其没有过错。因为损害事实和过错之间并不存在必然的联系。事实上，非致害人参与实施了共同危险行为，对他人的人身权利或财产权利造成某种不合理的危险，这种危险本身足以证明行为人主观上存在过错。因为这种危险情势将受害人置于一种权利随时可能被侵害的危险状态，这种危险是客观存在的。共同危险行为人在参与实施危险行为时，应当预见其行为可能会侵害他人的合法权益，对该行为的危害后果是有认识的，也是能够控制的。其不顾他人生命财产的安危而实施危险行为，对危险的形成具有过失，甚至是故意。在此种情况下，由于实际加害人难以查明，法律即推定共同危险行为人对损害结果也具有过错。《最高人民法院关于审理人身损害赔偿案件适用法律若干问题的解释》明确规定共同危险行为人对被侵权人承担连带责任。

3. 未履行交强险投保义务的民事法律责任

国家实行机动车第三者责任强制保险制度，未履行交强险投保义务的机动车所有人应当承担民事法律责任。根据《湖北省实施〈中华人民共和国道路交通安全法〉办法》第四十七条之规定，未投保人在应投保交强险赔偿范围内承担民事赔偿责任。上诉人黄显亮、原审被告金雄、金虎均未投交强险，具有同等过错，应各自在中国保险监督委员会制定的第三者责任险固定保费 20 000 元赔偿限额内向原告平均承担赔偿责任。

(湖北省兴山县人民法院　黄江)

66. 彭文答诉彭清丙、沈海潮损害赔偿案
（非善意诉讼）

（一）首部

1. 判决书字号
一审判决书：福建省厦门市翔安区人民法院（2009）翔民初字第1069号。
二审判决书：福建省厦门市中级人民法院（2010）厦民终字第69号。
2. 案由：损害赔偿纠纷。
3. 诉讼双方
原告（被上诉人）：彭文答，男，汉族，住厦门市翔安区。
委托代理人：陈贤政，福建知圆律师事务所律师。
被告（上诉人）：彭清丙，男，汉族，住厦门市翔安区。
被告（上诉人）：沈海潮，男，汉族，住厦门市同安区。
上列被告（上诉人）共同委托代理人：黄勇宾，福建厦门汇丰联盟律师事务所律师。
4. 审级：二审。
5. 审判机关和审判组织
一审法院：福建省厦门市翔安区人民法院。
独任审判人员：审判员：蔡嘉昌。
二审法院：福建省厦门市中级人民法院。
合议庭组成人员：审判员：林凯、黄永忠、袁爱芬。
6. 审结时间
一审审结时间：2009年11月23日。
二审审结时间：2010年3月15日。

（二）一审诉辩主张

1. 原告彭文答诉称

被告彭清丙曾因与其发生买卖合同纠纷而于2006年3月1日向同安区人民法院起诉要求返还货款，诉讼中，其提出反诉，要求被告彭清丙返还12 204元，案经同安区人民法院判决驳回彭清丙的诉讼请求，并支持了其诉讼请求。事后，被告彭清丙对此心怀怨恨，于2006年8月10日伙同其女婿被告沈海潮通过伪造借条的方式（即通过利用

彭清丙与原告于 2005 年 1 月所共同签字确认的账目进行添加、变造，从而伪造出彭清丙与原告向被告沈海潮欠款 121 220.50 元的"事实"）向翔安区人民法院提起诉讼，要求原告与被告共同向被告沈海潮返还"借款"人民币 121 220.50 元。在庭审过程中，原告依法对该借条提出司法鉴定，经鉴定，该借条明显存在伪造。为逃避法律追究，被告沈海潮于 2008 年 12 月 18 日向法院提出撤诉申请。被告彭清丙、沈海潮以非法占有为目的，通过伪造证据、滥用诉权的方式企图骗取他人财产的行为已严重违反法律的规定，侵害了其合法权益且造成其巨额的经济损失，二被告依法应向自己承担相应的赔偿责任。请求判令二被告连带赔偿因二被告的侵权行为所产生的文书鉴定检测费人民币 5 400 元、律师代理费人民币 3 700 元、交通费人民币 500 元以及因应诉而造成的胡萝卜晚种植、晚收成等直接经济损失人民币 240 000 元、向其公开赔礼道歉，赔偿其精神损害抚慰金人民币 5 000 元。

2. 被告彭清丙、沈海潮辩称

原告的诉讼请求缺乏相关法律依据，请求依法驳回原告的所有诉讼请求。

（三）一审事实和证据

厦门市翔安区人民法院经公开审理查明：在一份仅载明"05 年元月份合计：1 220.50 元"并有彭清丙、彭文答签名的条子上，被告彭清丙在上列文字之上方和右方空白处添加了"借条，兹有彭清丙、彭文答共同向沈海潮借款人民币明细如下：04 年 9 月份合计：50 000 元、04 年 10 月份合计：30 000 元、04 年 11 月份合计：30 000 元、04 年 12 月份合计：10 000 元，总合计壹拾贰万壹仟贰佰贰拾元伍角（121 220.50 元）"，形成了一份表面形式完整的彭清丙、彭文答向沈海潮借款 121 220.50 元的《借条》。被告彭清丙将该《借条》交给其女婿被告沈海潮。沈海潮即以该《借条》为证据于 2006 年 8 月 10 日向本院起诉，请求法院判决彭清丙、彭文答归还其人民币 121 220.50 元。本院受理后，该案被告彭文答委托律师参加诉讼，支付律师代理费人民币 3 500 元和律师差旅费、材料费人民币 200 元。经该案被告彭文答申请，本院于 2007 年 8 月 13 日委托福建历思司法鉴定所对落款名字为"彭清丙、彭文答"的《借条》中"05 年元月份合计：1 220.50 元"的笔迹与《借条》中其他内容的笔迹是否系同一人所写；《借条》中"05 年元月份合计：1 220.50 元"的笔迹是否被人重新描写过；《借条》中"05 年元月份合计：1 220.50 元"和两被告签名的笔迹与借条中其他部分的笔迹是否系同一时间书写进行鉴定，该案被告彭文答于 2007 年 12 月 3 日支付了文书鉴定检测费人民币 4 200 元。福建历思司法鉴定所于 2007 年 12 月 11 日以闽历思司鉴所（2007）文鉴字第 056 号文体检验鉴定书认定，（1）落款名字为"彭清丙、彭文答"的《借条》中"05 年元月份合计：1 220.50 元"的笔迹与《借条》中其他内容的笔迹是同一人所写；（2）落款名字为"彭清丙、彭文答"的《借条》中"05 年元月份合计：1 220.50 元"的笔迹没有重描和复写的痕迹；（3）落款名字为"彭清丙、彭文答"的《借条》中"05 年元月份合计：1 220.50 元"的笔迹是先写的，其他内容笔迹是后写的。2007 年 12 月 24 日福建历思司法鉴定所作出一份《补充说明》，《补充说明》上载明其所提交的鉴定报告（闽历思司鉴所（2007）文鉴字第056号）的第三条内容为"（3）落款名字为'彭清丙、彭文答'的《借条》中'05年元月份合计：1 220.50元'的笔迹是先写的，其他内容笔迹是后写的"在打字过程中遗漏了"和两被告的签名"，应是"（3）落款名字为'彭清丙、彭文答'的《借条》中'05年元月份合计：1 220.50元'和两被告的签名笔迹是先写的，其他内容笔迹是后写的"。特此补充。该案被告彭文答于2007年12月25日自行向福建正泰司法鉴定中心委托鉴定《借条》中除"05年元月份合计：1 220.50元"和"彭清丙、彭文答"签名以外的其他字迹是否与样本彭文答字迹同一进行鉴定，该案被告彭文答于2007年12月25日支付了文检鉴定费人民币1 200元。福建正泰司法鉴定中心于2007年12月29日以正泰司鉴〔2007〕文鉴字第098号司法鉴定意见书认定鉴定的内容非彭文答书写字迹。2008年1月2日，该案被告彭清丙向本院承认借条中除了"05年元月份合计：1 220.50元"、落款签名"彭文答"外，其余部分都是由其本人书写的。在2008年1月3日开庭审理中，该案被告彭清丙承认借款属实，《借条》中"05年元月份合计：1 220.50元"及落款人"彭文答"是彭文答书写的外，其余内容都是其书写的，书写时间大约是2006年过春节后不久书写并由其拿给沈海潮的。该案被告彭文答辩称该案原告沈海潮以伪造的借条提出非法诉讼，以伪造的借条起诉还款缺乏事实和法律依据，这种以非法占有他人合法财产为目的蔑视法律，欺骗法院，滥用诉权，侵犯他人人权的行为妨碍了正常的司法活动，请求法院依法驳回该案原告沈海潮起诉。该案原告沈海潮于2008年12月18日向本院申请撤回起诉，本院于2008年12月18日作出了（2006）翔民初字第830号民事裁定书，裁定准予沈海潮撤回起诉，该民事裁定书未对鉴定费加以处理。原告彭文答遂于2009年8月31日向本院提起诉讼，请求判令二被告连带赔偿其因二被告的侵权行为所产生的文书鉴定检测费人民币5 400元、律师代理费人民币3 700元、交通费人民币500元以及因应诉而造成的胡萝卜晚种植、晚收成等直接经济损失人民币240 000元、向其公开赔礼道歉，赔偿其精神损害抚慰金人民币5 000元。审理中，被告彭清丙、沈海潮认为原告的诉讼请求缺乏相关法律依据，请求依法驳回原告的所有诉讼请求。

上述事实有下列证据证明：

1. 起诉人为沈海潮的《民事起诉状》、《借条》、（2006）翔民初字第830号案件的庭审笔录、询问笔录、借条、闽历思司鉴所〔2007〕文鉴字第056号文体检验鉴定书及其补充说明、正泰司鉴〔2007〕文鉴字第098号司法鉴定意见书、传票以及当事人在法庭上的陈述笔录等证据，共同证明了在一份仅载明"05年元月份合计：1 220.50元"并有彭清丙、彭文答签名的条子上，被告彭清丙在上列文字之上方和右方空白处添加了"借条，兹有彭清丙、彭文答共同向沈海潮借款人民币明细如下：04年9月份合计：5 000元、04年10月份合计：30 000元、04年11月份合计：30 000元、04年12月份合计：20 000元，总合计壹拾贰万壹仟贰佰贰拾元伍角（121 220.50元）"，形成了一份表面形式完整的彭清丙、彭文答向沈海潮借款121 220.50元的《借条》。被告彭清丙将该《借条》交给其女婿被告沈海潮。沈海潮即以该《借条》为证据于2006年8月10日向本院起诉，请求法院判决彭清丙、彭文答归还其人民币121 220.50元这些事实。

2. （2006）翔民初字第830号民事裁定书证明了该案原告沈海潮于2008年12月

18日向本院申请撤回起诉,本院于2008年12月18日作出了(2006)翔民初字第830号民事裁定书,裁定准予沈海潮撤回起诉,该民事裁定书未对鉴定费加以处理的事实。

3. 律师代理费发票证明了原告彭文答在(2006)翔民初字第830号一案诉讼中委托律师参加诉讼,支付律师代理费人民币3 500元和律师差旅费、材料费人民币200元的事实。

4. 鉴定费发票证明了原告彭文答在(2006)翔民初字第830号一案诉讼中因对《借条》进行笔迹鉴定先后支付了文书鉴定检测费人民币4 200元、文检鉴定费人民币1 200元的事实。

5. 承包北山农场耕地共同合约、承包合同、(2006)同民初字第543号民事判决书、(2007)厦民终字第829号民事判决书共同证明了原告彭文答与被告彭清丙因其他纠纷原因曾在同安区法院、厦门市中院诉讼的事实。

(四) 一审判案理由

厦门市翔安区人民法院经审理认为:被告彭清丙在仅载明"05年元月份合计:1 220.50元"并有彭清丙、彭文答签名的条子上的空白处添加上"借条,兹有彭清丙、彭文答共同向沈海潮借款人民币明细如下:04年9月份合计:50 000元、04年10月份合计:30 000元、04年11月份合计:30 000元、04年12月份合计:10 000元,总合计壹拾贰万壹仟贰佰贰拾元伍角(121 220.50元)"文字内容,形成了一份表面形式完整的彭清丙、彭文答向沈海潮借款人民币121 220.50元的《借条》,改变了该条子记载的文字内容和性质。被告彭清丙将《借条》交给被告沈海潮。被告沈海潮即以该《借条》为证据于2006年8月10日向本院起诉,请求法院判决彭清丙、彭文答归还其人民币121 220.50元。导致原告彭文答为了该案的应诉,支付了律师代理费人民币3 500元和律师差旅费、材料费人民币200元、文书鉴定检测费人民币4 200元、文检鉴定费人民币1 200元。直至2008年1月2日和3日,被告彭清丙才承认在条子上添加文字内容系其所为。被告沈海潮于2008年12月18日向本院申请撤回起诉,并得到本院的准许。被告彭清丙、沈海潮的行为均存在过错,应对原告彭文答因该案应诉所造成的经济损失承担连带赔偿责任。原告要求被告彭清丙、沈海潮连带赔偿其所支付的律师代理费人民币3 500元和律师差旅费、材料费人民币200元、文检鉴定费人民币1 200元,合计人民币4 900元,符合有关法律规定,本院予以支持。鉴于本院于2008年12月18日作出的(2006)翔民初字第830号民事裁定书,裁定准予沈海潮撤回起诉,但原告彭文答因该案诉讼中支付给本院委托鉴定的机构进行鉴定的文书鉴定检测费人民币4 200元未能在该案中得到处理,原告要求被告彭清丙、沈海潮连带赔偿其该文书鉴定检测费人民币4 200元,本院予以支持。原告要求被告彭清丙、沈海潮连带赔偿其因应诉而造成的胡萝卜晚种植、晚收成等直接经济损失人民币240 000元,因证据不足,本院不予支持。原告要求被告彭清丙、沈海潮连带赔偿其交通费人民币500元、精神损害抚慰金人民币5 000元,但对该损害事实未能举证加以证明,该诉讼请求本院不予支持。原告要求被告彭清丙、沈海潮向其公开赔礼道歉,因本院已支持了原告所要求被告赔偿经济损失的请求，被告向原告公开赔礼道歉已非必要，该诉讼请求本院不予支持。

（五）一审定案结论

厦门市翔安区人民法院依照《中华人民共和国民事诉讼法》第六十四条、《中华人民共和国民法通则》第五条、第一百三十条、第一百三十四条第一款第（七）项之规定，作出如下判决：

1. 被告彭清丙、沈海潮应连带赔偿原告彭文答所支付的律师代理费、律师差旅费、材料费、文检鉴定费、文书鉴定检测费等经济损失共计人民币9 100元，款限于本判决生效之日起一个月内付清。
2. 驳回原告彭文答的其他诉讼请求。

被告彭清丙、沈海潮如果未按本判决指定的期间履行给付金钱义务，应当依照《中华人民共和国民事诉讼法》第二百二十九条之规定，加倍支付迟延履行期间的债务利息。

本案案件受理费人民币2 559.50元，由原告彭文答负担人民币2 466.18元，由被告彭清丙、沈海潮共同负担人民币93.32元，款均限于本判决生效之日交纳。

（六）二审情况

1. 二审诉辩主张

（1）上诉人彭清丙、沈海潮诉称

请求二审法院依法撤销一审民事判决书中第一项错误判决，改判驳回被上诉人在一审中的所有诉讼请求。事实与理由：1）针对一审法院判决要求上诉人连带支付被上诉人彭文答在原（2008）翔民初字第830号案件中支出的文书鉴定检测费人民币5 400元的问题，上诉人认为：由于该费用系在（2008）翔民初字第830号案件中基于当时该案件的被告彭文答个人的申请而产生的鉴定费，后来该案的原告沈海潮撤诉，法院也作出了裁定书，同时对该案撤诉裁定书上并没有裁定要求彭清丙、沈海潮承担该案彭文答的相关鉴定费或者律师费。即使彭文答认为，原审法院在该案件鉴定费的承担的裁定"确有错误"的话，那么上诉人认为，依照我国民事诉讼法等相关法律规定，对法院判决或者裁定认为有错误的，可以在判决或者裁定送达的法定期限内上诉至上一级法院要求重新判决或者裁定，对于已生效的判决或裁定，当事人认为有错误的，也只能以申请书的形式向原审法院申请再审，而不能以重新立案起诉，要求改判原审法院在案件判决或者裁定中的"错判、裁或者漏判、裁"。另外，对于一审原告提供的两份票据的真实性问题，由于一审原告在庭审中只能提供复印件而无法提供相应证据，并且提供鉴定费票据是复印件的收款收据，而并非正式发票，按照法律规定，当事人提供复印件的，应当提供原件相印证，发票也应当是正式发票而不能是收款收据。2）针对一审原告起诉要求上诉人承担其原来案件的律师代理费、交通费

3 700元的问题。上诉人认为，一审法院的判决也是错误的，因为在原借款纠纷案件中，上诉人彭清丙和被上诉人一样，也是该案的被告，该案最终结果是以该案原告沈海潮撤诉结案。上诉人彭清丙认为，即使该案原告在当时没有撤诉，而假设法院也"判决"该案的原告败诉，也不存在同为该案被告的上诉人彭清丙应当承担被上诉人在该案件中律师费用的问题，这在我国目前没有相关法律依据，司法实践中也没有这样的案例，而一审法院却在没有法律依据的情况下判决上诉人彭清丙承担被上诉人在另一案件中的律师费用，明显是错误的，也缺乏相关法律依据，请求二审法院能够依法判决撤销一审法院的错误判决，改判驳回一审原告的诉讼请求。

(2) 被上诉人彭文辩称

一审法院认定事实清楚、证据确实充分且适用法律正确，请求二审法院依法予以支持。理由如下：第一，两上诉人以非法占有为目的，通过伪造借条、滥用诉权的方式企图骗取他人财产的行为证据充分、足以认定。两上诉人依法已构成共同侵权，其依法应当向答辩人承担连带赔偿责任。首先，在原审庭审过程中，原审法院已依法调取（2006）翔民初字第830号案件一审的庭审笔录，在该案的庭审过程中，上诉人彭清丙已自认"借条"中除"05年元月份合计：1 220.50元"以及"彭文答"系答辩人亲自签字外的其他部分均是上诉人彭清丙自行添加上去的。其次，根据福建历思司法鉴定中心所作的《闽历思司鉴所〔2007〕文鉴字第056号鉴定意见书》以及福建正泰司法鉴定中心所作的《正泰司鉴〔2007〕文鉴字第098号鉴定意见书》也清楚地证明了两上诉人提交的"借条"存在添加、变造的情形，所以，结合被告彭清丙在（2006）翔民初字第830号案件的供述与自认，足以认定两上诉人存在伪造证据、滥用诉权的方式企图骗取他人财产的共同侵权行为。最后，因两上诉人伪造"借条"企图通过诉讼途径骗取他人合法财产的行为已构成了严重的侵权行为。所以，两上诉人依法应当为其共同侵权行为赔偿答辩人因此所造成的相应经济损失，而答辩人因两上诉人的违法行为共实际产生了5 400元鉴定费用、3 700元的律师代理费以及其他经济损失均是实际产生的，且均系由两上诉人的共同侵权行为所直接导致的。第二，两上诉人伪造证据企图骗取法院民事裁判占有他人财物的行为已严重触犯法律，依法应当接受相应的法律制裁。

2. 二审事实和证据

厦门市中级人民法院经审理，确认一审法院认定的事实和证据。

3. 二审判案理由

厦门市中级人民法院根据上述查明的事实和证据认为：对于被上诉人彭文答在原审中提出要求两上诉人连带赔偿因其侵权行为所产生的文书鉴定检测费、律师代理费等经济损失的请求是否成立，关键在于两上诉人是否存在对被上诉人彭文答共同侵权的故意。从《借条》的内容上来看，上诉人彭清丙对借条的内容进行了添加，改变了原借条记载的文字内容和性质，上诉人彭清丙将该经过添加变造的借条交由另一上诉人沈海潮，沈海潮即以该经过添加变造的借条为证据向原审法院提起诉讼，请求法院判决彭文答、彭清丙归还其人民币121 220.50元，导致彭文答参与该诉讼。根据两上诉人在另案中确实存在添加、变造借条的行为，对上诉人的权利已构成侵害。两上诉人的侵权行为造成本案被上诉人因参加另案诉讼而产生一定的费用，造成一定的经济损失。两上诉人作为共同侵权人理应对给被上诉人造成的经济损失承担连带的赔偿责任。上诉人的上诉理由不能成立,应予驳回。原审判决认定事实清楚,适用法律正确,应于维持。

4. 二审定案结论

厦门市中级人民法院依照《中华人民共和国民事诉讼法》第一百五十三条第一款第(一)项之规定,作出如下判决:

驳回上诉,维持原判。

二审案件受理费人民币93.32元,由上诉人沈海潮、彭清丙负担。

(七)解说

本案是一起因非善意(恶意)诉讼引起的损害赔偿纠纷。

公民、法人和其他组织可以通过依法诉讼保护自己的合法权益。依法诉讼属于善意诉讼,受法律保护。诉讼必须遵守法律规定,依法行使诉讼权利,不得伪造证据,不得以伪造的证据谋取不正当利益,否则是违法诉讼。以伪造的证据谋取不正当利益是非善意(恶意)诉讼,非善意(恶意)诉讼侵权应当承担损害赔偿责任。

非善意诉讼,也称恶意诉讼,是指当事人通过诉讼,以使自身获取不正当利益,或损害对方当事人权益,或损害国家利益、社会公共利益、他人利益,或扰乱司法秩序,浪费审判资源等目的的诉讼行为。非善意诉讼的最根本的特点和表现为以伪造的证据证明虚构的事实,以虚构的事实提出不正当的诉讼请求和利益主张。由于非善意诉讼危害性大,影响恶劣,应予坚决制止和打击。

沈海潮以其岳父彭清丙通过添加文字变造而成的《借条》为证据,于2006年8月10日向翔安区人民法院起诉[即(2006)翔民初字第830号一案],请求法院判决彭清丙、彭文答归还其人民币121 220.50元,对该诉讼行为的性质予以正确界定至关重要,如果把沈海潮提起的诉讼定性为依法诉讼,把该案定性为普通的民事案件,那么,就会进入彭清丙、沈海潮在一审辩称的和上诉所称的怪圈,即彭文答的诉讼请求缺乏相关法律依据,鉴定费(文检鉴定费、文书鉴定检测费)系在(2006)翔民初字第830号案件中基于当时该案件的被告彭文答个人的申请而产生,后来该案的原告沈海潮撤诉,法院对该案撤诉裁定书上并没有裁定要求彭清丙、沈海潮承担该案彭文答的相关鉴定费或者律师费。即使彭文答认为原审法院对该案在鉴定费的承担裁定"确有错误"的话,依照民事诉讼法的相关规定,只能以申请书的形式向原审法院申请再审,而不能重新立案起诉,要求改判法院在裁定中的"错裁、漏裁"。彭文答为应诉委托律师而支付律师费用,该律师为彭文答提供法律服务和诉讼服务,彭文答支付律师费用已得到诉讼未输的回报,彭文答与律师之间相对应的权利义务两清,法院判决同为该案被告的彭清丙承担彭文答的律师费用(即律师代理费、律师差旅费、材料费)3 700元,缺乏法律依据。

然而,根据厦门市翔安区人民法院(2006)翔民初字第830号一案的庭审笔录和证据材料,事实真相是,彭清丙在一份仅载明"05年元月份合计:1 220.50元"并有彭清丙、彭文答签名的条子上,添加了借条等文字变造成彭清丙、彭文答向沈海潮借款

121 220.50元的《借条》，彭清丙将《借条》交给其女婿沈海潮，沈海潮即以《借条》为证据向法院起诉，请求法院判决彭清丙、彭文答归还其人民币121 220.50元，彭文答为该案应诉委托律师并支付律师代理费人民币3 500元和律师差旅费、材料费人民币200元，申请笔迹鉴定并支付了文书鉴定检测费人民币4 200元，自行委托笔迹鉴定并支付了文检鉴定费人民币1 200元。在法院查明《借条》系彭清丙在条子上添加文字改变文字内容、性质之后，沈海潮向法院申请撤诉并得到法院的准许。法院未对鉴定费加以处理。且诉讼历经16个月。显然。该案并非普通的、依法诉讼的民事案件，该案彭清丙、沈海潮两人串通，通过伪造证据，非善意诉讼、谋取非法利益的动机和目的非常明显。因此，对该案沈海潮、彭清丙的诉讼行为性质应定性为非善意诉讼侵权行为。法院准确地抓住了这一关键，对沈海潮、彭清丙的诉讼行为性质定性为非善意诉讼侵权行为，确保了诉讼的顺利进行和正确地作出判决。

非善意诉讼行为是一种侵权行为，表现为主动作为，主动提起诉讼，具有一般侵权行为的以下特征：侵害他人合法权益，基于行为人的过错（彭清丙故意伪造证据和沈海潮、彭清丙非善意诉讼）。在《中华人民共和国侵权责任法》公布实施前，《中华人民共和国民事诉讼法》对伪造证据诉讼的法律责任作出了较为明确的规定，其精神从另一方面也体现出确认伪造证据诉讼的违法性。《中华人民共和国民事诉讼法》第一百零二条明确规定："诉讼参与人或者其他人有下列行为之一的，人民法院可以根据情节轻重予以罚款、拘留；构成犯罪的，依法追究刑事责任：（一）伪造、毁灭重要证据，妨碍人民法院审理案件的；（二）以暴力、威胁、贿买方法阻止证人作证或者指使、贿买、胁迫他人作伪证的……"《中华人民共和国民法通则》对合法民事权益侵权行为作了禁止性规定，并对侵权责任的承担方式也作了明确的规定。《中华人民共和国民法通则》第五条规定："公民、法人的合法的民事权益受法律保护，任何组织和个人不得侵犯。"第一百三十条规定："二人以上共同侵权造成他人损害的，应当承担连带责任。"第一百三十四条规定："承担民事责任的方式主要有：（一）停止侵害；（二）排除妨碍；（三）消除危险；（四）返还财产；（五）恢复原状；（六）修理、重作、更换；（七）赔偿损失；（八）支付违约金；（九）消除影响、恢复名誉；（十）赔礼道歉。以上承担民事责任的方式，可以单独适用，也可以合并适用。人民法院审理民事案件，除适用上述规定外，还可以予以训诫、责令具结悔过、收缴进行非法活动的财物和非法所得，并可以依照法律规定处以罚款、拘留。"依照上述法律规定，伪造证据诉讼是违法行为，以伪造的证据非善意诉讼是侵权行为，应当承担民事赔偿责任。

与需要承担民事责任的一般侵权行为的构成要件相比照，沈海潮、彭清丙两人在厦门市翔安区人民法院（2006）翔民初字第830号一案的非善意诉讼侵权行为也具备了应当承担民事责任的全部要件：（1）沈海潮、彭清丙的非善意诉讼侵权行为违法；（2）彭文答的合法权益存在损害事实；（3）沈海潮、彭清丙非善意诉讼侵权行为与彭文答的损害后果之间存在因果关系；（4）沈海潮、彭清丙在主观上存在过错。

另外，原告彭文答向本院提起诉讼，要求被告沈海潮、彭清丙承担责任还同时具备了《中华人民共和国民事诉讼法》第一百零八条所规定的人民法院受理民事案件的各项要件：（1）原告是与案件有直接利害关系的公民、法人和其他组织；（2）有明确的被告；

(3) 有具体的诉讼请求和事实、理由；(4) 属于人民法院受理民事诉讼的范围和受诉人民法院管辖。

因此，原告彭文答要求被告彭清丙、沈海潮对其损害予以赔偿是可诉的，法院立案受理后，经开庭审理查明案件事实后，根据"谁主张、谁举证"举证规则，一审法院依法作出了判决。一审判决后，被告人不服依法提起上诉，但二审法院维持了一审法院的判决。

（厦门市翔安区人民法院　蔡嘉昌）

# 五、婚姻家庭、继承纠纷案例

67. 熊玉英诉衷培兴离婚案
（事实婚姻）

（一）首部

1. 判决书字号
一审判决书：福建省武夷山市人民法院（2010）武民初字第931号。
2. 案由：离婚纠纷。
3. 诉讼双方
原告：熊玉英，女，汉族，住福建省武夷山市崇安街道村尾村。
委托代理人：黄权福，福建夷顺律师事务所律师。
被告：衷培兴（又名余培兴），男，农民，住武夷山市崇安街道村尾村。
4. 审级：一审。
5. 审判机关和审判组织
审判机关：福建省武夷山市人民法院。
独任审判人员：审判员：林典仲。
6. 审结时间：2010年12月8日。

（二）诉辩主张

1. 原告熊玉英诉称
原告与被告经他人介绍认识，于1985年7月25日结婚。婚后生育两女，均已成年并出嫁。夫妻共同盖有现住村尾村24号房屋一幢（未办产权证），无共同债权债务。因夫妻性格不合，长期争吵不断，感情日趋淡薄，至今已完全破裂，无法维持婚姻关系。现请求法院判决准予离婚。
2. 被告衷培兴辩称
原、被告是自愿结婚的，子女都大了，夫妻感情还可以，被告不同意离婚。如果原告要离婚的话，要求把六钱金戒指、17 000元及医保证等退还给被告。

(三) 事实和证据

福建省武夷山市人民法院经公开审理查明：原告提供四份证据：证据一："结婚证"，证明原被告双方属于事实婚姻属实，是1985年7月25日办理的。证据二：户口簿，证明原被告户籍所在地在城东乡村尾村。证据三：武夷山市崇安街道村尾村村民委员会出具的证明，证明衷培兴、余培兴为同一人，与原告的关系是事实婚姻关系。证据四：被告衷培兴出具的收据，证明原告起诉后，衷培兴在2010年10月15日收到的钱物。

被告质证认为，对证据一、二、三、四的三性均无异议。

本院认为，原告提供的证据一、二、三、四，被告没有异议，应予以采信。

根据上述有关证据以及原、被告在庭审中的陈述等，本院认定如下事实：

1982年，原、被告经他人介绍认识，双方于1985年7月25日领取由原崇安县城东乡村民委员会加盖公章的结婚证。婚后生育两女，现均已成年。婚后双方性格不合，常为家庭琐事争吵。2003年起，双方离开住所地外出打工。2010年9月25日，原告向法院起诉请求离婚。2010年9月29日原、被告因离婚之事打架。另查明，(1)原、被告婚后于2008年12月建盖坐落在武夷山市崇安街道村尾村24号房屋一幢房屋（一层、未办理房屋所有权证）。(2) 2010年10月15日，被告出具一份收据，其中记载了被告领取卖山款18 000元等项内容。

(四) 判案理由

福建省武夷山市人民法院经审理认为：原、被告婚姻基础一般，婚后双方性格不合，常为家庭琐事争吵。原、被告虽于1985年7月25日领取结婚证，但该结婚证上体现发证机关加盖的是原崇安县城东乡村民委员会的印章，违反了国务院1985年10月23日批准，民政部1980年11月11日发布的《婚姻登记办法》的有关规定，其中第六条规定：结婚证、离婚证由省、自治区、直辖市人民政府统一印制，由县（旗）、市辖区或不设区的市人民政府加盖印章。第七条规定：办理婚姻登记的机关，在城市是街道办事处或区人民政府；在农村是人民公社管理委员会、镇人民政府。距离婚姻登记机关较远的，交通不便的地方，县（旗）人民政府可以委托就近的有关基层单位办理婚姻登记工作。根据上述规定，该结婚证不具有法律效力。根据《最高人民法院关于人民法院审理未办结婚登记而以夫妻名义同居生活案件的若干意见》第一条、第六条之规定，原、被告之间属于事实婚姻关系，应当先进行调解，经调解和好或撤诉的，确认婚姻关系有效，发给调解书或裁定书，经调解不能和好，应调解或判决准予离婚。本案在审理过程中经调解，原、被告不能和好，故原告要求离婚的诉讼请求，本院应予准许；鉴于双方共同建盖的坐落在武夷山市崇安街道村尾村24号房屋未取得所有权，不宜分割，可暂由双方共同使用；被告提出要求原告返还六钱金戒指、17 000元及医保证等抗辩主张，缺乏事实和法律依据，本院不予支持。

（五）定案结论

福建省武夷山市人民法院依照《中华人民共和国民事诉讼法》第六十四条第一款，《中华人民共和国婚姻法》第三十二条第三款第（五）项，《最高人民法院关于人民法院审理未办结婚登记而以夫妻名义同居生活案件的若干意见》第一条、第六条，作出如下判决：

1. 准予原告熊玉英与被告衷培兴离婚。
2. 家庭共同财产：坐落在武夷山市崇安街道村尾村24号房屋由双方共同使用。

本案受理费245元，减半收取123元，由原告熊玉英负担。

（六）解说

本案争议的焦点是如何认识加盖村委会公章的"结婚证"的效力。依照民政部1980年11月11日发布的《婚姻登记办法》第六条、第七条的规定，原、被告双方于1985年7月25日所领的"结婚证"，虽然格式规范，但加盖的却是城东乡村民委员会的公章，且经当地民政部门核实，没有该两人结婚登记的记录。因此，原、被告所领的"结婚证"不符合当时民政部的有关规定，不具有法律效力。原、被告在起诉时均符合结婚的法定条件，根据《最高人民法院关于人民法院审理未办结婚登记而以夫妻名义同居生活案件的若干意见》第一条的规定，双方应认定为事实婚姻关系。根据该《意见》第六条规定，本案经法院多次组织调解不能和好，作出准予原、被告离婚的判决，是正确的。

（福建省武夷山市人民法院 林典仲）

68. 常虹诉赵铁良离婚后财产案
（停车位使用权是否属于夫妻共同财产的问题）

（一）首部

1. 判决书字号

一审判决书：北京市朝阳区人民法院（2010）朝民初字第13988号。

二审判决书：北京市第二中级人民法院（2010）二中民终字第16389号。

2. 案由：离婚后财产纠纷。
3. 诉讼双方

原告：常虹，女，满族，北京联合大学应用文理学院会计师，住北京市海淀区。
委托代理人：米保平，北京市中满律师事务所律师。
被告：赵铁良，男，汉族，无业，住北京市海淀区。
委托代理人：孙晓文，女，汉族，无业，住北京市朝阳区。
委托代理人：王季平，男，汉族，北京人民广播电台工程师，住北京市朝阳区。
4. 审级：二审。
5. 审判机关和审判组织
一审法院：北京市朝阳区人民法院。
独任审判人员：审判员：张莉。
二审法院：北京市第二中级人民法院。
合议庭组成人员：审判长：胡建勇；审判员：屠育、刘洋。
6. 审结时间
一审审结时间：2010年5月26日。
二审审结时间：2010年9月15日。

（二）一审诉辩主张

1. 原告常虹诉称

我与赵铁良原系夫妻关系，2004年4月23日双方达成离婚协议，办理了离婚登记手续，离婚协议特别说明双方在婚姻存续期间没有属于自己的住房和共同投资的财产。2009年年初，我发现赵铁良于1999年婚姻关系存续期间购买了位于北京市朝阳区华亭嘉园A座803号房屋一套，后我起诉到法院，要求分割该房屋，法院于2009年7月9日判决赵铁良支付我房屋折价款80万元，赵铁良不服一审判决，上诉到北京市第二中级人民法院。二审期间，赵铁良擅自出卖位于北京市朝阳区华亭嘉园A座803号房屋被我发现。此时，我才知道早在离婚之前的2000年12月，赵铁良在购买华亭嘉园A座803号房屋后又购买了配套停车位的使用权。我认为上述停车位系赵铁良隐瞒的夫妻共同财产，我有权要求分割，赵铁良隐瞒夫妻共同财产，应当少分，而且上述停车位一直由赵铁良使用和收益，分割时应考虑此因素。我的诉讼请求为：要求赵铁良支付停车位折价款10万元。

2. 被告赵铁良辩称

常虹并未提供充足证据证明涉案停车位物权归我所有，该停车位是开发商附赠给我方的，出售803号房屋时将停车位赠与买方，即使常虹提供的证据属实，按照常虹提供的停车位转让合同，我方对价款进行了分期付款，常虹也仅有权对其中部分价款进行分割，其要求对高于涉案停车位合同价款的价值进行分割缺乏法律依据。另外，涉案停车位也仅仅是使用权，其价值很难估算，仅能依照转让合同价款127 000元来确认其价值，常虹要求分得10万元，缺乏依据，应当按照此前双方有关房屋分割争议法院判决的意见进行分割。

(三) 一审事实和证据

北京市朝阳区人民法院经公开审理查明：常虹与赵铁良原系夫妻关系，2004年4月23日，双方协议离婚并签订离婚协议一份，协议称因男方有第三者，双方自愿离婚并达成协议。离婚协议主要包括以下内容：男方支付女方25万元作为补偿；男女双方在婚姻存续期间，一直没有属于自己的住房，也没有共同投资的产业和财物，没有财产分割和财物分配问题；男方与其兄长在北京顺义经营的鹏远包装品有限公司和与他人所从事的经营活动，从未与女方商量，女方从来无权左右，纯属男方的个人行为；男方获利与债务均与女方无关；各自的积蓄属各自所有，各自的债务各自负责。

另查一，1999年10月25日，赵铁良以其名义按揭购买北京市朝阳区安翔南里华亭嘉园A座803号房屋（以下简称803号房屋）一套，总价款1 724 933元，其中贷款金额120万元，还款期限自1999年12月10日至2009年12月9日，该房屋登记在赵铁良名下。2009年，常虹将赵铁良诉至原审法院，要求分割803号房屋，原审法院于2009年7月9日作出一审判决，认定803号房屋属夫妻共同财产，判决803号房屋归赵铁良所有，赵铁良支付常虹房屋折价款80万元。后赵铁良不服一审判决，上诉至北京市第二中级人民法院，二审期间，赵铁良申请撤回上诉，北京市第二中级人民法院于2009年11月30日裁定准许赵铁良撤回上诉，双方按原审判决执行。2009年12月9日，赵铁良与李建军办理了存量房屋买卖合同的网签手续，合同中仅就803号房屋的买卖事宜进行了约定。

另查二，2002年12月21日，赵铁良与北京华远健翔房地产开发有限公司（该公司后更名为北京华润健翔房地产开发有限公司，以下均简称华润公司）签订了《华亭嘉园机动车停车位使用权转让合同（分期付款）》，约定内容如下：华润公司将其所有的B2-23号停车位转让给赵铁良，使用期限自赵铁良交纳所购停车位款之日起至2068年4月8日届满；转让价款为127 000元，赵铁良于签订合同时支付25 400元；于2003年12月21日前支付25 400元；于2004年12月21日前支付38 100元；于2005年12月21日前支付38 100元；赵铁良所购停车位可以向华亭嘉园内其他业主或居民出租停车位或转让停车位的使用权，如赵铁良出租或转让停车位后，应将承租人或受让人通知物业管理公司，并由物业管理公司备案。

庭审中，常虹提交了两份录音证据，第一份为2009年9月24日常虹与龙行天下房地产经纪有限公司售楼人员赵培培的对话，欲证明赵铁良出卖803号房屋的房款中包括出卖停车位的18万元，第二份为2009年12月28日常虹委托代理人米保平与李建军的对话，欲证明李建军承认停车位系赵铁良赠送。赵铁良否认上述两份录音证据的真实性。常虹另提交了华润置地（北京）物业管理有限责任公司华亭物业管理部出具的证明，证明涉案停车位系803号房屋业主赵铁良所购，至今未办理其他变更信息，赵铁良对该证明真实性无异议，但认为华亭物业管理部无权证明该停车位归赵铁良所有。赵铁良则提交了华润公司向其出具的4张停车位款收据，其中2003年1月8日交款3 251元，2003年2月25日交款 22 149 元，2004 年 1 月 14 日交款 20 000 元，2004 年 11 月 19 日交款 5 000 元。就赵铁良交付停车位款情况，原审法院亦向华润公司调取赵铁良交付停车位款情况，华润公司向原审法院出具了 2003 年 1 月 8 日交款 3 251 元收据及建设银行现金交款单，2003 年 2 月 25 日交款 22 149 元收据及专用发票，2004 年 1 月 14 日交款 20 000 元收据。常虹仅认可赵铁良于 2003 年 2 月 25 日交款 22 149 元的事实，认为收据不符合财务制度，交款 22 149 元系华润公司象征性收费，且约定付款期限已经过期，华润公司已经放弃了追索停车位款的权利，实际上是华润公司的赠与。另，常虹在审理中主张涉案停车位的市值为 15 万元，赵铁良则主张涉案停车位没有升值，市值为 12.7 万元。

（四）一审判案理由

根据赵铁良与华润公司签订的停车位使用权转让合同，涉案停车位系赵铁良在与常虹婚姻关系存续期间出资购得，具有使用价值，且可以出租、转让，应认定为赵铁良与常虹的夫妻共同财产，离婚协议中对涉案停车位未予处理，故该停车位应进行分割。考虑到赵铁良在双方就 803 号房屋纠纷一审判决生效后将 803 号房屋与上述停车位一并出卖于案外人李建军，故赵铁良应对常虹予以折价补偿。赵铁良提交的收据与本院从华润公司调取的收据、发票等能够互相印证，可以认定涉案停车位尚有部分价款未向华润公司支付，且赵铁良于离婚后独自偿还了 5 000 元，故应以涉案停车位现市值扣除尚欠价款及赵铁良离婚后偿还部分后进行相应折价，尚欠价款由赵铁良负责偿还。双方对涉案停车位的现市值存在一定争议，但差距不大，本院予以酌情处理。赵铁良在 803 号房屋纠纷中，未主动披露涉案停车位的存在，有隐藏夫妻共同财产的故意，且赵铁良一直对涉案停车位占有、使用，在分割夫妻共同财产时，本院对赵铁良酌情予以少分。

（五）一审定案结论

北京市朝阳区人民法院依照《中华人民共和国婚姻法》第四十七条、《最高人民法院关于适用〈中华人民共和国婚姻法〉若干问题的解释（二）》第八条之规定，作出如下判决：

1. 北京市朝阳区华亭嘉园 A 座 803 号房屋配套 B2-23 号停车位尚欠北京华润健翔房地产开发有限公司停车位款 76 600 元由赵铁良负责偿还。
2. 赵铁良于本判决生效之日起 7 日内支付常虹上述停车位补偿款 44 380 元。
3. 驳回常虹的其他诉讼请求。

（六）二审情况

1. 二审诉辩主张

（1）上诉人常虹诉称

原审审判程序违法，停车位事实未查清，判决结果不对题，要求依法改判赵铁良支付停车位补偿款10万元,并请求追加李建军为诉讼第三人承担连带责任。

(2) 上诉人赵铁良诉称

原判认定事实不清,适用法律不当,要求撤销原判。

2. 二审事实和证据

北京市第二中级人民法院经审理,确认一审法院认定的事实和证据。

3. 二审判案理由

北京市第二中级人民法院经审理认为:本案上诉争议的焦点在于华亭嘉园B2—23停车位使用权的分割问题。

首先,华亭嘉园B2-23停车位使用权是否属于赵铁良与常虹夫妻共同财产的问题。根据赵铁良与北京华远健翔房地产开发有限公司(该公司后更名为北京华润健翔房地产开发有限公司)签订的《华亭嘉园机动车停车位使用权转让合同(分期付款)》规定,华润公司将其所有的B2-23号停车位转让给赵铁良,使用期限自赵铁良交纳所购停车位款之日起至2068年4月8日届满,赵铁良所购停车位可以向华亭嘉园内其他业主或居民出租或转让停车位的使用权,如赵铁良出租或转让停车位后,应将承租人或受让人通知物业管理公司,并由物业管理公司备案。从本案事实可以看出,停车位是建立在停车位所有权基础上产生的权利,独立于所有权之外,其固有用途是车辆停放,而非通常的居住或营业,用途单一且具有排他性,而且可以用于出租和转让,具有使用上的独立性,存在利用物的使用价值,因此,停车位使用权符合用益物权的属性。由于该停车位使用权的取得发生于赵铁良与常虹婚姻关系存续期间,因而该停车位使用权属于夫妻共同财产的范围,常虹有权主张分割。赵铁良上诉称停车位使用权不属于夫妻共同财产的范围,于法无据,本院予以驳回。

其次,关于双方争议停车位使用权的具体分割问题。根据赵铁良与华润公司签订的《华亭嘉园机动车停车位使用权转让合同(分期付款)》的内容,华润公司将其所有的B2-23号停车位转让给赵铁良,约定的转让价款为127 000元,约定的转让款履行时间分别为:赵铁良于签订合同时支付25 400元;于2003年12月21日前支付25 400元;于2004年12月21日前支付38 100元;于2005年12月21日前支付38 100元,以及原审法院向华润公司调取的赵铁良向华润公司交付停车位款证据表明,赵铁良于2003年1月8日交款3 251元,于2003年2月25日交款22 149元,于2004年1月14日交款2万元。因此,赵铁良取得B2-23号停车位的使用权并非赠与取得,而是通过转让合同的形式购买了B2-23号停车位的使用权,并已支付了部分转让款45 400元。至于剩余转让款的履行问题,华润公司未明确表示放弃,尽管时至今日华润公司尚未主张,但这并不意味着华润公司放弃了追索停车位款的权利,因此,从目前证据看,华润公司就剩余停车位转让款对赵铁良仍享有债权。常虹上诉称仅认可赵铁良于2003年2月25日交款22 149元的事实,认为其他收据不符合财务制度,且约定付款期限已经过期,华润公司已经放弃了追索停车位款的权利,实际上是华润公司的赠与,该主张因证据不足,亦缺乏相应法律依据,本院难以支持。由于双方当事人对停车位的现市值存在一定争议,但差距不大,原审法院综合考虑转让款履行情况、停车位的现状以及赵铁良隐藏夫妻共同财产的故意予以酌情处理,该判决数额适当,本院予以维持。

至于常虹上诉要求追加李建军为本案第三人，并要求其承担连带责任，因缺乏法律及事实依据，本院不予支持。

4. 二审定案结论

北京市第二中级人民法院依照《中华人民共和国民事诉讼法》第一百五十三条第一款第（一）项之规定，作出如下判决：

驳回上诉，维持原判。

（七）解说

本案争议的焦点是华亭嘉园 B2-23 停车位使用权是否属于赵铁良与常虹夫妻共同财产的问题。根据赵铁良与北京华远健翔房地产开发有限公司签订的《华亭嘉园机动车停车位使用权转让合同（分期付款）》之规定，华润公司将其所有的 B2-23 号停车位转让给赵铁良，使用期限自赵铁良交纳所购停车位款之日起至 2068 年 4 月 8 日届满，赵铁良所购停车位可以向华亭嘉园内其他业主或居民出租或转让停车位的使用权，如赵铁良出租或转让停车位后，应将承租人或受让人通知物业管理公司，并由物业管理公司备案。由于该停车位使用权的取得发生于赵铁良与常虹婚姻关系存续期间，因而该停车位使用权属于夫妻共同财产的范围，常虹有权主张分割。赵铁良上诉称停车位使用权不属于夫妻共同财产的范围，于法无据，法院应驳回其上诉请求。

由于停车位使用权属于用益物权，因此，该财产具有如下三个特点：第一，该财产的范围受到限制，受制于停车位所有权；第二，该财产具有使用期限，到期作废；第三，该财产的内容在于其使用价值，即存放车辆；第四，该财产具有一定的相对性，受制于停车位使用权的买卖协议。一般情况下，只能判处停车位使用权归停车位使用权买卖协议中的买受人享有，而给予夫妻另一方财产折价款，当然，夫妻双方及停车位使用权的出卖人三方之间另有约定的除外。从本案中停车位使用权的分割情况看，根据赵铁良与华润公司签订的《华亭嘉园机动车停车位使用权转让合同（分期付款）》的内容，华润公司将其所有的 B2-23 号停车位转让给赵铁良，约定的转让价款为 127 000 元，约定的转让款履行时间分别为：赵铁良于签订合同时支付 25 400 元；于 2003 年 12 月 21 日前支付 25 400 元；于 2004 年 12 月 21 日前支付 38 100 元；于 2005 年 12 月 21 日前支付 38 100 元，以及原审法院向华润公司调取的赵铁良向华润公司交付停车位款证据表明，赵铁良于 2003 年 1 月 8 日交款 3 251 元，于 2003 年 2 月 25 日交款 22 149 元，于 2004 年 1 月 14 日交款 2 万元。因此，赵铁良取得 B2-23 号停车位的使用权并非赠与取得，而是通过转让合同的形式购买了 B2-23 号停车位的使用权，并已支付了部分转让款 45 400 元。至于剩余转让款的履行问题，华润公司未明确表示放弃，尽管时至今日华润公司尚未主张，但这并不意味着华润公司放弃了追索停车位款的权利，因此，从目前证据看，华润公司就剩余停车位转让款对赵铁良仍享有债权。由于双方当事人对停车位的现市值存在一定争议，但差距不大，法院综合考虑转让款履行情况、停车位的现状以及赵铁良隐藏夫妻共同财产的故意，判决停车位使用权归赵铁良,由赵铁良给予常虹财产折价款 44 380 元,符合法律规定,保护了妇女权益,是正确的。

(北京市第二中级人民法院 胡建勇)

69. 罗五妹诉江业荣离婚后财产案
(夫妻共同财产的认定)

(一) 首部

1. 判决书字号:福建省三明市泰宁县人民法院(2010)泰民初字第 650 号。
2. 案由:离婚后财产纠纷。
3. 诉讼双方

原告:罗五妹,女,汉族,无业,住福建省泰宁县杉城镇。

委托代理人:伍业兴,福建明经律师事务所律师。

被告:江业荣,男,汉族,住福建省泰宁县杉城镇。

委托代理人:卓美珠,福建省泰宁县杉城法律服务中心法律工作者。

第三人:江洪汉,男,汉族,伤残退役军人,住福建省泰宁县杉城镇。

第三人:陈流妹,女,汉族,农民,住福建省泰宁县杉城镇。

第三人的共同委托代理人:黄行春,福建省泰宁县法律援助中心法律工作者。

4. 审级:一审。
5. 审判机关和审判组织

审判机关:福建省泰宁县人民法院。

合议庭组成人员:审判长:王盛荣;审判员:林建国、伍旺贵。

6. 审结时间:2010 年 5 月 6 日。

(二) 诉辩主张

1. 原告罗五妹诉称

原告与被告江业荣 2002 年认识后,于 2003 年 3 月 12 日登记结婚。被告方的危房拆建时,因缺乏资金,建房资金基本上由原告出资或借贷,建房共出资七万至八万元,装修共出资一万多元。2009 年 8 月 25 日,被告江业荣起诉离婚,2009 年 12 月 2 日,法院调解离婚时,原、被告双方同意自行协商处理夫妻共有财产。双方离婚后,原告多次与被告协商,被告也同意将夫妻共有财产中的房屋第三、四层分给原告。现出尔反尔,不将分给原告的房屋交付原告。为此诉至法院,要求将原夫妻共同财产现坐落于泰宁县杉城镇上北洲二巷 14 号房屋第三、四层判归原告所有。

2. 被告江业荣辩称

讼争房屋系被告父母亲即第三人江洪汉、陈流妹所有的房屋，不是夫妻共同财产。被告的父母在2002年以前就开始对旧房进行重拆重建，建房费用均由父母亲自行筹集而非由原告出资或借款。原、被告婚后共同生活时间不长，仅被告有正式工作，有稳定收入但仅能维持日常生活，原、被告均无资金投入进行拆旧建新。被告无权处分父母亲的财产，不存在与原告达成有关房屋析产的约定，请求法院依法追加江洪汉、陈流妹作为本案第三人参加诉讼，并判决驳回原告的诉讼请求。

3. 第三人江洪汉、陈流妹口头述称

现坐落于泰宁县杉城镇上北洲二巷14号前后两幢房屋（包括诉争房屋）系第三人财产。

(三) 事实和证据

福建省泰宁县人民法院经公开审理查明：2002年7月，原告罗五妹与被告江业荣同居生活。2003年3月12日，原、被告登记结婚，婚后未生育子女。因原、被告双方均系再婚，不能正确处理夫妻关系，导致夫妻感情不和，被告分别于2009年1月、8月两次向法院起诉要求与原告离婚。2009年12月2日，经法院调解，原、被告自愿离婚并一致同意自行协商处理夫妻共同财产。离婚后，原、被告对诉争房屋是否系夫妻共同财产以及如何分割意见不一。为此，原告诉至法院，要求将原夫妻共同财产，现坐落于泰宁县杉城镇上北洲二巷14号房屋第三、四层判归原告所有。

第三人江洪汉、陈流妹系被告江业荣的父母亲。1980年，第三人在原泰宁县上北洲13号现泰宁县上北洲二巷14号［国有土地使用权证证号：泰国用（1992）字第0821号，登记的使用权人：江洪汉］建造土木结构住房［房屋所有权证证号：泰房证字第00673号，登记的所有权人：江洪汉］及附属房。1999年，为了解决家庭成员住房拥挤问题，第三人拆除附属房建造砖混结构住房一幢（房屋所有权证证号：泰房证字第07666号，登记的所有权人：江洪汉），现由其大儿子江业平一家居住。2002年，第三人申请对土木结构的主房进行拆旧建新危房改造，未获批准。2002年10月前后，第三人自行拆除土木结构主房，建造砖混结构连体住房一幢。连体住房西侧为四层楼房（本案诉争房屋），占地约七十平方米，第二层现由第三人居住，第三层现由原、被告居住，第一层房间、第四层常年不定期出租，西侧楼房房屋出租的租金现由第三人收取；东侧为三层楼房，由第三人的三儿子江业宝一家居住。该连体住房至今未补办房屋建造审批手续，也未进行房屋所有权登记。第三人江洪汉、陈流妹未对家庭共有财产进行分家析产。

上述事实有下列证据证明：

1. 原告临时居民身份证复印件一份，证明原告主体资格。
2. （2009）泰民初字第902号民事调解书复印件一份，证明原、被告离婚的事实。
3. 调解笔录复印件一份，证明原、被告在离婚时对婚姻存续期间的共同财产存在争议。
4. 泰国用（1992）字第0821号国有土地使用权证复印件一份、泰房证第00673号房屋所有权证复印件一份，证明诉争房屋属第三人江洪汉所有。

5. 泰房证第07666号房屋所有权证复印件一份，证明诉争房屋后面的四层砖混结构的房屋也属第三人江洪汉所有。

6. 罗五妹出具借条复印件一份，证明原告向朱凤英借建房款人民币1万元。

（四）判案理由

福建省泰宁县人民法院经审理认为：依法设立的物权即合法财产方受法律保护。本案各方当事人诉争的房屋，建造前未依法办理相应的房屋建造审批许可手续，建造后至今未补办该手续，也未办理房屋所有权登记手续，其物权尚未有效设立。在有权机关对诉争房屋作出处理或依法办理相应手续前，本院现既不能认定诉争房屋属于第三人的财产也不能认定为原、被告的夫妻共同财产，更不能根据当事人的请求进行分割。在有权机关对诉争房屋作出处理或依法办理相应手续后，各方当事人对诉争房屋的归属仍不能达成一致意见，各方当事人可另行处理诉争房屋的权属争议。给予原告对诉争房屋第三层的使用权直至诉争房屋归属确定时，能公平、合理地平衡各方当事人的利益，有利于各方当事人的生产、生活秩序。

（五）定案结论

福建省泰宁县人民法院依照《关于适用〈中华人民共和国婚姻法〉若干问题的解释（二）》第二十一条之规定，作出如下判决：

原告罗五妹有权独立使用现坐落于泰宁县杉城镇上北洲二巷14号诉争房屋第三层及其附属设施，直至诉争房屋归属确定时。

本案受理费5 200元，原、被告各负担一半。

（六）解说

福建省泰宁县人民法院认为，本案各方当事人争议的焦点为：

一是诉争房屋是原、被告夫妻共同财产还是第三人财产。二是原、被告离婚时如何处理诉争房屋。对当事人的争议的焦点予以分析和论证如下：

1. 关于诉争房屋是原、被告夫妻共同财产还是第三人财产的问题。本院认为，诉争房屋的物权尚未有效设立，不能通过人民法院的裁判确认其效力和归属。诉争房屋是拆除第三人的土木结构主房后，在其宅基地上新建的房屋，拆除、建造前未依法办理相应的房屋建造审批许可手续，且至今未补办该手续，也未办理房屋所有权登记手续。根据《中华人民共和国物权法》第三十条的规定，因合法建造、拆除房屋等事实行为设立或者消灭物权的，自事实行为成就时发生效力。诉争房屋至今未依法办理或者补办相应的合法建造手续，不是依法建造。诉争房屋建造后，其物权尚未有效设立。另外，合法建造房屋与否，涉及房屋建造的行政审批、许可的问题，人民法院不能超越职权，径自通过裁判方式确认其效力和归属。因此，原告主张诉争房屋所有权系原、被告夫妻共同财产的意见，第三人、被告主张诉争房屋所有权系第三人财产的意见，在本案中均暂无事实和法律依据，不予采纳。

2. 关于原、被告离婚时如何处理诉争房屋的问题。本院认为，在有关行政机关对诉争房屋作出处理意见前，当事人请求对未依法办理相应合法建造手续的房屋进行分割的，人民法院不予处理。但原告作为离婚时妇女一方对诉争房屋的使用权，应视具体情况予以适当的保护。在诉争房屋建造过程中，第一，在参与建造的劳动方面。自2002年7月即原、被告登记结婚前，原、被告就同居生活。原、被告记录的建房明细账和原告经手支付的材料款、工资款等证据，可以证实原告在成为第三人、被告家庭成员之前、之后，参与了第三人旧房的拆除、诉争房屋的建造等工作，而且，鉴于第三人的年龄、身体状况，认定拆旧建新的主要组织工作由原、被告完成，比较符合实际情况。第二，在诉争房屋出资情况方面。各方当事人一致认可诉争房屋占用的土地系拆除第三人的土木结构主房后属于第三人的宅基地，原告自认第三人出资5 000元，第三人已还清向江业英借贷的建房款10 000元，证实第三人对诉争房屋的出资。对原告经手支付建造诉争房屋的材料款、工资款，被告、第三人虽否认系其出资，但暂不能提交充分的反证，证明原告所支付的款项均由第三人或被告出资而不是原告出资。相反，证人江闽杉的证言证实了各方当事人分别出资支付部分款项从而付清了证人的材料款及工资款，因此，不能否认原告对诉争房屋有出资的事实。由于原告、被告、第三人在本案中均暂不能充分举证证明诉争房屋的总造价以及各自出资的数额，本案对这一问题无法查明，但不影响认定原告、第三人对诉争房屋均有出资，家庭成员合作建造诉争房屋的事实。第三，在诉争房屋建成后的居住情况方面。诉争房屋建成后，原、被告离婚前，原、被告居住在诉争房屋的第三层。原、被告在法院调解离婚时，被告同意原告离婚后财产协商处理完毕前继续居住此处。综上，原告在成为被告、第三人家庭成员之前、之后均实际参与拆旧建新工作，并对诉争房屋确有出资，在诉争房屋归属确定前，保障原告对诉争房屋的使用权，有充分的事实依据。参照《最高人民法院关于适用〈中华人民共和国婚姻法〉若干问题的解释（二）》第二十一条的规定，离婚时双方对尚未取得所有权或者尚未取得完全所有权的房屋有争议且协商不成的，人民法院不宜判决房屋所有权的归属，应当根据实际情况判决由当事人使用。原告基于上述事实，在诉争房屋的物权有效设立或房屋所有权登记前，不论原告将来是否享有部分房屋所有权，应当保障原告对诉争房屋享有使用权直至诉争房屋归属确定时。因此，原告要求分割诉争房屋的诉讼请求没有事实和法律依据，不予支持，但可依法保障原告对诉争房屋的使用权；第三人、被告主张驳回原告诉讼请求的意见，不予采纳。

（福建省泰宁县人民法院 王盛荣）

70. 胡红英诉周剑雅离婚后财产案
（股东内部关系　转移、隐匿财产）

（一）首部

1. 判决书字号
一审判决书：江苏省常州市新北区人民法院（2009）新民一初字第2763号。
二审判决书：江苏省常州市中级人民法院（2010）常民终字第816号。
2. 案由：夫妻离婚后财产纠纷。
3. 诉讼双方
原告（上诉人）：胡红英，女，常州市人。
委托代理人：刘正平，江苏通江律师事务所律师。
被告（被上诉人）：周剑雅，男，常州市人。
委托代理人：袁良军，江苏张林芳律师事务所律师。
第三人：周宏坚，男，常州市人。
委托代理人：毛加俊、丹彦军，江苏张林芳律师事务所律师。
第三人：高琴美，女，常州市人。
委托代理人：周宏坚。
第三人：万丽萍，女，常州市人。
第三人：王蓉燕，女，常州市人。
4. 审级：二审。
5. 审判机关和审判组织
一审法院：江苏省常州市新北区人民法院。
合议庭组成人员：审判长：朱志道；代理审判员：陆丽娜；人民陪审员：贺明。
二审法院：江苏省常州市中级人民法院。
合议庭组成人员：审判长：龙孝云；审判员：汪杏芬；代理审判员：王佳。
6. 审结时间
一审审结时间：2010年2月9日。
二审审结时间：2010年8月12日。

（二）一审诉辩主张

1. 原告胡红英诉称
我与被告于2004年12月离婚，近日发现被告在常州滨江房地产代理有限公司（以下简称滨江公司）有229.5万元的出资，占该公司全部股份的75％，这一股权应为夫妻双方共同财产，由于被告隐藏财产，故要求：（1）判令被告在滨江公司的股权归原告所有；（2）本案诉讼费用由被告承担。

2. 被告周剑雅辩称

我与原告离婚时就所有夫妻共同财产进行了分割，不存在任何其他未分割的共同财产；登记在滨江公司229.5万元股权不是我实际出资，实际出资人为第三人周宏坚，其股权仍属周宏坚所有，原告本人对该事实是清楚的，故要求法院驳回原告的诉讼请求。

3. 第三人周宏坚述称

登记在被告名下的股权属我所有，被告只是挂名股东。该股权的出资人为我，我实际行使股东权利，请求确认诉争的股权为我所有。

4. 第三人高琴美、王蓉燕、万丽萍共同述称

2001年4月，我们三人共同出资组建了滨江公司，注册资本为10万元，2001年7月变更注册资本为20万元。2003年4月，我们三位股东一致同意周宏坚进入公司担任执行董事，周宏坚出资229.5万元，占注册资本总额的75％。2003年10月13日，我们四位股东召开股东会，周宏坚提出由于他本人在事业单位任职，没有精力主持公司日常事务，要求委托周剑雅代为行使股东权利，但周剑雅只是名义上的股东，公司的盈利与亏损均与周剑雅无关，实际股东仍是周宏坚，如果周剑雅担任公司经理，则报酬由公司承担。股东会当天签订了股东会决议，对该事项进行了明确，周剑雅本人也列席参加了该股东会会议。故滨江公司的实际股东一直都是高琴美、王蓉燕、万丽萍、周宏坚四人，周剑雅只是挂名股东。

（三）一审事实和证据

江苏省常州市新北区人民法院经公开审理查明：原、被告原系夫妻关系，双方于1991年4月24日登记结婚，因感情不和，双方于2004年12月15日经婚姻登记机关协议离婚，双方在离婚协议中约定："1. 孩子女周罂或（13岁）归周剑雅抚养；2. 龙虎塘东街111号面积256.86平方米别墅房产归周剑雅所有；3. 另外由男方周剑雅支付现金八万元人民币给胡红英；4. 胡红英放弃所有财产一切所有权与使用权；5. 债权债务无。"

2003年4月18日，滨江公司召开股东会议，决定由原股东万丽萍、高琴美、王蓉燕另增加周宏坚新股东，原注册资本由原20万元增加至306万元，周宏坚以货币形式投入，投资229.5万元，并选举周宏坚为滨江公司执行董事兼经理。2003年4月24日，常州安信会计师事务所有限公司根据银行询证函作出验资报告，确认四名股东的出资已全部到账，周宏坚实际出资额为229.5万元。2003年10月13日，万丽萍、高琴美、王蓉燕、周宏坚四股东召开股东会议，会上周宏坚以工作繁忙为由将其股东权利转给周剑雅代为行使，会议确定："1. 本公司实际股东为：周宏坚、万丽萍、高琴美、王蓉燕四人；2. 周宏坚名下的全部股金229.5万元人民币为周宏坚出资，相关公司的利润和亏损由周宏坚承担；3. 周剑雅行使名义股东的待遇报酬由

周宏坚承担，如果周剑雅出任公司总经理，其报酬由公司按规定承担。"周剑雅列席了该会议。2003年10月15日，滨江公司召开股东会议，决定将周宏坚出资额全部转让给周剑雅，周宏坚退出股东，并免去周宏坚执行董事兼经理的职务，重新选举周剑雅为执行董事兼经理。同日，滨江公司向工商部门申请变更，次日，工商部门核准登记。

另查明，被告周剑雅系第三人周宏坚妻子的弟弟，第三人周宏坚系常州市新北区河海街道劳动保障服务所所长，属于事业编制。

上述事实由离婚证、离婚协议、公司变更登记申请事项表、变更核定情况表、股东会决议、工商资料等证据以及原、被告、第三人陈述自认所证实。

（四）一审判案理由

江苏省常州市新北区人民法院经审理认为：在处理公司内部关系引发的纠纷时，主要应遵循契约自由、意思自治的原则，当事人对股东资格有明确约定，且其他股东予以认可的，应确定该当事人的股东资格。本案中，2003年10月13日滨江公司召开股东会议，全体股东一致确认登记在周剑雅名下的股份为周宏坚所有，周剑雅行使名义上的股东权利，滨江公司的盈利与周剑雅无关；滨江公司的其他三名股东在庭审中对该事实都已认可，且均有相关的股东会会议记录记载。原告仅凭工商登记主张登记在被告周剑雅名下的股份属原、被告双方婚姻存续期间的夫妻共同财产，但未有其他证据证明双方实际出资的事实，原告所举证据不足以推翻被告与第三人之间的协议效力，据此可以认定被告周剑雅仅是滨江公司的挂名股东，其在滨江公司不享有实际股权，原告要求分割被告周剑雅在滨江公司股权的请求证据不足，本院不予支持。周宏坚以有独立请求权的第三人主张登记在被告周剑雅名下的股份归其所有的主张，由其提供的出资验资材料、股东间的协议等加以证明，据此可以认定第三人周宏坚为滨江公司的实际股东。

（五）一审定案结论

江苏省常州市新北区人民法院依照《江苏省高级人民法院关于审理适用公司法案件若干问题的意见（试行）》第三条、第二十七条，《中华人民共和国民事诉讼法》第六十四条，《最高人民法院关于民事诉讼证据的若干规定》第二条之规定，作出如下判决：

1. 确认第三人周宏坚为滨江公司的实际股东，被告周剑雅为滨江公司的挂名股东，登记在被告周剑雅名下的股份归第三人周宏坚所有。
2. 驳回原告胡红英的诉讼请求。

案件受理费13 800元，由原告胡红英承担。

(六) 二审情况

1. 二审诉辩主张

(1) 上诉人胡红英诉称

第一，一审法院以当事人对股东资格有明确约定和全体股东一致确认为由，确认第三人周宏坚为公司实际股东的判决忽视了这些"股东"之间有着明显的利害关系这一事实。周剑雅与周宏坚是小舅子与姐夫的关系，高琴美与周剑雅是母子关系。而另外两位股东万丽萍、王蓉燕则与周宏坚在同一事业单位工作，有着密切的上下级关系。因此，这些股东的一致意见不足采信。第二，一审法院关于仅凭工商登记不足以推翻周剑雅与周宏坚之间协议效力的认定，有着明显的倾向性。请求撤销原判，依法改判，一、二审诉讼费由被上诉人承担。

(2) 被上诉人周剑雅辩称

胡红英与周剑雅在协议离婚时已对所有夫妻共同财产作了分割约定。登记在周剑雅名下的诉争股权，不属于周剑雅所有。原审判决认定事实清楚，适用法律正确，判决结果并无不当。请二审法院维持原判。

(3) 被上诉人周宏坚、高琴美、王蓉燕、万丽萍辩称

一审判决认定事实清楚，适用法律正确，判决结果并无不当，请求驳回上诉人的诉请。

2. 二审事实和证据

江苏省常州市中级人民法院经审理查明，周宏坚的身份确为事业编制人员，确认一审法院认定的事实和证据。

3. 二审判案理由

江苏省常州市中级人民法院经审理认为：本案涉及夫妻离婚后的财产纠纷，争议的焦点是离婚时周剑雅是否有隐藏、转移夫妻共同财产的行为。2004年12月15日，胡红英与周剑雅经婚姻登记机关协议离婚，双方在离婚协议中对夫妻关系存续期间的共同财产作出了处理，胡红英放弃了夫妻关系存续期间的所有财产，作为对价，周剑雅抚养婚生女周翌彧（13岁），周剑雅另外支付胡红英现金八万元人民币。现在胡红英提出其放弃的所有财产中不包括滨江公司股权，当时其并不知道滨江公司股权情况。根据《中华人民共和国婚姻法》第四十七条的规定，离婚时一方隐藏、转移、变卖、毁损夫妻共同财产或伪造债务企图侵占另一方财产的，分割夫妻共同财产时，对隐藏、转移、变卖、毁损夫妻共同财产或伪造债务的一方，可以少分或不分。离婚后，另一方发现有上述行为的，可以向人民法院提起诉讼，请求再次分割夫妻共同财产。据此，胡红英应举证证明周剑雅在离婚时有隐藏、转移夫妻共同财产的行为。胡红英不能举证证明离婚时周剑雅存在隐藏、转移夫妻共同财产的情况，故其请求不能成立。

此外，没有证据表明周剑雅为买受滨江公司股权支付了对价，这与各方当事人的陈述、自认以及周剑雅并不实际控制滨江公司的事实相互印证。

综上所述，上诉人胡红英的上诉理由不能成立，对其上诉请求，本院不予支持。原

审判决并无不当，本院予以维持。

4. 二审定案结论

江苏省常州市中级人民法院依照《中华人民共和国民事诉讼法》第一百五十三条第一款第（一）项之规定，作出如下判决：

驳回上诉，维持原判。

二审案件受理费13 800元，由上诉人胡红英负担。

（七）解说

本案审理中的争议焦点是滨江公司召开股东会形成的内部决议对胡红英是否有约束力，亦即周剑雅成为滨江公司的显名股东，是否是转移、隐匿夫妻共有财产的行为。解决该问题的关键，首先是要区分胡红英要求分割被告周剑雅在滨江公司中股份的行为属于公司的内部关系还是外部关系，如果是外部关系，鉴于周剑雅是在工商登记中在册的股东，基于信赖，胡红英可以要求分割股权，否则，应当按照公司内部关系进行处理。在公司法上，为保护交易的稳定性，对交易第三人适用外观主义原则，即交易相对人在能合理信赖对方的一种外观（行为外观或权利外观）时，即使这种外观是虚假、不真实的，交易相对人据此作出的交易行为也是有效的。由此可见，所谓公司的外部关系，一般是相对于进行交易的第三人而言，而本案中胡红英虽然要求分割股权，但其之于滨江公司属于非交易第三人，因此其与滨江公司之间的关系应该是公司内部关系。在处理公司内部关系时，不适用外观主义原则，其要求分割股权的请求，应当按照公司内部关系进行处理。现在胡红英提出其放弃的所有财产中不包括滨江公司股权，当时其并不知道滨江公司的股权情况。根据《中华人民共和国婚姻法》第四十七条的规定，离婚时一方隐藏、转移、变卖、毁损夫妻共同财产或伪造债务企图侵占另一方财产的，分割夫妻共同财产时，对隐藏、转移、变卖、毁损夫妻共同财产或伪造债务的一方，可以少分或不分。离婚后，另一方发现有上述行为的，可以向人民法院提起诉讼，请求再次分割夫妻共同财产。据此，胡红英应举证证明周剑雅在离婚时有隐藏、转移夫妻共同财产的行为，证明周剑雅为买受滨江公司股权支付了相应对价并实际控制该公司，但胡红英并没有能够对此作出证明。在处理公司内部关系引发的纠纷时，主要应遵循契约自由、意思自治的原则，当事人对股东资格有明确约定，且其他股东予以认可的，应确定该当事人的股东资格。本案中，2003年10月13日滨江公司召开股东会议，全体股东一致确认登记在周剑雅名下的股份为周宏坚所有，周剑雅行使名义上的股东权利，滨江公司的盈利与周剑雅无关；该事实有滨江公司股东会会议记录记载。该股东会会议记录对胡红英有约束力，鉴于周剑雅仅仅是名义上的股东，故胡红英要求分割股份的请求亦缺乏相应的事实和法律依据，故法院依法驳回了原告的诉讼请求。

（江苏省常州市新北区人民法院　陆丽娜）

71. 王建平诉王彩霞等民间借贷案
（离婚后一方所负用于婚后家庭共同生活的债务亦应为夫妻共同债务）

（一）首部

1. 判决书字号
一审判决书：北京市平谷区人民法院（2010）平民初字第04478号。
二审判决书：北京市第二中级人民法院（2010）二中民终字第22343号。
2. 案由：民间借贷纠纷。
3. 诉讼双方
原告（被上诉人）：王建平，女，汉族，住北京市顺义区。
一审委托代理人：贾洪泉，北京市曙光律师事务所律师。
二审委托代理人：高鹏，北京市中坤律师事务所律师。
被告人（上诉人）：王彩霞，女，汉族，北京市平谷区疾病控制中心职工，住北京市平谷区。
一审委托代理人：李景龙，北京市翔龙律师事务所律师。
二审委托代理人：郑广胜，北京市翔龙律师事务所律师。
被告（原审被告）：张云飞，男，汉族，北京市平谷区国税局第五税务所干部，住北京市平谷区。
4. 审级：二审。
5. 审判机关和审判组织
一审法院：北京市平谷区人民法院。
独任审判人员：审判员：张志满。
二审法院：北京市第二中级人民法院。
合议庭组成人员：审判长：胡新宁；审判员：任淳艺；代理审判员：刘建刚。
6. 审结时间
一审审结时间：2010年9月20日。
二审审结时间：2010年11月24日。

（二）一审诉辩主张

1. 原告王建平诉称
张云飞、王彩霞原为夫妻关系。我于2006年6月13日购买张云飞、王彩霞共有的北京市平谷区海关西园 21 号楼 3 单元 2 号楼房一套及车库一个，价款共计 52 万元。签约当天我即将款付给张云飞，因张云飞、王彩霞未归还该楼房贷款，以致银行不予办理解押手续，导致我购买楼房后迟迟不能办理过户手续。2008 年 3 月 11 日，张云飞、王彩霞在北京市平谷区民政局协议离婚。2008 年 4 月 23 日，我与张云飞签订房屋买卖补充协议，约定由我偿还楼房贷款，我偿还的贷款作为张云飞向我所借之款。当日，我借给张云飞 26 万元，张云飞用该款偿还所购楼房及张云飞、王彩霞共有的北京市平谷区海关西园 21 号楼 2 单元 2 号楼房贷款。此后，张云飞、王彩霞一直未归还我上述借款。张云飞在与王彩霞离婚后向我所借之款，系用于偿还张云飞、王彩霞婚姻关系存续期间的债务。故起诉要求张云飞、王彩霞连带偿还所欠我的借款 26 万元。

2. 被告张云飞辩称

借款属实，但我不同意王建平的诉讼请求。理由如下：（1）我向王建平借款时约定还款期限 5 年，尚未到还款期限。（2）借款是在我和王彩霞离婚后我个人所借，与王彩霞无关。（3）签订补充协议时我已告知王建平我与王彩霞离婚及财产处理相关情况。

3. 被告王彩霞辩称

我不同意王建平的诉讼请求。理由如下：（1）王建平和张云飞签订两次协议我均不知情。（2）我与张云飞离婚系因张云飞有第三者所致，张云飞将北京市平谷区海关西园 21 号楼 3 单元 2 号楼房和车库出售给王建平，是王建平协助张云飞转移财产损害我的利益。（3）即使借款存在，张云飞向王建平借款也是在离婚之后所借，与我无关。

（三）一审事实和证据

北京市平谷区人民法院经公开审理查明：张云飞、王彩霞原为夫妻关系。2006 年 6 月 13 日下午，王建平与张云飞签订房屋买卖协议，购买张云飞、王彩霞共有的位于北京市平谷区海关西园的 21 号楼 3 单元 2 号楼房一套及车库一个，价款共计 52 万元。当日，王建平将款付给张云飞，未办理过户手续（张云飞将房产证、楼房及车库钥匙交给王建平）。张云飞出售该楼房时与王彩霞关系尚好。王建平购房不久，对该楼房进行了装修，并在以后对相应的取暖费、物业费进行了缴纳。2008 年 3 月 11 日，张云飞、王彩霞在北京市平谷区民政局协议离婚，约定双方共同所有的北京市平谷区海关西园 21 号楼 2 单元 2 号楼房一套、北京市平谷区北小区 25 号楼 1 单元 3 号楼房一套、平谷区新平南路底商楼房一套、北京市平谷区海关西园 18 号楼 5 单元 9 号楼房一套及汽车 3 辆归双方之子张帅玺所有，上述楼房的贷款由张云飞负责偿还，张云飞、王彩霞未保留、分得财产。2008 年 4 月 23 日，王建平与张云飞签订房屋买卖补充协议，约定由王建平借给张云飞 26 万元，以办理银行解押手续，从而使王建平办理所购楼房过户手续。当日，王建平借给张云飞款 26 万元，张云飞将北京市平谷区海关西园 21 号楼 2 单元 2 号楼房一套、北京市平谷区海关西园 21 号楼 3 单元 2 号楼房一套的贷款还清，并协助王建平办理了北京市平谷区海关西园 21 号楼 3 单元 2 号楼房的过户手续。此后，张云飞始终未偿还王建平借款。故王建平诉至法院，要求张云飞、王彩霞连带偿还所欠借款 26 万元。张云飞、王彩霞各自以答辩理由拒绝偿还王建平借款。

关于借款偿还期限,张云飞称当初其提出5年内还清王建平借款,王建平口头表示同意;王建平则称其口头表示张云飞可以慢慢偿还,但未同意张云飞在5年内还清借款。

关于王彩霞对于张云飞出售北京市平谷区海关西园21号楼3单元2号楼房是否知情,王建平称看房时王彩霞在家,签买卖协议时亦在场,并提供证人刘国林出庭证实。张云飞否认王彩霞知情,并提供其弟证人张云东证实看房、签订房屋买卖协议时王彩霞不在场。

上述事实有下列证据证明:

1. 2006年6月13日的房屋买卖协议,用以证明王建平从张云飞处购买北京市平谷区海关西园21号楼3单元2号楼房一套及车库一个的事实。

2. 离婚协议书与离婚证明,用以证明张云飞与王彩霞于2008年3月11日离婚的事实及双方关于夫妻共同财产的分割方案。

3. 2008年4月23日的房屋买卖补充协议,用以证明张云飞从王建平处借款26万元的事实。

4. 银行贷款的还款手续,用以证明张云飞将北京市平谷区海关西园21号楼2单元2号楼房一套、北京市平谷区海关西园21号楼3单元2号楼房一套的贷款还清的事实。

(四)一审判案理由

北京市平谷区人民法院经审理认为:合法的民间借贷受法律保护。王建平购买楼房、车库不久对所购楼房进行了装修,并缴纳了以后的物业费、取暖费,王建平所购楼房又与张云飞、王彩霞当时居住的北京市平谷区海关西园21号楼2单元2号楼房相邻,张云飞、王彩霞称王彩霞对王建平购买其二人共有的北京市平谷区海关西园21号楼3单元2号楼房不知情,违背常理,法院不予采信。张云飞在未偿还银行借款的情况下全额收取王建平购房款,与王建平之间形成债权债务关系。该债权债务发生在张云飞、王彩霞婚姻关系存续期间,依法系张云飞、王彩霞的共同债务。张云飞、王彩霞离婚后,王建平为办理楼房过户手续借给张云飞款用于偿还银行借款,该借款属于张云飞、王彩霞婚姻关系存续期间王建平与张云飞、王彩霞之间债权债务延续所产生。王建平要求张云飞、王彩霞共同偿还借款理由正当,证据充分,法院应予支持。

(五)一审定案结论

北京市平谷区人民法院依照《中华人民共和国合同法》第二百零六条,《中华人民共和国婚姻法》第四十一条之规定,作出如下判决:

张云飞于判决生效后60日内偿还王建平借款26万元;王彩霞承担连带责任。

(六)二审情况

1. 二审诉辩主张

(1)上诉人王彩霞诉称

同一审答辩意见。

（2）被上诉人王建平辩称

同意原审法院判决。

（3）原审被告张云飞的述称

同一审答辩意见。

2. 二审事实和证据

北京市第二中级人民法院经公开审理查明：在张云飞与王彩霞签订的离婚协议书中约定，位于北京市平谷区海关西园18号楼5单元9号楼房一套归张云飞三弟张云生所有，该楼房未还清的贷款由张云飞负责偿还。二审审理期间，王彩霞认可其与张云飞离婚协议书中约定的归张帅玺所有的房屋现已过户登记在自己名下。张云飞在一审审理期间称，其2006年6月从王建平处收到的房款用于偿还朋友借款和饭店所欠的材料款等。

北京市第二中级人民法院确认一审法院认定的事实和证据。

3. 二审判案理由

北京市第二中级人民法院经审理认为：本案二审争议的焦点在于王彩霞是否应当就涉案借款承担偿还责任。张云飞从王建平处借款发生在张云飞与王彩霞办理完毕离婚手续之后，但该笔借款是用于偿还北京市平谷区海关西园21号楼2单元2号房屋和该楼3单元2号房屋的银行贷款，该贷款是张云飞与王彩霞婚姻关系存续期间的共同债务。虽然北京市平谷区海关西园21号楼3单元2号房屋在婚姻关系存续期间被张云飞所卖，但张云飞已在婚姻关系存续期间收齐全部房款，并将收取的房款用于张云飞与王彩霞的夫妻共同开支。现北京市平谷区海关西园21号楼2单元2号房屋已过户登记在王彩霞名下，所以王彩霞应与张云飞就涉案借款共同承担偿还责任。基于此，原审法院认定结果正确，并无不妥，应予维持。

4. 二审定案结论

北京市第二中级人民法院依照《中华人民共和国民事诉讼法》第一百五十三条第一款第（一）项之规定，作出如下判决：

驳回上述，维持原判。

（七）解说

本案争议的焦点是离婚后一方所负用于婚姻关系存续期间家庭共同生活的债务是否应为夫妻共同债务。

本案中张云飞从王建平处借款虽发生在张云飞与王彩霞办理完毕离婚手续之后，但该笔借款是用于偿还北京市平谷区海关西园21号楼2单元2号房屋和该楼3单元2号房屋的银行贷款，该贷款是张云飞与王彩霞婚姻关系存续期间的共同债务。随着该贷款的偿还，张云飞与王彩霞的夫妻共同债务的范围减少，夫妻共同财产范围增加，无论夫妻共同财产在夫妻离婚时如何分配，该笔离婚后产生的债务应视为夫妻共同债务，由二人共同偿还。

（北京市第二中级人民法院　刘建刚）

72. 米沙诉裴晓江抚养费案
（外籍子女抚养费是否应一次性给付）

（一）首部

1. 判决书字号
一审判决书：北京市朝阳区人民法院（2009）朝民初字第 21807 号。
二审判决书：北京市第二中级人民法院（2010）二中少民终字第 02782 号判决。
2. 案由：抚养费纠纷。
3. 诉讼双方
原告（上诉人）：米沙（Sebaochzhay Mikhail），男，俄罗斯籍，学龄前儿童，住上海市浦东新区。
法定代理人：卡佳（Sebaochzhay Ekaterina），俄罗斯籍，无业，住上海市浦东新区。系米沙的母亲。
委托代理人：魏飞，北京市盈科律师事务所律师。
委托代理人：苏宏鑫，北京市盈科律师事务所律师。
被告（被上诉人）：裴晓江，男，汉族，北京百花园科技应用有限责任公司经理，住北京市朝阳区。
委托代理人：朱战芳，北京市达奥律师事务所律师。
二审委托代理人：李健，男，汉族，无业，住北京市通州区。
4. 审级：二审。
5. 审判机关和审判组织
一审法院：北京市朝阳区人民法院。
独任审判人员：审判员：吴娜。
二审法院：北京市第二中级人民法院。
合议庭组成人员：审判长：艾明；代理审判员：邢述华、张春燕。
6. 审结时间
一审审结时间：2009 年 11 月 20 日。
二审审结时间：2010 年 6 月 18 日。

（二）一审情况

1. 一审诉辩主张
（1）原告米沙（Sebaochzhay Mikhail）诉称
卡佳系在中国的留学生，俄罗斯籍，2002 年在天津大学读书期间，经同学介绍与被告裴晓江相识。裴晓江自称单身和卡佳建立恋爱关系。双方于2003年开始同居。2005年1月27日卡佳在北京中日友好医院非婚生有一子,即米沙。米沙出生后,裴晓江将米沙和卡佳安置在通州区其妹妹家中,一直不管不问、避而不见,更没有给过任何经济上的帮助。在此期间,卡佳得知裴晓江已经有家庭。为了抚养米沙及追讨抚养费,卡佳独自在中国打工,经济上十分拮据。故诉至法院,要求裴晓江一次性给付原告抚育费66.59万元。

(2) 被告裴晓江辩称

2002年出国时,裴晓江通过翻译和米沙的法定代理人卡佳相识。回国后,通过接触,双方有好感。之后裴晓江知道卡佳怀孕,其曾经让卡佳做流产手术,卡佳不同意。在米沙出生后,裴晓江给过米沙五万元到十万元的补偿或者说是抚育费,并表示,如果米沙确实是自己的孩子,则同意给付抚育费,但关于抚育费支付的方式和数额,同意以月或季度的方式,按照每个月500元至600元的标准支付。

2. 一审事实和证据

北京市朝阳区人民法院经公开审理查明:裴晓江与卡佳于2002年相识。2005年1月27日,卡佳非婚生一子即米沙。现米沙诉至本院,要求裴晓江一次性给付抚育费至十八周岁止。

庭审中,经裴晓江申请,一审法院委托北京明正司法鉴定中心对原告和被告之间的亲权关系进行鉴定。北京明正司法鉴定中心于2009年10月12日出具《鉴定书》,检验结果为:"在不考虑多胞胎、近亲与外源干扰的前提下,支持裴晓江是米沙的生物学父亲。"裴晓江为此支出鉴定费用三千元。

米沙及卡佳向本院提交如下证据:(1) 北京百花园科技应用有限责任公司的营业执照,证明裴晓江自1995年8月至今经营有自己的公司。裴晓江对此份证据真实性表示认可,但认为营业执照的年检是2005年,该公司现已经被吊销。(2) 北京百花园科技应用有限责任公司章程,证明裴晓江在该公司占有80%的股份。裴晓江对此份证据真实性无异议,但认为应当按照各个公司的具体情况来看收入情况。(3) 北京市统计局数据及北京市营业性文化娱乐服务场所登记表,证明文化娱乐机构收入情况。裴晓江认为此份证据和本案无关,行业的收入并不能代表个人的收入。

裴晓江向本院提交如下证据:(1) 收入证明,其内容为,"裴晓江,男,系我单位经理,月收入1 800元"。落款处有北京百花园科技应用有限责任公司的公章。米沙认为,裴晓江系北京百花园科技应用有限责任公司的大股东且是法人代表,不能证明其收入;且裴晓江陈述说该公司已经被吊销,不可能为其出具证明。(2) 北京市2009年社会保险缴费基数采集表、社会保险缴费基数汇总表、基本医疗保险缴费工资基数核定表,其中,裴晓江上年月均工资为1 500元。该表上有北京市朝阳区社会保险基金管理中心的公章。米沙对此证据不予认可。

3. 一审判案理由

北京市朝阳区人民法院经审理认为:父母对子女有抚养教育的义务。非婚生子女享有与婚生子女同等的权利,不直接抚养非婚生子女的生父或生母,应当负担子女的生活费和教育费,直至子女独立生活为止。子女抚育费的数额,可根据子女的实际需要、父母双方的负担能力和当地的实际生活水平确定。抚育费应定期给付，有条件的可一次性给付。当事人对自己提出的诉讼请求所依据的事实或者反驳对方诉讼请求所依据的事实有责任提供证据加以证明。没有证据或者证据不足以证明当事人的事实主张的，由负有举证责任的当事人承担不利后果。

本案中，米沙系卡佳与裴晓江非婚所生，裴晓江应当负担米沙自出生之日起的抚育费。关于抚育费的数额，因裴晓江提交证据证明其有固定收入，而米沙所提交的证据不能够证明裴晓江的收入情况，亦不能证明裴晓江具有一次性给付抚育费的能力。现裴晓江同意按照每月500元至600元的标准、按月或按季度支付，米沙对此不同意，表示坚决要求被告一次性给付。故判决裴晓江按月支付抚养费，具体数额根据相关证据酌定。裴晓江虽辩解已经为米沙支付过部分抚育费，但未提交相应证据，故裴晓江该辩解不被采信。

4. 一审定案结论

北京市朝阳区人民法院依照《中华人民共和国婚姻法》第二十一条、第二十五条，《最高人民法院关于人民法院审理离婚案件处理子女抚养问题的若干具体意见》第七条、第八条，《最高人民法院关于民事诉讼证据的若干规定》第二条之规定，作出如下判决：

（1）裴晓江于本判决生效后7日内给付米沙2005年1月27日至2009年10月的抚育费三万四千二百元。

（2）裴晓江于2009年11月起，每月给付米沙抚育费600元，至米沙十八周岁时止。

（3）驳回米沙的其他诉讼请求。

如果未按本判决指定的期间履行给付金钱义务，应当依照《中华人民共和国民事诉讼法》第二百二十九条之规定，加倍支付迟延履行期间的债务利息。

（三）二审辩诉主张

1. 上诉人米沙诉称：

（1）原判以北京市朝阳区社会保险基金管理中心出具的北京市2009年社会保险缴费基数采集表为依据，认定裴晓江有固定收入是错误的，根据北京百花园科技应用有限责任公司（以下简称百花园公司）的工商档案显示，裴晓江系该公司的法定代表人，且在该公司占有80%的股份，因该公司行业特点，决定了我方不能准确地核算出该公司的收入情况，只能参照同行业平均收入，故裴晓江应认定为无固定收入。（2）米沙作为一名俄罗斯籍公民，其日后的经常居住地也将在俄罗斯，原判按月支付抚养费不适当且不具有可行性。裴晓江有自己的公司，名下有个人的房产及汽车，完全可以认定其具有一次性给付抚养费的能力。（3）原审中存在违反法定程序的情形，裴晓江在原审两次庭审中均没有对其收入提交证据，但在庭审程序结束后，裴晓江超过举证时限向法院补交了参加社会保险的证明，对此逾期证据原审法院依法不应组织质证，但仍不顾我方的强烈反对以所谓的谈话形式组织质证，明显偏袒裴晓江，并偏听偏信，违法采信失权证据。（4）在新中国成立初期，最高人民法院针对中国公民与外国人离婚后子女抚养费制度问题有批复，原则上应一次性支付。故要求二审法院撤销原判，依法改判支持米沙全部诉讼请求。

2. 被上诉人裴晓江辩称

（1）裴晓江提供了充分证据，证明本人有固定收入；（2）认定裴晓江的收入情况，不能依据公司的行业收入，更不能按照文化娱乐业的行业收入认定；（3）裴晓江不具备一次性支付抚养费的能力和条件；（4）一审法院审判没有程序不当的问题。

（四）二审事实和证据

北京市第二中级人民法院经审理查明：裴晓江与米沙之母卡佳于2002年相识。2005年1月27日，卡佳非婚生一子米沙。

在原审法院审理过程中，经裴晓江申请，原审法院委托北京明正司法鉴定中心对米沙和裴晓江之间的亲权关系进行鉴定。北京明正司法鉴定中心于2009年10月12日出具《鉴定书》，检验结果为："在不考虑多胞胎、近亲与外源干扰的前提下，支持裴晓江是米沙的生物学父亲。"裴晓江支付鉴定费用3 000元。

另查，裴晓江系百花园公司法定代表人，其在该公司占有80%的股份。该公司营业期限为1995年8月17日至2025年8月17日，并于2009年4月17日办理2008年度年检。

裴晓江在原审法院审理过程中提交北京市朝阳区社会保险基金管理中心出具的北京市2009年社会保险缴费基数采集表，证明其社会保险缴费基数为1 500元，另提交百花园公司出具的收入证明，内容为"裴晓江，男，系我单位经理，月收入1 800元"。米沙及其法定代理人认为裴晓江系百花园公司的大股东及法人代表，该公司出具的证明不具有真实性。

本案在本院审理过程中，米沙及其法定代理人申请本院调查裴晓江的财产情况，裴晓江认可北京市朝阳区管庄乡管庄村314号内房产系其在宅基地内建造，但未向本院提交宅基地使用权证明；车号为京K81085的白色丰田车虽登记在其个人名下，但应属夫妻共同财产。经本院向北京市昌平区建设委员会调查，裴晓江于2000年7月17日购置位于北京市昌平区东小口镇天通苑小区509号楼6单元4/5层1号住房一套，建筑面积186.72平方米，总价人民币494 808元，并于2006年7月21日领取房屋所有权证书。

再查，米沙现随其母卡佳未在京生活。

（五）二审判案理由

北京市第二中级法院经审理认为：父母对子女有抚养教育的义务。非婚生子女享有与婚生子女同等的权利，不直接抚养非婚生子女的生父或生母，应当负担子女的生活费和教育费，直至子女能独立生活时止。子女抚育费的数额，可根据子女的实际需要、父母双方的负担能力和当地的实际生活水平确定。抚养费一般应定期给付，有条件的可一次性给付。根据查明的事实，米沙系裴晓江与卡佳非婚生之子，裴晓江对米沙有抚养教育的义务。米沙及其母卡佳均非中国籍，现亦未在京生活，而裴晓江名下有购置的房产和汽车，其具有一次性给付抚养费的能力，故原判确定由裴晓江按月给付米沙抚养费的方式不妥，不利于米沙的成长需要，本院对裴晓江给付抚养费的方式予以变更。关于裴晓江应负担米沙的抚养费数额，因裴晓江系百花园公司的法定代表人，故由百花园公司出具的收入证明可信度较低；对于北京市2009年社会保险缴费基数采集表中显示百花园公司向社保机构缴纳的裴晓江社会保险缴费基数为1 500元，因该缴费基数不能完全确定裴晓江的收入情况，故对于裴晓江应给付米沙抚养费的数额，本院考虑米沙的实际需要、裴晓江的给付能力及今后物价变动的情况，综合确定。米沙及其法定代理人对于抚养费过高部分的主张，本院不予支持。

（六）二审定案结论

北京市第二中级人民法院依照《中华人民共和国民事诉讼法》第一百五十三条第（二）项之规定，作出如下判决：

1. 撤销北京市朝阳区人民法院（2009）朝民初字第21807号民事判决。
2. 裴晓江于本判决生效后7日内一次性给付米沙自2005年1月27日起至其十八周岁时止的抚养费15万元。
3. 驳回米沙其他诉讼请求。

如果未按本判决指定的期间履行给付金钱义务，应当依照《中华人民共和国民事诉讼法》第二百二十九条之规定，加倍支付迟延履行期间的债务利息。

（七）解说

本案的争议焦点在于抚养费的给付方式是否应为一次性给付。《最高人民法院关于人民法院审理离婚案件处理子女抚养问题的若干具体意见》第8条规定："抚育费应定期给付，有条件的可一次性给付。"本案中，父母的负担能力是决定是否适用一次性给付方式的重要因素。对于裴晓江的给付能力问题，裴晓江虽在原审法院审理过程中提交了百花园公司出具的收入证明，但因为裴晓江是百花园公司的法定代表人，故由百花园公司出具的收入证明可信度较低。此外，裴晓江还提交了北京市朝阳区社会保险基金管理中心出具的北京市2009年社会保险缴费基数采集表，证明其社会保险缴费基数为1 500元。但因为该缴费基数不能完全确定裴晓江的收入情况，所以，对于裴晓江的给付能力不能以此为依据确定。同时，米沙及其法定代理人认为裴晓江有房产、汽车，且是百花园公司的大股东及法人代表，应认定裴晓江有一次性给付的能力。通过二审审理过程中的当事人举证及法院调查取证，查明裴晓江拥有多处房产及汽车，这已足以证明裴晓江具有一次性给付的能力。

但是，父或母具有一次性给付抚养费的能力，并不必然导致一次性给付方式的适用，"有条件的可一次性给付"是可以而不是必须，所以，要判定抚养费是否应一次性给付还要考虑是否有必要。必要性问题与确定抚养费的给付方式密切相关，然而外籍子女的实际情况具有一定的特殊性。本案中，米沙随其母属俄罗斯籍，出生以来一直随母卡佳往来于中国和俄罗斯之间，并且其在上诉状中称，日后的经常居住地将在俄罗斯。二审期间，米沙随卡佳在上海生活。鉴于米沙长期未在京生活的现状，如果判令裴晓江每月给付抚养费，可能会出现抚养费收取困难、执行程序烦琐费力、成本过高的情形，这样，就可能会危及米沙的合法权益，造成外籍子女权利难以实现的局面。因此，二审法院根据裴晓江的负担能力、一次性给付的必要性及米沙的实际需要、今后的物价变动情况，综合确定裴晓江一次性给付米沙抚养费十五万元，更符合不在京甚至不在中国生活的外籍子女的最佳利益。

（北京市第二中级人民法院　管元梓）

73. 韩桂素诉曲爱霞等房屋所有权确权及分家析产案
（房屋登记效力与实际出资人的保护）

（一）首部

1. 判决书字号：山东省陵县人民法院（2009）民初字第781号。
2. 案由：房屋所有权确权及分家析产。
3. 诉讼双方

原告：韩桂素，女，汉族，无业，住河北省故城县。

委托代理人（特别授权）：韩风栋，男，汉族，农民，住址同上，系原告之父。

委托代理人：李文良，男，汉族，住德州市德城区。

被告：曲爱霞，女，回族，住德州市德城区。

被告：曲建辉，男，回族，无业，现下落不明。

被告：高宪栋，男，汉族，住德州市德城区。

4. 审级：一审。
5. 审判机关和审判组织

审判机关：山东省陵县人民法院。

合议庭组成人员：审判长：齐昭森；审判员：张长凤、刘长水。

6. 审结时间：2010年5月26日。

（二）诉辩主张

1. 原告韩桂素诉称

原告韩桂素与被告曲建辉曾系夫妻关系，两人于2000年购买岔河小区25号楼5单元5层东户房屋一套，因两人不符合贷款条件，所以用的被告曲爱霞（曲建辉之姐）的名字,但房屋的实际出资人为韩桂素与曲建辉及曲炳录,原告韩桂素与被告曲建辉及被告之父曲炳录共同居住期间曲炳录死亡,后该房的贷款陆续由韩桂素与曲建辉偿清,两人一直在该房居住,直至离婚,以上事实已由人民法院确认。该房是原告韩桂素与被告曲建辉完全所有,原告应拥有一半产权,要求分出。故诉至人民法院,请求维护原告母女二人的合法权益,确认曲爱霞名下的岔河小区25号楼5单元5层东户的房屋为原告韩桂素与被告曲建辉的共同财产,判令该房屋一半归原告韩桂素所有并分出,归还原告10万元。

2. 被告曲爱霞辩称

该房是平房拆迁后购买,当初的平房是被告曲爱霞帮助其父亲即曲炳录盖的,后来平房拆迁,用拆迁补偿款购买的该争议楼房。被告的父亲生前曾对其说,如果韩桂素与曲建辉好好过日子,房屋就让他们住,如果两人不好好过日子,曲爱霞有处理房屋的权利。被告父亲生病时,原告不管不问,也不出钱给父亲看病,后来被告父亲去世了,原告又来争房子。该房屋是被告曲爱霞自己的,当时只是借给原告和曲建辉居住。

3. 被告曲建辉在案件审理期间未作答辩。

4. 被告高宪栋辩称

该房屋是自己合法购买的,2006年11月份,被告通过中介看到该套房屋,以18.6万元买下,并于11月底办理了房屋过户手续,当时办理过户手续时,是由房权证署名的权利人曲爱霞签字,购房时是用现金交易的,交易是合法的。该房屋应归自己所有。

(三) 事实和依据

山东省陵县人民法院经公开审理查明:原告韩桂素与被告曲建辉原系夫妻关系,被告曲爱霞系被告曲建辉的姐姐,原告韩桂素与被告曲建辉于1999年结婚,婚后,两人一直与被告曲建辉的父亲曲炳录共同生活,居住在德城区顺成街26号平房内,该平房为曲建辉父亲所有。2000年平房拆迁,原告韩桂素与被告曲建辉及曲建辉的父亲曲炳录共同搬入拆迁后购置的德州市房屋建设综合开发总公司开发的岔河小区25号楼5单元5层东户房屋居住。该楼房购买合同人为被告曲爱霞,时间为2000年11月20日,房屋建筑面积为120.32平方米,地下室为6.93平方米,房屋总价款为124 429.87元(另有物业公共基金1 804.8元),首付现金99 429.87元,又办理了25 000元按揭贷款。2002年9月办理的房权证,房权证登记房屋所有权人为曲爱霞。2002年3月,被告曲建辉的父亲曲炳录病逝,后原告韩桂素与被告曲建辉一直在该房居住。2005年原告韩桂素以夫妻感情破裂为由向德城区人民法院提起离婚诉讼,德城区人民法院于2005年7月6日判决准予原告韩桂素与被告曲建辉离婚,判决书文号为(2005)德城民初字第413号。2006年12月12日,被告曲爱霞将原告韩桂素与被告曲建辉原居住的岔河小区25号楼的楼房以18.6万元价款出卖给被告高宪栋,双方办理了房屋过户手续。

关于原告韩桂素与被告曲建辉原居住的岔河小区25号楼楼房的权属,德城区人民法院(2005)德城民初字第413号民事判决书认定该楼房为原告韩桂素与被告曲建辉的夫妻共同财产,其主要依据为购房发票在原告韩桂素手中,被告曲建辉书写的借条"买房借款76 000元,地址岔河小区25号楼5单元5楼东户"等证据。在该案审理过程中,被告曲爱霞曾以证人身份出庭,称其是争议房产的房主,合议庭对其证言审查后认为,其对房屋情况不能详细说明,其证言不予采信。在上述案件审结后,被告曲建辉提起上诉,期间,被告曲爱霞在德城区人民法院对原告韩桂素和被告曲建辉提起侵权之诉,法院审理后认为诉争楼房的购房资金主要为拆迁补偿款,其次为银行贷款,而拆迁补偿款是拆迁单位补偿给被告曲建辉之父曲炳录的,该拆迁补偿款应作为遗产处理,在遗产处理前,该房屋处于共同共有状态。2006年6月23日,德城区人民法院(2005)德城民初字第2126号民事判决书判决驳回了被告曲爱霞的侵权之诉。

后德州市中级人民法院于2006年11月22日在上诉人曲建辉与被上诉人韩桂素离婚纠纷一案中,判决认定诉争的房屋未从家庭共有财产中析出,判令对该房屋的分割另案处理,判决书文号为(2005)德民一终字第501号。

2008年原告韩桂素就被告曲爱霞所诉的侵权案申请再审,德城区人民法院审理后认为,原被告争议的房产资金构成共有三部分,一是房屋拆迁款、二是银行贷款、三是借款,而拆迁补偿款是补偿给曲建辉之父曲炳录的,该款应视为被告曲建辉之父曲炳录的个人财产,应作为遗产处理,在遗产处理前,该房屋处于共同共有状态。2008年12月1日(2008)德城民再字第10号民事判决书判决维持了(2005)德城民初字第2126号民事判决书。

原告韩桂素提起要求确认争议的房产为其与被告曲建辉所有并要求析产的诉讼后,在本案的审理过程中,其依据的证据是购房发票,被告曲建辉书写的注明购买岔河小区楼房的76 000元借条、商品房质量保证书、商品房使用说明书,对被告曲爱霞及曲爱霞婆婆的录音等,上述证据原告在以往的案件审理过程中都曾提交过。

关于购房资金来源,原告称是用了部分拆迁补偿款;又向其父借款7万元,证据是被告曲建辉给其岳父韩风栋书写的76 000元的借条;以被告曲爱霞的名义办理的按揭贷款,证据是原告提交的录音。

关于原告提交对被告曲爱霞的录音,经当庭质证,被告曲爱霞称当时其对象住院,其以为原告是去探视,实则是去偷偷地录音,录音带内容表明买房时是以被告曲爱霞的名义贷的款,因其父曲炳录岁数大了,曲建辉没有单位,无法以他们的名义贷款。关于原告对曲爱霞婆婆的录音,内容表明因曲建辉没有即时还款、银行的人找到家里催款。对该段录音被告曲爱霞质证称不能确认就是其婆婆的声音。

被告曲爱霞称购房款来源是平房拆迁补偿款8万元,贷了2万余元,自己又添了部分款项。平房是其与父亲曲炳录共同盖的,其应是拆迁补偿款得主,但认可拆迁的平房房主是其父曲炳录。

另审理中还查明,被告曲建辉曾以争议楼房抵押贷款购车,在被告曲爱霞卖房过程中,被告高宪栋用购房款的6.5万元偿还了曲建辉的购车贷款。(2005)德民一终字第501号民事判决书主文第三、四项,判决婚后共同财产奇瑞车一辆归被告曲建辉所有,购车剩余贷款由被告曲建辉负责偿还。

上述事实有下列证据证明:

1. 原、被告陈述。

2. 有关书证。

(四) 判案理由

山东省陵县人民法院经审理认为：争议的岔河小区楼房虽然登记房主为被告曲爱霞，但根据已查明的事实，购买该房的资金来源为拆迁补偿款、银行贷款和个人借款几部分构成。拆迁补偿款应为曲炳录的个人财产，其人已去世，现无证据证明曲炳录已将该款赠与原告或被告，所以该房款应作为遗产处理。银行贷款根据原告提交的录音已证明当时因买房时曲炳录、曲建辉均不符合贷款条件，系曲爱霞顶名贷的款，曲建辉所写的借条也证明其曾从其岳父处为买房借过款，其借条上已注明所买楼房即是岔河小区争议的楼房，加上购房发票、商品房使用说明书、质量保证书等由原告掌握等证据，应认定争议楼房实为曲炳录与曲建辉、韩桂素共同购买，即争议楼房的产权所有人为曲炳录、被告曲建辉、原告韩桂素。房屋权属登记是行政机关依据当事人提交的资料，经过形式审查所进行的公示形式，在房屋权属发生争议时，确认房屋产权所有人，应以查明的购房事实为依据，而不应以房屋权属登记为准。被告曲爱霞依据房屋权属登记主张争议楼房为其所有，证据不足，其主张不予支持。财产共有形式有按份共有和共同共有，争议房产具体投资份额根据现有证据难以确定，应认定为共同共有，共同共有人为曲炳录、被告曲建辉、原告韩桂素。现共有人曲炳录已死亡，原告韩桂素与被告曲建辉已经离婚，且共有的楼房已被被告曲爱霞出卖，共有关系的基础关系已经丧失，共有人有权就共有的房产价值进行分割，原告韩桂素要求分割其原夫妻共同财产，应首先将其原夫妻共同财产从家庭共有财产中分离出来，即两人的夫妻共同财产为房产权益的三分之二。该房产已被被告曲爱霞出卖，卖房款 18.6 万元，去除曲炳录遗产 6.2 万元，原告韩桂素与被告曲建辉夫妻共同财产应为 12.4 万元。原告韩桂素个人应分得争议楼房财产收益 6.2 万元，被告曲爱霞系房屋出卖人，其出卖行为损害了原告的权益，其应偿付原告韩桂素楼房款 6.2 万元。被告曲爱霞收取的卖房款，其中 6.5 万元已用于为被告曲建辉偿还购车贷款，(2005) 德民一终字第 501 号民事判决书已就购车剩余贷款的偿还作出判决，本案不再审理。被告高宪栋通过房屋中介，付出合理的价款，购得争议楼房，并已办理了房屋过户手续，被告高宪栋应为该房产的善意取得者，其应为现房的合法所有者。

(五) 定案结论

山东省陵县人民法院依照《中华人民共和国民法通则》第一百零八条，《中华人民共和国物权法》第三十九条、第九十九条、第一百条、第一百零三条，《中华人民共和国民事诉讼法》第六十四条、第一百二十条第一款、第一百二十八条、第一百三十条之规定，作出如下判决：

1. 被告曲爱霞偿付原告韩桂素房款 62 000 元。
2. 驳回原告韩桂素对被告高宪栋的诉讼请求。

3. 驳回原告韩桂素的其他诉讼请求。

案件受理费 2 300 元由原告韩桂素负担 874 元,被告曲爱霞负担 1 426 元。

(六) 解说

原告韩桂素与被告曲建辉、曲爱霞间因婚姻问题、房产争议问题曾经历多次官司,此案亦属在前案基础上由德州市中级人民法院指定管辖的案件,案件主要焦点为利害关系人对房屋登记不予认可,房屋权属如何认定的问题,同时涉及对善意第三人的认定和善意第三人的权益保护等问题。本案中,在房屋买卖发生前,房屋的登记所有人为曲爱霞,但是房屋权属登记是行政机关依据当事人提交的资料,经过形式审查所进行的公示形式,在房屋权属发生争议时,确认房屋产权所有人,应以查明的购房事实为依据,而不应以房屋权属登记为准。山东省陵县人民法院从购房款的组成入手,还原买房时的实际资金构成,查明了房屋的实际购房者为本案原告韩桂素、本案被告曲建辉及曲建辉之父曲炳录,故房屋的实际所有人为该三人,而非该房屋的登记所有人曲爱霞,从而解决了本案的主要争议问题。本案的另一问题是,在案件审理前,房屋的登记所有人曲爱霞已经将房屋卖给本案被告高宪栋,且进行了房屋变更登记手续,高宪栋通过房屋中介,付出合理的价款,购得争议楼房,并已办理了房屋过户手续,应为该房产的善意取得者,其应为现房的合法所有者。原告韩桂素与被告曲建辉、被告曲爱霞间的房屋争议不得损害善意第三人高宪栋的合法权益,故不再对房屋,而是对售房款进行分割,既保护了房屋实际所有人的权益,也保护了第三人的合法权益,且符合经济流通和交易安全的需求。

(山东省陵县人民法院 齐昭森)

74. 温永兴等诉林铅蕉等、第三人温丽治继承案 (一户一宅、继承与分家析产)

(一) 首部

1. 判决书字号:福建省厦门市海沧区人民法院 (2010) 海民初字第 608 号。
2. 案由:继承纠纷。
3. 诉讼双方
原告:温永兴。
原告:温雪兰。
原告:温雅虹。
原告:温文勇。

上述四原告共同委托代理人：杨建辉，福建明鼎律师事务所律师。
被告：林铅蕉。
被告：温小琼。
上述两被告共同委托代理人：吴詹进，福建厦门天翼律师事务所律师。
第三人：温丽治。
4. 审级：一审。
5. 审判机关和审判组织
审判机关：福建省厦门市海沧区人民法院。
独任审判人员：审判员：郭静。
6. 审结时间：2010年6月10日。

(二) 诉辩主张

1. 原告温永兴等诉称

温××、林××系温永兴养父母，温××、林××共收养温永兴、温永坚、温丽治三人，温永坚于1972年死亡，其妻子林铅蕉随后携女温小琼改嫁。温××于1995年申请农村房屋建设用地一块，户内人员为四原告及温××、林××共计6人，温××于2001年死亡、林××于2002年死亡。2000年至2003年间建成该房产，但因申请用地问题，2006年10月23日颁发的《农村房屋所有权证》及《集体土地使用权证》仍然登记于温××名下，该房产应系四原告所有。故四原告诉至法院，请求判令温××、林××遗产中涉及《厦农房证海沧字第001374号农村房屋所有权证》登记的房产部分归四原告共同所有，并由被告承担本案诉讼费。

2. 被告林铅蕉等辩称

本案讼争房屋并非四原告共同所有的财产。按物权法及婚姻法规定，讼争房屋应是被继承人温××、林××的共同财产，因此应按继承法规定对讼争房产进行析产。原告请求将讼争房产判令由四原告所有缺乏法律依据，请求法庭驳回原告诉求，并按法律规定进行析产。

3. 第三人温丽治述称

在本案继承纠纷中，因温永兴实际赡养温××、林××，故其所应得的继承份额愿意全部让渡给温永兴所有。

(三) 事实和证据

厦门市海沧区人民法院经公开审理查明：案外人温××（别名温英惠）、林××（别名林喜育）一生共收养温永兴、温永坚、温丽治三人，温永坚于1972年死亡，温永坚之妻林铅蕉于1973年与案外人再婚。温××因病于2001年死亡、林××因病于2002年死亡，温××、林××死亡时其各自的父母均已死亡。温××、林××死亡后其法定继承人未进行分家析产。温××于1995年12月15日申请农村房屋建设用地一块，厦门市集美区土地管理局颁发一份集建（海95）第100号厦门市集美区建设用地许可证，该证载明土地使用者为"温英惠"，人口6人，用地红线图为120平方米，地点位于海沧镇温厝村10组。当时"温英惠"为户主，户名下的该户常住人口为妻子林××、二子温永兴、媳温雪兰、孙子温文勇、孙女温雅虹共计六人。2006年10月23日，厦门市国土资源与房产管理局颁发厦农房证海沧字第001374号《厦门市农村房屋所有权证》和厦集土证海沧字第001374号《厦门市集体土地使用权证》。第001374号《厦门市农村房屋所有权证》载明房屋所有权人为温英惠（已故），建成年份为2000年，总建筑面积为240平方米。备注栏上注明："根据厦土房〔2000〕028号文有关规定，本宗地批建二层，房屋实际建筑三层，总建筑面积360平方米，一层120平方米，二层120平方米，三层120平方米，其中违法超建120平方米，未处理……"

上述事实有下列证据证明：

1. 原告提供的厦农房证海沧字第001374号《厦门市农村房屋所有权证》，证明讼争房产下的宅基地登记权属人为案外人温××。

2. 原告提供的厦集土证海沧字第001374号《厦门市集体土地使用权证》，证明讼争房产登记权属人为案外人温××。

3. 原告提供的户籍资料、病历资料、亲属情况证明，证明原、被告、案外人温××、林××相互之间的亲属关系。

4. 庭审笔录。

（四）判案理由

厦门市海沧区人民法院经审理认为：温××、林××死亡时的合法财产属于可继承财产。我国农村建设用地实行一户一宅的原则，温××以其名义申请的建设用地属于户内六人共有，温永兴等四原告与温××、林××共同在该建设用地上建造讼争房产并在此房产内共同生活，该房产应属于温永兴等四原告与温××、林××六人共有。厦农房证海沧字第001374号《厦门市农村房屋所有权证》和厦集土证海沧字第001374号《厦门市集体土地使用权证》所确认合法的房屋面积为240平方米，其中属于被继承人温××、林××的共有部分系遗产。温××、林××死亡时的可继承房产所有权合计为80平方米。温永坚先于二被继承人温××、林××死亡，其女温小琼取得代位继承权，故温××、林××死亡时的讼争房产80平方米应由温永兴、温丽治和温小琼共同继承。温丽治同意将其应得的份额让渡给温永兴，故温永兴应分得其中的三分之二计53.33平方米，温小琼应分得其中的三分之一计26.67平方米。

（五）定案结论

厦门市海沧区人民法院依照《中华人民共和国继承法》第三条第二款、第十条、第十一条、第十三条之规定，作出如下判决：

1. 原告温永兴、温雪兰、温雅虹、温文勇共同拥有厦农房证海沧字第001374号

《厦门市农村房屋所有权证》和厦集土证海沧字第001374号《厦门市集体土地使用权证》房产中的213.33平方米。

2. 被告温小琼拥有厦农房证海沧字第001374号《厦门市农村房屋所有权证》和厦集土证海沧字第001374号《厦门市集体土地使用权证》房产中的26.67平方米。

3. 驳回原告温永兴、温雪兰、温雅虹、温文勇的其余诉讼请求。

本案受理费100元减半收取50元，由被告温小琼负担。

（六）解说

本案原、被告的争议焦点在于讼争房产的所有权人。原告主张讼争房产下的宅基地系案外人温××以其名义为包括温××夫妻二人及原告四人在内的六口人所申请，现因温××夫妻二人都已死亡，因而宅基地上的房产应属原告四人共有。而被告则认为因为宅基地使用权证及其上的房屋所有权证上的权属人都只有温××一人，所以讼争房产应属温××及其妻的夫妻共有财产，原告并非权属人。从表面上看，被告的抗辩似乎更符合当前不动产登记的"公示公信原则"，但是，本案讼争房产系农村村宅，在当前农村实行"一户一宅"政策的情况下，对农村村宅的产权人认定不能简单地如城市商品房那样直接依照权证上的登记将登记人认定为产权人，而应当从具体情况出发，查明宅基地申请时家庭成员情况及其上房屋落成时家庭成员情况，照此还原农村村宅实际产权人，避免判决偏颇。理由如下：

由于长期以来农村对集体土地建设用地管理的混乱，农村村民住房用地严重超标及"一户多宅"等情况凸显。国家为缓解这些矛盾，强化农村建设用地管理，首次在1998年修订的《土地管理法》提出"一户一宅"制度。《土地管理法》第六十二条规定："农村村民一户只能拥有一处宅基地，其宅基地的面积不得超过省、自治区、直辖市规定的标准。"按此原则，农村村民在具备"一户"条件时，可向基层土地管理部门申请宅基地，土地管理部门根据该户内所包含的家庭成员数，在省市规定的标准范围内，批予该户相应面积的宅基地，申请宅基地时户内人口的多少与可获批的宅基地面积成正比。由此可见，申请宅基地时户内每位家庭成员对获批的宅基地都占有相应份额，宅基地使用权属户内家庭成员共同共有。但是，在登记实践中，这些宅基地的共有权人一般并未能被体现在宅基地使用权证上的登记使用人中，较为普遍的做法是申请人（户主）被登记为宅基地使用者，做法规范的地区则在宅基地使用权证后页备注户内人口数（如本案），做法稍不规范的地区则无此备注。如此做法缺乏法律依据，导致了宅基地登记使用权人与实际使用权人不一致的问题出现，这也必然引起宅基地上房屋产权登记人与实际产权人不一致的乱象。因为根据农村宅基地房屋登记原则，即"先地后房"原则，只有宅基地使用权证上的登记人才能被登记为房屋所有权人。而依据"房地不可分离"的法律原则，房屋所有权与房屋占用范围内的宅基地使用权利主体必须一致，宅基地使用权为户内家庭成员共同共有，其上的房屋所有权也必须为户内家庭成员共同共有，宅基地上房屋产权登记人与实际产权人不一致的现象由此产生，当产权共有人、相关权利人等因登记主体不明而对产权主体有不同理解时，便容易引发相关纠纷。随着农村经济发展和农村城市化改造进程的加快,农村土地价值年年攀升。如果进行拆迁,村民得到的拆迁补偿费用也相当可观。对于很多村民来说,该笔费用无疑会成为家庭财产中最重要的部分。正因如此,在离婚及遗产纠纷案件中,宅基地使用权及房屋所有权的分割自然成为该类案件中争议的焦点。为解决此争议焦点,最好的解决办法是保证农村村宅产权登记人与实际产权人相一致,为此,基层土地登记机关应及时修正现时不正确的宅基地登记方式,对农村宅基地以"户"作为登记主体,从而保证登记名义人与实际权属人的相一致,避免相关纠纷的产生。

继承往往会伴随分家或析产。但是,继承与分家析产之间是具有严格区别的,区分二者在现实生活中很重要。在一些遗产案件中,人们正是常常把家庭共有财产都当做死者的个人遗产才引发纠纷。因此,继承开始之后,应先进行析产,划出共有财产中属于被继承人的那一部分才是可以继承的遗产,若混淆此顺序,将会造成遗产范围的不正当扩大,从而侵害相关产权人的正当权益。

在本案中,原告主张因案外人温××、林××死亡,因此本应属六人共有的房产因两人的死亡事实而导致房产成为四人共有;而被告将本属四原告及案外人温××、林××六人共有的讼争房产都当做温××、林××的个人遗产,从而要求按继承法对整套房产进行分割。原被告双方正是混淆了继承与分家析产,将两者掺杂在一起才导致作出如上错误主张。依照我们前面分析,讼争房产本属四原告及案外人温××、林××六人共有,因此,应先对讼争房产析产,将四原告所享有的六分之四份额划分出来,剩余的六分之二才能确认为温××、林××的遗产,如此的先后顺序才能正确地确认每个共有人、继承人对房产所享有的份额。

(厦门市海沧区人民法院 郭静 郭碧娥)

75.徐雪华诉程乃莉等析产继承案
(农村宅基地)

(一)首部

1.判决书字号:上海市宝山区人民法院(2010)宝民初字第5750号。
2.案由:析产继承纠纷。
3.诉讼双方
原告:徐雪华,女,汉族,住上海市宝山区。
被告:程乃莉,女,汉族,住上海市宝山区。
被告:程乃英,女,汉族,住河南省濮阳市华龙区。
被告:程乃珊,女,汉族,住上海市宝山区。
被告:程乃良,男,汉族,住上海市宝山区。

被告：程乃菲，女，汉族，住上海市虹口区。
被告：赵荣玲（原名程乃益），女，汉族，住江西省南昌市青山湖区。
被告：程乃平，男，汉族，住上海市宝山区。
第三人：周锡娥，女，汉族，住上海市宝山区，系程乃平的妻子。
第三人：程咏炜，男，汉族，住上海市宝山区，系程乃平的儿子。
4. 审级：一审。
5. 审判机关和审判组织
审判机关：上海市宝山区人民法院。
独任审判人员：审判员：张黎华。
6. 审结时间：2010年11月5日。

(二) 诉辩主张

1. 原告徐雪华诉称

原告与被继承人程之喆系夫妻关系，7名被告系原告与被继承人婚后所生育的子女。2008年1月1日被继承人去世。被继承人生前与原告的夫妻共同财产包括位于上海市宝山区杨行镇西街村吉门353号房产一处，该房产至今尚未进行继承。现原被告因此产生纠纷，故原告诉请法院分割系争房屋并依法继承。

2. 被告程乃莉、程乃英、程乃珊、程乃良、程乃菲、赵荣玲共同辩称

系争房屋属于被继承人遗产的部分，应该由被告方共同继承，请求法院依法处理。

3. 被告程乃平辩称

系争房屋包括一上一下楼房共计两间和灶间一间，灶间系被告程乃平建造，故产权应归被告程乃平所有。在被告程乃平结婚时，原告和被继承人以及其他被告都已经同意将一上一下楼房给被告程乃平，故该房屋也应归被告程乃平所有。综上，不同意原告和其余6被告对系争房产进行继承的意见。

4. 第三人周锡娥、程咏炜共同述称意见与被告程乃平相同。

(三) 事实和证据

上海市宝山区人民法院经公开审理查明：原告徐雪华与被继承人程之喆系夫妻，其二人婚姻关系存续期间共生育七名子女即被告程乃莉、程乃英、程乃珊、程乃良、程乃菲、赵荣玲、程乃平。其中被告赵荣玲曾送与他人收养，但被告赵荣玲与原告和被继承人互相联系，约在10年前开始断断续续回家看望父母、送东西和钱，并在原告和被继承人身体状况变差后参与经济扶养和轮流照顾。被继承人程之喆于2008年1月1日去世，未有遗嘱。第三人周锡娥与被告程乃平系夫妻，第三人程咏炜系其二人所生之子。

系争房屋位于上海市宝山区杨行镇西街村吉门353号宅基地上，包括一上一下两间楼房和灶间一间，均系原告和被继承人于新中国成立前建造，1951年土改时确定该房

屋产权归被继承人程之喆、原告徐雪华（徐锡华）、被告程乃良、程乃莉、程乃英（乃瑛）、程乃珊、程乃菲、迟阿芳共同所有（迟阿芳系被继承人程之喆的母亲，已于1962年去世。当时被告程乃平尚未出生。）。两间楼房建造至今未改、翻建，现由原告徐雪华居住使用。1987年，该宅基地上灶间翻建取得了修建房屋许可证，被许可人为被告程乃平。1992年9月24日，上海市宝山区人民政府颁发了上海市宝山区杨行镇西街村吉门353号宅基地的使用证，确认土地使用权利人为被继承人程之喆，其宅基地附图显示楼房和灶间均为该户所有房屋。

另，在1987年翻建灶间时，该宅基地上实际居住人口包括被继承人程之喆、原告徐雪华、被告程乃平、第三人周锡娥及程咏炜。

另查明，1992年，被继承人程之喆、原告徐雪华、被告程乃莉、程乃英、程乃珊、程乃良、程乃菲作为共同原告起诉来院，案号为（1992）宝法民初字第1190号，请求判令被告程乃平、周锡娥迁出系争房屋杨行镇西街村吉门353号并拆除其违章翻建的灶间一间。在该案中，被继承人陈述，1986年灶间翻建时，程乃平、周锡娥未经其同意，造灶间的一部分材料是被继承人的，大部分材料、人工都是被告程乃平和周锡娥的。该案还查明，被告程乃平于1981年和周锡娥结婚，结婚后也居住在系争房屋内。1988年至1991年12月，被告程乃平、周锡娥在他处建造了二上二下楼房及灶间，并于1989年搬入新建房屋。

庭审中，被告程乃平称，其新建房屋现由其儿子程咏炜居住，其和妻子周锡娥仍然居住在系争房屋内，对此，原告及其余被告予以否认。

（四）判案理由

上海市宝山区人民法院经审理认为：遗产与家庭财产混同的，应首先将遗产从家庭财产中析离，再由继承人对被继承人的遗产依法继承，故本案应为析产继承纠纷。被继承人的配偶、子女及父母系第一顺序继承人。继承权男女平等。继承权诉讼时效最长为20年，超过20年的不予保护。被收养人对养父母尽了赡养义务，同时又对生父母扶养较多的，除可继承养父母的遗产外，还可分得生父母的适当遗产。确定宅基地房屋权属时，应综合考虑土改证、宅基地使用证、建房用地审批等文件上核定的人员以及房屋新建、翻建、改扩建等情况。房屋经土改登记及农村宅基地使用权登记，未进行新建、翻建、改扩建的，以土改登记及农村宅基地使用权证核定人员为房屋的权利人。农村建房用地审批文件中核定的未成年人可认定为宅基地房屋的共同所有权人。确定宅基地房屋权利人的具体产权份额时，应当充分考虑仍为集体经济组织成员的权利人以及对系争宅基地上房屋一直进行维修、保养等义务的权利人利益。

关于系争房屋的权利确认即遗产的析出，本案中，系争房屋包括一上一下两间楼房和一间灶间，关于楼房，根据土改证和宅基地使用证，其登记权利人包括被继承人程之喆、原告徐雪华、被告程乃良、程乃莉、程乃英（乃瑛）、程乃珊、程乃菲、迟阿芳等8人，但因案外人迟阿芳过世后已逾20年，故其继承人对该房屋的继承权已超过诉讼时效，相关权利本院确认直接由其他7个共同权利人享有。综上，本院确认楼房的共同所有权人为程之喆、原告徐雪华、被告程乃良、程乃莉、程乃英（乃瑛）、程乃珊、程乃菲7人，其中具体权利份额本院酌情确认被继承人程之喆、徐雪华各享有25%，被告程乃良、程乃莉、程乃英（乃瑛）、程乃珊、程乃菲各享有10%。鉴于被告程乃良同意将其所享有的10%的权利份额赠与其母亲享有，故原告徐雪华对楼房享有35%的权利份额。被继承人程之喆所享有的25%的权利份额应作为遗产依法继承。关于灶间，现尽管多方查找翻阅相关档案资料，仍然无法获得该灶间翻建时的宅基地建房申请单。综合考虑农村建房申请多系以申请宅基地上的共同居住人作为共同建房申请人填写申请单的实际情况，本院仍以此作为确权依据。现原、被告及第三人也均确认翻建灶间时该宅基地上实际居住人口包括被继承人程之喆、原告徐雪华、被告程乃平、第三人周锡娥及程咏炜，再考虑到出资状况等因素，本院确认灶间归被继承人程之喆、原告徐雪华、被告程乃平、第三人周锡娥及程咏炜五人共同所有，其各自的权利份额本院酌情确定各为20%。

关于继承人的范围及如何继承，根据相关法律规定，被继承人的父母、配偶及子女均为合法继承人，但被继承人程之喆的父母均已过世，其子女包括被告程乃莉、程乃英、程乃珊、程乃良、程乃菲、赵荣玲、程乃平。本案中，被告赵荣玲尽管被他人收养，但其仍然履行了对被继承人的扶养和经济资助义务，宜在处理被继承人的遗产时适当考虑其继承权。故本院确定原告徐雪华、被告程乃莉、程乃英、程乃珊、程乃良、程乃菲、赵荣玲、程乃平共计8人均对被继承人程之喆的遗产享有继承权。尽管原告及除程乃平之外的其他被告均称被告程乃平在对原告的赡养中有不当行为，要求法院在分割遗产时予以考虑，但因其他被告多在外地，被告程乃平与被继承人和原告共同生活在同一经济组织内，客观上具有赡养的便利条件，故本院确定对遗产（包括被继承人程之喆对楼房享有的25%权利份额和对灶间享有的20%权利份额）的份额由各继承人继承。希望在以后的生活中，原、被告及第三人之间能够妥善处理好家庭关系，和睦相处，以使原告能安享晚年。鉴于本案各方当事人均要求确认权利份额即可，故本院仅确认其各自的权利份额和应继承份额。综上，各权利人对房屋各自享有的权利份额再加上本院确认的其应继承的权利份额（鉴于被告程乃良自愿将其享有的份额赠与其母亲原告徐雪华，此系对权利的合法处置，于法无悖，本院予以准许，则程乃良应继承的份额本院直接确认由徐雪华享有），本院最后确认原告徐雪华对系争房屋的楼房享有41.250%权利份额，对灶间享有25.000%的权利份额。被告程乃平对系争房屋的楼房享有3.125%、对灶间享有22.500%的权利份额，被告程乃莉、程乃英、程乃珊、程乃菲4人均应分别享有楼房的13.125%和灶间的2.500%的权利份额，被告赵荣玲享有楼房的3.125%和灶间的2.500%的权利份额。

（五）定案结论

上海市宝山区人民法院依照《中华人民共和国民法通则》第七十一条，《中华人民共和国继承法》第十条，《最高人民法院关于贯彻执行〈中华人民共和国继承法〉若干问题的意见》第十八条、第十九条之规定，作出如下判决：

原告徐雪华对现位于上海市宝山区杨行镇西街村吉门353号宅基地上一上一下楼房享有41.250%的权利份额；对灶间享有25.000%的权利份额；被告程乃平对现位于上海市宝山区杨行镇西街村吉门353号宅基地上一上一下楼房享有3.125%的权利份额；对灶间享有22.500%的权利份额；被告程乃莉、程乃英、程乃珊、程乃菲对现位于上海市宝山区杨行镇西街村吉门353号宅基地上一上一下楼房各享有13.125%的权利份额；对灶间各享有2.500%的权利份额；被告赵荣玲对现位于上海市宝山区杨行镇西街村吉门353号宅基地上一上一下楼房享有3.125%的权利份额；对灶间享有2.500%的权利份额；第三人周锡娥、程咏炜对现位于上海市宝山区杨行镇西街村吉门353号宅基地上的灶间各享有20%的权利份额。案件受理费减半收取为400元，由被告程乃莉、程乃英、程乃珊、程乃菲、程乃平各负担70元，被告赵荣玲负担50元。

（六）解说

本案涉及农村宅基地房屋纠纷中的一个典型问题即对于无建房用地审批文件的宅基地房屋权利如何确认问题。我国一直未建立农村房屋所有权登记制度，长期以来，在处理涉及农村宅基地权属纠纷时，多是根据土地使用权证和农村建房审批文件来确定相关权利人。2007年12月，上海市高级人民法院颁布了《关于审理宅基地房屋纠纷若干问题的意见（试行）》（以下简称《意见》），对涉宅基地房屋纠纷处理的几个问题作出了明确规定，供审理案件时参考。该《意见》也是审判中的主要参考依据。根据该《意见》，在确定宅基地房屋权属时，应综合考虑土改证、宅基地使用证、建房用地审批等文件上核定的人员以及房屋新建、翻建、改扩建等情况。房屋经土改登记，未经农村宅基地使用权登记及未新建、翻建、改扩建的，以土改时登记的权利人为房屋的权利人。房屋经土改登记及农村宅基地使用权登记，未进行新建、翻建、改扩建的，以土改登记及农村宅基地使用权证核定人员为房屋的权利人。农村建房用地审批文件中核定的未成年人可认定为宅基地房屋的共同所有权人。确定宅基地房屋权利人的具体产权份额时，应当充分考虑仍为集体经济组织成员的权利人以及对系争宅基地上房屋一直进行维修、保养等义务的权利人利益。

在审判实践中，据以确定房屋权属的主要证据即为土改证、宅基地使用证以及建房用地审批文件，其中宅基地使用证系以户为单位的权利人登记为户主1人，共同权利人则需要根据建房用地审批文件来确定。建房用地审批文件包括《农村建筑用地申请单》以及《修建房屋许可证》。其中，前者是后者的基础，申请建房许可证时需要提供的必备文件即经过审批的建筑用地申请单。本案中，关于系争房屋的楼房，其在建造后未发生改建，故通过土改证即可反映其建造时的权利人状况，此后的宅基地使用证登记也与土改证的登记一致，故根据《意见》即可对该楼房权属作出确认。但对于系争房屋中的灶间，因其在建造后曾进行了重新翻建，且初建和翻建相隔数十年，故其权利人状况很可能发生改变，而其权属依法也应根据翻建时的《农村建筑用地申请单》所载明的共同申请人来确认。但本案中，原、被告双方均不能提供该《农村建筑用地申请单》，一般情况下,对此种情况,则存在两种可能,一种是该灶间为未获得审批、违规翻建的违章建筑,另一种是确曾获得审批,但原《农村建筑用地申请单》遗失。经当事人和法院多方查找,查到了灶间在翻建时取得的《修建房屋许可证》,鉴于根据农村建房行政审批的程序,《农村建筑用地申请单》是获得《修建房屋许可证》的必备文件,故系争房屋中的灶间应为合法翻建,据此排除了违章建筑的可能,但其《农村建筑用地申请单》应系在档案保管过程中遗失。在此种情况下,如何确定灶间的权属,该案抛开了仅仅局限于书面证据的局限,通过考察建房申请时该户的实际居住人口,结合农村建房申请时申请人通常即为该户共同居住人和户籍人口的客观做法,查明了灶间翻建时该户的实际人口为被继承人程之喆、原告徐雪华、被告程乃平、第三人周锡娥及程咏炜(此也与宅基地使用证权利人为被继承人程之喆、《修建房屋许可证》的被许可人为被告程乃平相一致),并据此确定灶间系由被继承人程之喆、原告徐雪华、被告程乃平、第三人周锡娥及程咏炜共同共有。该案在一审判决后,各方当事人均未上诉,应当认为,法院据此确定灶间的权属既是符合实际权利状况的,也是合乎相关当事人的心理预期的。

(上海市宝山区人民法院　张黎华)

76. 黄月娥诉被告秦飞、黄伟、秦玮泽法定继承案
(法定继承、遗嘱继承)

(一) 首部

1. 判决书字号

一审判决书:江苏省启东市人民法院(2008)启民一初字第2099号。

二审判决书:江苏省南通市中级人民法院(2010)通中民终字第0672—2号。

2. 案由:遗嘱继承纠纷。

3. 诉讼双方

原告(被上诉人):黄月娥,女,汉族,住江苏省启东市惠萍镇。

委托代理人:杨中伟,江苏南通扬子江律师事务所律师。

委托代理人:戴健雷,男,汉族,住江苏省无锡市南长区。

被告(上诉人):秦飞,男,住江苏省启东市汇龙镇。

委托代理人:黄健华,启东市民主法律服务所法律工作者。

被告:黄伟,女,汉族,住江苏省启东市寅阳镇。

被告:秦玮泽(曾用名戴海荣、茅轻舟),女,汉族,住江苏省启东市汇龙镇。

4. 审级:二审。

5. 审判机关和审判组织

一审法院：江苏省启东市人民法院。

合议庭组成人员：审判长：施瑜；代理审判员：蔡志坚；人民陪审员：陆祖彬。

二审法院：江苏省南通市中级人民法院。

合议庭组成人员：审判长：陆燕红；审判员：徐红平、顾晓威。

6. 审结时间

一审审结时间：2010年3月17日。

二审审结时间：2010年5月19日。

（二）一审诉辩主张

1. 原告黄月娥诉称

被告秦飞与被告黄伟、秦玮泽分别系被继承人戴鹤萍的丈夫和女儿。原告与顾美兰均与戴士元结婚，所组成的家庭系旧社会形成的一夫多妻家庭。顾美兰与戴士元婚后生戴鹤萍等四个子女，从小学习、生活费用靠原告和戴士元的工资收入支付，原告与戴鹤萍已形成实际的扶养关系。1988年，戴鹤萍作为原告的家庭成员，随原告的户口农转非。2003年6月24日，戴鹤萍车祸身亡，根据《最高人民法院关于贯彻执行〈中华人民共和国继承法〉若干问题的意见》第二十条："在旧社会形成的一夫多妻家庭中，子女与生母以外的父亲的其他配偶之间形成扶养关系的，互有继承权"的规定，要求继承被继承人戴鹤萍的遗产72 785元及10%的公司股权。

2. 被告秦飞辩称

被继承人戴鹤萍是顾美兰与戴士元的亲生女儿，顾美兰与戴士元分居后，原告黄月娥与戴士元共同生活。顾美兰与戴士元所生的四个子女，均与顾美兰共同生活，由顾美兰抚养成人，与原告黄月娥之间没有形成扶养关系，且原告黄月娥与戴士元之间也生有三个子女，其赡养义务应由其三个子女承担，故原告要求继承被继承人戴鹤萍遗产的诉请没有事实和法律依据，请求法庭依法驳回原告的诉请。

3. 被告黄伟、秦玮泽辩称

原告黄月娥与被继承人戴鹤萍之间不存在扶养关系，原告不具备法定的第一顺序继承人资格。理由是：（1）顾美兰与戴士元在20世纪30年代结婚，婚后生育了戴鹤萍等四个子女，过了十多年，原告黄月娥与戴士元结婚，婚后也生育了一子二女，但这二房各自生活，故原告既非戴鹤萍亲生的母亲也非继母，不属于《继承法》规定的第一顺序继承人。（2）原告黄月娥与戴鹤萍之间不存在扶养关系，相互不具有继承关系。原告黄月娥与戴士元结婚后，形成了旧社会的一夫多妻关系，由于各自生有较多子女，双方矛盾不断增加，在20世纪50年代初，戴士元与原告黄月娥带着所生的子女去上海生活，顾美兰独自扶养子女，双方各自生活，不存在原告黄月娥扶养戴鹤萍的事实。1988年，戴鹤萍出于私利，借原告的名义，办理户口农转非，但不能据此推定原告与戴鹤萍间形成扶养关系，故原告不享有继承权。（3）本案是继承纠纷，被继承人戴鹤萍死亡时间是2003年，原告起诉已经超过了诉讼时效。请求法庭驳回原告的诉讼请求。

(三) 一审事实和证据

江苏省启东市人民法院经公开审理查明：1937年戴士元与顾美兰结婚，婚后生育二子二女，即戴凤翔、戴凤飞、戴鹤如、被继承人戴鹤萍（1948年11月16日生），当时戴士元与顾美兰在原惠萍镇东兴镇开榨油坊，期间雇用原告黄月娥做会计。1941年戴士元又与原告黄月娥结婚，婚后生育一子二女，即戴凤鸣、戴惠琴、戴惠如，形成了旧社会一夫多妻的家庭关系。在开家庭油坊期间，原告记账，顾美兰负责日常家务，双方曾共同生活过一段时间，后随着家庭矛盾的增加，顾美兰及原告带着子女各自生活。1953年，原告黄月娥与戴士元及其所生子女共同去上海生活，顾美兰与戴鹤萍等四个子女在启东生活，此前双方已对家产进行了分家析产。过了几年，原告黄月娥与戴士元及其子女回原籍启东生活，原告于1956年2月到惠和中心小学担任民办教师至1983年退休。戴鹤萍在上学期间，原告黄月娥与戴士元曾给予一定的经济资助。1990年以后，戴士元与顾美兰相继死亡。1988年4月，戴鹤萍以原告黄月娥女儿的身份，办理了戴鹤萍及被告黄伟、秦玮泽三人户口"农转非"手续。1988年10月15日，被告秦飞与戴鹤萍登记结婚，双方均系再婚，婚后未生育。被告黄伟、秦玮泽均系被继承人戴鹤萍的亲生女儿。2003年6月24日，戴鹤萍车祸身亡。经调解，肇事者周宝松按责赔偿因戴鹤萍交通事故死亡的各项经济损失，其中包括原告黄月娥的被扶养人生活费2 220元。为遗产继承纠纷，原告起诉至本院。审理中，双方各执己见，调解未成。

另查明：被继承人戴鹤萍遗产有在启东市江海工模具制造有限公司40%的股权、被继承人戴鹤萍名下的存款15万元及坐落于启东市江海工模具制造有限公司东侧的房屋。

2003年7月14日，启东市江海工模具制造有限公司股东会议决议：对被继承人戴鹤萍持有的在该公司40%的股份进行分割，被告秦飞受让22%、被告黄伟、秦玮泽分别受让9%。后三被告为财产争议曾两次诉至本院，双方在本院（2004）启民二初字第586号案件中达成如下协议：被告黄伟、秦玮泽及杨洪海以人民币825 000元共同受让被告秦飞在启东市江海工模具制造有限公司的全部股份；在本院（2009）启和民初字第0173号析产纠纷一案中达成如下协议：（1）被告黄伟、秦玮泽于2010年8月底前共同给付被告秦飞91 500元。（2）位于启东市江海工模具制造有限公司东侧的三底两层房屋中的楼下东头一间归被告秦飞所有，楼下中间一间归被告黄伟、秦玮泽所有。

上诉事实有下列证据证明：

1. 道路交通事故调解记录，证明原告黄月娥是与被继承人戴鹤萍生前具有法定扶养义务的被扶养人，相互之间形成了扶养与被扶养的关系，该调解书明确了原告享有被扶养人的生活费2 220元。

2. 启东市惠萍镇人民政府、启东市惠萍镇拥政村村委会的证明，证明黄月娥与戴鹤萍之间的关系是母女关系，戴鹤萍是黄月娥的女儿。

3. 证人黄瑞琴、张守耕、施凤锵、宋召昌、宣志芳、戴士明、陆锦昌、戴安石、惠萍镇拥政村村委会的证明，证明原告黄月娥与顾美兰二人与戴士元结婚，所组建的家庭为旧社会形成的一夫多妻家庭，全家共同生活，共有七个子女形成扶养关系。

4. 关于办理户口就地农转非的通知书，证明1988年被继承人戴鹤萍作为原告黄月娥的家庭成员，随原告的户口全家农转非，是母女关系，形成了扶养与被扶养关系。

5. 民事调解书、股东会决议、谈话笔录、居民建房报告，证明被继承人戴鹤萍生前持有启东市江海工具制造有限公司40％的股权以及戴鹤萍15万元的存款和房屋。

6. 常住人口登记表，证明原告的主体资格。

（四）一审判案理由

江苏省启东市人民法院经审理认为：本案讼争的焦点系旧社会形成的一夫多妻家庭中，子女与生母以外的父亲的其他配偶之间是否形成扶养关系，即原告是否具有法定第一顺序继承人资格。顾美兰及原告与戴士元结婚后，分别生育了子女，主要依靠自身及配偶将子女抚养成人，故不能认定原告与被继承人戴鹤萍间已形成扶养关系，原告不享有继承权。但基于被继承人戴鹤萍与原告曾共同生活过，且被继承人戴鹤萍在上学期间，原告及戴士元曾给予一定的经济资助，以及戴鹤萍曾借原告的名义办理母女三人户口农转非等事实，原告应适当分得一定遗产。被告黄伟、秦玮泽辩称原告起诉已超过诉讼时效，因本案继承开始后，原告未明确表示放弃继承，视为接受继承，故原告的起诉未超过诉讼时效，被告辩称无法律依据，本院不予采纳。

（五）一审定案结论

江苏省启东市人民法院依照《中华人民共和国继承法》第十条、第十四条及《最高人民法院关于贯彻执行〈中华人民共和国继承法〉若干问题的意见》第二十条之规定，作出如下判决：

被告秦飞给付原告黄月娥人民币30 000元，被告黄伟、秦玮泽分别给付原告黄月娥人民币15 000元。于本判决生效后30日内履行。

如果未按本判决指定的期间履行给付金钱义务，应当依照《中华人民共和国民事诉讼法》第二百二十九条之规定，加倍支付迟延履行期间的债务利息。

本案受理费1 620元（原告已预交），由被告秦飞负担550元，被告黄伟、秦玮泽各负担175元，原告负担720元。

（六）二审情况

1. 二审诉辩主张

（1）上诉人秦飞诉称

一审认定戴鹤萍上初中时到黄月娥家中要学费应系父亲对子女的扶养义务，而借黄月娥的名义办理户口农转非手续应系违法行为，对黄月娥的经济资助也是认定事实不清。一审既然认定黄月娥与戴鹤萍之间不存在扶养关系，却判决黄月娥应适当分得遗产，缺乏法律依据，故请求二审法院撤销一审判决，驳回黄月娥的诉讼请求。

（2）被上诉人黄月娥辩称

原审法院认定事实清楚，法律适用正确，故请求二审法院驳回上诉，维持原判。

2. 二审事实和证据

江苏省南通市中级人民法院经审理，确认一审法院认定的事实和证据。

3. 二审判案理由

江苏省南通市中级人民法院经审理认为：本案涉及旧社会形成的一夫多妻制遗留的历史问题，在处理相关问题时应结合当时的历史背景及特定的家庭关系考虑。戴士元与顾美兰、黄月娥结婚后，分别生育了子女，各自主要依靠自身及配偶将子女抚养成人。虽然戴鹤萍非黄月娥亲生，双方未形成长期的扶养关系，但由于被继承人戴鹤萍与黄月娥曾共同生活过，黄月娥在戴鹤萍上学期间曾给予了一定的经济资助，戴鹤萍也将黄月娥视为母亲看待，并因此关系办理了母女三人户口农转非，由此可见，双方的关系非同一般，黄月娥作为继承人以外的人对戴鹤萍的成长、学习、工作提供了较大的帮助，原审法院判令黄月娥适当分得一定的遗产符合权利义务相一致的民法公平原则。而且上诉人秦飞在处理戴鹤萍交通事故赔偿案中将黄月娥作为戴鹤萍的被扶养人进行主张并已获得相应的赔偿，也与黄月娥的特殊身份有较大的关系。故原审法院认为黄月娥应适当分得一定遗产并无不当，上诉人的上诉理由不能成立，不予采纳。原审法院程序合法、事实清楚、适用法律正确。

4. 二审定案结论

江苏省南通市中级人民法院依照《中华人民共和国民事诉讼法》第一百五十三条第一款第（一）项之规定，作出如下判决：

驳回上诉，维持原判。

（七）解说

本案在当地引起了极大的关注和影响。原告黄月娥与被继承人戴鹤萍之间的关系属于封建时代庶母女关系，根据《最高人民法院关于贯彻执行〈中华人民共和国继承法〉若干问题的意见》第二十条："在旧社会形成的一夫多妻家庭中，子女与生母以外的父亲的其他配偶之间形成扶养关系的，互有继承权"的规定，如何界定抚养关系，成为本案确定黄月娥继承权的关键。抚养关系是介入相对关系人之间而规定权利义务理由的实质条件。当事人之间长期共同生活在一起，并存在着抚养与被抚养的事实，随着时间的推移，互相之间建立一定感情，为彼此之间的权利义务关系成立创造了法理基础。为了培植、稳固这种有利社会秩序的关系产生和发展，以赋予身份权和回报权的方式，鼓励相对人团结互助，推进密切程度，为稳定社会秩序奠定基础。在本案中，原告黄月娥对被继承人戴鹤萍曾给予一定的经济资助，以及曾让其以原告的名义办理母女三人户口农转非的事实，但被继承人戴鹤萍依然是由其亲生母亲抚养，并未与黄月娥共同生活，也没有能够保持与黄月娥相同的生活质量和水平，不能认定扶养关系成立。我国继承法对遗产的分配，始终贯彻互相扶助和权利义务相一致的精神，依法保护公民的私有财产的继承权。继承权的发生根据是与被继承人之间的婚姻关系、血缘关系和共同生活的扶养关系。本案被继承人戴鹤萍与原告黄月娥并未共同生活，相互之间并未形成任何权利义务关系，但考虑到黄月娥曾经给予戴鹤萍帮助，本着尊老爱幼、平等互助的原则，为了鼓励长辈更好地在经济上供养未成年晚辈，并在日常生活中关怀、照顾晚辈，保证其身心的健康成长，结合本案当事人的情况，又考虑原告年岁过大，不适合参与管理企业，为了做到物尽其用、人尽其才，更好地发挥遗产有利生产和方便生活的作用，法院判决给予原告六万元的款项真正做到了合情、合理、合法。

（江苏省启东市人民法院　朱焕东）

77. 杜桂娣等诉杜国光等分家析产继承再审重审案
（房屋动迁款权益争议）

（一）首部

1. 判决书字号：上海市浦东新区人民法院（2009）浦民一（民）再重字第5号。
2. 案由：分家析产继承纠纷。
3. 诉讼双方

原告：杜桂娣，女，汉族，住上海市浦东新区。
原告：杜水琴，女，汉族，住上海市浦东新区。
原告：伍爱国，男，汉族，住上海市浦东新区。
委托代理人：李炳福，上海沪南律师事务所律师。
原告：伍国妹，女，汉族，住上海市浦东新区。
原告：伍燕勤，女，汉族，住宁夏回族自治区银川市西花园宁光电工厂家属区。
委托代理人：伍国妹，女，汉族，住上海市浦东新区。
被告：杜国光，男，汉族，在北京市城建四分公司工作，住北京市海淀区。
委托代理人：陈渊，上海科汇律师事务所律师。
被告：杜国明，男，汉族，住上海市浦东新区。
被告：杜国生，男，汉族，住上海市徐汇区。

4. 审级：再审一审。
5. 审判机关和审判组织

审判机关：上海市浦东新区人民法院。
合议庭组成人员：审判长：张爱萍；审判员：苏中文、王爱珍。
6. 审结时间：2010年11月9日。

（二）诉辩主张

本案原、被告曾于2007年3月经法院主持调解达成调解协议。被告杜国光以原审违反法定程序为由，向上海市第一中级人民法院申请再审，上海市第一中级人民法院提审后，作出民事裁定，撤销原审民事调解书，将本案发回原审法院重审。

1. 原告杜桂娣、杜水琴诉称

原、被告有祖传平房三间半（以下简称为系争房屋），土改时产权登记在原告杜桂娣之父杜来生名下，当时家庭成员有杜来生、杜氏、杜根娣、伍东根、伍燕勤、杜桂娣、杜金法、杜水琴共计8人。杜来生、杜氏、杜根娣、伍东根、杜金法已先后去世。1991年9月，杜国光将祖传房屋的土地使用证登记在其一人名下，2006年4月，经浦东新区法院（2006）浦民一（民）初字第4673号调解书对伍东根、杜根娣、伍燕勤、伍国妹、伍爱国所继承的一间平房，确定产权归伍爱国所有，尚有两间半未作处理，现原、被告为析产、继承发生争议，协议未果。现要求对坐落于浦东新区川沙新镇杜尹村4队祖传房屋（权证号033679）析产、继承，杜桂娣、杜水琴各继承一间（共36平方米）所有；诉讼费由原审被告承担。重审审理中，杜桂娣表示撤回对其中南面一间平房的起诉，但如果系争房屋中有自己的权利份额，杜桂娣不放弃。

2. 原告伍爱国、伍国妹、伍燕勤诉称

杜国光原来曾口头同意给伍爱国、杜水琴各一间房屋，希望法院依法处理。

3. 被告杜国光辩称

原告所要析产继承的土改老房子早就倒塌，现有的房子是重新建造的。系争房屋在1991年办理了土地权证，登记于杜国光名下，应以1991年的土地权证来分配。并且原告的诉讼请求已经超过诉讼时效。不同意原告的诉讼请求。

4. 被告杜国明、杜国生辩称

杜国光原来曾口头同意给伍爱国、杜水琴各一间房屋。对原告诉讼请求，不表示异议，希望协商解决。

（三）事实和证据

上海市浦东新区人民法院经公开审理查明：杜来生（1964年12月1日去世）与金小妹（1980年3月12日去世）夫妇共生育四女，即大女儿杜水囡（南）、二女儿杜根娣（1968年6月去世）、三女儿杜友珍（2006年1月2日去世）、四女儿杜桂娣（即原告）。杜根娣与丈夫伍东根（2005年5月19日去世）共生育一子二女，即原告伍爱国、伍国妹和伍燕勤。杜友珍与丈夫孙林福（1988年2月18日去世）共生育六个子女，分别为孙金妹、孙金国、孙银国、孙金芳、孙荣国、孙伟国。杜桂娣与丈夫杜金法（1984年去世）共生育三子二女，即原告杜水琴和被告杜国明、杜国生、杜国光及杜宝囡（又写为杜宝南，1985年去世），杜宝囡与丈夫陈野伯（2009年去世）共生育一子陈庆华，陈野伯父亲名陈金炎，杜宝囡去世后，陈野伯与方翠华结婚，未生育子女。1951年土改时，坐落于浦东新区川沙新镇六团杜尹村4队登记于杜来生名下的房屋共有三间半，其中南面有两间半，北面有一间（以下称北面土改房屋），南面房屋与北面房屋之间有一过弄。土改时登记人口八人，具体名册已无法查到。土改时家庭人员有杜来生、金小妹、杜根娣、伍东根、杜桂娣、杜金法、伍燕勤和杜水琴共八人。

20世纪70年代，杜桂娣一家将原土改时的南面二间房屋拆除，向西、北扩建，翻建成三上三下楼房，并在西面一上一下楼房的北面建造一间平房（以下称北面平房，在北面土改房屋的南面），且在三上三下楼房同排西侧建造简易平房一间，该三上三下楼房和北面平房一间、简易平房一间均无建房审批手续。1991年9月，上海市农村宅基地使用证登记时，上述三上三下楼房中，东面一上一下楼房宅基地使用登记在杜国明名下，中间一上一下楼房宅基地使用登记在杜国生名下，西面一上一下楼房和同排西面简易平房一间、北面平房一间及北面土改房屋一间宅基地使用登记于杜国光名下，杜国光名下宅基地使用证为沪集宅（川沙）字第033679号。2000年左右，杜桂娣在北面平房一间的基础上加层。北面土改房屋一间曾经坍塌，杜桂娣于2002年左右用杜国光的资金将其修缮。

重审审理中，杜水囡（南）、孙金妹、孙金国、孙银国、孙金芳、孙荣国、孙伟国、陈庆华、陈金炎、方翠华均表示，如系争房屋中自己享有相关权利份额，均予以放弃。杜国生表示，如果北面土改房屋一间中自己有相关权利份额，予以放弃。杜桂娣、伍国妹、伍燕勤、杜国明表示，他们在系争土改房屋中的所有权利份额归原告伍爱国所有。

上述事实有下列证据证实：

1. 1951年6月苏南区川沙县土地房产所有证第二联（县存）川江字第0855号和第0848号土改资料复印件各一份。

2. 2006年3月上海市浦东新区川沙新镇人民政府、浦东新区川沙新镇六团社区委员会、上海市浦东新区川沙新镇杜尹村村民委员会盖章确认的证明一份。

3. 2006年3月11日协议书复印件一份，杜国光的授权委托书和身份证复印件各一份。

4. 沪集宅（川沙）字第033679号土地使用者为杜国光上海市农村宅基地使用证复印件一份。

5. 农村宅基地使用权申请表、审核表复印件一份。

6. 杜来生、金小妹、杜根娣、伍东根、杜金发、孙林福、杜友珍、杜宝囡、陈野伯死亡证明各一份。

7. 2009年3月26日上海市浦东新区川沙新镇杜尹村民委员会盖章确认的证明一份。

8. 2009年上海市浦东新区川沙新镇杜尹村民委员会盖章确认的证明二份。

9. 上海城市房地产估价有限公司出具的《房屋价格评估报告》及当事人的陈述。

(四) 判案理由

上海市浦东新区人民法院经审理认为：公民、法人的合法民事权益受法律保护，任何组织和个人不得侵犯。同时，公民依法享有财产继承权，享有权利的当事人可以依法继承、分割共有财产。

关于系争房屋的析产范围问题。1951年土改登记于杜来生名下的三间半房屋，其中南面的两间半房屋已于20世纪70年代被杜桂娣一家拆除、翻建、扩建为三上三下楼房，1991年9月上海市农村宅基地使用证登记时，上述楼房杜国明、杜国生、杜国光各登记一上一下。北面土改房屋一间曾发生坍塌，杜桂娣作过修缮，但基本保持了原貌。基于上述南面的两间半土改房屋已不复存在，且原告诉讼请求仅要求析产、继承北面土改房屋一间，故该院就北面土改房屋一间进行析产。

关于系争房屋的权利人情况。系争房屋在1951年土改登记时，登记户主是杜来生，人口八人，其中未列明系哪八人。按照上海市浦东新区川沙新镇人民政府、浦东新区川沙新镇六团社区委员会、上海市浦东新区川沙新镇杜尹村村民委员会于2006年3月盖章确认的证明，土改时家庭人员有杜来生、金小妹、杜根娣、伍东根、杜桂娣、杜金法、伍燕勤和杜水琴共八人。重审审理中，原、被告对上述土改时家庭人员情况均无异议，该院予以确认，故该院推定土改时系争房屋的权利登记人为杜来生、金小妹、杜根娣、伍东根、伍燕勤、杜桂娣、杜金法、杜水琴。

关于系争房屋的分割问题。系争房屋的权利人为八人，分别享有八分之一的产权份额。杜来生去世后，其份额依法由其妻子金小妹及四个女儿即杜水囡（南）、杜根娣、杜友珍、杜桂娣继承，因杜水囡表示放弃权利，杜友珍的子女也均表示放弃权利，故由金小妹、杜根娣、杜桂娣各继承二十四分之一的产权份额。杜根娣去世后，其份额依法由金小妹、伍东根、伍爱国、伍国妹、伍燕勤各继承三十分之一的产权份额。金小妹去世后，其份额依法由杜水囡（南）、杜友珍、杜桂娣继承及杜根娣的子女代位继承，因杜水囡表示放弃权利，杜友珍的子女也均表示放弃权利，故由杜桂娣继承及杜根娣的子女代位继承各得十分之一的产权份额。杜金法去世后，其份额依法由其妻子杜桂娣及五个子女即杜水琴、杜国明、杜国生、杜国光、杜宝囡（南）继承，现杜宝囡（南）的继承人表示放弃权利，故由杜桂娣、杜水琴、杜国明、杜国生、杜国光各继承四十分之一的产权份额。伍东根去世后，其份额依法由伍爱国、伍国妹、伍燕勤各继承二十四分之一的产权份额。根据以上共有情况及根据继承顺序所发生的法定继承，杜桂娣对系争房屋的产权份额为29.17%，伍爱国、伍国妹、伍燕勤对系争房屋的产权份额共为48.33%，杜水琴对系争房屋的产权份额为15%，杜国明、杜国生、杜国光对系争房屋的产权份额各为2.5%。现杜桂娣、杜国明、伍国妹、伍燕勤表示他们在系争房屋中的权利份额归原告伍爱国所有，于法不悖，该院予以准许。故原告伍爱国在系争房屋中的权利份额为80%，杜水琴在系争房屋的产权份额为15%，杜国生、杜国光在系争房屋的产权份额各为2.5%。

关于北面土改房屋一间的面积问题，在原审及重审案件审理中，伍爱国等认为北面土改房屋一间面积为13.8平方米，依据是伍爱国提供的勘丈记录表。但该院根据伍爱国提供的沪集宅（川沙）字第033679号土地使用者为杜国光的上海市农村宅基地使用证附图，同时按照上海城市房地产估价有限公司经过实地勘察出具的评估报告，认定北面土改房屋一间建筑面积为16.2平方米。

鉴于原告伍爱国在系争房屋中所占的份额较多，宜分得系争房屋。原告杜水琴、被告杜国光在系争房屋中所占份额较少，可分得相应的折价款。系争房屋的价值应包括房屋价格和土地使用权价值两部分。评估公司对房屋价格进行了评估，同时应法院要求，另行了解系争房屋所在区域的土地使用权基价。系争房屋所在区域的上海市征用集体所有土地过程中，拆迁居住房屋补偿的土地使用权基价为每平方米1 350元。因此，分得房屋的当事人还应当给付其他当事人一定的土地使用权补偿款。该院结合系争房屋价格和土地使用权价值，确定系争房屋补偿款按每平方米1 647元计算，原告伍爱国应给付原告杜水琴房屋补偿款4 002.21元，原告伍爱国应给付被告杜国生和杜国光房屋补偿款各667.04元。

鉴于系争房屋一直由杜国光使用至今，故其出资对房屋所作的修缮系履行应尽的义务，体现了权利义务对等原则，故该院对杜国光对系争房屋履行的修缮义务不再酌情另行予以补偿。

被告杜国光辩称系争房屋在1991年颁发宅基地使用权证时已登记在被告杜国光名下，故要求以系争房屋的权属已归属被告杜国光为由驳回原告的诉讼请求。对此，该院认为，根据原审时的相关法律规定，对于现存的土改登记房屋，应以土改时的登记人为房屋权利人。1951年土改登记时系争房屋产权已明确登记在以户主杜来生为代表的八人名下，在没有相反证据的情况下，应确认上述八位登记人为权利人。1991年的宅基地使用权登记，系对宅基地使用权的登记确认，并未改变系争房屋的权属性质。本案系再审案件，应适用原审时的法律政策，现行的有关物权法律精神及相关政策规定不能适用于本案。故被告杜国光的辩称理由，缺乏法律和事实依据，该院不予采纳。

（五）定案结论

上海市浦东新区人民法院依照《中华人民共和国民法通则》第五条、第七十八条第二款，《中华人民共和国继承法》第九条、第十条、第十一条、第十三条第一款、第二十五条第一款、第二十六条、第二十九条，《最高人民法院关于贯彻执行〈中华人民共和国继承法〉若干问题的意见》第六十条，《最高人民法院关于贯彻执行民事政策法律若干问题的意见》第五十三条之规定，作出如下判决：

1. 坐落于上海市浦东新区川沙新镇杜尹村4队杜家宅［地号为杜尹村12丘（65）］的房屋中，二层楼房北首坐东朝西北面一间平房的产权归原告伍爱国所有。

2. 原告伍爱国应于本判决生效之日起十日内支付原告杜水琴房屋补偿款人民币4 002.21元，支付被告杜国生房屋补偿款667.04元，支付被告杜国光房屋补偿款667.04元。

（六）解说

近年来，随着城乡一体化建设的迅速发展，特别是房屋动迁带来的巨大利益，使一些原本沉寂的农村土改遗留房屋，成为争相抢夺的对象，不少农村土改遗留房屋成为法院案件的诉讼标的。农村土改遗留房屋,既经过土改时土地房屋的登记,20世纪90年代又经过农村宅基地使用权的登记,应按照何标准确定房屋权利人,政策性很强。本案系一起原审结案后经上级法院再审发回重审的案件,按规定应适用原一审时的法律政策。原告提起诉讼的时间是2007年1月17日,故应按照《最高人民法院关于贯彻执行民事政策法律若干问题的意见》第五十三条的规定,有关土改遗留的房屋确权纠纷,一般应以土改时所确定的产权为准。本案涉及土改登记的老房共三间半,但土改登记材料不完整,对有关人员等情况记载不明确,造成房屋权利人确定的困难。本案结合土改时的家庭人员情况确定房屋权利人,各方当事人均能接受,社会效果较好。

此外,土改登记的房屋年代久远,情况变化较大。有的经过翻建但未经审批,有的作过修缮。经过翻建的房屋,房屋的楼层结构、四至面积等均发生了很大变化,故如何确定析产范围,也是该类案件审理的一大难点。

上海市高级人民法院曾于2007年12月17日下发了《关于印发〈关于审理宅基地房屋纠纷若干问题的意见(试行)〉的通知》,对土改登记房屋,在宅基地使用权登记前后新建、翻建、改扩建的情况,明确以农村建房用地审批文件和农村宅基地使用证核定人员为房屋的权利人,排除了土改登记人的权利。虽然该文明确按照审判监督程序再审的案件,不适用该意见。但本案在最终确定析产范围时,参照了上述意见,将经过翻扩建的两间半土改房屋撇出在外,仅对经过修缮的一间土改房屋进行析产处理。这样不仅与原告的诉讼请求紧密一致,也与各方当事人的真实意愿相符,最大限度地减小各方当事人之间的纷争,保障各方的利益,达到案结事了的诉讼目的。本案在房屋具体分割时,结合涉案房屋价格和土地使用权价值,确定房屋折价款,由取得房屋一方补偿支付其他权利人。这样更好地平衡了各方当事人的利益,取得了较好的社会效果。

(上海市浦东新区人民法院 王爱珍)

78. 王林妹等诉阎崇红等继承析产案
(继承权丧失)

(一) 首部

1. 一审判决书:上海市浦东新区人民法院(2009)浦民一(民)初字第23387号。
2. 案由:继承析产纠纷。
3. 诉讼双方

原告:许祥福,男,汉族,住上海市徐汇区。

原告:王林妹,女,汉族,住上海市徐汇区。

以上两原告共同委托代理人:张燕芬,上海市力帆律师事务所律师。

被告：阎崇红，女，汉族，住上海市闵行区
被告：许忆文，女，汉族，住上海市闵行区。
法定代理人：阎崇红。系许忆文的母亲。
以上两被告共同委托代理人：叶凤依，上海市虹口区欧阳法律服务所法律工作者。
4. 审级：一审。
5. 审判机关和审判组织
审判机关：上海市浦东新区人民法院。
独任审判人员：代理审判员：乔亚敏。
6. 审结时间：2010年1月27日。

(二) 诉辩主张

1. 原告许祥福、王林妹共同诉称

两原告系夫妻，两被告系母女。系争房屋坐落于本市长青路136弄2号202室，系原告许祥福单位增配之租赁公房，1994年初由原、被告共同出资用原告王林妹之工龄购买，当时在册户籍为原告王林妹和原告之子，即被继承人许敏。因原告委托许敏办理购买手续，许敏将上述房屋登记在其一人名下。许敏于2009年1月30日因病去世，原告与被告就上述房屋之分割未能达成一致。另外坐落于本市闵行区莘朱路1688弄20号101室房屋登记在原告王林妹、被告阎崇红、许忆文和被继承人许敏名下，现原告向法院起诉要求：（1）对本市浦东新区长青路136弄2号202室房屋及本市闵行区莘朱路1688弄20号101室房屋进行析产和继承；（2）诉讼费由被告承担。

2. 被告阎崇红、许忆文共同辩称

同意对讼争两套房屋进行析产，但不同意继承。原告销毁了被继承人立下的遗嘱，应按照继承法的有关规定使其丧失继承权。购买长青路房屋产权时，被告阎崇红已经与被继承人许敏结婚，故应当享有该房屋三分之一的产权，同样原告王林妹也享有三分之一产权，应当在此基础上分割。莘朱路房屋系被告阎崇红和许敏婚后购买，其中人民币207 000元以原告王林妹、被告阎崇红、许忆文、被继承人许敏四人共有的动迁支票支付，余款则由被告阎崇红向银行贷款，故原告王林妹仅出资5万余元，要求按照其出资比例予以分割。

(三) 事实和证据

上海市浦东新区人民法院经公开审理查明：原告许祥福、王林妹系夫妻，生育两个儿子，即被继承人许敏和案外人许荣。被告阎崇红与许敏系夫妻，生育了被告许忆文。许敏患十二指肠肿瘤在中山医院住院治疗。2009年1月29日晚，许敏经抢救恢复神志后主动在病房里写下自书遗嘱，并要求值班医生证明其神志清晰后在遗嘱上签名确认。后许敏将该份文件交给在场的哥哥许荣。许敏于次日去世。许荣将该份文件交给两原告，两原告未告知被告，并将之烧毁。

另查明，坐落于本市浦东新区长青路136弄2号202室原系公有房屋，1992年由原告许祥福之单位增配，被继承人许敏为该房屋的承租人。1994年12月，许敏与出售方上海市浦东新区综合规划土地局及其代理人上海市浦东新区上钢房产管理所签订公有住房买卖合同，约定由许敏买受上述公有住房、为该房屋之权利人。原告王林妹作为成年同住人在购买公有住房委托书上签名盖章，并出具了连续工龄证明。经出售方核算，许敏支付了购房款、维修基金、其他手续费计9 386.79元，取得该房屋之房地产权证，载明该房屋所有权人为许敏，建筑面积34.53平方米。2006年1月，被告阎崇红之户籍迁入该房屋。该房屋目前由被告阎崇红出租给他人。

还查明，2004年5月4日，原告王林妹、被继承人许敏、被告阎崇红及许忆文与上海宝敏置业有限公司签订上海市商品房预售合同，约定购买本市闵行区莘朱路1688弄20号101室房屋，价格为448 289元。因当时坐落于建国西路248弄85号房屋动迁，原告王林妹、被继承人许敏、被告阎崇红及许忆文四人取得一张金额为207 000元的动迁支票，遂将该款用于购买上述房屋。被告阎崇红为支付剩余房款，分别向中国民生银行上海分行商业贷款150 000元、公积金贷款100 000元。为取得该房之权证，被告阎崇红及被继承人许敏还支付了契税、保险费等，并出资对该房进行了装修后入住。2005年4月，许敏、阎崇红、许忆文、王林妹取得上述房屋之共同产权，形式为共同共有，该房建筑面积为73.11平方米。向民生银行的贷款及利息由阎崇红、许敏归还，截至2009年11月底尚有84 671.07元未归还。该房屋目前由两被告居住。审理中，原、被告对系争两套房屋的价值达成一致意见，即本市闵行区莘朱路1688弄20号101室房屋价值为100万元，本市浦东新区长青路136弄2号202室房屋价值为56万元，但对以下事项意见不一：

1. 两原告是否享有继承权。原告认为其作为许敏的父母，理应作为法定继承人享有继承权。许敏生前所写之文件确由原告长子许荣转交给原告，但该份文件的内容是：长青路房屋归许敏夫妻，如果该房动迁则给原告王林妹一定份额。原告认为，该份文件在形式上不能称为遗嘱，且侵犯了原告王林妹的合法权益，故将之烧毁。被告则认为，原告自认在未告知的情况下将被继承人所留文件烧毁，现在已无法确认该份文件的内容，故被告认为就是许敏所写自书遗嘱。原告销毁遗嘱的行为情节严重，根据继承法的规定，应当丧失继承权。

2. 本市浦东新区长青路136弄2号202室房屋如何析产分割。原告认为该房屋系按94方案由原告出资购买，且当时仅有许敏和原告王林妹两个成年同住人，故根据有关规定，原告王林妹享有该房一半产权，另一半产权作为许敏的遗产依法分割。现两原告居住较为困难，希望将该房产权判归其所有，并支付两被告相应折价款。被告则认为，购买该房屋时被告阎崇红已与许敏结婚，实际居住该房内并出资，故该房应当由许敏、阎崇红、王林妹各占三分之一份额，许敏的三分之一份额由两被告继承。希望该房判归两被告，并支付原告房屋折价款。另外购房款系被告阎崇红和许敏共同出资，原告王林妹应当返还与其产权份额相应的购房款，为此被告提供了现金解款单等证据，原告对此并无异议。

3. 本市闵行区莘朱路1688弄20号101室房屋如何析产分割。原告王林妹认可其对该房屋实际出资五万余元，即动迁支票金额之四分之一，且从未在该房内居住，但认为根据产权登记，其应当享有该房四分之一产权，对被继承人许敏的四分之一份额则按照法定继承原则分割。同意将该套房屋产权判归两被告，并按照房屋折价款扣除尚未归还的贷款84 671元后，由两被告支付原告房屋折价款给原告。被告则认为，原告王林妹出资额占购买房屋时总价的约九分之一，现房屋已经增值，被告同意按照现有价值的九分之一给付原告王林妹房屋折价款。同样因为原告销毁了遗嘱，丧失其继承权，同意将房屋判归两被告并支付原告王林妹九分之一房屋折价款。

4. 被继承人生前债务。被告阎崇红提供了由其签名的借条若干份，证明其在许敏去世前后多次借款用于许敏的治疗及归还房屋贷款。原告则对此债务均不认可，认为被继承人享受医保，不可能发生这些费用。

因原、被告对上述事项意见不一，致调解不成。

上述事实有下列证据证明：

1. 原告提供的户籍资料摘录，证明双方之间的关系以及被继承人的死亡时间。
2. 本市浦东新区长青路136弄2号202室房屋的房地产登记册证明长青路房屋的权属。
3. 1994年公有住房出售合同、委托书、连续工龄证明、价格计算表，证明王林妹在该房屋内既是同住人，也是工龄人，王林妹的户籍也在该房屋内，王林妹是产权人之一。
4. 本市闵行区莘朱路1688弄20号101室房屋的房地产登记册及抵押信息等证据，证明莘朱路房屋的产权情况及贷款情况。
5. 银行还款对账单、购房费用单据证明莘朱路的购房款与还贷情况。
6. 现金解款单、进账单证明长青路房产购房时的出资情况。
7. 公房租赁凭证，证明长青路房屋从原始取得的时候就是被继承人承租。
8. 上海市商品房预售合同、借款合同、情况说明等证据，证明对莘朱路房屋的购房事实。
9. 本院所作调查笔录，证明被继承人许敏确实在神志清醒的情况下有写下遗嘱的事实存在。
10. 被告提供的录音资料，证明被继承人生前立有遗嘱，且该遗嘱被两原告销毁。
11. 双方当事人的当庭陈述在案佐证，对此本院予以确认。

（四）判案理由

上海市浦东新区人民法院经审理认为：依据《最高人民法院关于民事诉讼证据的若干规定》，有证据证明一方当事人持有证据无正当理由拒不提供，如果对方当事人主张该证据的内容不利于证据持有人，可以推定该主张成立。现原告自认被继承人许敏生前自书的文书交给其保管，又称该份文书并非遗嘱，而被告对此毫不知情，故除非原告提供该份文书以证明并非遗嘱，否则本院推定该份文书系被继承人的自书遗嘱且内容有利于被告。继承法规定：伪造、篡改或者销毁遗嘱，情节严重的，丧失继承权。两原告在未告知被继承人妻女的情况下销毁遗嘱，不尊重被继承人的真实意思表示，本院认为其已经丧失了继承权。对于系争两套房屋的析产和分割，本院认定如下：本市浦东新区长青路136弄2号202室房屋系以九四方案购买，且当时成年同住人为原告王林妹和被继承人许敏，故根据有关法律规定该房屋应当确认为该两人共有；被告阎崇红的户籍在购买公有住房时并不在该房内，不享有购买人的资格，故本院对其辩称不予采信。原告王林妹享有该房二分之一产权，被继承人许敏名下的二分之一产权归两被告继承所有。另外被告已证明购房款系其出资，并据此要求原告王林妹按其产权份额返还被告相应折价款，该主张于法有据，本院予以支持。本市闵行区莘朱路1688弄20号101室房屋购买时，原告王林妹出资份额虽仅为五万余元，但该房屋登记为产权人共同共有并非按份共有，故其增值部分原告王林妹应当享有四分之一，出资部分应予返还。鉴于双方对该套房屋的分割方案并无异议，故本院确认该房产权归两被告共有，并支付原告王林妹相应折价款。考虑到原告王林妹的实际应得份额以及双方的给付能力，本市浦东新区长青路136弄2号202室房屋之产权以判归原告王林妹所有为宜。对被告阎崇红提供之借条，因原告对其真实性不予认可，故债权人可另行主张，在本案中不予处理。

（五）定案结论

上海市浦东新区人民法院依照《最高人民法院关于民事诉讼证据的若干规定》第七十五条，《中华人民共和国继承法》第三条第一款第（二）项、第五条、第七条第一款第（四）项、第十条第一款第（一）项、第十三条第一款之规定，作出如下判决：

1. 坐落上海市浦东新区长青路136弄2号202室房屋产权归原告王林妹所有。

2. 坐落上海市闵行区莘朱路1688弄20号101室房屋产权归被告阎崇红、许忆文共同共有。

3. 原告王林妹应于本判决生效之日起30日内支付被告阎崇红、许忆文房屋折价款人民币111 490元。

4. 原告王林妹应于本判决生效之日起30日内归还被告阎崇红售后公房出资款人民币4 693元。

（六）解说

本案是一起因销毁遗嘱而引起的房屋继承析产纠纷。本案的关键是原告持有被继承人许敏自书遗嘱，但在未告知本案被告的情况下，擅自烧毁的行为，是否构成继承权丧失的问题。

遗嘱继承与法定继承都是遗产继承的方式。从适用效力上，遗嘱继承优于法定继承。在继承开始后，有遗嘱的，先要按照遗嘱继承。本案被继承人许敏在2009年1月29日经抢救恢复神志后主动在病房写下自书遗嘱，并在值班医生证明其是在神志清晰后在遗嘱上签名确认，据此可以认定被继承人许敏是在有遗嘱能力的情况下写的自书遗嘱，该文件的内容涉及对自己所有的财产处分，可以认定为该文件是份合法有效的遗嘱。因此对于被继承人许敏的财产份额应当依据其遗嘱的内容来进行分割。后许敏将该份文件交给了哥哥许荣,许荣又将该文件交予两原告,两原告在获得该份文件后以该文件形式上不能称为遗嘱,且侵犯了原告王林妹的合法权益为由,将之烧毁。《最高人民法院关于贯彻执行〈中华人民共和国继承法〉若干问题的意见》第四十条规定:"公民在遗书中涉及死后个人财产处分的内容,确为死者真实意思的表示,有本人签名并注明了年、月、日,又无相反证据的,可按自书遗嘱对待。"从对值班医生的调查笔录中可以证明被继承人许敏的确写过一份有关房产处理的书面材料,据此可以认定被继承人许敏自书遗嘱存在并且有效,同时原告也承认了烧毁文件的行为,根据《继承法》第七条第四项之规定:继承人伪造、篡改或者销毁遗嘱,情节严重的丧失继承权。故原告因烧毁遗嘱的行为导致其丧失对被继承人位于浦东新区长青路136弄2号202室房屋以及闵行区莘朱路1688弄20号101室房屋财产的继承权。

需要特别指出的是,虽然本案中,被继承人许敏的自书遗嘱已经被原告烧毁无法得知其具体内容,医生的证人证言也只能证明存在一份有关房产处分的遗嘱,但是根据《最高人民法院关于民事诉讼证据的若干规定》第七十五条,有证据证明一方当事人持有证据无正当理由拒不提供,如果对方当事人主张该证据的内容不利于证据持有人,可以推定该主张成立。本案原告持有被继承人的遗嘱但以烧毁为由拒不提供,在这种情况下,原告就要承担遗嘱内容不利于自己的后果,至于不利的程度由法官结合案件本身酌情裁量。从本案原告对遗嘱毁损行为的严重性中可以推定得出遗嘱的内容是完全不利于原告的,这种不利依据依常理可以较为严密地推断是遗嘱中完全没有原告的份额,所以原告才会采取烧毁而非篡改的方式拒绝提供遗嘱。因此,本案从证据规则的角度出发也可以认定原告对被继承人财产不享有继承权。据此,本案无论是适用继承实体法还是从证据规则运用上来说都可以确认原告丧失对被继承人许敏财产的继承权。

(上海市浦东新区人民法院 黄赟)

六、劳动争议纠纷案例

79. 李正春诉厦门市星和船舶服务有限公司劳动争议案（用人单位迟延办理退工手续及社保转移手续的责任）

（一）首部

1. 判决书字号：厦门市海沧区人民法院（2010）海民初字第1553号。
2. 案由：劳动争议纠纷。
3. 诉讼双方

原告：李正春，男，汉族，住福建省龙海市港尾镇。

被告：厦门市星和船舶服务有限公司（以下简称星和公司），住所地：厦门市海沧区。

法定代表人：苏文欢，总经理。

委托代理人：梁旭铭，福建厦门远大联盟律师事务所长泰分所律师。

4. 审级：一审。
5. 审判机关和审判组织

审判机关：福建省厦门市海沧区人民法院。

独任审判人员：助理审判员：陈基周。

6. 审结时间：2010年11月4日。

（二）诉辩主张

1. 原告李正春诉称

2007年3月12日，原告入职被告处，从事业务员工作。双方签订劳动合同，约定合同期限为2007年3月12日起至2008年3月11日止，并约定原告月工资为1 200元。后因合同期满双方未续签劳动合同，2008年3月12日，双方终止劳动合同关系。但几经原告要求被告办理退工和社保关系转移手续，被告均置之不理。后经原告先后五次到海沧区劳动监察大队投诉，被告才到厦门市劳动就业管理中心为原告办理失业登记手续。在2008年3月12日至2010年3月12日期间，因被告未为原告办理退工手续和社保关系转移手续,原告无法就业,造成原告工资收入损失(原告原工资水平及重新就业后工资水平均高于1 200元/月):1 200元/月×24个月=28 800元,无法缴纳社保,致用人单位应缴纳社保部分损失(用人单位应缴部分社会保险金为246.32元/月):246.32元/月×24个月=5 911.68元。此外,原告为催告被告办理相应的退工手续造成原告交通费、通讯费损失3 000元。还有双方系因劳动合同期满未续签劳动合同而终止劳动关系,被告应依法支付经济补偿金。原告数次通过海沧区劳动监察大队等主张权利,经济补偿金请求未超过仲裁时效。综上,因不服劳动争议仲裁裁决,故诉诸法院,请求判令:(1)被告支付原告交通费、通讯费损失3 000元、2008年3月12日至2010年3月12日工资损失28 800元,2008年3月12日至2010年3月12日社会保险金损失5 911.68元;(2)被告支付原告经济补偿金2 400元;被告承担本案全部诉讼费用。

2. 被告星和公司辩称

(1)原告主张交通费、通讯费损失以及工资损失和社会保险金损失没有事实依据,也没有法律依据。原告主张的交通费、通讯费损失没有相关证据证明。原告主张的工资损失无法界定。实际上,原、被告双方在2008年3月12日终止劳动关系后还保持一段时间的合作关系。原告原是被告的工作人员,后来出去单独做,还帮忙被告做代理,不存在工资损失。2009年7月4日,原告还向被告出具一份声明,声明双方之间不存在经济上的赔偿关系。

(2)原告主张的经济补偿金没有事实依据,超过了法定期限,丧失了主张的权利。原告的退工主张是2009年9月10日而不是2008年3月12日提出。

(3)关于原告的损失,结合目前的司法实践,原告可以领取失业补偿金。但外来员工与本地员工不一样,原告是龙海人,领取的是一次性生活补助费,一次性发放。同时生活补助费的标准很低,低于1 000元。就这种情况来看,原告没有这方面的损失。但海沧区劳动仲裁委员会认定被告支付原告1 000元,被告可以接受。综上,请求驳回原告不当的诉讼请求。

(三)事实和证据

厦门市海沧区人民法院经公开审理查明:原告李正春于2007年3月12日到被告星和公司处工作,双方于2007年3月12日签订一份《劳动合同》,约定:原告的工种岗位为业务员;合同期限为1年,自2007年3月12日起至2008年3月11日止;原告试用期满后的月工资为1 200元。此外,双方还约定了应按法律有关规定参加社会保险、缴纳社会保险费等条款。2008年3月12日,原、被告双方劳动合同终止,原告未再到被告处工作。2009年9月10日,原告向被告发送载明有"第二次郑重敬告"等内容的电子邮件,要求办理退工手续。2010年3月12日,被告为原告办理了失业登记手续。因认为被告迟延办理退工手续造成其损失,故原告于2010年4月30日诉至本院,要求被告赔偿工资损失等。因原告直接向本院起诉未经劳动争议仲裁委员会前置裁决,本院于2010年5月27日作出(2010)海民初字第825号民事裁定,驳回原告的起诉。后原告于2010年6月2日向厦门市海沧区劳动争议仲裁委员会提起申诉,要求被告支付:

1. 交通费、通讯费3 000元；2. 2008年3月12日至2010年3月12日工资损失28 800元；3. 社会保险金5 911.68元；4. 经济补偿金2 400元。2010年7月12日，厦门市海沧区劳动争议仲裁委员会作出厦海劳仲委（2010）第084号裁决书，裁决自裁决生效之日起十日内被告赔偿原告1 000元，并驳回原告提出的其他申请请求。现因不服上述裁决，故原告诉至本院。

另查明，第一，原、被告双方劳动合同关系终止后，被告还委托原告办理协助报关等事务，原告还于2008年9月19日向被告报销代理报关的相关费用。2009年7月4日，原告向被告出具一份《声明》，载明于2009年7月4日收到被告5 000元，作为协助处理船用主机报关的报酬，并声明"至此本人和厦门星和船舶服务有限公司无任何关系"。第二，2010年1月23日，原告与案外人嘉宏国际运输代理有限公司厦门分公司签订一份《劳动合同》，约定原告到后者处任外勤人员，月基本工资1 000元、在岗岗位津贴700元。第三，原告称其有通过劳动监察部门主张权利，于庭审时确认向劳动监察部门反映时是要求办理退工，没有提及经济补偿金。

上述本院查明的事实有原告提供的厦海劳仲案[2010]第084号裁决书及送达回证、《劳动合同》（二份）、电子邮件、被告提供的邮箱收件记录、2008年10月邮件、报销单、《声明》，以及本院调取的（2010）海民初字第825号民事裁定书、庭审笔录等佐证。

（四）判案理由

厦门市海沧区人民法院经审理认为：本案系劳动争议。原、被告双方的劳动关系于2008年3月12日终止，依照法律规定，被告星和公司应当在解除或者终止劳动合同时出具解除或者终止劳动合同的证明，并在15日内为原告办理档案和社会保险关系转移手续。被告于双方劳动合同终止后迟至2010年3月12日方为原告办理失业登记，如有因此造成原告损失，则应予赔偿。原告主张交通费、通讯费损失3 000元，但未提供证据予以证明，本院不予支持。根据庭审查明的事实，原、被告双方劳动合同关系终止后，被告还委托原告办理协助报关等事务，原告据此也取得相应报酬，此外，在被告为原告办理失业登记之前，原告于2010年1月23日与案外人签订劳动合同。可见，虽被告迟延为原告办理失业登记等退工手续，但不必然影响原告就业及取得报酬。因此，原告主张2008年3月12日至2010年3月12日工资损失28 800元依据不足，本院不予支持。关于原告主张2008年3月12日至2010年3月12日社会保险金损失5 911.68元，本院认为，虽被告迟延为原告办理失业登记不必然影响原告就业及取得报酬，但未办理失业登记会影响原告的社会保险权益。在原告重新就业后，被告仍未为原告办理失业登记等退工手续将使原告重新就业的单位无法为被告缴交社会保险。原告于2010年1月23日与案外人签订劳动合同至2010年3月12日被告为原告办理失业登记，原告遭受两个月的社会保险权益损失。具体损失金额如按照原告自行主张的246.32元/月计算不足1 000元，现被告庭审表明接受支付原告1 000元，系自由处分权利，本院按1 000元认定原告此项损失。关于原告还主张被告支付经济补偿金2 400元，因原、被告双方劳动关系于2008年3月12日终止,原告未能证明被告承诺支付的时间为终止劳动关系后的具体日期,故双方终止劳动关系之日即2008年3月12日为劳动争议发生之日。虽原告于2009年9月10日有向被告发送电子邮件,但并无证据证明之前有向被告主张权利,同时,该电子邮件系要求办理退工手续,并无主张经济补偿金。此外,原告主张有通过劳动监察部门主张权利,但并未提供证明予以证明,即使有通过劳动监察部门,原告庭审也确认向劳动监察部门反映时是要求办理退工,没有提及经济补偿金。因此,原告关于主张权利而仲裁时效中断的主张不能成立,本院不予采纳,其于本案主张的经济补偿金已超过法定仲裁时效,依法不能得到保护。

(五) 定案结论

厦门市海沧区人民法院依照《中华人民共和国劳动法》第八十二条、《中华人民共和国劳动合同法》第五十条、第八十九条,《中华人民共和国民事诉讼法》第六十四条第一款,《最高人民法院关于审理劳动争议案件适用法律若干问题的解释(二)》第一条第(三)项之规定,作出如下判决:

1. 被告厦门星和船舶服务有限公司于本判决生效之日起十日内支付原告李正春社会保险损失1 000元。
2. 驳回原告李正春的其他诉讼请求。

如被告厦门星和船舶服务有限公司未按指定的期间履行给付金钱义务,应当依照《中华人民共和国民事诉讼法》第二百二十九条之规定,加倍支付迟延履行期间的债务利息。

本案受理费10元减半收取5元,由被告厦门星和船舶服务有限公司负担。

(六) 解说

本案涉及后劳动合同义务,争议焦点在于用人单位迟延办理退工手续及社保转移手续的责任认定。

后劳动合同义务是劳动合同解除、终止后,劳动者与用人单位根据法律规定或者原劳动合同的约定负有的作为或不作为义务。我国《劳动合同法》第五十条、第八十四条、第八十九条等条款对后劳动合同义务进行了明确规定,不仅将后劳动合同义务上升为法律义务,还规定了法律责任,进一步平衡和兼顾用人单位与劳动者双方的利益。由于在后劳动合同义务的履行上不存在合同法上的抗辩权问题,即一方不得以另一方不履行后劳动合同义务为由,拒绝履行自己的后劳动合同义务,这样就可能使履行了后劳动合同义务的一方的权益遭受损害。本案就是由于用人单位迟延办理失业登记等退工手续及社保转移手续而引起的纠纷。对于违反后劳动合同义务人应承担的法律责任需从以下三个方面予以认定:

1. 必须在主观上要有过错,即对于后劳动合同责任应适用过错推定原则。过错推定作为确定过错责任的具体规则,仍然属于过错责任的范畴。过错推定是由法律假定行为人有过错,受害人无须对行为人的过错进行举证和证明,行为人如果要免除自己的责任,则有义务证明自己没有过错。因此,违反后劳动合同义务的行为人应承担举证责任,证明自己对于造成的损害没有过错,证明成立,免除其赔偿责任,否则就推定其有过错,承担后劳动合同责任,赔偿受害人的损失。

2. 必须存在信赖利益损害的事实。民事责任通常以损害事实的存在为构成要件,因而损害事实的发生当然也是后劳动合同责任的构成要件之一。由于违反后劳动合同义务的行为,破坏了原劳动合同关系的当事人的利益的稳定性,破坏了原劳动合同关系利害当事人的信赖利益的延续性,从而使得另一方的利益受到损害,这一损害即信赖利益的损失,其既包括因他方的违反后劳动合同义务的行为而致信赖人的直接财产减少(直接损害),也包括信赖人的财产应增加而未增加的利益(间接损害)。值得注意的是,对相对方依据诚实信用原则而生的后劳动合同义务的履行信赖,应当合理,而且信赖利益的衡量与确认应采取客观的标准,须将其限定在当事人可合理预见的范围内。

3. 违反后劳动合同义务的行为与损害事实之间必须存在直接的因果关系。只有当违反后劳动合同义务的行为是造成损害事实的原因,损害事实是该违反后劳动合同义务行为的结果之时,才能构成后劳动合同责任的产生。

需要指出的是,尽管后劳动合同责任适用过错推定原则,但对于损害事实,违反后劳动合同义务的行为与损害后果之间的因果关系,当事人之间存在的劳动合同关系等,受损害方仍然存在举证的义务。基于上述原因,法院认为被告厦门星和公司迟延为原告办理失业登记并未给原告造成必然损失,但在原告重新就业后仍未为其办理社保转移手续则必然会影响原告的社保权益,因此判令被告赔偿原告的社保损失,而对原告的其他诉求不予支持。

(福建省厦门市海沧区人民法院 陈基周 林焕华)

80. 纪彦萍诉广西柳州公路建筑工程公司劳动争议案
(在劳动关系存续期间用人单位与劳动者签订的承包合同的性质认定)

(一)首部

1. 判决书字号

一审判决书:广西柳州市柳南区人民法院(2009)南民初(一)字第1759号。

二审判决书:广西柳州市中级人民法院(2010)柳市民三终字第410号。

2. 案由:劳动争议。

3. 诉讼双方

原告(被上诉人):纪彦萍。

委托代理人：张明，正源法律服务所法律工作者。
被告（上诉人）：广西柳州公路建筑工程公司（以下简称公路建筑公司）。
法定代理人：蓝文仕，公司经理。
委托代理人：韦剑军，甲天下律师事务所律师。
4. 审级：二审。
5. 审批机关和审判组织
一审法院：广西柳州市柳南区人民法院。
合议庭组成人员：审判长：李鸿；人民陪审员：杨金兰、陈超兰。
二审法院：广西柳州市中级人民法院。
合议庭组成人员：审判长：覃琪蓉；审判员：王钢、朱文泉。
6. 审结时间
一审审结时间：2010 年 1 月 8 日。
二审审结时间：2010 年 10 月 9 日。

（二）一审情况

1. 一审诉辩主张
（1）原告纪彦萍诉称

原告于 1983 年 12 月参加工作，至 2008 年 6 月已在被告公司连续工作 25 年。2005 年 3 月，原告依照相关规定与卓荣飞二人为承包小组并签订《机械设备承包合同》，合同签订后，原告承包组根据《柳州公路建筑工程公司机械设备使用及承包管理试行办法》第五条第四项"承包人必须使用合格的司机、机手驾驶操作承包的机械"的规定，原告使用的机手是被告的机械科科长，老党员张福祥，张福祥也是另一承包组的机械承包人之一。其后，经与原告协商同意，2005 年 4 月 23 日，原告将承包的 PY60A 平地机以 15 000 元承包费转包给张福祥，另以每月 1 400 元支付原告承包组二人生活费用，同时签订《补充协议书》。但在该协议履行过程中，张福祥把原告转给他的平地机和他自己承包的装载机连人带机失踪，之后我们跟被告单位领导多次反映要求单位共同寻找张福祥及失踪机械设备，但被告一直没有采取相应的措施，致使机械设备承包合同履行期满后，原告因多方面原因未能交付承包金及平地机损失赔偿金。故此，被告于 2008 年 6 月 30 日以原告没交过承包金与不交还平地机为由，作出关于解除纪彦萍同志劳动合同的决定。原告于 2009 年 6 月 29 日向柳州市劳动仲裁委员会申请仲裁，要求仲裁撤销被告柳路建（2008）第 16 号关于解除纪彦萍同志劳动合同的决定，恢复申请人工作岗位。2009 年 9 月 18 日，仲裁委作出了（2009）柳劳仲裁字第 1173 号裁决书，裁决"申请人的申请缺乏依据，不予支持"。原告于 2009 年 9 月 21 日签收裁决书后表示不服裁决，特向人民法院提起民事诉讼，请求判决：撤销被告作出的柳路建（2008）第 16 号关于解除纪彦萍同志劳动合同的决定，恢复原告岗位工作，继续履行 2001 年 8 月 1 日双方签订的《劳动合同》。

（2）被告公路建筑公司辩称
不同意原告的诉讼请求，同意仲裁裁决书的内容。

2. 一审事实和证据

广西柳州市柳南区人民法院经公开审理查明：原、被告双方于2001年8月1日签订劳动合同，约定双方之间于2001年8月1日起建立劳动关系，原告按照被告的工作需要，安排在后勤岗位，担任门卫工作，该合同无固定期限。2005年3月30日，原、被告双方又签订机械设备承包合同，双方约定原告与卓荣飞以公开竞标的方式承包被告PY160A平地机一辆，承包期自2005年3月30日起至2008年4月30日止，原告在承包期间必须向被告缴纳机械承包费用共计15 000元等内容。2008年6月30日，被告以原告承包机械造成被告严重的经济损失为由解除与原告的劳动合同。原、被告双方为此发生争议，原告于2009年6月30日向柳州市劳动争议仲裁委员会提请劳动仲裁，请求裁决撤销被告对原告作出的解除劳动合同决定，恢复原告的工作岗位。柳州市劳动争议仲裁委员会于2009年9月18日作出（2009）柳劳仲裁字第1173号裁决书，裁决认定原告的仲裁请求缺乏依据，不予支持。原告不服该裁决于2009年10月13日诉至法院，请求判决撤销被告对原告作出的解除劳动合同决定，恢复原告的工作岗位。被告不同意原告的诉讼请求。

原告在举证期间内提交的证据有：（1）柳州公路建筑公司机械使用及承包管理试行办法；（2）柳州公路建筑公司机械设备承包合同；（3）补充协议书；（4）（2009）柳劳仲裁字第1173号裁决书；（5）劳动合同书；（6）柳州公路建筑工程分公司文件；（7）柳州市价格认证中心价格认证结论书；（8）2008年12月18日补充材料；（9）报告；（10）照片。

被告当庭提交了证据：（1）通知；（2）谈话记录；（3）发文登记。

3. 一审判案理由

广西柳州市柳南区人民法院经审理认为：当事人对自己提出的诉讼请求所依据的事实或者反驳对方诉讼请求所依据的事实有责任提供证据加以证明。没有证据或者证据不足以证明当事人的事实主张的，由负有举证责任的当事人承担不利后果。用人单位违反法律规定解除或者终止劳动合同，劳动者要求继续履行劳动合同的，用人单位应当继续履行。原告与被告签订的无固定期限的劳动合同书中约定原告在后勤岗位工作，担任门卫工作，现被告没有证据证明原告在担任其本职工作中严重失职、徇私舞弊给其造成了重大损失以致出现了解除劳动合同的事由，故被告应当继续履行与原告的劳动合同。原被告双方之间存在的承包合同关系属于另外一个法律关系，被告以原告未履行其在承包合同中的义务为由，解除与原告的劳动合同既不符合劳动合同的约定，也不符合相关法律规定。综上，对原告的诉讼请求，本院予以支持。

4. 一审定案结论

广西柳州市柳南区人民法院依照《中华人民共和国劳动法》第七十九条、《中华人民共和国劳动合同法》第四十八条、《中华人民共和国民事诉讼法》第六十四条、《最高人民法院关于民事诉讼证据的若干规定》第二条之规定，作出如下判决：

（1）撤销被告广西柳州公路建筑工程公司作出的柳路建（2008）第16号《关于解除纪彦萍同志劳动合同的决定》。

（2）被告广西柳州公路建筑工程公司继续履行与原告纪彦萍签订的劳动合同。

(三) 二审诉辩主张

1. 上诉人公路建筑公司诉称

（1）一审判决认定"原被告双方之间存在的承包合同关系属于另外一个法律关系，被告以原告未履行其在承包合同中的义务为由，解除与原告的劳动合同既不符合合同约定，也不符合相关法律规定"不符合客观事实，属认定事实不清。第一，上诉人与被上诉人于2001年8月1日签订的《劳动合同书》第二条约定：上诉人根据本单位生产（工作）需要，经双方协商一致，可以调换被上诉人工种或岗位。据此，上诉人根据本公司实际情况，经与被上诉人协商一致双方于2005年3月30日签订了《柳州公路建筑工程公司机械设备承包合同》，该承包合同第五条、第六条、第七条约定：承包期内上诉人不安排被上诉人工作，被上诉人不领取工资、奖金、福利和各种津贴、补贴。可见，经双方协商一致后上诉人调换了被上诉人的工作岗位，即从门卫工作调换为承包机械设备PY160A平地机。那么，承包期三年时间内，双方的关系也是劳动合同关系，并不存在一审判决认定的双方存在另一种承包合同法律关系。第二，被上诉人违反承包合同约定，不仅没有缴纳承包费用，而且未能将所承包的机械设备归还给上诉人，给上诉人造成了严重的经济损失，上诉人依据承包合同约定解除与被上诉人的劳动合同是有法律和事实依据的。

（2）一审判决忽视了被上诉人违反书面约定并给上诉人造成严重经济损失的事实，作出了上诉人继续履行与被上诉人劳动合同的错误判决。

（3）一审判决认为双方存在两个合同关系是错误的，双方的劳动合同关系已经发生变化，由原来的单纯的被上诉人从事门卫职业变成承包关系。劳动合同关系被新的机械承包劳动合同关系代替，一审将机械承包关系与原来的劳动关系相对立是错误的。从双方实际履行合同看，被上诉人与上诉人之间已不存在之前的约定情形，变更为机械承包合同约定的内容，被上诉人仍然是上诉人的职工，但合同内容变更。

上诉人请求二审撤销一审判决，驳回被上诉人的诉讼请求；本案的诉讼费用由被上诉人承担。

2. 被上诉人纪彦萍辩称

一审判决认定事实清楚，适用法律正确，上诉人的上诉理由无事实和法律依据，请求二审予以驳回。

(四) 二审事实和证据

广西柳州市中级人民法院经审理，确认一审法院认定的事实和证据。另查明：2005年3月30日，上诉人与被上诉人签订《柳州公路建筑工程公司机械设备承包合同》，合同约定：纪彦萍与卓荣飞以公开竞标的方式承包公路建筑公司PY160A平地机一辆；承包期自2005年3月30日起至2008年4月30日止；承包人在承包期间必须向公路建筑公司缴纳机械承包费用共计15 000元；承包期间纪彦萍、卓荣飞保留公路建筑公司职工身份，计算连续工龄，按考核符合条件的可根据有关规定调资、晋级，并进入档案；承包期间纪彦萍与卓容飞对所承包的机械设备有妥善保管、维护的责任，承包期间该机械设备被盗、毁损或丢失的，由承包方向公路建筑公司赔偿；承包方违约或者擅自解除合同的，除应缴纳全部承包费外，发包方有权视其违约情节轻重行使以下权利：承包期满前不安排工作；终止劳动合同关系。上述合同签订后，纪彦萍不再担任公路建筑公司门卫工作。

（五）二审判案理由

广西柳州市中级人民法院经审理认为：纪彦萍、公路建筑公司双方签订的劳动合同和机械设备承包合同，都是双方当事人的真实意思表示，没有违反法律法规的强制性规定，应认定为有效合同。从机械设备承包合同的内容看，约定了用人单位的名称、劳动者的姓名、劳动合同期限、工作内容、劳动报酬、社会保险等劳动合同的必备条款，还约定了工龄计算、福利待遇、劳动记录等内容，因此应当认定该合同为有固定期限的劳动合同。从双方签订机械设备承包合同之日起，双方的劳动合同内容已发生变更：劳动合同期限由原来的无固定期限变更为三年固定期限，工作岗位由门卫变更为承包机械，劳动报酬由原来固定工资、待遇变更为不再领取单位工资、奖金、福利等，纪彦萍作为承包方还要向公路建筑公司缴纳机械承包费用。因此，一审判决认定纪彦萍与公路建筑公司之间的承包合同关系属于劳动合同关系之外的另一个法律关系不当，本院予以纠正。公路建筑公司关于其与纪彦萍之间由原来的无固定期限的劳动合同关系变更为有承包经济性质的劳动合同关系的上诉主张成立，本院予以支持。

纪彦萍没有依约缴纳承包费用，而且在承包期满后未能将所承包的机械设备归还给公路建筑公司，其行为违反了机械设备承包合同的约定，也严重违反了公路建筑公司关于机械设备使用及承包管理的规章制度，并给公路建筑公司造成了严重的经济损失。公路建筑公司据此解除与被上诉人纪彦萍的劳动合同关系符合《中华人民共和国劳动合同法》第三十九条的规定，因此，纪彦萍要求撤销公路建筑公司对纪彦萍作出的解除劳动合同决定，恢复纪彦萍的工作岗位的诉讼请求没有事实和法律依据，法院不予支持。

（六）二审定案结论

广西柳州市中级人民法院依照《中华人民共和国劳动合同法》第三十九条、《中华人民共和国民事诉讼法》第一百五十三条第一款第（二）项之规定，作出如下判决：

1. 撤销柳州市柳南区人民法院（2009）南民初（一）字第1759号民事判决。
2. 驳回纪彦萍的诉讼请求。

（七）解说

劳动合同关系的双方当事人之间具有管理支配的隶属关系，法律对劳动合同的内容具有较大的强制性，用人单位必须在提供劳动条件、薪酬、休息及社会保险等方面履行法定的强制义务。而承包合同则属于一般的民事合同范畴，双方主体地位平等，具有较大的自主自愿空间，很少有法律的强制义务。但是，在用人单位与劳动者的劳动关系存续期间，经常会出现双方签订以承包合同冠名的劳动合同的情况，本案中原被告之间已经存在无固定期限的劳动合同，但是在2005年，双方之间又签订了承包合同，就属于这种情况。对此，法院不应当仅以合同的名称来定性，而是应当根据合同的具体约定及实际的履行过程来确定合同的性质，这也是劳动合同及一般民事合同性质认定的关键所在。法院必须在其中严格把关，探寻当事人的真实意思，既要尊重双方当事人真实意思之下的自主自愿，也要防止用人单位以此规避劳动合同关系的法律强制义务。

在司法实践中，在用人单位与劳动者的劳动关系存续期间，双方签订以承包合同冠名的劳动合同的情况主要有以下几种情况：

1. 用人单位与劳动者在劳动关系存续期间签订承包合同，但是，承包合同中对劳动报酬、管理支配甚至社会保险、工龄计算等都有约定的，不能认定为承包合同，仍然应当认定为劳动合同关系。因为其约定的内容体现了劳动合同关系必备的有酬劳动、管理支配甚至社会保险等内容，故应当认定为双方重新签订了劳动合同，仅是双方协议变更了工作方式、期限等内容。

2. 用人单位与劳动者在劳动关系存续期间签订承包合同，但是，其中不但没有约定较为固定的劳动报酬，纪律约束等劳动合同关系内容，相反，约定了劳动者自主经营、自负盈亏，双方的关系仅体现在盈利的收取方面，实际履行中也无用人单位对劳动者的管理支配体现的，应当认定为双方自愿协议解除劳动关系，作为平等主体签订了承包合同。但是，在该类认定中，由于可能导致用人单位摆脱劳动关系的诸多法律强制义务，所以，应当结合约定的具体内容与实际履约过程来分析认定，只有完全是在双方真实意思表示之下签订了符合事实的承包合同并如实履行的，才能认定为承包合同。否则，仍然应当认定为劳动合同。

3. 用人单位与劳动者在劳动关系存续期间签订承包合同，从内容规定来看该承包合同不属于劳动合同，而且承包合同与原有的劳动合同履行不相冲突，实际履行过程中也是两者并行。鉴于法律并未禁止在劳动合同关系之外当事人之间不能再约定民事合同关系，故应当根据确认两个合同都成立，互不替代，这种情况在司法实践中一般很少见。

本案中，原、被告之间已经存在无固定期限劳动合同关系，2005年3月30日，双方签订了承包合同，虽然约定了承包方式、期限及费用交纳，但是，同时也约定了原告保留被告职工的身份，计算连续工龄、考核符合条件的可根据有关规定调资、晋级，社会保险等劳动合同的必备内容，故应当认定为双方是重新签订了劳动合同，但仅是变更了劳动合同的期限与岗位等具体内容。这也就是上述的第一种情况，一审法院仅以合同名称就认定承包合同关系属于另外一个法律关系不符合事实与法律规定。二审法院经审核后，根据合同的具体约定内容予以纠正，是正确的。原告主张是由于另一个承包人的原因而没有归还机械设备，但没有对此举证证明，而且承包期内原告自己决定机械设备的操作者，即应当承担因操作者而导致的损失，所以，被告以原告没有依照以承包合同冠名的劳动合同约定交纳费用并归还机械设备，严重违反了被告关于机械设备使用及承包管理的规章制度，并给被告造成了严重的经济损失，被告据此解除与原告的劳动合同关系符合《中华人民共和国劳动合同法》第三十九条之规定，因此，对于原告要求撤销被告对其作出的解除劳动合同决定、恢复工作岗位的诉讼请求，二审法院不予支持。

但是，本案二审虽然根据合同内容约定进行了正确的定性，却没有从合同的实际履行过程进行分析认定，对于性质难以界定的合同认定来说，显得略有不足。

（广西壮族自治区柳州市柳南区人民法院　肖刚）

81. 苏州沃克人力资源职介有限公司诉杨敬乐等确认劳动关系案（冒名签订劳动合同的效力）

（一）首部

1. 调解书字号：江苏省苏州市虎丘区人民法院（2010）虎民初字第1278号。
2. 案由：确认劳动关系纠纷。
3. 诉讼双方

原告：苏州沃克人力资源职介有限公司。

法定代表人：胡明华，总经理。

委托代理人：朱建锋，江苏百年东吴律师事务所律师。

委托代理人：席志伟，江苏百年东吴律师事务所实习律师。

被告：杨敬乐，男，汉族，住江苏省宿迁市宿豫区。

委托代理人：程庆军，江苏筹胜律师事务所律师。

被告：希尔精密塑料科技（苏州）有限公司（以下简称"希尔公司"），住所地：江苏省苏州市高新区。

法定代表人：黄贵良，董事长。

委托代理人：李莉莉，系该公司职员。

4. 审级：一审。
5. 审判机关和审判组织

一审法院：江苏省苏州市虎丘区人民法院。

独任审判人员：审判员：朱海兰。

6. 审结时间：2010年10月21日。

（二）诉辩主张

1. 原告苏州沃克人力资源职介有限公司诉称

2008年8月，杨敏为达到被原告单位录用的目的，由其堂姐杨园园用其自己的身份证为杨敏报名，并由杨园园替杨敏进行体检，签订劳动合同。2008年8月14日，原告录用了杨园园，并将其派遣至被告希尔公司工作。然而，杨园园并未到希尔公司报到，而是由杨敏顶替其进入希尔公司工作并领取工资。2010年4月15日，杨敏在下班途中发生交通事故，2010年4月19日死亡。2010年4月22日，苏州市公安局虎丘分局浒墅关新区派出所出具证明，"经家属辨认落实，该起事故中死者实为杨敏"。杨敬乐向苏州市高新区、虎丘区劳动争议仲裁委员会申请仲裁，要求确认杨敏与原告及被告希尔公司存在劳动关系，仲裁委裁决杨敏与原告之间存在非法劳动关系。原告对此不服，特向法院起诉，请求判令：（1）原告与杨敏之间不存在劳动关系；（2）本案诉讼费用由被告杨敬乐负担。

2. 被告杨敬乐辩称

愿意协商解决。

3. 被告希尔精密塑料科技（苏州）有限公司辩称

愿意协商解决。

（三）事实和证据

江苏省苏州市虎丘区人民法院经公开审理查明：2008年8月，原告苏州沃克人力资源职介有限公司（以下简称沃克公司）招录员工，杨敏为了达到进入该公司工作的目的，与其堂姐杨园园合谋，由杨园园用自己的身份证为杨敏报名、并代为面试、体检。2008年8月13日，原告沃克公司录用了杨园园，双方签订了《实习生劳动合同》一份，约定，原告沃克公司安排杨园园到被告希尔公司实习，期限从2008年8月14日起至2008年10月31日止，并由原告沃克公司为杨园园投保商业保险和工伤保险。2008年8月14日，原告沃克公司将杨园园派往被告希尔公司工作，而杨园园并未去该公司报到，而是由杨敏顶替杨园园去该公司工作。在此期间，杨敏一直冒用杨园园姓名及身份证件领取工资。2008年11月1日，杨敏以杨园园的名义与原告沃克公司签订《派遣员工劳动合同》，双方约定，原告沃克公司派遣杨园园到被告希尔公司工作，期限自2008年11月1日起至2010年11月1日止。杨敏在上述合同上署名为杨园园。此后，杨敏一直以杨园园的身份在被告希尔公司工作。2010年4月15日，杨敏在下班途中发生交通事故，后经抢救无效死亡。之后，经苏州市公安局虎丘分局浒墅关新区派出所调查，并由杨敏亲属辨认落实，方确认上述交通事故中的死者实为杨敏。因死者姓名与被告沃克公司投保的商业险受益人姓名不符，杨敏无法获得保险理赔，双方就赔偿问题未能达成一致意见，杨敏之父杨敬乐即向苏州市高新区、虎丘区劳动争议仲裁委员会申请仲裁，要求确认杨敏与原告沃克公司及被告希尔公司存在劳动关系。2010年7月20日，苏州市高新区、虎丘区劳动争议仲裁委员会作出仲裁裁决，确认杨敏与原告沃克公司存在非法劳动关系。

(四) 定案结论

本案在审理过程中，经法院主持调解，双方当事人自愿达成如下协议：

1. 原告苏州沃克人力资源职介有限公司赔偿被告杨敬乐 110 000 元，支付方式为：2010 年 11 月 5 日前支付 30 000 元，2010 年 11 月 30 日前支付 30 000 元，2010 年 12 月 30 日前支付 30 000 元，余款 20 000 元于 2011 年 1 月 30 日前支付。被告希尔精密塑料科技（苏州）有限公司对此承担连带责任。

2. 如果原告苏州沃克人力资源职介有限公司及被告希尔精密塑料科技（苏州）有限公司不按约履行，被告杨敬乐有权就未支付部分一并申请强制执行。

3. 各方无其他纠葛。

案件受理费 10 元，减半收取 5 元，由原告负担。

(五) 解说

虽然本案最终以调解结案，但是本案中反映的社会和法律问题值得深思。我们身边不止只有一个杨敏，劳动者因为各种原因冒名以及冒充技术等级、劳动经历和用人单位签订合同的现象现实存在，希望本案的分析探讨可以给类似案件的处理提供一些借鉴意义。纵观本案，双方争议的焦点是杨敏冒名签订劳动合同是否有效，杨敏与沃克公司之间到底是否存在合法劳动关系？双方责任如何分担？

1. 冒名签订的劳动合同是否有效？我国《劳动合同法》第二十六条以及《劳动法》第十八条，对无效劳动合同作了规定，从法律条款上来看，导致劳动合同无效或者部分无效有三种情况：第一，合同订立非当事人本意，第二，用人单位违法免责，第三，合同本身违反法律法规的强制性规定。对照本案，杨敏和杨园园合谋，杨园园与沃克公司签订《实习生合同》，而后杨敏冒用杨园园名义与原告沃克公司签订《派遣员工劳动合同》并实际在沃克公司工作，第一份合同签订的时候没有问题，只是由于杨园园本人没有实际去工作所以并没有实际履行，但是第二份《派遣员工劳动合同》由于是杨敏代杨园园签订的，所以本身合同的效力有待商榷。签订合同时，杨敏故意陈述虚假事实假装自己为杨园园，以使公司陷于错误并最终作出了不真实意思表示。杨敏的行为直接导致了合同的实际履行主体与约定履行主体发生了偏差，使合同不仅不能反映当事人真实意思表示，而且不能达到合同目的。合同主体偷换、合同目的无法达到，对照相应的法律规定，杨敏这种行为应属于《劳动合同法》第二十六条规定的"以欺诈、胁迫的手段或者乘人之危，使对方在违背真实意思的情况下订立或者变更劳动合同的"情形，应认定合同无效或者部分无效。那本案中的劳动合同是部分无效还是全部无效呢？虽然从保护劳动者的角度出发，劳动合同一般不宜认定全部无效，但本案中杨敏自身存在隐瞒真实身份的过错，这种过错直接导致了劳动合同的主体以及合同目的发生了变化，合同的本质已经发生变化，应认定为全部无效。延伸至现实生活中，笔者认为，劳动者隐瞒或者不真实披露与就职条件有关的信息，应分情况考虑，将隐瞒或者不真实披露的信息分成对岗位任职有直接重大影响以及间接次要影响两类,比如劳动者的真实身份、特殊岗位的技能等级、学历、与岗位密切相关的工作经验等就应当属于直接重大影响,而那些劳动者的家庭背景、身体健康状况等就属于次要影响信息。笔者认为,如果劳动者隐瞒前者信息签订劳动合同的,应认定合同部分无效甚至全部无效。而如果劳动者隐瞒间接影响信息的,不应认定劳动合同无效,而应对合同中受该信息影响的条款作为可撤销的条款。可以由劳动者和用人单位就该条款重新协商确定效力或者签订补充条约。

  2. 杨敏和被告沃克公司是否存在事实劳动关系。本案是劳务派遣中出现的纠纷,根据相关法律规定,劳务派遣中,劳动者与派遣中介公司发生劳动关系,而向实际用工单位付出劳务。而由于杨敏冒名杨园园与沃克公司签订的劳动合同为无效合同,杨敏与沃克公司之间就不存在正常合法的劳动关系,那么他们之间是否存在事实劳动关系呢?实际上,我国《劳动法》以及《劳动合同法》并没有对事实劳动关系作出任何定义,但在司法实践中却对事实劳动关系有一些基本一致的处理意见,以保护劳动者权益以及维护现实稳定劳资关系为出发点,事实劳动关系在实践是得到法律保护的,除了没有劳动合同以外,一旦认定为事实劳动关系,劳资双方的权利义务是基本等同于正常的劳动合同关系的。在事实劳动合同中,劳动者享受与合法劳动关系中劳动者一样的福利待遇,企业应当为劳动者支付相应劳动报酬并给予相关社会保险及福利,包括工伤,根据《工伤保险条例》规定,事实劳动关系也享受工伤保险待遇。有一种普遍意见认为,事实劳动关系就是指用人单位与劳动者虽未订立劳动合同,却实际履行劳动权利义务的关系。但对于确定该关系需要的要素,却各有各说。笔者认为,我国的《劳动法》、《劳动合同法》实际规范的是一种劳动合同关系,而并非所有的劳动关系,劳动关系是一种非常宏观的概念,而我国的劳动法体系是想把所有的劳资关系都逐步规范到书面合同的权利义务上去,因此,不仅在法律中规定劳资双方必须签订书面劳动合同,并且还专门制定了相关法律规定来规范劳动合同关系。就这方面来讲,法律上所提及的事实劳动关系也应当是相对劳动合同关系而言的,也就是说,其除了未订立书面劳动合同以外,其他条件全部符合劳动合同关系的成立要件。劳动者和用人单位之间实际是有产生劳动合同关系的合意的,事实劳动关系其实可以理解为少了形式要件的合法劳动合同关系。对照本案,杨敏和沃克公司之间是签订了一份无效的劳动合同,因此他们之间也缺乏合法劳动合同关系的形式要件。但是除此之外,他们之间还存在一个更重要的问题就是他们实际是没有要发生合法劳动关系的合意的,沃克公司并没有打算聘用杨敏而是想聘用杨园园,因此不能认定他们之间存在事实劳动关系。另外,从整件纠纷来分析,杨敏隐瞒真实身份冒名签订劳动合同是存在过错的,她的做法也是违法法律规定的,如果认定在她的过错行为下仍然存在事实劳动关系,无疑就将这种"以欺诈、胁迫的手段或者乘人之危,使对方在违背真实意思的情况下订立或者变更劳动合同"的违法行为的成本及风险降低为零,因为他们可以无视是否存在合法的劳动合同,而仍然享有应有的劳动待遇和福利,这也会从一定程度上助长社会上的这种不良风气,达不到劳动法应有的社会效果。杨敏与沃克公司之间的关系应定为非法劳动合同关系,属于违反劳动合同法而产生的关系,杨敏与其他合法劳动合同关系中的劳动者不享受相同待遇。

  3. 双方责任如何分担?按照合同法的理论,合同一旦无效则合同双方的权利义务

· 473 ·

自始无效,因该合同取得的财产利益应当返还。但是"劳务"具有特殊性,是劳动者个体的能力、精力的特殊时间消耗体,一旦给付消耗,就无法返还,且也找不到等价物替代返还。幸好法律对无效劳动合同处理有明确的规定,《劳动合同法》第二十八条规定:"劳动合同被确认无效,劳动者已付出劳动的,用人单位应当向劳动者支付劳动报酬。劳动报酬的数额,参照本单位相同或者相近岗位劳动者的劳动报酬确定。"因此,对于纠纷发生前杨敏已经付出的劳务,沃克公司应当参照本单位相近劳动岗位给予其劳动报酬。那么对于杨敏的死亡,沃克公司和实际用人单位希尔公司是否应当承担责任呢?如果杨敏并没有冒用杨园园的名字进入沃克公司,而是以自己真实身份进入公司的,实际在上下班途中发生机动车事故的应认定为工伤,杨敏不仅可以拿到交通事故的人身损害赔偿,还能拿到工伤保险。但是由于杨敏与沃克公司并没有形成合法劳动关系,因而她在下班途中发生的事故不能认定为工伤。实际上,沃克公司是为员工购买了保险的,但保险的受益人却是"杨园园",杨敏冒名顶替的行为由于其过错性,最终导致了其无法受到合理的工伤赔偿,这也就是其违反劳动合同的违法成本和风险所在。但是纵观本案,沃克公司和希尔公司实际也存在着对劳动者身份审查不严的过错,杨敏无法获得工伤赔偿的结果是三方共同导致的,其各自均应承担相应的责任。另外从公平原则出发,希尔公司和沃克公司都是杨敏付出劳务的实际受益方,其应当为自己的获益付出相应的对价,因此两公司应当对原告作出适当经济赔偿。实际上本案在审理过程中,为了达到更好的社会效果,法官做了大量的调解工作,最终沃克公司和希尔公司自愿给原告作出了适当的赔偿。

(江苏省苏州市虎丘区人民法院　寿晓婷)

82. 陈朝栋诉中国电信股份有限公司雅安分公司、雅安市邮政局人事争议案

(人事档案)

(一) 首部

1. 判决书字号

一审判决书:四川省雅安市雨城区人民法院(2009)雨城民初字第1397号。

二审判决书:四川省雅安市中级人民法院(2010)雅民终字第236号。

2. 案由:人事争议纠纷。

3. 诉讼双方

原告(上诉人):陈朝栋,男,汉族,四川省成都市人,住四川省成都市金牛区。

委托代理人:张显成,男,汉族,住四川省雅安市雨城区。

被告(上诉人):中国电信股份有限公司雅安分公司,住所地:四川省雅安市雨

城区。

负责人：张建，该分公司总经理。

委托代理人：汪建国，四川民欣律师事务所律师。

委托代理人：刘强，男，汉族，四川省名山县人，系该分公司员工，住四川省雅安市雨城区。

被告（被上诉人）：雅安市邮政局，住所地：四川省雅安市羌江南路。

负责人：杜小波，该局局长。

委托代理人：曾莉，女，汉族，系该局职工，住四川省雅安市雨城区。

4. 审级：二审。

5. 审判机关和审判组织

一审法院：四川省雅安市雨城区人民法院。

合议庭组成人员：审判长：唐力；审判员：张曦；人民陪审员：代国莲。

二审法院：四川省雅安市中级人民法院。

合议庭组成人员：审判长：封树玲；审判员：刘琼；代理审判员：陈宇名。

6. 结案时间

一审结案时间：2010年5月20日。

二审结案时间：2010年11月18日。

（二）一审情况

1. 一审诉辩主张

（1）原告陈朝栋诉称

陈朝栋于1958年3月由原雅安地区组织部分配到原雅安地区邮电局工作，至1972年3月离职，在原雅安地区邮电局连续工作了14年。原雅安地区邮电局已经分立为邮政局和电信公司。陈朝栋离职后，没有办理相关的档案交接手续，陈朝栋的档案至今还存放在电信公司处。现得知国家的相关政策规定，可以办理社会保险，但需要提供个人的人事档案资料。陈朝栋到电信公司处几经查找，都没有找到，电信公司只是简单地回答没有了，找不到。陈朝栋认为电信公司没有认真履行保管档案的义务，违反了档案法和相关的政策及法律法规，请求法院判令电信公司：1）履行查找、翻阅1958年至1972年陈朝栋（东）的人事档案；2）补办陈朝栋1958年至1972年在原雅安地区邮电局工作的档案资料；3）给付因丢失档案给陈朝栋造成的经济损失165 000元。

（2）被告中国电信股份有限公司雅安分公司辩称

电信公司和原雅安地区邮电局并不是同一个单位，电信公司的成立远迟于陈朝栋离职的时间；而且邮电局分家时，电信公司处并无陈朝栋的名单，因此陈朝栋与电信公司之间并无法律关系。电信公司安全保卫办公室出具的"证明"系违规使用内设机构印章，不代表电信公司的意思。

（3）被告雅安市邮政局辩称

陈朝栋不是邮政局单位职工。按照其身份，当时电信、邮政分家时，依据川邮局

[1998] 1115号文件的规定，陈朝栋的人事档案不应该划给邮政局管理，事实上邮政局也没有陈朝栋的人事档案。因此，邮政局在本案中不应该承担任何责任。

2. 一审事实和证据

四川省雅安市雨城区人民法院公开审理查明：1958年3月，陈朝栋由原雅安地区组织部分配到原雅安地区邮电局工作，人事档案随之转入原雅安地区邮电局。之后陈朝栋一直在单位上班，直到1972年3月因家庭原因离职。原雅安地区邮政局多次分、合，陈朝栋1972年在分出的雅安军分区地区电信局工作，任观化线务员。1998年，原雅安地区邮电局实行分营，分立为雅安地区邮政局（现雅安市邮政局）、雅安地区电信局，并依据所在岗位对职工进行了划分，但在划分名单中无陈朝栋的名字。当年，四川省邮电局以川邮局[1998] 1115号文件规定邮政与电信分立时，涉及难以划分的综合性文件资料，由电信负责保管。后来雅安地区电信局变更为中国电信股份有限公司雅安分公司。为办理社保，陈朝栋多次在分立出的电信公司、邮政局处查找档案均未果，后被电信公司告知档案已丢失。电信公司、雅安市邮电局曾于2008年3月25日共同出具证明，证实未找到陈朝栋档案。电信公司曾于2009年1月5日单独出具证明，表明陈朝栋系电信公司分立前的职工。

陈朝栋曾以查明本案事实为由申请追加雅安市邮政局为本案被告，随后又撤回；并撤回"要求被告电信公司履行查找、翻阅1958年至1972年陈朝栋（东）的人事档案"的诉讼请求。审理中，陈朝栋坚持不要求邮政局承担责任。

以上事实有下列证据证明

（1）陈朝栋的身份证明、复原军人证明、军队退役人员劳保关系续接介绍信。

（2）2008年12月10日至2009年1月7日出具的四川省成都市企业职工基本养老金通知书。

（3）1963年邮电职工现在工资等级登记名册。

（4）2009年1月5日中国电信股份有限公司雅安分公司保卫办的证明。

（5）营业执照、负责人证明。关于原四川省雅安地区邮电局分营实施操作方案的批复。川邮局[1998] 1115号文件附件七。

3. 一审判案理由

四川省雅安市雨城区人民法院经审理认为：关于由电信公司为陈朝栋补办1958年至1972年在原雅安地区邮电局工作期间档案资料的问题，根据审理查明的情况，可以确认1958年原雅安地区邮电局与陈朝栋形成劳动关系，陈朝栋的人事档案也已转入原雅安地区邮电局，离职后未转走人事档案的事实。依据《四川省〈中华人民共和国档案法〉实施办法》第十一条"任何单位和个人都应当依法保护档案，维护档案的真实、完整与安全，不得涂改、伪造、损毁、丢失档案"的规定，原雅安地区邮电局对陈朝栋人事档案负有保管义务。由于原雅安地区邮电局将陈朝栋的人事档案丢失，未尽到妥善保管义务，依据《中华人民共和国民法通则》第一百零六条第一款"公民、法人违反合同或者不履行其他义务的，应当承担民事责任"的规定，陈朝栋可以要求原雅安地区邮电局承担相应的民事责任。由于原雅安地区邮电局已于1998年分立，陈朝栋可以要求其分立主体承担相应的民事责任，也可选择只要求电信公司承担相应的民事责任，同时，陈朝栋根据电信公司2009年1月5日出具的证明、几方的证人证言、1998年原雅安市邮电局分家的原则（即邮政的分给邮政，电信的分给电信）、原来的同事被分到电信公司的事实，推定自己档案应由电信公司保管，坚持不要求邮政局承担责任，而只要求电信公司承担责任的主张，应予支持。电信公司辩解不应当对陈朝栋人事档案丢失承担责任，但未提交充分的证据予以证明，对其辩解意见不予采纳，故电信公司应当承担补办陈朝栋1958年3月至1972年3月工作期间档案资料的民事责任。至于陈朝栋要求赔偿因丢失档案造成经济损失165 000元的问题，由于未能提供充分的证据证明其损失确实存在和确已发生，依据《中华人民共和国民事诉讼法》第六十四条第一款"当事人对自己提出的主张，有责任提供证据"的规定，陈朝栋应承担举证不能的责任，对陈朝栋的此项诉讼请求不予支持。邮政局辩称陈朝栋的人事档案按规定未分到邮政局处，邮政局不应承担责任的意见，结合邮政与电信分立时的规定及陈朝栋的要求予以采纳。

4. 一审定案结论

四川省雅安市雨城区人民法院依照《中华人民共和国民法通则》第一百零六条第一款、《中华人民共和国民事诉讼法》第六十四条第一款之规定，作出如下判决：

（1）被告中国电信股份有限公司雅安分公司于判决生效后30日内补办原告陈朝栋1958年3月至1972年3月工作的档案资料。

（2）驳回原告陈朝栋的其他诉讼请求。

本案案件受理费3 700元，由陈朝栋负担1 700元、中国电信股份有限公司负担2 000元，中国电信股份有限公司应负担的诉讼费已由陈朝栋垫付2 000元，此款在本案执行时一并支付给陈朝栋。

(三) 二审诉辩主张

1. 上诉人陈朝栋诉称

因档案资料丢失造成的损失客观存在，请求改判中国电信股份有限公司雅安分公司赔偿165 000元。

2. 上诉人中国电信股份有限公司雅安分公司诉称

（1）电信公司出具的两份证明只加盖了内设安全办公室印章，不是公司的真实意思；（2）电信公司与陈朝栋无关系，不承担其档案保管职责；（3）一审判决补办档案违背法律和客观事实，无法履行。

(四) 二审事实和证据

四川省雅安市中级人民法院经审理并依照陈朝栋的书面申请，两次向成都市社保局发函调查陈朝栋因档案丢失而造成的损失情况，确认一审法院认定的事实和证据。2010年7月28日，成都市社保局复函证实"金牛区社保局在陈朝栋无法提交足以证明连续工龄的原始人事档案的情况下，从陈朝栋提交的仅有的有关原始凭证，妥善地解决了陈朝栋1951年1月至1955年3月的军龄和1955年4月至1963年1月的工龄共计145个月的视为缴费年限认定","陈朝栋在1963年至1972年的工龄认定与本人实际缴费没有任何关系。基本养老保险缴费年限包括实际缴费年限和视同缴费年限。陈朝栋连续工龄的记载属于视同缴费年限认定的依据,而按政策规定缴纳的实际缴费年限与认定的视同缴费年限累计,是一种简单相加关系,缴费年限的长短直接关系到养老待遇的多少"。2010年9月1日,成都市金牛区社保局回复证实"若陈朝栋同志1963年2月至1972年1月的工龄符合国家政策并按规定确认,陈朝栋的初始养老金测算数应为973.55元/月,比原退休时已计算待遇增加281.11元/月"。本院询问了雅安市档案局工作人员,该调查笔录证实根据《档案法》等法律法规规定,档案是不能补办的。陈朝栋、电信公司、邮政局对两份回复及调查笔录均无异议,本院认为两份复函及调查笔录合法、真实、客观,应予采信。

二审法院另查明,陈朝栋从2009年1月领取养老金待遇。

(五) 二审判案理由

四川省雅安市中级人民法院经审理认为:本案争议焦点为电信公司是否应该补办陈朝栋1958年3月至1972年3月工作期间的档案资料、陈朝栋因工作档案丢失而造成的损失是多少以及该损失是否应由电信公司承担。

1. 电信公司是否应该补办陈朝栋1958年3月至1972年3月工作的档案资料

《中华人民共和国档案法》第二条规定:"本法所称的档案,是指过去和现在的国家机构、社会组织以及个人从事政治、军事、经济、科学、技术、文化、宗教等活动直接形成的对国家和社会有保存价值的各种文字、图表、声像等不同形式的历史记录。"该条款明确了档案必须是直接形成的历史记录。根据本院对雅安市档案局的调查笔录亦证实档案是不能补办的。陈朝栋要求补办1958年3月至1972年3月在原雅安地区邮电局工作的档案的请求不能成立,一审法院支持此项诉讼请求处理有误,应予以纠正。

2. 陈朝栋因工作档案丢失而造成的损失是多少

陈朝栋认为因档案丢失而造成的经济损失165 000元,构成如下:一是如果1963年至1972年的档案被认定为视同缴费年限,每月将增加养老待遇,该部分即为损失。二是其因1963年至1972年的档案丢失,该工作时间不能认定为视同缴费年限,导致出资购买工龄,该出资即损失。

(1) 每月增加的养老待遇部分是否为损失。2010年7月28日,成都市社会保险事业管理局复函载明"金牛区社保局在陈朝栋无法提交足以证明连续工龄的原始人事档案的情况下,从陈朝栋提交的仅有的有关原始凭证,妥善地解决了陈朝栋1951年1月至1955年3月的军龄和1955年4月至1963年1月的工龄共计145个月的视为缴费年限认定"。根据该复函精神,陈朝栋1963年至1972年的工作时间应视为缴费年限认定。该工作时间视为缴费年限认定后每月增加的养老待遇属于损失。

2010年9月1日,成都市金牛区社保局回复证实"若陈朝栋同志1963年2月至1972年1月的工龄符合国家政策并按规定确认,陈朝栋的初始养老金测算数应为

973.55元/月，比原退休时已计算待遇增加281.11元/月"。故该损失即为281.11元/月。陈朝栋从2009年1月开始领取养老金待遇，故281.11元/月的损失应从2009年1月起计算（其后如果养老待遇调整与初始养老金基数有关联，损失则按关联程度进行相应调整）。

（2）自行购买工龄的出资是否为损失。2010年7月28日，成都市社会保险事业管理局复函载明"陈朝栋在1963年至1972年的工龄认定与本人实际缴费没有任何关系。基本养老保险缴费年限包括实际缴费年限和视同缴费年限。陈朝栋连续工龄的记载属于视同缴费年限认定的依据，而按政策规定缴纳的实际缴费年限与认定的视同缴费年限累计，是一种简单相加关系，缴费年限的长短直接关系到养老待遇的多少"。该复函明确基本养老保险缴费年限是实际缴费年限和视同缴费年限的累计。陈朝栋购买的工龄属于实际缴费年限，已计算了相应数额的养老待遇。1963年至1972年的工作时间视为缴费年限认定后，只是在原有养老待遇基础上增加相应的待遇金额。1963年至1972年的工作时间是否视为缴费年限认定与陈朝栋实际缴费没有任何关系，故陈朝栋自行购买工龄的出资不属于损失。

1958年4月至1963年1月的工龄已视为缴费年限认定，已经计算在养老待遇中，亦不能认定为损失。

3. 电信公司是否应承担陈朝栋因工作档案丢失而造成的损失

《四川省〈中华人民共和国档案法〉实施办法》第十一条规定："任何单位和个人都应当依法保护档案，维护档案的真实、完整与安全，不得涂改、伪造、损毁、丢失档案。"《中华人民共和国民法通则》第一百零六条第一款规定："公民、法人违反合同或者不履行其他义务的，应当承担民事责任。"1958年原雅安地区邮电局与陈朝栋形成劳动关系，陈朝栋的人事档案也已转入原雅安地区邮电局，1972年陈朝栋离职后未转走人事档案。原雅安地区邮电局对陈朝栋人事档案负有保管义务。因电信公司由原雅安地区邮电局分立设立，同时陈朝栋根据电信公司2009年1月5日出具的证明、证人证言、1998年原雅安市邮电局分家的原则（即邮政的分给邮政，电信的分给电信）、原来的同事被分到电信公司的事实，推定自己档案应由电信公司保管。为此，陈朝栋只选择要求电信公司承担相应的民事责任符合法律规定，应予支持。电信公司提出"电信公司出具的两份证明只加盖了内设安全办公室印章，不是公司的真实意思；电信公司与陈朝栋无关系，不承担其档案保管职责"的上诉理由与事实不符，本院不予支持。

（六）二审定案结论

四川省雅安市中级人民法院依照《中华人民共和国民事诉讼法》第一百五十三条第一款第（三）项之规定，作出如下判决：

1. 维持四川省雅安市雨城区人民法院（2009）雨城民初字第1397号民事判决第二项，即"驳回原告陈朝栋的其他诉讼请求"。

2. 撤销四川省雅安市雨城区人民法院（2009）雨城民初字第1397号民事判决第一

项,即"被告中国电信股份有限公司雅安分公司于判决生效后30日内补办原告陈朝栋1958年3月至1972年3月工作的档案资料"。

3. 中国电信股份有限公司雅安分公司从2009年1月起至陈朝栋养老待遇终止时止每月支付陈朝栋281.11元(自本判决生效之日起三十日内一次性支付截至本判决生效当月的赔偿金;自本判决生效下月起,按月支付。如果养老待遇调整与初始养老金基数有关联,损失则按关联程度进行相应调整)。

二审案件受理费3 700元,由中国电信股份有限公司雅安分公司承担1 900元,陈朝栋承担1 800元;一审案件受理费按二审判决确定的比例执行。

(七) 解说

本案是因人事档案丢失而引发的纠纷。现实生活中,用人单位丢失职工个人档案的情形时有发生,由于没有相关的具体法律规定,以至一些档案被丢失的相对人与单位之间的纠纷长期得不到解决,甚至出现长期上访的情形。因此,人事档案被丢失的个人如何获得法律救济,以及能够获得哪些救济是司法部门不可回避的现实。

1. 人事档案的性质及保管义务问题

人事档案是记录一个人的主要经历、政治面貌等个人情况的文件材料,起着凭证、依据和参考的作用,在确定职级、职称、计算工龄、办理养老保险以及开具相关证明时,有至关重要的作用。人事档案本质上是存于管理方的个人历史记录,具有真实性、机密性和不可复制性的特点。人事档案虽然是个人记录,但记录和保管方都是用人单位,用人单位应当依法保护档案,不得涂改、伪造、损毁、丢失档案,负有维护档案的真实、完整与安全的义务。

本案中,原雅安地区邮电局与陈朝栋于1958年形成劳动关系,陈朝栋的人事档案也转入原雅安地区邮电局,1972年陈朝栋离职后未转走人事档案。原雅安地区邮电局对陈朝栋人事档案负有保管义务。因电信公司由原雅安地区邮电局分立设立,同时陈朝栋根据电信公司2009年1月5日出具的证明、证人证言、1998年原雅安市邮电局分家的原则(即邮政的分到邮政,电信的分到电信),原来的同事被分到电信公司的事实,应当认定陈朝栋的人事档案由电信公司保管。为此,陈朝栋只选择要求电信公司承担相应的民事责任符合法律规定,应予支持。电信公司提出"电信公司出具的两份证明只加盖了内设安全办公室印章,不是公司的真实意思;电信公司与陈朝栋无关系,不承担其档案保管职责"的理由与事实不符,依法不予支持。陈朝栋的档案是在其原单位转制的情况下丢失的,该单位未尽到妥善保管陈朝栋人事档案的义务,依据《中华人民共和国民法通则》第一百零六条第一款"公民、法人违反合同或者不履行其他义务的,应当承担民事责任"的规定,中国电信股份有限公司雅安分公司应承担丢失档案的民事责任。

2. 人事档案丢失的损失计算问题

陈朝栋认为因档案丢失而造成的经济损失165 000元,构成如下:一是如果1963年至1972年的档案被认定为视同缴纳社会保险费的年限,每月将增加养老保险待遇,该部分即为损失。二是因1963年至1972年的档案丢失，该工作时间不能认定为视同缴纳社会保险、享受相关待遇所应具备的重要凭证及缴纳社会保险的年限，导致陈朝栋自行出资购买工龄，该出资即为损失。

本案中，电信公司作为用人单位具有保管人事档案的义务，其丢失档案的行为，应按照《中华人民共和国民法通则》第一百零六条第一款"公民、法人违反合同或者不履行其他义务的，应当承担民事责任"的规定处理。因人事档案具有不可复原的性质，对承担档案丢失的民事责任，采取赔偿损失方式，全面和完全予以赔偿。本案二审法院综合考虑人事档案对工龄计算、职级调整、养老保险的发放标准的依据作用等因素来确定损失，符合人事档案的内在特性。

（1）关于养老保险金问题。养老保险金是根据职工工作年限而计算的保证其养老给付的年金。用人单位因丢失档案导致职工无法领取养老保险金，应承担相应的民事责任。本案中，陈朝栋举出了相关证据证实其缴费年限：成都市社会保险事业管理局复函载明"金牛区社保局在陈朝栋无法提交足以证明连续工龄的原始人事档案的情况下，从陈朝栋提交的仅有的有关原始凭证，妥善地解决了陈朝栋1951年1月至1955年3月的军龄和1955年4月至1963年1月的工龄共计145个月的视为缴费年限认定"。根据该复函内容，陈朝栋1963年至1972年的工作时间应视为缴费年限认定。该工作时间视为缴费年限认定后每月增加的养老待遇属于损失。

成都市金牛区社保局回复证实"若陈朝栋同志1963年2月至1972年1月的工龄符合国家政策并按规定确认，陈朝栋的初始养老金测算数应为973.55元/月，比原退休时已计算待遇增加281.11元/月"。故该损失即为281.11元/月。陈朝栋从2009年1月开始领取养老待遇，故281.11元/月的损失应从2009年1月起计算（其后如果养老待遇调整与初始养老金基数有关联，损失则按关联程度进行相应调整）。

（2）关于自行购买工龄问题。成都市社会保险事业管理局复函载明"陈朝栋在1963年至1972年的工龄认定与本人实际缴费没有任何关系。基本养老保险缴费年限包括实际缴费年限和视同缴费年限。陈朝栋连续工龄的记载属于视同缴费年限认定的依据，而按政策规定缴纳的实际缴费年限与认定的视同缴费年限累计，是一种简单相加关系，缴费年限的长短直接关系到养老待遇的多少"。该复函明确基本养老保险缴费年限是实际缴费年限和视同缴费年限的累计。陈朝栋购买的工龄属于实际缴费年限，已计算了相应数额的养老待遇。1963年至1972年的工作时间视为缴费年限认定后，只是在原有养老待遇基础上增加相应的待遇金额。1963年至1972年的工作时间是否视为缴费年限认定与陈朝栋实际缴费没有任何关系，故陈朝栋自行购买工龄的出资不属于损失。同理，陈朝栋从1958年4月至1963年1月的工龄已视为缴费年限认定，已经计算在养老待遇中，亦不能认定为损失。

综上，档案虽不能直接计算出经济价值，它却存在间接的、潜在的物质利益。中国电信股份有限公司雅安分公司在几经撤并转制中对档案的管理上出现了漏洞，将陈朝栋的档案在企业几次转制过程中丢失，未履行妥善保管的义务，用人单位应负违约责任。故两级法院依法作出了上述判决。

（四川省雅安市中级人民法院　赵锋　田勇　刘琼）

83. 梁明德与无锡市天程国际货运代理有限公司确认劳动关系案
（挂靠合同的效力）

（一）首部

1. 判决书字号
一审判决书：无锡高新技术产业开发区人民法院（2008）新民一初字第0761号。
二审判决书：江苏省无锡市中级人民法院（2008）锡民终字第1153号。
再审判决书：江苏省无锡市中级人民法院（2010）锡民再终字第0020号。
2. 案由：确认劳动关系纠纷。
3. 诉讼双方
原告（被上诉人、被申请人）：无锡市天程国际货运代理有限公司（以下简称天程公司），住所地：无锡市新加坡工业园高浪路。
法定代表人：黄毅，无锡市天程国际货运代理有限公司董事长。
被告（上诉人、申请再审人）：梁明德，男，汉族，住山东省郓城县武安镇。
4. 审级：再审。
5. 审判机关和审判组织
一审法院：无锡高新技术产业开发区人民法院。
独任审判人员：代理审判员：胡艳丽。
二审法院：江苏省无锡市中级人民法院。
合议庭组成人员：审判长：潘志江；审判员：张锡南；代理审判员：许正平。
再审法院：江苏省无锡市中级人民法院。
合议庭组成人员：审判长：吴凌燕；审判员：徐中华、过坚列。
6. 审结时间
一审审结时间：2008年8月8日。
二审审结时间：2008年12月12日。
再审审结时间：2010年10月22日。

（二）一审情况

1. 诉辩主张
（1）原告天程公司诉称
梁明德向无锡市新区劳动争议仲裁委员会申诉，要求确认其与天程公司之间存在劳动关系。天程公司既不认识梁明德，也从未聘用过梁明德，天程公司对梁明德驾驶的事故车辆不知情，且天程公司不是车辆的实际车主，实际车主李儒是挂靠在天程公司的，故天程公司与梁明德之间不存在劳动关系。请求判决确认双方之间不存在劳动关系。

（2）被告梁明德辩称

其于2007年3月29日到天程公司工作，岗位为苏B19342号车辆的驾驶员。2007年4月4日，梁明德在驾驶该车为天程公司送货时发生交通事故。天程公司虽称车辆的实际车主是李儒，但因被告是在工作时间、工作过程中受伤，且是为天程公司提供劳动，故梁明德与天程公司存在事实劳动关系。

2. 一审事实和证据

无锡高新技术产业开发区人民法院经公开审理查明：2007年4月4日，梁明德驾驶苏B19342号轻型厢式货车发生交通事故，该车登记的所有人为天程公司。事故发生后，梁明德向无锡市新区劳动争议仲裁委员会申请仲裁，要求确认梁明德与天程公司存在劳动关系。2008年4月24日，该仲裁委作出锡新劳仲案字（2008）第228号仲裁裁决：(1) 梁明德受伤时即2007年4月4日与天程公司存在劳动关系；(2) 仲裁费500元由天程公司承担。天程公司不服该仲裁裁决书，遂向新区法院提起诉讼。

3. 一审判案理由

无锡高新技术产业开发区人民法院经审理认为：当事人对自己提出的诉讼请求所依据的事实有责任提供证据予以证明，没有证据或证据不足时，由负有举证责任的当事人承担不利后果。天程公司称梁明德事发时驾驶的车辆是他人挂靠在公司的，自己与梁明德之间不存在劳动关系，并提供了挂靠合同、证人等证据予以证明。虽然在挂靠合同上没有明确李儒挂靠的车辆的车牌，但结合李儒、黄雪峰、李治的证言，应当认定苏B19342号车辆系李儒挂靠在天程公司的。梁明德称自己是天程公司的工作人员，其依据仅仅是事发时驾驶的车辆登记车主是天程公司，其未提供其他证据证明其与天程公司存在劳动关系，也无证据证明事发时是为天程公司运送货物。

4. 一审定案结论

无锡高新技术产业开发区人民法院依照《最高人民法院关于民事诉讼证据的若干规定》第二条之规定，作出如下判决：

确认梁明德在2007年4月4日受伤时与天程公司不存在劳动关系，仲裁费500元、案件受理费5元均由梁明德负担。

(三) 二审情况

1. 二审诉辩主张

（1）上诉人梁明德诉称

其向一审法院提供了发生交通事故时的车辆行驶证、交通事故责任认定书、处理交通事故时天程公司出具的介绍信、收条等一系列证据，足以证明梁明德在发生交通事故时与天程公司存在事实劳动关系。一审判决仅凭挂靠合同及证人的证词即确认梁明德在发生交通事故时与天程公司不存在事实劳动关系是错误的，请求依法改判。

(2) 被上诉人辩称

天程公司表示服从一审判决。

2. 二审事实和证据

二审法院经公开审理查明，确认一审法院认定的事实和证据。

3. 二审判案理由

江苏省无锡市中级人民法院经审理认为：认定事实劳动关系，应当根据劳动者是否实际接受用人单位的管理、指挥或者监督，劳动者提供的劳动是否是用人单位业务的组成部分，用人单位是否向劳动者提供基本劳动条件，以及向劳动者支付报酬等因素综合认定。在审理确认劳动关系纠纷时，法院应根据证据规则的规定，合理分配双方的举证责任。本案中，梁明德为证明其在发生交通事故时与天程公司存在事实劳动关系，向原审法院提供了发生交通事故时的车辆行驶证、交通事故责任认定书、处理交通事故时天程公司出具的介绍信等证据，但上述证据仅能证明梁明德在发生交通事故时所驾驶的车辆登记为天程公司，并不能直接证明梁明德与天程公司存在事实劳动关系。梁明德未能向一、二审人民法院提供其接受天程公司的管理、指挥或者监督的相应依据，也未能提供发生交通事故时其是在从事天程公司的货运业务，更未能提供天程公司向其支付劳动报酬的相关证据，故难以确认梁明德在发生交通事故时与天程公司存在事实劳动关系。一审人民法院据此确认梁明德在发生交通事故时与天程公可不存在事实劳动关系并无不当，梁明德的上诉理由无事实和法律依据，不予采纳。

4. 二审定案结论

江苏省无锡市中级人民法院依照《中华人民共和国民事诉讼法》第一百五十三条第一款第（一）项的规定，作出如下判决：

驳回上诉，维持原判。

(四) 再审诉辩主张

1. 申请人梁明德申请再审称

其于2007年3月29日到天程公司工作，在为天程公司送货时发生交通事故，双方存在劳动关系。原判认定双方不存在劳动关系错误，请求撤销一、二审判决，予以改判。

2. 被申请人天程公司辩称

原判决认定事实清楚，适用法律正确，请求驳回梁明德的再审申请。

(五) 再审事实和证据

江苏省无锡市中级人民法院经审理，确认了原判决认定的事实。还查明：2007年3月16日，李儒与天程公司签订汽车挂靠合同，将其所有的苏B19342号轻型厢式货车挂靠在天程公司名下。2007年4月4日21时10分许，梁明德驾驶该车时与其他车辆相撞发生交通事故。事发时，梁明德驾驶的车辆上装有货物，现场有世信科技（无锡）有限公司(以下简称世信公司)的货运单。事发后,天程公司于 2007 年 7 月 25 日出具介绍信,介绍李治至无锡市公安局新区分局办理了提车等事宜。本案再审审查期间,世信公司的工作人员向法院反映,其货物系委托天程公司运输,并与天程公司结算运输费用。上述事实,由《交通事故认定书》、现场照片、货运单、介绍信、世信公司、李治的陈述笔录等证据材料在卷佐证。

(六)再审判案理由

江苏省无锡市中级人民法院再审认为:根据天程公司提供的挂靠合同及李儒、李治、黄雪峰等证人的证言及世信公司的证明等,应当认定苏 B19342 车辆系李儒挂靠在天程公司名下,并以天程公司名义承接世信公司的货运业务。梁明德驾驶李儒的车辆在为世信公司运货途中发生事故,应认定李儒与梁明德之间存在雇佣关系。《最高人民法院关于车辆挂靠其他单位经营车辆实际所有人聘用的司机工作中伤亡能否认定为工伤问题的答复》规定:个人购买的车辆挂靠其他单位且以挂靠单位的名义对外经营的,其聘用的司机与挂靠单位之间形成了事实劳动关系,在车辆运营中伤亡的,应当适用《劳动法》和《工伤保险条例》的有关规定认定是否构成工伤。根据该答复意见,可以认定梁明德与天程公司之间形成事实劳动关系。据此,原一、二审判决认定双方不存在劳动关系不当,本院予以纠正。

(七)再审定案结论

江苏省无锡市中级人民法院依照《中华人民共和国民事诉讼法》第一百五十三条第一款第(二)项之规定,作出如下判决:

1. 撤销(2008)锡民终字第 1153 号民事判决书及无锡高新技术产业开发区人民法院(2008)新民一初字第 0761 号民事判决书。
2. 梁明德受伤时即 2007 年 4 月 4 日与无锡天程国际货运代理有限公司存在劳动关系。

(八)解说

本案是一起确认劳动关系纠纷案,争议焦点为:梁明德与天程公司是否存在事实劳动关系。

《最高人民法院关于车辆挂靠其他单位经营车辆实际所有人聘用的司机工作中伤亡能否认定为工伤问题的答复》([2006]行他字第 17 号)认为:个人购买的车辆挂靠其他单位且以挂靠单位的名义对外经营的,其聘用的司机与挂靠单位之间形成了事实劳动关系,在车辆运营中伤亡的,应当适用《劳动法》和《工伤保险条例》的有关规定认定是否构成工伤。该《答复》具体由最高人民法院行政审判庭作出,主要为解决挂靠人聘用的驾驶员与被挂靠单位形成事实劳动关系后,在车辆运营过程中伤亡,确认是否构成工伤的问题提供法律依据。解读《答复》的全部内容可以看出,个人购买的车辆挂靠其他单位且以挂靠单位的名义对外经营的,其聘用的驾驶员与被挂靠单位既可以存在劳动合同关系,也可以存在事实劳动关系。本案是确认是否存在事实劳动关系。劳动关系是劳动者为用人单位提供劳动,并从单位获得报酬所形成的关系。其主要特征是:劳动者为用人单位提供劳动,接受用人单位管理,遵守劳动纪律,获得用人单位支付的报酬,受用人单位的保护等。劳动关系是劳动者与用人单位之间发生权利义务的基础。劳动关系的成立有劳动合同确立的劳动关系和事实上形成的劳动关系两种方式。由劳动合同确立的劳动关系是劳动者与用人单位在平等自愿协商的前提下,通过合同的方式明确约定双方权利义务而建立的劳动关系。这是规范的用工环境下所呈现的状态。现实生活中还存在着大量的事实劳动关系,主要是指无书面合同或无有效合同形成的雇佣关系以及口头协议达成的劳动雇佣关系。认定事实劳动关系,应当根据劳动者是否实际接受用人单位的管理、指挥或者监督,劳动者提供的劳动是否是用人单位业务的组成部分,用人单位是否向劳动者提供基本劳动条件,以及向劳动者支付报酬等因素综合认定。2005年5月,劳动和社会保障部颁布的《关于确立劳动关系有关事项的通知》规定:即使用人单位不与劳动者签订劳动合同,发生劳动争议时,劳动者只要提供工作证、工资支付记录或考勤记录等凭证,同样可以被认定双方存在劳动关系。《通知》的精髓是将事实劳动关系明确为劳动关系,使事实劳动关系中的劳动者的合法权利得到保障。

本案中,依据天程公司提供的挂靠合同,李治、李儒、黄雪峰等证人的证言及世信公司的证明,苏B19342货车系李儒购买后,挂靠在天程公司名下,以天程公司名义承接世信公司的货运业务,并由世信公司与天程公司结算所有运输费用。根据民事诉讼举证责任分配的一般原则,天程公司仅负有证明其与梁明德不存在劳动关系的举证责任。但是,梁明德于2007年3月底到达无锡,次月4日晚发生车祸时,梁明德驾驶的是李儒挂靠在天程公司名下的苏B19342货车,车上装载着运输的货物,现场留有与天程公司存在长期货运关系的世信公司货运单,事故发生后,天程公司又出具介绍信进行了善后处理。梁明德作为劳动力的提供者,其到天程公司时间很短,不可能提供劳动合同、工作证件、领取报酬的凭证或考勤记录等,且其在车祸发生后,已失去表达意志的能力。如果单纯以"谁主张,谁举证"的原则确定当事人法律后果的承担,有可能与实体法公平保护当事人合法权益的立法宗旨相背离,使当事人的合法权益特别是弱势的劳动者得不到法律的有效保护。因此,本案的再审判决,基于车祸发生时存在的客观事实,对于梁明德是否从事了天程公司安排的劳动的问题,考虑到事发时车上装载的运输货物是其业务组成部分,天程公司与事实证据的距离较近,且在事故发生后又是天程公司派员赴公安部门处理了事故的善后事宜,天程公司更有能力提供证明梁明德发生车祸时与其不存在劳动关系的证据。因此,再审判决依据公平合理、诚实信用的原则,重新分配了本案的举证责任,由天程公司进一步承担证明梁明德发生车祸时不是从事其安排的劳动,运输的货物也不是其业务组成部分的证明责任。天程公司逾期未提供相应证据,故推定梁明德发生车祸时从事的是天程公司安排的工作,提供的劳动属天程公司业务的组成部分,从而也确认了梁明德与天程公司之间的事实劳动关系。

劳动者在劳动关系中常处于弱势地位,不能在举证责任的承担及履行上加重弱者的负担，否则无异于拒绝对他们实施法律保护。本案再审的判决更多的是站在劳动者的角度，根据双方与证据距离的远近以及提供证据能力的大小，公平合理地对举证责任的承担进行再分配，从而有效地保护了劳动关系中弱势群体的合法权益。

（江苏省无锡市中级人民法院　吴凌燕　刘杰）

84. 泗阳蓝祺服装公司诉张桂香工伤保险待遇案
（工伤待遇）

（一）首部

1. 判决书字号

一审判决书：江苏省宿迁市泗阳县人民法院（2010）民初字第1345号。

二审判决书：江苏省宿迁市中级人民法院（2010）中民终字第0991号。

2. 案由：劳动争议纠纷。

3. 诉讼双方

原告（上诉人）：泗阳县蓝祺服装有限公司（以下简称蓝祺服装公司）。

法定代表人：曹红，董事长。

委托代理人：葛万里，公司员工。

被告（被上诉人）：张桂香，女，汉族，住江苏省泗阳县。

委托代理人：刘芝玉，江苏八面锋律师事务所律师。

4. 审级：二审。

5. 审判机关和审判组织

一审法院：江苏省泗阳县人民法院。

独任审判人员：审判员：邢军。

二审法院：江苏省宿迁市中级人民法院。

合议庭组成人员：审判长：陈泽环；审判员：吴永云；代理审判员：翟新权。

6. 审结时间

一审审结时间：2010年6月27日。

二审审结时间：2010年11月8日。

（二）一审诉辩主张

1. 原告蓝祺服装公司诉称

仲裁委认定被告的女儿与蓝祺服装公司存在劳动关系，且在下班途中发生交通事故，认定事实错误。即便构成工伤，被告已获得侵权人及保险公司远高于工伤保险待遇的民事赔偿，且已赔付执行到位，原告也不应再重复支付。请求判决不予支付被告工伤保险待遇。

2. 被告张桂香辩称

被告的两个女儿从原告单位下班途中因交通事故死亡，已被依法确认为因工伤死亡，原告应依据《工伤保险条例》及《工伤保险办法》等法律法规，依法向被告支付其近亲属因工死亡的工伤待遇。被告确实已从交通事故的肇事方以及保险公司获得了足额赔偿，且款已执行到位，但现行的法律法规并没有排除在受害人已经获得交通事故赔偿的情况下再获得工伤保险待遇。因交通事故赔偿是侵权赔偿，与工伤保险是不同的法律关系。因此，被告请求依法判决原告应当支付被告的两个女儿因工死亡的相关待遇。

（三）一审事实和证据

江苏省泗阳县人民法院经公开审理查明：2007年3月14日21时16分许，孙修剑雇用的驾驶员沈正银雨天驾驶制动不符合技术标准的车辆由东向西行驶至泗阳县徐淮路新车站门口东侧处，追尾撞到在机动车道内行驶的被告张桂香的女儿浦笑笑驾驶的电动自行车，致乘坐该电动自行车的张桂香的另一女儿浦春晓当场死亡，浦笑笑受伤，后浦笑笑经医院抢救无效于次日死亡。泗阳县公安局交通巡逻警察大队认定沈正银负本起交通事故的主要责任，浦笑笑负次要责任，浦春晓无责任。

2007年7月5日，在泗阳县人民法院主持下，张桂香与肇事车主孙修剑和肇事车投保第三者责任险的保险公司，即中华联合财产保险股份有限公司宿迁中心支公司达成了调解协议，内容为：（1）中华联合财产保险股份有限公司宿迁中心支公司于2007年8月5日前赔偿张桂香103 615元。其中医疗费2 062元。（2）除已支付的21 000元外，孙修剑于2007年8月5日前赔偿张桂香418 953元（含精神损害抚慰金50 000元）。后中华联合财产保险股份有限公司宿迁中心支公司和孙修剑均按协议约定履行了全部义务。

被告张桂香认为，其两个女儿是在下班途中遭受机动车伤害死亡构成工伤，于2008年3月13日向泗阳县劳动和社会保障局申请工伤认定，因浦笑笑和浦春晓与原告蓝祺服装公司之间是否存在劳动关系不确定，故中止工伤认定程序。2008年6月13日，张桂香提起确认劳动关系之诉将蓝祺服装公司起诉至法院，2008年12月12日，本院确认张桂香近亲属浦笑笑、浦春晓于2007年3月与蓝祺服装公司成立劳动关系。蓝祺服装公司收到判决后不服向宿迁市中级人民法院提起上诉。2009年4月27日，二审驳回上诉，维持原判。2009年10月19日，泗阳县劳动和社会保障局认定浦笑笑和浦春晓属因工死亡，认定为工伤，同日向蓝祺服装公司进行了送达，现已生效。后张桂香又向泗阳县劳动争议仲裁委员会提起劳动仲裁，要求蓝祺服装公司支付一次性工亡补助金140 422.30元和丧葬费16 852元。2010年3月17日，仲裁委作出裁决，内容为：（1）被申请人支付申请人一次性工亡补助金140 433.30元；（2）被申请人支付丧葬费16 852元。上述合计157 285.30元于裁决书生效后三十日内一次性支付。蓝祺服装公司收到裁决后不服，因而成诉。

(四) 一审判案理由

江苏省泗阳县人民法院经审理认为：第三人的侵权赔偿是普通民事赔偿，属于私法领域内的赔偿，而工伤保险赔偿是社会保险待遇的赔偿，属于公法领域内的赔偿，两者性质不同，不可相互替代，同时，第三人侵权赔偿并没有加重用人单位的赔偿责任。本案被告张桂香的近亲属因交通事故死亡构成工伤，被告虽已因第三人侵权获得赔偿，但其还应当获得工伤赔偿。对于损失中包含的医疗费、护理费、营养费、交通费、住院伙食补助费、残疾辅助器具费和丧葬费等费用属于实际发生的费用已从第三人处获得赔偿，不应再获得赔偿，对于一次性工亡补助金，因不属于实际支出的费用，故蓝祺服装公司还应按《工伤保险条例》的规定进行赔偿。

(五) 一审定案结论

江苏省泗阳县人民法院依照《工伤保险条例》第三十七条、《最高人民法院关于审理人身损害赔偿案件适用法律若干问题的解释》第十二条、《中华人民共和国民事诉讼法》第一百二十八条之规定，作出如下判决：

1. 原告泗阳县蓝祺服装有限公司于判决生效后10日内支付被告张桂香因其女儿浦笑笑和浦春晓一次性工亡补助金140 433.30元。
2. 原告泗阳县蓝祺服装有限公司不再支付被告张桂香丧葬费。

(六) 二审情况

1. 二审诉辩主张
(1) 上诉人蓝祺服装公司诉称
原审认定浦笑笑、浦春晓在上诉人处上班无依据。被上诉人在原审提供的考勤表是复印件，不具有证据效力；其提供的来安派出所证明是个别人员未经单位领导同意擅自出具的，且内容不属实。请求二审法院查明事实，公正判决。
(2) 被上诉人张桂香辩称：
原审认定事实清楚，适用法律正确。请求二审驳回上诉，维持原判。
2. 二审事实和证据
江苏省宿迁市中级人民法院经审理，确认一审法院认定的事实和证据。
3. 二审判案理由
江苏省宿迁市中级人民法院经审理认为：本案争议的焦点为：浦笑笑、浦春晓与上诉人是否存在劳动关系？当事人对自己提出的诉讼请求所依据的事实或者反驳对方诉讼请求所依据的事实有责任提供证据加以证明。没有证据或者证据不足以证明当事人的事实主张的，由负有举证责任的当事人承担不利后果。本案中，上诉人主张浦笑笑、浦春晓与上诉人之间不存在劳动关系，对此，其应承担举证责任。原审诉讼中，被上诉人提供了泗阳县公安局来安派出所的书面证明。因该证明是国家机关依据其职权作出的，具有较高的证明力。上诉人虽予以否认，但未提供证据加以反驳。被上诉人在原审提供了张勇通话记录单以及录音资料，因张勇系上诉人单位工作人员，其证明浦笑笑、浦春晓是上诉人单位员工，出事前浦笑笑、浦春晓姐妹借其手机使用。该证据可信度较高。被上诉人在原审中提供的考勤表虽是复印件，但该证据与上述公安机关出具的证明以及张勇的通话记录等证据相印证。上述证据，已形成证据链，足以证明事发前浦笑笑、浦春晓姐妹系上诉人单位职工，双方形成事实上的劳动关系。故上诉人上诉称其与浦笑笑、浦春晓姐妹未形成劳动关系的理由不能成立，其请求本院不予支持。

4. 二审定案结论

江苏省宿迁市中级人民法院依照《中华人民共和国民事诉讼法》第一百五十三条第一款第（一）项之规定，作出如下判决：

驳回上诉，维持原判。

（七）解说

由于第三人侵权导致劳动者工伤，这一法律关系具有双重的法律性质，分别属于劳动法和民法两个独立的基本法律部门调整的范畴。如何适用法律，世界各国的规定差异很大，归纳而言，共有四种模式：(1) 以工伤保险取代侵权；(2) 择一选择；(3) 双重兼得；(4) 差额补偿。采取以工伤保险制度取代侵权责任的，以德国最为典型；英国曾一度采用择一选择说，但这一制度在实务中并不可取，现已废止；双重兼得的做法只有英国和我国台湾地区有限制地采用；差额补偿说，日本、智利和北欧等国用得比较多。

我国工伤保险制度在这一问题上并不十分明确。2003年12月26日，《最高人民法院关于审理人身损害赔偿案件适用法律若干问题的解释》第十二条明确规定，依法应当参加工伤保险统筹的用人单位的劳动者，因工伤事故遭受人身损害，劳动者或者其近亲属向人民法院起诉请求用人单位承担民事责任的，告知其按《工伤保险条例》的规定处理。因用人单位以外的第三人侵权造成劳动者人身损害，赔偿权利人请求第三人承担民事赔偿责任的，人民法院应予支持。这一解释对于工伤保险与民事赔偿的关系第一次作了较为全面的规定，但对于我国现行采用何种观点，具体如何操作仍比较模糊。从学理上理解，受害人或其近亲属有可能得到双重赔偿。

既然有可能得到双重赔偿，也就意味着受害人并不当然获得双重赔偿，有一点可以排除，也就是，以工伤保险制度代替侵权的观点和择一赔偿说在我国并不适用。实践中，双重赔偿说、差额补偿说在不同的地区和不同的时期都有所适用。2009年4月，浙江高院出台的《关于审理劳动争议案件若干问题的意见（试行）》指出，劳动者因他人的侵权行为导致工伤的，一般应先向侵权人请求民事侵权赔偿；如其就民事侵权已实际获得相应赔偿，其可以要求用人单位或社会保险机构在工伤待遇总额内补足工伤待遇。该意见采用的是差额补偿说的观点。2005年11月，山东高院通过的《全省民事审判工作座谈会纪要》也指出，如果劳动者的工伤系第三人侵权所致，用人单位仍应承担劳动者的工伤保险待遇，劳动者也可追究第三人的侵权赔偿责任。但因工伤事故产生的直接费用，原则上不予重复计算。还有的地区认为，第三人的侵权赔偿是普通民事赔偿，属于私法领域内的赔偿，而工伤保险赔偿是社会保险待遇的赔偿，属于公法领域内的赔偿，两者性质不同，不可相互替代。同时，第三人侵权赔偿并没有加重用人单位的赔偿责任，因而采用完全重复赔偿的观点。

2006年前，江苏高院的观点亦是采用差额赔偿说。由于仅是高院个别学术观点，没有形成正式的文件，因而全省做法并未形成统一。实践中，有适用差额补偿观点的做法，也有采用完全重复赔偿的观点进行判决的案例。近年来，为了最大限度地保护受害人的合法权益以及兼顾公平的原则，有限重复赔偿说在司法实践领域用者居多。2009年3月3日，江苏高院出台了《关于在当前宏观经济形势下妥善审理劳动争议案件的指导意见》，为这一学说在江苏省司法领域的适用提供了有力的法律基础。该意见指出，对于劳动关系以外的第三人侵权造成劳动者人身损害，同时构成工伤的，如果劳动者已获得侵权赔偿，用人单位承担的工伤保险责任中应扣除第三人已支付的医疗费、护理费、营养费、交通费、住院伙食补助费、残疾辅助器具费和丧葬费等实际发生费用。用人单位先行支付工伤保险赔偿的，可以在第三人应当承担的赔偿责任范围内向第三人追偿。该意见即为有限赔偿说的观点。该观点较为折中，既未完全肯定重复赔偿的观点，亦未完全采用差额补偿的观点，而是将赔偿的项目加以分类细化，有选择地加以支持，即对于实际支出的费用重复赔偿不予支持，不能让受害人或其近亲属因损害而从中获益，符合损害填补的法理理论，又填补了侵权人侵权后有可能免除赔偿责任的法律漏洞，同时可以让受害人获得最多的赔偿，与法律应当最大限度地保护受害人的利益相一致。因此，这一观点得到了更多的认可和司法领域更广泛的适用。2011年年初，江苏高院出台《劳动争议案件审理指南》，指出工伤保险赔偿与第三人侵权赔偿之间的关系为"部分兼得、部分补充"，再次对该观点予以肯定，并明确上述几项实际发生费用以外的其他费用，采取兼得原则。

本案即是采用该观点，一审作出判决后，蓝祺服装公司不服该判决，上诉至中级人民法院，二审亦维持原判决。

（江苏省泗阳县人民法院　邢军）

85. 张旭东诉海南航空股份有限公司劳动争议案
（用人单位内部调岗、调薪权的合理性审查）

（一）首部

1. 判决书字号

一审判决书：北京市朝阳区人民法院（2009）朝民初字第30492号。

二审判决书：北京市第二中级人民法院（2010）二中民终字第5527号。

2. 案由：劳动争议纠纷。

3. 诉讼双方

原告（被上诉人）：张旭东，男，汉族，海南航空股份有限公司职员，住北京市朝阳区。

委托代理人：王东华，北京市君泽君律师事务所律师。

被告（上诉人）：海南航空股份有限公司，住所地：海南省海口市机场西路。

法定代表人：李晓明，董事长。

委托代理人：孟于翔，男，汉族，海南航空股份有限公司法律顾问，住北京市朝阳区。

委托代理人：车晓林，女，汉族，海南航空股份有限公司市场销售部人事管理员，住北京市朝阳区。

4. 审级：二审。

5. 审判机关和审判组织

一审法院：北京市朝阳区人民法院。

独任审判人员：代理审判员：郑瑞涛。

二审法院：北京市第二中级人民法院。

合议庭组成人员：审判长：刘琨；代理审判员：余卫、宋猛。

6. 审结时间：

一审审结时间：2009年12月20日。

二审审结时间：2010年6月1日。

（二）一审诉辩主张

1. 原告张旭东诉称

2008年5月17日，我与被告签订了无固定期限劳动合同，约定我的工作岗位为电子商务中心大客户管理室区域管理员。我在被告公司工作超过14年，在大客户管理室区域管理员岗位也已工作4年多，并按照劳动合同的约定全面履行了义务。2009年1月14日，我接到被告通知因2008年业务考试不及格被列为不胜任人员，给我四种可选择的处理结果均为解除劳动合同。我对被告考试的评分标准提出质疑，并提出申诉要求继续按照双方签订的无固定期限劳动合同履行双方的权利义务，但被告一直未予以答复。2009年6月3日，被告单方面下发了调岗降级通知书，将我的工作岗位变更为市场部电子商务中心网站后台支持员。被告以我不胜任工作为由调整工作岗位是在没有事实根据及协商一致的情况下作出的，缺乏法律依据，属于违法变更原劳动合同的行为。根据劳动法及劳动合同法的相关规定，被告单方面变更劳动合同内容已经违反了法律规定及平等自愿原则，我要求被告恢复工作岗位及工资标准。为维护我的合法权益，诉请法院判决：（1）被告按照劳动合同全面履行合同义务并恢复原告原电子商务中心大客户管理室区域管理员工作岗位；（2）被告恢复原告原岗位级别及原告工资月薪5 028元；

(3) 被告补发拖欠的原告自 2009 年 1 月至恢复原岗位之月的工资以及 25% 的补偿金（暂计算至 2009 年 10 月为 17 152.41 元，以及 25% 的赔偿金 4 288 元）；(4) 被告承担诉讼费，EMS 快递费 85 元。

2. 被告海南航空股份有限公司辩称

原告于 1995 年入职新华航空公司，2001 年新华航空公司并入我公司，我公司认可原告的入职时间为 1995 年 3 月 8 日。2008 年 5 月 17 日，我公司与原告签订无固定期限的劳动合同，约定原告担任电子商务中心大客户管理室区域管理员，原告工资包括岗位工资与基本工资。2008 年 12 月，我公司对全单位的员工进行了考核，原告的考核成绩为不合格，经与原告对年终考核结果及安置方式进行面谈后，我公司于 2009 年 5 月 19 日向原告发出定岗的通知，对原告的工作岗位进行了调整。由于原告不符合我公司的岗位条件要求，我公司有权对岗位进行调整，对于原告的第一项诉讼请求我公司同意仲裁裁决的意见。原告的其他诉讼请求在仲裁期间未提出，原告直接在本次诉讼中提出不符合相关的法律规定，法院不应予以审理。综上所述，请求人民法院驳回原告的诉讼请求。

(三) 一审事实和证据

北京市朝阳区人民法院经公开审理查明：原告系被告公司职员，入职时间为 1995 年 3 月 8 日。2008 年 5 月 17 日，原、被告签订了无固定期限的《劳动合同书》，双方约定被告根据工作需要安排原告在市场部从事电子商务中心大客户管理室区域管理员工作，工作地点在北京，实行标准工时制度。《劳动合同书》第三条约定原告的具体岗位职责和工作要求按照被告公布的相关标准执行，原告应认真履行岗位职责和工作要求，按时、按质、按量完成工作任务。《劳动合同书》第五条约定了原告因技能、身体等因素达不到生产服务、工作质量、产量等指标，不能胜任工作的，被告可根据工作需要和原告的专业、特长、工作能力及表现调整工作岗位、级别及其劳动报酬。在《劳动合同书》使用说明第七条中对合同中"不能胜任工作"明确界定为"未能按照本合同第三条约定，履行岗位职责、达到工作要求，按时、按质、按量完成工作任务"。同时，《劳动合同书》第二十六条至第二十八条对劳动合同的变更进行了明确约定。

2009 年 5 月 19 日，被告向原告作出《关于张旭东定岗的通知》，主要内容为根据公司 2008 年年终考核结果，原告的考核成绩不合格，为不胜任职位要求人员，根据实际情况决定对原告重新定岗定级为市场销售部电子商务中心网站后台支持员（行政 B1）。被告提交了琼航人 [2008] 1189 号《关于开展 2008 年年终绩效考核的通知》、琼航人 [2008] 792 号《关于下发〈海航股份合并运行四家"应对市场环境变化，加大管理构架调整"实施指导方案〉的通知》、2008 年市场部国内业务岗位考核试卷及答题纸、2008 年年终考核面谈记录表、不胜任职位要求人员面谈记录表等证据材料，以证明原告由于业务知识与技能考核不合格，属于不胜任职位要求人员，公司在将考核结果通知原告本人并听取其就后续处理方案意见后对其进行重新定级定岗符合规定。原告认为未见到过琼航人〔2008〕1189号和琼航人〔2008〕792号文件及不胜任职位要求人员面谈记录表，考试的内容并不是其工作岗位要求的业务技能，其并不属于不胜任工作岗位的人员。原告提交了2008年年终考核结果、转正决定、工作手册等证据以证明其在工作中表现优秀，达到工作岗位的能力要求。

原告不同意被告作出的调岗决定，向被告三次邮寄要求继续履行原劳动合同的申请书，被告未予以回复。自2009年5月起，原告的月工资调整为800元，原告仍到原工作岗位上班，但被告未安排原告具体工作内容。原告要求被告恢复原工作岗位，并补发自2009年1月至2009年10月期间工资17 152.41元及25%的经济补偿金4 288元，被告对此不予认可。原告提交了自2008年1月至2009年8月的工资明细，被告未针对原告的工资支付情况提交证据。

原告于2009年6月11日向北京市朝阳区劳动争议仲裁委员会申请仲裁，请求裁决被告按照劳动合同全面履行义务且要求恢复原岗位（即电子商务中心客户管理室区域管理员工作岗位）及要求撤销〔2009〕177号《关于给予韩枫等处分的通报》中对张旭东的严重警告处分。北京市朝阳区劳动争议仲裁委员会作出京朝劳仲字〔2009〕第10272号《裁决书》，裁决驳回张旭东的仲裁申请请求。被告服从仲裁裁决，原告不服诉至本院。

以上事实，有双方当事人提交的《劳动合同书》、琼航人〔2008〕1189号及琼航人〔2008〕792号文件、2008年市场部国内业务岗位考核试卷及答题纸、2008年终考核面谈记录表、不胜任职位要求人员面谈记录表、工资明细、申请书、2008年年中考核结果、转正决定、工作手册、《关于张旭东定岗的通知》、仲裁《裁决书》等证据材料及当庭陈述在案佐证。

（四）一审判案理由

北京市朝阳区人民法院经审理认为：人民法院受理劳动争议案件后，当事人增加诉讼请求的，如该诉讼请求与诉争的劳动争议具有不可分性，应当合并审理。本案中，原告诉争劳动争议的实质在于要求继续履行双方签订的劳动合同，其在本案中增加要求恢复原工作岗位及补发工资的情况是确定双方继续履行劳动合同后的必然结果及履行的具体内容，因此原告增加的诉讼请求与诉争的劳动争议之间具有不可分性，本院依法予以合并审理。

用人单位与劳动者依法订立的劳动合同具有约束力，双方应当履行劳动合同约定的义务，用人单位与劳动者协商一致，可以变更劳动合同约定的内容。用人单位与劳动者变更劳动合同，应当采取书面形式。本案中，原、被告于2008年5月17日签订的无固定期限的劳动合同书，系双方真实意思表示，其中对原告工作岗位、工作地点、劳动合同变更、不能胜任工作界定等内容进行了明确约定。被告于2009年5月19日向原告作出的《关于张旭东定岗的通知》系对双方签订劳动合同的条款进行了变更，故符合劳动合同变更的约定条件及法定要件。被告依据原告2008年年终考核成绩认定原告为不胜任职位要求人员，但其进行年终考核所依据的琼航人〔2008〕

1189号和琼航人〔2008〕792号文件原告否认见到过，被告也未提交有效证据予以证明。劳动合同的变更应经用人单位与劳动者协商一致，被告在认定原告年终考核不合格后，并未依法履行与原告进行协商的法定程序。同时，《劳动合同书》中对"不能胜任工作"明确界定为"履行岗位职责、达到工作要求，按时、按质、按量完成工作任务"，被告仅依据一次书面考试成绩认定原告为不能胜任工作人员并对原告进行重新定岗定级违反双方约定及法律规定，故本院对原告要求与被告继续履行双方签订《劳动合同书》的主张予以支持，被告应与原告继续履行劳动合同约定内容并恢复其相应工作岗位。被告于2009年5月19日向原告作出《关于张旭东定岗的通知》，按照月工资800元的标准向原告发放工资，因被告违法变更劳动合同且原告仍在原工作岗位工作，故对原告要求被告支付补差工资的请求予以支持。结合原告提交的工资明细，原告工资自2009年5月起按照800元标准发放，故本院根据被告作出《关于张旭东定岗的通知》前12月原告平均工资的标准，予以核定被告应支付原告自2009年5月至2009年10月期间拖欠工资及25%经济补偿金的数额。关于原告要求恢复原岗位级别及税前月薪的诉讼请求，需被告恢复原告工作岗位后予以确定，本案中对此不予处理。关于原告要求被告支付EMS快递费85元的诉讼请求没有法律依据，本院不予支持。

（五）一审定案结论

北京市朝阳区人民法院依照《中华人民共和国劳动法》第三十五条之规定，作出如下判决：

1. 原告张旭东与被告海南航空股份有限公司继续履行于2008年5月17日签订的《劳动合同书》，被告海南航空股份有限公司恢复原告张旭东的原工作岗位。

2. 自本判决书生效之日起5日内，被告海南航空股份有限公司支付原告张旭东2009年5月至10月拖欠工资人民币15 540元及25%的经济补偿金人民币3 885元。

3. 驳回原告张旭东的其他诉讼请求。

案件受理费5元，由被告海南航空股份有限公司负担（原告张旭东已预交，被告海南航空股份有限公司于本判决书生效后5日内给付原告张旭东）。

（六）二审情况

1. 二审诉辩主张
（1）上诉人海南航空股份有限公司诉称
一审认定事实错误，请求二审法院依法改判。
（2）被上诉人张旭东辩称
一审认定事实清楚，适用法律正确，同意一审判决。
2. 二审事实和证据
二审法院经公开审理，确认一审法院认定的事实和证据。

3. 二审判案理由

北京市第二中级人民法院经审理认为：《最高人民法院关于民事诉讼证据的若干规定》第二条规定，当事人对自己提出的诉讼请求所依据的事实或者反驳对方诉讼请求所依据的事实有责任提供证据加以证明。没有证据或者证据不足以证明当事人的事实主张的，由负有举证责任的当事人承担不利后果。第六条规定，在劳动争议纠纷案件中，因用人单位作出开除、除名、辞退、解除劳动合同、减少劳动报酬、计算劳动者工作年限等决定而发生劳动争议的，由用人单位负举证责任。海航公司提供了考核试卷、答题纸、面谈记录表、企业文件等材料，用以证明张旭东的业务知识与技能考核不合格，属于不胜任工作岗位的人员，企业调整张旭东的工作岗位及工资标准符合劳动合同的约定；但张旭东则不认可海航公司的诉讼主张；现海航公司于诉讼中所提供的证据尚不足以证明张旭东属于不胜任工作岗位的人员；且考虑到张旭东在海航公司工作多年，现该公司仅以一次考试的成绩认定其不胜任工作，依据不足，故海航公司所作调整张旭东工作岗位及工资标准的决定，不能成立，本院对张旭东要求海航公司恢复原工作岗位、补发工资、双方继续履行劳动合同的诉讼请求，予以支持。在原审法院审理期间，海航公司针对张旭东变更诉讼请求的情况，向原审法院申请一周的答辩期；原审法院同意了海航公司此申请。海航公司在原审法院规定的举证期限内未提供琼航人〔2008〕792号、1189号已公示的证据，该公司虽于庭审中提出补交已公示的证据，但张旭东以超过举证期限为由不同意质证，故逾期举证的后果应由海航公司自行承担；海航公司主张原审法院违反法定程序的主张，与事实不符。因海航公司的诉讼主张，均不能成立，故本院对该公司的上诉请求，不予支持。综上所述，原审法院所作判决并无不当。

4. 二审定案结论

北京市第二中级人民法院依照《中华人民共和国民事诉讼法》第一百五十三条第一款第（一）项之规定，作出如下判决：

驳回上诉，维持原判。

一审案件受理费5元，由海南航空股份有限公司负担（张旭东已预交，海南航空股份有限公司于本判决生效后5日内给付张旭东）。二审案件受理费10元，由海南航空股份有限公司负担（已交纳）。

（七）解说

用人单位与劳动者建立劳动关系后，用人单位对于劳动者即具备劳动请求权。用人单位根据企业生产经营的需要、市场环境的变化及劳动者的工作情况，可在单位内部对劳动者进行调岗调薪。由于用人单位的内部调岗调薪权改变了双方签订的劳动合同，直接涉及劳动者的切身利益，因而劳动合同法及司法解释对用人单位内部调岗调薪权的行使程序、条件及举证责任等方面对用人单位作出了较为严格的规定。同时，用人单位内部调岗调薪权属于经营自主权的范畴，在出现客观情况发生重大变化或劳动者不能达到工作要求等情况下，也需赋予用人单位在调岗调薪上的自主权利。由此，对用人单位内部调岗调薪权进行审查时需平衡劳动者合法权益和用人单位自主权,采取合法性审查和合理性审查并重的审查方式。

用人单位对劳动者的调整主要涉及劳动者的工作内容和工作地点,而工作内容和工作地点属于劳动合同的法定必备条款,因此用人单位对劳动者进行内部调岗实质上属于劳动合同内容的变更。根据《劳动合同法》第三十五条的规定,用人单位如需变更劳动合同内容,应当分别就相关变更内容和劳动者经协商达成一致方可,并应采用书面形式予以确认;如因此类合同变更行为给劳动者造成损害的,还应承担赔偿责任。为加强用人单位对劳动者在劳动过程中的组织管理自主权,法律规定在特定情况下,用人单位可以不经劳动者同意而单方变更劳动合同(包括调整工作岗位),这主要是指三种法定情形:一是劳动者不胜任现工作岗位;二是劳动者患病或非因工负伤,医疗期满后不能从事原工作;三是劳动合同订立时所依据的客观情况发生重大变化,致使原劳动合同无法履行。上述三种情况发生时,用人单位有权单方变更劳动合同,如劳动者不同意变更劳动合同的,用人单位可解除与其订立的劳动合同并终止劳动关系。用人单位对劳动者进行调岗,往往涉及薪酬的调整。调整薪酬也是用人单位的用工自主权之一,现在劳动法律法规是允许企业就企业内部的劳动者管理、工资报酬以及岗位与薪酬的挂钩等进行制度规定的。如果用人单位有相关的岗位与工资报酬相对应的"定岗定薪"的内部制度规定,且这种规定是按照民主程序制定、不违反法律法规并已依法公告或告知劳动者的,该项制度规定对劳动者就有约束力,在人民法院审理劳动争议中可以作为裁决依据。虽然法律没有直接规定用人单位可以在单方调整工作岗位的时候调整工资,但是,如果用人单位内部有相关的工作岗位与薪酬挂钩的制度规定,且该规定的产生符合程序上的要求,那么用人单位在变更劳动者岗位的同时,也可以变更劳动者的薪酬。员工因不胜任被调整到新的岗位,其薪酬应当根据新岗位的标准确定,否则有违于《劳动法》"同工同酬"的基本薪酬制度原则。

本案中,原、被告签订的无固定期限劳动合同书中对原告工作岗位、工作地点、劳动合同变更、不能胜任工作界定等内容进行了明确约定,被告依据对原告的一次年终书面考核成绩认定原告为不胜任职位要求人员,对原告进行了调岗调薪,从形式看属于经营自主权的行为。但从合法性和合理性审查的视角分析,被告的调岗调薪属于经营自主权的恣意运用:首先,从调岗调薪的理由看,被告以原告不能胜任工作为由对其进行调岗调薪的依据仅是一次年底书面考核成绩不合格,被告既未证明此次考核的普适性和针对性,也未证明原告在多年工作实际存在不能胜任工作的事实,被告以此认定原告不能胜任工作其理由不具备合理性。其次,从原告的工作情况看,原告在被告处已工作近15年,并同被告签订了无固定期限的劳动合同,在之前的工作表现一直良好并不断得到晋升,被告以原告不胜任工作为由对其进行调岗与原告长期工作的实际情况并不一致。再次,从薪酬调整的幅度看,被告对原告的岗位进行调整后,原告的月工资标准由5 000多元降至800元,显然已构成了对劳动者薪酬的重大不利变更,该种变更幅度显然不具有合理性。最后,从调岗调薪的程序看,被告向原告作出的调岗通知系对双方签订劳动合同条款进行了变更,但被告并未同原告进行协商或签订书面变更协议,也未依法履行与原告进行协商的法定程序。因此,被告对原告进行调岗调薪行为显然不合理，原告要求被告恢复原工作岗位、双方继续履行劳动合同的诉讼请求应予以支持。

用人单位对劳动者作出岗位调整，涉及企业的经营管理自主权范畴，法律应具有更多的弹性和张力，不能一概否认用人单位根据实际情形对其员工工作岗位的"合理性"调整。一方面，依据劳动关系的本质，从订立劳动合同之时，劳动者即已处于用人单位的指挥和管理下；另一方面，一些用人单位为了完善员工的个人职业发展，找寻更适合其工作的岗位，或为了让其更好地锻炼，常实行轮岗培训制度，使员工的工作岗位处于一个相对变动的状态中。因而，应允许用人单位基于业务经营需要或对员工业务能力提升的考量等原因，在特定情形下对劳动者的工作岗位进行合理的调整，这属于用人单位的用工自主权范畴，法院不宜介入审查。但在劳动者岗位的调整导致劳动合同的内容发生变更，引发双方权利义务失衡且劳动者有异议时，按照我国劳动法规定的劳动合同变更应经双方协商一致的原则，法院则有权实体审查用人单位调整劳动者的岗位是否具有"合理性"。用人单位内部调岗调薪权的合理性审查可考虑以下五个方面：第一，调岗调薪是否为企业经营所必需，用人单位为了企业经营的客观需要可以进行必要的调整，此种需要即包括企业内部经营状况或经营方针，也包括企业经营的客观环境和市场状态；第二，调岗调薪是否符合劳动者的工作技能，用人单位对劳动者岗位和薪酬的调整应根据劳动者的个人能力、长期工作表现、工作岗位是否为劳动者体能或技能所能胜任等方面综合考量后所采取的经营自主权行为；第三，调岗调薪是否违反劳动合同约定，用人单位对劳动者进行调整的前提要符合劳动合同的约定，不能违反劳动合同的明确约定，也不能违反劳动合同签订的基本精神，且应符合劳动合同变更的形式要求；第四，调岗调薪的幅度是否明显不合理，用人单位对于劳动者的薪资报酬和工作条件不能作出明显不利的变更，如工作地点调换不同城市、薪资报酬大幅降低、劳动条件不能达到工作岗位基本要求等方面；第五，调岗调薪的对象是否具有针对性，用人单位不能为了达到对某一位劳动者进行调整的目的而有针对性地设置一些考试考核，尤其是用人单位认为劳动者不能胜任工作要求时，其所进行的考试考核应具有一定的普适性和常规性。本案中，被告对原告岗位和薪酬的调整，不仅违反双方劳动合同的约定，也不是其经营管理所必需，且导致原告的月工资标准大幅下降，其调岗调薪显属不合理，此种情况下，法院自然有权进行实体审查并依法纠正被告对原告的不合理调岗调薪行为。

劳动者合法权益的保护与用人单位的内部调岗调薪权的行使是一对矛盾统一体，根据不同劳动者的实际工作情况有区别地调岗调薪有助于提高劳动者的积极性和促进企业的活力，但用人单位不合理的进行内部调岗调薪也会变成单位解除劳动合同的规避途径。因此，对于用人单位内部调岗调薪权的审查除坚持合法性审查的前提下，应确立合理性审查的理念，从用人单位的经营状况、劳动者的工作技能、劳动合同的契约精神、调岗调薪的幅度和对象等方面综合衡量，从合法性和合理性两个方面对用人单位的内部调岗调薪权进行更为有效的司法审查。

（北京市朝阳区人民法院　郑瑞涛）

86. 上海富呈企业管理咨询有限公司诉施伟明劳动合同案
（公平合理原则在劳动争议案件中的适用）

（一）首部

1. 判决书字号

一审判决书：上海市杨浦区人民法院（2009）杨民一（民）初第3226号。

二审判决书：上海市第二中级人民法院（2010）沪二中民三（民）终字第376号。

2. 案由：劳动合同纠纷。

3. 诉讼双方

原告（被上诉人）：上海富呈企业管理咨询有限公司（以下简称富呈公司），住所地：上海市奉贤区。

法定代表人：臧涛，公司董事长。

委托代理人：茅岚，公司股东。

委托代理人：郭元鑫，上海市锦天城律师事务所律师。

被告（上诉人）：施伟明，男，汉族，住上海市浦东新区。

一审委托代理人：叶建新，男，汉族，住上海市闸北区。

一、二审委托代理人：吴诗阳，上海市恒泰律师事务所律师。

4. 审级：二审。

5. 审判机关和审判组织

一审法院：上海市杨浦区人民法院。

合议庭组成人员：审判长：吕长缨；代理审判员：毕崇岩、陈炜华。

二审法院：上海市第二中级人民法院。

合议庭组成人员：审判长：乔蓓华；代理审判员：徐亮、尹灿。

6. 审结时间

一审审结时间：2009年12月24日。

二审审结时间：2010年4月20日。

（二）一审诉辩主张

1. 原告富呈公司诉称

2008年4月3日，原、被告签订劳动合同，被告岗位为副总裁。2008年8月29日，被告被选举为监事。法律规定，董事、高级管理人员不得兼任监事，况且被告也确实辞去副总裁职务，故自当日起，双方合同自然终止，不再具有劳动关系。2008年10月21日，原告召开董事会，决定免去被告副总裁（副总经理）职务。原告处监事没有酬劳，故停发被告工资。因被告与其他股东发生纠纷，2008年10月15日，被告乘法定代表人出差之际，擅自取走原告公章、财务章、法人章及营业执照等，又以监事名义罢免了首席执行官及董事职务。如此，原告无法正常经营，股东决议解散公司。2008年11月1日，被告强行要求原告人事经理吴春华与其签订劳动合同，原告不认可该合同。被告还擅自给自己及个别员工发放巨额奖金，致使原告无法给员工发放工资。鉴于此，原告通知被告勿再上班。故原告要求确认无须向被告发放2008年11月至2009年1月工资、2008年度双薪、代通金、解除劳动合同经济赔偿金、竞业限制补偿金等。

2. 被告施伟明辩称

被告于2008年4月3日进原告处工作，双方于2008年11月1日签订劳动合同，期限至2011年10月31日止，被告任原告处监事。2009年1月31日，原告拒绝被告上班，但未及时发出辞退通知，属于违法解除劳动合同。故被告提起仲裁，提出以下申诉请求及理由：2008年4月至2009年1月，被告月均工资人民币（下文涉及货币均为人民币）45 283.34元，月均奖金67 925.01元，月饭贴174元，总计月收入113 382.35元。原告未支付被告2008年11月至2009年1月工资，要求原告支付2008年11月至12月工资226 764.70元及25％补偿金56 691.18元；支付2009年1月工资113 382.35元。原告处《员工守则》规定应发放年度双薪，标准为年均月工资，故要求原告发放2008年度双薪33 962.51元。原告与被告解除劳动合同，但未提前30日通知，应当支付代通金113 208.35元（不包括饭贴）。因原告系违法与被告解除合同，原告应支付赔偿金17 352元及加付100％赔偿金17 352元。双方签订的劳动合同有竞业限制三个月的约定，故要求原告支付竞业限制补偿金339 625.05元。嗣后，仲裁委员会裁决原告支付被告2008年11月至12月工资53 333.34元；2009年1月工资960元；未支持被告其余请求。裁决后，被告未起诉法院，故现被告认可仲裁裁决，要求原告按该裁决执行。

（三）一审事实和证据

上海市杨浦区人民法院经公开审理查明：2008年4月3日，富呈公司与施伟明签订劳动合同，期限自2008年4月3日至2011年4月2日，试用期6个月，施伟明任副总裁，月工资人民币4 000元，每月15日发放上月工资。2008年4月至2008年9月，富呈公司按月支付施伟明如下工资：基本工资4 000元、岗位津贴4 500元、学历补贴600元、工龄补贴150元、交通补贴200元、其他补贴17 216.67元，月合计劳动报酬26 666.67元。若上班，每日加付饭贴8元。2008年8月29日，施伟明被选举为监事，即辞去副总裁一职。2008年10月起，富呈公司停发施伟明工资。2008年10月15日，富呈公司法定代表人出差在外，施伟明取走富呈公司公章、财务章、法人章及营业执照等，后罢免了富呈公司首席执行官及其董事职务。同月21日，富呈公司召开董事会免去施伟明副总经理（副总裁）职务。2008年11月5日，施伟明给自己发放半年奖金240 000.03元，同月15日，自行领取10月份工资38 503.44元。2008年11月17日，富呈公司召开股东会议，作出解散公司的决定，但施伟明未参加该次会议。2008年12月起，富呈公司关门停业。同月5日，富呈公司与部分员工解除劳动合同，办理退工手续。同月25日，富呈公司书面通知另一部分员工解除劳动合同。当日，富呈公司也开具了施伟明的退工证明，但未送达施伟明。2009年3月9日，施伟明向上海市杨浦区劳动争议仲裁委员会申请仲裁，要求富呈公司支付2008年11月至12月工资226 764.70元及25%补偿金56 691.18元；支付2009年1月工资113 382.35元；发放2008年度双薪33 962.51元；支付代通金113 208.35元；支付解除劳动合同赔偿金17 352元及100%赔偿金17 352元；支付竞业限制补偿金339 625.05元。该会于2009年6月16日裁决富呈公司支付施伟明2008年11月至12月工资53 333.34元、2009年1月工资960元，未支持施伟明其余请求。富呈公司不服，遂诉至法院，要求确认无须向施伟明发放2008年11月至2009年1月工资、2008年度双薪、代通金、解除劳动合同经济赔偿金、竞业限制补偿金等。审理中，双方意见不一，致调解不成。

另查明：审理中，2009年7月17日，富呈公司将退工证明送达施伟明。

再查明：仲裁审理中，富呈公司人事经理吴春华到庭陈述，富呈公司法定代表人或其他负责人并未委托吴春华与施伟明签订劳动合同，不认可2008年11月1日签订的劳动合同。

（四）一审判案理由

上海市杨浦区人民法院经审理认为：富呈公司在2008年12月25日开具施伟明的退工单，但并未送达施伟明。施伟明称富呈公司于2009年1月31日正式拒绝其上班，故富呈公司应支付其工资至2009年1月。2008年11月1日，富呈公司与施伟明虽在形式上签订了劳动合同，但该合同上富呈公司之公章由施伟明加盖，富呈公司之代表人吴春华并未受到富呈公司授权，现富呈公司不认可该劳动合同，法院确认该合同不符合形式要件，应属无效。2008年4月3日，富呈公司与施伟明签订劳动合同，约定施伟明岗位为副总裁。同年8月29日，施伟明被选举为监事，遂辞去副总裁之职，因岗位变更是劳动合同履行过程中的重大变化，故此后双方2008年4月3日之合同自然无法再参照履行。富呈公司与施伟明此后未再对施伟明工资等事项进行约定，故对于施伟明2008年11月及12月工资由法院参照本市职工平均工资酌定。富呈公司并非故意拖欠施伟明工资，故施伟明要求富呈公司支付25%补偿金，法院不予支持。施伟明对仲裁委员会裁决的2009年1月工资无异议，故法院对仲裁委员会裁决的2009年1月工资进行确认。仲裁委员会对施伟明在仲裁时其余请求未予支持，施伟明亦无异议，法院一并确认。施伟明要求富呈公司支付解除劳动合同赔偿金的100%赔偿金，非法院处理范围，法院不作处理。

（五）一审定案结论

上海市杨浦区人民法院依照《中华人民共和国劳动法》第五十条之规定，作出如下判决：

1. 原告上海富呈企业管理咨询有限公司应自本判决生效之日起十日内支付被告施伟明 2008 年 11 月至 12 月工资 6 583.70 元；
2. 原告上海富呈企业管理咨询有限公司应自本判决生效之日起十日内支付被告施伟明 2009 年 1 月工资 960 元；
3. 被告施伟明要求原告上海富呈企业管理咨询有限公司发放 2008 年度双薪 33 962.51 元之诉讼请求，不予支持；
4. 被告施伟明要求原告上海富呈企业管理咨询有限公司支付代通金 113 208.35 元之诉讼请求，不予支持；
5. 被告施伟明要求原告上海富呈企业管理咨询有限公司支付解除劳动合同赔偿金 17 352 元之诉讼请求，不予支持；
6. 被告施伟明要求原告上海富呈企业管理咨询有限公司支付竞业限制补偿金 339 625.05 元之诉讼请求，不予支持；
7. 被告施伟明要求原告上海富呈企业管理咨询有限公司支付 2008 年 11 月至 12 月欠付工资 25% 的补偿金 56 691.18 元之诉讼请求，不予支持。

案件受理费 10 元，由原告上海富呈企业管理咨询有限公司、被告施伟明各半负担。

（六）二审情况

1. 二审诉辩主张

（1）上诉人施伟明诉称

1）其自 2008 年 4 月 3 日进入富呈公司工作，担任副总裁一职，每月工资性收入 26 666.67 元。被选举为公司监事后，施伟明并未辞去副总裁的职务，仍继续从事副总裁的工作，富呈公司应按副总裁的职务支付其相应期间的工资。2）2008 年 10 月 14 日，富呈公司与施伟明签订补充合同，将施伟明的工作岗位调整为监事，其他仍以 2008 年 4 月 3 日的合同约定为准。2008 年 11 月 1 日公司方与施伟明及其他 16 名员工签订了新的劳动合同。该合同的签订系公司纠正原为避税等目的刻意隐瞒员工实际收入的错误行为。该份劳动合同合法有效。3）原审判决认为 2008 年 11 月至 2009 年 1 月期间施伟明与富呈公司存在劳动关系，但工资标准按照上海市职工平均工资酌定，于法无据。该期间施伟明的工资标准应当按照双方约定来确定。即使不按 2008 年 11 月的那份合同的约定来确定，亦应按每月 26 666.67 元的标准确定。施伟明在 2008 年 7 月 7 日即被选举为监事，而富呈公司按照每月 26 666.67 元的标准支付施伟明工资至 2008 年 9 月，故富呈公司完全知晓并认可以每月 26 666.67 元的标准支付施伟明作为监事的报酬。综上，原审认定事实不清，适用法律有误，请求撤销原判，依法改判富呈公司按照

2008年11月1日劳动合同中约定的每月45 283.34元的薪资标准支付其2008年11月至2009年1月期间的工资。

(2) 被上诉人富呈公司辩称

1) 施伟明在2008年8月29日富呈公司股东会议上被选举为监事时,已经口头表示辞去副总裁的职务,施伟明在2008年11月17日股东会决议撤销纠纷的二审庭审中亦承认此事。2008年8月29日后施伟明未再以副总裁的身份向富呈公司提供劳动,双方2008年4月3日签订的劳动合同事实上已终止。施伟明在申请劳动仲裁时也只是讲自己是监事,而没有讲自己是副总裁。2) 2008年11月1日的劳动合同系施伟明利用其所控制的富呈公司公章自行签订的,劳动合同上代表富呈公司签字的吴春华未得到公司授权,该劳动合同无效。施伟明要求富呈公司按照该劳动合同向其支付工资不能获得支持。3) 富呈公司除上海分公司外还有其他分公司,由于发生了股东争议,于2008年11月决议解散,2008年12月关门停业,各分公司均陆续停业。施伟明要求富呈公司支付其2008年11月之后的工资无事实和法律依据,富呈公司无须向施伟明支付2008年11月之后的工资。即使富呈公司在施伟明退工手续上存在瑕疵,富呈公司需向施伟明支付2008年11月和12月的工资,也应按照上海市职工最低工资标准960元/月进行支付。4) 施伟明在担任富呈公司监事后,与富呈公司其他股东产生了激烈的股东纠纷。其在2008年10月非法控制富呈公司,违法罢免了富呈公司法定代表人职务,擅自给自己及部分员工发放巨额奖金,恶意转移公司资金,还在2008年12月2日成立了上海蠻金资产管理有限公司,损害富呈公司及其他股东利益。综上,请求驳回上诉,维持原判或依法改判富呈公司按照960元/月支付施伟明2008年11月和2008年12月的工资。

2. 二审事实和证据

在本院审理中,对于原审法院认定的事实,施伟明提出如下异议:(1) 2008年4月3日签订的劳动合同中约定无试用期。(2) 2008年8月29日施伟明被选举为监事即辞去副总裁一职与事实不符。(3) 2008年10月21日,富呈公司召开董事会免去施伟明副总裁的职务与事实不符,作出该决议的董事资格已经被施伟明罢免了。(4) 发放半年奖金和2008年10月工资,是富呈公司行为,不是施伟明自己的行为。(5) 2008年11月17日富呈公司虽然召开了股东会议,但是股东会决议已经被法院撤销。(6) 2008年11月17日富呈公司上海分公司关门停业了,施伟明的工作地点是在上海公司,但其仍在继续履行副总裁和监事的一部分职责。

富呈公司则认为:(1) 2008年4月3日签订的劳动合同是约定无试用期。(2) 关于辞去副总裁职务之事,施伟明在2008年11月17日股东会决议撤销纠纷的二审庭审中承认此事,确是事实。(3) 2008年10月21日,富呈公司召开董事会免去施伟明副总裁的职务符合公司法的规定。(4) 富呈公司发放工资奖金是法定代表人负责,发放半年奖金和2008年10月工资未经法定代表人认可。此是施伟明违法罢免法定代表人后的擅自行为。(5) 2008年11月17日富呈公司的股东会决议被二审法院撤销系因会议召集程序不当,但法院判决同时亦确认决议其他内容都是符合法律规定的,施伟明作为监事罢免富呈公司的董事和首席执行官违反公司法规定。(6) 2008年11月17日富呈公司上海分公司关门停业是事实,施伟明并无证据证实其仍在继续履行副总裁和监事的一部分职责。

本院审理中，施伟明提供了以下证据：(1) 2008年7月7日召开的富呈公司2008年第一次股东会议纪要，欲证明施伟明于该日被选举为富呈公司监事；(2) 2008年10月14日富呈公司与施伟明签订的补充劳动合同，欲证明双方对于2008年4月3日签订的劳动合同进行了变更，施伟明的职位由副总裁变更为监事；(3) 2008年11月1日富呈公司与施伟明、吴春华、周毅、陈点帆、沈吉签订的劳动合同以及2008年11月17日吴春华发送给众员工关于新版劳动合同相关问题解释的电子邮件，欲证明2008年11月1日签订新劳动合同是公司行为，新的劳动合同变更了员工工资是为了纠正原合同中为避税、降低社会保险缴纳基数等目的而刻意隐瞒员工实际工资的错误，且当时施伟明已将富呈公司法定代表人罢免，其可以代表富呈公司；(4) 2008年10月20日监事罢免茅岚、王美芳、臧涛董事职务的告知函及富呈公司章程，欲证明施伟明作为监事有权罢免董事，2008年10月21日召开的董事会形成的决议因与会董事不具有董事资格而无效；(5) 2008年4月21日臧涛发给施伟明的电子邮件、2008年11月4日富呈公司年薪制员工2008年5—10月份绩效奖金分配方案、2008年9月薪资岗位汇总表以及富呈公司内部通讯录，欲证明富呈公司分配奖金在2008年4月就由公司讨论决定，发放半年奖金是根据原来的办法发放的，系公司行为。

对施伟明提供的以上证据，富呈公司认为以上证据均已超过了举证期限，不同意作为新证据采纳。对于涉及的相关事实，富呈公司做以下补充陈述：原审中吴春华已经陈述，签订的2008年11月1日劳动合同未经富呈公司法定代表人授权，故不是富呈公司与施伟明签订的。2008年11月17日，根据施伟明的陈述当时富呈公司已经关门了，富呈公司不可能再与上述富呈公司上海分公司的员工重签合同。

根据施伟明及富呈公司的陈述，本院确认如下事实：2008年4月3日，富呈公司与施伟明签订劳动合同，期限自2008年4月3日至2011年4月2日，约定不设试用期。

本院另查明，施伟明就撤销2008年11月17日富呈公司股东会决议向法院提起诉讼。该案经一、二审法院审理，于2009年9月30日由上海市第二中级人民法院作出生效判决，判决2008年11月17日《上海富呈企业管理咨询有限公司股东会决议》自判决生效之日起予以撤销，但该判决书同时指出，富呈公司章程原第三十五条第（二）项关于监事"对违反法律、行政法规、公司章程或者股东会决议的董事、高级管理人员有作出罢免的权利"的职权规定，与公司法规定的监事可以行使的职权不一致，也与公司章程赋予股东会的职权发生冲突，不符合有限责任公司正常的公司治理结构。就系争股东会决议修改该项条款内容本身而言，具有合理性和正当性。上述事实由（2009）沪二中民三（商）终字第440号民事判决书可以证实。

原审法院查明其余事实属实，本院予以确认。

3. 二审判案理由

上海市第二中级人民法院经审理认为：我国《公司法》第五十二条规定，有限责任公司的董事、高级管理人员不得兼任监事。本案涉及的是施伟明作为公司高级管理人员在被选为公司监事后，其劳动报酬的确定问题。

本案争议焦点有如下几点：

(1) 2008年11月至12月期间，施伟明作为公司监事，富呈公司是否应支付其报酬。

(2) 2008年11月至12月期间，施伟明是否仍担任富呈公司副总裁职务以及富呈公司是否应按副总裁职务标准支付施伟明工资。

(3) 2008年11月至2009年1月，富呈公司是否需要支付施伟明工资。

关于争议焦点一，本院认为，监事作为一种公司治理结构，并非我国劳动法意义上的劳动者，其权利义务系由公司法来进行规范的。根据我国《公司法》第三十八条的相关规定，有限责任公司监事的报酬事项由股东会决定。施伟明主张富呈公司应当以2008年11月1日签订的劳动合同中的约定支付其作为监事的每月工资45 283.34元。对此，本院认为，从该合同的签订来看，系在施伟明控制富呈公司的公章、法人章及营业执照期间签订的。该合同并无富呈公司法定代表人的签名，合同落款中作为富呈公司授权代表签名的吴春华亦未得到富呈公司的法定代表人或其他负责人的授权。故无法认定该合同系富呈公司的真实意思表示。此外，根据公司法规定，监事的报酬应由股东会决定，施伟明以该份合同为由主张每月工资45 283.34元无依据，本院不予支持。

关于争议焦点二，本院认为，虽然施伟明与富呈公司于2008年4月3日签订了其担任副总裁职务的劳动合同，但施伟明已于2008年8月29日被选举为监事的同时辞去了副总裁一职，该节事实有施伟明在其与富呈公司股东会决议撤销纠纷一案中的陈述为证，且与富呈公司每月15日发放施伟明上月工资而自2008年10月起停发施伟明工资相吻合，亦符合我国公司法中董事、高级管理人员不得兼任监事的禁止性规定。施伟明亦无证据证明此后其继续在富呈公司从事副总裁的工作。施伟明要求富呈公司按2008年4月3日劳动合同约定的工资标准支付其2008年11月至12月期间的工资亦无依据，本院亦不予采纳。

至于争议焦点三，富呈公司是否需要支付施伟明2008年11月至2009年1月期间的工资，本院认为，根据本案在案证据，虽然施伟明于2008年8月29日被选举为监事后即辞去副总裁一职，但富呈公司于2008年10月13日才就施伟明担任该公司监事进行工商登记。此后至双方劳动关系解除期间，鉴于富呈公司对于双方劳动关系存续状况未做明确，确有不妥。原审法院根据双方在劳动合同履行中的不同地位及责任，根据公平合理的原则判令富呈公司按本市职工月平均工资标准支付施伟明2008年11月、12月工资并无不妥。富呈公司于2008年12月25日开具了施伟明的退工单并为其办理了退工手续，于2009年7月17日才将退工证明送达施伟明，虽有不当，但不影响双方劳动关系已解除的事实。因2009年1月富呈公司已明确与施伟明不再存在劳动关系，而施伟明亦无证据证实其仍在履行原劳动合同约定的义务，故施伟明主张富呈公司支付其4万余元的月工资缺乏依据。仲裁及原审法院判令富呈公司支付施伟明2009年1月工资960元，现富呈公司表示同意，亦与法不悖。而施伟明在原审期间对仲裁委员会裁决的富呈公司支付其2009年1月工资960元亦没有异议，现其要求富呈公司按照45 283.34元支付该月工资，本院更不应予以支持。

综上所述，原审法院参照上海市职工平均工资判决富呈公司支付施伟明2008年11月至12月工资，体现了公平合理的原则，并无不妥，本院予以维持。对于原审判决中双方当事人均没有异议的内容，本院一并维持。

4. 二审定案结论

上海市第二中级人民法院根据《中华人民共和国民事诉讼法》第一百五十三条第一款第（一）项之规定，作出如下判决：

驳回上诉，维持原判。

二审案件受理费人民币10元，由上诉人施伟明负担。

（七）解说

本案系施伟明在身份转换过程中与公司发生争议而导致的报酬纠纷，其中涉及劳动合同真实性的争议、劳动权利义务是否履行、劳动关系终止时间的认定等争议。而施伟明在整个事件中所具有的双重身份也使本案的法律适用成为争议的焦点。施伟明原系富呈公司的副总裁，在担任了公司的监事之后口头辞去了副总裁一职，而公司在较长一段时间内又未明确双方之间的劳动关系是否存续。而此后，双方争议的是施伟明作为富呈公司的监事，是否仍然有权基于原劳动合同关系主张劳动报酬，其请求的依据何在。

对此问题，笔者首先认为，监事与公司之间的关系和职工与公司之间的关系是两种性质完全不同的法律关系。

1. 监事并非劳动法意义上的劳动者，与公司之间的关系并非劳动关系

劳动关系，是指用人单位招用劳动者为其成员，劳动者在用人单位的管理下提供有报酬的劳动而产生的权利义务关系，由劳动法、劳动合同法等相关法律调整。劳动关系的建立须劳动者与用人单位协商一致，劳动报酬、劳动合同期限原则上亦应当由双方协商确定。劳动者作为用人单位的成员，必须按照用人单位的要求提供劳动，遵守单位内部的劳动规则，接受用人单位的管理监督。人身隶属性是劳动关系的本质属性。用人单位则按照劳动者的劳动数量或质量给付其报酬，同时，必须提供工作条件和必要的劳动保护。此外，在劳动权利义务的履行过程中，有关劳动基准的一些问题由国家法律进行强制干预。

而监事作为一种公司治理结构，其权利义务系由公司法来进行规范。在我国，公司组织机构主要由股东会、董事会和监事会（股东人数较少或者规模较小的有限责任公司中为监事）组成，这三种机构分别是公司的权力机构、执行机构和监督机构。监事会或者监事是公司内部监督的主要形式，是公司必备的组织机构，其最主要的功能就是保障公司和股东的利益。监事依照公司法的规定设立并行使职权，主要职权是检查公司财务，对董事、高级管理人员执行公司职务的行为进行监督，对违反法律法规以及公司章程或股东决议的董事、高级管理人员提出罢免的建议等，以平衡公司内部的组织机构。监事的任期每届为三年，监事的产生一般由股东会选任。对于监事会中的职工代表，我国公司法规定由公司职工通过职工代表大会、职工大会或者其他形式民主选举产生。其他国家亦规定监事会中的职工代表由公司职工民主选任或者由公司工会组织选任，在特定情形下，法院也可任命监事会成员。例如，德国《股份公司

法》第一百零四条规定，如监事会不拥有作出决议所必需的成员数，那么法院可根据监事会、一名监事会成员或者一名股东的申请，任命监事，补足这一数目。此外，关于监事的报酬事项，根据我国公司法规定，应由股东会决定。监事并不受公司的管理监督，双方不具有人身隶属性。因此，从监事的产生、职责及其权利义务来看，监事与公司之间的关系和职工与企业之间的关系显然是两种不同性质的法律关系，应当由不同的法律加以调整。

在本案中，施伟明主张富呈公司应当以2008年11月1日签订的劳动合同中的约定支付其作为监事的每月工资45 283.34元。对此问题，从该合同的签订过程来看，系在施伟明控制富呈公司的公章、法人章及营业执照期间签订的。该合同并无富呈公司法定代表人的签名，合同落款中作为富呈公司授权代表签名的吴春华亦未得到富呈公司的法定代表人或其他负责人的授权。故无法认定该合同系富呈公司的真实意思表示。此外，根据我国公司法的规定，监事的报酬事项由股东会决定。以私下约定的方式确定监事报酬也违反法律规定，亦是无效的。综上所述，施伟明基于劳动关系，以2008年11月1日的合同约定为依据主张富呈公司支付其每月工资45 283.34元是不能成立的。

2. 劳动关系的存续问题

本案中，施伟明与富呈公司于2008年4月3日签订了其担任副总裁职务的劳动合同，双方之间建立了劳动关系。2008年8月29日，施伟明被选举为监事，其同时辞去了副总裁一职，这就涉及施伟明在岗位变更之后，与富呈公司之间的劳动关系是否存续的问题。

我国劳动合同法对于劳动者与用人单位之间劳动关系的解除条件进行了具体规定，亦赋予了劳动者单方面解除劳动合同的权利。劳动者单方面解除劳动合同应当遵守解除预告期，即提前三十日通知用人单位，试用期内提前三日通知，同时，通知应当采取书面形式。本案中，施伟明本人于2008年8月29日被选举为监事后即口头辞去副总裁一职，是否意味着其提出了劳动关系的解除，对此问题确有不同观点。根据公司法的规定，公司监事不得兼任公司董事、经理等高管工作，但是法律并未禁止监事从事公司内的一般工作，也即法律并不禁止具有监事与职工双重身份的情形。施伟明辞去副总裁一职，从逻辑上并不能推导出其已放弃了公司职工身份这一事实。而在劳动关系中，用人单位属于管理者，当无证据证明劳动者已提出解除劳动关系的情况下，用人单位应对双方劳动权利义务的存续与否进行明确。本案中，富呈公司在施伟明口头辞去副总裁职务、岗位发生变更后，未及时对于双方之间劳动关系的解除与否进行明确，致使双方劳动关系状况不明，确有不当之处，应承担相应后果。

富呈公司自2008年12月起关门停业，于2008年12月25日开具了施伟明的退工单并为其办理了退工手续。至此，双方劳动关系明确解除。虽然富呈公司直至2009年7月17日才将退工证明送达施伟明，但退工证明等手续的延迟送达只是对于劳动者申请仲裁的时效起算以及重新就业产生影响，并不影响双方劳动关系已解除的事实，故2008年12月25日后，富呈公司亦再无义务支付施伟明工资。但在仲裁及一审期间，施伟明与富呈公司均同意由富呈公司支付施伟明2009年1月工资960元，系双方当事人对自身权利的处分，与法不悖，法院因此予以照准。

3. 公平合理原则在本案中的运用

关于2008年11月至12月期间施伟明的劳动报酬应否由富呈公司支付及其数额如何确定的问题,如前所述,2008年11月1日的合同不能够作为确定施伟明劳动报酬的依据。那么富呈公司是否应当按照副总裁的职务标准支付施伟明2008年11月至12月期间的工资?首先,权利与义务是对等的。施伟明于2008年8月29日被选举为监事时即辞去副总裁的职务,施伟明虽否认该节事实,但是该节事实有施伟明在其与富呈公司股东会决议撤销纠纷一案中的陈述为证,且与富呈公司每月15日发放施伟明上月工资而自2008年10月起停发施伟明工资相吻合,亦符合我国公司法中董事、高级管理人员不得兼任监事的禁止性规定。此后,直至双方劳动关系解除,施伟明并无证据证明其仍在履行原劳动合同约定的义务,继续在富呈公司从事副总裁的工作。因此,施伟明与富呈公司之间2008年4月3日的劳动合同亦无法再参照适用,施伟明要求富呈公司按照该份劳动合同约定的工资标准支付其2008年11月至12月期间的工资亦无依据。

由于上述期间双方劳动关系仍然存续,双方对于施伟明的劳动报酬又未再有约定,而两份形式上的劳动合同亦均无法参照适用,此时,2008年11月至12月期间施伟明的劳动报酬应否支付及数额的确定,需要由法官衡量本案当事人双方各自的责任并根据公平合理的原则进行裁量。一审法院根据前述理由,判令富呈公司按本市职工月平均工资标准支付施伟明2008年11月至12月工资尚属合理。

(上海市第二中级人民法院 乔蓓华)

87. 刘赟诉英特尔产品(上海)有限公司清算组劳动合同案
(企业自行解散后劳动合同终止的实体及程序要件)

(一)首部

1. 判决书字号:上海市浦东新区人民法院(2010)浦民一(民)初字第15408号。
2. 案由:劳动合同纠纷。
3. 诉讼双方

原告:刘赟,女,汉族,住上海市杨浦区。

委托代理人:李德权,上海海德安达律师事务所律师。

委托代理人:谢莉萍,上海海德安达律师事务所律师。

被告:英特尔产品(上海)有限公司清算组,住所地:上海市外高桥保税区。

负责人:Dyonysius Robin Ashley MARTIN。

委托代理人:朱伟雅,女,英特尔亚太研发有限公司职员。

委托代理人:艾宏,北京市正见永申律师事务所律师。

4. 审级：一审。
5. 审判机关和审判组织
一审法院：上海市浦东新区人民法院。
合议庭组成人员：审判长：俞波；代理审判员：童蕾、苏国华。
6. 审结时间：2010年11月22日。

(二) 诉辩主张

1. 原告刘赟诉称

原告于2005年7月1日进入英特尔产品（上海）有限公司工作，双方签订了无固定期限劳动合同，原告的职位为产品工程师。2009年上半年，原告怀孕并告知了被告，但被告却于2010年2月3日以公司终止运营为由单方解除了与原告的劳动合同。2010年2月15日，原告生育一女。原告认为，由于政府免税期届至，被告才计划关闭浦东工厂，但根据公司法的规定，公司在清算期间仍然存续，仍然可以履行与员工之间的劳动合同。且劳动法对劳动合同的解除和终止作有明确区分，被告所发通知及退工单上均明确载明系解除与原告的劳动合同，而非终止，因原告为"三期女工"，属法律规定不得解除劳动合同的情形，故被告的解除行为违法。原告为此于2010年3月22日提起仲裁申请，后因未到庭被作撤诉处理。2010年4月27日，原告再次申请仲裁，但仲裁部门不予受理，故起诉来院，要求判令被告：（1）继续履行与原告签订的劳动合同；（2）以每月15 118.64元人民币的标准支付2010年2月3日至恢复劳动关系之日的工资；（3）按照9 876元的标准补缴2010年3月至2011年2月的社会保险费。

2. 被告英特尔产品（上海）有限公司清算组辩称

被告英特尔产品（上海）有限公司清算组辩称，原告所述入职时间及工作岗位情况属实。受全球经济环境影响，英特尔于2009年年初决定关闭被告公司，并计划于2009年年底停止运营。被告公司从2009年年初即开始着手准备工厂关闭事宜，特别是员工的安置补偿。2009年7月，英特尔浦东管理层的代表与总经理致信被告公司的全体员工，公布了《员工自愿离职补偿计划细则》，供员工处理个人劳动关系时参考。此后，被告公司还召开员工沟通会，向员工讲解公司关闭及员工安置补偿政策，又将员工安置时间表及公司关闭中常见的问题刊登在公司网站上供员工阅读。2009年8月3日，原告在已知自己怀孕的情况下，仍然选择自愿离职、领取优惠补偿的方案，并与被告公司签订了《自愿离职补偿计划同意书》，同意原告的最后工作日为2009年12月31日。2009年10月底，被告公司停止生产，并着手处理清算注销事宜。2009年12月28日，原告发邮件给被告公司有关人员，咨询撤销《自愿离职补偿计划同意书》的相关事宜。2009年12月29日，原告通过电子邮件申请撤销《自愿离职补偿计划同意书》。2009年12月31日，被告公司向原告发出同意撤销的确认函，告知原告同意其提出的撤销申请，并告知了撤销的相关法律后果。2010年1月22日，上海市商务委员会作出《关于同意英特尔产品（上海）有限公司提前终止的批复》。被告接到该批复后，于2010年1月29日书面通知原告，告知其于2月3日办理离职手续，劳动关系于同日终止。同年2

月3日，被告依法向原告支付了终止劳动关系的经济补偿金和最后一个月的工资。2010年2月5日，公司向原告发出《上海市单位退工证明》。被告认为，公司提前解散系根据股东大会及董事会的决议作出，且已得到上海市商务委员会的批准，程序合法。由于公司解散，使得其与员工间的劳动合同无法履行，无论原告是否存在"三期"情况，被告均有权终止劳动合同。但被告为体现对"三期"女职工的特殊保护和关怀，已购买了平安保险公司的商业生育保险金，原告亦已领到定额保险金。因此，被告终止与原告劳动关系的决定符合法律规定。另外，原告在仲裁阶段无正当理由未参加庭审，以致仲裁部门对其作撤诉处理，并未予受理原告此后提起的第二次仲裁申请。因浦东新区仲裁委员会没有对本案进行实体或程序上的审理，故本案没有经过仲裁前置。综上，被告请求依法驳回原告诉请。

（三）事实和证据

上海市浦东新区人民法院经公开审理查明：英特尔产品（上海）有限公司系英特尔（中国）有限公司发起设立的外资企业。2005年7月1日，原、被告签订无固定期限劳动合同，约定原告担任产品工程师，月工资为人民币6 500元。2009年2月，被告通知所属员工，公司将会解散。之后，被告在公司网站上发布了中英文版本的员工安置时间表及公司关闭常见问题问答，供员工浏览。2009年7月15日，被告通过电子邮件形式，向原告发送《员工自愿离职补偿计划细则》，告知其因受全球经济环境的影响，英特尔决定停止浦东工厂的生产并将其产能整合至英特尔其他生产基地。因此，英特尔浦东基地也正在逐步减产并计划于2009年年底停止运营。细则同时为受影响的员工提供了两项备选方案：早期自愿离职经济补偿金计划及自愿离职标准经济补偿金计划，后一方案将执行根据员工服务年限的普通型离职补偿计划。2009年8月3日，原告签署《自愿离职补偿计划同意书》，表示其经过仔细考虑，决定选择第二项方案即自愿离职标准经济补偿金计划，同意在2009年12月31日解除与英特尔的劳动合同，并表示了解一旦签署此同意书，即不能撤销。

2009年11月10日，被告股东英特尔（中国）有限公司作出书面决定：鉴于英特尔集团将在中国进行生产经营的调整，同意提前解散公司。2009年11月10日，被告董事会作出书面决议：鉴于英特尔集团将在中国进行生产经营的调整，且公司股东已批准提前解散公司，全体董事一致同意提前解散公司。

2009年12月28日，原告向朱伟雅发送电子邮件，咨询员工自愿离职计划的撤销申请事宜。2009年12月29日，原告再次向朱伟雅发送电子邮件，表示其签署的《自愿离职补偿计划同意书》是在公司的误导下签署的，现决定撤销。在公司未办理完毕工商注销手续之前，原告不接受公司单方面终止劳动合同的决定。2009年12月31日，被告向原告发出《关于你申请撤销〈员工自愿离职补偿计划〉的确认函》，告知：被告同意原告已签署的《员工自愿离职补偿计划》不再生效，但被告预计将于2010年1月25日前停止运营，原告的最后工作日将从2009年12月31日延至2010年1月25日，届时双方的合同将予解除，被告将根据法律的规定支付法定的经济补偿金。

2010年1月22日,上海市商务委员会作出沪商外资批〔2010〕216号《市商务委关于同意英特尔产品(上海)有限公司提前终止的批复》,同意被告公司提前终止公司章程,进行清算。2010年2月8日,被告在《解放日报》上刊登清算公告,通知债权人在公告发布之日起45天内致函公司清算组申报债权。2010年2月26日,被告董事会作出书面决议:鉴于公司已进行并开始清算程序,一致同意任命Dyonysius Robin Ashley MARTIN为清算组负责人,戈峻(Jun Ge)、Jon-Paul James LE BLANC、Sherry Sheno BOGER为清算委员会成员;任命自公司获得中国有关政府部门批准解散之日起生效至公司清算完成之日止。2010年1月29日,被告向原告发出《有关办理离职手续的通知》,通知双方的劳动合同将于2010年2月3日起解除。2010年2月3日,被告向原告支付经济补偿70 045.92元。2010年2月5日,被告为原告开具《上海市单位退工证明》。2010年2月20日,被告向原告足额支付了基本工资、员工津贴、未使用年假补贴、年终奖、津贴等。原告离职前12个月的平均工资为人民币15 118.64元,被告支付原告工资至2010年2月3日,为原告缴纳社会保险费至2010年2月。被告目前仍在清算过程中。

另查明,被告为其女性员工在中国平安养老保险股份有限公司投有生育保险。原告于2009年5月怀孕,2010年2月15日,原告生育一女。至2010年9月,原告从中国平安养老保险股份有限公司实际领取生育费用及生育津贴赔付金共计11 517.93元。

上述事实有下列证据证明:

1. 浦劳仲(2010)通字第0008号仲裁通知书,证明本案经过仲裁前置程序。

2. 浦劳仲(2010)办字第1674号通知书,证明原告于2010年3月22日曾经就本案纠纷申请过仲裁。

3. 劳动合同,证明原、被告双方存在劳动关系。

4. 生育医学证明,证明原告属三期女工。

5. 上海市单位退工证明,证明被告于2010年2月3日单方解除劳动合同。

6. 上海市商务委员会《关于同意英特尔产品(上海)有限公司提前终止的批复》,证明被告公司按照法定程序实施关闭。

7. 2009年7月15日电子邮件,证明英特尔浦东管理层的代表和总经理致信被告公司的全体员工,公布了《员工自愿离职补偿计划细则》,将公司关闭的消息告知员工,并提出了员工安置的具体办法。

8. 员工沟通会议资料,证明被告将公司关闭及员工安置补偿政策介绍给员工,以便员工能够准确理解公司政策,并在此基础上作出正确选择。

9. 被告公司网站中刊登的员工安置时间表和公司关闭中的常见问题,证明被告公司尽其所能为员工提供更多选择。

10. 原、被告签订的《自愿离职补偿计划同意书》,证明原告在怀孕的情况下,选择自愿离职,领取优惠补偿金待遇。

11. 2009年12月28日、29日,朱伟雅和原告的往来邮件,证明原告在明确了撤销《自愿离职补偿计划同意书》的相关后果后,提出了撤销《自愿离职补偿计划同意书》的书面申请。

12. 2009年12月31日被告公司发出的《关于你申请撤销〈员工自愿离职补偿计划〉的确认函》，证明被告书面告知原告，公司同意她提出的撤销申请，以及撤销《自愿离职补偿计划同意书》的法律后果。

13. 被告于2010年1月29日发出的《关于办理离职手续的通知》，证明被告告知原告，因公司停止运营，双方劳动关系于2010年2月3日解除。

14. 离职费用结算单，证明被告公司已向原告支付了至2010年2月3日为止的工资及终止劳动关系的所有费用。

15. 英特尔离职怀孕员工保险保障说明、中国平安保险公司支付凭证，证明被告公司为怀孕及生育女职工购买了额外的商业保险，原告已实际领取了全部赔付。

16. 股东书面决定，证明被告股东同意提前解散被告公司。

17. 董事会书面决议2份，证明被告董事会于2009年11月10日决议提前终止被告公司经营；并于2010年2月26日任命了清算委员会。

18. 刊登于《解放日报》的清算公告，证明被告于2010年2月8日依法发布公告，通知债权人申报债权。

（四）判案理由

上海市浦东新区人民法院经审理认为：公司在符合法律规定的情况下，可以自行解散。英特尔（中国）有限公司作为被告的独资股东，基于生产运营的调整，于2009年11月10日作出提前解散被告公司的决议系其行使股东法定职权的行为，内容与法不悖。但因被告系外资企业，其解散决议尚需经审批机关核准，故至2010年1月22日上海市商务委员会核准同意被告公司提前终止公司章程进行清算时，被告公司方正式解散。

根据《劳动合同法》之规定，用人单位决定提前解散的，其与劳动者订立的劳动合同终止。被告公司正式解散后，决定于2010年2月3日终止与劳动者签订的劳动合同，符合法律规定，并无不当。原告虽主张，被告发出的系"解除"而非"终止"通知，故应适用解除的相关法律规定，但对民事法律行为的解释，应当本诸探求行为者真实意思表示的原则进行。被告所发通知及退工单字面所载虽为"解除"，但首先，从其通知全体员工公司将要解散、并在网上发布员工安置时间表及公司关闭常见问题的行为看，被告因准备解散公司而将终止劳动合同的意思表示十分明确；其次，在与原告就补偿安置进行的单独磋商中，被告亦已明确表示，公司将于年底停止运营，员工的职位将被撤销，其提供的两种备选方案实质上即为终止合同的补偿方案，原告同意选择其中一种离职补偿计划的行为也表明，其对被告的意思表示及合同终止的原因已有充分的理解；据此，法院认定，被告系于2010年2月3日终止了双方的劳动合同。

至于原告提出异议称：被告公司虽已解散，但在清算期间仍然存续，可以继续履行原劳动合同。对此法院认为，公司解散后，即进入清算程序，其法人资格虽然仍旧存续，但权利能力已受到限制，除为了实现清算目的而必须从事的清理公司财产、通知公告债权人、处理与清算有关的公司未了结业务、清理债权债务、处理剩余财产等业务之外，不得经营其他业务。原告的原岗位为产品工程师，并不在清算所需业务之列，故被告在客观上已无法继续正常履行与其签订的劳动合同。事实上，终止与员工签订的劳动合同、清结因劳动关系而产生的债权债务亦为公司清算过程中的一项重要内容，故原告的主张，法院不予采纳。

反观被告公司终止劳动合同的整体过程，其于2009年2月即知会员工公司将要解散，之后又陆续在网上发布了解散员工的安置方案，并于2009年7月通过电子邮件将《员工自愿离职补偿计划细则》个别发送给原告，应认为已较为适当地履行了通知义务；在原告选择了不可撤销的自愿离职标准补偿金计划，后又申请撤回时，被告予以同意并详细告知了撤回的后果，应认为已较为适当地履行了协商终止劳动合同的诚信磋商义务；被告通知终止劳动合同后，即按照法律规定的标准向原告支付了经济补偿金、应发工资、奖金津贴及未使用年假补贴等，并为原告及时开出了退工单，应认为已适当履行了及时办理退工手续及支付劳动报酬和终止补偿的义务。因此，被告终止劳动合同的行为，难谓有违法之处。

本案所涉争议发生时，原告确在孕期、产期及哺乳期内，但《劳动合同法》仅规定，对三期女职工，不得依照该法第四十条及第四十一条的规定解除劳动合同，而本案系为劳动合同的终止，并无上述条款的适用余地。且被告曾为包括原告在内的三期女职工投保生育保险，合同终止后，原告亦已实际领得相关保险金，故可视为被告已自愿对三期女职工因劳动合同的终止而受到的损失进行了部分补偿，并无不当。综上所述，被告公司决定解散，符合劳动合同终止的法定事由，且其终止合同的行为并无违法之处。

（五）定案结论

上海市浦东新区人民法院依照一审法院根据《中华人民共和国劳动合同法》第四十四条第（五）项、第四十六条第（六）项之规定，作出如下判决：

驳回原告刘赟的诉讼请求。

（六）解说

本案涉及的核心法律问题是用人单位（本案中为外资企业）自行解散时劳动合同的终止问题。企业解散往往涉及众多劳动者，影响面大，但法律对此的规定却非常简单，解散的要件及法律后果等重要问题均不明确。因此，本案对劳动合同终止的实体和程序要件的认定，对同类案件的处理具有积极意义。

《劳动合同法》第四十四条规定，用人单位决定提前解散的，劳动合同终止。这条法律规则从逻辑结构分析非常简单，但要在司法实践中正确适用之，首先必须准确把握体现在法条之后的价值权衡：即在尊重企业经营自主权的同时兼顾劳动者权益的保护。一方面，企业作为独立的市场主体，必须被赋予自行决定经营方针的权利，包括在无法或难以达到经营目的时决定解散的权利，这是促进市场整体效率的必然要求。但另一方面，对无可归责的劳动者，又必须给予充分的保护，防止企业滥用权力，随意借解散之名侵害劳动者的权益。根据这一原则，在判断劳动合同是否应当终止时，应注意把握以下实体及程序要件。

1. 实体要件

（1）用人单位存在可提前决定解散的事由

司法实践中时有发现用人单位随意告知劳动者因公司解散要终止劳动合同，却不同时告知解散的具体原因，审理中也无法提供相应证据证明确实存在解散事由。因此，实体审查的第一步就是要确定用人单位是否已具备自行解散的事由。《公司法》第一百八十一条规定，在两种情况下公司可决定提前解散：1）公司章程规定的解散事由出现；2）股东会或股东大会决议解散。本案用人单位为外资企业，而《中华人民共和国外资企业法实施细则》第七十二条对公司决定提前解散的规定更为细化，包括：1）经营不善，严重亏损，外国投资者决定解散；2）因自然灾害、战争等不可抗力而遭受严重损失，无法继续经营；3）外资企业章程规定的其他解散事由已经出现。审查时，应将两法的规定综合起来考虑，当公司存在上述事由时，才具备决定提前解散的前提。

（2）用人单位确已作出解散决定并已实行

具备解散事由并不必然导致解散的发生。因此，下一步的审查内容就是用人单位的股东或股东会是否已作出了解散的决定，该决定是否被实际贯彻。这主要涉及对证据的审查，如是否具备可被采信的股东会会议记录、会议决议；是否按照法律规定成立了清算组；清算组是否依法执行了各项清算事务，如清理公司财产、通知或公告债权人、清理债权债务等。如经审查，企业确已停止正常经营，已经或确定将进入清算程序的，才具备与劳动者终止合同的前提。

需要特别指出的是，对外商投资企业，由于涉及产业结构控制及外资流向引导等问题，企业决定提前解散的，还需经过行政主管部门的审批。根据《外资企业法实施细则》规定，企业应自行提交解散申请书，报审批机关核准，审批机关作出核准的日期为企业的解散日期。

本案中，被告由于经营策略调整的需要，经股东决议，决定提前解散公司，应认为已具备自行解散的事由；其后又获得了审批机关的核准，并组成了清算组，在报纸上登载债权人公告开始清理债权债务，可认定确已实际开始清算程序，符合上述两项实体要求。

（3）劳动者的工作岗位与清算事宜无关

用人单位解散后，即进入清算程序。但其法人资格仍然存续，只不过其权利能力受到限制，除了为实现清算目的而暂时经营的业务外，不得经营其他常规业务。因此，是否可以终止与劳动者的劳动合同，还应区分劳动者的岗位性质而定。如岗位与清算业务无关，则属于可终止范围；反之，如岗位与清算业务相关，则不能当然终止，用人单位应当在开展清算业务必需的范围内保留上述岗位，并与劳动者协商变更原先订立的劳动合同的内容。但本案中，原告的劳动岗位为产品工程师，与清算活动并无关联，因此属于前种情况。

2. 程序要件

在符合上述实体要件之外，用人单位在终止与劳动者的劳动合同时，还应遵循一系列的程序要求,其中大部分是用人单位基于诚信原则,就劳动合同所应负担的附随义务。

第一,适当履行通知义务。用人单位应当采用张贴公告、发送电子邮件或书面材料、网页登载等方式,告知劳动者发生何种解散事由、解散的大致进程、拟采取的终止合同方式及步骤等。

第二,虽然法律赋予用人单位单方终止劳动合同的权利,但单位仍应本着诚信原则,尽量与员工就离职问题进行协商,争取达成协商一致的终止方案。

第三,优先支付职工的劳动报酬及补偿金。《公司法》第一百八十七条规定,公司财产除支付清算费用外,应当优先支付员工的劳动报酬、社保费用和法定补偿金。因此,在终止劳动合同后,公司应当依照法律规定,支付上述款项。

第四,及时为劳动者办理退工手续。根据《劳动合同法》第五十条的规定,用人单位应当在终止劳动合同时出具终止劳动合同的证明,并在十五日内为劳动者办理档案和社会保险关系的转移手续。劳动合同因用人单位决定提前解除而终止时,当然也不例外。

当上述实体和程序要件均已满足时,用人单位终止与劳动者的劳动合同才是合法有据的。

(上海市浦东新区人民法院 童蕾)

88. 黄建华诉上海樱乔依餐饮有限公司劳动合同案 (劳动关系与劳务关系)

(一) 首部

1. 判决书字号:上海市杨浦区人民法院(2009)杨民一(民)初字第5081号。
2. 案由:劳动合同纠纷。
3. 诉讼双方

原告:黄建华,男,汉族,住上海市杨浦区。
委托代理人:杨光空,上海陈海杰律师事务所律师。
委托代理人:宋文花,上海陈海杰律师事务所律师。
被告:上海樱乔依餐饮有限公司,住所地:上海市杨浦区。
法定代表人:朱冰菁,总经理。
第三人:上海上岛餐饮连锁经营管理有限公司,住所地:上海市闵行区。
法定代表人:张颉,董事长。
委托代理人:付爱弟,该公司员工。

4. 审级：一审。

5. 审判机关和审判组织：

审判机关：上海市杨浦区人民法院。

独任审判决人员：审判员：顾仲。

6. 审结时间：2010年1月6日。

(二) 诉辩主张

1. 原告黄建华诉称

原告于2007年2月由第三人介绍，并经被告面试合格后，进入被告处工作，任厨师长。在职期间，原告经常加班。2009年7月4日，因不同意被告降薪要求，原告被迫辞职。后原告申请劳动仲裁，但仲裁委认为原、被告之间系劳务关系而非劳动关系，故未支持原告的仲裁请求。原告认为，原、被告间形成劳动关系，理由是：（1）原告所持的第三人介绍信并未对被告的录取行为产生约束力，原告进入被告处工作是经被告面试合格后的结果；（2）第三人没有对原告尽过任何的管理、培训、支付工资、缴纳保险等义务，仅凭一张介绍信，不能证明原告是第三人的派出员工；（3）员工的实际工资标准及发放方式是经原、被告协商一致的结果，和第三人没有任何关系；（4）被告为员工缴纳了综合保险，这是原被告形成劳动关系的直接证据；（5）原告的离职是经被告批准的结果，如果是劳务关系，无须经被告批准。另，原、被告之间也不存在厨房承包的事实，厨房员工的总体工资标准和发放方式，由被告根据具体的经营状况确定，原告并无决定权。现原告不服仲裁裁决，向法院提起诉讼，要求被告支付2008年2月至2009年7月期间未签订劳动合同的二倍工资差额人民币63 000元，支付解除劳动关系经济补偿金人民币10 500元，支付2007年3月至2009年7月期间休息日加班工资人民币58 220元、法定节假日加班工资人民币12 000元，要求被告为原告补缴2007年7月至同年10月的外来从业人员综合保险。

2. 被告上海樱乔侬餐饮有限公司辩称

原、被告系劳务关系而非劳动关系。被告系第三人的加盟店，依据被告与第三人签订的特许经营合同，被告主要岗位的工作人员均由第三人派遣，包括厨师长岗位。故不同意原告的第一、二项诉讼请求。第三人的介绍信上注明原告每月工资为人民币2 000元。工作两个月后，原、被告经协商一致达成口头协议，由原告承包厨房，若月营业额达到人民币100 000元，被告给予厨房总工资人民币14 000元，由原告分配，决定厨房员工的具体工资数额，若营业额不足人民币100 000元，则相应地扣发部分工资。因此，厨房的工资是承包性质，所有厨房员工的工资都包含在内，原告要求被告再支付加班工资无依据。另外，被告从未要求原告加班，原告的上班时间都是自行安排的，被告对原告并无考勤要求，只要求原告管理好厨房即可。关于综合保险，原、被告之间并无劳动关系，被告无义务为原告缴纳综合保险。2007年11月起，经第三人与被告协商，被告才为原告缴纳了综合保险。综上，不同意原告的诉讼请求。

3. 第三人上海上岛餐饮连锁经营管理有限公司述称

原告至第三人处应聘厨师岗位，第三人将原告派至被告处工作。被告与第三人系加盟关系，双方合同明确约定，第三人的派遣人员和被告建立劳务关系。第三人的派遣属于中介性质，原告到被告处工作后，与被告建立劳务关系，与第三人无关。

（三）事实和证据

上海市杨浦区人民法院经公开审理查明：2006年12月5日，第三人（甲方）与被告法定代表人朱冰菁（乙方）签订一份《特许经营合同》，约定甲方授予乙方"上岛咖啡"的直接特许经营权，合同期限为三年，从2007年2月28日至2010年2月27日；乙方主要岗位的工作人员由甲方派遣：即派遣厨师长、吧台长、外场主管各一名，厨房领班、吧台领班、外场领班各二名，其余吧台、厨师等有关工作人员由乙方招聘送来甲方处参加培训，乙方需支付甲方培训费人民币60 000元；甲方派遣人员享受乙方的各种待遇，与乙方建立劳务关系，除派遣人员的主观原因造成乙方重大损失外，乙方不得单方面解聘甲方派遣人员，对不适应乙方发展的派遣人员，由乙方提出，甲方负责召回、调换、改派。原告黄建华系本市外来从业人员。2007年2月，原告至第三人处申请应聘厨师长职位，并填写《职位申请表》。第三人于同年2月6日为原告开具《人事介绍信》，内容为："和平店：兹介绍黄建华于2月7日前来贵店报到，拟任厨师长职位，工薪2 000元。请予接洽为荷。"介绍信下方备注处注明："（1）请贵店对公司外派人员加强管理，如发现不良表现，请贵店签署书面意见，退回公司，公司将按《公司人事制度》予以处理。（2）工薪以报到日起计算，除奖金外，请勿擅自加薪，更不允许个人提出不合理的待遇要求。（3）报到时携带有个人人事档案（复印件），如有调任等，请将原件退回公司。"原告持该介绍信于次日至被告处报到，担任被告厨师长职务。原告负责每月制作厨房工作人员工资清单（包含原告本人在内），厨房工作人员的工资数额由原告决定，被告对工资清单审核后发放工资。2007年5月起，原告每月工资增加承包奖一栏，数额不等。2007年11月起，被告为原告缴纳外来从业人员综合保险。2009年7月4日，原告向被告递交辞职书，并在被告处工作至当月21日离开，被告全额发放了原告2009年7月工资。2009年8月3日，原告向上海市杨浦区劳动争议仲裁委员会申请仲裁，要求被告支付2008年2月至2009年7月未签劳动合同的双倍工资差额人民币63 000元，支付非因本人原因解除劳动关系的经济补偿金人民币10 500元，支付2007年3月至2009年7月期间超时加班工资人民币58 220元、法定节假日加班工资人民币12 000元，补缴2007年2月至2007年10月期间的综合保险。该会于2009年9月27日裁决未支持原告请求。原告不服，诉至本院。

上述事实有下列证据证明：

1. 被告与第三人签订的《特许经营合同》，证明双方存在特许经营加盟关系。
2. 原告应聘所填写的《职位申请表》，证明原告至第三人处应聘厨师长岗位。
3. 第三人为原告开具的《人事介绍信》，证明第三人录用原告后将其派遣至被告处任厨师长。

4. 原告制作的《厨房人员工资清单》，证明原告的工资收入情况。

5. 原告的考勤表，证明原告的出勤情况。

6. 原告的辞职书，证明原告于2009年7月4日辞职。

7. 上海市杨浦区劳动争议仲裁委员会杨劳仲（2009）办字第1171号裁决书，证明本案业经劳动仲裁裁决。

（四）判案理由

上海市杨浦区人民法院经审理认为：本案争议焦点为：（1）原、被告之间是否存在劳动关系；（2）被告是否拖欠原告加班工资。

关于争议焦点一，法院认为：首先，根据特许经营合同的约定，被告无权决定厨师长等岗位的人选，而由第三人负责派遣，被告与派遣人员建立劳务关系。根据本案查明事实，原告至第三人处应聘厨师长岗位，经第三人录用后再至被告处报到，原告至被告处工作并非由被告招用，而系第三人派遣，故双方之间不具有劳动关系建立的特征。其次，第三人开具的人事介绍信备注栏中注明，对公司外派人员"如发现不良表现，请贵店签署书面意见，退回公司，公司将按《公司人事制度》予以处理"。同时第三人在庭审中亦陈述，对于退回人员，第三人将予以辞退。特许经营合同约定，"对不适应乙方发展的派遣人员，由乙方提出，甲方负责召回、调换、改派"。由此可见，被告对原告并无辞退权，若对原告不满，应将原告退回第三人处，由第三人调派其他人员。综上，原告虽在被告处工作，双方仅建立劳务关系，被告既无权招聘录用原告，也无权辞退原告，不具备劳动关系人身依附及隶属的特性。原告系由第三人录用后再被派遣至被告处工作，并由第三人最终决定原告的人事任免，故原告应与第三人建立劳动关系。

关于争议焦点二，法院认为：根据原告的工资发放情况，原告系承包厨房，被告每月除支付原告正常工资外，尚有承包补贴，从原告自行制作的厨房人员工资表中亦可证明原告对此系明知且认可，原告在制作工资表中从未提出加班主张，且从原告提供的考勤表与工资表对应来看，原告的工资数额也并不受实际出勤天数的影响，即使原告未满出勤天数，被告仍全额支付其当月工资。综上，原告系承包厨房事务，被告已按月支付其全部劳动报酬，并未拖欠原告加班工资。因原、被告间不存在劳动关系，原告要求被告支付未签劳动合同的双倍工资差额及解除劳动合同经济补偿金的诉请，无事实及法律依据，故不予支持。原、被告间虽无劳动关系，但鉴于被告为实际用工单位，且已为原告缴纳了2007年11月起的综合保险，为保护劳动者权益，避免讼累，故判令被告为原告补缴2007年7月至10月的综合保险。被告并未拖欠原告加班工资，故原告对加班工资的诉请亦缺乏依据，不予支持。

（五）定案结论

上海市杨浦区人民法院依照《中华人民共和国劳动法》第三条、《最高人民法院关于民事诉讼证据的若干规定》第二条，作出如下判决：

1. 被告上海樱乔依餐饮有限公司应于本判决生效之日起十日内为原告黄建华补缴 2007 年 7 月至 2007 年 10 月的外来从业人员综合保险。

2. 原告黄建华的其余诉讼请求，不予支持。

本案案件受理费人民币 10 元，减半收取计人民币 5 元，由原告黄建华负担。

（六）解说

本案的主要争议焦点为原、被告之间是否存在劳动关系。这也是本案关键的定性问题，直接影响到案件审理的结果，应审慎认定。

1. 原、被告之间不具备劳动关系的特征

在双方当事人未签订劳动合同且意见不一的情况下，如何确认双方之间是否存在劳动关系，实践中这是一个比较常见的问题。《劳动和社会保障部关于确立劳动关系有关事项的通知》（劳社部发［2005］12 号）规定了确立劳动关系的一般认定标准。根据该通知规定，用人单位招用劳动者未订立书面劳动合同，但同时具备下列情形的，劳动关系成立：第一，用人单位和劳动者符合法律、法规规定的主体资格；第二，用人单位依法制订的各项劳动规章制度适用于劳动者，劳动者受用人单位的劳动管理，从事用人单位安排的有报酬的劳动；第三，劳动者提供的劳动是用人单位业务的组成部分。

从表面上看，原、被告之间的情况似乎符合上述认定劳动关系的三项标准，应该认定劳动关系成立。但本案中，原、被告间权利义务关系又有明显区别于一般劳动关系的特殊情形，主要体现在以下三个方面：

（1）原告并非由被告招用，而系由第三人招用后派遣至被告处工作

根据庭审查明事实，原告于 2007 年 2 月至第三人处应聘厨师长岗位，并填写《职位申请表》。第三人录用原告后，为原告开具了《人事介绍信》；原告持介绍信至被告处报到，担任被告处的厨师长职务。根据上述事实，原告并非由被告直接招用，而劳动关系的建立必然是由用人单位招用劳动者而起，原、被告之间并不存在应聘与录用这样一个要约与承诺的过程，因此不具备劳动合同成立的要素。

（2）原告的工作岗位和劳动报酬由第三人确定，而非原、被告协商确定

在第三人出具给原告的介绍信上明确规定了原告的岗位为厨师长，工资为每月 2 000 元。同时在介绍信下方还注明："工薪以报到日起计算，除奖金外，请勿擅自加薪，更不允许个人提出不合理的待遇要求。"由此可见，原告的岗位和劳动报酬在尚未到被告处报到之前，已由第三人预先确定，原告与被告需受此约束，不得擅自变更。按照常理，工作岗位和劳动报酬作为劳动合同的重要内容之一应由劳动者与用人单位协商确定，尤其是劳动报酬更应由劳动合同的双方当事人自行约定，且在双方协商一致的情况下可以变更。而第三人在介绍信中明确了原告的岗位和工资报酬，并限制了原、被告自由协商变更的权利，这显然违反了当事人意思自治原则这一民法基本原则，亦不符合劳动关系的特征。

（3）若原告工作表现不佳，由被告将原告退回第三人处，被告对原告无处置权

第三人出具的介绍信中注明：请贵店对公司外派人员加强管理，如发现不良表

现,请贵店签署书面意见,退回公司,公司将按《公司人事制度》予以处理。根据这一规定,被告对原告的工作表现不满时,并不能直接依据本单位的规章制度对原告作出处罚直至解除劳动合同,而应退回被告处,由被告对原告进行处理。由此可见,被告虽可对原告进行管理,但并无处分权,原告的人事任免由第三人作出。而劳动关系中,用人单位当然有权对劳动者的违纪违规行为作出处罚决定,无须由第三方越俎代庖。

从上述三方面来看,原、被告间的权利义务关系不符合劳动关系的构成要素,故法院经审理后认定双方之间不存在劳动关系。

2. 对第三人派遣行为的定性

上文我们分析了原、被告之间不具备形成劳动关系的要素,那么接下来需要对第三人派遣原告至被告处工作这一行为的性质进行分析认定。

显然,本案中第三人并非劳动法意义上的劳务派遣单位,因为第三人并非依法设立的专业劳务派遣企业,不具备从事劳务派遣活动的资质。那么第三人的派遣行为是否属于违法行为,是否有效呢?笔者认为,第三人的派遣行为有别于通常意义上的劳务派遣,是一种出于企业经营需要的工作派遣,应属有效。

(1) 第三人派遣行为与一般劳务派遣的区别

第一,派遣行为的接受对象(即用工单位)不同。一般劳务派遣的用工单位并不局限于某一行业或某一地区,只要双方(劳务派遣单位和用工单位)协商一致即可。而第三人仅能向其授予"上岛咖啡"直接特许经营权的企业派遣工作人员。

第二,派遣行为的合同依据不同。根据法律规定,劳务派遣单位派遣劳动者应当与用工单位订立劳务派遣协议,在协议中约定派遣岗位和人员数量、派遣期限、劳动报酬和社会保险费的数额等。本案中,第三人向被告派遣工作人员则是基于双方签订的《特许经营合同》。

第三,派遣的岗位不同。根据法律规定,劳务派遣一般在临时性、辅助性或替代性的工作岗位上实施。换言之,劳务派遣的岗位是企业中的一些不重要的辅助岗位。而第三人派遣的岗位则恰恰相反,是各个部门的负责人或领班等重要岗位。

(2) 第三人基于履行《特许经营合同》的需要而对被告的一些重要岗位实施派遣行为

本案中,第三人向被告派遣员工是基于双方签订的《特许经营合同》,该合同的主要内容是第三人授权被告使用"上岛咖啡"的商标进行经营,双方之间建立了一种特许经营(或称加盟经营)关系。而第三人在授予被告特许经营权的同时,为确保特许经营体系的统一性和产品、服务质量的一致性,需对被告的经营给予全面的指导和援助,其中包括第三人向被告的重要岗位派遣工作人员。而第三人的这种派遣行为系基于双方间的特许经营关系,出于企业的经营需要而进行的一种工作派遣,不同于一般的劳务派遣,应属有效。

(3) 派遣人员的劳动关系隶属于第三人,与被告间仅形成劳务关系

《特许经营合同》明确约定,第三人的派遣人员享受被告的各种待遇,与被告建立劳务关系。并约定,除派遣人员的主观原因造成被告重大损失外,被告不得单方面解聘

第三方派遣人员,对不适应被告发展的派遣人员,由被告提出,第三人负责召回、调换、改派。同时,第三人出具的介绍信上又注明,对于有不良表现,被退回公司的外派人员,由第三人依据《公司人事制度》予以处理。由此可见,原告与第三人之间具有极强的人身依附关系,原告的任免去留由第三人决定,从中亦可反映出原告的劳动关系隶属于第三人。

综上,原告系由第三人招用并派遣至被告处工作,其工作岗位由第三人安排,在工作中除接受被告的管理外,还需接受第三人的管理,遵守第三人的规章制度,故本院最终认定原、被告间仅建立劳务关系,原告与第三人之间形成劳动关系。

(上海市杨浦区人民法院 顾仲)

89. 黄伟胜与中关村证券股份有限公司破产管理人劳动争议案
(在证据不足时如何准确认定案件事实)

(一) 首部

1. 判决书字号

一审判决书:北京市第一中级人民法院(2010)一中民初字第1650号。

二审判决书:北京市高级人民法院(2010)高民终字第1730号。

2. 案由:劳动争议纠纷。

3. 诉讼双方

原告(上诉人):黄伟胜,男,汉族,无业,住广东省汕头市永和街。

委托代理人:成彬,北京市尚荣信律师事务所律师。

被告(被上诉人):中关村证券股份有限公司破产管理人,住所地:北京市东城区。

负责人:郑斌,组长。

委托代理人:刘振方,北京市金诚同达律师事务所律师。

委托代理人:吴石坚,北京市金诚同达律师事务所律师。

4. 审级:二审。

5. 审判机关和审判组织

一审法院:北京市第一中级人民法院。

合议庭组成人员:审判长:张洁芳;代理审判员:薛妍、曹雪。

二审法院:北京市高级人民法院。

合议庭组成人员:审判长:单国军;代理审判员:张朝阳、陈特。

6. 审结时间

一审审结时间:2010年5月19日。

二审审结时间：2010年12月2日。

（二）一审情况

1. 一审诉辩主张

（1）原告黄伟胜诉称

我原系中关村证券股份有限公司（以下简称中关村证券公司）资产经营保全部（以下简称经营保全部）职工。2002年度，经营保全部全体职工为中关村证券公司清收了现金41 341 128.47元。依据中关村证券公司制定的《中关村证券股份有限公司汕头管理总部资产经营部不良资产清收奖惩管理办法（暂行）》第十条的规定，中关村证券公司应当支付经营保全部全体职工2 067 056.4元的奖金。但当时中关村证券公司只支付了70万元，剩余1 367 056.4元，经多次催要至今未付。我现与经营保全部其他职工达成协议，约定平均分配上述拖欠奖金，即每人应得124 277.85元。现向法院起诉，请求判令：1) 中关村证券公司破产管理人支付黄伟胜拖欠奖金共124 277.85元；2) 本案诉讼费由中关村证券公司破产管理人承担。

（2）被告中关村证券公司破产管理人辩称

黄伟胜与中关村证券公司已经解除了劳动合同，双方之间不存在任何债权债务关系。破产管理人不具备本案诉讼主体资格，劳动争议案件应先经劳动争议仲裁委员会审理裁决后才可以向人民法院起诉，且黄伟胜提起的劳动争议已经超过了诉讼时效。

2. 一审事实和证据

北京市第一中级人民法院经公开审理查明：黄伟胜原系中关村证券公司汕头管理总部资产经营保全部职工。诉讼中其向法院提交了《2002年度资产回收情况表》及《中关村证券股份有限公司汕头管理总部资产经营保全部不良资产清收奖惩管理办法（暂行）》。《中关村证券股份有限公司汕头管理总部资产经营保全部不良资产清收奖惩管理办法（暂行）》第十条规定："以现金方式收回的不良资产，按照收回金额（以进账凭证为准）扣除相关成本费用后5％计提奖金。"中关村证券公司对上述两份证据的真实性、合法性、关联性均不予认可。

中关村证券公司向法院提交了黄伟胜2007年2月8日签署的《员工离职承诺函》及《解除劳动关系协议书》。《员工离职承诺函》第四条载有："本人确认，中关村证券已为本人办理完毕离职手续，结清所有款项，不存在欠付本人工资、奖金、津贴、补贴、福利等任何收入的情形，本人与中关村证券之间不存在任何纠纷（包括劳动争议和其他经济纠纷）。"《解除劳动关系协议书》第五条载有："乙方声明：同甲方之间不存在未了结的债权债务关系。"黄伟胜认为两份文件是以免除用人单位的法定责任、排除劳动者权利为目的的格式文件，是违背劳动者意思的无效合同。

另，原审审理中，原中关村证券公司发展总监吴小辉到庭作证，认可中关村证券公司欠付保全部职工绩效奖金一事，但其亦未作证证明中关村证券公司对所谓的欠付奖金如何决定。

上述事实有下列证据证明：

(1)《员工离职承诺函》。

(2)《解除劳动关系协议书》。

(3)当事人陈述。

3. 一审判案理由

北京市第一中级人民法院经审理认为:当事人对自己提出的诉讼请求应提供充分的证据予以证明。没有证据或者证据不足以证明当事人的事实主张的,由负有举证责任的当事人承担不利后果。本案中,虽黄伟胜提出《员工离职承诺函》及《解除劳动关系协议书》应属无效,但其未提供相应证据,法院不予支持。黄伟胜提供的《2002年度资产回收情况表》因无中关村证券公司的公章或主管人员的签字,故法院对其真实性不予采信。黄伟胜在《离职函》中已经明确中关村证券公司不欠其任何收入,故其要求中关村证券公司破产管理人支付拖欠奖金124 277.85元的诉讼请求,法院不予支持。

4. 一审定案结论

北京市第一中级人民法院依据《中华人民共和国民事诉讼法》第六十四条第一款、《最高人民法院关于民事诉讼证据的若干规定》第二条之规定,作出如下判决:

驳回原告黄伟胜的全部诉讼请求。

案件受理费10元,由黄伟胜负担(已交纳)。

(三)二审诉辩主张

1. 上诉人黄伟胜诉称

黄伟胜上诉请求:(1)依法撤销一审民事判决书,发回重审或予以改判。(2)诉讼费用均由被上诉人负担。其主要理由是:我方提交的资产回收情况是真实的,我方提供了中关村证券汕头管理总部清欠专户账号,一审法院未对清欠情况进行核实,原判认定事实不清;我方虽签署《员工离职承诺函》及《解除劳动关系协议书》,但系迫于无奈,如果员工当时不签署上述文件的话,就拿不到失业补偿金。

2. 被上诉人中关村证券公司破产管理人辩称

同意一审判决,并持一审答辩的事实、理由,要求驳回上诉,维持原判。

(四)二审事实和证据

北京市高级人民法院经公开审理查明:中关村证券公司汕头管理总部设有资产经营保全部,负责清收不良资产。黄伟胜等十一人原系中关村证券公司汕头管理总部经营保全部的全体职工。

2006年2月,中关村证券公司被行政托管且进入破产行政清理阶段,后进入破产程序。2007年年初,行政清理工作组开始陆续解除经营保全部的十一名职工的劳动关系,并分别签订《员工离职承诺函》、《解除劳动关系协议书》。上述分别签订的《员工离职承诺函》、《解除劳动关系协议书》内容与格式相同。《员工离职承诺函》第四条载有:"本人确认,中关村证券已为本人办理完毕离职手续,结清所有款项,不存在欠付本人工资、奖金、津贴、补贴、福利等任何收入的情形，本人与中关村证券之间不存在任何纠纷（包括劳动争议和其他经济纠纷）。"《解除劳动关系协议书》（甲方为中关村证券公司行政清理工作组，乙方为劳动者）第六条载有："乙方声明：同甲方之间不存在未了结的债权债务关系。"签订该协议后，黄伟胜等十一人领取了解除合同经济补偿金。

诉讼中黄伟胜提交了《2002年度资产回收情况表》及《中关村证券股份有限公司汕头管理总部资产经营保全部不良资产清收奖惩管理办法（暂行）》。其中，《2002年度资产回收情况表》记载，2002年经营保全部共回收现金资产41 341 128.47元。《中关村证券股份有限公司汕头管理总部资产经营保全部不良资产清收奖惩管理办法（暂行）》第十条规定："以现金方式收回的不良资产，按照收回金额（以进账凭证为准）扣除相关成本费用后（不含律师费和诉讼费）5％计提奖金，其中相关成本费用包括人员基本工资、三险一金以及公关费、交通费、通讯费等清收费用。"中关村证券公司破产管理人对上述两份证据的真实性不予认可。

一审审理中黄伟胜提交了《关于汕头管理总部资产经营保全部机构、人员及工资管理的通知》（中关村证券[2002]第051号）。该通知中载有：对资产经营保全部人员"奖金部分按《中关村证券资产经营保全部不良资产奖惩管理办法》的相关规定比照执行。资产经营保全部人员工资从清收收回的现金资产中支取"。中关村证券公司破产管理人否认该通知的真实性。黄伟胜并提交了中关村证券公司汕头管理总部清欠专户账号，要求法院核实清欠现金资产的数额。为查明案件事实，本院责令中关村证券公司破产管理人根据上述账号向银行核查现金资产回收情况，并提交中关村证券[2002]第051号文件和中关村证券公司关于资产回收的奖惩办法。经中关村证券公司破产管理人调取银行对账单，银行对账单情况与黄伟胜等11人提交的《2002年度资产回收情况表》一致。经查，中关村证券公司破产管理人提交的由其接管的中关村证券公司2002年的公司文件，按文号排列当年文件应共计140件，但欠缺13件，中关村证券[2002]第051号文件也在欠缺之列。就欠缺原因，中关村证券公司破产管理人称其接管时即是如此。另中关村证券公司破产管理人未能提交中关村证券公司关于资产回收的奖惩办法。中关村证券公司破产管理人认为，黄伟胜并不能证明其有权就上述回收的现金资产获得奖金。

诉讼中，黄伟胜称中关村证券公司已支付了经营保全部70万元奖金。中关村证券公司破产管理人否认有奖金分配和发放事实。经本院进一步询问，中关村证券公司破产管理人未就是否向经营保全部发放奖金、发放多少奖金提交证据。

一审审理中，原中关村证券公司发展总监吴小辉到庭作证，认可中关村证券公司欠付经营保全部职工绩效奖金一事。

另查，2007年3月和2007年12月，经营保全部曾先后向中关村证券公司行政清理工作组打报告，要求给付就回收现金资产的剩余奖金。在中关村证券公司进入破产程序后，黄伟胜等十一人曾向中关村证券公司破产管理人申报债权，但未获认可。另黄伟胜等十一人达成《2002年度中关村证券股份有限公司保全部应得奖金分配协议》，约定由十一人平均分配经营保全部就回收现金资产应获得的剩余奖金。

上述事实，有《员工离职承诺函》、《解除劳动关系协议书》、银行对账单、《2002

年度资产回收情况表》、《中关村证券股份有限公司汕头管理总部资产经营保全部不良资产清收奖惩管理办法（暂行）》、庭审笔录、《2002年度中关村证券股份有限公司保全部应得奖金分配协议》等证据在案佐证。

（五）二审判案理由

北京市高级人民法院经审理认为：因中关村证券公司进入破产程序，依照《中华人民共和国企业破产法》第二十五条第一款第（六）、（七）项之规定，中关村证券公司破产管理人可代行诉讼事务与债务偿还。同时，《中华人民共和国企业破产法》对于在破产程序开始后有关债务人的劳动争议案件，亦未限定必须先行劳动争议仲裁程序。

本案争议焦点是有无劳动者一方应获得奖金的事实和劳动者是否有权利主张奖金。因银行对账单表明，中关村证券公司汕头总部经营保全部回收了41 341 128.47元现金资产，诉讼中中关村证券公司破产管理人无正当理由不能提供中关村证券［2002］第051号文件和中关村证券公司关于资产回收的奖惩办法，按照《最高人民法院关于民事诉讼证据的若干规定》第七十五条的规定，应当认定劳动者关于其应获得奖金的事实主张成立，中关村证券公司有依据《中关村证券股份有限公司汕头管理总部资产经营保全部不良资产清收奖惩管理办法（暂行）》给付劳动者相应奖金的义务。并且，劳动者一方虽与中关村证券公司行政清理工作组签订了《员工离职承诺函》、《解除劳动关系协议书》，声明双方不存在未了结的债权债务关系，但综合考虑签约当时，中关村证券公司已进入破产行政清理阶段、劳动者面临失业有获得解除合同经济补偿金的利益诉求、《员工离职承诺函》与《解除劳动关系协议书》均为格式化文书、劳动者持续主张奖金事宜等因素，不能认定劳动者一方签署无债权债务的声明系出于自愿，其权利主张亦未过诉讼时效，故应认定劳动者一方有权主张清收现实资产的奖金。按照《中关村证券股份有限公司汕头管理总部资产经营保全部不良资产清收奖惩管理办法（暂行）》，计算奖金应扣除人员基本工资、三险一金以及公关费、交通费、通讯费等成本费用，故劳动者一方主张以全部回收的现金资产为基数确定奖金并不妥当，本院根据相关因素酌情确定成本费用后计算奖金总额。劳动者一方已认可中关村证券公司给付了70万元奖金，中关村证券公司破产管理人未提出相反证据，在计算劳动者一方应得奖金余额时应扣除该70万元。因劳动者之间达成协议平均分配剩余奖金，本院根据奖金余额总数和该分配协议确定黄伟胜应得的奖金余额为11万元。中关村证券公司破产管理人应将中关村证券公司对黄伟胜的该项奖金债务列入破产债权并通过破产清算程序予以偿还。一审法院认定事实错误，本院依法改判。中关村证券公司破产管理人的各项辩称不能成立，本院不予采纳。

（六）二审定案结论

北京市高级人民法院依照《中华人民共和国民事诉讼法》第一百五十三条第一款第

(三）项之规定，作出如下判决：

1. 撤销北京市第一中级人民法院（2010）一中民初字第1650号民事判决。

2. 中关村证券股份有限公司破产管理人应当在本判决生效之日起7日内将黄伟胜的11万元奖金列入破产债权，并通过破产清算程序予以偿还。

3. 驳回黄伟胜的其他诉讼请求。

一审案件受理费177 507元，由北京乾元国际商务酒店有限公司负担90 064元（已交纳），由中国科技证券有限责任公司破产管理人负担87 443元（于本判决生效之日起7日内交至原审法院）。

二审案件受理费102 021.63元，由中国科技证券有限责任公司破产管理人负担（已交纳）。

（七）解说

1. 本案提出的问题

本案是十一起劳动关系解除后劳动者诉破产企业管理人给付拖欠的资产清收奖金中的一起。这十一起案件案情与问题基本相同，这里选取本案作一分析。本案有两个基本法律问题：一是破产企业是否拖欠劳动者的资产回收奖金；二是如存在拖欠资产回收奖金的事实，双方解除协议中关于"不存在未了结的债权债务关系"的声明与离职承诺函中关于"不存在任何纠纷（包括劳动争议和其他经济纠纷）"的承诺是否有效。同时，围绕上述基本法律问题，本案并无全面的相关证据，特别是，劳动者仅提供了部分证据复印件与证据线索，由此带来了事实认定上的困难。审判实践中，当事人提供的证据不足的情况颇为常见，是审判实践中的一类难题，这种情况下如何运用证据和认定案件事实在思路和方法上需要总结和提炼。

2. 一、二审处理的主要区别

在案件处理上，一、二审法院的思路与方法明显不同。一审法院对劳动者提供的证据线索未予考虑，仅根据现有证据不足的情况即否定了劳动者的事实主张，并基于劳动者在解除协议中的声明与离职承诺函中的承诺驳回了劳动者一方的请求。二审法院则从劳动者提供的证据线索入手，要求用人单位提供相关证据，在用人单位无正当理由不能提供相关证据的情况下，依照《最高人民法院关于民事诉讼证据的若干规定》（以下简称《民事诉讼证据规定》）第七十五条的规定，推定破产企业拖欠劳动者资产回收奖金的事实成立，并通过适当降低证明标准，认定劳动者的相关声明与承诺并非出于自愿，最终支持了劳动者一方的请求。具体说：

在破产企业是否拖欠劳动者的资产回收奖金的问题上，一审法院认为劳动者提供的资产回收情况表因无用人单位的公章或主管人员的签字，故对其真实性不予采信。单就此点认定，一审法院似无错误。但问题在于，劳动者同时提交了用人单位的清欠专户账号，要求法院核实清欠现金资产的数额；劳动者还提交了《关于汕头管理总部资产经营保全部机构、人员及工资管理的通知》（中关村证券［2002］第051号）复印件，该通知中提及对经营保全部的劳动者比照《中关村证券资产经营保全部不良资产奖惩管理办法》给付奖金的相关内容；劳动者一方并提交了《中关村证券资产经营保全部不良资产奖惩管理办法》复印件。顺着上述线索，应当至少可以寻找三组重要证据，即劳动者一方所在的经营保全部究竟清收了多少现金资产，中关村证券公司有无针对经营保全部的不良资产奖惩管理办法及其内容如何，中关村证券公司有无给付经营保全部资产清收奖金的意思表示。如果顺线索寻找上述证据，法院就不会限于一张资产回收情况表来认定案件事实，就会在具备更多证据甚至是"证据适当穷尽"的情况下认定事实，也就能更准确和公正地认定案件事实。并且，由于上述证据通常并不在劳动者一方的掌握范围之内，法院也不应以劳动者一方仅能提供证据线索而不能提供证据为由简单驳回劳动者的事实主张。

正是基于以上考虑，二审法院认真对待劳动者提供的证据线索，并采取了较为灵活的取证方法。表现在：二审法院并未直接进行调查取证，而是基于相关证据由中关村证券公司掌握的情况，先责令中关村证券公司破产管理人根据资产回收账号向银行核查现金资产回收情况和提供中关村证券[2002]第051号文件（以核实中关村证券[2002]第051号文件是否就是《关于汕头管理总部资产经营保全部机构、人员及工资管理的通知》）和中关村证券公司关于资产回收的奖惩办法（以核实中关村证券公司关于管理总部资产经营的奖惩办法是否就是《关于汕头管理总部资产经营保全部机构、人员及工资管理的通知》）。先由当事人提交相关证据有利于节省审判资源、提高审判效率和减少当事人与法院的冲突，在当事人无正当理由不提供相关证据时还可适用《民事诉讼证据规定》第七十五条的证据规则来直接认定相关事实。后中关村证券公司破产管理人提供了银行对账单，该对账单与劳动者提交的资产回收情况表一致，二审法院据此确认了劳动者主张的清收资产数额的真实性。但中关村证券公司破产管理人无正当理由未提供中关村证券[2002]第051号文件和中关村证券公司关于资产回收的奖惩办法，由此二审法院根据《民事诉讼证据规定》第七十五条的规定，推定劳动者一方的主张成立，由此确定了奖金确定规则这一要件事实。通过适用《民事诉讼证据规定》第七十五条，实际上也确认了劳动者一方提交的中关村证券[2002]第051号复印件和《中关村证券资产经营保全部不良资产奖惩管理办法》复印件的真实性。基于资产回收金额和资产回收奖励规则，法院就能确定资产经营保全部劳动者应得的奖金总额。在进一步确定具体奖金数额时，还要解决一个问题，即中关村证券公司是否已实际给劳动者发放奖金，已发放的数额应从原奖金总额中予以扣除。对此事实双方亦有争议。二审法院对此采取的是推定主张成立和自认相结合的方式进行确认。一方面，是否发放奖金及发放多少，是中关村证券公司的财务管理内容，相关证据主要由中关村证券公司掌握。由于中关村证券公司无正当理由不提供相关证据，可根据《民事诉讼证据规定》第七十五条规定推定中关村证券公司未发放或至少未全部发放。另一方面，在本案中已发放数额对劳动者是一个不利的事实，发放越多，则劳动者在本案中可获得越少。因劳动者一方在诉讼中认可用人单位已发放70万元，应属自认，二审法院将此部分减扣，来确定劳动者一方应得的奖金总额。

就解除协议中的声明与离职承诺函中的承诺是否有效，关键是看劳动者是否因受胁迫而作出上述意思表示。一审法院认为劳动者未提供相应证据，不能支持。应当说，劳动者称其受胁迫举出了一些事由，如因当时中关村证券公司已进入破产行政清理阶段，劳动者面临失业有拿到一笔钱算一笔钱的心理，《员工离职承诺函》与《解除劳动关系协议书》均为格式化文书，劳动者只有签与不签的选择，等等。与此相关，劳动者一方也有相关证据，只是并非直接证据而已，因此一审法院说劳动者一方未提供相应证据是不妥的。但显然，劳动者提供的上述间接证据还不足以证明中关村证券公司存在胁迫。同时，还要看到，在本案及类似情况下，由于劳动者处于经济上的弱势，劳动者基本上是不可能提出受胁迫的证据的。由此按一般证据规则来认定和处理存在着明显的不公平之处。如何解决这一问题呢？二审法院另辟蹊径，立足劳动关系的隶属性特征和劳动法侧重保护劳动者的价值取向，采取了适当降低劳动者一方证明标准的方法，即不再按通常民事案件的高度概然性证明标准来要求劳动者，而只要求劳动者证明到有一定的可能性，且用人单位又不能推翻这种可能性时，即认定相应事实存在。在二审审理中，合议庭曾考虑就是否存在胁迫采取举证责任倒置，由中关村证券公司证明在签署《解除劳动关系协议书》和《员工离职承诺函》时不存在胁迫劳动者的情况。但考虑举证责任的分配事关重大，举证责任倒置有其严格的条件，应严格限制其适用，而降低证明标准则相对灵活一些，在审判实践中也有较多运用，故最终未考虑举证责任倒置的方案。通过适当降低劳动者一方的证明标准，结合签约当时中关村证券公司已进入破产行政清理阶段、劳动者面临失业有获得解除合同经济补偿金的利益诉求、《员工离职承诺函》与《解除劳动关系协议书》均为格式化文书等实际情况与因素，二审法院认定劳动者在解除协议中的声明与离职承诺函中的承诺并非出于自愿，由此实现了案件处理上价值取向与技术方法的统一。

3. 从本案审理中提升出的事实认定的理念与方法

综上，本案一、二审的差别首先是审判理念或价值取向的不同，其次是审判方法上的不同。在审判理念上，一、二审的差别主要在于法律真实的定位问题，即是将法律真实定位为有证据支持的真实，还是定位在不仅要有证据来做支撑，更重要的是以客观真实为目标的真实。这既是一个深邃的审判哲学问题，但也是一个能够以普通人的思维和简明的逻辑加以论证的事实。应当说，法律和司法审判的基本价值是公平；认定案件事实要达到公平的要求，就不能满足于只要有证据证明即可，而要尽可能地接近客观真实；过去将法律真实定位为客观真实是不妥当的，但把法律真实与客观真实割裂开也显然是不对的。目前审判实践中较为普遍存在的问题是，将客观真实和法律真实完全割裂，将法律真实定位为有证据支持的事实，这实际上是将法律真实降格为形式真实，与法律和司法审判的公平价值取向是相悖的。《民事诉讼证据规定》第七十三条关于高度盖然性（或明显优势证据）的证明标准，正是体现了法律真实应当以客观真实为目标的正确定位。

正确的法律真实理念要求采取相应的审判方法。这些方法在遇到认定案件事实证据不足的情况下尤其有其积极的作用，主要包括两个方面：一方面是要坚持证据适当穷尽原则，即在尽可能充分的证据条件下认定案件事实，避免对可能存在的证据视而不见，仅根据现有的少量证据认定案件事实，特别是要避免简单地根据举证责任下判。这是法律真实接近客观真实的基本保障。就此要注重发现证据线索，发现证据线索的主要方法有两个，一是根据当事人的陈述与提交证据的情况（可称为当事人的争议逻辑）来发现；二是根据争议事实的前因后果、来龙去脉（可称为案件事实的自身逻辑）来发现。在此基础上还要注重去除明显的证据疑点和形成证据链条。在发现证据线索的情况下，要适当加强法院的干预，可以要求持有证据的当事人进一步提交证据，必要时由法院调查取证。另一方面是充分运用证据规则来认定案件事实。包括将生活情理引入事实认定，在一方无正当理由不提供相关证据时推定对方主张成立，在必要情况下适当降低证明标准等。

（北京市高级人民法院　单国军）

90. 方正国际软件（北京）有限公司与谷向杰、艾司科贸易（上海）有限公司劳动争议案
（竞业限制）

（一）首部

1. 判决书字号

一审判决书：北京市海淀区人民法院（2010）海民初字第19855号。

二审判决书：北京市第一中级人民法院（2010）一中民终字第20448号。

2. 案由：劳动争议纠纷。

3. 诉讼双方

原告（被上诉人）：方正国际软件（北京）有限公司（以下简称方正公司），住所地：北京市海淀区。

法定代表人：管祥红，总裁。

委托代理人：周密，女，方正国际软件（北京）有限公司职员，住公司宿舍。

委托代理人：李雅斌，北京市天元律师事务所律师。

被告（上诉人）：谷向杰，女，汉族，艾司科贸易（上海）有限公司职员，住上海市长宁区道帝旺温泉花园。

委托代理人：高嵩，北京市润明律师事务所律师。

委托代理人：单萌，女，北京市润明律师事务所实习律师。

第三人（上诉人）：艾司科贸易（上海）有限公司（以下简称艾司科公司），住所地：上海市外高桥保税区。

法定代表人：Jean-pierre Do Moor，总经理。

委托代理人：秦文，北京市润明律师事务所律师。

4. 审级：二审。

5. 审判机关和审判组织

一审法院：北京市海淀区人民法院。

独任审判人员：审判员：李颖。

二审法院：北京市第一中级人民法院。

合议庭组成人员：审判长：陈伟；代理审判员：刘芳、姚红。

6. 审结时间

一审审结时间：2010年9月15日。

二审审结时间：2010年12月20日。

(二) 一审情况

1. 一审诉辩主张

(1) 原告方正公司诉称

2008年6月19日，我公司与谷向杰签订了劳动合同，合同期限自2008年7月1日至2011年6月30日，谷向杰在第二事业部担任副总经理职务。2007年2月1日，双方签订了《保密协议》，第二十六条约定，离开我公司两年内不得在生产同类产品或者经营同类业务具有竞争关系或其他利害关系的其他单位内任职，或自己生产、经营与我公司有竞争关系的同类产品或业务，并约定了违约责任。2010年2月28日，谷向杰从我公司处辞职，我公司向谷向杰发函，要求其依照保密协议履行义务，并依法向其个人账户支付竞业限制经济补偿金，但谷向杰对此置之不理，依然跳槽到与我公司具有竞争关系的艾司科公司，严重损害了我公司的合法权益。故诉至法院，请求判令立即解除谷向杰与艾司科公司之间的劳动关系或其他工作关系。谷向杰承担本案诉讼费。

(2) 被告谷向杰辩称

双方签订的保密协议和竞业限制条款应属无效，方正公司没有在我离职时支付竞业限制费，该条款对我没有约束力。方正公司3月23日发的通知函中单方面施加的义务没有法律依据，在双方没有协商一致的情况下，对我没有约束力。

(3) 第三人艾司科公司述称

我公司与谷向杰是否解除劳动关系或者工作关系与方正公司无关，方正公司无权对我公司提出要求。

2. 一审事实和证据

北京市海淀区人民法院经公开审理查明：2008年6月19日，谷向杰与方正公司（原名北京方正国际软件系统有限公司，2009年5月6日更名为方正公司）续签劳动合同，合同期限2008年7月1日到2011年6月30日，谷向杰在方正公司第二事业部门担任副总经理职务。合同第十六条约定，在合同期内及合同终止后约定时间内，谷向杰不得违反公司有关竞业禁止的规定，直接或间接从事与方正公司具有竞争性质的活动。2007年2月1日，谷向杰与方正公司曾签订《保密协议》，第二十六条约定谷向杰离开方正公司两年内不得在生产同类产品或者经营同类业务具有竞争关系或其他利害关系的其他单位内任职,或自己生产、经营与公司有竞争关系的同类产品或业务,并约定任何一方违约,应向对方支付违约金,并赔偿因违约给对方造成的经济损失。如果谷向杰违约情节严重,给公司带来巨大损失、情节构成犯罪的,公司将移交司法机关追究谷向杰的刑事责任。

2010年1月25日,谷向杰提出解除劳动合同的申请,离职原因:个人家庭原因,自愿辞职。2010年2月28日,谷向杰正式离职,方正公司为其出具离职证明。

2010年3月中旬,谷向杰到艾司科公司工作。得知谷向杰到艾司科公司工作后,2010年3月23日,方正公司向谷向杰在天津市河东区晨阳道恋日风景温泉花园A区7号3门201室的地址发送《关于协商竞业限制补偿金的通知函》,提示谷向杰根据保密协议的约定,在离职后一年内需严格履行竞业限制义务,公司将根据相关法律规定按月支付竞业限制补偿金。由于双方在签署保密协议书时尚未详细约定竞业限制补偿金的支付标准和方式,请在收到通知函之日起五日内前往公司协商补偿金事宜。如在收到通知函之日起五日内未予回复,公司将按照惯常的工资发放时间,于每月15号向招商银行的工资卡发放上月的竞业限制补偿金2 700元,并视为谷向杰同意按上述标准及方式接受竞业限制补偿金。投递记录显示该邮件2010年3月24日妥投。

方正公司任丽韫的邮箱中有2010年5月发给谷向杰的电子邮件,内容为:公司2010年4月26日收到谷向杰的快递,也查到其退回公司账户内的现金,该笔款项是竞业限制补偿金,公司根据告知函内容视为其同意公司支付相关的竞业限制补偿金的标准及方式,请遵守保密协议中的相关规定。正式通知谷向杰在每月的15号前来公司领取每笔竞业补偿金,并请遵守竞业限制约定。2010年4月开始,方正公司按月向谷向杰的账号中打入2 700元,但均被谷向杰退回或打款失败。方正公司采取下发薪的方式,下月发上个月的工资,方正公司称4月发放的是3月的竞业禁止补偿金,按照每月税后工资8 000余元的30%发放。2010年5月17日,谷向杰回电子邮件,认为2010年4月中旬意外发现本人工资卡账户多出2 700元,出于诚信考虑退回公司,并予以说明。刚刚得知公司汇入账户的款项属于每月竞业限制补偿金,对此无法接受。在其与公司办理工作交接时,公司从未言及所谓"每月的竞业限制补偿金"问题。故其无须受到离职后竞业之限制,无须收取"每月的竞业限制补偿金"。其已与公司无任何劳动关系,希望公司尊重本人的择业自由。

方正公司于2010年5月28日,向艾司科公司发出了有关谷向杰违反竞业限制条款,要求艾司科公司尽快与其解除劳动关系的律师函。

方正公司主张在谷向杰离职时,曾与其进行过竞业限制补偿金方面的协商,但数额未达成一致。方正公司认为,谷向杰是明知存在竞业限制条款,假托"个人家庭原因"辞职,目的就是到存在竞业关系的艾司科公司工作,之后拒不收取竞业禁止补偿金,存在恶意。谷向杰主张方正公司在为其办理离职过程中未与其就竞业限制补偿金进行过协商,使其产生竞业限制条款对其不发生效力的看法,所以到艾司科公司工作,方正公司是听说自己到艾司科公司工作后,才支付竞业限制补偿金,其要求解除劳动关系是强加给自己的义务,且补偿金达不到相关要求。

另查,艾司科公司的业务服务对象是标签吊牌、折叠纸箱、软包装加工企业,提供包装预制、包装买者、设计者和制造商的软件集成解决方案。而方正公司包装印刷事业部也从事包装印前相关核心技术及软件产品的研发、市场推广和技术服务工作，是包装印前整理软件及服务供应商。二者的产品都提供补漏白、包装拼大版等功能。

方正公司曾以要求解除谷向杰与艾司科公司之间的劳动关系为由，向北京市海淀区劳动争议仲裁委员会提起劳动仲裁，该委以不属于劳动争议案件受理范围为由，作出不予受理通知书，方正公司不服诉至法院。

一审法院认定上述事实，有不予受理通知书、劳动合同、保密协议、离职手续、通知函、付款信息、公证书、电子邮件、快递单、律师函、产品介绍相关网页、当事人陈述及法院开庭笔录等在案佐证。

3. 一审判案理由

北京市海淀区人民法院经审理认为：竞业限制案件的审理中，亦应遵循合法、公平、诚实信用原则。竞业限制是指用人单位为保护商业秘密，与特定的劳动者约定在劳动关系终结后的一定期限内，劳动者不得自营或为他人经营与本单位业务存在竞争关系的业务，且不得在生产同类且有竞争关系的产品的其他用人单位任职。《劳动合同法》第二十三条第二款规定，对负有保密义务的劳动者，用人单位可以在劳动合同或者保密协议中与劳动者约定竞业限制条款，并约定在解除或者终止劳动合同后，在竞业限制期限内按月给予劳动者经济补偿。本案中，方正公司与谷向杰在劳动合同以及保密协议中均有竞业限制条款的约定，谷向杰对于该约定的存在是明知的。法院认为，用人单位与劳动者之所以可以设立竞业限制合同是为了平衡劳动者和用人单位之间的权利和义务。一方面，劳动者的择业自由等权利属于基本人权，并受我国宪法保护，通常应受到雇佣单位的尊重而不得侵犯；另一方面，由于用人单位通常会形成对本单位具有巨大利益的商业秘密等知识产权，而劳动者在工作期间势必或可能知悉并利用这些信息，若离职后立即到其他单位工作，会形成与原工作单位的有力竞争，有违诚实信用和公平竞争的精神，如果对用人单位的经济利益不予保护，将严重损害公司的利益，进而破坏整个社会经济秩序。故法律允许企业与劳动者设立竞业禁止合同，用双方共同的意思表示平衡双方之间的利益关系。同时，由于劳动者是靠劳动在社会上生存和发展，对劳动者选择劳动单位的自由进行限制，用人单位应以竞业禁止补偿费等方式支付相应的对价，保证劳动者不因履行约定的竞业禁止义务而影响生活质量。此外，竞业禁止合同一经签订，劳动者若对竞业禁止存有异议，可以通过法律途径要求撤销合同或给付竞业禁止补偿费，择业者仅以竞业禁止合同无效作为事后择业进行不正当竞争的抗辩理由，并不能排除其主观上的不良动机。

我国法律并未明确将竞业禁止条款没有约定合理经济补偿金的情形规定为无效。考察有关需要约定合理的经济补偿规定的本意，在于作为对劳动者劳动权受到限制的补偿，应从该条款是否违反公共政策、公序良俗或有违宪法上的生存权、劳动权之保障来判断协议的效力，以被竞业禁止者的生活水平不因被竞业而受到影响为标准，而不应单纯以约定经济补偿与否作为合同是否有效的要件。换言之，如果仅仅约定了竞业禁止条款，但没有约定补偿费，是可以通过法律法规的相关规定确定，或者当事人事后达成一致确定的。没有约定补偿费，并不导致竞业禁止条款的必然无效。本案中，方正公司与谷向杰虽没有明确约定竞业禁止的补偿金问题，但双方在劳动合同、保密协议中均约定了竞业禁止条款，谷向杰对此是明知的，且方正公司在谷向杰2月28日解除劳动关系的第二个月就采取了发出函件、按月支付竞业禁止补偿金的方式对谷向杰进行补偿，而谷向杰在2月28日离开公司时离职理由为"个人家庭原因"，却在3月中旬即到艾司科公司工作，并表示拒收竞业禁止补偿金，拒不履行竞业禁止义务。考虑艾司科公司与方正公司均为经营包装印刷软件的企业，在国内同行业中位居前列，两公司开展的业务具有同业竞争关系，并考虑谷向杰前后两份工作时间上的衔接如此紧密，其表现不能不使法院得出谷向杰在明知劳动合同等约定了竞业禁止条款的情况下，以虚假的理由实现跳槽从事同业竞争的不良目的，对此，谷向杰不能不说存在一定恶意。故在方正公司事后按月支付竞业限制补偿金的情况下，谷向杰不应拒绝接受竞业限制补偿金，不应继续在艾司科公司工作。方正公司有关要求立即解除谷向杰与艾司科公司劳动关系或其他工作关系的请求于法有据，法院予以支持。艾司科公司作为用人单位，对于与谷向杰解除劳动关系的案件处理结果存在利害关系，亦负有义务。竞业限制期限为自谷向杰离职之日起一年。至于方正公司应按月支付竞业限制补偿金的问题，鉴于之前谷向杰存在拒收竞业限制补偿金的情况，谷向杰可在履行竞业禁止义务的前提下，另案向方正公司主张。

值得注意的是，认定竞业禁止约定有效是综合考虑的结果，并不意味着方正公司作为用人单位，其做法没有瑕疵。方正公司与谷向杰签订过竞业禁止条款，在离职时未明示竞业禁止补偿金的问题，对纠纷的产生负有一定责任。法院虽然认定竞业禁止条款有效，但同时也认为方正公司在劳动合同中未明确约定支付谷向杰竞业禁止补偿金的行为是不当的，其对纠纷产生亦负有一定责任。

4. 一审定案结论

北京市海淀区人民法院依据《中华人民共和国劳动合同法》第二十三条之规定，作出如下判决：

自判决生效之日起，解除谷向杰与艾司科贸易（上海）有限公司之间的劳动关系或其他工作关系。

(三) 二审诉辩主张

1. 上诉人谷向杰诉称

一审法院判决解除谷向杰与艾司科公司之间的劳动关系缺乏事实和法律依据，请求二审法院撤销一审判决，依法改判或发回重审。

2. 上诉人艾司科公司诉称

一审法院判决解除谷向杰与艾司科公司之间的劳动关系缺乏事实和法律依据，请求二审法院撤销一审判决，依法改判或发回重审。

3. 被上诉人方正公司辩称

同意一审判决，请求二审法院依法驳回上诉，维持原判。

(四) 二审事实和证据

北京市第一中级人民法院经审理，确认一审法院认定的事实和证据。

(五) 二审判案理由

北京市第一中级人民法院经审理认为：《中华人民共和国劳动合同法》第二十三条规定，用人单位与劳动者可以在劳动合同中约定保守用人单位的商业秘密和与知识产权相关的保密事项。对负有保密义务的劳动者，用人单位可以在劳动合同或者保密协议中与劳动者约定竞业限制条款，并约定在解除或者终止劳动合同后，在竞业限制期限内按月给予劳动者经济补偿。劳动者违反竞业限制约定的，应当按照约定向用人单位支付违约金。本案中，谷向杰与方正公司在劳动合同、保密协议中约定了竞业限制条款，谷向杰对上述义务是明知的。虽然方正公司在劳动合同、保密协议中未明确约定竞业限制补偿金，在谷向杰离职时未明示竞业限制补偿金，该行为有不当之处，但是谷向杰以个人家庭原因离职后立即与方正公司有同业竞争关系的艾司科公司签订劳动合同，前后两份工作衔接紧密，相隔才十几天，其行为表现确实是恶意跳槽和同业竞争，违反了其与方正公司关于竞业限制的约定。一审法院对此认定正确，二审法院予以维持。

但是，用人单位与劳动者在劳动合同中约定了竞业限制条款，如果劳动者违反竞业限制约定，用人单位可以要求劳动者按约定支付违约金，或给用人单位造成损失的，用人单位可以要求劳动者承担赔偿责任。本案中，方正公司因谷向杰违反竞业限制条款，要求解除谷向杰与艾司科公司之间的劳动关系，没有法律依据，二审法院不予支持。

(六) 二审定案结论

北京市第一中级人民法院依照《中华人民共和国民事诉讼法》第一百五十三条第一款第（二）项之规定，作出如下判决：
1. 撤销北京市海淀区人民法院（2010）海民初字第19855号民事判决。
2. 驳回方正国际软件（北京）有限公司的诉讼请求。

(七) 解说

商业秘密已经成为企业生存和发展的重要因素，加强商业秘密的保护有利于企业保持竞争优势并不断地创新。为此，《中华人民共和国劳动合同法》（以下简称《劳动合同法》）第二十三条对竞业限制作出了明确的规定。用人单位与劳动者可以在劳动合同中约定保守用人单位的商业秘密和与知识产权相关的保密事项。对负有保密义务的劳动者，用人单位可以在劳动合同或者保密协议中与劳动者约定竞业限制条款，并约定在解除或者终止劳动合同后,在竞业限制期限内按月给予劳动者经济补偿。劳动者违反竞业限制约定的,应当按照约定向用人单位支付违约金。同时,《劳动合同法》第九十条亦规定,劳动者违反本法规定解除劳动合同,或者违反劳动合同中约定的保密义务或者竞业限制,给用人单位造成损失的,应当承担赔偿责任。

本案涉及竞业限制的三个问题:第一,谷向杰与方正公司的竞业限制约定是否有效;第二,谷向杰与艾司科建立劳动关系的行为是否违反了其与方正公司的竞业限制约定;第三,如果谷向杰违反了竞业限制约定,是否可以强制解除其与艾司科公司的劳动关系。关于前两个问题,一、二审法院观点一致。但是对于第三个问题,二审法院与一审法院持有不同的观点。

首先,谷向杰与艾司科建立劳动关系的行为是否违反了其与方正公司的竞业限制约定。没有约定合理的经济补偿金并不必然导致竞业限制条款无效。谷向杰与方正公司,即用人单位与劳动者在劳动合同、保密协议中均约定了竞业限制条款,虽然双方未就补偿费的给付和具体给付标准进行约定,但是不应据此认定竞业限制条款无效。双方在劳动关系存续期间或在解除、终止劳动合同时,可以通过协商予以补救。因此,谷向杰以双方没有约定经济补偿金为由主张竞业限制条款无效,没有依据。

其次,谷向杰与艾司科公司建立劳动关系的行为是否违反了其与方正公司的竞业限制约定。谷向杰明知其与方正公司有竞业限制约定,但其以个人家庭原因离职后立即与方正公司有同业竞争关系的艾司科公司签订劳动合同,前后两份工作衔接紧密,相隔才十几天,其行为表现确实是恶意跳槽和同业竞争,违反了其与方正公司关于竞业限制的约定。一审法院对此认定正确。

最后,如果谷向杰违反了竞业限制约定,是否可以强制解除其与艾司科公司的劳动关系。根据《劳动合同法》第二十三条和第九十条的规定,如果劳动者违反竞业限制约定,用人单位可以要求劳动者按约定支付违约金,或给用人单位造成损失的,用人单位可以要求劳动者承担赔偿责任。因此,关于竞业限制,劳动合同法规定的用人单位请求违约救济的方式是主张违约金和损害赔偿,没有实际履行这一方式。本案中,谷向杰违反竞业限制约定,方正公司并没有要求其按约定支付违约金,或者承担赔偿责任,而是要求解除谷向杰与艾司科公司的劳动合同。方正公司实际上是要求谷向杰继续履行竞业限制约定。实际履行是民事合同的违约救济方式之一。但是,该救济方式能否在本案中适用?如果判令劳动者实际履行竞业限制约定,但劳动者就是不与新用人单位解除劳动合同,能否人身强制?二审法院的观点是,基于劳动合同的人身属性以及宪法赋予公民的劳动权,劳动合同毕竟不同于一般的民事合同。实际履行这一救济方式在本案中不能适用,原因有以下四点:其一,劳动合同法没有明确规定该违约救济方式。其二,谷向杰与艾司科公司订立的劳动合同是双方当事人的真实意思表示,具有相对性,方正公司作为第三方没有权利要求解除双方的劳动合同。其三,因为劳动者违反了与前一用人单位的竞业限制约定,司法强行解除与新用人单位之间的劳动合同,有干预用人单位的用工自主权和劳动者的就业权之嫌。而且此类判决也无法强制执行,最终有可能就是一纸空判。其四,不适用实际履行的救济方式,并不等于对方正公司的合法权利不予保护。损害赔偿的救济方式完全可以替代实际履行。如果谷向杰不主动解除与艾司科公司的劳动关系，履行竞业限制约定，那么在竞业限制期限内谷向杰的违约行为处于持续状态，则方正公司有权向要求谷向杰主张损害赔偿。

（北京市第一中级人民法院　刘芳）

七、其他纠纷

91. 朱承钊诉王剑峰赔偿款案
（举证责任分配）

（一）首部

1. 判决书字号
一审判决书：江苏省江都市人民法院（2009）江民一初字第1714号。
二审判决书：江苏省扬州市中级人民法院（2010）扬民终字第0565号。
2. 案由：赔偿款纠纷。
3. 诉讼双方
原告（上诉人）：朱承钊。
委托代理人：郭顺宝，江苏江业律师事务所律师。
被告（被上诉人）：王剑峰。
委托代理人：钱长德，江都市川扬法律服务所法律工作者。
4. 审级：二审。
5. 审判机关和审判组织
一审法院：江都市人民法院。
合议庭组成人员：审判长：刘年利；审判员：解金保、朱俊钦。
二审法院：扬州市中级人民法院。
合议庭组成人员：审判长：宋晓波；代理审判员：李萍、孙建军。
6. 审结时间
一审审结时间：2010年4月6日。
二审审结时间：2010年9月26日。

（二）一审情况

1. 一审诉辩主张
（1）原告朱承钊诉称

2009年6月25日，在被告所承包的永安油区桥梁工程施工过程中，被告职工丁义上班中途外出办事，因车祸意外死亡，为丁义死亡赔偿的问题，原、被告双方以及丁义妻孙红珍于2009年7月7日在樊川镇人民政府调解委员会调解下达成了协议，由被告赔偿丁义亲属218 000元，其中50 000元被告先行给付，原告出具收条。现双方因该50 000元是否给付发生争执。故原告诉至法院要求被告立即给付50 000元。

(2) 被告王剑峰辩称

原、被告系工程合作关系，职工丁义上班中途外出办事，因车祸意外死亡，为丁义的死亡赔偿问题，双方在樊川镇人民政府调解委员会调解下达成了协议，被告已将上述50 000元给了原告，原告亦出具了收条给被告。现给原告是收条的复印件，原件在我处。请求法院查明事实，驳回原告的诉讼请求。

2. 一审事实和证据

江苏省江都市人民法院经公开审理查明：2009年6月，被告王剑峰承建本市永安油区的一座桥梁，原告朱承钊承包其中的部分工程。6月25日，原告的雇佣人员丁义在工作中因车祸死亡。为丁义的死亡赔偿问题，原、被告双方以及樊川镇司法所、法律服务所相关人员，于2009年7月1日进行了简单的调解，原、被告双方口头达成一致意见，同时，原告要求被告先给付50 000元，原告并当场书写了收条。审理中原告表示，我出具收条并交给了被告，但被告一直未给付该款；被告则坚持，原告写好收条后，我当时身边没钱，准备第二天汇给原告，但原告当晚就到我家拿走了50 000元，当场将收条交给我。

3. 一审判案理由

江苏省江都市人民法院经审理认为：公民的合法权益受法律保护。原告朱承钊与被告王剑峰相互间存在承包关系，故两者对雇佣人员丁义的死亡负连带赔偿责任。双方在协调赔偿问题的过程中，就上述50 000元被告是否给付原告产生分歧。本院认为，当事人对自己提出的主张，有责任提供证据。原告朱承钊要求被告王剑峰给付赔偿款50 000元，无合法有效证据证明，故本院不予支持。

4. 一审定案结论

江苏省江都市人民法院依照《中华人民共和国民法通则》第五条、《中华人民共和国民事诉讼法》第六十四条第一款之规定，作出如下判决：

驳回原告朱承钊要求被告王剑峰给付50 000元赔偿款的诉讼请求。

本案诉讼费1 050元，由原告朱承钊负担。

(三) 二审诉辩主张

1. 上诉人朱承钊诉称

第一，上诉人所写收条是"今收到赔偿款……（注明汇款）"，不在写好收条后的情况下，交给被上诉人，被上诉人怎么承认第二天汇款？第二，被上诉人明知付款方式是汇款，称当晚上诉人取的是现金，为什么当时不要求将收条重出呢？上诉人认为收条中的付款方式是最简单的要约与承诺，双方如有变更，应当重新进行要约与承诺。

2. 被上诉人王剑峰辩称

上诉人与被上诉人系工程合作伙伴，因工人丁义上班途中外出办事，遇车祸意外死亡。为丁义的死亡赔偿问题，经调解，双方达成了口头协议，先由被上诉人支付5万元作为死者办理后事的费用，上诉人当时写下收条，要求被上诉人支付。当天被上诉人身边无钱，承诺在2009年7月2日上午将此款给上诉人。2009年7月1日下午，在上诉人与被上诉人联系时，被上诉人要求当天付款。当晚，上诉人等三人到被上诉人住处，被上诉人要求上诉人一人进屋交谈，双方达成共识后，被上诉人将5万元给了上诉人，上诉人将预先写好的收据交给被上诉人，对收条上所注"请汇入银行卡"字样没有介意。此后，在对赔偿问题进行调解时，上诉人说上述5万元尚未支付，强行要求被上诉人将收据复印件给上诉人，才答应签订赔偿协议。被上诉人认为，如被上诉人不给钱，上诉人不可能将收条交给被上诉人，上诉人怎能使死者家属顺利地为死者办理丧事？请求法院查明事实，驳回上诉人的诉讼请求。

（四）二审事实和证据

江苏省扬州市人民法院经审理，确认一审法院认定的事实和证据。

江苏省扬州市人民法院另查明，2009年7月1日晚，江都市丁沟镇丁沟社区居民委员会书记殷德林、江都市宜陵镇七里社区居民委员会副书记曹有标、张晓娣与朱承钊等人一起到王剑峰家商谈赔偿事宜，他们均证实朱承钊一人进入王剑峰家中谈事，朱承钊从王剑峰家中出来时空手一人，没有拿到现金。

（五）二审判案理由

江苏省扬州市人民法院经审理认为：当事人应当按照约定全面履行自己的义务。2009年7月1日，朱承钊与王剑峰就赔偿款达成协议，约定由王剑峰以"汇入银行卡"的方式给付赔偿款，且双方均认可，朱承钊出具收条时，王剑峰未实际给付赔偿款。而王剑峰应按约以银行汇款方式给付该款。而王剑峰辩称其于当晚给付了朱承钊现金50 000元，并收下了朱承钊预先写好的收据，其未注意到收据上注明的付款方式。依照《中华人民共和国合同法》的相关规定，当事人在协商一致时，可以对协议内容作出变更，双方对变更内容约定不明确的，应推定为未变更。对王剑峰的辩解，其还应对双方协议变更给付款方式及实际给付现金50 000元的事实承担举证责任，但王剑峰仅以持有该收条予以抗辩，未能提供其他证据予以佐证，而据与朱承钊一起到王剑峰家的三位证人证实，当晚朱承钊没有拿到现金。因此，王剑峰以其持有收据并于当晚已实际给付朱承钊50 000元的辩解证据不足，王剑峰应依约履行付款义务。朱承钊要求王剑峰给付赔偿款50 000元的主张应予支持。

综上，原审判决认定事实不清，适用法律错误，依法应予改判。

(六) 二审定案结论

江苏省扬州市人民法院依照《中华人民共和国民事诉讼法》第一百三十五条第一款第三项、《中华人民共和国合同法》第六十条、《中华人民共和国民法通则》第一百零八条之规定，作出如下判决：

1. 撤销江都市人民法院（2009）江民一初字第1714号民事判决。
2. 王剑峰于本判决生效后十日内给付朱承钊50 000元。

如果未按本判决指定的期间履行给付金钱义务，应当依照《中华人民共和国民事诉讼法》第二百二十九条之规定，加倍支付迟延履行期间的债务利息。

一审案件受理费1 050元、二审案件受理费1 050元，由王剑峰负担。案件受理费朱承钊已垫付，王剑峰在给付上述款项时一并给付朱承钊。

(七) 解说

本案虽是一起赔偿款纠纷案，但本质上与欠款纠纷无异，原告要求被告给付赔偿款，而被告坚持已付该款，双方争议的焦点在于被告手中持有的原告已签名的收条。

收条属于凭证便条文书，反映当事人之间一定的经济关系，是当事人双方为了证明经济、事务往来的真实情况，并明确各自的权利与义务后书写的条文。一般认为，收条有如下几个特征：一是收条为接收人收到欠款物品后，向送交人出具的书面凭证，由送交人送交财产的行为所引起；二是收条一般具有五个基本要件：送交人、接收人、接收理由、接收内容和接收时间；三是收条在法律上一般只是履行义务的凭证，只能证明当事人之间发生了给付与收取财物的事实，在没有其他证据佐证的情况下，不能证明当事人之间存在债权债务关系。

现实生活中因收条或借条发生的纠纷不在少数，当事人一方将借条写成收条，在没有其他证据证明的情况下，另一方当事人仅凭手中持有的收条主张双方债权债务关系成立，很难得到法院的支持。这是司法实践中比较常见的案例，涉及上文所说的收条第三个特征的问题。本案双方当事人对是否成立债权债务关系没有分歧，但对钱款是否交付存在争议。案件看似简单，原告要求被告给付赔偿款，但被告手中持有原告亲笔签名的收条，证明原告已收到被告给付的赔偿款，原告却没有其他证据证明没有收到被告的赔偿款，在不存在法定证明责任倒置的情形下，根据"谁主张，谁举证"的原则，原告败诉似乎已成定局。然而本案的特殊之处在于，收条中注明了送交人的送交方式为"银行汇款"，这就涉及上文所说的收条第二个特征的问题：收条的构成要件。收条附加注明了送交方式为"银行汇款"，说明原告对被告付款方式的认可，为意思表示的一致，是原、被告双方在付款方式上的合意。对此，被告为了证明自己已付赔偿款，不仅需要原告签写的收条，更需要被告出具银行汇款的单据凭证，举证责任已转到被告方。这就是被告在本案中承担的举证责任，如果被告举证不能，将要承担不利后果。根据《中华人民共和国合同法》第七十七条、第七十八条之规定，双方当事人协商一致，可以变更合同，对合同变更的内容约定不明确的,推定为未变更。本案在审理中,被告既不能出具银行汇款凭证,亦不能证明双方对付款方式作出了变更,所以只能承担未付款的不利后果。

(江苏省江都市人民法院 黄迎凯)

92. 王洪诉巫赏翠等委托合同案
(不当得利的法律适用)

(一) 首部

1. 判决书字号
一审判决书:广西壮族自治区防城港市中级人民法院(2010)防市民一初字第3号。
二审判决书:广西壮族自治区高级人民法院(2010)桂民一终字第119号。
2. 案由:委托合同纠纷。
3. 诉讼双方
原告(上诉人):王洪,男,汉族,住广西壮族自治区南宁市西乡塘区。
委托代理人(一、二审):黄振忠,广西建开律师事务所律师。
委托代理人(一审):王丽萍,广西建开律师事务所律师。
委托代理人(二审):黎运俊,广西欣和律师事务所律师。
被告(被上诉人):巫赏翠,女,瑶族,住广西壮族自治区防城港市防城区。
委托代理人(一、二审):莫良志,广西万益律师事务所律师。
第三人:陈荣生,男,壮族,住广西壮族自治区南宁市青秀区。
4. 审级:二审。
5. 审判机关和审判组织
一审法院:广西壮族自治区防城港市中级人民法院。
合议庭组成人员:审判长:李世浩;审判员:宋丞致、钟蕾。
二审法院:广西壮族自治区高级人民法院。
合议庭组成人员:审判长:林立;审判员:杨宁群;代理审判员:谢素恒。
6. 审结时间
一审审结时间:2010年8月25日。
二审审结时间:2010年12月3日。

(二) 一审诉辩主张

1. 原告王洪诉称
2009年4月24日,王洪委托巫赏翠代买钢材,并通过银行转账方式付给巫赏翠

840万元。但巫赏翠一直没有为王洪购买钢材，也未将该款项返还给王洪。巫赏翠的行为侵犯了王洪的合法利益，请求法院判令巫赏翠返还财产840万元给王洪并支付相应的利息。

2. 被告巫赏翠辩称

巫赏翠与王洪之间并无经济往来和财产法律关系，双方没有就王洪主张的委托代购钢材事宜达成过任何书面或口头协议，因此双方不存在委托合同关系。本案诉争款项实际是巫赏翠与本案第三人陈荣生以夫妻名义同居生活期间陈荣生通过他人账户赠与巫赏翠的，同居期间两人还育有一女陈紫轩。陈荣生赠与巫赏翠的财产因赠与行为已经完成，现通过王洪要求巫赏翠返还没有事实和法律依据。请求驳回王洪的诉讼请求。

3. 第三人陈荣生述称

诉争款项并非陈荣生通过王洪赠与巫赏翠的财产，本案与陈荣生无关。陈紫轩确属陈荣生与巫赏翠共同生育。

（三）一审事实和证据

广西壮族自治区防城港市中级人民法院经公开审理查明：

2009年4月23日，防城港市恒信房地产有限公司以工程款的名义转账840万元给王洪。次日，王洪以钢材款名义转账840万元到巫赏翠账户。2010年3月11日，王洪以委托巫赏翠购买钢材，巫赏翠没有向王洪提供钢材为由，起诉要求巫赏翠偿还840万元及利息。另，本案第三人陈荣生是防城港市恒信房地产有限公司的法定代表人，其与巫赏翠曾经恋爱，巫赏翠于2008年2月15日在香港生育女儿陈紫轩。

上述事实有下列证据证明：

1. 银行转款凭证，证明王洪转款840万元给巫赏翠的事实。
2. 工商电脑咨询单，证明陈荣生是恒信公司股东及法定代表人。
3. 香港出生证、香港身份证、通行证，证明陈荣生、巫赏翠是陈紫轩的亲生父母。

（四）一审判案理由

广西壮族自治区防城港市中级人民法院经审理认为：王洪通过转账方式付款840万元给巫赏翠，巫赏翠对此予以认可，应当予以确认。王洪诉称该款是委托巫赏翠购买钢材的钢材款，巫赏翠抗辩主张双方不存在委托购买钢材的关系，该款是陈荣生赠与巫赏翠的。王洪在庭审时陈述双方口头约定钢材的价格按照信息价下浮15%，规格由王洪指定，交货时间按照王洪指令15天内交货，巫赏翠对此予以否认，王洪又没有提供有效证据证明。因此，对王洪主张与巫赏翠存在委托合同关系，不予采信。巫赏翠抗辩主张该款是陈荣生赠与，虽然该款是从陈荣生担任法定代表人的防城港市恒信房地产有限公司转给王洪，又从王洪的账户上转给巫赏翠。但陈荣生否认该款是其赠与巫赏翠的，巫赏翠又没有提供有效证据予以证实其主张。因此，对巫赏翠的抗辩主张，亦不予采信。根据《中华人民共和国民事诉讼法》第六十四条第一款的规定，当事人对自己提出的主张,有责任提供证据。《最高人民法院关于民事诉讼证据的若干规定》第二条规定,当事人对自己提出的诉讼请求所依据的事实或反驳对方诉讼请求所依据的事实有责任提供证据加以证明。没有证据或者证据不足以证明当事人的事实主张的,由负有举证责任的当事人承担不利后果。因此,王洪以委托合同关系主张要求巫赏翠返还财产840万元及利息,证据不足,理由不能成立,一审法院不予支持。王洪在庭审中主张依据不当得利要求返还840万元,与其主张的双方存在委托关系相矛盾,一审法院不予采信。

(五) 一审定案结论

广西壮族自治区防城港市中级人民法院依照《中华人民共和国民事诉讼法》第六十四条第一款、《最高人民法院关于民事诉讼证据的若干规定》第二条之规定,作出如下判决:

驳回王洪的诉讼请求。

案件受理费73 889元,财产保全费5 000元,合计78 889元,由王洪负担。

(六) 二审情况

1. 二审诉辩主张

(1) 上诉人王洪诉称

王洪只要提出证据证明其确实给过巫赏翠840万元,即已经完成举证责任。至于该款项是因为合同不成立或双方解除合同,还是不当得利,都不能改变巫赏翠应当返还财产的结果,王洪都有权要求将双方法律关系恢复到转账前的状态。只要该840万元款项不是巫赏翠应得的财产,其都应当将财产返还给王洪。请求撤销一审判决,改判支持其在一审提出的诉讼请求,本案诉讼费用由巫赏翠承担。

(2) 被上诉人巫赏翠辩称

一审认定事实清楚,适用法律正确,王洪上诉请求没有理由与依据,请求予以驳回。

(3) 一审第三人陈荣生经二审法院合法传唤未出庭也未提交书面意见。

2. 二审事实和证据

广西壮族自治区高级人民法院经审理,确认一审法院认定的事实和证据。

3. 二审判案理由

广西壮族自治区高级人民法院经审理认为:本案中王洪起诉主张其基于与巫赏翠达成的口头委托代购钢材合同故转账840万元至巫赏翠名下,由于巫赏翠没有为王洪购买钢材,所以应将该840万元款项返还给王洪。巫赏翠承认收到该840万元款项,但辩称其与王洪之间没有经济往来和财产法律关系,亦不存在委托代购钢材事实。故根据王洪的主张,其与巫赏翠之间是否存在委托合同关系,存在何种委托合同关系属于本案的基础法律关系。只有通过明晰基础法律关系才能够判断王洪要求巫赏翠返还财产的理由能否成立,因此,本案实质上应当定性为委托合同关系纠纷。

关于巫赏翠是否应当向王洪返还840万元并支付利息的问题。本案中，双方当事人对王洪已经给付巫赏翠840万元无异议，即双方均认可不存在给付对象错误或金额错误的情形。当事人对自己提出的诉讼请求所依据的事实或者反驳对方诉讼请求所依据的事实有责任提供证据加以证明。没有证据或者证据不足以证明当事人的事实主张的，由负有举证责任的当事人承担不利后果。本案的基础法律关系为委托合同，只有经过对基础法律关系的审理后才能确定王洪是否有权按照委托合同关系要求巫赏翠承担合同责任，因此，王洪应当负有对委托合同包括合同的成立、生效、权利义务及违约责任等事实进行举证的义务。王洪仅凭向巫赏翠转款840万元的银行凭证上注明的款项来源为"钢材款"即主张双方存在委托代购钢材关系，而双方当事人仅通过口头委托即达成840万元的大宗交易不尽然符合商业惯例，且该银行凭证为王洪单方填写，在王洪的主张仅有其陈述无其他客观证据证实又被对方当事人否认的情况下，对王洪的主张不予支持。另外，有关巫赏翠在本案中抗辩理由如何理解问题，二审法院认为，从巫赏翠与陈荣生共同生育了女儿陈紫轩及陈荣生作为本案中王洪申请财产保全的担保人的事实来看，巫赏翠与陈荣生有存在感情纠纷的可能性，虽然巫赏翠主张的赠与关系被陈荣生否认，由于陈荣生与巫赏翠存在利害关系，故在陈荣生与巫赏翠可能存在感情纠纷的情况下，陈荣生在本案中的意见不能当然采信，巫赏翠的抗辩理由可能有一定的合理性，由于巫赏翠可能具有合理性的抗辩使得王洪主张的委托事实继续限于真伪不明状态。如前所述，王洪对其诉讼主张应当进一步承担举证义务，如不能证明则应当依法承担举证不能的不利后果。综上，王洪主张与巫赏翠存在委托合同法律关系没有事实依据，由于基础法律关系不存在，王洪要求巫赏翠承担合同责任返还财产的理由不成立。至于王洪在二审中认为，或者基于其与巫赏翠之间的委托代购钢材合同关系不成立、或者基于双方解除合同、或者基于不当得利，只要巫赏翠已经实际收到840万元款项但没有证据证明其有权利获得该款项，则应当承担返还财产的后果问题。二审法院认为，基于特定基础法律关系而产生的纠纷，当事人必须就其基础关系展开诉讼，而不能避开基础法律关系直接提起不当得利诉讼。王洪二审中实际是为了举证的便利而试图通过更换诉讼理由为不当得利以避开其所主张与巫赏翠之间的基础法律关系的举证困难，对王洪的该上诉理由亦不予采信。综上所述，一审判决认定事实清楚，适用法律基本正确。

4. 二审定案结论

广西壮族自治区高级人民法院依照《中华人民共和国民事诉讼法》第一百五十三条第一款第（一）项之规定，作出如下判决：

驳回上诉，维持原判。

二审案件受理费49 570元，由上诉人王洪负担。

（七）解说

本案涉及在不当得利诉讼中基础法律关系的确定和如何根据优势证据规则认定案件事实的问题。

关于不当得利诉讼中基础法律关系的确定问题。王洪与巫赏翠之间是否存在委托合同关系是解决本案的关键所在。从王洪在诉讼中对于返还财产的各种不确定的诉讼理由来看，显然与其自身主张的请求权基础存在矛盾。下面，对王洪诉请主张的各种理由逐一分析：

第一，如果王洪认为本案基于委托合同关系发生，则本案的基础法律关系应为委托合同，只有经过对基础法律关系审理后才能确定王洪是否有权按照委托合同关系要求巫赏翠承担合同责任。王洪应该就其与巫赏翠达成的委托合同进行举证，在王洪的主张仅有其自身的口述但在对方当事人否认后其又无法举证证明的情况下，其主张无法采信，因此，王洪主张与巫赏翠存在委托合同法律关系没有事实依据，由于基础法律关系不存在，王洪要求巫赏翠承担合同责任返还财产的理由不成立。

第二，如果王洪既认为存在委托合同关系，又以不当得利为由主张巫赏翠应当返还财产，由于在本案中不存在王洪给付对象错误或金额错误的情形，王洪主张的不当得利返还也应与基础法律关系的确定息息相关。如前所述，王洪主张的基础法律关系不存在，因而其以不当得利要求巫赏翠返还财产的理由亦不成立。

第三，即使王洪不坚持存在委托合同关系，仅以不当得利要求返还财产，王洪亦未完成其应当承担的不当得利的举证责任。根据《民法通则》第九十二条的规定，没有合法依据，取得不当利益，造成他人损失的，应当将取得的不当利益返还受损失的人。故不当得利指的是没有法律依据取得利益而使他人受到损失，其构成要件为：（1）取得不当利益；（2）造成他人损失；（3）受益人取得利益没有合法依据。王洪应该对不当得利的构成要件事实承担全部的举证责任。本案中，对于巫赏翠取得了王洪账户转至的840万元款项造成王洪财产减损840万元的事实已经有证据证实，双方均无异议，关键在于对巫赏翠取得该笔款项是否有合法根据上由于双方各执一词，使该事实陷入真伪不明的状态。笔者认为，没有合法根据实际上并非单纯的消极事实，应该属于原告可以举证的积极事实。（1）王洪作为不当得利请求权人，应当对欠缺给付原因的具体情况承担举证责任，因其是作为支付款项的主动给付人，是使财产发生变动的主体，应当由其承担举证困难的风险；（2）谁主张，谁举证的原则，即使是在不当得利诉讼中也不例外，原告应承担认为没有合法依据的举证责任，若由被告承担该证明责任，实质是倒置了不当得利的证明责任，而举证责任倒置需要有法律的规定。将不当得利的证明责任加给原告没有不公平，实际上原告作为财产起始的控制方，举证能力应强于被告。王洪在本案中应当负有认为巫赏翠没有合法依据占有该笔款项证明的责任，本案中，王洪对于被告是否有合法依据占有款项的证明责任显然没有完成。因此，本案中王洪的不当得利主张不成立。

关于如何根据优势证据规则认定案件事实的问题。本案中，王洪对其所主张的诉请并无充分证据证实，而巫赏翠主张讼争款项为陈荣生的赠与亦被陈荣生本人所否认。客观上，由于双方各执一词，且都没有足够的证据否定对方证据的情况下，法院应当运用优势证据规则对事实作出认定。优势证据规则也可以称为"高度盖然性"，即证明某一事实的证据的分量和证明力比反对该事实存在的证据更有说服力，或者比反对证明其真实性的证据的可靠性更高。综合双方的举证责任，巫赏翠在可能与陈荣生存在感情纠纷情况下主张该款项为赠与款，虽然陈荣生否认，但较之王洪未尽的举证义务，实质上，法官在运用自由心证对证据材料进行判断时,已经认为巫赏翠主张款项为赠与性质达到了高度盖然性标准。这一"法律真实"在内心确信的程度上达到了足以信服的高度盖然性,故二审法院最终作出对王洪主张不予采信的裁判。

(广西壮族自治区高级人民法院一庭 谢素恒)

93. 李某诉王某人身损害赔偿案
(间接证据的运用)

(一) 首部

1. 判决书字号

一审判决书:江苏省南京市鼓楼区人民法院(2009)鼓民初字第2527号。

二审判决书:江苏省南京市中级人民法院(2010)宁民终字第1245号。

2. 案由:人身损害赔偿纠纷。

3. 诉讼双方

原告(被上诉人):李某。

委托代理人:宋章龙,江苏法德永衡律师事务所律师。

被告(上诉人):王某。

委托代理人:肖红,江苏金港律师事务所律师。

委托代理人:王燕,女,系王某的姐姐。

4. 审级:二审。

5. 审判机关和审判组织

一审法院:江苏省南京市鼓楼区人民法院。

独任审判人员:审判员:龚维维。

二审法院:江苏省南京市中级人民法院。

审判组织:审判长:葛亚建;代理审判员:陈佳正、相媛媛。

6. 审结时间

一审审结时间:2009年9月2日。

二审审结时间:2010年5月17日。

(二) 一审诉辩主张

1. 原告李某诉称

2008年2月14日,原告与被告王某通过网络聊天方式相识。在此后的交往中,被告通过 QQ 聊天和手机短信方式，多次使用"我想抚摸你，亲吻你"、"想和你睡在一起"、"和你一起生活"等语言对原告进行同性骚扰。原告多次规劝、告诫被告，要求被告进行正常的交往，并尽力帮助被告恢复正常心理，但被告不予接受，并多次扬言要报复原告。被告的行为给原告的工作和生活造成了极大损害，其精神受到巨大刺激，经南京医科大学脑科医院诊断，原告患心因性忧郁症、强迫症，不得不休息治疗。为维护原告的合法权益，故诉至法院，要求被告赔偿原告医疗费 1 527.55 元、误工费 36 000 元、精神抚慰金 50 000 元，合计人民币 87 527.55 元；并由被告承担本案诉讼费及相关费用。

2. 被告王某辩称

原告所诉事实与实际不符，被告从未与原告相识，也未与原告聊天和发送信息，更谈不上对原告有侵权行为。另被告对原告身份有异议，被告认为原告起诉的前提条件不具备，请求法院依法驳回原告的起诉。

(三) 一审事实和证据

江苏省南京市鼓楼区人民法院经非公开审理查明：2008 年 2 月 14 日，原、被告双方通过网络聊天方式相识。在此后的交往中，被告通过 QQ 聊天和手机短信方式向原告示爱，致原告受到刺激，渐出现精神异常，经过诊断为心因性忧郁症，治疗近八个月，病情得以控制。原告在生病治疗期间，曾多次通过中间人张鹰与被告丈夫徐伟新就被告侵权赔偿事宜进行协调。2008 年 5 月 6 日、2008 年 7 月 2 日双方先后两次在南京市公安局浦口分局沿江派出所就此事进行协调，但后因部分内容未达成一致，故原告诉至法院，请求被告赔偿原告医疗费 1 527.55 元、误工费 36 000 元、精神抚慰金 50 000 元，并由被告承担本案诉讼费用及相关费用。

本案在审理过程中，为明确原告的伤害后果与伤害事件的因果关系，原告向法院提出司法鉴定申请，经南京脑科医院司法鉴定所鉴定：诊断原告患创伤后应激障碍，伤害事件与疾病的发生有直接因果关系。

上述事实有下列证据证明：

1. 原、被告陈述；
2. 原告举证的 QQ 聊天记录；
3. 原告举证的手机短信；
4. 证人证言；
5. 病历；
6. 医疗发票、证明；
7. 派出所的《情况说明》；
8. 庭审笔录。

(四) 一审判案理由

江苏省南京市鼓楼区人民法院经审理认为：

1. 关于被告是否侵权问题。原告李某虽然没有提供被告侵权的直接证据，但其所提供的间接证据能够相互印证，形成了一个完整的证据体系，证明被告王某曾对原告进行过语言上的骚扰，导致原告精神受到极大刺激。

审理中，被告承认原告提供的两个手机号是自己注册的，但称骚扰短信不是其发送的。一审法院认为手机短信具有真实性、客观性、不易修改性、闪存的封闭性等特点，同时短信内容不容易被攻击。此外，手机短信具有涉案关联性：首先，每个手机号码只能在一部手机上收发短信，有发信人的手机号、有时间、有内容、还有姓名，可以通过短信内容查到手机号。其次，两个号码收发指定，具有对应性。从手机短信的合法性来看，只有通过合法的入网手续后，才能合法使用手机，所以手机收到的短信是合法有效的证据。因为每部手机用户的手机号码和入网证号都是唯一的，短信发出后，接受者手机又能显示对方的手机号码，这样就能确定发送者。本案中被告无法证明短信是他人所发，且被告是两手机机主，故其应承担短信侵权责任。

被告称原告提供的QQ号是其丈夫注册的，聊天记录也是他人所为，但被告没有提供有效证据证明其主张。网络聊天是随网络技术的发展出现的一种及时双向沟通的通信方式，在QQ聊天中，上网账号、账户名、密码均是唯一的。可以通过账户号与某个特定的行为人联系起来。对于聊天内容，可以从聊天者双方电脑记录中收集，并将其以拷贝或打印的方式固定下来。按照目前的法律规定，电子邮件、QQ聊天记录、软件、电子文档等各类信息，都可以成为有效的电子证据。本案中，被告没有提供有效证据证明他人使用过其QQ，且聊天记录涉及的均为被告本人的工作、家庭、生活等个人隐私，第三人很难知晓，故被告王某应为本案的侵权人。

审理中，被告对原告身份和鉴定结论提出异议，但却无法提供相关证据，故其抗辩理由不能成立。

一审法院认为，原告提供的证据客观、真实、合法，证据间无矛盾，能够相互印证，形成完整的证明体系，对案件的主要事实的发生、发展和结果均有连续不间断的证明，能够科学、真实地再现案情的事实，并最终得出唯一的证明结论。原告的证据充分证明了被告实施的侵权行为导致了原告的损害后果。而被告提供的证人证言系被告的直接利害关系人所做，且没有其他证据加以佐证，根据我国法律规定，该证言不具有证据效力，被告应承担举证不能的责任。故对被告的抗辩主张，本院不予支持。

综上所述，一审法院认为，被告王某的行为构成侵权。在本案中，原告所提供的证据证明了侵害事实客观存在、侵权人主观上为故意、侵权行为造成了危害结果、侵权行为和危害结果之间存在直接因果关系，符合侵权行为构成要件，故被告的行为构成侵权，应对导致的损害结果承事赔偿责任。

2. 关于原告的损失问题。我国《民法通则》第九十八条规定：自然人享有生命健康权。自然人的健康包括身体健康和心理健康两个方面，二者都是高质量生活的基础。被告在违背原告主观意愿的情况下，多次向原告发送不良信息，引起原告的心理反感，致原告患创伤后应激障碍，并进入医院接受治疗。为此，原告停止工作长达八个月，且由于精神疾病所用药物对人体的副作用较大，导致潜在的后遗症，因此，被告的行为侵犯了原告的身心健康权。为了治疗疾病，原告的经济收入受到影响，被告应对原告所遭受的财产损失承担民事赔偿责任。原告起诉至法院要求被告赔偿医疗费、误工费损失，事实清楚、证据充分，法院予以支持。对于原告主张的精神抚慰金，一审法院综合考虑案件事实及原告患病后精神所受创伤，其提出的要求赔偿精神抚慰金的请求，于法有据，但其主张的 50 000 元金额偏高，综合本案侵权事实及责任，一审法院酌定精神抚慰金为 40 000 元。

（五）一审定案结论

江苏省南京市鼓楼区人民法院依照《中华人民共和国民法通则》第九十八条、第一百零六条第二款、第一百一十九条、第一百三十四条第七款、第十款，《最高人民法院关于审理人身损害赔偿案件适用法律若干问题的解释》第十七条第一款、第十八条、第十九条、第二十条，《最高人民法院关于确定民事侵权精神损害赔偿责任若干问题的解释》第八条第二款、第十条之规定，作出如下判决：

被告王某于本判决生效后七日内赔偿原告李某医疗费 1 527.55 元，误工费 36 000 元，精神抚慰金 40 000 元。以上金额合计人民币 77 527.55 元。

被告如果未按本判决指定的期间履行给付金钱义务，应当依照《中华人民共和国民事诉讼法》第二百二十九条之规定加倍支付迟延履行期间的债务利息。

本案受理费 2 054.00 元、鉴定费 2 616.50 元，合计人民币 4 670.50 元，由被告王某负担（原告已预交，被告在履行时一并将该款给付原告）。

（六）二审情况

1. 二审诉辩主张

（1）上诉人王某诉称

1）撤销南京市鼓楼区人民法院（2009）鼓民一初字 2527 号民事判决，并依法改判驳回被上诉人对上诉人的诉讼请求；2）二审案件受理费及其他费用由上诉人承担。理由为：被上诉人提供的证据不能证实其主张，上诉人与被上诉人并不认识，被上诉人所诉的聊天内容并非上诉人所为，原判决以被上诉人提供的证据所作的事实认定错误。原审司法鉴定程序违法，司法鉴定机构未经双方共同确定，鉴定材料未组织质证，据以形成的鉴定结论不能作为证据使用。原审法院隐讳被上诉人的真实身份，影响本案的正确判决。

（2）被上诉人李某辩称

1）关于身份问题：一审中我方已经提交了身份证，且法庭上核实被上诉人身份时，上诉人并未提出异议。2）关于事实问题：我方已经提供了实体上的证据，可以充分证明双方认识、交往及上诉人的侵权事实及后果。3）关于鉴定问题：鉴定是由法院委托，鉴定程序及资质均为有效。上诉人的上诉理由不能成立。

2. 二审事实和证据

江苏省南京市中级人民法院经审理，确认一审法院认定的事实和证据。

3. 二审判案理由

江苏省南京市中级人民法院经审理认为：原审法院认定事实清楚，适用法律正确，上诉人王某的上诉理由不能成立，对其上诉请求本院不予支持。

4. 二审定案结论

江苏省南京市中级人民法院依照《中华人民共和国民事诉讼法》第一百五十三条第一款第（一）项之规定，作出如下判决：

驳回上诉，维持原判；二审案件受理费575元，由上诉人王某负担。

（七）解说

在诉讼实践中，往往仅能获得一些关于案件的间接证据，包括一些非确定化的即在同一案件中可能存在同时证明诉讼双方矛盾观点彼此为真或彼此为假的证据，作为定案依据来说，其证明力十分脆弱。在此情况下，作为办案人员，应当借助于严密的逻辑论证，利用间接证据的特点，使之相互衔接、相互印证，形成严密的思维锁链，从而作出合乎逻辑的结论，达到维护法律尊严和当事人合法权益的目的。

本案主要涉及的理论和实践中的争议问题主要是民事案件中，在没有直接证据的情况下，如何运用间接证据来认定案件事实。

对于包括民事诉讼证据在内的诉讼证据的概念，学理上有不同的理解，存在着事实说、方法说、结果说、根据说、双重含义说等不同的观点。但一般认为，民事诉讼证据是指能够证明民事案件真实情况的各种事实材料。证据可分为直接证据和间接证据。直接证据是指与待证的案件事实具有直接联系，能够单独证明案件事实的证据。间接证据是指与待证的案件事实之间具有间接联系，不能单独证明案件事实，因而需要与其他证据结合起来才能证明案件事实的证据。

1. 直接证据与间接证据

直接证据能够单独证明案件事实，其证明力一般强于间接证据，运用它来认定案件事实也较为便捷。间接证据则虽然不能单一地直接证明案件主要事实，它往往只反映案件事实的某些侧面、某个片断，但与案件事实之间存在着若干种意义上的联系，根据间接证据不能作出关于案件情况的确定性结论，往往可以得出几种可能性或然性结论，其证明力的大小取决于它与其他证据结合程度之疏密。司法实践中，一切案件的审结都必须建立在充分、确凿的证据之上，这是我国司法工作中必须遵循的一条基本原则。然而，在诉讼实践中，往往仅能获得一些关于案件的间接证据，包括一些非确定化的即在同一案件中可能存在同时证明诉讼双方矛盾观点彼此为真或彼此为假的证据，作为定案依据来说，其证明力十分脆弱。在此情况下，作为办案人员应当借助于严密的逻辑论证，利用间接证据的特点，使之相互衔接、相互印证，形成严密的思维锁链，从而作出合乎逻辑的结论，达到维护法律尊严和当事人合法权益的目的。

2. 运用间接证据的规则

（1）运用间接证据的规则

要保证间接证据的证明力得到充分发挥，在运用其进行逻辑推演时，必须注意严格遵循以下几条基本原则：

第一，各个间接证据都必须真实可靠，即每个证据都应是对客观事实的真实反映。证据是案件事实是否成立的支柱，其基本性质决定了它自身必须是客观存在的，不能是想当然的，否则将难免犯"预期理由"的逻辑错误。出现证据虚假可能是无意的，也可能是有意的。无意的往往是由于种种原因不自觉地使用了虚假证据，误假为真。有意的则是以假乱真，故意使用假证据进行欺骗。因此，辨别证据的真伪是至关重要的。在运用间接证据进行逻辑推演时，必须核实所持间接证据的可靠性，切忌以想当然、模糊不清或与案件实际情况根本不符的"事实"为据，否则，由此推出的结论的正确性就难以保证。

第二，间接证据须具备一定的数量，并构成完整的证明链条。间接证据自身局部性、片面性的特点决定了它在内容真实的前提下必须以足够的数量来弥补这种质上的弱点，与案件事实相关的间接证据越多，其证明力越大，与事实间的偶然性就越小，因而结论的可靠程度越高。因此，在举证、推论中，必须做到穷尽证据的各个方面，尽量增加其数量。

第三，各间接证据之间必须贯彻逻辑严密、内容精确、推理前后一致的原则。证据之间、证据与事实结论之间要有本质的规定性联系和必然的发展趋势。这种联系和发展趋势是确定不移的，是必然而非或然的。间接证据之间在总体上必须协调一致、环环相扣，不能互不相干，更不能彼此相反、前后矛盾。间接证据要互相印证，形成一个有机联系的证据网络，这是保证间接证据的证明力得以充分发挥的关键。

（2）间接证据在本案中的运用

在本案中，关于被告是否侵权问题。原告李某虽然没有提供被告侵权的直接证据，但其所提供的间接证据能够相互印证，形成了一个完整的证据体系，证明被告王某曾对原告进行过语言上的骚扰，导致原告精神受到极大刺激。具体推理过程如下：

首先，在案件审理过程中，被告承认原告提供的两个手机号是自己注册的，但称骚扰短信不是其发送的。法院认为手机短信具有真实性、客观性、不易修改性、闪存的封闭性等特点，同时短信内容不容易被攻击。此外，手机短信具有涉案关联性：其一，每个手机号码只能在一部手机上收发短信，有发信人的手机号、有时间、有内容、还有姓名，可以通过短信内容查到手机号。其二，两个号码收发指定，具有对应性。从手机短信的合法性来看，只有通过合法的入网手续后，才能合法使用手机，所以手机收到的短信是合法有效的证据。因为每个手机用户的手机号码和入网证号都是唯一的，短信发出后，接收者手机又能显示对方的手机号码，这样就能确定发送者。本案中被告无法证明短信是他人所发，且被告是两手机机主，故其应承担其短信侵权责任。

其次，是QQ号码的使用者的确定问题。被告称原告提供的QQ号是其丈夫注册的，聊天记录也是他人所为，但被告没有提供有效证据证明其主张。网络聊天是随网络技术的发展出现的一种及时双向沟通的通信方式。在QQ聊天中，上网账号、账户名、密码均是唯一的。可以通过账户号与某个特定的行为人联系起来。对于聊天内容，可以从聊天者双方电脑记录中收集，并将其以拷贝或打印的方式固定下来。按照目前的法律规定，电子邮件、QQ聊天记录、软件、电子文档等各类信息，都可以成为有效的电子证据。本案中,被告没有提供有效证据证明他人使用过其QQ,且聊天记录涉及的均为被告本人的工作、家庭、生活等个人隐私,第三人很难知晓,故被告王某应为本案的侵权人。审理中,被告对原告身份和鉴定结论提出异议,但却无法提供相关证据,故其抗辩理由不能成立。

最后,法院认为,原告提供的证据客观、真实、合法,证据间无矛盾,能够相互印证,形成完整的证明体系,对案件的主要事实的发生、发展和结果均有连续不间断的证明,能够科学、真实地再现案情的事实,并最终得出唯一的证明结论。原告的证据充分证明了被告实施的侵权行为导致了原告的损害后果。而被告提供的证人证言系被告的直接利害关系人所做,且没有其他证据加以佐证,根据我国法律规定,该证言不具有证据效力,被告应承担举证不能的责任。故对被告的抗辩主张,本院不予支持。

3. 综上所述,法院认为,被告王某的行为构成侵权。在本案中,原告所提供的证据证明了侵害事实客观存在、侵权人主观上为故意、侵权行为造成了危害结果、侵权行为和危害结果之间存在直接因果关系,符合侵权行为构成要件,故被告的行为构成侵权,应对导致的损害结果承担民事赔偿责任。

(江苏省南京市鼓楼区人民法院　李玉峰　龚维维)

94. 杜正敏与北京福禄财餐饮有限公司装饰装修合同案
(鉴定结论在审判实践中的认证和适用规则)

(一) 首部

1. 判决书字号:北京市朝阳区人民法院(2009)朝民初字第23822号。
2. 案由:装饰装修合同纠纷。
3. 诉讼双方

原告(反诉被告):杜正敏,男,汉族,无业,住北京市昌平区。

委托代理人:张凤书,北京市北斗鼎铭律师事务所律师。

委托代理人:马双强,北京市北斗鼎铭律师事务所律师。

被告(反诉原告):北京福禄财餐饮有限公司(以下简称福禄财公司),住所地:北京市朝阳区。

法定代理人:黄文渊,总经理。

委托代理人:刘大勇,北京市大成律师事务所律师。

4. 审级:一审。
5. 审判机关和审判组织

审判机关:北京市朝阳区人民法院。

独任审判人员：代理审判员：白小莉。

6. 审结时间：2010年6月18日。

（二）诉辩主张

1. 原告杜正敏诉称

2009年1月8日，杜正敏与福禄财公司约定，福禄财公司将其双井分店餐厅（位于朝阳区广渠路28号225楼-1层北B128）装潢工程承包给杜正敏。该餐厅为地下两层，当时约定杜正敏负责装修地下一层的大厅，包括砌墙、吊顶、贴砖和电路改造，工期自2009年2月3日至2009年2月15日。2009年1月31日，杜正敏开始施工，福禄财公司将装修范围扩大到地下两层全部店面，增加了墙面造型、地暖、水电改造等项目。2009年3月18日，杜正敏完工并交付福禄财公司。福禄财公司仅支付了工程款92 400元，余款拒绝支付。故杜正敏诉至法院，要求福禄财公司支付工程款88 831.6元及利息（自2009年3月19日起至实际付清之日止，按照中国人民银行同期贷款利率计算）。

2. 被告福禄财公司辩称并反诉称

双方约定了工期，还约定装修完工后福禄财公司须能正常营业。在施工中，杜正敏的施工队伍管理混乱，使用的装修材料不符合合同约定，施工质量低劣（经鉴定，工程质量严重不合格），且严重拖延工期，直到2009年3月18日才完工，造成福禄财公司不能按期开张营业，经济损失超过20万元。故不同意杜正敏的诉讼请求，并提出反诉，要求杜正敏赔偿因工期延误造成无法营业的经济损失20万元，杜正敏重做装修工程中不合格部分，并承担装修工程鉴定费用。

3. 原告（反诉被告）杜正敏辩称

福禄财公司没有证据证明其停业，且其停业和杜正敏没有关系；增加工期是因为增加了工程量和装修范围，不是因为杜正敏的原因造成的；装修工程质量不合格问题没有依据，杜正敏的施工是完全按照福禄财的要求进行的；2009年3月18日工程完成后，杜正敏已经交付，福禄财公司于2009年3月20日即开始营业投入使用，一直也没有提出工程质量的异议，故不同意福禄财公司的反诉请求。

（三）事实和证据

北京市朝阳区人民法院公开审理查明：2009年1月8日，杜正敏作为乙方与作为甲方的福禄财公司签订承包合同，内容如下：经甲乙双方友好协商，将福禄财公司双井分店餐厅装潢工程承包给乙方。包工包料具体事宜如下：（1）此工程包工包料，砖墙每平方米100元（水泥型号钻牌425，沙子为水沙）。异型吊顶每平方米230元，大芯板需100元以上，贴砖每平方米50元，主料甲方给乙方负责轻工辅料，涂料（防水腻子粉为美巢的，油漆用美得利牌的）。每平方米30元，单价15元。（2）乙方全权负责施工，现场管理必须遵照国家有关部门规定，规范施工，如出现意外事故（人员伤亡等乙方全部自负）与甲方无关，甲方不必尽提醒责任只尽力协调工作。（3）工期为12天（2009

年2月3日至2009年2月15日），完工后须达到正常营业。电路改造工程，所有电改造包清工为5 000元。甲方提供所有材料。(4) 付款方式：乙方进入施工现场甲方提供生活费，甲方代乙方支付所有工程材料款，结算时甲方需从总工程款里扣除已支付日工程材料款及其他支出。施工时，甲方根据乙方工程进度支付乙方80%工程款，其余款项需甲方验收合格根据实际工程发生一次性交于乙方，全部付清。有增项目工程另计。

合同签订后，双方即开始履行。工程施工过程中，经双方协商有新的装修内容。2009年3月18日工程完工，福禄财公司接手后开始使用。福禄财公司共支付工程款94 420元，就合同余款问题双方未达成一致，故杜正敏诉至法院。

案件审理过程中，杜正敏申请对工程量进行评估鉴定。双方当事人协商确定由北京市价格认证中心（以下简称价格中心）进行该鉴定。杜正敏交纳了鉴定费1 650元。2009年9月23日，该中心出具了鉴定意见书。后因双方当事人提出异议，该中心又于2009年11月5日出具更正说明。经更正后的鉴定结论如下：双方非争议部分价格为156 796元，争议部分为36 401元。庭审中，福禄财公司认可杜正敏进行了厨房拆除找平层、上下水管道、电气线路的施工，该部分工程款分别为：拆除找平层2 117.12元、上下水管道2 117.5元、电气线路5 000元。对于其余争议部分福禄财公司未认可，杜正敏也未提交证据证明系其所做。

福禄财公司申请对工程质量进行鉴定。双方协商确定的鉴定机构为北京市建设工程质量第五检测所有限公司（以下简称五所），福禄财公司交纳了鉴定费2 500元。2009年9月22日，五所出具检验报告，检验结论为：本次检测仅针对广渠路28号225楼地下一、二层北B128墙面、地面饰面砖铺设工程的质量现状，结论如下：本次检测的广渠路28号225楼地下一、二层北B128走道、餐厅、厨房的墙面、地面饰面砖粘贴、铺设工程质量现状为不合格。

后福禄财公司又提出对涉案工程进行维修方案的鉴定，双方当事人协商选择鉴定机构为北京市建筑工程研究院建设工程质量司法鉴定中心（以下简称建研中心）。同时，福禄财公司还提出要对五所无法进行的木工、水暖工、电工的质量鉴定问题也交由该中心进行。本院依法进行了委托。福禄财公司交纳了鉴定费6 000元。2009年12月14日，该中心出具鉴定意见书。其中对于工程质量的鉴定意见为：依据鉴定委托的要求和现场勘验情况及相关标准、规范，对北京市朝阳区广渠路28号225楼-1层北B128装修工程质量的鉴定意见如下：(1) 该房屋包间"西"吊顶内电线局部没有穿线管，包间"聚"吊顶内电线局部没有穿线管，包间"北"吊顶内电线局部没有穿线管，库房吊顶内电线局部没有穿线管，总配电柜分支线路接地保护线端头未设置"接线端子"，大厅吊顶多处涂饰层开裂、起皮，吊顶与墙体交接处局部开裂，包间顶棚喷淋、灯口周围多处存在表面不平整，大厅墙裙局部涂饰不均匀，不符合国家相关规范的规定。(2) 该房屋厨房操作间控制开关面板内存在火线与零线倒接现象、存在没有接地保护的现象，容易导致电气事故或漏电等；凉菜间开关、插座线路为明线，该处施工存在质量缺陷；楼上风机库房电表箱安装反了，导致门无法安装；大厅造型墙木框存在钉眼、未补漆，厨房进门处橱窗木框存在钉眼、未补漆，该处施工存在质量缺陷。(3) 被告述称，该房屋水暖现不使用，现场无法对该房屋水暖工程质量进行鉴定；大芯板、水泥标号不具备检测条件，无法对其进行鉴定。

建研中心所出具的建议修复方案内容如下：(1) 根据五所出具的京建质检（J5-JG）字（2009）第（297）号检验报告，建议对该工程楼梯间入口走道大理石墙面、地下一层大堂墙面、地下一层休息厅地面、地下一层洗碗间地面、地下大堂一层地面、地下二层操作间地面存在空鼓的墙砖、地砖进行重新铺贴施工，墙砖、地砖的规格与颜色应与原有墙地砖一致。(2) 建议对该工程吊顶内没有穿线管的电线增设保护管，总配电柜分支线路接地保护线端头处未设置"接线端子"处重新设置"接线端子"，厨房操作间控制开关面板内火线与零线倒接处、没有接地保护处重新进行接线施工。(3) 建议将凉菜间开关、插座线路为明线的地方改为暗线敷设，楼上风机库房电表箱重新安装。(4) 建议对大厅造型墙木框、厨房进门处橱窗木框存在钉眼、未补漆处重新进行刮腻子、刷漆施工。(5) 建议对大厅吊顶涂饰层开裂起皮处、吊顶与墙体阴角局部开裂处、包间顶棚喷淋、灯口周围表面不平整处、大厅墙裙局部涂饰不均匀处重新进行刮腻子、涂饰施工。注：(1) 上述方案为根据本工程现场勘验情况所出具的建议性修复方案，方案的实施应当由有资质的专业队伍进行施工，施工前应出具详细的施工方案，施工过程必须严格按照施工相关技术规程操作；(2) 以上方案不具有唯一性，同时不排除其他修复方案，但应综合各方案的经济效益，采用最为经济适用的修复方案。

上述事实，由承包合同、京价鉴（2009）210099号北京市涉案（涉诉）财产价格鉴定结论书及更正说明、京建质检（J5-JG）字（2009）第（297）号检验报告、北京建研院司鉴中心（2009）建鉴字第257号司法鉴定意见书、建议修复方案、收据、收条、借条及双方当事人当庭陈述等在案佐证。

（四）判案理由

北京市朝阳区人民法院经审理认为：杜正敏与福禄财公司签订的《承包合同》系双方当事人真实意思表示，且不违反国家法律法规的强制性规定，故合法有效。双方当事人均应严格履行合同。本案主要涉及以下几点问题：

第一，关于工程款问题。诉讼中经鉴定已经确定装修工程的造价，则福禄财公司应当依约支付工程款。鉴定结论中非争议部分的直接费用部分必然发生，故福禄财公司应当支付。非争议部分中的企业管理费、利润及税金等项目，因杜正敏并非经营企业，故不存在企业管理费的问题，利润和税金有可能发生，但标准和企业标准不同。鉴定结论中的争议部分福禄财公司认可了部分项目，但并未确认工程量。故针对这两部分费用，本院将予以酌定。鉴定结论争议部分福禄财公司未认可的项目，杜正敏负有举证责任，而杜正敏并未提交足够证据加以证明。因此，对于杜正敏要求福禄财公司给付工程款的诉讼请求，本院将综合上述情况予以部分支持。

第二，关于本案中的工程质量问题。诉争工程经鉴定，多个项目为不合格，对于工程质量不合格的违约责任，当事人可以要求对方予以修复，也可以申请相应减少工程款。故对于福禄财公司要求杜正敏予以修复的反诉请求，本院予以支持。杜正敏承担修复义务的方式应当参照诉讼中鉴定机构所出具的建议修复方案进行，并以该方案为最低标准。对于工程款的具体支付问题，因双方合同明确约定福禄财公司应先行支付80%的工程款，余款于验收合格后一次性全部付清，则依合同本意，福禄财公司应当支付80%的工程款，余款于工程修复完成并经验收合格后予以全部支付。

第三，关于福禄财公司主张工程延期损失问题，首先，从本案诉争工程的完工情况来看，确实存在装修项目的增加，故交工时间有所迟延也在情理之中。其次，双方合同并未约定逾期完工的违约金问题，福禄财公司也未提交足够证据证明由于杜正敏逾期完工对其造成实际损失。故对于福禄财公司要求杜正敏赔偿逾期交工所造成营业损失的反诉请求，本院不予支持。

第四，关于杜正敏所主张逾期付款利息问题，首先，工程完工时杜正敏并未向福禄财公司提交结算单，福禄财公司并不知晓应付工程款的具体金额；其次，因工程质量存在问题，故福禄财公司据此行使抗辩权并无不当。故针对杜正敏关于工程款利息的诉讼请求，本院不予支持。

（五）定案结论

北京市朝阳区人民法院依照《中华人民共和国合同法》六十条第一款、第一百一十一条之规定，作出如下判决：

1. 被告（反诉原告）北京福禄财餐饮有限公司于本判决生效之日后十日内给付原告（反诉被告）杜正敏工程款19 980元。

2. 原告（反诉被告）杜正敏于本判决生效后十日内以不低于北京市建筑工程研究院建设工程质量司法鉴定中心出具的建议修复方案的标准对位于北京市朝阳区广渠路28号225楼-1层北B128装修工程进行修复，施工前应出具详细的施工方案，施工过程严格按照施工技术规程操作，施工费用由原告（反诉被告）杜正敏负担。

3. 被告（反诉原告）北京福禄财餐饮有限公司于修复工程完成后十日内给付原告（反诉被告）杜正敏工程余款28 600元。

4. 驳回原告（反诉被告）杜正敏的其他诉讼请求。

5. 驳回被告（反诉原告）北京福禄财餐饮有限公司的其他反诉请求。

如未按本判决指定的期间履行给付金钱义务，应当按照《中华人民共和国民事诉讼法》第二百二十九条之规定，加倍支付迟延履行期间的债务利息。

本诉案件受理费2 022元，由杜正敏负担1 010元（已交纳），由北京福禄财餐饮有限公司负担1 012元（杜正敏已预交，北京福禄财餐饮有限公司于本判决生效后七日内给付杜正敏）。反诉案件受理费4 300元，由北京福禄财餐饮有限公司负担4 230元（已交纳），由杜正敏负担70元（北京福禄财餐饮有限公司已预交，杜正敏于本判决生效后七日内给付北京福禄财餐饮有限公司）。

鉴定费1 650元，由北京福禄财餐饮有限公司负担（杜正敏已预交，北京福禄财餐饮有限公司于本判决生效后七日内给付杜正敏）。鉴定费2 500元，由杜正敏负担（北京福禄财餐饮有限公司已预交，杜正敏于本判决生效后七日内给付北京福禄财餐饮有限公司）。鉴定费6 000元，由杜正敏负担（北京福禄财餐饮有限公司已预交，杜正敏于本判决生效后七日内给付北京福禄财餐饮有限公司)。

(六) 解说

民事诉讼案件种类多,范围广泛,难免会遇到一些专业技术性问题。尤其是工程类合同(如建设工程合同、装饰装修合同、承包合同等)纠纷,通常都会涉及鉴定的问题。毋庸置疑,借助科学结论,对正确认定案件中某些专门性问题有着重要作用。然而,我国目前尚没有建立专家辅助人或专家陪审员制度,适用鉴定结论这样一个技术性问题全部交由审判人员来完成。因此,在司法实践中,如何正确适用鉴定结论,也是对审判人员的一个考验。现结合本案进行一些具体分析。

1. 鉴定结论的证据属性和特征

鉴定结论是指鉴定人运用自己的专门知识,根据所提供的案件材料,对人民法院所指定的案件中的某些专门性问题经过分析、鉴别后所作的结论。

关于鉴定结论的性质问题,英美法系和大陆法系的规定有所不同。英美法系没有设立独立的鉴定制度,而是把有关鉴定的规则列入证人制度范围内。将鉴定结论称为专家意见或专家证言,将专家列为特殊的证人,不区分证人与鉴定人,专家证人作出的意见陈述是一种特殊的证言。大陆法系的法律明确区分证人和鉴定人,并且赋予鉴定人独立的诉讼地位,把鉴定人意见独立地作为鉴定结论。尽管我国学术界对于鉴定结论的性质问题还有一些争论,但相关法律已经明确将鉴定结论规定为一种独立的法定诉讼证据形式(区分证人和鉴定人,比较接近大陆法系的模式)。

鉴定结论作为一种独立的证据形式,具有以下特征:(1)鉴定结论具有独立性。首先,鉴定机构完全独立于司法机构和当事人,不受司法人员和当事人的制约;其次,鉴定结论作出的过程也是完全独立的,由鉴定人员独立作出判断,司法工作人员不得以任何形式干预或影响最后的鉴定结果。(2)鉴定结论具有科学性和技术性,与其他证据不同的是,鉴定结论是鉴定人依据案件事实材料,运用自己的专门知识,按科学技术要求,独立进行鉴定活动的结果。鉴定结论依赖的是专业领域的科学知识,是针对诉讼中所涉及的科学技术问题作出的判断,而不是对案件事实作出的法律评价。(3)鉴定结论具有滞后性和局限性。大部分的鉴定结论是在诉讼过程中形成的,而其他证据如物证、书证是在诉争事实发生的过程中形成的。相比较而言,鉴定结论具有一定的滞后性,也就有一定局限性,即鉴定结论对于争议事实的反映很难是全面和完整的。如本案中关于工程造价的鉴定,鉴定机构只能结合双方的图纸、合同和诉争工程的现状进行鉴定,由于存在滞后性的问题,所以得出的鉴定结论可能无法直接指向"原告所实际完成的工程",而只能作出有关"现场所存在的工程"的造价鉴定。又如针对原告为个体经营者的问题,因相关技术标准仅针对合法经营并纳税的企业,故鉴定结论所作出的造价鉴定也是建立在假定原告为合法经营企业的基础上的。另外,由于作为案件事实的专门性问题涉及的学科领域十分广泛,情况也十分复杂,而任何科学定律、原理都有其相对性,所以针对专门性问题进行科学鉴定后得出的鉴定结论也是受一定条件和环境制约的。

2. 鉴定结论的认证和适用规则

从证据属性的要求来看,如果与案件特定事实有关的材料要成为证据,必须具备两个要件:其一是具备证据能力;其二是具备证明能力。证据能力指的是证据可采性,是证据材料进入诉讼的资格,也叫做证据资格;证明能力指的是证据关联性,即证据材料是否具备证明事实客观存在的能力以及与待证事实之间的关联程度问题。鉴定结论作为法定证据形式,也同样需要具备证据能力和证明能力。如何判断鉴定结论具备上述能力呢?主要应遵循以下规则:

(1) 相关性规则

相关性是证据的基本属性。证据的适格,要求其必须具备证明案件事实的能力,鉴定结论也不例外。因此,要适用鉴定结论,必须要考虑其相关性问题。鉴定结论与其他证据不同,由于鉴定结论是需要当事人启动、法院进行委托后才能最终得出的结论,因而,鉴定结论的相关性规则在启动时即应当予以考虑,即鉴定程序应在确定与案件有关的事实需要进行鉴定时才能启动。如本案中,启动的三项主要的鉴定均与案件事实相关,一是工程造价的鉴定,二是工程质量的鉴定,三是工程修复方案的鉴定。这三个鉴定是息息相关的,工程造价的问题,是确定本案诉争工程价格的基础,与案件事实的相关性显而易见。工程质量的问题,也是案件的一个重要事实,如果工程质量存在问题,则可能存在减少工程价款或者赔偿损失的问题。而修复方案的问题,是在经鉴定工程质量存在问题的情况下,又出现的一个相关性问题。从本案中可以看到,该三项鉴定结论与案件判决结果也有着直接的相关性,甚至我们可以毫不夸张地说,在本案中,所谓的"打官司就是打证据"可以特定化为"打官司就是打鉴定"了。但是,必须要指出的是,不论当事人是否申请鉴定,以及鉴定结论的最后结果如何,这里的相关性还是依其证据属性所确定的与案件事实的相关性,而并非与案件判决结果的相关性。如果没有鉴定结论,法院可以依据相关证据规则确定案件事实。只是这样的话,法律真实将相当模糊,由于带有过大的推定性,可能与客观真实严重背离,但并不导致案件无法下判。

(2) 合法性规则

合法性也是证据的一项重要属性。一般而论,证据的合法性主要体现在形式合法和内容合法两个方面,但是,对于鉴定结论而言,合法性规则还有着更为丰富的内涵。主要包括:

1) 鉴定机构和鉴定人资格的合法性。我国实行"鉴定权主义"原则,又称"有固定资格"原则。相关的法律、法规和有关权力机关将鉴定权既授予某些机构,同时又按照相关规定对鉴定机构内部的工作人员的资格进行审查后,并向符合条件的个人授予鉴定权和鉴定资格。如果鉴定机构或鉴定人不具备资格,则鉴定结论则当然不具有适用性。

2) 鉴定程序的合法性。在鉴定程序方面,我国正在从"职权主义"向"当事人主义"进行转变,即不再允许由法院指定鉴定机构,而是以双方当事人协商选择鉴定机构为原则,这体现了我国鉴定程序的一大进步。实践中,在鉴定程序中的各个阶段,均应遵循当事人主义原则。遇有程序上的问题时,应尽可能由双方当事人协商来确定。但是,参与鉴定程序并进行决策是当事人的权利,如果在明确释明后当事人表示放弃的,法院也可依职权予以确定。本案中,在工程造价和质量的鉴定过程时,杜正敏这方一直是同意的,但是在进行工程修复方案的鉴定时,其却以已过举证期限为由表示不同意,在法院要求其确定鉴定机构时,其也不发表意见。由于之前进行工程质量鉴定的机构也具备进行工程修复方案鉴定的资质,而进行工程质量鉴定的机构是双方商定的,故法院在依法向其释明后,依职权确定了继续由原工程质量鉴定机构进行修复方案的鉴定。这也是在最大程度上尊重了当事人的意愿。另外,在司法实践中,常常会出现当事人自行委托鉴定的情形,尤其是在民事诉讼中。通常情况下,我们将这类鉴定称为"单方委托",对于这类鉴定,往往则需要另一方当事人的确认,如果另一方不认可的,则需要申请由法院委托进行重新鉴定。如有异议一方仅提出质疑,而不申请重新鉴定的,则法院可以在依法予以释明后直接适用"单方委托"得出的鉴定结论。实践中,当事人为满足立案的要求,或为了保存固定证据,在起诉前即已委托进行了鉴定,笔者认为,如果一方当事人自行委托进行鉴定的,如果经法庭审查确定鉴定结论满足了合法性、相关性和可靠性要求的,则应考虑予以采纳,以保障当事人的诉讼权利,避免司法资源的浪费。

3)鉴定依据的合法性。这里要特别强调这个问题,是因为鉴定结论通常要结合案件事实或相关行业标准来进行,所以,作为鉴定依据的各种材料或标准,也必须是合法的。如对于工程造价的鉴定,依据双方当事人提供的证据如合同、图纸等,以及国家的相关标准来进行。作为鉴定依据的各种材料,应当是双方当事人所共同确认并无异议的,否则,对于鉴定结论的适用问题,则可能存在一定差异。

4)鉴定文书的合法性。司法鉴定文书的制作应当符合相关法律法规统一规定的司法鉴定文书格式。但并非鉴定文书存在任何瑕疵都必须排除于鉴定结论之外。只有在鉴定文书存在重大瑕疵的情况下,如司法鉴定文书只有鉴定人或鉴定机构的盖章,没有鉴定人的签名和执业证号的,才不具有可采性。如果鉴定文书存在其他制作上的微小瑕疵,例如个别字的打印错误,法官可允许其作书面说明。针对鉴定结论,应当给予当事人救济的途径,当事人可以提出异议,针对当事人提出的书面异议,鉴定机构应当给予答复。

(3)可靠性规则

鉴定所依据的原理和方法应当具有可靠性。如果鉴定原理和方法不可靠,则无论如何,鉴定的最终结论也不可能准确。法院在审查鉴定原理和方法的可靠性时,应当注意以下几个方面:1)鉴定依据的原理和技术方法;2)鉴定依据的方法是否符合国际、区域或国家标准。如果是新的鉴定方法,那么新的鉴定方法是否取得该领域专家的普遍接受或者是否取得同行科学文章的支持或者取得同行专家的评估和鉴定;3)该技术方法的潜在错误率是多少。例如针对文书、签名真实性的问题,已经有科学的、行业普遍认同的方法,错误率很低,但针对文书、签名形成时间的鉴定问题,目前并没有经过行业普遍认可的方式,错误率也相对较高。在适用这类鉴定结果时,就需要结合案件的其他证据加以综合认定,在作为直接证据适用时则需要相当慎重。

(4)个案参照适用规则

个案参照适用规则,就是要求法院在启动鉴定程序和适用鉴定结论时,应当结合个案的不同情况参照适用,而不是全盘地照搬。因为鉴定结论很多情况下是依据国家标准或者假定当事人无争议的情况下得出的一个确定性结论,但是针对鉴定结论中所涉及的项目,当事人可能还存有争议,还需通过证据规则来补强,另外,由于个案中当事人的情况不同,有些国家标准可能针对个案是不能直接适用的。如本案中,在适用工程造价的最后鉴定结论时,针对当事人无争议的工程项目可以直接适用,但对于有争议的部分,还需要再依据证据规则来确定。如福禄财公司一方对于杜正敏所主张的工程项目不予认可,认为并非杜正敏所做。但鉴定结论只是依据现场的状况作出的一个存在性的鉴定结论,对于该类存在的原因,双方当事人存有争议,则鉴定结论在具体进行适用时,还是要依据证据规则确定争议事实后再予以确定。至于在此种情形下,应当如何适用证据规则,在实践中是有争议的。有人认为,对于现场存在的项目,则可以直接推定为本案原告所做,被告如提出非原告所做,则应当提供相应证据证明为他人所做,如举证不能,则承担不利后果。还有人认为,虽然鉴定结论中确定现场已存在这些项目,但是是否原告所做还需要原告来举证,如举证不能,则判令原告败诉。笔者认为,针对这类问题,应当具体情况具体分析,如果诉争项目只有原告一个施工方,或依据其他的情况可以推定不可能存在其他施工方的,则对于被告不认可的部分,应由被告来举证。如果诉争项目完成时间较长,被告也确实进行过修复施工的,则应当由原告来举证证明争议项目为其所做。实践中还有一种情形,有些项目图纸中存在,但现场却不存在的,比如笔者审理过的一起绿化工程纠纷中,就存在这种现象。被告一方对于原告提供的图纸并不认可,原告也没有证据证明图纸是经过被告所确认了的。由于时间和使用消耗的原因,原告所主张的项目在现场已经存在了。针对不存在的原因,究竟是"自始没有"还是"后来消灭"无法确定。针对这类情况,笔者认为,举证责任仍在原告。因为原告为主张事实的一方,且也不存在可以事实推定的情形,如果原告及时提出诉讼主张,或者固定证据,也可以避免证据灭失,所以,相关证据因自然现象而灭失的不利后果应当由原告一方来承担。再如,关于造价鉴定所依据的国家标准,通常都是针对有资质的企业所制定的,而针对个人承包装修的,并无严格的国家标准,故鉴定结论的依据是基于承包人具有相应资质并严格纳税的基础上所得出的结论。因此,在最后的鉴定结论中,就出现了企业管理费和税金两个项目,但对于个人而言,是不可能发生企业管理费这笔费用的,税金的问题也和企业纳税标准完全不同。因此,在适用该鉴定结论时,需要考虑到个案的特殊性,将企业管理费这笔费用予以扣除,针对税金部分也应当相应予以酌减。

(5) 证明力优位规则

《最高人民法院关于民事诉讼证据的若干规定》第七十七条规定:"……鉴定结论……证明力一般大于其他书证、视听资料和证人证言……"很多学者据此认为,我国已经确立了鉴定结论的证明力优位规则。鉴定结论的证明力优位规则,是指鉴定结论的证明力一般优于其他书证、证人证言和视听资料的规则。但是,鉴定结论的优位证明力问题还是受到了学者们的广泛质疑。有很多学者认为,鉴定结论的证明力与其他证据的证明力是一种等同关系,不具有优于其他证据的证明力。笔者认为,鉴定结论是由具有专门知识的人依据其知识或技能,运用科学的方法或者借助科学仪器,经过认真的检验、鉴别和判断之后所得出的结论;鉴定人是某一方面的专家,对案件所涉及的专门性问题具有分析判断能力,他可以从专业角度,运用科学仪器和科学方法解决裁判者无法解决的技术难题，而且，鉴定结论的作出受到了严格的程序约束，因此，鉴定结论有专家技术上的权威和科学的程序作为保障，具有较大的可靠性与可信性。从这个角度看，鉴定结论的证明力优于其他书证、证人证言和视听资料。

但是，承认鉴定结论的证明力优位规则并非承认鉴定结论具有预定的证明力，并非承认鉴定结论是"科学的判决"。事实上，在鉴定结论的作出过程中，有许多因素都直接地影响着鉴定结论的正确性，如鉴定人解决案件中专门性问题的知识水平和技能、鉴定人的工作责任心、鉴定人是否与案件有利害关系或受到外界影响；鉴定的材料或送检的材料是否真实可靠；鉴定的设备是否先进、鉴定的方法是否科学；作为鉴定结论根据的科学原理和规则是否过时等。而且，鉴定结论是一种意见证据，具有极强的主观色彩，鉴定人的主观因素可能会使鉴定结论带有某种程度上的不确定性。因此，适用鉴定结论时，应当结合全案所有证据对鉴定结论的证明力作出最终结论。鉴定结论的证明力优位规则只是在裁判者判断鉴定证明力过程中的一种指导性规则，并非承认鉴定结论的绝对证明力。

（北京市朝阳区人民法院　白小莉）

95. 焦红兵诉单春宏雇员受害赔偿案
（律师参与订立调解协议的撤销）

（一）首部

1. 裁判书字号

一审判决书：江苏省大丰市人民法院（2009）大民一初字第3028号。

二审裁定：江苏省盐城市中级人民法院（2010）盐民一终字第0490号。

2. 案由：雇员受害赔偿纠纷。

3. 诉讼双方

原告（被上诉人）：焦红兵，男，汉族，农民，住江苏省大丰市小海镇。

委托代理人（特别授权）：庄重，江苏涤非律师事务所律师。

被告（上诉人）：单春宏，男，汉族，农民，住江苏省大丰市小海镇。

委托代理人（特别授权）：朱晓燕，大丰市盐丰法律服务所法律工作者。

4. 审级：二审。

5. 审判机关和审判组织

一审法院：江苏省大丰市人民法院。

独任审判人员：代理审判员：韦翔龙。

二审法院：江苏省盐城市中级人民法院。

合议庭组成人员：审判长：林毅；代理审判员：高翔、秦广林。
6. 审结时间
一审审结时间：2009 年 11 月 20 日。
二审审结时间：2010 年 4 月 20 日。

（二）一审情况

1. 一审诉辩主张
（1）原告焦红兵诉称

被告单春宏雇用原告焦红兵在江苏盐城监狱四大队从事灌装粮食作业，约定报酬为 60 元/天。2009 年 1 月 19 日午饭后，原告在灌装作业过程中，右手食指被机器轧伤。原告当即被送往大丰市人民医院治疗。当日，被告支付了 982 元医疗费。后原告在大丰市人民医院陆续进行了相关诊治，并花去医疗费 146 元。2009 年 4 月 18 日，原告在其代理律师协助下与被告在大丰市小海镇无泊村村部进行了协商，于 2009 年 4 月 26 日达成调解协议，由被告赔偿原告 5 500 元。后因被告单春宏未能按约履行，原告遂于 2009 年 8 月 13 日诉至本院，请求法院撤销原、被告于 2009 年 4 月 26 日达成的调解协议，并判令被告赔偿原告医疗费、营养费、误工费、残疾赔偿金、护理费、精神损害抚慰金、鉴定费、交通费等损失合计人民币 25 761 元。

（2）被告单春宏辩称

诉前就赔偿事宜已和原告达成了调解协议，且原告聘请了律师参加订立了协议，请法院确认调解协议的效力，同意按调解协议确定的数额进行赔偿。

2. 一审事实和证据

江苏省大丰市人民法院经公开审理查明：被告单春宏雇用原告焦红兵在江苏盐城监狱四大队从事灌装粮食作业，约定报酬为 60 元/天。2009 年 1 月 19 日午饭后，原告在灌装作业过程中，右手食指被机器轧伤。原告当即被送往大丰市人民医院治疗。当日，被告支付了 982 元医疗费。后原告在大丰市人民医院陆续进行了相关诊治，并花去医疗费 146 元。2009 年 4 月 18 日，原告在其代理律师协助下与被告在大丰市小海镇无泊村村部进行了协商，于 2009 年 4 月 26 日达成调解协议，协议约定："甲方（原告）因雇佣活动受伤而花去的医疗费用 760 元，由乙方单春宏承担；乙方（单春宏）自愿赔偿甲方营养费、误工费 4 740 元；甲方（原告）其余损失自理，余无纠葛；乙方的赔偿款五千五百元整在本协议签订之日起三十日内一次性履行完毕。"但被告单春宏未能按约履行。原告遂于 2009 年 8 月 13 日诉至本院，请求法院撤销原、被告于 2009 年 4 月 26 日达成的调解协议，并判令被告赔偿原告医疗费、营养费、误工费、残疾赔偿金、护理费、精神损害抚慰金、鉴定费、交通费等损失合计人民币 25 761 元，并申请对其在雇佣活动中受到的损伤进行伤残评定。经大丰市人民法院委托，大丰市人民医院司法鉴定所于 2009 年 10 月 13 日对原告的伤情作出鉴定：原告伤情构成十级伤残，误工期限为伤后 90 天，治疗期间 1 人护理 30 天，营养期限为伤后 30 天。

上述事实有下列证据证明：

(1) 双方当事人当庭陈述，证明被告单春宏雇用原告焦红兵在江苏盐城监狱四大队从事灌装粮食作业，约定报酬为60元/天以及原告受伤的经过。

(2) 原、被告于2009年4月26日达成的调解协议及原告代理律师制作的调解笔录。证明原告在其代理律师参与下就赔偿事宜已与被告达成调解协议。

(3) 大丰市人民医院治疗凭证及该院司法鉴定所于2009年10月13日作出的司法鉴定意见书，证明原告因伤受到的损害后果。

3. 一审判案理由

江苏省大丰市人民法院经审理认为：公民的生命健康权受法律保护，雇员在工作过程中受到伤害后，有向雇主要求赔偿的权利。原告焦红兵在从事雇佣活动中受伤，其所受到的相关合理损失依法应当由作为雇主的被告单春宏赔偿。关于2009年4月26日，原、被告签订的调解协议，该协议签订过程中，原告虽有其代理律师参与协商，但原告及其代理律师并不具备专业的法医学鉴定技能，其伤情并未经任何鉴定机构作出鉴定，不能知晓其因伤致残的必然性及所需误工、护理、营养期限的确定性，协议约定的赔偿数额亦远远低于实际损失，且被告至今未实际履行，故该协议存有重大误解、显失公平之处，应依法予以撤销。被告关于其与原告于2009年4月26日达成的调解协议不具备法定的撤销事由，调解协议合法有效，原告受伤因其自身存有重大过错，且原告的伤残与其怠于治疗有因果关系，请求法院驳回原告超出调解协议约定赔偿数额的诉讼请求的辩称，无事实和法律依据，不予采信。本案中，无证据证实原告在从事雇佣活动过程中存有重大过错，故原告依法不承担责任。被告未能对原告的损伤及时作出赔偿，对纠纷的形成负有全部责任。

4. 一审定案结论

江苏省大丰市人民法院依照《中华人民共和国民法通则》第五十九条、第九十八条，《最高人民法院关于审理人身损害赔偿案件适用法律若干问题的解释》第十一条、第十七条、第十八条、第十九条、第二十条、第二十一条、第二十四条、第二十五条，《最高人民法院关于确定民事侵权精神损害赔偿责任若干问题的解释》第十条之规定，作出如下判决：

(1) 撤销原告焦红兵、被告单春宏于2009年4月26日签订的调解协议。

(2) 被告单春宏于本判决生效后十日内赔偿原告焦红兵各项损失合计21 573.40元。

(3) 驳回原告焦红兵的其他诉讼请求。

案件受理费144元，减半收取72元，由被告单春宏负担。

(三) 二审诉辩主张

1. 上诉人单春宏诉称

一审法院认定事实错误，适用法律不当，请二审法院撤销一审判决并确认调解协议的效力，同意按调解协议确定的数额进行赔偿。

2. 被上诉人焦红兵辩称

一审认定事实清楚，适用法律准确，请求二审法院维持一审判决。

(四) 二审事实和证据

江苏省盐城市中级人民法院经审理,确认一审法院认定的事实和证据。

(五) 二审定案结论

江苏省盐城市中级人民法院经主持调解,被告单春宏当庭履行支付 16 300 元后撤回上诉。

(六) 解说

本案主要涉及以下几个方面的法律问题:

1. 当事人聘请律师等法律专业服务人员参加订立非诉讼调解协议是否影响"重大误解"法定可撤销事由的认定

从本案法律事实来看,原、被告对雇员受害事实并无异议。但争议的是原告在聘请律师参加协商而达成的调解协议,能否以"重大误解"为由申请撤销。法官在审查一份协议是否可撤销时,关键在于审查该协议是否具备法定的可撤销事由,即我国《民法通则》第五十九条规定的"重大误解"、"显失公平"的情形,而不应当受调解协议确立过程中是否有法律专业人员参与的影响。律师等法律专业人员参加非诉讼调解,固然为当事人提供了相当的法律专业服务,但其受到专业领域限制,无法预知法律专业外的事实后果,即便可以预见,但这种预见仅凭一定的实践经验和主观感觉得出,缺乏可信度。故在非诉讼调解过程中律师等法律专业人员预见的法律后果,并不能当然导致其服务的当事人对伤害后果的清晰认识。《最高人民法院关于贯彻执行〈中华人民共和国民法通则〉若干问题的意见(试行)》第七十一条规定:"行为人因为对行为的性质、对方当事人、标的物的品种、质量、规格和数量等的错误认识,使行为的后果与自己的意思相悖,并造成较大损失的,可以认定为重大误解。"重大误解一般以双方误解为原则,以单方误解为例外。故误解的构成要件如下:(1)须有意思表示的成立;(2)意思表示内容与内心的效果意思须不一致;(3)须表意人不知内心的效果与表示的不一致;(4)误解须为重大。确定重大误解的简洁标准,是表意人因此而受到或可能受到较大利益损失。结合本案实际情况,从严格要求雇主的相关举证责任角度出发,可认定协议具有"重大误解"的情形。

2. 当事人聘请律师等法律专业服务人员参加订立非诉讼调解协议是否影响"显失公平"法定可撤销事由的认定

我国《民法通则》第五十九条规定了"显失公平"可作为可撤销事由之一,但对什么情形下构成"显失公平",司法实践中并无统一的量化标准,只能就具体的案情结合当地的生活水平、经济发展水准及当事人个人状况等因素由法官进行主观的综合判断。

在本案中,所谓"显失公平",应当理解为协议约定的赔偿数额与依法应当获得的赔偿数额之间的比较和在订立损害赔偿协议时双方当事人所处的优势条件的比较,而不应当简单理解为订立协议主体之间诉讼地位的比较。大家在诉讼中是平等的民事主体,但在订立这份雇员受害赔偿协议时,无论从经济条件的角度看,还是从需要赔偿的角度看,雇主一方均处于优势。当事人聘请律师等法律专业服务人员参加订立赔偿协议,并不能改变这种雇主对雇员的优势。本案是雇员受害案件,应当区别于一般的买卖合同。原告作为雇员,对获得及时赔偿具有迫切性,且长期生活在农村,具有收入状况偏低及不稳定性,其依法应当得到的赔偿数额与协议约定的赔偿数额落差较大,应当认定协议具有"显失公平"的情形。

综上,当事人订立非诉讼调解协议是否可撤销,取决于当事人自身对法律行为后果的真正认知及行为后果与实际损失之间的差距,而不应当受该民事法律行为确立过程中是否有法律专业人员协助的影响。

当然,司法审判的基本功能是定纷止争,化解社会矛盾。我们所有的审判活动特别是民商事审判活动应当围绕这一目标进行。二审法院能够促成双方和解并以撤诉方式结案,从根源上化解了矛盾,实现了案结、事了、人和的审判效果,应当成为我们今后在审判工作中努力追求的目标。

(江苏省大丰市人民法院　韦翔龙)

96. 南京金盟房地产投资咨询有限公司诉江苏国安建筑安装工程有限公司恶意诉讼保全侵权案

(恶意诉讼保全)

(一)首部

1. 判决书字号:江苏省南京市鼓楼区人民法院(2010)鼓民初字第2181号。
2. 案由:侵权纠纷。
3. 诉讼双方

原告:南京金盟房地产投资咨询有限公司(以下简称金盟公司),住所地:江苏省南京市鼓楼区。

法定代表人:刘文友,董事长。

委托代理人:俞伟宁,江苏金路律师事务所律师。

委托代理人:乔俊,男,金盟公司职员,住南京市鼓楼区。

被告:江苏国安建筑安装工程有限公司(以下简称国安公司),住所地:江苏省大丰市市区。

法定代表人：周洁民，董事长。
委托代理人：钱智，江苏冠文律师事务所律师。
委托代理人：谢炎，江苏冠文律师事务所律师。
4. 审级：一审。
5. 审判机关和审判组织
审判机关：南京市鼓楼区人民法院。
合议庭组成人员：审判长：张国民；审判员：杨向涛；人民陪审员：孙可义。
6. 审结时间：2011年3月4日。

(二) 诉辩主张

1. 原告金盟公司诉称

2004年1月17日，原告与案外人南京金银房地产开发有限公司（以下简称金银公司）约定双方合作开发南京市玄武区黑墨营月苑南路月苑小区小高层，实际权利义务由原告承担。2004年7月5日，被告中标后与建设方签订一份《建设工程施工合同》，2005年1月18日，原、被告又签订《月苑小区小高层施工合同补充协议》，将工程结算办法变更为按照竣工图纸等按实结算。双方原合同约定工程总价款1 251万元，后双方因欠付工程款问题产生纠纷，被告将原告诉至法院。诉讼中，被告向法院恶意申请超额保全了金银公司的基本账户资金392万余元，导致金银公司当时就陷入危机，原告和金银公司向被告提出用房产来置换保全，但被告拒绝。在原告、金银公司与被告协商未果的情况下，原告为满足被告提出的解除金银公司基本账户的条件，向江苏物华典当有限公司（以下简称物华典当公司）借款392万元，将其中108万元支付被告，剩余200多万元在原告于恒丰银行的账户内供被告冻结，金银公司基本账户才在被告的同意之下被解除冻结。最终法院判决原告只需向被告支付工程款共计128万余元。国安公司恶意超额保全金银公司基本账户，并滥用诉权（不同意金银公司、金盟公司用房产置换保全），导致金银公司无法缴纳税金、社保等费用，直接影响金银公司正常经营。金盟公司根据合作协议约定出面解决因建设工程引发的诉讼事宜，为了以置换保全方式帮助金银公司解除基本账户资金的冻结，被迫向典当公司借款，由此产生的融资成本损失，应由被告国安公司负责赔偿。故原告诉至南京市鼓楼区人民法院，请求法院判令被告赔偿超额诉讼保全致原告的融资成本损失141万元。

2. 被告国安公司辩称

2007年5月24日至2007年10月16日，经被告申请，南京市中级人民法院实际冻结了金银公司在建设银行迈皋桥分理处的基本账户3 925 488.07元、在南京市区农村信用合作联社迈皋桥信用社（以下简称迈皋桥信用社）84 989.24元。金银公司在本案中没有起诉，如果金银公司存在损失也与本案原告无关；被告有权选择、法院也有权决定被保全财产的种类，被告不同意原告、金银公司用房产与金银公司的基本账户存款进行置换保全，是被告的权利；在欠付工程款诉讼中，被告当时是根据双方约定以施工方的送审价要求原告、金银公司支付工程款520余万元，后因法院按照黑白合同的司法解释否定了双方约定的结算方法,最终判决确定的欠付工程款数额为 266 万余元,所以才会出现两者在数额上的差距。但被告并非恶意保全,且超出部分并非很多;被告不认可原告向典当行借款 392 万元的事实,即使存在该借款事实,也与被告申请保全行为无因果关系;392 万元并非原告向物华典当公司的借款,而是原告和关联企业之间的资金拆借,由此产生的拆借利息不受法律保护。综上,被告请求法院驳回原告的诉请。

(三) 事实和证据

江苏省南京市鼓楼区人民法院经公开审理查明:2004 年 1 月 17 日,金银公司和金盟公司签订《关于黑墨营部分地块开发项目的合作协议书》,约定金银公司将月苑小区小高层建筑项目以项目联建方式与金盟公司合作开发,由金盟公司负责该项目的建设、商品房销售、售后服务、物业管理等事宜和费用,并全部承担项目建设所涉及的质量、安全等直接责任。2004 年 7 月 5 日,金银公司与国安公司签订了月苑小区小高层的《建设工程施工合同》,约定:合同价款 1 251 万元;《通用条款》第 23 条约定本合同采用固定价格合同方式确定。2005 年 1 月 18 日,金盟公司与国安公司签订了《补充协议》,其中:第四条约定,工程的投标价不作为决算价;双方并约定竣工验收一个月内上报指定专门机构三个月内审计完毕不再二次审计,若三个月内不能审计完毕,视为金盟公司认可国安公司的决算价格。2005 年 10 月 28 日,国安公司承建的工程竣工并经验收合格。2006 年 1 月,金盟公司委托审计公司对工程的阶段性付款及竣工决算进行审计。2007 年 1 月 18 日,国安公司致函给审计公司要求尽快完成决算审计,审计公司复函要求国安公司尽快提供钢丝网及阳台压项的工程量计算书,以便尽快审核。2007 年 2 月 7 日,国安公司与金盟公司就甲供材用量进行了核对,双方对部分甲供材用量进行了签字确认,但对商品混凝土的数量和钢筋量仍未达成一致,致使审计公司无法出具整体工程竣工决算造价的审计结论。

2007 年 5 月 14 日,国安公司将金盟公司、金银公司诉至南京市中级人民法院(以下简称市中院),要求金盟公司、金银公司支付工程款 5 278 216 元及相应利息以及赔偿因更换混凝土供应商而导致国安公司的损失 7 020 元。2007 年 5 月 17 日,国安公司向法院申请保全金盟公司、金银公司的财产共计 5 285 236 元,并提供了担保。2007 年 5 月 22 日市中院作出民事裁定书,裁定冻结、查封被告金盟公司、金银公司价值 5 285 236 元的银行存款或相应价值的财产。2007 年 5 月 24 日,市中院实际冻结了金银公司在建设银行迈皋桥分理处的基本账户 3 925 488.07 元、在迈皋桥信用社账户 84 989.24 元。

2007 年 6 月 27 日,金盟公司、金银公司向市中院申请,称被保全建设银行迈皋桥分理处账户是金银公司的纳税账户、社保费缴纳账户和公司的基本账户,冻结该账户已使金银公司原存入该账户的税款和社保金无法正常缴纳,金银公司正常生产经营受到严重影响,拟以金盟公司法定代表人叶婷名下汉中门大街 99 号 22 幢 6 号房产置换保全,以解除对金银公司基本账户的保全。2007 年 7 月 12 日,金盟公司的法定代表人叶婷及其丈夫乔俊向市中院表示愿意以夫妻共同财产汉中门大街 99 号 22 幢 6 号、广州路 348 号 2 幢 1 单元 702 室作为担保,以解除金银公司在建设银行迈皋桥分理处的被查封基本账户,但国安公司对金盟公司、金银公司的置换保全请求予以拒绝。2007年10月12日,金盟公司、金银公司向市中院提出申请,要求法院冻结金盟公司的恒丰银行账户,称内有资金392万元,以解封金银公司的基本账户。2007年10月15日法院询问国安公司是否可以按10月12日金盟公司的申请来处理,国安公司表示金盟公司先支付108万元,法院再查封恒丰银行剩余284万元,方可同意解封金银公司的基本账户,金盟公司同意了国安公司的意见。2007年10月15日,金盟公司支付国安公司108万元。2007年10月16日按双方一致意见法院冻结了金盟公司在恒丰银行的274万余元,并解除了金银公司在建行迈皋桥分理处的基本账户392万元以及金银公司在迈皋桥信用社的8万余元的冻结。

2007年6月20日,金盟公司反诉要求国安公司返还超付的工程款。2008年8月5日金盟公司增加反诉请求,其中包括要求国安公司赔偿恶意保全造成金盟公司的损失236万元。2008年12月5日,南京中院判决:(1)金盟公司、金银公司尚需支付国安公司工程款128.047 972万元及利息,还应支付诉讼中支付的108万元的利息(不包括诉讼中金盟公司于2007年10月15日支付国安公司的108万元);(2)驳回金盟公司的反诉请求。2009年9月30日,江苏省高级人民法院维持了南京中院的上述判决。

后金盟公司以合同纠纷将国安公司诉至玄武区人民法院,请求判令国安公司支付违约金118万元,支付延期竣工的质量保证金89 328元,赔偿超额保全导致的利息损失102万元。2009年12月5日,玄武区人民法院判决国安公司支付金盟公司逾期竣工违约金59万元,对于超额保全损失诉请,则以不属于合同纠纷为由不予处理。2010年3月29日,南京中院终审判决国安公司支付金盟公司逾期竣工违约金49万元。

后上述生效判决均进入执行程序。2010年6月7日双方达成的执行和解协议明确金盟公司欠付国安公司的利息(含双倍罚息)为286 495.52元。

另查明:2007年10月10日南京三爱玻璃仪器有限公司(以下简称三爱公司)向金盟公司在交通银行南京广州路支行账户转账100万元,2007年10月11日南京益恒久房地产咨询服务有限公司(以下简称益恒久公司)向金盟公司在恒丰银行南京分行账户转账100万元,2007年10月12日南京德厚房地产有限公司(以下简称德厚公司)向金盟公司在恒丰银行南京分行账户转账160万元,案外人益恒久公司的股东刘卫东同时也是金盟公司的股东。德厚公司的股东乔俊是金盟公司原法定代表人叶婷的丈夫。

2010年2月5日,金盟公司以恶意超额保全造成融资成本损失为由将国安公司诉至本院,提出上述诉请。为证实其有原告资格和相关损失情况,金盟公司提交了如下证据:

1. 金银公司于2010年4月26日出具的《权利转让通知书》。该通知书内容为:"江苏省国安建筑安装工程有限公司:我司同南京金盟房地产投资咨询有限公司(简称金盟公司)曾合作开发月苑小区小高层项目,金盟公司与你单位签订施工合同及补充协议,将该项目的建设工程发包给你单位施工,该工程业已完工。我司决定,基于上述合同产生的我司享有的权利(包括违约责任请求权等)转让给金盟公司。特此告知!通知人:南京金银房地产开发有限公司"。金盟公司称其本身享有侵权损害赔偿请求权,即使本案侵权损害赔偿请求权属于金银公司,《权利转让通知书》也使得金盟公司享有了该权利，故金盟公司是适格的原告；被告抗辩国安公司冻结的是金银公司的账户，与金盟公司无关，金盟公司本身没有侵权损害赔偿请求权，即使金银公司有该请求权，因《权利转让通知书》是在本案诉讼中产生，不符合法律规定，不产生权利转让之法律效果，且该通知未送达被告，也不能使金盟公司取得金银公司的转让债权。

2. 一张"2007年10月12日"的当票、一份"2007年10月12日"的《财产抵押借款合同》和三张银行进账单。原告在第一次庭审中称金银公司和金盟公司是关联企业，金银公司是向金盟公司提供资金支持的，2007年金银公司的账户被保全后，导致金银公司无法再向金盟公司提供资金支持，金盟公司只好自己借款进行融资。当时企业从事地产项目开发，由于资金周转困难，金盟公司以抵押借款方式向物华典当公司借款392万元。原告在第二次庭审中又称金盟公司向物华典当公司借款392万元的目的是置换保全，以解除金银公司基本账户的冻结。对于借款的支付，原告称当时物华典当公司对三爱公司、益恒久公司、德厚公司享有债权，遂要求该三家公司陆续向原告支付出借款项，后该三家公司以转账方式共计支付360万元，物华典当公司以现金方式支付原告32万元；被告对当票、《财产抵押借款合同》的真实性不予认可，对三张银行进账单虽然认可，但否认392万元是金盟公司向典当公司借款，认为真实情况是关联企业之间的资金拆借，资金拆借产生的利息不受法律保护。

3. 物华典当公司出具的收据四张（2008年1月10日收据数额为588 000元，2008年4月9日收据数额为588 000元，2008年7月10日收据数额为588 000元，2008年8月5日收据数额为196 000元）和乔俊的银行账户交易明细。原告在第二次庭审中称原告支付给物华典当公司综合费用和利息共计196万元，包括一部分是金盟公司自筹现金，另一部分是对金盟公司负有债务的其他公司按照金盟公司的指示汇入物华典当公司的转账款项。原告在第三次庭审中提交了乔俊的银行账户交易明细，称乔俊是金盟公司的总经理，为了解决法院财产保全给公司造成的困境，乔俊从个人账户陆续取现，后将所取款项集中分四次以现金方式支付物华典当公司利息和综合费用共计约175万元，该款属于金盟公司向乔俊的借款，另原告用自有现金20余万元支付物华典当公司利息和综合费用，物华典当公司同时出具四张收据。被告对收据的真实性不予认可，对乔俊的银行账户交易明细认可，但称与本案无关联性。

上述事实有下列证据证明：

（1）当事人的陈述。
（2）案件卷宗材料。
（3）南京市中级人民法院（2007）宁民四初字第52号民事判决书。
（4）江苏省高级人民法院（2009）苏民终字第0073号民事判决书。
（5）南京市玄武区人民法院（2009）玄民一初字第2880号民事判决书。
（6）南京市中级人民法院（2010）宁民终字第487号民事判决书。
（7）《权利转让通知书》。
（8）银行进账单。
（9）金盟公司、德厚公司及益恒久公司等工商登记资料。

(四) 判案理由

江苏省南京市鼓楼区人民法院经审理认为：案件的争议焦点是原告是否存在融资及融资成本损失？如果原告存在融资成本损失，该损失与国安公司申请保全金银公司基本账户行为是否有因果关系？如果前述因果关系成立，国安公司是否存在过错？

关于原告是否存在融资及融资成本损失问题。对该问题的判断不仅需要审查相应的合同、凭证，同时还需要审查相应资金的往来账目。虽然原告金盟公司提供了三爱公司、益恒久公司、德厚公司的三张银行进账单，但该证据只能证明三家公司向原告付款的事实，物华典当公司虽出具证明称其指示该三家公司代其向原告金盟公司履行了支付出借款项义务，但并无相应的财务凭证等加以证实，故不能证明三家公司是代物华典当公司支付出借款项，本院对原告所称向物华典当公司融资事实不予认可。因原告无融资事实，故原告所称融资成本损失不能成立。

关于因果关系问题。即使原告存在融资成本损失，由于被告国安公司申请保全的是案外人金银公司的基本账户，原告金盟公司为帮助金银公司解除基本账户冻结向典当公司融资，系自愿行为，由此产生的融资成本损失，与被告国安公司的申请保全行为并无因果关系。

关于过错问题。法院经国安公司申请保全了金银公司账户资金 401 万余元，根据生效判决，认定金银公司和金盟公司拖欠国安公司工程款本息共计约 267 万元，两者存在差距是当事人对工程款的确定方式存在分歧所致，国安公司对此并无恶意；被告国安公司有权选择保全财产的种类，金盟公司以不方便变现、不利于执行的房产作为担保请求解除金银公司账户资金的冻结，国安公司有权拒绝，不存在滥用诉权问题。

综上所述，因原告主张的事实不符合侵权行为的构成要件，故本院对原告的侵权损害赔偿请求不予支持。

(五) 定案结论

江苏省南京市鼓楼区人民法院根据《中华人民共和国民法通则》第五条和《最高人民法院关于民事诉讼证据的若干规定》第二条之规定，作出如下判决：

驳回原告南京金盟房地产投资咨询有限公司的诉讼请求。

一审判决后，双方当事人在法定期限内均未上诉，一审判决已发生法律效力。

(六) 解说

《中华人民共和国民事诉讼法》第九十五条规定，被申请人提供担保的，人民法院应当解除财产保全。诉讼保全中，被申请人根据该规定以房产作为担保请求法院解除银行账户冻结，法院因申请人不同意而未解除账户冻结的，不能认定申请人存在恶意；申请人申请保全的财产价值和判决确定的数额不一致的，除非判决驳回了申请人的全部诉讼请求或者判决确定的数额过分高于申请保全的财产价值,不应认定申请人存在过错。

本案金盟公司提供房产作为担保,要求法院解除被冻结的金银公司的银行账户资金的保全,经法院征求意见,国安公司予以拒绝,金银公司的银行账户资金因而仍被冻结。国安公司是否对此存在过错?《民事诉讼法》第九十五条还规定:"被申请人提供担保的,人民法院应当解除财产保全。"由于《民事诉讼法》没有明确被申请人应当提供什么形式的担保,使得大家在理解该条时存在分歧。由此,对于本案的处理,一种观点认为:既然法律没有规定需要提供何种形式的担保,被申请人只要按照担保法规定的担保种类提供了担保,人民法院就应解除财产保全。故在金盟公司提供房产作为担保的情况下,国安公司不同意法院解除冻结的账户资金,属于恶意保全行为。另一种观点认为:被申请人提供的担保形式,应为物或现金担保,且价值相当,便于执行方面不低于保全财产,否则法院不应解除财产保全。金盟公司虽提供了房产担保,但房产和银行存款相比不利于变现,故国安公司有权拒绝解除对银行存款的冻结,不存在恶意保全行为。

笔者同意第二种观点,理由为:

1. 立法本意层面。财产保全是指人民法院在案件受理前或诉讼中,对遇到有关的财产可能被转移、隐匿、毁灭等情形,从而可能造成利害关系人权益的损害或可能使人民法院将来的判决难以执行或不能执行时,根据利害关系人或当事人的申请或人民法院的决定,而对有关财产采取保护措施的制度。财产保全是我国民事诉讼中的一项重要制度,对于维护利害关系人和当事人的合法权益,防范不良当事人恶意转移、隐匿、毁灭财产等诉讼欺诈行为的出现,保证法院裁判在诉讼实践中得到真正的实现,真正实现维护当事人的合法权益,避免背离当事人诉讼的初衷,确保民事诉讼的实际效果具有重要的作用和实际意义。《民事诉讼法》第九十二条第一款规定,"人民法院对于可能因当事人一方的行为或者其他原因,使判决不能执行或者难以执行的案件,可以根据对方当事人的申请,作出财产保全的裁定;当事人没有提出申请的,人民法院在必要时也可以裁定采取财产保全措施。"该规定即体现了财产保全的立法目的。如果按第一种意见,财产保全的避免"使判决不能执行或难以执行"的立法目的将不能有效实现。

2. 规范层面。《最高人民法院关于在经济审判工作中严格执行〈中华人民共和国民事诉讼法〉的若干规定》第十四条规定:"……被申请人提供相应数额并有可供执行的财产作担保的,采取措施的人民法院应当及时解除财产保全。"这就是说,被申请人提供的担保财产如无法执行,即使"价值"相当,也不能解除财产保全。

另江苏省高级人民法院在2006年2月21日作出的《关于财产保全担保审查、处置若干问题的暂行规定》则对此问题作了更为明确的解释。该规范第二十一条明确规定:根据《中华人民共和国民事诉讼法》第九十五条规定,被申请人提供担保的,人民法院应当解除财产保全。

被申请人提供的担保除申请人同意接受的外,必须符合下列条件:

(1)必须与原保全财产价值相当;

(2)必须优于原保全物变现。

这里有两层意思:一是被申请人提供担保后,人民法院要解除财产保全应当征得申请人的同意。二是如果申请人不同意,人民法院认为应当解除的,那么被申请人提供的担保就必须符合下列条件:(1)必须与原保全财物价值相当;(2)必须优于原保全物变现。

3. 从国安公司不同意解除银行账户资金冻结的性质层面来看。国安公司向法院申请对方的何种财产作为保全标的,从性质上属于权利,而非义务。金盟公司以不方便变现、不利于执行的房产作为担保请求解除金银公司账户资金的冻结,国安公司有权拒绝。最终是否应当解除保全,还是要由法院裁定。

本案国安公司申请保全的财产价值和判决确定的数额不一致,是否存在过错?一种观点认为:保全财产的价值超过了判决确定的金盟公司应支付国安公司的工程款本息数额,造成金盟公司损失,国安公司超额保全存在过错。另一种观点认为:虽然法院判定的数额超过保全财产的价值,但毕竟金盟公司应支付国安公司款项,且超过数额不是很多,不应认定国安公司存在过错。

笔者同意第二种观点。理由是:国安公司申请保全的金银公司账户资金401万余元,最终法院认定金银公司和金盟公司应连带支付国安公司工程款本息共计约267万元,两者存在差距是当事人对工程款的确定方式存在分歧所致。如果机械地要求保全价值和判决确定数额完全一致,否则认定存在过错,显然是对申请保全人的苛求,不符合客观规律。当然,如果法院最终判决驳回国安公司的全部诉讼请求,或者判决支持的诉请数额远远低于诉讼保全的价值,可以认定申请人国安公司存在保全过错。但本案并非属于此种情况。

(江苏省南京市鼓楼区人民法院 张国民)

97. 佛山市南海区丹灶镇人民政府诉广东天乙集团有限公司、苏国华、郭永由、江剑锋环境污染侵权案
(环境公益诉讼)

(一)首部

1. 判决书字号

一审判决书:广东省佛山市南海区人民法院(2009)南民一初字第2543号。

二审判决书:广东省佛山市中级人民法院(2010)佛中法民一终字第587号。

2. 案由:环境污染侵权纠纷。

3. 诉讼双方

原告(被上诉人):佛山市南海区丹灶镇人民政府(以下简称丹灶镇政府),住所:广东省佛山市南海区丹灶镇新城区。

法定代表人:李满光,镇长。

委托代理人：许雪梅，佛山市南海区公职律师事务所律师。

委托代理人：钟凤飞，系佛山市南海区丹灶镇法律服务所副所长。

被告（上诉人）：广东天乙集团有限公司（以下简称天乙公司），住所地：广东省中山市东凤镇。

法定代表人：胡继洪。

委托代理人：叶剑军、华敏，广东通法正承律师事务所律师。

被告：苏国华，男，住广东省佛山市三水区，现在广东省怀集监狱服刑。

被告：郭永由，男，住广东省佛山市南海区，现在广东省佛山监狱服刑。

被告：江剑锋，男，住广东省广宁县潭布镇。

4. 审级：二审。

5. 审判机关和审判组织

一审法院：广东省佛山市南海区人民法院。

独任审判人员：审判员：张文炎。

二审法院：广东省佛山市中级人民法院。

合议庭组成人员：审判长：吴健南；代理审判员：刘斯华、吕倩雯。

6. 审结时间

一审审结时间：2009年7月22日。

二审审结时间：2010年7月9日。

（二）一审诉辩主张

1. 原告丹灶镇政府诉称

被告天乙公司在未按国家规定填写危险货物转移联单，也未经有审批权的环境保护主管部门批准同意转移的情况下，于2007年1月20日至4月20日期间，先后6次将该公司的危险废物油渣（有酸渣和碱渣两种，属《国家危险废物名录》中的含酚废物）提供给没有取得"危险废物经营许可证"的被告苏国华处理，苏国华雇请被告郭永由、江剑锋将废油渣从天乙公司运出，倾倒在佛山市南海区丹灶镇辖区内，致使土地、水体发生重大污染，造成原告经济损失共计3 403 399元。2007年7月8日，天乙公司被广东省环境保护局处以25万元罚款。2008年3月20日，被告苏国华、郭永由、江剑锋被佛山市南海区人民法院判处一至三年不等的有期徒刑，并处罚金。被告的行为违反了相关环境保护的法律法规，造成原告重大经济损失，应予赔偿并承担连带责任。请求法院判令：（1）四被告赔偿原告经济损失3 403 399元；（2）四被告对上述赔偿承担连带责任；（3）本案诉讼费用由四被告承担。

2. 被告天乙公司辩称

（1）佛山市南海区丹灶镇发生的环境污染事故与我司的行为没有法律上的因果关系，我司不应承担损害赔偿责任。本案中，我司将废油渣出卖给苏国华、郭永由、江剑锋三被告，该三被告实施了偷排废油渣的行为，本案的环境污染是由于该三被告偷排废油渣引起的，与我司无关。我司将废油渣的所有权转让给苏国华三人后，就丧失了对这批废油渣的监管处置权，因此不应承担该三被告偷排废油渣造成的污染事故。原告认为我司没有审查苏国华等人是否具有处理危险废物的资质从而要承担民事责任，无视污染事故主要是由于苏国华等人的主观恶意造成的。（2）2007年4月4日的污染事故与4月21日的污染事故造成的后果极为相近，但两次事故的处理费用却相差近76万元。可见，原告对4月21日事故的处理不当，扩大了费用的支出，对扩大部分的损失我司不承担责任。（3）大洲河下安段及其支涌的预期费用不属于原告的经济损失，不应列入赔偿范围：1）大洲河下安段及其支涌的生态修复与4·21下安含酚废液污染没有因果关系，我司不应承担生态修复费用。根据公安机关绘制的下安拉闸对面河段污染现场平面示意图，此处河段污染的长度大约是两公里，污染段仅限于大洲河下安段的主涌。丹灶镇环保办的情况综述反映已基本把污染河水抽入一个储水塘中，说明支涌没有被污染。从原告提供的下安"07.4.21酚水事件处理方案"可以看出，原告提出的237.79万元预期费用主要用于大洲河下安段及其五条支涌的生态修复，这些措施与酚水污染事故没有关系，因此不应由我司来承担清涌的预期费用。2）根据南海区环境检测站的数据及丹灶镇环保办的情况综述，大洲河下安段的水质已恢复正常，不存在后续处理费用。3）原告主张的预期清涌费用是由丹灶水利所编制的，而丹灶水利所一方面是原告下属的相关单位，一方面没有相关资质，因此该所编制的工程造价并不科学，难以令人信服。综上，原告自己处置不当扩大的损失以及没有实际发生的与污染无关的费用不属于损害赔偿的范围，我司的行为与污染事故没有法律上的因果关系，因此不应承担损害赔偿责任。

3．被告苏国华辩称

对原告的诉请有意见。首先，我只是负责运输废物，且没有收到运费；其次，两个司机（即郭永由、江剑锋）未经我同意随便倾倒废物；最后，生产厂方要求我将废物运出去后才给运费，我是被逼的。

4．被告郭永由辩称

我没有能力也不同意赔偿。我只是帮苏国华、天乙集团打工，是苏国华付我工钱。

5．被告江剑锋经本院合法传唤未到庭，也没有提交书面答辩意见。

（三）一审事实与证据

广东省佛山市南海区人民法院经公开审理查明：被告苏国华以营利为目的，在没有取得"危险废物经营许可证"的情况下，于2006年11月与天乙公司口头协议将该公司的废油渣（有酸渣和碱渣两种，属《国家危险废物名录》中的含酚废物）运出处理，而天乙公司既未审查苏国华运输、排放危险废物的经营资格，也未按国家规定填写危险废物转移联单及未经有审批权的环境保护行政主管部门批准同意转移，就将该公司生产出的废油渣交给苏国华处理。苏国华又雇用被告郭永由、江剑锋做司机，并雇用一名外号叫"四川仔"的男子寻找废油渣排放地点。2007年1月20日至4月20日期间，郭永由、江剑锋伙同"四川仔"，使用号牌为赣F/32668的改装车从中山市天乙公司处运回含酚的废油渣，共六次将废油渣非法排放在佛山市南海区丹灶镇境内，造成丹灶镇发生重大环境污染事故。原告为治理因本起事故造成的污染,共支出人民币 1 025 499 元。2008 年 3 月 20 日,被告苏国华、郭永由、江剑锋被本院以重大环境污染事故罪判处一年十个月至三年三个月不等的有期徒刑并处罚金。

上述事实有下列证据证明:

1. 组织机构代码证。
2. 被告天乙公司企业机读档案登记资料。
3. 广东省环境保护局粤环罚字〔2007〕10、11 号行政决定书(复印件,加盖该局公章),用以证明被告的侵权事实。
4. 本院(2008)南刑初字第 31 号刑事判决书,用以证明被告的侵权事实。
5. 佛山市南海区环境监测站监测结果数据(复印件),用以证明至 2007 年 5 月 7 日,所有的监测结果是正常的。
6. 丹灶镇环保办出具的污染事件处理情况综述(复印件),用以证明污染已得到解除,2007 年 4 月 4 日与 21 日两次污染事件所采取的拯救方法是一样的,且两次污染的污染点相隔不到 200 米。
7. 现场平面示意图(复印件),用以证明污染的河涌是两条直涌,罗行小学与下安拉闸厂相隔不到 2 公里,用以证实原告扩大了施救费用。

(四) 一审判案理由

广东省佛山市南海区人民法院经审理认为:被告苏国华、郭永由、江剑锋在佛山市南海区丹灶镇境内非法倾倒有毒废物,其应赔偿原告为治理污染而支出的 1 025 499 元并互负连带责任。被告天乙公司没有审查被告苏国华等人运输、排放危险废物的经营资格,也未按国家规定填写危险废物转移联单及未经有审批权的环境保护行政主管部门批准同意转移,就将该公司生产出的危险废物交给苏国华等人处理,其行为已构成违法,且与此后苏国华等人实施的污染环境犯罪行为有直接因果关系,对此,天乙公司负有重大过错,应与被告苏国华、郭永由、江剑锋承担连带赔偿责任。天乙公司辩称其没有直接实施污染行为,不需承担赔偿责任,不符合法律规定,本院不予采纳。原告请求被告赔偿清理河涌的预期费用 2 377 900 元,由于没有充分证据证实该费用与被告的侵权行为直接相关,且尚未实际发生,故本院不予支持。原告可待清涌行为发生后,就被告应承担侵权责任的实际支出另行主张。

(五) 一审定案结论

广东省佛山市南海区人民法院依照《中华人民共和国民法通则》第一百零六条第二款、第一百二十四条、第一百三十条及《中华人民共和国民事诉讼法》第六十四条第一款之规定,作出如下判决:

1. 被告苏国华、郭永由、江剑锋应于本判决发生法律效力之日起十日内赔偿损失 1 025 499 元予原告佛山市南海区丹灶镇人民政府,三被告互负连带责任。

2. 被告广东天乙集团有限公司对上述债务承担连带赔偿责任。

3. 驳回原告的其他诉讼请求。

案件受理费减半收取 17 013.5 元（原告已预交），由原告负担 5 671 元，被告苏国华、郭永由、江剑锋负担 11 342.5 元并于给付上述欠款时径付给原告，被告天乙公司负连带责任。

(六) 二审情况

1. 二审诉辩主张

（1）上诉人天乙公司诉称

首先，本案污染事故是由苏国华、郭永由及江剑锋三人擅自偷排废油渣所致，与天乙公司无关，天乙公司出售废油渣的行为与污染事故的发生没有法律上的直接因果关系，天乙公司不应承担赔偿责任。其次，丹灶镇政府为治污支出的费用已超过了必要、合理的限度，丹灶镇政府把补充防汛物资的费用也纳入治污费用不合理。在治理 4·21 污染事故中投入的物力、人力比处理同类的 4·4 事故多出费用 765 775 元，对于扩大部分的损失更不应由天乙公司承担。据此请求：1）撤销原判第二项，驳回丹灶镇政府请求由天乙公司赔偿经济损失以及承担一审诉讼费用的诉讼请求；2）二审诉讼费由丹灶镇政府承担。

（2）被上诉人丹灶镇政府辩称

第一，丹灶镇内发生的环境污染事故与天乙公司的行为有法律上的因果关系，天乙公司不履行产生危险废物企业法定义务是造成污染事故的主要原因，天乙公司应对损失承担连带赔偿责任。第二，天乙公司没有提供证据证明丹灶镇政府处理污染事故的措施超过必要的限度及合理的范围。第三，丹灶镇政府主张的经济损失均有财务支出单据、发票等凭证予以证实，证据确实充分。综上所述，一审判决认定事实清楚，恳请上级人民法院依法予以维持，驳回天乙公司的上诉请求。

2. 二审事实和证据

广东省佛山市中级人民法院经审理，确认一审法院认定的事实和证据。

二审期间，被上诉人丹灶镇政府提交施救现场照片若干，结合佛山市南海区司法局丹灶司法所出具的《关于大洲河两次酚水污染事故处理费用的说明》，用以证明两次酚水污染事故的处理费用是合理的。佛山市中级人民法院对该证据的真实性予以确认。

3. 二审判案理由

广东省佛山市中级人民法院经审理认为：本案争议的焦点有二：一是天乙公司应否就本案发生的污染事故所产生的损失承担相应连带赔偿责任；二是如果天乙公司需要承担赔偿责任，具体的赔偿数额是多少。

就天乙公司应否承担连带赔偿责任的问题，天乙公司生产过程中产生的固体废物属于《国家危险废物名录》中的 HW11 和 HW39 类危险废物，天乙公司没有根据《中华人民共和国固体废物污染环境防治法》第五十三条、第五十七条、第五十九条规定依法处理危险废物，直接把危险废物交给苏国华等不具有相应处理资质的个人处理的行为，已经构成违法。该违法行为使国家对天乙公司产生的危险废物失去监管和控制,与此后苏国华等人的污染环境犯罪行为有直接因果关系。故天乙公司对污染事故具有重大过错,应承担连带赔偿责任。

就天乙公司赔偿数额的问题,苏国华等人六次倾倒污染废物,丹灶镇政府就其中的四次影响较大的污染事件采取了防污抢险措施,产生相应四笔损失费用。天乙公司与丹灶镇政府主要争议的是其中4·21污染事故的损失是否合理的问题。首先,水利所所支出的133 233元补偿物资的费用是因4·21污染事故发生情况紧急,丹灶镇政府临时调用防汛物资进行抢险救灾后对相应消耗的防汛物资进行补偿所产生的费用,属于因污染事故产生的合理损失。其次,天乙公司没有证据证明两笔数额均是使用长臂钩机支出,实际为同一笔费用3 200元,故对天乙公司关于扣减的主张不予采纳。再次,4·4污染事故与4·21相比较,污染事故发生的地段不同,4·21接近大洲河下游居民饮用水取水点,河流水速更快,需要采取更强有效的应急抢险措施。污染事故发生后采取的应急抢险措施不同。4·21事故发生后,即将有暴雨,为防止受污染河涌漫顶,动用大量人力物力在24小时内建储水池,因此产生比4·4事故更多的费用。最后,受影响范围不同。4·4事故发生河段附近主要为工业区和农作物种植区,而4·21事故河段附近则为大量居民居住点和主要为鱼塘的耕作区,后者理应采取更有效迅速的抢险措施。天乙公司也未能提供充分证据证明损失的不合理,故原审对4·21的损失数额核定正确。

4. 二审定案结论

广东省佛山市中级人民法院依照《中华人民共和国民事诉讼法》第一百五十三条第一款第(一)项之规定,作出如下判决:

驳回上诉,维持原判。

二审受理费14 029元,由天乙公司负担。

(七) 解说

本案是一宗特殊的环境污染侵权纠纷案件,它的特殊意义在于:

第一,该诉讼是由检察院以支持起诉的方式推动形成并予以推进的。《中华人民共和国民事诉讼法》第十五条规定:"机关、社会团体、企业事业单位对损害国家、集体或者个人民事权益的行为,可以支持受损害的单位或者个人向人民法院起诉。"该法条对支持起诉作出了原则性的规定,但没有对支持起诉的方式和程序作出具体规定。本案是检察院实行支持起诉的一次有益尝试。佛山市南海区人民检察院通过履行刑事公诉职责获得污染事故的民事案件线索,通过沟通协调并发出《检察建议书》,说服并督促丹灶镇政府收集证据作为原告提起本案民事诉讼;丹灶镇政府起诉后,检察院向一审法院发出《支持起诉意见书》;诉讼中,检察院建议丹灶镇政府拒绝天乙公司提出赔偿10万元的和解请求;同时,与丹灶镇司法所以及公职律师协作配合,厘清了案件事实、证据体系、举证顺序以及答辩技巧等一审起诉和二审应诉细节。检察院以支持起诉的方式较好地回避了检察院作为原告直接提起诉讼可能存在的法律争议和实践风险。

第二,该诉讼是一宗典型的环境公益诉讼。环境污染事故带来的损害可能存在两个方面，一是特定或不特定的多数人因环境污染所遭受的人身或财产损害，二是对环境本身造成的损害。区别于前者与私人利益密切相关，后者是纯粹的环境利益，具有公共产品非竞争性和非排他性的典型特征，属于公共利益的范畴，其受益主体是不特定的社会公众。围绕公益诉讼的定义有很多争议，但主要围绕救济对象和有权提起主体两个方面。对维护国家或公共利益属于公益诉讼的范畴，各种观点基本没有分歧。从本案丹灶镇政府的诉讼请求看，丹灶镇政府要求各被告赔偿因治理事故造成的污染所发生的经济损失，突破了普通环境污染侵权诉讼以被污染陆地及河流附近的居民因事故造成的人身或财产损失为主张权利的依据的传统路径，而以环境本身的利益为主要基点，诉讼在性质上已经区别于普通的环境污染侵权纠纷，属于公益诉讼的范畴。在污染事故发生后，地方政府及其职能部门履行保护环境的行政职能时，其治污行为可能在一定程度上预防或堵截了污染对私权的直接损害，在没有损害发生的情况下，普通的环境污染侵权诉讼不可能为私权主体所提起并获得支持，但是污染对环境的威胁或损害已经发生，而且这种影响对潜在的社会公众可能具有长期的效应，如果没有公权主体或其他组织基于公共利益提起诉讼，排污行为将得不到有效的制约和惩戒。

第三，地方政府代表环境公共利益行使权利，在类型案件的处理上具有示范和借鉴的意义。首先，随着社会经济的快速发展，环境容量已经构成社会经济可持续发展的重要组成部分，保护环境也演变成地方政府的一个重要职能，地方政府提起民事诉讼也是其履行行政职责的一种形式，地方政府作为权利主体具有法律依据。广东省环保局对天乙公司处以25万元罚款。可见，如果没有丹灶镇政府提起的环境公益诉讼案件，天乙公司因违法行为远远不会承担其应承担的责任。其次，根据我国《宪法》第九条的规定，水流属于国家所有，地方政府对污染这些环境资源的行为提起民事诉讼，行使的正是所有权能之一的权利，符合法理。

第四，本案也从另一侧面反映出环境公益诉讼的现实困境，即环境鉴定机构资质混乱、评估标准缺乏法律依据导致污染损失认定困难，法院在认定损失的时候难以寻找有效的事实或法律依据。丹灶镇政府主张的赔偿数额是三百多万元，两级法院最终支持的是已经发生的治污费用102万余元，而已经确定会发生但尚未发生的治理费用两百多万元，则没有获得支持。在美国，对环境污染的损害赔偿包含两大部分，一部分是清理污染的费用（CLEAN UP），另一部分是恢复自然资源服务功能的费用或赔偿受损资源的价值，后者追偿的是清理工作未能修复的对自然资源已经造成的或将要继续造成的损失。比如，虽然沉积在湿地的污染物会被移除，但原生植物也被转移，生态环境会被改变，因此在一段时间内会影响当地的饮用水或休闲娱乐活动。对这些损失的确定，有专业的中介机构通过修复费用项目、条件价值评估问卷等形式进行。由此可见，美国对环境损害的追偿程度已经达到一个相当高的水平。违法排污者仅承担紧急清理污染费用是不够的，至少还应该缴出非法所得，即因违法节省的成本，以及把环境资源恢复到原来水平的费用等。以这个标准计算本案的损失，应该远远超过一百万元。当然，我国的社会发展程度与美国的不一样，且环境公益诉讼的赔偿范围仍在探索阶段，法院参考传统损害赔偿的计算方法对治理污染的费用损失予以支持，本案对落实污染者负担原则的突破已经是一大进步。

（广东省佛山市南海区人民法院　方菲）

98. 甄良诉北京市天竺房地产开发公司商品房预售合同纠纷执行异议案
（执行权限）

（一）首部

1. 执行依据：北京市第二中级人民法院（2009）民终字第13256号。
2. 案由：商品房预售合同纠纷。
3. 诉讼双方

申请执行人：甄良。

被执行人（异议人）：北京市天竺房地产开发公司。

4. 审判机关和审判组织

审判机关：北京市顺义区人民法院。

合议庭组成人员：审判长：焦荣民；审判员：马维生；代理审判员：齐志森。

5. 执结时间：2010年11月11日。

（二）基本案情

2007年12月7日，甄良所有的顺义区天竺地区薛大人庄村房屋被北京市天竺房地产开发公司拆迁，双方签订了《北京市集体土地房屋拆迁货币补偿协议书》（以下简称《拆迁补偿协议书》），协议书载明宅基地范围外的建筑面积为216.5平方米，宅基地面积及宅基地范围内的建筑面积两栏均为空格。甄良的家庭人口共3人，分别是甄良，其妻周秀山、其子甄德森。

2007年12月10日，北京市天竺房地产开发公司与甄良签订了《翠竹新村定向优惠价商品房购房确认单》（以下简称《购房确认单》），约定：甄良作为购房人可选购优惠价商品房面积216.5平方米。甄良自天竺房地产公司处购买翠竹新村15号楼3单元202室房屋，购房面积86.65平方米，其中优惠价面积86.65平方米，优惠价面积单价为每平方米2 170元。甄良未购优惠价商品房面积129.85平方米，剩余未购优惠价商品房面积将在翠竹新村二期中选购，天竺房地产公司将于此确认单签订之日起18个月内将翠竹新村二期建成并交付使用。

2009年元旦前后，天竺房地产公司开发的翠竹新村二期建成，并于2009年1月12日开始二期选房、售房。甄良持《购房确认单》和有关证件向天竺房地产公司要求确认房屋并签订北京市商品房现房买卖合同，但遭到天竺房地产公司的拒绝。

天竺房地产公司称，按照《薛大人庄村征地拆迁相关问题解答》、《北京市天竺房地产开发公司关于翠竹新村定向优惠价商品房购房须知》等文件的规定，甄良所享有的优惠价购房面积合计应为建筑面积135平方米，天竺房地产公司因为笔误在《购房确认单》购房人可选购优惠价商品房面积一栏处错填为216.5平方米，故得出甄良未购优惠价商品房面积129.85平方米这一错误结果，属于重大误解，因而不同意按照《购房确认单》的内容履行与甄良签订现房买卖合同的义务。

甄良遂诉至法院，要求确认其与天竺房地产公司之间签订的《购房确认单》有效，并要求天竺房地产公司按照《购房确认单》约定的未购商品房优惠面积129.85平方米向其提供商品房。天竺房地产公司则提出反诉，要求变更《购房确认单》中的购房人可选购优惠价商品房面积和未购优惠价商品房面积的数据。

（三）审判情况

一审法院经审理认为，根据天竺房地产公司提供的证据，可以确定天竺房地产公司根据顺义区的相关政策，为薛大人庄村符合规定的被拆迁人提供每人45平方米的优惠价商品房购房面积。以此标准核算，甄良与天竺房地产公司签订购房《翠竹新村定向优惠价商品房购房确认单》中优惠价商品房购房面积应共计135平方米。天竺房地产公司将其于甄良签订的《拆迁补偿协议书》中记载的宅基地范围外建筑面积216.5平方米误填入购房确认单中可选购优惠价商品房面积一栏，并以此计算购房人未购优惠价商品房面积，符合合同法中规定的重大误解的情形。依照《中华人民共和国合同法》第五十四条，一审法院作出判决：变更反诉原告北京市天竺房地产公司与反诉被告甄良签订的《购房确认单》中购房人可选购优惠价商品房面积216.5平方米为135平方米，未购优惠价商品房面积129.85平方米为48.35平方米；驳回原告甄良的诉讼请求。

甄良不服一审判决，提起上诉，请求法院查清事实，依法改判。

二审法院经审理认为，天竺房地产公司与甄良于2010年12月10日签订的《翠竹新村定向优惠价商品房购房确认单》不违反法律及行政法规的强制性规定，应为有效。因天竺房地产公司无法向法庭提供证据证明其于2008年12月10日前向甄良主张变更《购房确认单》的购房面积，故其主张变更《购房确认单》的请求，已经超过法律规定的除斥期间，根据查明的证据，原审法院判决变更甄良购房面积的判决依据不足，应予以变更。依照《中华人民共和国民事诉讼法》第一百五十三条第一款第（三）项的规定，二审法院作出判决：北京市天竺房地产开发公司与甄良继续履行《购房确认单》，甄良在翠竹新村二期选购商品房时，以129.85平方米为其享有的未购优惠价商品房面积。

（四）执行情况

二审判决生效后，甄良根据天竺房地产开发公司的相关规定进行选房，已选购翠竹新村二期房屋23号楼3单元1003室和24号楼1单元1002室，两套住房建筑面积共计

189.2平方米,其中优惠面积129.85平方米,多出面积59.35平方米。按照《北京市天竺房地产开发公司关于翠竹新村定向优惠价商品房二期购房须知》第四条规定,超出优惠面积部分,高层商品房按均价4 200元/平方米计算。选购后天竺房地产开发公司以种种理由拒绝甄良交纳售楼款。故甄良法院提出执行申请,请求法院采取措施责令天竺房地产开发公司满足其购房要求。

在执行过程中,甄良与天竺房地产开发公司商定,将翠竹新村二期房屋23号楼3单元1003室和24号楼2单元505室作为优惠价商品房,此两套房共计174.87平方米,超出二审判决确定的面积45.02平方米,被执行人天竺房地产开发公司认为超出的面积应依每平方米10 000元人民币计算。申请人甄良则坚持按《北京市天竺房地产开发公司关于翠竹新村定向优惠价商品房二期购房须知》第四条的规定,超出优惠面积部分,高层商品房按均价4 200元/平方米计算。双方争执不下。

执行法院遂依据《中华人民共和国民事诉讼法》第一百四十条第(十一)项的规定,作出(2010)顺执字第696号裁定:甄良所选购的优惠价商品房超出的45.02平方米,按每平方米4 200元的标准计算。被执行人北京市天竺房地产开发公司以(2010)顺执字第696号裁定违反法律规定为由,向执行法院提出异议,请求撤销。执行法院的异议审查机构经审查认为:甄良与天竺房地产公司对超出优惠面积的价格产生争议,属实体权利争议,应通过诉讼程序解决。执行法院在执行过程中针对超出优惠面积部分的价格作出裁定,超出了执行程序的职权范围,故裁定撤销(2010)顺执字第696号裁定。后申请执行人甄良不服异议裁定,向二中院申请复议。二中院经审查后,驳回了甄良的复议申请,维持原异议裁定。

(五)解说

本案的焦点问题在于执行机构在执行过程中能否对当事人双方就超出优惠价面积的价格争议进行裁决?我们作如下分析:

1. 关于超出优惠价面积的价格之争议属于实体权利争议

实体权利相对于程序权利而言,指的是直接关系到当事人实质利益的权利。本案中,对超出优惠价面积的价格是按照《北京市天竺房地产开发公司关于翠竹新村定向优惠价商品房二期购房须知》的规定,以均价4 200元/平方米计算,还是按照当时的市场价10 000元/平方米计算,结果将直接影响双方当事人的财产利益,决定着当事人财产的变化。因此,对超出优惠价面积的价格争议属于实体权利争议。

2. 对实体权利的争议应当通过审判程序解决

审判程序和执行程序是两个独立的程序,二者启动的方式、承担的任务均不同。审判程序的启动是由于当事人对相互间的权利义务关系存在争议,当事人要求通过平等的诉讼权利进行争辩,让法院作出公平的裁判。而执行程序的启动则是当事人之间的权利义务关系已经确定,享有权利的一方要求通过申请执行迫使负有义务的一方履行义务。因此,审判程序的主要任务是查明事实、分清是非、确认当事人之间的权利义务关系;执行程序的主要任务是实现生效法律文书确定的内容,实现当事人之间的权利义务关系。所以，当双方当事人对实体权利义务发生争议时，应该启动审判程序进行辨明、由法院作出裁判。

3. 执行机构无权对执行过程中双方当事人就超出优惠价面积的价格争议进行裁判

首先，执行机构的职能是通过采取执行措施，确保生效法律文书得到履行。因此，执行机构在执行过程中实施的法律行为，以实现生效法律文书确定的内容为目的。其次，执行机构执行的内容不得超出生效法律文书确定的范围。生效法律文书是执行的依据和前提，没有生效法律文书而执行或超出生效法律文书确定的内容执行都是违法的。本案中，执行机构的执行依据是二审判决的"北京市天竺房地产开发公司与甄良继续履行《购房确认单》，甄良在翠竹新村二期选购商品房时，以129.85平方米为其享有的未购优惠价商品房面积"，因此，执行机构只能采取措施促使天竺房地产开发公司履行《购房确认单》确定的义务，满足甄良享有的未购优惠价商品房面积129.85平方米的权利。至于超出优惠价面积的价格如何计算，由于生效法律文书没有涉及，因而执行机构无权干涉。

综上，执行机构在执行过程中只能以生效法律文书为依据，依法采取执行措施，强制义务人履行生效法律文书所判定的义务，其无权对执行过程中当事人之间发生的实体性权利纠纷作出裁判。因此，执行法院异议审查机构裁定驳回该院作出的（2010）顺执字第696号裁定是正确的。北京市顺义区人民法院作出裁定撤销（2010）顺执字第696号执行裁定书和北京市第二中级人民法院维持异议裁定是正确的。

（北京市顺义区人民法院　张锐）

99. 梁良明诉高小莉财产确权案
（执行异议之诉的诉讼请求及案由规范）

（一）首部

1. 判决书字号

一审判决书：广东省湛江市麻章区人民法院（2010）湛麻法民一初字第87号。

二审裁定书：广东省湛江市中级人民法院（2010）湛中法民一终字第595号。

2. 案由：案外人执行异议之诉。

3. 诉讼双方

原告（被上诉人）：梁良明，男，汉族，务农，住广东省湛江市麻章区。

诉讼代理人（一、二审）：王文斌，男，广东汉基律师事务所律师。

诉讼代理人（一审）：吴国志，男，广东汉基律师事务所律师。

被告（上诉人）：高小莉，女，汉族，退休职工，住广东省湛江市霞山区。

诉讼代理人（一、二审）：肖庆豪，男，汉族，住广东省湛江市霞山区。

第三人：卢明忠，男，汉族，住广东省湛江市麻章区。

4. 审级：二审。

5. 审判机关和审判组织

一审法院：广东省湛江市麻章区人民法院。

合议庭组成人员：审判长：简丽娟；审判员：尤昌高、赵圣泰。

二审法院：广东省湛江市中级人民法院。

合议庭组成人员：审判长：陈国富；审判员：陈志韧、许少珍。

6. 审结时间

一审审结时间：2010年5月28日。

二审审结时间：2010年9月27日。

（二）一审情况

1. 一审诉辩主张

（1）原告梁良明诉称

2008年2月28日，原告经卢进平、洪世杰的介绍，与第三人卢明忠签订了《房屋买卖合同书》，决定第三人将其合法拥有的位于湛江市麻章区太平镇新兴街二巷十三号的国有土地使用权及地上的房屋转让给原告，价款为138 000元。付款时，第三人同意原告先支付118 000元，余下20 000元等办理土地证过户后付清。原告已经付完118 000元，第三人同时已经将土地及房屋交付给原告使用至今，当时第三人迟迟没有与原告办理过户手续。因第三人有欠被告的借款，被告向麻章区法院起诉，被告申请法院查封了上述财产，该案已经到了执行阶段。现麻章区法院准备拍卖该土地及房屋，原告为此向法院提出执行异议，法院作出（2009）湛麻法执外异字第7号《执行裁定书》，驳回原告的异议，并向原告告之如不服裁定，可向麻章区人民法院提起诉讼。据上事实，原告认为，涉案土地使用权及房屋第三人与原告已经签订转让合同，且已经交付给原告使用，原告已经善意地履行合同，因第三人没有及时与原告办理过户手续，造成该房屋被查封，已侵犯了原告的合法权益，故依法向法院起诉：1) 请求确认原告与第三人签订的《房屋买卖合同》依法有效；2) 请求判令第三人为原告办理麻府国用（98）字第0000150号《国有土地使用证》过户手续；3) 请求法院停止对麻府国用（98）字第0000150号国有土地使用证权及房屋的执行。案件受理费由被告负担。

（2）被告高小莉辩称

第三人将房屋转卖给原告，是逃避债务行为，有欺诈行为。法院已将该房屋查封了，原告不能享有该房屋的产权，第三人拖欠被告的借款，第三人应将该房屋及土地使用权抵偿给被告。

2. 一审事实和证据

广东省湛江市麻章区人民法院经公开审理查明：2008年2月28日，原告梁良明与第三人卢明忠签订一份《房屋买卖合同书》，合同约定第三人卢明忠将其拥有的位于湛江市麻章区太平镇新兴街二巷十三号,面积为150平方米(含土地)转卖给原告。价款为138 000元,第三人持有土地使用证,即麻府国用(98)字第0000150号,并约定由第三人出具相关资料协助原告办理房屋产权变更手续。合同签订后,原告支付118 000元房款给第三人卢明忠,第三人卢明忠将房屋移交给原告居住。余款20 000元,原告称,双方约定在待办理产权变更后付清。同时,第三人卢明忠将麻府国用(98)字第0000150号《国有土地使用权》原件交给原告。2009年11月,原告对该房屋进行了装修,并搬入该房屋居住至今。

另查明,2008年6月11日,第三人卢明忠因拖欠被告借款50 000元,被告向本院提起民事诉讼,本院于2008年8月1日作出(2008)湛麻法民一初字第98号民事判决书,判决第三人卢明忠限期归还被告借款50 000元。该案发生法律效力后,因第三人卢明忠不自觉履行判决书,被告向本院申请执行。在执行阶段,因被告的申请,本院于2008年6月11日查封了第三人卢明忠位于湛江市麻章区太平镇新兴街二巷十三号房屋及其湛麻府国用(98)字第0000150号的土地使用权。原告向本院提出异议,认为第三人卢明忠已于2008年2月28日将其位于湛江市麻章区太平镇新兴街二巷十三号房屋及其土地使用权转卖给原告,原告已支付大部分房款并居住在该房屋。并称原告在购买该房屋前对被告与第三人的借款事实不知情。请求法院给予解封,本院以原告与第三人未办理产权过户登记手续而不予解封,作出"……驳回原告的异议,如不服本裁定,可在收到本裁定书之日起15日内向本院提起诉讼"的裁定。原告于2010年1月5日向本院提起民事诉讼,请求:(1)确认原告与第三人签订的《房屋买卖合同》依法有效;(2)判令第三人为原告办理好麻府国用(98)字第0000150号《国有土地使用证》的过户手续;(3)停止对麻府国用(98)字第0000150号国有土地使用权及房屋的执行;(4)案件受理费由被告承担。

上述事实有下列证据予以证明:(1)《房屋买卖合同》,证明原告向第三人卢明忠购买位于湛江市麻章区太平镇新兴街二巷十三号的国有土地使用权及地上的房屋转让给原告。

(2)收款收据,证明原告已经支付房款118 000元,余下20 000元等过户后再缴交。

(3)《国有土地使用证》证明第三人已将《国有土地使用证》及房屋、土地交给原告。

(4)《执行裁定书》,证明原告的起诉符合法律规定。(2009)湛麻法执外异字第7号执行裁定书,证明法院驳回原告的异议。

(5)(2008)湛麻法民一初字第98-1号民事裁定书,证明法院查封第三人的房屋。

(6)(2008)湛麻法民一初字第98号民事判决书,证明被告与第三人的债务关系。

(7)民事诉状,证明借款事实。

(8)诉讼保全申请书,证明被告向法院提出查封申请。

(9)借据,证明被告与第三人借款事实。

(10)还款计划,证明第三人与被告约定还款时间。

(11)房产证,证明被告提供申请查封房屋,被告提供担保。

（12）身份证及户口，证明被告的身份。

3. 一审判案理由

广东省湛江市麻章区人民法院经审理认为：原告与第三人签订的《房屋买卖合同》是双方当事人在平等、自愿的基础下订立，是双方当事人真实的意思表示，签订时间为法院查封之前，且双方已按合同履行付款（已支付118 000元）及交付原告房屋居住的义务，原告的购房是善意取得，该合同的内容没有违反我国禁止性的规定。依照《中华人民共和国合同法》第十三条"当事人订立合同，采取要约、承诺方式"，第十六条"要约到达受要约人时生效"，第二十五条"承诺生效时合同成立"的规定，原告与第三人订立的《房屋买卖合同》依法成立。同时，《中华人民共和国物权法》第十五条规定："当事人之间订立有关设立、变更、转让和消灭不动产物权的合同，除法律另有规定或者合同另有约定外，自合同成立时生效；未办理物权登记的，不影响合同效力。"故原告与第三人订立的《房屋买卖合同》依法成立并具有法律效力。第三人应按合同约定履行提供相关材料协助原告办理产权变更登记手续的义务。而被告与第三人所发生的债务纠纷并没有影响原告与第三人的房屋买卖的标的物的产权转移。因此，原告请求确认其与第三人签订的《房屋买卖合同》依法有效及办理麻府国用（98）字第0000150号《国有土地使用证》的过户手续，合理合法，予以支持。

原告请求法院停止对麻府国用（98）字第0000150号国有土地使用证权及房屋的执行，由于原告与第三人交易的房屋及其土地已被我院依法查封，而该查封行为是由麻章法院执行庭对另案即［（2008）湛麻法民一初字第98号案］执行时而实施的执行措施，是否停止对该房屋及土地的执行应在执行程序中进行，不属本案处理的范围。故原告请求停止对麻府国用（98）字第0000150号国有土地使用证权及房屋的执行，不予支持。

4. 一审定案结论

广东省湛江市麻章区人民法院依照《中华人民共和国合同法》第八条、第十三条、第二十五条，《中华人民共和国物权法》第十五条之规定，作出如下判决：

（1）原告梁良明与第三人卢明忠于2008年2月28日签订的《房屋买卖合同》合法有效；

（2）限第三人卢明忠于本判决书发生法律效力之日起三个月内协助原告梁良明办理麻府国用（98）字第0000150号国有土地使用权证的过户手续。

（3）驳回原告梁良明的其他诉讼请求。

案件受理费100元，由被告负担。

(三) 二审诉辩主张

1. 上诉人高小莉诉称

原判认定事实、适用法律错误，原告与第三人签订的合同不是事实，且违反法律；同时，本案并非合同之诉而是案外人执行异议之诉，原审适用法律及程序违法，请求二审改判或发回重审。

2. 被上诉人梁良明辩称

同意一审判决,请求二审法院予以维持。

(四) 二审事实和证据

广东省湛江市中级人民法院经审理查明:2008年2月28日,原告梁良明与第三人卢明忠签订一份《房屋买卖合同书》,约定卢明忠将其拥有的位于广东省湛江市麻章区太平镇新兴街二巷十三号的房屋(含土地)转卖给梁良明,价款为138 000元;并约定由卢明忠出具相关资料协助梁良明办理房屋产权变更手续。合同签订后,梁良明支付118 000元房款给卢明忠,卢明忠将该房屋以及土地使用权证 [证号为:湛麻府国用(98)字第0000150号] 原件移交给梁良明。余款20 000元,梁良明称,双方约定在办理产权变更后付清。2007年12月28日,卢明忠因拖欠上诉人(原审被告)高小莉借款100 000元,高小莉向湛江市麻章区人民法院提起民事诉讼。在诉讼期间,根据高小莉的申请,法院于2008年6月11日查封了卢明忠上述与梁良明交易的土地使用权及房屋。梁良明向法院提出财产保全异议被驳回。2008年8月1日,法院判决卢明忠限期归还借款50 000元给高小莉。该案判决生效后,因卢明忠不自觉履行判决书,高小莉向法院申请执行。在执行阶段,梁良明又向法院提出执行异议,请求法院给予解封。法院经审查,裁定驳回了梁良明的执行异议。之后,梁良明向法院提起民事诉讼,请求:(1) 确认梁良明与卢明忠签订的《房屋买卖合同》依法有效;(2) 判令卢明忠为梁良明办理好麻府国用(98)字第0000150号《国有土地使用证》的过户手续;(3) 停止对麻府国用(98)字第0000150号国有土地使用权及房屋的执行。

(五) 二审判案理由

广东省湛江市中级人民法院经审理认为:本案属于《中华人民共和国民事诉讼法》第二百零四条所规定的案外人对于执行异议审查裁定不服而提起的案外人异议之诉。本案诉讼的诉讼请求应是对执行标的主张实体权利,并请求对执行标的停止执行。但本案中梁良明的诉讼请求是确认合同有效,要求第三人办理过户手续,停止执行标的的执行。三项请求中前两项实质上是与第三人签订的合同履行问题,并不是案外人异议之诉的审理范畴,但湛江市麻章区人民法院却对该两项请求进行审理,而对属于案外人异议之诉中是否停止执行标的执行问题不作审查,完全混淆了对案外人异议之诉与一般的合同诉讼的审查界限,并作出不是案外人异议之诉内容的判决,原审判决显然违反法定程序。

(六) 二审定案结论

广东省湛江市中级人民法院依照《中华人民共和国民事诉讼法》第一百五十三条第一款第(四)项之规定,作出如下裁定:

1. 撤销湛江市麻章区人民法院（2010）湛麻法民一初字第 87 号民事判决。
2. 将本案发回湛江市麻章区人民法院重审。

（七）解说

案外人异议之诉是指第三人就执行标的物有足以排除强制执行之权利，请求法院为不许对该物实施执行之判决。① 随着新民诉法施行，执行异议之诉在司法实践中已大量出现，但作为新出现的一种特殊类型的诉讼，由于司法经验的欠缺和规则的不成熟，操作中遇到不少新问题。如本案中原告（案外人）提出的诉讼请求有三个，其中有两个是针对第三人提出的，一审法院对案外人提出的排除法院执行行为的请求不作处理，而将案件审判的重点放在原告与第三人之间的合同是否有效及第三人是否应为原告办理过户手续等问题上，这些显然不妥。本案的案由定性为财产权确认案也有悖于本案诉求的法律关系性质。因此，透过本案，探寻如何规范案外人异议之诉的诉讼请求、案由及审理范围等程序性的问题以回应当前的司法实践中这一热点问题，具有很大的理论和实践意义。

1. 如何规范执行异议之诉的诉讼请求

案外人异议之诉主要的诉讼请求是排除人民法院的执行措施，由于其排除人民法院的执行措施行为往往涉及其他实体的法律权益，并且以该实体权益作为排除人民法院执行行为的理由，因而，在诉讼中，案外人往往一并提出诸如确权、给付、解封、赔偿等其他诉讼请求，对此是否允许，在实践中存在不同观点。应倾向于否定，但允许一并提出确认请求，理由是：案外人异议之诉是一种较为特殊的诉讼，有其独特的特点。首先，其诉讼请求主要是针对执行程序而提出，其目的是旨在通过诉讼排除对执行标的的强制执行；其次，案外人异议之诉解决的问题具有双重性，主要解决的是人民法院的执行实施权，附带解决执行裁决权（通过民事审判进行）。再次，案外人异议之诉的诉讼时间与普遍的民事诉讼具有严格的区别，它是在执行过程中提出的诉讼，是以执行机构对于案外人提出的执行异议进行审查作为前置程序，对于执行机构的审查决定不服，案外人才可以提起异议之诉。因此，案外人异议之诉基于执行的效率价值，必然在某些程序规定上有别于普通诉讼程序，对于当事人提出的诉求也有较为严格的要求，不能过于宽泛。案外人如将财产的权属问题等实体权利只是作为理由提出来，执行异议诉讼的判决对财产权属问题等实体权利没有既判力，案外人若提出确认执行的标的是其所有或者请求给付等诉讼请求的，属于另外一种确认之诉或给付之诉，法院应该考虑将两种诉合并审理的主张。② 当然，在诉讼中要注意在诉讼主体上予以规范。2008 年 9 月 8 日《最高人民法院关于适用〈中华人民共和国民事诉讼法〉执行程序若干问题的解释》第十七条之规定："案外人依照民事诉讼法第二百零四条规定提起诉讼，对执行标的主张实体

---

① 参见杨与龄：《强制执行法论》，200 页，北京，中国政法大学出版社，2002。
② 参见广州海事法院调研组刘等夫等：《完善执行异议诉讼案件的程序规则》，载《人民司法》，2010（13），101 页。

权利,并请求对执行标的停止执行的,应以申请执行人为被告;被执行人反对案外人对执行标的所主张的实体权利的,应以申请执行人和被执行人为共同被告。"这一司法解释的立法思路显然采纳了上述理论。本案中,梁良明提出的诉讼请求有三:(1)确认梁良明与卢明忠签订的《房屋买卖合同》依法有效;(2)判令卢明忠为梁良明办理好麻府国用(98)字第0000150号《国有土地使用证》的过户手续;(3)停止对麻府国用(98)字第0000150号国有土地使用权及房屋的执行。这三个请求当中,第三项是请求停止对执行标的物的执行,这是符合以上司法解释的规定的。但第一个诉讼请求涉及梁良明与卢明忠的房屋买卖合同的内容,审理的要点是原告梁良明与卢明忠之间的合同关系,与司法解释中对执行标的的主张实体权利的规定不相吻合,可以作为其主张实体权利的理由提出来。至于请求卢明忠办理过户手续的请求,显然是原告与第三人之间的另一法律关系,不在执行异议之诉之列。笔者认为,本案的诉讼请求应是:(1)确认房屋及其土地使用权归案外人梁良明所有;(2)停止对房屋及其土地使用权的执行。

2. 执行异议之诉的案由如何确定

民事诉讼案由的确定主要是由当事人所诉的法律关系确定,原则上以法律关系加纠纷来表述,但考虑到民事关系的复杂性,少部分案由也依据请求权、形成权或者确认之诉、形成之诉的标准来确定。对于适用民事特别程序等规定的特殊民事案件案由,根据当事人的诉讼请求直接表述。同一类诉讼中涉及两个以上法律关系,属于主从关系的,法院应当以主法律关系确定案由。[①] 执行异议之诉是针对人民法院执行措施而提起,目的是通过诉讼排除人民法院的执行行为,在案外人提起的诉讼中,往往有两层意义:一是请求确权;二是请求停止强制执行标的。请求确权可能会作为理由提出来,并非在每个案件中都会提起,而请求停止强制执行标的,解决标的物可否执行,是这类诉讼案件的主要目的所在,因此案外人提起的异议诉讼的案由应定为案外人执行异议之诉或第三人执行异议之诉。[②] 本案中,当事人提起的诉讼请求较多,但却是一个典型的案外人执行异议之诉,其案由应定为案外人执行异议纠纷较妥。

3. 案外人异议之诉的审理范围

根据《最高人民法院关于适用〈中华人民共和国民事诉讼法〉执行程序若干问题的解释》第十九条,"案外人依照民事诉讼法第二百零四条规定提起诉讼的,执行法院应当依照诉讼程序审理。经审理,理由不成立的,判决驳回其诉讼请求;理由成立的,根据案外人的诉讼请求作出相应的裁判"的规定,案外人异议之诉是根据案外人的诉讼请求进行相应的审理以及裁判。而根据该司法解释第十七条的规定,案外人提出的诉讼请求有两项,包括确认实体权利和停止执行的程序权利的,在审理过程中,应先审查确权这一基础,再明确执行标的物能否执行的问题,并作出能否执行的裁判。

本案中,梁良明的诉讼请求应是对房屋及土地使用权主张所有权,并请求停止执行。法院应针对这两项诉讼请求进行审理。对于梁良明提出的三项诉讼请求,前两项是

[①] 参见《最高人民法院关于印发〈民事案件案由规定〉的通知》,法发〔2008〕11号,2008年2月4日印发。
[②] 参见广州海事法院调研组刘等夫等:《完善执行异议诉讼案件的程序规则》,载《人民司法》,2010(13),104页。

针对其与第三人之间的房屋买卖合同（应对第三人卢明忠提起合同给付之诉），并不是直接提出对于房屋及其土地使用权的确权。一审法院有义务向当事人释明，以规范其起诉。但作为案外人异议之诉，法院却对当事人提出的停止执行行为的诉讼请求未作处理，明显偏离案外人异议之诉的审理范围。在原告梁良明提出的诉讼请求不够明确，一审法院的审理又偏离案外人异议之诉的情况下，二审法院没有直接进行确权及应否停止执行的审理，是出于保障当事人的诉讼权利考虑。

（广东省湛江市中级人民法院　陈志韧）

100. 杨明诉倪煜旦、龚荣铭执行异议之诉案
（期待权效力）

（一）首部

1. 执行依据：浙江省绍兴市中级人民法院（2010）浙绍民终字第386号。
2. 案由：执行异议之诉。
3. 诉讼双方
原告（上诉人）：杨明。
被告（被上诉人）：倪煜旦。
被告（被上诉人）：龚荣铭。
4. 审级：二审。
5. 审判机关和审判组织
一审法院：浙江省上虞市人民法院。
合议庭组成人员：审判长：谢国军；审判员：叶百成；代理审判员：冯美娟。
二审法院：浙江省绍兴市中级人民法院。
合议庭组成人员：审判长：章建荣；审判员：毛振宇、方艳。
6. 审结时间
一审审结时间：2009年12月9日。
二审审结时间：2010年3月12日。

（二）基本案情

2007年9月1日，原告杨明因与被告龚荣铭民间借款297万元的纠纷提起诉讼，并提出财产保全申请。浙江省上虞市人民法院依法受理后，于2007年8月21日作出（2007）虞民二初字第1647号民事裁定书，查封了被告龚荣铭所有的位于上虞市曹娥街

道越秀花苑33幢别墅。2007年9月24日，该院作出（2007）虞民二初字第1647号民事判决书，判决本案被告龚荣铭归还本案原告杨明借款297万元，限于判决生效后十日内履行。10月17日，原告向法院申请强制执行。原告与被告龚荣铭于同年11月1日初步达成以被告所有的上虞市曹娥街道越秀花苑33幢房产抵债的案外和解协议即《别墅转让协议》。《别墅转让协议》约定：越秀花苑33幢别墅作价3 205 059元，抵杨明借款297万元加诉讼费35 560元；多余199 199元抵作一年利息；2007年11月10日前，龚荣铭必须将别墅腾空移交受让人（原告）；受让人杨明（原告）受让该别墅后，愿意继续承担上虞正元印染有限公司银行估款的抵押担保义务，享受承担义务后向被担保单位追偿的权利；过户办证手续在抵押担保终结后办理；出让人（龚荣铭）必须配合，否则由此产生的损失全部由出让人承担。2007年11月7日，绍兴市平准资产评估有限公司上虞分公司出具绍平准虞分评字（2007）第156号报告书，对被告龚荣铭坐落于曹娥街道越秀花苑33幢别墅进行了评估，评估价值为3 205 059元。2007年11月8日，原告与被告正式办理了《别墅转让协议》见证书。

被告倪煜旦与被告龚荣铭借贷纠纷六案发生法律效力后，2008年5月22日，上虞市人民法院受理了本案被告倪煜旦的执行申请，并依据已经发生法律效力的（2008）虞民二初字第497—502号民事调解书，依法作出（2008）虞法执字第1039-1044号民事裁定书，裁定查封了被告龚荣铭位于上虞市曹娥街道越秀花苑33幢别墅。被告龚荣铭同意拍卖自己的房产，以清偿被告倪煜旦的债务。2008年9月9日，原告杨明向上虞市人民法院提出执行异议，请求该院撤销（2008）虞法执字第1039-1044号民事裁定书。该院于2008年10月6日作出（2008）虞法执字第1039号民事裁定书，裁定驳回原告的执行异议，并告知原告在裁定书送达之日起10日内，可向浙江省绍兴市中级人民法院申请复议。2008年12月9日，浙江省绍兴市中级人民法院函告上虞市人民法院，本案原告系对执行标的提出异议，可在裁定书送达之日起15天内向上虞市人民法院提起异议之诉。2008年12月15日，上虞市人民法院通知原告可在通知书送达之日起十五日内提出异议之诉。

被告龚荣铭所有的位于上虞市曹娥街道越秀花苑33幢别墅已于2006年11月9日抵押给中国工商银行股份有限公司上虞支行，为上虞市正元印染有限公司的借款提供担保，所担保的主债权自2006年11月9日至2008年11月8日。后原告杨明得知上虞市正元印染有限公司已归还中国工商银行股份有限公司上虞支行贷款，银行将越秀花苑33幢房产权证、土地证交还给了被告龚荣铭，请求被告龚荣铭办理越秀花苑33幢房产的过户手续，原告得知该房产已由被告倪煜旦申请执行并由上虞市人民法院查封。

（三）审判情况

原告（上诉人）杨明与被告（被上诉人）龚铭荣于2007年11月1日签订的《别墅转让协议》系在法院强制执行过程中双方当事人达成的案外和解协议，该协议主体适格，意思表示真实，内容合法，并无法定无效或可撤销情形，应依法确认该协议成立、生效。原告为受让诉争房产，抵销了被告对其所负的债务，并自愿负担诉争房产在一定期限内的抵押担保义务及过户期限限制，并就上述协议办理了见证手续，充分信赖其合同目的的实现，在完全履行合同义务的同时，已实际占有使用诉争房产至今。因此，原告作为诚信履约方，其依《别墅转让协议》享有的合同权利应受到法律保护，据此产生的信赖利益及期待权亦应依法得以保护。

与此同时，原告（上诉人）杨明与被告（被上诉人）龚荣铭协议受让诉争房产在先，被告（被上诉人）龚荣铭与被告（被上诉人）倪煜旦查封、处分、执行在后，被告（上诉人）杨明在缔约、履约过程中并无任何过错，其作为善意受让人的合法权益应当予以救济。

综上所述，法院确认原告（上诉人）杨明与被告（被上诉人）龚荣铭于2007年11月1日订立《别墅转让协议》有效；同时，停止被上诉人倪煜旦对越秀花园33幢别墅的执行。

（四）解说

本案原告（上诉人）杨明与被告（被上诉人）龚荣铭签订的《别墅转让协议》真实有效，但两级法院就同一事实作出不同裁判，主要是对《最高人民法院关于人民法院民事执行中查封、扣押、冻结财产的规定》第十七条的有关规定，对"第三人已经支付全部价款"以及"第三人对此没有过错"的理解存在分歧。

原审法院认为，"第三人已经支付全部价款"仅限于狭义的市场交易行为，以房抵债非真正意义上的出卖；二审法院在判决表达了相反的观点。笔者赞同后者，"支付全部价款"宜做广义的解释，债权、物权均属财产权的范畴，第三人可以支付现金的形式支付对价，亦可以债权抵销、物物互易的形式支付对价。

对于如何认定第三人是否存在过错的问题，原审法院认为，作为买受人的原告对诉争房屋已办理抵押登记是明知的，且《别墅转让协议》发生在房屋设定抵押期间，其应当预见到无法办理物权变动的风险及后果。对此，原告无法证明其没有过错。二审法院认为，因房屋被人民法院查封，导致杨明在诉争房产约定过户条件成就之时无法办理产权变更手续。上述结果其无法预见和控制，杨明在主观上并无任何过错。

笔者认为，"第三人对此没有过错"应当理解为非因第三人所能控制的原因导致第三人无法办理产权过户手续，在司法实践中可以归纳为两种情形：一是原权利人拒绝配合或其他原因导致第三人未能提出过户登记申请；二是第三人已提出过户登记申请，由于房地产登记部门的原因或房地产权利上存在瑕疵，导致过户不能。本案所涉《别墅转让协议》签订后，原告（上诉人）杨明搬进别墅居住，但因诉争房产被设定抵押导致当时未能未能办理过户手续；诉争房产抵押担保的主债权消灭之后，诉争房产又被人民法院查封。上述原因属于"非因第三人所能控制的原因"，应当认定原告（上诉人）杨明并无任何过错。

综上所述，笔者认为二审判决结果是正确的。

（浙江省上虞市人民法院　屈继伟）

101. 张文潭申请执行章荣夫案
（民事执行程序中的若干问题）

（一）首部

1. 执行依据：浙江省绍兴市中级人民法院（2008）绍中民二初字第1号民事调解书。
2. 案由：其他合同纠纷。
3. 诉讼双方

申请执行人：章荣夫。

被执行人：张文潭。

4. 执行机关和执行员

执行机关：绍兴市中级人民法院。

执行员：马军乐。

5. 执结时间：2011年1月27日。

（二）基本案情

张文潭与章荣夫债务纠纷一案，绍兴中院于2006年11月14日作出（2006）绍中民二初字第320号民事判决书，判决章荣夫支付给张文潭人民币13 755 017元，浙江高院于2007年10月30日作出维持原判的判决后，因义务人章荣夫未履行生效法律文书所确定的义务，张文潭于2007年11月29日向绍兴中院申请强制执行，该院同日立案执行。

在执行过程中，被执行人章荣夫在2008年1月20日将全部款项支付绍兴中院。同时，绍兴中院在审理章荣夫与张文潭其他合同纠纷一案中，作出（2008）绍中民二初字第1号民事裁定书，裁定冻结张文潭人民币1 300万元。绍兴中院于2008年1月25日冻结了张文潭在恒生银行（中国）上海新天地支行的存款账户575-003264-160，冻结金额1 300万元，冻结期限至2008年7月24日。同月28日，绍兴中院将13 755 017元执行款划至该冻结的张文潭账户。张文潭向法院出具了（2006）绍中民二初字第320号民事判决书已经执行完毕的结案报告。

（三）审判情况

2011年1月4日，绍兴中院就章荣夫与张文潭其他合同纠纷一案作出（2008）绍中民二初字第 1 号民事调解书,调解结果为:(1) 原告章荣夫支付被告张文潭人民币 400 万元,款项于 2011 年 1 月 10 日前支付完毕;(2) 原告章荣夫放弃其他诉讼请求;(3) 被告张文潭放弃(2006)绍中民二初字第 320 号民事判决书所确认的全部债权,并且放弃该案申请执行的权利。

(四)执行情况

该调解书生效后,章荣夫到绍兴中院要求领取原来交付的 9 755 017 元(扣除应支付给张文潭的 400 万元)时发现,该款已经被绍兴中院划付至张文潭的银行账户,且张文潭在 2008 年 7 月 25 日该账户冻结期限届满后即取走全部款项。章荣夫遂向法院申请强制执行。

绍兴中院于 2011 年 1 月 24 日立案执行,并向被执行人张文潭发出执行通知书,责令其立即履行生效法律文书所确定的义务。2011 年 1 月 25 日,绍兴中院作出(2011)浙绍执民字第 89 号执行裁定书,裁定冻结、扣划被执行人张文潭银行存款或提取、扣留其收入 9 831 192 元。同日,绍兴中院将被执行人张文潭在恒生银行(中国)有限公司上海淮海中路支行账号为 575-003264-160 的存款人民币 9 754 821.4 元扣划至该院执行款账户。2011 年 1 月 27 日,申请执行人章荣夫到绍兴中院领取了执行款 9 754 821.4 元并书面同意结案,至此,本案执行完毕。

(五)解说

随着我国社会、经济的快速发展,民事主体之间的债权债务关系也呈现出向多元式、深入式、交叉式发展的趋势。这种变化为人民法院的执行工作带来了一定的压力。办案人员在执行一个案件的同时,往往还应当审查与该执行案件相关的或者对该案的进展有影响的其他案件。本案便是一个很好的例子,当后案的审理结果与前案的执行结果存在冲突的情况下,如何正确处理好案件之间的衔接以及切实维护当事人的合法权益,是摆在办案人员面前的难题。本文将结合以上案例,就此类案件中的关键问题作简要论述。

1. 在本案中,章荣夫是否可以依据(2008)绍中民二初字第 1 号民事调解书向法院申请强制执行?有一种观点认为章荣夫不能申请执行,理由是(2008)绍中民二初字第 1 号民事调解书对章荣夫来说,无任何执行内容,但是其可以该调解书关于"被告张文潭放弃(2006)绍中民二初字第 320 号民事判决书所确认的全部债权,并且放弃该案申请执行的权利"的内容作为依据,起诉张文潭侵占了其 9 755 017 元。因为既然张文潭在后案中承诺放弃(2006)绍中民二初字第 320 号民事判决书所确认的全部债权,并且放弃该案申请执行的权利,其继续占有前案的执行标的即人民币 13 755 017 元属于不当得利。

笔者认为:在张文潭拒不归还其人民币 13 755 017 元的情况下,章荣夫可以依据(2008)绍中民二初字第 1 号民事调解书向法院申请执行。根据《民事诉讼法》第二百一十二条第一款之规定，发生法律效力的民事判决、裁定，当事人必须履行。一方拒绝履行的，对方当事人可以向人民法院申请执行，也可以由审判员移送执行员执行。可见，一方申请执行以另一方拒绝履行生效法律文书所确定之义务为前提条件，即对方必须有应当履行之"义务"，并且此种"义务"能够实现对方之"法益"。在执行立案过程中，应当从广义的角度来理解该"义务"，此种"义务"，既可以是金钱义务，也可以是行为义务；可以是作为义务，也可以是不作为义务等，只要该"义务"来源于生效法律文书并且履行该"义务"能够为对方带来法律上的利益。在本案中，既然（2008）绍中民二初字第1号民事调解书已确定"被告张文潭放弃（2006）绍中民二初字第320号民事判决书所确认的全部债权，并且放弃该案申请执行的权利"，可见张文潭对章荣夫便产生了一个不作为之义务，即根据此调解书，张文潭不得向章荣夫主张人民币13 755 017元的债权，也不能向法院申请执行前案中法律文书所确定之内容。但实际上，在（2008）绍中民二初字第1号民事调解书生效之前，张文潭已在前案的执行程序中全额受偿人民币13 755 017元。因此，为实现（2008）绍中民二初字第1号民事调解书所确定的不作为义务，张文潭应当返还章荣夫人民币13 755 017元。若张文潭拒不返还，章荣夫便可以（2008）绍中民二初字第1号民事调解书为依据，向法院申请强制执行。不可否认的是，（2008）绍中民二初字第1号案件的调解结果缺乏一定的科学性和可行性。既然双方当事人是在2011年1月4日达成调解协议，审判人员应当认识到前案已经执行完结，再确定被告张文潭放弃（2006）绍中民二初字第320号民事判决书所确认的全部债权，并且放弃该案申请执行的权利意义不大，且会造成原告章荣夫在申请执行时产生困惑。更好的做法是：确定被告张文潭向章荣夫返还人民币13 755 017元。

2. 章荣夫是否可以申请从张文潭处执行回转人民币9 755 017元？笔者认为：章荣夫不可以申请从张文潭处执行回转人民币9 755 017元。根据《民事诉讼法》第二百一十条之规定，执行完毕后，据以执行的判决、裁定和其他法律文书确有错误，被人民法院撤销的，对已被执行的财产，人民法院应当作出裁定，责令取得财产的人返还；拒不返还的，强制执行。可见，申请执行回转，必须同时具备以下条件：（1）法律文书已经被执行完毕；（2）原执行所依据的法律文书确有错误，并且被撤销；（3）执行依据为撤销之后重新作出之法律文书，并且应当重新立案；（4）在同一案件的执行程序中。

结合到本案：首先，（2006）绍中民二初字第320号民事判决书虽然已经被执行完毕，但（2008）绍中民二初字第1号民事调解书尚未被执行，所以不能说法律文书已经执行完毕，只能说后案的审理结果与前案的执行结果有矛盾之处；其次，（2006）绍中民二初字第320号民事判决书并没有被确定为有错误，也没有被撤销，后案被告张文潭放弃（2006）绍中民二初字第320号民事判决书所确认的全部债权，并且放弃该案申请执行的权利的承诺并不能说明前案的判决有误，更不能撤销（2006）绍中民二初字第320号民事判决书；再次，（2006）绍中民二初字第320号民事判决书和（2008）绍中民二初字第1号民事调解书并不存在前者被撤销，而后者乃重新作出之情况；最后，在民事诉讼范畴内，此两案件为相互独立之诉，两案件的执行程序也相互独立，不符合执行回转中"同一案件"的要求。

3. 法院是否应根据（2008）绍中民二初字第1号民事裁定书，将13 755 017元扣留住,不应支付到张文潭的银行存款账户?笔者认为:法院不应扣留前案的执行款。对于 2008 年 1 月 28 日,法院将 13 755 017 元执行款划至该冻结的张文潭账户的行为,部分观点认为在后案尚未审结的情况下,法院将前案的执行款交付至后案中被告账户的做法不够谨慎。笔者认为法院的这一行为无可非议。因为虽然两案皆发生在相同当事人身上,但是在法律层面上,此两案为相互独立之诉,后案的审理并不影响前案的执行。虽然被告张文潭的账户已被冻结,但是没有证据说明张文潭对前案的执行有阻碍行为,更无法证明张文潭有违法犯罪行为。甚至即使对方有证据证明张文潭在后案中有不法行为,也不能当然地推定(2006)绍中民二初字第 320 号民事判决书中有错误之处而影响该案执行程序的进展。不过在将执行款划付至张文潭的银行账户后,法院应及时通知章荣夫冻结的期限,以便于其申请续冻。因为作为法院,应当合理预见当事人在诉讼程序中存在的可能之风险,并在合法、合理的前提之下尽到可能的告知义务,以便当事人能够及时有效维护自己的合法权益。

(浙江省绍兴市中级人民法院　俞金刚)

图书在版编目（CIP）数据

中国审判案例要览.2011年民事审判案例卷/国家法官学院，中国人民大学法学院编.—北京：中国人民大学出版社，2013.3
ISBN 978-7-300-16965-1

Ⅰ.①中… Ⅱ.①国…②中… Ⅲ.①审判-案例-汇编-中国-2011②民事诉讼-审判-案例-汇编-中国-2011 Ⅳ.D920.5②D925.118.25

中国版本图书馆CIP数据核字（2013）第036694号

"十二五"国家重点图书出版规划
国家出版基金资助项目

中国审判案例要览（2011年民事审判案例卷）

国 家 法 官 学 院
中国人民大学法学院　编

Zhongguo Shenpan Anli Yaolan（2011nian Minshi Shenpan Anlijuan）

出版发行	中国人民大学出版社			
社　　址	北京中关村大街31号	邮政编码	100080	
电　　话	010-62511242（总编室）	010-62511398（质管部）		
	010-82501766（邮购部）	010-62514148（门市部）		
	010-62515195（发行公司）	010-62515275（盗版举报）		
网　　址	http://www.crup.com.cn			
	http://www.ttrnet.com（人大教研网）			
经　　销	新华书店			
印　　刷	涿州市星河印刷有限公司			
规　　格	185 mm×260 mm　16开本	版　次	2013年3月第1版	
印　　张	38.5　插页6	印　次	2013年3月第1次印刷	
字　　数	880 000	定　价	150.00元	

版权所有　侵权必究　　印装差错　负责调换